태평광기 21
【총색인】

이 책은 2001년도 한국학술진흥재단의 지원에 의하여 연구되었음.
(KRF-2001-045-A11005)

태평광기 21
【총색인】
― 총목·편목·인명·인용서목·연구자료 ―

(宋) 李昉 등 모음 / 김장환·이민숙 外 옮김

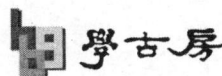

【일러두기】

1. 「태평광기 총목」은 『태평광기』 500권 전체 목차를 수록했으며, 각 고사명 옆에 '권수/해당 권에서의 고사 순서(전체 고사의 순서)'[예: 1/2(0002)]를 병기했다.
2. 「태평광기 편목색인」은 『태평광기』 500권 전체 목차를 가나다순으로 정리했으며, 역시 각 고사명 옆에 '권수/해당 권에서의 고사 순서(전체 고사의 순서)'를 병기했다.
3. 「태평광기 인명색인」은 『태평광기』 각 고사 속에 등장하는 인물까지 포함하여 가나다순으로 정리했으며, 인물명 옆에 '권수/해당 권에서의 고사 순서'를 병기했다.
4. 「태평광기 인용서목색인」은 『태평광기』 각 고사 끝에 기재되어 있는 인용서(출전)를 가나다순으로 정리했으며, 인용서명 옆에 '권수/해당 권에서의 고사 순서'를 병기했다. 한 조(條)에 같은 인용서가 2번 이상 나올 경우에는 '해당 권에서의 고사 순서'에 ②③… 등의 숫자를 달아 그 인용 횟수를 밝혔다. 원전에 인용서가 빠졌거나 잘못 기재된 것을 중화서국본(中華書局本)에서 보충하거나 바로잡은 경우에는 해당 인용서명에 *표를 달아 구분했다.
5. 「태평광기 연구자료목록」은 『태평광기』 판본을 비롯한 번역·주석서, 단행본 연구서, 학위논문, 연구논문, 기타로 구분하여 최근까지 나온 국내외의 『태평광기』 연구성과 목록을 한국, 중국, 대만, 일본, 구미 순으로 정리했다.

태평광기 21
총색인

총목색인 ……… 7
편목색인 ……… 145
인명색인 ……… 269
인용서목색인 … 519
연구자료 목록 ‥ 549

『태평광기』 총목 색인

권1 신선(神仙)1 　　　　1	소사(蕭史)　　　4/5(0015)
노자(老子)　　　1/1(0001)	서복(徐福)　　　4/6(0016)
목공(木公)　　　1/2(0002)	왕모사자(王母使者)　4/7(0017)
광성자(廣成子)　　1/3(0003)	월지사자(月支使者)　4/8(0018)
황안(黃安)　　　1/4(0004)	위숙경(衛叔卿)　　4/9(0019)
맹기(孟岐)　　　1/5(0005)	장해(張楷)　　　4/10(0020)
	양옹백(陽翁伯)　　4/11(0021)
권2 신선2 　　　　2	
주목왕(周穆王)　　2/1(0006)	권5 신선5 　　　　5
연소왕(燕昭王)　　2/2(0007)	왕차중(王次仲)　　5/1(0022)
팽조(彭祖)　　　2/3(0008)	묵자(墨子)　　　5/2(0023)
위백양(魏伯陽)　　2/4(0009)	유정(劉政)　　　5/3(0024)
	손박(孫博)　　　5/4(0025)
권3 신선3 　　　　3	천문자(天門子)　　5/5(0026)
한무제(漢武帝)　　3/1(0010)	옥자(玉子)　　　5/6(0027)
	모몽(茅濛)　　　5/7(0028)
권4 신선4 　　　　4	심희(沈羲)　　　5/8(0029)
왕자교(王子喬)　　4/1(0011)	진안세(陳安世)　　5/9(0030)
봉강(鳳綱)　　　4/2(0012)	
금고(琴高)　　　4/3(0013)	권6 신선6 　　　　6
귀곡선생(鬼谷先生)　4/4(0014)	장자방(張子房)　　6/1(0031)

동방삭(東方朔)	6/2(0032)
왕교(王喬)	6/3(0033)
주은요(周隱遙)	6/4(0034)
유상(劉商)	6/5(0035)

권7 신선7   7

백석선생(白石先生)	7/1(0036)
황초평(皇初平)	7/2(0037)
왕원(王遠)	7/3(0038)
백산보(伯山甫)	7/4(0039)
마명생(馬鳴生)	7/5(0040)
이팔백(李八百)	7/6(0041)
이아(李阿)	7/7(0042)

권8 신선8   8

유안(劉安)	8/1(0043)
음장생(陰長生)	8/2(0044)
장도릉(張道陵)	8/3(0045)

권9 신선9   8

이소군(李少君)	9/1(0046)
공원방(孔元方)	9/2(0047)
왕렬(王烈)	9/3(0048)
초선(焦先)	9/4(0049)
손등(孫登)	9/5(0050)
여문경(呂文敬)	9/6(0051)
심건(沈建)	9/7(0052)

권10 신선10   10

하상공(河上公)	10/1(0053)
유근(劉根)	10/2(0054)
이중보(李仲甫)	10/3(0055)
이의기(李意期)	10/4(0056)
왕흥(王興)	10/5(0057)
조구(趙瞿)	10/6(0058)
왕요(王遙)	10/7(0059)
진영백(陳永伯)[闕]	10

권11 신선11   11

태산노부(泰山老父)	11/1(0060)
무염(巫炎)	11/2(0061)
유빙(劉憑)	11/3(0062)
난파(欒巴)	11/4(0063)
좌자(左慈)	11/5(0064)
대모군(大茅君)	11/6(0065)

권12 신선12   12

호공(壺公)	12/1(0066)
계자훈(薊子訓)	12/2(0067)
동봉(董奉)	12/3(0068)
이상재(李常在)	12/4(0069)

권13 신선13   13

모군(茅君)	13/1(0070)
공안국(孔安國)	13/2(0071)
윤궤(尹軌)	13/3(0072)
개상(介象)	13/4(0073)
소선공(蘇仙公)	13/5(0074)
성선공(成仙公)	13/6(0075)
곽박(郭璞)	13/7(0076)

| 총목 색인 · 9 |

윤사(尹思)　　　　　13/8(0077)

권14 신선14　　　　　14
　유자남(劉子南)　　14/1(0078)
　곽문(郭文)　　　　14/2(0079)
　숭산수(嵩山叟)　　14/3(0080)
　허진군(許眞君)　　14/4(0081)
　오진군(吳眞君)　　14/5(0082)
　만보상(萬寶常)　　14/6(0083)
　이전(李筌)　　　　14/7(0084)

권15 신선15　　　　　15
　도사왕찬(道士王纂)　15/1(0085)
　진백선생(眞白先生)　15/2(0086)
　환개(桓闓)　　　　15/3(0087)
　난공(蘭公)　　　　15/4(0088)
　완기(阮基)　　　　15/5(0089)

권16 신선16　　　　　16
　두자춘(杜子春)　　16/1(0090)
　장로(張老)　　　　16/2(0091)

권17 신선17　　　　　17
　배심(裵諶)　　　　17/1(0092)
　노이이생(盧李二生)　17/2(0093)
　설조(薛肇)　　　　17/3(0094)

권18 신선18　　　　　18
　유귀순(柳歸舜)　　18/1(0095)
　원장기(元藏幾)　　18/2(0096)

문광통(文廣通)　　18/3(0097)
양백추(楊伯醜)　　18/4(0098)
유법사(劉法師)　　18/5(0099)

권19 신선19　　　　　19
　마주(馬周)　　　　19/1(0100)
　이림보(李林甫)　　19/2(0101)
　곽자의(郭子儀)　　19/3(0102)
　한황(韓滉)　　　　19/4(0103)

권20 신선20　　　　　20
　음은객(陰隱客)　　20/1(0104)
　담의(譚宜)　　　　20/2(0105)
　왕가교(王可交)　　20/3(0106)
　양통유(楊通幽)　　20/4(0107)

권21 신선21　　　　　21
　손사막(孫思邈)　　21/1(0108)
　사마승정(司馬承禎)　21/2(0109)
　윤군(尹君)　　　　21/3(0110)

권22 신선22　　　　　22
　나공원(羅公遠)　　22/1(0111)
　복복선생(僕僕先生)　22/2(0112)
　남채화(藍采和)　　22/3(0113)

권23 신선23　　　　　23
　왕원지(王遠知)　　23/1(0114)
　익주노부(益州老父)　23/2(0115)
　최생(崔生)　　　　23/3(0116)

풍준(馮俊)	23/4(0117)
여생(呂生)	23/5(0118)
장이이공(張李二公)	23/6(0119)

권24 신선24　　　　　　24
　허선평(許宣平)　　　24/1(0120)
　유청진(劉淸眞)　　　24/2(0121)
　장식(張殖)　　　　　24/3(0122)
　소정지(蕭靜之)　　　24/4(0123)
　주유자(朱孺子)　　　24/5(0124)

권25 신선25　　　　　　25
　채약민(採藥民)　　　25/1(0125)
　원유이공(元柳二公)　25/2(0126)

권26 신선26　　　　　　26
　섭법선(葉法善)　　　26/1(0127)
　형화박(邢和璞)　　　26/2(0128)

권27 신선27　　　　　　27
　당약산(唐若山)　　　27/1(0129)
　사명군(司命君)　　　27/2(0130)
　현진자(玄眞子)　　　27/3(0131)
　유백운(劉白雲)　　　27/4(0132)

권28 신선28　　　　　　28
　치감(郗鑒)　　　　　28/1(0133)
　승계허(僧契虛)　　　28/2(0134)

권29 신선29　　　　　　29
　구천사자(九天使者)　29/1(0135)
　십선자(十仙子)　　　29/2(0136)
　이십칠선(二十七仙)　29/3(0137)
　요홍(姚泓)　　　　　29/4(0138)
　이위공(李衛公)　　　29/5(0139)

권30 신선30　　　　　　30
　장과(張果)　　　　　30/1(0140)
　적건우(翟乾祐)　　　30/2(0141)
　팔범형(凡八兄)　　　30/3(0142)

권31 신선31　　　　　　31
　이하주(李遐周)　　　31/1(0143)
　허노옹(許老翁)　　　31/2(0144)
　이각(李珏)　　　　　31/3(0145)
　장전소(章全素)　　　31/4(0146)

권32 신선32　　　　　　32
　왕가(王賈)　　　　　32/1(0147)
　안진경(顔眞卿)　　　32/2(0148)

권33 신선33　　　　　　33
　위엄(韋弇)　　　　　33/1(0149)
　신원지(申元之)　　　33/2(0150)
　마자연(馬自然)　　　33/3(0151)
　장거군(張巨君)　　　33/4(0152)

권34 신선34　　　　　　34
　배씨자(裵氏子)　　　34/1(0153)
　최위(崔煒)　　　　　34/2(0154)

권35 신선35	35
성진인(成眞人)	35/1(0155)
백엽선인(栢葉仙人)	35/2(0156)
제영(齊映)	35/3(0157)
왕사랑(王四郞)	35/4(0158)
위단(韋丹)	35/5(0159)
풍대량(馮大亮)	35/6(0160)

권36 신선36	36
서좌경(徐佐卿)	36/1(0161)
탁발대랑(拓跋大郞)	36/2(0162)
위방진제(魏方進弟)	36/3(0163)
이청(李淸)	36/4(0164)

권37 신선37	37
위선옹(韋仙翁)	37/1(0165)
양월공제(楊越公弟)	37/2(0166)
양평적선(陽平謫仙)	37/3(0167)
매약옹(賣藥翁)	37/4(0168)
엄사칙(嚴士則)	37/5(0169)

권38 신선38	38
이필(李泌)	38/1(0170)

권39 신선39	39
유안(劉晏)	39/1(0171)
최희진(崔希眞)	39/2(0172)
위노사(韋老師)	39/3(0173)
마양촌인(麻陽村人)	39/4(0174)
자심선인(慈心仙人)	39/5(0175)

권40 신선40	40
파공인(巴邛人)	40/1(0176)
장구겸경(章仇兼瓊)	40/1(0177)
석거(石巨)	40/1(0178)
이산인(李山人)	40/2(0179)
도윤이군(陶尹二君)	40/3(0180)
허작(許碏)	40/4(0181)
양운외(楊雲外)	40/5(0182)
두종(杜悰)	40/6(0183)
남악진군(南岳眞君)	40/7(0184)

권41 신선41	41
설존사(薛尊師)	41/1(0185)
왕로(王老)	41/2(0186)
흑수(黑叟)	41/3(0187)
유무명(劉無名)	41/4(0188)

권42 신선42	42
하지장(賀知章)	42/1(0189)
소영사(蕭穎士)	42/2(0190)
이선인(李仙人)	42/3(0191)
하풍(何諷)	42/4(0192)
황존사(黃尊師)	42/5(0193)
배로(裴老)	42/6(0194)
이우(李虞)	42/7(0195)
하후은자(夏侯隱者)	42/8(0196)
권동휴(權同休)	42/9(0197)

권43 신선43	43
윤진인(尹眞人)	43/1(0198)

노산인(盧山人)	43/2(0199)
설현진(薛玄眞)	43/3(0200)
우도(于濤)	43/4(0201)
권44 신선44	44
전선생(田先生)	44/1(0202)
목장부(穆將符)	44/2(0203)
방건(房建)	44/3(0204)
소동현(蕭洞玄)	44/4(0205)
권45 신선45	45
가탐(賈耽)	45/1(0206)
정약(丁約)	45/2(0207)
구도사(瞿道士)	45/3(0208)
왕경(王卿)	45/4(0209)
형산은자(衡山隱者)	45/5(0210)
매진군(梅眞君)	45/6(0211)
권46 신선46	46
백유구(白幽求)	46/1(0212)
왕태허(王太虛)	46/2(0213)
왕자지(王子芝)	46/3(0214)
유상(劉商)	46/4(0215)
권47 신선47	47
당헌종황제(唐憲宗皇帝)	47/1(0216)
이구(李球)	47/2(0217)
송현백(宋玄白)	47/3(0218)
허서암(許棲巖)	47/4(0219)
위선준(韋善俊)	47/5(0220)

권48 신선48	48
이길보(李吉甫)	48/1(0221)
이신(李紳)	48/2(0222)
백락천(白樂天)	48/3(0223)
헌원선생(軒轅先生)	48/4(0224)
이원(李元)	48/5(0225)
위경재(韋卿材)	48/6(0226)
권49 신선49	49
반존사(潘尊師)	49/1(0227)
이하(李賀)	49/2(0228)
장급보(張及甫)	49/3(0229)
정책(鄭冊)	49/4(0230)
진혜허(陳惠虛)	49/5(0231)
온경조(溫京兆)	49/6(0232)
권50 신선50	50
숭악가녀(嵩岳嫁女)	50/1(0233)
배항(裴航)	50/2(0234)
권51 신선51	51
후도화(侯道華)	51/1(0235)
의군왕로(宜君王老)	51/2(0236)
진사(陳師)	51/3(0237)
진금(陳金)	51/4(0238)
권52 신선52	52
진복휴(陳復休)	52/1(0239)
은천상(殷天祥)	52/2(0240)
여구자(閭丘子)	52/3(0241)

장탁(張卓)	52/4(0242)		권57 여선2	57
			태진부인(太眞夫人)	57/1(0263)
권53 신선53	53		악록화(萼綠華)	57/2(0264)
기린객(麒麟客)	53/1(0243)			
왕법진(王法進)	53/2(0244)		권58 여선3	58
유양십우(維楊十友)	53/3(0245)		위부인(魏夫人)	58/1(0265)
김가기(金可記)	53/4(0246)			
양진백(楊眞伯)	53/5(0247)		권59 여선4	59
			명성옥녀(明星玉女)	59/1(0266)
권54 신선54	54		창용(昌容)	59/2(0267)
한유외생(韓愈外甥)	54/1(0248)		원객처(園客妻)	59/3(0268)
유잠(劉晵)	54/2(0249)		태현녀(太玄女)	59/4(0269)
노균(盧鈞)	54/3(0250)		서하소녀(西河少女)	59/5(0270)
설봉(薛逢)	54/4(0251)		양옥청(梁玉淸)	59/6(0271)
비관경(費冠卿)	54/5(0252)		강비(江妃)	59/7(0272)
심빈(沈彬)	54/6(0253)		모녀(毛女)	59/8(0273)
			진궁인(秦宮人)	59/9(0274)
권55 신선55	55		구익부인(鉤翼夫人)	59/10(0275)
한산자(寒山子)	55/1(0254)		남양공주(南陽公主)	59/11(0276)
헌원미명(軒轅彌明)	55/2(0255)		정위처(程偉妻)	59/12(0277)
채소하(蔡少霞)	55/3(0256)		양모(梁母)	59/13(0278)
정거중(鄭居中)	55/4(0257)		동영처(董永妻)	59/14(0279)
이용창(伊用昌)	55/5(0258)		주모(酒母)	59/15(0280)
			여궤(女几)	59/16(0281)
권56 여선(女仙)1	56		권60 여선5	60
서왕모(西王母)	56/1(0259)		마고(麻姑)	60/1(0282)
상원부인(上元夫人)	56/2(0260)		현속처(玄俗妻)	60/2(0283)
운화부인(雲華夫人)	56/3(0261)		양도녀(陽都女)	60/3(0284)
현천이녀(玄天二女)	56/4(0262)		손부인(孫夫人)	60/4(0285)

번부인(樊夫人)　　　　60/5(0286)
동릉성모(東陵聖母)　　60/6(0287)
학고(郝姑)　　　　　　60/7(0288)
장옥란(張玉蘭)　　　　60/8(0289)

권61 여선6　　　　　　61
　왕묘상(王妙想)　　　61/1(0290)
　성공지경(成公智瓊)　61/2(0291)
　방녀(龐女)　　　　　61/3(0292)
　포녀(褒女)　　　　　61/4(0293)
　이진다(李眞多)　　　61/5(0294)
　반맹(班孟)　　　　　61/6(0295)
　천태이녀(天台二女)　61/7(0296)

권62 여선7　　　　　　62
　노묘전(魯妙典)　　　62/1(0297)
　심모(諶母)　　　　　62/2(0298)
　우모(旰母)　　　　　62/3(0299)
　두란향(杜蘭香)　　　62/4(0300)
　백수소녀(白水素女)　62/5(0301)
　채여선(蔡女仙)　　　62/6(0302)
　봉구(蓬球)　　　　　62/7(0303)
　자운관여도사(紫雲觀女道士)
　　　　　　　　　　　62/8(0304)
　진시부인(秦時婦人)　62/9(0305)
　하이낭(何二娘)　　　62/10(0306)

권63 여선8　　　　　　63
　옥녀(玉女)　　　　　63/1(0307)
　변동현(邊洞玄)　　　63/2(0308)

최서생(崔書生)　　　　63/3(0309)
여산모(驪山姥)　　　　63/4(0310)
황관복(黃觀福)　　　　63/5(0311)

권64 여선9　　　　　　64
　양정견(楊正見)　　　64/1(0312)
　동상선(董上仙)　　　64/2(0313)
　장련교(張連翹)　　　64/3(0314)
　장호처(張鎬妻)　　　64/4(0315)
　태음부인(太陰夫人)　64/5(0316)

권65 여선10　　　　　65
　요씨삼자(姚氏三子)　65/1(0317)
　조욱(趙旭)　　　　　65/2(0318)
　우경여자(虞卿女子)　65/3(0319)
　소씨유모(蕭氏乳母)　65/4(0320)

권66 여선11　　　　　66
　사자연(謝自然)　　　66/1(0321)
　노미낭(盧眉娘)　　　66/2(0322)

권67 여선12　　　　　67
　최소현(崔少玄)　　　67/1(0323)
　묘녀(妙女)　　　　　67/2(0324)
　오청처(吳淸妻)　　　67/3(0325)

권68 여선13　　　　　68
　곽한(郭翰)　　　　　68/1(0326)
　양경진(楊敬眞)　　　68/2(0327)
　봉척(封陟)　　　　　68/3(0328)

권69 여선14	69	육생(陸生)	72/3(0351)
옥예원여선(玉蕊院女仙)	69/1(0329)	보신통(輔神通)	72/4(0352)
마사량(馬士良)	69/2(0330)	손증생(孫甑生)	72/5(0353)
장운용(張雲容)	69/3(0331)	섭정능(葉靜能)	72/6(0354)
위몽처(韋蒙妻)	69/4(0332)	원은거(袁隱居)	72/7(0355)
자은탑원여선(慈恩塔院女仙)		나편객(驟鞭客)	72/8(0356)
	69/5(0333)	허군(許君)	72/9(0357)
		두무(杜巫)	72/10(0358)
권70 여선15	70		
허비경(許飛瓊)	70/1(0334)	권73 도술3	73
배현정(裵玄靜)	70/2(0335)	주현자(周賢者)	73/1(0359)
척현부(戚玄符)	70/3(0336)	왕상(王常)	73/2(0360)
서선고(徐仙姑)	70/4(0337)	섭허중(葉虛中)	73/3(0361)
구선고(緱仙姑)	70/5(0338)	정군(鄭君)	73/4(0362)
왕씨녀(王氏女)	70/6(0339)	정일인(程逸人)	73/5(0363)
설현동(薛玄同)	70/7(0340)	이처사(李處士)	73/6(0364)
척소요(戚逍遙)	70/8(0341)	낙현소(駱玄素)	73/7(0365)
다모(茶姥)	70/9(0342)	조조(趙操)	73/8(0366)
장건장(張建章)	70/10(0343)	최현량(崔玄亮)	73/9(0367)
주보(周寶)	70/11(0344)		
		권74 도술4	74
권71 도술(道術)1	71	유수(兪叟)	74/1(0368)
조고(趙高)	71/1(0345)	진계경(陳季卿)	74/2(0369)
동중군(董仲君)	71/2(0346)	진생(陳生)	74/3(0370)
갈현(葛玄)	71/3(0347)	장정(張定)	74/4(0371)
두현덕(竇玄德)	71/4(0348)	석민(石旻)	74/5(0372)
		당무종조술사(唐武宗朝術士)	
권72 도술2	72		74/6(0373)
장산인(張山人)	72/1(0349)		
왕민(王旻)	72/2(0350)	권75 도술5	75

| 양거사(楊居士)　　　　75/1(0374)
| 장사평(張士平)　　　　75/2(0375)
| 풍점(馮漸)　　　　　　75/3(0376)
| 반노인(潘老人)　　　　75/4(0377)
| 왕선생(王先生)　　　　75/5(0378)
| 주생(周生)　　　　　　75/6(0379)
| 한지화(韓志和)　　　　75/7(0380)
| 장사(張辭)　　　　　　75/8(0381)
| 최언(崔言)　　　　　　75/9(0382)

권76 방사(方士)1　　　　76
| 자위(子韋)　　　　　　76/1(0383)
| 조확(趙廓)　　　　　　76/2(0384)
| 번영(樊英)　　　　　　76/3(0385)
| 양유(楊由)　　　　　　76/4(0386)
| 개상(介象)　　　　　　76/5(0387)
| 곽박(郭璞)　　　　　　76/6(0388)
| 유선(庾詵)　　　　　　76/7(0389)
| 장자신(張子信)　　　　76/8(0390)
| 관로(管輅)　　　　　　76/9(0391)
| 주선사(籌禪師)　　　　76/10(0392)
| 이순풍(李淳風)　　　　76/11(0393)
| 원천강(袁天綱)　　　　76/12(0394)
| 안록산술사(安祿山術士)
　　　　　　　　　　　76/13(0395)
| 상도무(桑道茂)　　　　76/14(0396)
| 향교수(鄕校叟)　　　　76/15(0397)
| 상골인(相骨人)　　　　76/16(0398)
| 전량일(田良逸)·장함홍(蔣含弘)
　　　　　　　　　　　76/17(0399)

권77 방사2　　　　　　77
| 두생(杜生)　　　　　　77/1(0400)
| 홍사(泓師)　　　　　　77/2(0401)
| 나사원(羅思遠)　　　　77/3(0402)
| 장경장(張景藏)　　　　77/4(0403)
| 섭법선(葉法善)　　　　77/5(0404)
| 전지미(錢知微)　　　　77/6(0405)
| 호로생(胡蘆生)　　　　77/7(0406)

권78 방사3　　　　　　78
| 이수재(李秀才)　　　　78/1(0407)
| 왕산인(王山人)　　　　78/2(0408)
| 왕경(王瓊)　　　　　　78/3(0409)
| 왕고(王固)　　　　　　78/4(0410)
| 부계원(符契元)　　　　78/5(0411)
| 백교(白皎)　　　　　　78/6(0412)
| 가탐(賈耽)　　　　　　78/7(0413)
| 모안도(茅安道)　　　　78/8(0414)
| 낙산인(駱山人)　　　　78/9(0415)
| 석민(石旻)　　　　　　78/10(0416)

권79 방사4　　　　　　79
| 자은승(慈恩僧)　　　　79/1(0417)
| 주열(朱悅)　　　　　　79/2(0418)
| 왕생(王生)　　　　　　79/3(0419)
| 가롱(賈籠)　　　　　　79/4(0420)
| 헌원집(軒轅集)　　　　79/5(0421)
| 두가균(杜可筠)　　　　79/6(0422)
| 허건종(許建宗)　　　　79/7(0423)
| 상은(向隱)　　　　　　79/8(0424)

| 총목 색인 · 17 |

조존사(趙尊師)	79/9(0425)	
권사(權師)	79/10(0426)	

권80 방사5	80	
주은극(周隱克)	80/1(0427)	
장사정(張士政)	80/2(0428)	
진휴복(陳休復)	80/3(0428)	
비계사(費鷄師)	80/4(0430)	
악록승(岳麓僧)	80/5(0431)	
강신(强紳)	80/6(0432)	
팽정근(彭釘筋)	80/7(0433)	
최무두(崔無斀)	80/8(0434)	
촉사(蜀士)	80/9(0435)	
진민(陳岷)	80/10(0436)	
정산고(鄭山古)	80/11(0437)	
마처겸(馬處謙)	80/12(0438)	
조성인(趙聖人)	80/13(0439)	
황만호(黃萬戶)	80/14(0440)	
하규(何奎)	80/15(0441)	
손웅(孫雄)	80/16(0442)	
이한웅(李漢雄)	80/17(0443)	

권81 이인(異人)1	81	
한치(韓稚)	81/1(0444)	
행령(幸靈)	81/2(0445)	
조일(趙逸)	81/3(0446)	
양사공(梁四公)	81/4(0447)	

권82 이인2	82	
육법화(陸法和)	82/1(0448)	
왕범지(王梵志)	82/2(0449)	
왕수일(王守一)	82/3(0450)	
이자모(李子牟)	82/4(0451)	
여옹(呂翁)	82/5(0452)	
관자문(管子文)	82/6(0453)	
원가조(袁嘉祚)	82/7(0454)	
정상여(鄭相如)	82/8(0455)	

권83 이인3	83	
속생(續生)	83/1(0456)	
장좌(張佐)	83/2(0457)	
육홍점(陸鴻漸)	83/3(0458)	
가탐(賈耽)	83/4(0459)	
치침도사(治針道士)	83/5(0460)	
정원말포의(貞元末布衣)	83/6(0461)	
유성(柳成)	83/7(0462)	
소주의사(蘇州義師)	83/8(0463)	
오감(吳堪)	83/9(0464)	

권84 이인4	84	
묘진경(苗晉卿)	84/1(0465)	
의녕방광인(義寧坊狂人)	84/2(0466)	
장엄(張儼)	84/3(0467)	
해락산(奚樂山)	84/4(0468)	
왕거사(王居士)	84/5(0469)	
유수(俞叜)	84/6(0470)	
형악도인(衡嶽道人)	84/7(0471)	
이업(李業)	84/8(0472)	
석민(石旻)	84/9(0473)	
관잠산은자(管涔山隱者)	84/10(0474)	

송사유(宋師儒)　　　84/11(0475)
　　회창광사(會昌狂士)　84/12(0476)
　　당경(唐慶)　　　　　84/13(0477)
　　노균(盧鈞)　　　　　84/14(0478)

권85 이인5　　　　　　　85
　　조지미(趙知微)　　　85/1(0479)
　　격죽자(擊竹子)　　　85/2(0480)
　　장준(張濬)　　　　　85/3(0481)
　　금주도인(金州道人)　85/4(0482)
　　이생(李生)　　　　　85/5(0483)
　　서명부(徐明府)　　　85/6(0484)
　　화음점구(華陰店嫗)　85/7(0485)
　　이객(李客)　　　　　85/8(0486)
　　촉성매약인(蜀城賣藥人)85/9(0487)
　　유처사(劉處士)　　　85/10(0488)
　　장무(張武)　　　　　85/11(0489)
　　모산도사(茅山道士)　85/12(0490)
　　역려객(逆旅客)　　　85/13(0491)
　　교방악인자(敎坊樂人子)85/14(0492)
　　장순경(蔣舜卿)　　　85/15(0493)

권86 이인6　　　　　　　86
　　황만우(黃萬祐)　　　86/1(0494)
　　임삼랑(任三郞)　　　86/2(0495)
　　황제(黃齊)　　　　　86/3(0496)
　　왕처회(王處回)　　　86/4(0497)
　　천자재(天自在)　　　86/5(0498)
　　엄이도사(掩耳道士)　86/6(0499)
　　포룡도사(抱龍道士)　86/7(0500)
　　하소한(何昭翰)　　　86/8(0501)
　　노연귀(盧延貴)　　　86/9(0502)
　　두로빈(杜魯賓)　　　86/10(0503)
　　건주광승(建州狂僧)　86/11(0504)
　　유갑(劉甲)　　　　　86/12(0505)
　　노영(盧嬰)　　　　　86/13(0506)
　　조연노(趙鸞奴)　　　86/14(0507)

권87 이승(異僧)1　　　　87
　　석마등(釋摩騰)　　　87/1(0508)
　　축법란(竺法蘭)　　　87/2(0509)
　　강승회(康僧會)　　　87/3(0510)
　　지둔(支遁)　　　　　87/4(0511)

권88 이승2　　　　　　　88
　　불도징(佛圖澄)　　　88/1(0512)

권89 이승3　　　　　　　89
　　석도안(釋道安)　　　89/1(0513)
　　구마라집(鳩摩羅什)　89/2(0514)
　　법랑(法朗)　　　　　89/3(0515)
　　이항사문(李恒沙門)　89/4(0516)

권90 이승4　　　　　　　90
　　배도(杯渡)　　　　　90/1(0517)
　　석보지(釋寶誌)　　　90/2(0518)

권91 이승5　　　　　　　91
　　영나발마(永那跋摩)　91/1(0519)
　　법도(法度)　　　　　91/2(0520)

통공(通公)	91/3(0521)		상위간승(相衛間僧)	95/2(0543)
아전사(阿專師)	91/4(0522)		도림(道林)	95/3(0544)
아독사(阿禿師)	91/5(0523)		정만(淨滿)	95/4(0545)
조선사(稠禪師)	91/6(0524)		법통(法通)	95/5(0546)
석지원(釋知苑)	91/7(0525)			
법희(法喜)	91/8(0526)		권96 이승10	96
법림(法琳)	91/9(0527)		승가대사(僧伽大師)	96/1(0547)
서경업(徐敬業)	91/10(0528)		회향사광승(廻向寺狂僧)	96/2(0548)
낙빈왕(駱賓王)	91/11(0529)		나잔(懶殘)	96/3(0549)
			위고(韋皐)	96/4(0550)
권92 이승6	92		석도흠(釋道欽)	96/5(0551)
현장(玄奘)	92/1(0530)		신칠사(辛七師)	96/6(0552)
만회(萬廻)	92/2(0531)		가주승(嘉州僧)	96/7(0553)
일행(一行)	92/3(0532)		금강선(金剛仙)	96/8(0554)
무외(無畏)	92/4(0533)		치구화상(鴟鳩和尙)	96/9(0555)
명달사(明達師)	92/5(0534)			
혜조(惠照)	92/6(0535)		권97 이승11	97
			수선사(秀禪師)	97/1(0556)
권93 이승7	93		의복(義福)	97/2(0557)
선율사(宣律師)	93/1(0536)		신정(神鼎)	97/3(0558)
			광릉대사(廣陵大師)	97/4(0559)
권94 이승8	94		화화(和和)	97/5(0560)
화엄화상(華嚴和尙)	94/1(0537)		공여선사(空如禪師)	97/6(0561)
당휴경문승(唐休璟門僧)	94/2(0538)		승사(僧些)	97/7(0562)
의광선사(儀光禪師)	94/3(0539)		아족사(阿足師)	97/8(0563)
현람(玄覽)	94/4(0540)		감사(鑒師)	97/9(0564)
법장(法將)	94/5(0541)		종간(從諫)	97/10(0565)
권95 이승9	95		권98 이승12	98
홍방선사(洪昉禪師)	95/1(0542)		이덕유(李德裕)	98/1(0566)

| 20 · 태평광기 |

　제주승(齊州僧)　　　　98/2(0567)
　포옥사(抱玉師)　　　　98/3(0568)
　속초사(束草師)　　　　98/4(0569)
　혜관(惠寬)　　　　　　98/5(0570)
　소화상(素和尙)　　　　98/6(0571)
　회신(懷信)　　　　　　98/7(0572)
　불타살(佛陀薩)　　　　98/8(0573)
　홍원상좌(興元上座)　　98/9(0574)
　조번(趙蕃)　　　　　　98/10(0575)
　회준(懷濬)　　　　　　98/11(0576)
　지자선사(智者禪師)　　98/12(0577)
　법본(法本)　　　　　　98/13(0578)

권99 석증(釋證)1　　　　99
　승혜상(僧惠祥)　　　　99/1(0579)
　아육왕상(阿育王像)　　99/2(0580)
　왕회지(王淮之)　　　　99/3(0581)
　혜응(惠凝)　　　　　　99/4(0582)
　영은사(靈隱寺)　　　　99/5(0583)
　후경(侯慶)　　　　　　99/6(0584)
　대업객승(大業客僧)　　99/7(0585)
　합상(蛤像)　　　　　　99/8(0586)
　광명사(光明寺)　　　　99/9(0587)
　십광불(十光佛)　　　　99/10(0588)
　이대안(李大安)　　　　99/11(0589)
　위지십(韋知十)　　　　99/12(0590)
　유공신처(劉公信妻)　　99/13(0591)

권100 석증2　　　　　　100
　장락촌성승(長樂村聖僧)100/1(0592)

　굴돌중임(屈突仲任)　　100/2(0593)
　무주금강(婺州金剛)　　100/3(0594)
　보리사저(菩提寺猪)　　100/4(0595)
　이사원(李思元)　　　　100/5(0596)
　승제지(僧齊之)　　　　100/6(0597)
　장무시(張無是)　　　　100/7(0598)
　장응(張應)　　　　　　100/8(0599)
　도엄(道嚴)　　　　　　100/9(0600)

권101 석증3　　　　　　101
　형조진(邢曹進)　　　　101/1(0601)
　위씨자(韋氏子)　　　　101/2(0602)
　강승(殭僧)　　　　　　101/3(0603)
　계란(雞卵)　　　　　　101/4(0604)
　허문도(許文度)　　　　101/5(0605)
　현법사(玄法寺)　　　　101/6(0606)
　상거사(商居士)　　　　101/7(0607)
　황산서상(黃山瑞像)　　101/8(0608)
　마자운(馬子雲)　　　　101/9(0609)
　운화사관음(雲花寺觀音)101/10(0610)
　이주(李舟)　　　　　　101/11(0611)
　혜원(惠原)　　　　　　101/12(0612)
　연주부인(延州婦人)　　101/13(0613)
　진주철탑(鎭州鐵塔)　　101/14(0614)
　위빈조자(渭濱釣者)　　101/15(0615)

권102 보응(報應)1　　　102
　금강경(金剛經)　　　　102
　노경유(盧景裕)　　　　102/1(0616)
　조문약(趙文若)　　　　102/2(0617)

조문창(趙文昌)	102/3(0618)		진혜처(陳惠妻)	103/14(0645)
신번현서생(新繁縣書生)	102/4(0619)		하횡(何潢)	103/15(0646)
괴무안(蒯武安)	102/5(0620)		장현소(張玄素)	103/16(0647)
목언통(睦彦通)	102/6(0621)		이구일(李丘一)	103/17(0648)
두지량(杜之亮)	102/7(0622)			
모용문책(慕容文策)	102/8(0623)		권104 보응3	104
유검(柳儉)	102/9(0624)		금강경	104
소우(蕭瑀)	102/10(0625)		우창(于昶)	104/1(0649)
조문신(趙文信)	102/11(0626)		배선례(裴宣禮)	104/2(0650)
유필(劉弼)	102/12(0627)		오사현(吳思玄)	104/3(0651)
원지통(袁志通)	102/13(0628)		은산노인(銀山老人)	104/4(0652)
위극근(韋克勤)	102/14(0629)		최문간(崔文簡)	104/5(0653)
심가회(沈嘉會)	102/15(0630)		요대(姚待)	104/6(0654)
육회소(陸懷素)	102/16(0631)		여문전(呂文展)	104/7(0655)
			장안현계수(長安縣繫囚)	
권103 보응2	103			104/8(0656)
금강경	103		이허(李虛)	104/9(0657)
사마교경(司馬喬卿)	103/1(0632)		노씨(盧氏)	104/10(0658)
손수(孫壽)	103/2(0633)		진리빈(陳利賓)	104/11(0659)
이관(李觀)	103/3(0634)		왕굉(王宏)	104/12(0660)
두로부인(豆盧夫人)	103/4(0635)		전씨(田氏)	104/13(0661)
이수행(尼修行)	103/5(0636)			
진문달(陳文達)	103/6(0637)		권105 보응4	105
고지(高紙)	103/7(0638)		금강경	105
백인절(白仁哲)	103/8(0639)		이유연(李惟燕)	105/1(0662)
두덕현(竇德玄)	103/9(0640)		손명(孫明)	105/2(0663)
송의륜(宋義倫)	103/10(0641)		삼도사(三刀師)	105/3(0664)
이강(李岡)	103/11(0642)		송참군(宋參軍)	105/4(0665)
왕타(王陀)	103/12(0643)		유홍점(劉鴻漸)	105/5(0666)
왕령망(王令望)	103/13(0644)		장가유(張嘉猷)	105/6(0667)

위순(魏恂)	105/7(0668)
두사눌(杜思訥)	105/8(0669)
용흥사주(龍興寺主)	105/9(0670)
진철(陳哲)	105/10(0671)
풍주봉자(豐州烽子)	105/11(0672)
장일(張鎰)	105/12(0673)
최녕(崔寧)	105/13(0674)

권106 보응5 — 106
금강경 — 106
태원효렴(太原孝廉)	106/1(0675)
이정광(李廷光)	106/2(0676)
육강성(陸康成)	106/3(0677)
설엄(薛嚴)	106/4(0678)
임자신(任自信)	106/5(0679)
단문창(段文昌)	106/6(0680)
유일회(劉逸淮)	106/7(0681)
손함(孫咸)	106/8(0682)
승지등(僧智燈)	106/9(0683)
왕씨(王氏)	106/10(0684)
좌영오백(左營伍伯)	106/11(0685)
송간(宋衎)	106/12(0686)
진소(陳昭)	106/13(0687)

권107 보응6 — 107
금강경 — 107
왕충간(王忠幹)	107/1(0688)
왕칭(王偁)	107/2(0689)
이원일(李元一)	107/3(0690)
어만영(魚萬盈)	107/4(0691)
우리회(于李回)	107/5(0692)
강백달(强伯達)	107/6(0693)
승유공(僧惟恭)	107/7(0694)
왕면(王沔)	107/8(0695)
동진조(董進朝)	107/9(0696)
강중척(康仲戚)	107/10(0697)
오가구(吳可久)	107/11(0698)
견행립(开行立)	107/12(0699)
승법정(僧法正)	107/13(0700)
사미도음(沙彌道蔭)	107/14(0701)
하로(何老)	107/15(0702)
구롱의(勾龍義)	107/16(0703)
조안(趙安)	107/17(0704)

권108 보응7 — 108
금강경 — 108
하진(何軫)	108/1(0705)
왕은(王殷)	108/2(0706)
왕한(王翰)	108/3(0707)
영면(審勉)	108/4(0708)
예근(倪勤)	108/5(0709)
고섭(高涉)	108/6(0710)
장정(張政)	108/7(0711)
이거(李琚)	108/8(0712)
파남재(巴南宰)	108/9(0713)
원초(元初)	108/10(0714)
연주군장(兗州軍將)	108/11(0715)
양복공제(楊復恭弟)	108/12(0716)
채주행자(蔡州行者)	108/13(0717)
판해객(販海客)	108/14(0718)

권109 보응8	109	축장서(竺長舒)	110/5(0744)
법화경(法華經)	109	반도수(潘道秀)	110/6(0745)
사문정생(沙門靜生)	109/1(0719)	난순(欒荀)	110/7(0746)
석담수(釋曇邃)	109/2(0720)	장숭(張崇)	110/8(0747)
석혜경(釋慧慶)	109/3(0721)	석개달(釋開達)	110/9(0748)
비씨(費氏)	109/4(0722)	축법순(竺法純)	110/10(0749)
조태(趙泰)	109/5(0723)	석도태(釋道泰)	110/11(0750)
석혜진(釋慧進)	109/6(0724)	곽선(郭宣)	110/12(0751)
사문법상(沙門法尙)	109/7(0725)	여송(呂竦)	110/13(0752)
석홍명(釋弘明)	109/8(0726)	서영(徐榮)	110/14(0753)
석지담(釋志湛)	109/9(0727)	유도(劉度)	110/15(0754)
오후사승(五侯寺僧)	109/10(0728)	남궁자오(南宮子敖)	110/16(0755)
석지총(釋智聰)	109/11(0729)	서의(徐義)	110/17(0756)
담운선사(曇韻禪師)	109/12(0730)	필람(畢覽)	110/18(0757)
이산룡(李山龍)	109/13(0731)	석법지(釋法智)	110/19(0758)
소장(蘇長)	109/14(0732)	손도덕(孫道德)	110/20(0759)
이법신(尼法信)	109/15(0733)	장흥(張興)	110/21(0760)
이씨(李氏)	109/16(0734)	담무갈(曇無竭)	110/22(0761)
철사(徹師)	109/17(0735)	차모(車母)	110/23(0762)
오진사승(悟眞寺僧)	109/18(0736)	석담영(釋曇穎)	110/24(0763)
석도속(釋道俗)	109/19(0737)	형회명(邢懷明)	110/25(0764)
사아서(史阿誓)	109/20(0738)	왕구(王球)	110/26(0765)
석벽사승(石壁寺僧)	109/21(0739)		
		권111 보응10	111
권110 보응9	110	관음경	111
관음경(觀音經)	110	축혜경(竺惠慶)	111/1(0766)
두부(竇傳)	110/1(0740)	변열지(卞悅之)	111/2(0767)
주당(周璫)	110/2(0741)	장창(張暢)	111/3(0768)
축법의(竺法義)	110/3(0742)	왕현모(王玄謨)	111/4(0769)
왕민처(王珉妻)	110/4(0743)	석도경(釋道冏)	111/5(0770)

복만수(伏萬壽)	111/6(0771)
팽자교(彭子喬)	111/7(0772)
석혜화(釋慧和)	111/8(0773)
제건안왕(齊建安王)	111/9(0774)
모덕조(毛德祖)	111/10(0775)
이유준(李儒俊)	111/11(0776)
심갑(沈甲)	111/12(0777)
장달(張達)	111/13(0778)
손경덕(孫敬德)	111/14(0779)
고순(高荀)	111/15(0780)
사준(史雋)	111/16(0781)
동산사미(東山沙彌)	111/17(0782)
서선재(徐善才)	111/18(0783)
두지해(杜智楷)	111/19(0784)
장씨(張氏)	111/20(0785)
허엄(許儼)	111/21(0786)
승도헌(僧道憲)	111/22(0787)
성규(成珪)	111/23(0788)
왕기(王琦)	111/24(0789)

권112 보응-11 112
  숭경상(崇經像) 112

사세광(史世光)	112/1(0790)
동길(董吉)	112/2(0791)
송리국(宋吏國)	112/3(0792)
장원(張元)	112/4(0793)
석지흥(釋智興)	112/5(0794)
동웅(董雄)	112/6(0795)
맹지검(孟知儉)	112/7(0796)
최선충(崔善冲)	112/8(0797)
당안(唐晏)	112/9(0798)
장어사(張御史)	112/10(0799)
이흔(李昕)	112/11(0800)
우등(牛騰)	112/12(0801)
이원평(李元平)	112/13(0802)
장사인(長沙人)	112/14(0803)
건부승(乾符僧)	112/15(0804)

권113 보응-12 113
  숭경상 113

장응(張應)	113/1(0805)
석도안(釋道安)	113/2(0806)
주민(周閔)	113/3(0807)
왕의(王懿)	113/4(0808)
사부(謝敷)	113/5(0809)
승법홍(僧法洪)	113/6(0810)
유식지(劉式之)	113/7(0811)
유령(劉齡)	113/8(0812)
진안거(陳安居)	113/9(0813)
마처백(馬處伯)	113/10(0814)

권114 보응-13 114
  숭경상 114

비숭선(費崇先)	114/1(0815)
위세자(魏世子)	114/2(0816)
하담원(何曇遠)	114/3(0817)
진수원(陳秀遠)	114/4(0818)
갈제지(葛濟之)	114/5(0819)
동청건(董靑建)	114/6(0820)
제경릉왕(齊竟陵王)	114/7(0821)

장일(張逸)	114/8(0822)	최평업(崔平業)	116/8(0846)
석승호(釋僧護)	114/9(0823)	왕진악(王鎭惡)	116/9(0847)
승징공(僧澄空)	114/10(0824)	곽조심(郭祖深)	116/10(0848)
석혜간(釋慧偘)	114/11(0825)	위원종(衛元宗)	116/11(0849)
석도적(釋道積)	114/12(0826)	강승생(姜勝生)	116/12(0850)
석법성(釋法誠)	114/13(0827)	부혁(傅奕)	116/13(0851)
		병주인(幷州人)	116/14(0852)
권115 보응-14	115	설고훈(薛孤訓)	116/15(0853)
숭경상	115	수주현령(巂州縣令)	116/16(0854)
장법의(張法義)	115/1(0828)	정령(丁零)	116/17(0855)
왕홍지(王弘之)	115/2(0829)	당무종(唐武宗)	116/18(0856)
최의기처(崔義起妻)	115/3(0830)	왕의일(王義逸)	116/19(0857)
양양노모(襄陽老姥)	115/4(0831)	췌육(贅肉)	116/20(0858)
보현사(普賢社)	115/5(0832)	서명사(西明寺)	116/21(0859)
이흡(李洽)	115/6(0833)	명상사(明相寺)	116/22(0860)
왕을(王乙)	115/7(0834)	승의부(僧義孚)	116/23(0861)
겸이함광(鉗耳含光)	115/8(0835)	개조사도(開照寺盜)	116/24(0862)
석예(席豫)	115/9(0836)	승소명(僧紹明)	116/25(0863)
배휴(裴休)	115/10(0837)	동강군(潼江軍)	116/26(0864)
아장자(牙將子)	115/11(0838)		
		권117 보응-16	117
권116 보응-15	116	음덕(陰德)	117
숭경상	116	손숙오(孫叔敖)	117/1(0865)
사회(謝晦)	116/1(0839)	최경사(崔敬嗣)	117/2(0866)
이지통(尼智通)	116/2(0840)	배도(裴度)	117/3(0867)
왕습지(王襲之)	116/3(0841)	유가(劉軻)	117/4(0868)
주종(周宗)	116/4(0842)	유홍경(劉弘敬)	117/5(0869)
심승복(沈僧復)	116/5(0843)	소방(蕭倣)	117/6(0870)
승도지(僧道志)	116/6(0844)	손태(孫泰)	117/7(0871)
당문백(唐文伯)	116/7(0845)	이질(李質)	117/8(0872)

범명부(范明府)	117/9(0873)
정언빈(程彦賓)	117/10(0874)

권118 보응-17	118
이류(異類)	118
한무제(漢武帝)	118/1(0875)
동방삭(東方朔)	118/2(0876)
모보(毛寶)	118/3(0877)
공유(孔愉)	118/4(0878)
종숙림(宗叔林)	118/5(0879)
환막(桓邈)	118/6(0880)
유추(劉樞)	118/7(0881)
채희부(蔡喜夫)	118/8(0882)
유소(劉沼)	118/9(0883)
유지형(劉之亨)	118/10(0884)
엄태(嚴泰)	118/11(0885)
정령선(程靈銑)	118/12(0886)
위단(韋丹)	118/13(0887)
웅신(熊愼)	118/14(0888)
왕행사(王行思)	118/15(0889)
진홍태(陳弘泰)	118/16(0890)

권119 보응-18	119
원보(冤報)	119
두백(杜伯)	119/1(0891)
공손성(公孫聖)	119/2(0892)
연신장자의(燕臣莊子儀)	119/3(0893)
유돈(游敦)	119/4(0894)
왕굉(王宏)	119/5(0895)
송황후(宋皇后)	119/6(0896)

서광(徐光)	119/7(0897)
왕릉(王陵)	119/8(0898)
하후현(夏侯玄)	119/9(0899)
김현(金玄)	119/10(0900)
경광(經曠)	119/11(0901)
만묵(萬默)	119/12(0902)
국검(麴儉)	119/13(0903)
태악기(太樂伎)	119/14(0904)
등완(鄧琬)	119/15(0905)
공기(孔基)	119/16(0906)
담마참(曇摩懺)	119/17(0907)
지법존(支法存)	119/18(0908)
장초(張超)	119/19(0909)
원찬유자(袁粲幼子)	119/20(0910)
유굉노(庾宏奴)	119/21(0911)
위휘준(魏輝儁)	119/22(0912)
진자융(眞子融)	119/23(0913)

권120 보응-19	120
원보	120
양무제(梁武帝)	120/1(0914)
장비(張裨)	120/2(0915)
양도생(羊道生)	120/3(0916)
석승월(釋僧越)	120/4(0917)
강릉사대부(江陵士大夫)	120/5(0918)
서철구(徐鐵臼)	120/6(0919)
소속(蕭續)	120/7(0920)
악개경(樂蓋卿)	120/8(0921)
강계손(康季孫)	120/9(0922)
장현(張絢)	120/10(0923)

양사달(楊思達)	120/11(0924)	최위자(崔尉子)	121/19(0951)
홍씨(弘氏)	120/12(0925)		
주정(朱貞)	120/13(0926)	권122 보응-21	122
북제문선제(北齊文宣帝)	120/14(0927)	원보	122
양무제(梁武帝)	120/15(0928)	진의랑(陳義郎)	122/1(0952)
위대(韋戴)	120/16(0929)	달해순(達奚珣)	122/2(0953)
수서인용(隋庶人勇)	120/17(0930)	화양이위(華陽李尉)	122/3(0954)
경조옥졸(京兆獄卒)	120/18(0931)	단수실(段秀實)	122/4(0955)
공인(邛人)	120/19(0932)	마봉충(馬奉忠)	122/5(0956)
		운졸(鄆卒)	122/6(0957)
권121 보응-20	121	악생(樂生)	122/7(0958)
원보	121	송신석(宋申錫)	122/8(0959)
두통달(杜通達)	121/1(0933)	촉영전(蜀營典)	122/9(0960)
형문종(邢文宗)	121/2(0934)		
장손무기(長孫無忌)	121/3(0935)	권123 보응-22	123
누사덕(婁師德)	121/4(0936)	원보	123
왕진(王瑱)	121/5(0937)	호격(胡澂)	123/1(0961)
강융(江融)	121/6(0938)	진광모(秦匡謀)	123/2(0962)
이소덕(李昭德)	121/7(0939)	위판관(韋判官)	123/3(0963)
궁사업(弓嗣業)	121/8(0940)	양수(楊收)	123/4(0964)
주흥(周興)	121/9(0941)	송유(宋柔)	123/5(0965)
어사훤(魚思咺)	121/10(0942)	왕표(王表)	123/6(0966)
색원례(索元禮)	121/11(0943)	건녕재상(乾寧宰相)	123/7(0967)
장초금(張楚金)	121/12(0944)		
최일지(崔日知)	121/13(0945)	권124 보응-23	124
소정(蘇頲)	121/14(0946)	원보	124
이지(李之)	121/15(0947)	왕간이(王簡易)	124/1(0968)
당왕황후(唐王皇后)	121/16(0948)	번광(樊光)	124/2(0969)
양신긍(楊愼矜)	121/17(0949)	이언광(李彦光)	124/3(0970)
사야광(師夜光)	121/18(0950)	후온(侯溫)	124/4(0971)

심신(沈申)	124/5(0972)
법조리(法曹吏)	124/6(0973)
유존(劉存)	124/7(0974)
원주록사(袁州錄事)	124/8(0975)
유번(劉璠)	124/9(0976)
오경(吳景)	124/10(0977)
고안촌소아(高安村小兒)	124/11(0978)
진훈(陳勳)	124/12(0979)
종준(鍾遵)	124/13(0980)
위처사(韋處士)	124/14(0981)
장진(張進)	124/15(0982)
학부(郝溥)	124/16(0983)
배원(裴垣)	124/17(0984)
소탁(蘇鐸)	124/18(0985)
조안(趙安)	124/19(0986)

권125 보응-24   125
  원보   125
합두사(榼頭師)	125/1(0987)
당소(唐紹)	125/2(0988)
이생(李生)	125/3(0988)
노숙륜녀(盧叔倫女)	125/4(0990)
최무은(崔無隱)	125/5(0991)

권126 보응-25   126
정보(程普)	126/1(0992)
양담(羊聃)	126/2(0993)
유의(劉毅)	126/3(0994)
장화사(張和思)	126/4(0995)
양원제(梁元帝)	126/5(0996)
두궤(竇軌)	126/6(0997)
무유녕(武攸寧)	126/7(0998)
최진사(崔進思)	126/8(0999)
기만수(祁萬壽)	126/9(1000)
곽패(郭霸)	126/10(1001)
조유사(曹惟思)	126/11(1002)
형숙(邢璹)	126/12(1003)
만국준(萬國俊)	126/13(1004)
왕요(王瑤)	126/14(1005)
진현(陳峴)	126/15(1006)
소회무(蕭懷武)	126/16(1007)
이귀정(李龜禎)	126/17(1008)
진결(陳潔)	126/18(1009)

권127 보응-26   127
소아(蘇娥)	127/1(1010)
부령처(涪令妻)	127/2(1011)
제갈원숭(諸葛元崇)	127/3(1012)
여경조(呂慶祖)	127/4(1013)
원휘(元徽)	127/5(1014)
이의염(李義琰)	127/6(1015)
기주사주(岐州寺主)	127/7(1016)
관요주부(館陶主簿)	127/8(1017)
승담창(僧曇暢)	127/9(1018)
오교민(午橋民)	127/10(1019)
노숙민(盧叔敏)	127/11(1020)
정생(鄭生)	127/12(1021)

권128 보응-27   128
| 공손작(公孫綽) | 128/1(1022) |

왕안국(王安國)	128/2(1023)
이묘적(尼妙寂)	128/3(1024)
이문민(李文敏)	128/4(1025)
번종량(樊宗諒)	128/5(1026)
형양씨(滎陽氏)	128/6(1027)
권129 보응-28	129
비첩(婢妾)	129
왕제비(王濟婢)	129/1(1028)
왕범첩(王範妾)	129/2(1029)
송궁인(宋宮人)	129/3(1030)
김형(金荊)	129/4(1031)
두억첩(杜嶷妾)	129/5(1032)
후주여자(後周女子)	129/6(1033)
장공근첩(張公瑾妾)	129/7(1034)
범략비(範略婢)	129/8(1035)
호량첩(胡亮妾)	129/9(1036)
양인유비(梁仁裕婢)	129/10(1037)
장경선비(張景先婢)	129/11(1038)
이훈첩(李訓妾)	129/12(1039)
화엄(花嚴)	129/13(1040)
진양인첩(晉陽人妾)	129/14(1041)
권130 보응-29	130
비첩	130
두응첩(竇凝妾)	130/1(1042)
엄무도첩(嚴武盜妾)	130/2(1043)
녹교(綠翹)	130/3(1044)
마전절비(馬全節婢)	130/4(1045)
노사언녀(魯思郾女)	130/5(1046)
악주소장(鄂州小將)	130/6(1047)
김치(金巵)	130/7(1048)
권131 보응-30	131
살생(殺生)	131
전창(田倉)	131/1(1049)
임해인(臨海人)	131/2(1050)
진갑(陳甲)	131/3(1051)
마고(麻姑)	131/4(1052)
사성(謝盛)	131/5(1053)
이영(李嬰)	131/6(1054)
허헌(許憲)	131/7(1055)
익주인(益州人)	131/8(1056)
장안인(章安人)	131/9(1057)
원치종(元稚宗)	131/10(1058)
왕담략(王曇略)	131/11(1059)
광주인(廣州人)	131/12(1060)
동흥인(東興人)	131/13(1061)
진망(陳莽)	131/14(1062)
패국인(沛國人)	131/15(1063)
제조청(齊朝請)	131/16(1064)
오사지(伍寺之)	131/17(1065)
소항(蘇巷)	131/18(1066)
완예(阮倪)	131/19(1067)
소문립(邵文立)	131/20(1068)
양원제(梁元帝)	131/21(1069)
망채령(望蔡令)	131/22(1070)
승담환(僧曇歡)	131/23(1071)
석승군(釋僧羣)	131/24(1072)
축법혜(竺法惠)	131/25(1073)

기주소아(冀州小兒)	131/26(1074)	최도기(崔道紀)	133/8(1098)
		하택(何澤)	133/9(1099)
권132 보응31	132	악주인(岳州人)	133/10(1100)
살생	132	서가범(徐可範)	133/11(1101)
왕장군(王將軍)	132/1(1075)	건업부인(建業婦人)	133/12(1102)
강략(姜略)	132/2(1076)	광릉남자(廣陵男子)	133/13(1103)
하열(賀悅)	132/3(1077)	하마자(何馬子)	133/14(1104)
이수(李壽)	132/4(1078)	장소(章邵)	133/15(1105)
방산개(方山開)	132/5(1079)	한립선(韓立善)	133/16(1106)
왕준(王遵)	132/6(1080)	승수준(僧修準)	133/17(1107)
이지례(李知禮)	132/7(1081)	우문씨(宇文氏)	133/18(1108)
육효정(陸孝政)	132/8(1082)	이정(李貞)	133/19(1109)
과의(果毅)	132/9(1083)	승수영(僧秀榮)	133/20(1110)
유마아(劉摩兒)	132/10(1084)	무건소(毋乾昭)	133/21(1111)
점부(店婦)	132/11(1085)	이소(李紹)	133/22(1112)
도인(屠人)	132/12(1086)		
유지원(劉知元)	132/13(1087)	권134 보응33	134
계전문(季全聞)	132/14(1088)	숙업축생(宿業畜生)	134
당도민(當塗民)	132/15(1089)	죽영통(竹永通)	134/1(1113)
장종(張縱)	132/16(1090)	의성민(宜城民)	134/2(1114)
		위경식(韋慶植)	134/3(1115)
권133 보응32	133	조태(趙太)	134/4(1116)
살생	133	이신(李信)	134/5(1117)
주화(朱化)	133/1(1091)	사씨(謝氏)	134/6(1118)
이첨(李詹)	133/2(1092)	왕진(王珍)	134/7(1119)
왕공직(王公直)	133/3(1093)	왕회사(王會師)	134/8(1120)
황민(黃敏)	133/4(1094)	해봉선(解奉先)	134/9(1121)
진군릉(陳君稜)	133/5(1095)	동안우(童安玗)	134/10(1122)
왕동미(王洞微)	133/6(1096)	유자연(劉自然)	134/11(1123)
손계정(孫季貞)	133/7(1097)	이명부(李明府)	134/12(1124)

유약시(劉鑰匙)	134/13(1125)		진고조(陳高祖)	135/23(1152)
상공(上公)	134/14(1126)		수문제(隋文帝)	135/24(1153)
시변(施汴)	134/15(1127)		수양제(隋煬帝)	135/25(1154)
공승통(公乘通)	134/16(1128)		당고조(唐高祖)	135/26(1155)
승심언(僧審言)	134/17(1129)		당태종(唐太宗)	135/27(1156)
			당제왕원길(唐齊王元吉)	
권135 징응(徵應)1	135			135/28(1157)
제왕휴징(帝王休徵)	135		당중종(唐中宗)	135/29(1158)
제요(帝堯)	135/1(1130)		당상왕(唐相王)	135/30(1159)
주무왕(周武王)	135/2(1131)		노주별가(潞州別駕)	135/31(1160)
월왕(越王)	135/3(1132)		금와우(金蝸牛)	135/32(1161)
임조장인(臨洮長人)	135/4(1133)			
한고조(漢高祖)	135/5(1134)		권136 징응2	136
육가(陸賈)	135/6(1135)		제왕휴징	136
한원후(漢元后)	135/7(1136)		당현종(唐玄宗)	136/1(1162)
후한장제(後漢章帝)	135/8(1137)		질금상(叱金像)	136/2(1163)
오대제(吳大帝)	135/9(1138)		천보부(天寶符)	136/3(1164)
위명제(魏明帝)	135/10(1139)		촉당귀(蜀當歸)	136/4(1165)
진사마씨(晉司馬氏)	135/11(1140)		만리교(萬里橋)	136/5(1166)
백연(白燕)	135/12(1141)		당숙종(唐肅宗)	136/6(1167)
진무제(晉武帝)	135/13(1142)		당무종(唐武宗)	136/7(1168)
진혜제(晉惠帝)	135/14(1143)		당선종(唐宣宗)	136/8(1169)
진원제(晉元帝)	135/15(1144)		영광왕(迎光王)	136/9(1170)
촉이웅(蜀李雄)	135/16(1145)		당의종(唐懿宗)	136/10(1171)
송고조(宋高祖)	135/17(1146)		당희종(唐僖宗)	136/11(1172)
송효무제(宋孝武帝)	135/18(1147)		이태(李邰)	136/12(1173)
송명제(宋明帝)	135/19(1148)		후당태조(後唐太祖)	136/13(1174)
제태조(齊太祖)	135/20(1149)		후당명종(後唐明宗)	136/14(1175)
북제신무(北齊神武)	135/21(1150)		노왕(潞王)	136/15(1176)
후주태조(後周太祖)	135/22(1151)		진고조(晉高祖)	136/16(1177)

위촉주구(僞蜀主舅)　　　136/17(1178)

권137 징응3　　　　　　137
　인신휴징(人臣休徵)　　137
　여망(呂望)　　　　　　137/1(1179)
　중니(仲尼)　　　　　　137/2(1180)
　문옹(文翁)　　　　　　137/3(1181)
　동중서(董仲舒)　　　　137/4(1182)
　하비간(何比干)　　　　137/5(1183)
　오록충종(五鹿充宗)　　137/6(1184)
　왕부(王溥)　　　　　　137/7(1185)
　응추(應樞)　　　　　　137/8(1186)
　원안(袁安)　　　　　　137/9(1187)
　진중거(陳仲擧)　　　　137/10(1188)
　장승(張承)　　　　　　137/11(1189)
　장씨(張氏)　　　　　　137/12(1190)
　사마휴지(司馬休之)　　137/13(1191)
　두자(杜慈)　　　　　　137/14(1192)
　무사확(武士䂮)　　　　137/15(1193)
　장문성(張文成)　　　　137/16(1194)
　상관소용(上官昭容)　　137/17(1195)
　최행공(崔行功)　　　　137/18(1196)
　이정기(李正己)　　　　137/19(1197)
　이규(李揆)　　　　　　137/20(1198)
　가은림(賈隱林)　　　　137/21(1199)
　장자량(張子良)　　　　137/22(1200)
　정인(鄭絪)　　　　　　137/23(1201)

권138 징응4　　　　　　138
　인신휴징　　　　　　　138

　배도(裴度)　　　　　　138/1(1202)
　단문창(段文昌)　　　　138/2(1203)
　이봉길(李逢吉)　　　　138/3(1204)
　우승유(牛僧孺)　　　　138/4(1205)
　왕지흥(王智興)　　　　138/5(1206)
　우사(牛師)　　　　　　138/6(1207)
　두중립(杜中立)　　　　138/7(1208)
　이빈(李蠙)　　　　　　138/8(1209)
　마식(馬植)　　　　　　138/9(1210)
　고병(高騈)　　　　　　138/10(1211)
　공온유(孔溫裕)　　　　138/11(1212)
　손악(孫偓)　　　　　　138/12(1213)
　이전충(李全忠)　　　　138/13(1214)
　후홍실(侯弘實)　　　　138/14(1215)
　대사원(戴思遠)　　　　138/15(1216)
　장전(張籛)　　　　　　138/16(1217)
　제주민(齊州民)　　　　138/17(1218)
　주경원(朱慶源)　　　　138/18(1219)

권139 징응5　　　　　　139
　방국구징(邦國咎徵)　　139
　지양소인(池陽小人)　　139/1(1220)
　배명조(背明鳥)　　　　139/2(1221)
　왕완(王琬)　　　　　　139/3(1222)
　장빙(張聘)　　　　　　139/4(1223)
　장림(張林)　　　　　　139/5(1224)
　동영공(東瀛公)　　　　139/6(1225)
　장광인(長廣人)　　　　139/7(1226)
　황구촌(黃丘村)　　　　139/8(1227)
　한승진(韓僧眞)　　　　139/9(1228)

낙양금상(洛陽金像)	139/10(1229)	권141 징응7	141
양무제(梁武帝)	139/11(1230)	인신구징(人臣咎徵)	141
혜소사(惠炤師)	139/12(1231)	공자(孔子)	141/1(1256)
주정제(周靖帝)	139/13(1232)	소사의(蕭士義)	141/2(1257)
소씨(蘇氏)	139/14(1233)	왕도(王導)	141/3(1258)
돌궐수령(突厥首領)	139/15(1234)	사안(謝安)	141/4(1259)
진후주(陳後主)	139/16(1235)	유량(庾亮)	141/5(1260)
위남인(渭南人)	139/17(1236)	왕중문(王仲文)	141/6(1261)
묘귀(貓鬼)	139/18(1237)	제갈간(諸葛侃)	141/7(1262)
장성(長星)	139/19(1238)	유파(劉波)	141/8(1263)
대오(大鳥)	139/20(1239)	정미(鄭微)	141/9(1264)
하마(蝦蟆)	139/21(1240)	주초(周超)	141/10(1265)
유주인(幽州人)	139/22(1241)	사남강(謝南康)	141/11(1266)
묵철(默啜)	139/23(1242)	부량(傅亮)	141/12(1267)
장역지(張易之)	139/24(1243)	왕휘지(王徽之)	141/13(1268)
손검(孫儉)	139/25(1244)	유흥도(劉興道)	141/14(1269)
태백주현(太白晝見)	139/26(1245)	곽중산(郭仲産)	141/15(1270)
		심경지(沈慶之)	141/16(1271)
권140 징응6	140		
방국구징	140	권142 징응8	142
대성(大星)	140/1(1246)	인신구징	142
화재(火災)	140/2(1247)	유덕원(劉德願)	142/1(1272)
수재(水災)	140/3(1248)	이진(李鎭)	142/2(1273)
승일행(僧一行)	140/4(1249)	유원경(柳元景)	142/3(1274)
왕봉(汪鳳)	140/5(1250)	상현계(向玄季)	142/4(1275)
승보만(僧普滿)	140/6(1251)	등경직(滕景直)	142/5(1276)
진성파초(秦城芭蕉)	140/7(1252)	왕안(王晏)	142/6(1277)
예릉승(睿陵僧)	140/8(1253)	유총(留寵)	142/7(1278)
홍성관(興聖觀)	140/9(1254)	이주세륭(爾朱世隆)	142/8(1279)
낙타장(駱駝杖)	140/10(1255)	유민(劉敏)	142/9(1280)

이광(李廣)	142/10(1281)	원재(元載)	143/21(1308)
왕씨(王氏)	142/11(1282)	팽언(彭偃)	143/22(1309)
장조호(張雕虎)	142/12(1283)	유면(劉沔)	143/23(1310)
강련(强練)	142/13(1284)	한황(韓滉)	143/24(1311)
이밀(李密)	142/14(1285)	엄진(嚴震)	143/25(1312)
장작(張鷟)	142/15(1286)	이덕유(李德裕)	143/26(1313)
당망지(唐望之)	142/16(1287)	이사도(李師道)	143/27(1314)
		위온(韋溫)	143/28(1315)
권143 징응9	143		
인신구징	143	권144 징응10	144
서경(徐慶)	143/1(1288)	인신구징	144
주인궤(周仁軌)	143/2(1289)	여군(呂群)	144/1(1316)
서경업(徐敬業)	143/3(1290)	주극융(朱克融)	144/2(1317)
두경전(杜景佺)	143/4(1291)	왕애(王涯)	144/3(1318)
흑치상지(黑齒常之)	143/5(1292)	온조(溫造)	144/4(1319)
고종(顧琮)	143/6(1293)	이종민(李宗閔)	144/5(1320)
노경순(路敬淳)	143/7(1294)	유공제(柳公濟)	144/6(1321)
장역지(張易之)	143/8(1295)	왕애(王涯)	144/7(1322)
정촉빈(鄭蜀賓)	143/9(1296)	왕잠(王潛)	144/8(1323)
유희이(劉希夷)	143/10(1297)	한약(韓約)	144/9(1324)
최현위(崔玄暐)	143/11(1298)	왕씨(王氏)	144/10(1325)
송선위(宋善威)	143/12(1299)	왕철(王哲)	144/11(1326)
이처감(李處鑒)	143/13(1300)	두목(杜牧)	144/12(1327)
국선충(麴先沖)	143/14(1301)	노헌경(盧獻卿)	144/13(1328)
여숭수(呂崇粹)	143/15(1302)	노병(盧騈)	144/14(1329)
원건요(源乾曜)	143/16(1303)	봉망경(封望卿)	144/15(1330)
무민(毋旻)	143/17(1304)	최언증(崔彦曾)	144/16(1331)
양신긍(楊愼矜)	143/18(1305)	최옹(崔雍)	144/17(1332)
왕표(王儦)	143/19(1306)	방종(龐從)	144/18(1333)
최서(崔曙)	143/20(1307)		

권145 징응11	145	감자포(甘子布)	146/13(1360)
인신구징	145	이형수(李逈秀)	146/14(1361)
이균(李鈞)	145/1(1334)	적인걸(狄仁傑)	146/15(1362)
고병(高駢)	145/2(1335)	최원종(崔元綜)	146/16(1363)
거록수(鉅鹿守)	145/3(1336)	소미도(蘇味道)	146/17(1364)
섬사(陝師)	145/4(1337)	노숭도(盧崇道)	146/18(1365)
엄준미(嚴遵美)	145/5(1338)	유인궤(劉仁軌)	146/19(1366)
성예(成汭)	145/6(1339)	임지선(任之選)	146/20(1367)
유지준(劉知俊)	145/7(1340)		
전군(田頵)	145/8(1341)	권147 정수2	147
상유한(桑維翰)	145/9(1342)	전예(田預)	147/1(1368)
종부(鍾傅)	145/10(1343)	왕준(王晙)	147/2(1369)
돈금(頓金)	145/11(1344)	고지주(高智周)	147/3(1370)
호남마씨(湖南馬氏)	145/12(1345)	왕표(王儦)	147/4(1371)
왕신사(王愼辭)	145/13(1346)	배주선(裴伷先)	147/5(1372)
안수범(安守範)	145/14(1347)	장문관(張文瓘)	147/6(1373)
		원가조(袁嘉祚)	147/7(1374)
권146 정수(定數)1	146	제한(齊澣)	147/8(1375)
보지(寶誌)	146/1(1348)	장수규(張守珪)	147/9(1376)
사부(史溥)	146/2(1349)	배유창(裴有敞)	147/10(1377)
경순(耿詢)	146/3(1350)	왕초(王超)	147/11(1378)
울지경덕(尉遲敬德)	146/4(1351)	장제구(張齊丘)	147/12(1379)
위징(魏徵)	146/5(1352)	풍칠언사(馮七言事)	147/13(1380)
누사덕(婁師德)	146/6(1353)	환신범(桓臣範)	147/14(1381)
왕현(王顯)	146/7(1354)	장가정(張嘉貞)	147/15(1382)
장보장(張寶藏)	146/8(1355)	승김사(僧金師)	147/16(1383)
수판명인관(授判冥人官)	146/9(1356)		
왕무애(王無㝵)	146/10(1357)	권148 정수3	148
우문융(宇文融)	146/11(1358)	위씨(韋氏)	148/1(1384)
노잠(路潛)	146/12(1359)	장가복(張嘉福)	148/2(1385)

송운(宋惲)	148/3(1386)
방관(房琯)	148/4(1387)
손생(孫生)	148/5(1388)
장가정(張嘉貞)	148/6(1389)
두섬(杜暹)	148/7(1390)
정건(鄭虔)	148/8(1391)
최원(崔圓)	148/9(1392)
권149 정수4	**149**
국사명(麴思明)	149/1(1393)
마유진(馬遊秦)	149/2(1394)
소화(蕭華)	149/3(1395)
일행(一行)	149/4(1396)
술사(術士)	149/5(1397)
두붕거(杜鵬擧)	149/6(1398)
이서균(李栖筠)	149/7(1399)
두사온(杜思溫)	149/8(1400)
유급(柳及)	149/9(1401)
위범(韋泛)	149/10(1402)
권150 정수5	**150**
현종(玄宗)	150/1(1403)
교림(喬琳)	150/2(1404)
장거일(張去逸)	150/3(1405)
이필(李泌)	150/4(1406)
유막지(劉邈之)	150/5(1407)
장인위(張仁褘)	150/6(1408)
배서(裵諝)	150/7(1409)
이규(李揆)	150/8(1410)
도소(道昭)	150/9(1411)

권151 정수6	**151**
이릉(李稜)	151/1(1412)
두로서(豆盧署)	151/2(1413)
맹군(孟君)	151/3(1414)
노상사(盧常師)	151/4(1415)
한황(韓滉)	151/5(1416)
이퇴(李頎)	151/6(1417)
최조(崔造)	151/7(1418)
설옹(薛邕)	151/8(1419)
권152 정수7	**152**
정덕린(鄭德璘)	152/1(1420)
조경(趙璟)·노매(盧邁)	152/2(1421)
조경(趙璟)	152/3(1422)
포의(包誼)	152/4(1423)
설소은(薛少殷)	152/5(1424)
원효숙(袁孝叔)	152/6(1425)
권153 정수8	**153**
이공(李公)	153/1(1426)
이종회(李宗回)	153/2(1427)
최박(崔朴)	153/3(1428)
이번(李藩)	153/4(1429)
위집의(韋執誼)	153/5(1430)
원자(袁滋)	153/6(1431)
배도(裴度)	153/7(1432)
장원(張轅)	153/8(1433)
조창시(趙昌時)	153/9(1434)
권154 정수9	**154**

이고언(李顧言)	154/1(1435)	왕목(王沐)	156/7(1461)
원화이상(元和二相)	154/2(1436)	서원겸(舒元謙)	156/8(1462)
이원(李源)	154/3(1437)	두종외생(杜悰外生)	156/9(1463)
정권(鄭權)	154/4(1438)	석웅(石雄)	156/10(1464)
번양원(樊陽源)	154/5(1439)	가도(賈島)	156/11(1465)
오소성(吳少誠)	154/6(1440)	최결(崔潔)	156/12(1466)
진언박(陳彦博)	154/7(1441)		
육빈우(陸賓虞)	154/8(1442)	권157 정수12	157
왕번(王璠)	154/9(1443)	이경양(李景讓)	157/1(1467)
최현량(崔玄亮)	154/10(1444)	이민구(李敏求)	157/2(1468)
위관지(韋貫之)	154/11(1445)	이군(李君)	157/3(1469)
		마거(馬擧)	157/4(1470)
권155 정수10	155	정연제(鄭延濟)	157/5(1471)
위차공(衛次公)	155/1(1446)	이생(李生)	157/6(1472)
이고언(李固言)	155/2(1447)		
양수(楊收)	155/3(1448)	권158 정수13	158
정랑(鄭朗)	155/4(1449)	성예(成汭)	158/1(1473)
단문창(段文昌)	155/5(1450)	양위(楊蔚)	158/2(1474)
최종(崔從)	155/6(1451)	구양해(歐陽澥)	158/3(1475)
곽팔랑(郭八郎)	155/7(1452)	이번(伊璠)	158/4(1476)
장선(張宣)	155/8(1453)	고언랑(顧彦朗)	158/5(1477)
한기(韓臮)	155/9(1454)	이갑(李甲)	158/6(1478)
		방지온(房知溫)	158/7(1479)
권156 정수11	156	두몽징(竇夢徵)	158/8(1480)
방엄(龐嚴)	156/1(1455)	허생(許生)	158/9(1481)
장정구(張正矩)	156/2(1456)	양정부(楊鼎夫)	158/10(1482)
유준고(劉遵古)	156/3(1457)	우희제(牛希濟)	158/11(1483)
서원여(舒元輿)	156/4(1458)	음군문자(陰君文字)	158/12(1484)
이덕유(李德裕)	156/5(1459)	빈부(貧婦)	158/13(1485)
이언(李言)	156/6(1460)	지전(支戩)	158/14(1486)

권159 정수14	159
혼인(婚姻)	159
정혼점(定婚店)	159/1(1487)
최원종(崔元綜)	159/2(1488)
노승업녀(盧承業女)	159/3(1489)
금대자(琴臺子)	159/4(1490)
무은(武殷)	159/5(1491)
노생(盧生)	159/6(1492)
정환고(鄭還古)	159/7(1493)

권160 정수15	160
혼인	160
수사언기(秀師言記)	160/1(1494)
이행수(李行脩)	160/2(1495)
관원영녀(灌園嬰女)	160/3(1496)
주현(朱顯)	160/4(1497)
후계도(侯繼圖)	160/5(1498)

권161 감응(感應)1	161
장관(張寬)	161/1(1499)
한무제(漢武帝)	161/2(1500)
예천(醴泉)	161/3(1501)
회남자(淮南子)	161/4(1502)
양웅(揚雄)	161/5(1503)
유향(劉向)	161/6(1504)
원안(袁安)	161/7(1505)
번영(樊英)	161/8(1506)
오석정(五石精)	161/9(1507)
율려(律呂)	161/10(1508)
진업(陳業)	161/11(1509)
진식(陳寔)	161/12(1510)
삼주인(三州人)	161/13(1511)
위임성왕(魏任城王)	161/14(1512)
여건(呂虔)	161/15(1513)
관녕(管寧)	161/16(1514)
하간남자(河間男子)	161/17(1515)
의양여자(宜陽女子)	161/18(1516)
장응(張應)	161/19(1517)
남군연(南郡掾)	161/20(1518)
포판정사(蒲坂精舍)	161/21(1519)
오흥경당(吳興經堂)	161/22(1520)
남서사인(南徐士人)	161/23(1521)
서조(徐祖)	161/24(1522)
유경(劉京)	161/25(1523)
하경숙(何敬叔)	161/26(1524)
소자무(蕭子懋)	161/27(1525)
소예명(蕭叡明)	161/28(1526)
해숙겸(解叔謙)	161/29(1527)
종원경(宗元卿)	161/30(1528)
광흔(匡昕)	161/31(1529)
증강조(曾康祖)	161/32(1530)

권162 감응2	162
최서(崔恕)	162/1(1531)
하호(何瑚)	162/2(1532)
진유(陳遺)	162/3(1533)
왕허지(王虛之)	162/4(1534)
하남부인(河南婦人)	162/5(1535)
잠문본(岑文本)	162/6(1536)
정선(鄭鮮)	162/7(1537)

장초금(張楚金)	162/8(1538)	오작과(烏鵲窠)	163/14(1566)
나도종(羅道悰)	162/9(1539)	이어아(鯉魚兒)	163/15(1567)
능공관(陵空觀)	162/10(1540)	만천추(挽天樞)	163/16(1568)
황보씨(皇甫氏)	162/11(1541)	황독자(黃犢子)	163/17(1569)
전인회(田仁會)	162/12(1542)	낙빈왕(駱賓王)	163/18(1570)
서주군사(徐州軍士)	162/13(1543)	천후(天后)	163/19(1571)
당선종(唐宣宗)	162/14(1544)	염지미(閻知微)	163/20(1572)
이언좌(李彦佐)	162/15(1545)	장손무기(長孫無忌)	163/21(1573)
호생(胡生)	162/16(1546)	위왕(魏王)	163/22(1574)
유행자(劉行者)	162/17(1547)	무미낭(武媚娘)	163/23(1575)
왕법랑(王法朗)	162/18(1548)	효화(孝和)	163/24(1576)
치법준(郗法遵)	162/19(1549)	위숙린(魏叔麟)	163/25(1577)
왕휘(王暉)	162/20(1550)	무삼사(武三思)	163/26(1578)
이몽기(李夢旗)	162/21(1551)	손전(孫佺)	163/27(1579)
맹희(孟熙)	162/22(1552)	장역지(張易之)	163/28(1580)
		음주령(飲酒令)	163/29(1581)
권163 참응(讖應)	163	백마사(白馬寺)	163/30(1582)
역양온(歷陽媼)	163/1(1553)	이몽(李蒙)	163/31(1583)
손권(孫權)	163/2(1554)	이진주(李進周)	163/32(1584)
고영(高穎)	163/3(1555)	지공사(誌公詞)	163/33(1585)
신요(神堯)	163/4(1556)	이회광(李懷光)	163/34(1586)
당고조(唐高祖)	163/5(1557)	왕탁(王鐸)	163/35(1587)
태항산(太行山)	163/6(1558)	목성문(木成文)	163/36(1588)
상조가(桑條歌)	163/7(1559)	초중생(草重生)	163/37(1589)
돌궐염(突厥鹽)	163/8(1560)	당국윤(唐國閏)	163/38(1590)
봉중악(封中嶽)	163/9(1561)	죽류(竹貁)	163/39(1591)
양류요(楊柳謠)	163/10(1562)		
황장가(黃獐歌)	163/11(1563)	권164 명현(明賢)	164
필설아(苾㔉兒)	163/12(1564)	명현	164
안락사(安樂寺)	163/13(1565)	곽림종(郭林宗)	164/1(1592)

이응(李膺)	164/2(1593)		염검	165
서유자(徐孺子)	164/3(1594)		육적(陸績)	165/1(1620)
정현(鄭玄)	164/4(1595)		제명제(齊明帝)	165/2(1621)
채옹(蔡邕)	164/5(1596)		견빈(甄彬)	165/3(1622)
최인사(崔仁師)	164/6(1597)		고윤(高允)	165/4(1623)
장문관(張文瓘)	164/7(1598)		최광(崔光)	165/5(1624)
우세남(虞世南)	164/8(1599)		장손도생(長孫道生)	165/6(1625)
마주(馬周)	164/9(1600)		당현종(唐玄宗)	165/7(1626)
원반천(員半千)	164/10(1601)		숙종(肅宗)	165/8(1627)
엄안지(嚴安之)	164/11(1602)		노회신(盧懷愼)	165/9(1628)
소영사(蕭穎士)	164/12(1603)		이면(李勉)	165/10(1629)
소숭(蕭嵩)	164/13(1604)		두황상(杜黃裳)	165/11(1630)
우휴렬(于休烈)	164/14(1605)		양성(陽城)	165/12(1631)
이이(李廙)	164/15(1606)		정여경(鄭餘慶)	165/13(1632)
정인(鄭絪)	164/16(1607)		정한(鄭澣)	165/14(1633)
독고욱(獨孤郁)	164/17(1608)		문종(文宗)	165/15(1634)
조봉(趙逢)	164/18(1609)		하후자(夏侯孜)	165/16(1635)
풍간(諷諫)	164		배탄(裵坦)	165/17(1636)
안자(晏子)	164/19(1610)		온련(溫璉)	165/18(1637)
우전(優旃)	164/20(1611)		중정예(中庭預)	165/19(1638)
동방삭(東方朔)	164/21(1612)		인색(吝嗇)	165
간옹(簡雍)	164/22(1613)		한세노인(漢世老人)	165/20(1639)
곡사풍락(斛斯豐樂)	164/23(1614)		심준(沈峻)	165/21(1640)
고계보(高季輔)	164/24(1615)		이숭(李崇)	165/22(1641)
이경백(李景伯)	164/25(1616)		남양인(南陽人)	165/23(1642)
소정(蘇頲)	164/26(1617)		하후처신(夏侯處信)	165/24(1643)
황번작(黃幡綽)	164/27(1618)		유경(柳慶)	165/25(1644)
이강(李絳)	164/28(1619)		하후표(夏侯彪)	165/26(1645)
			정인개(鄭仁凱)	165/27(1646)
권165 염검(廉儉)	165		등우(鄧祐)	165/28(1647)

위장(韋莊)	165/29(1648)		정전(鄭畋)	168/5(1672)
왕수(王叟)	165/30(1649)		장효자(章孝子)	168/6(1673)
왕악(王鍔)	165/31(1650)		발총도(發塚盜)	168/7(1674)
배거(裴璩)	165/32(1651)		정옹(鄭雍)	168/8(1675)
귀등(歸登)	165/33(1652)		양성(楊晟)	168/9(1676)
			왕은(王殷)	168/10(1677)
권166 기의(氣義)1	166			
포자도(鮑子都)	166/1(1653)		권169 지인(知人)1	169
양소(楊素)	166/2(1654)		진식(陳寔)	169/1(1678)
곽원진(郭元振)	166/3(1655)		황숙도(黃叔度)	169/2(1679)
적인걸(狄仁傑)	166/4(1656)		곽태(郭泰)	169/3(1680)
경소도(敬昭道)	166/5(1657)		마음(馬融)	169/4(1681)
오보안(吳保安)	166/6(1658)		채옹(蔡邕)	169/5(1682)
			고소(顧邵)	169/6(1683)
권167 기의2	167		제갈근형제(諸葛瑾兄弟)	169/7(1684)
배면(裴冕)	167/1(1659)		방사원(龐士元)	169/8(1685)
이의득(李宜得)	167/2(1660)		무해(武陔)	169/9(1686)
목녕(穆寧)	167/3(1661)		배위(裴頠)	169/10(1687)
조화(趙驊)	167/4(1662)		흉노사(匈奴使)	169/11(1688)
조문흡(曹文洽)	167/5(1663)		환온(桓溫)	169/12(1689)
양성(陽城)	167/6(1664)		사곤(謝鯤)	169/13(1690)
왕의(王義)	167/7(1665)		당태종(唐太宗)	169/14(1691)
배도(裴度)	167/8(1666)		이적(李勣)	169/15(1692)
요유방(廖有方)	167/9(1667)		설수(薛收)	169/16(1693)
			왕규(王珪)	169/17(1694)
권168 기의3	168		왕사단(王師旦)	169/18(1695)
웅집역(熊執易)	168/1(1668)		양소(楊素)	169/19(1696)
이약(李約)	168/2(1669)		왕의방(王義方)	169/20(1697)
정환고(鄭還古)	168/3(1670)		선장(選將)	169/21(1698)
강릉사자(江陵士子)	168/4(1671)		영공(英公)	169/22(1699)

유기(劉奇)	169/23(1700)	위수(韋岫)	170/21(1728)
장작(張鷟)	169/24(1701)	지인승(知人僧)	170/22(1729)
이교(李嶠)	169/25(1702)	채형(蔡荊)	170/23(1730)
정고(鄭杲)	169/26(1703)	아자(亞子)	170/24(1731)
노종원(盧從愿)	169/27(1704)		
배관(裴寬)	169/28(1705)	권171 정찰(精察)1	171
위선(韋詵)	169/29(1706)	이자장(李子戩)	171/1(1732)
배담(裴談)	169/30(1707)	원안(袁安)	171/2(1733)
		엄준(嚴遵)	171/3(1734)
권170 지인2	170	이숭(李崇)	171/4(1735)
요원숭(姚元崇)	170/1(1708)	위선생(魏先生)	171/5(1736)
노제경(盧齊卿)	170/2(1709)	이의침(李義琛)	171/6(1737)
설계창(薛季昶)	170/3(1710)	장항(蔣恒)	171/7(1738)
원회경(元懷景)	170/4(1711)	왕경(王璥)	171/8(1739)
장구령(張九齡)	170/5(1712)	이걸(李傑)	171/9(1740)
왕구(王丘)	170/6(1713)	배자운(裴子雲)	171/10(1741)
양목제형(楊穆弟兄)	170/7(1714)	곽정일(郭正一)	171/11(1742)
이단(李丹)	170/8(1715)	장초금(張楚金)	171/12(1743)
정인(鄭絪)	170/9(1716)	동행성(董行成)	171/13(1744)
묘부인(苗夫人)	170/10(1717)	장작(張鷟)	171/14(1745)
두홍점(杜鴻漸)	170/11(1718)	장송수(張松壽)	171/15(1746)
두우(杜佑)	170/12(1719)	소무명(蘇無名)	171/16(1747)
양숙(梁肅)	170/13(1720)	조연(趙涓)	171/17(1748)
여온(呂溫)	170/14(1721)	원자(袁滋)	171/18(1749)
고화(顧和)	170/15(1722)		
유우석(劉禹錫)	170/16(1723)	권172 정찰2	172
한유(韓愈)	170/17(1724)	한황(韓滉)	172/1(1750)
고황(顧況)	170/18(1725)	안진경(顔眞卿)	172/2(1751)
우소(于邵)	170/19(1726)	이경략(李景略)	172/3(1752)
이덕유(李德裕)	170/20(1727)	이이간(李夷簡)	172/4(1753)

맹간(孟簡)	172/5(1754)		최광(崔光)	173/20(1782)
이덕유(李德裕)	172/6(1755)		진원강(陳元康)	173/21(1783)
배휴(裴休)	172/7(1756)		이해(李諧)	173/22(1784)
최갈(崔碣)	172/8(1757)		노개(盧愷)	173/23(1785)
조화(趙和)	172/9(1758)		노사도(盧思道)	173/24(1786)
유숭귀(劉崇龜)	172/10(1759)		왕원경(王元景)	173/25(1787)
살처자(殺妻者)	172/11(1760)			
허종예(許宗裔)	172/12(1761)		권174 준변2	174
유방우(劉方遇)	172/13(1762)		준변2	174
			양개(陽玠)	174/1(1788)
권173 준변(俊辯)1	173		설도형(薛道衡)	174/2(1789)
동방삭(東方朔)	173/1(1763)		설수(薛收)	174/3(1790)
광형(匡衡)	173/2(1764)		장후예(張後裔)	174/4(1791)
변문례(邊文禮)	173/3(1765)		최인사(崔仁師)	174/5(1792)
순자명(荀慈明)	173/4(1766)		노장도(盧莊道)	174/6(1793)
조식(曹植)	173/5(1767)		허경종(許敬宗)	174/7(1794)
제갈각(諸葛恪)	173/6(1768)		호초빈(胡楚賓)	174/8(1795)
차준(車浚)	173/7(1769)		배염지(裴琰之)	174/9(1796)
제갈정(諸葛靚)	173/8(1770)		소정(蘇頲)	174/10(1797)
채홍(蔡洪)	173/9(1771)		왕거(王勵)	174/11(1798)
범백년(范百年)	173/10(1772)		이백(李白)	174/12(1799)
장융(張融)	173/11(1773)		유방(柳芳)	174/12(1800)
유고지(庾杲之)	173/12(1774)		왕조(王藻)	174/13(1801)
왕검(王儉)	173/13(1775)		한유(韓愈)	174/14(1802)
주옹(周顒)	173/14(1776)		이정(李程)	174/15(1803)
왕융(王融)	173/15(1777)		이길보(李吉甫)	174/16(1804)
이응(李膺)	173/16(1778)		왕생(王生)	174/17(1805)
상갱(商鏗)	173/17(1779)		신구도(辛丘度)	174/18(1806)
소침(蕭琛)	173/18(1780)		온정균(溫庭筠)	174/20(1807)
주엄(朱淹)	173/19(1781)		유공권(柳公權)	174/21(1808)

권덕여(權德輿)	174/22(1809)	유신동(劉神童)	175/14(1836)
동방삭(東方朔)	174/23(1810)	노덕연(路德延)	175/15(1837)
이표(李彪)	174/24(1811)	위장(韋莊)	175/16(1838)
반몽(班蒙)	174/25(1812)		
유민(幼敏)	174	권176 기량(器量)1	176
진원방(陳元方)	174/26(1813)	악광(樂廣)	176/1(1839)
손책(孫策)	174/27(1814)	유인궤(劉仁軌)	176/2(1840)
종육(鍾毓)	174/28(1815)	누사덕(婁師德)	176/3(1841)
손제유(孫齊由)	174/29(1816)	이적(李勣)	176/4(1842)
육수(陸琇)	174/30(1817)	이일지(李日知)	176/5(1843)
왕현(王絢)	174/31(1818)	노승경(盧承慶)	176/6(1844)
소요흔(蕭遙欣)	174/32(1819)	배면(裴冕)	176/7(1845)
방씨자(房氏子)	174/33(1820)	곽자의(郭子儀)	176/8(1846)
장수(張琇)	174/34(1821)	송칙(宋則)	176/9(1847)
혼감(渾瑊)	174/35(1822)		
		권177 기량2	177
권175 유민	175	육상선(陸象先)	177/1(1848)
가규(賈逵)	175/1(1823)	원재(元載)	177/2(1849)
이백약(李百藥)	175/2(1824)	동진(董晉)	177/3(1850)
왕발(王勃)	175/3(1825)	배도(裴度)	177/4(1851)
원가(元嘉)	175/4(1826)	우적(于頔)	177/5(1852)
모준남(毛俊男)	175/5(1827)	무원형(武元衡)	177/6(1853)
소정(蘇頲)	175/6(1828)	이신(李紳)	177/7(1854)
유안(劉晏)	175/7(1829)	노휴(盧攜)	177/8(1855)
임걸(林傑)	175/8(1830)	귀숭경(歸崇敬)	177/9(1856)
고정(高定)	175/9(1831)	하후자(夏侯孜)	177/10(1857)
이덕유(李德裕)	175/10(1832)	진경선(陳敬瑄)	177/11(1858)
백거이(白居易)	175/11(1833)	갈주(葛周)	177/12(1859)
최현(崔鉉)	175/12(1834)		
이기(李琪)	175/13(1835)	권178 공거(貢擧)1	178

총서진사과(總敍進士科)	178/1(1860)	
진사귀예부(進士歸禮部)	178/2(1861)	
부해(府解)	178/3(1862)	
제주해(諸州解)	178/4(1863)	
시잡문(試雜文)	178/5(1864)	
내출제(內出題)	178/6(1865)	
방잡문방(放雜文牓)	178/7(1866)	
방방(放牓)	178/8(1867)	
오로방(五老牓)	178/9(1868)	
사은(謝恩)	178/10(1869)	
기집(期集)	178/11(1870)	
과당(過堂)	178/12(1871)	
제명(題名)	178/13(1872)	
관시(關試)	178/14(1873)	
연집(讌集)	178/15(1874)	

권179 공거2   179

두정현(杜正玄)	179/1(1875)	
이의침(李義琛)	179/2(1876)	
진자앙(陳子昂)	179/3(1877)	
왕유(王維)	179/4(1878)	
양훤(楊暄)	179/5(1879)	
소영사(蕭穎士)	179/6(1880)	
교이(喬彝)	179/7(1881)	
허맹용(許孟容)	179/8(1882)	
장정보(張正甫)	179/9(1883)	
염제미(閻濟美)	179/10(1884)	
반염(潘炎)	179/11(1885)	
영호환(令狐峘)	179/12(1886)	
웅집역(熊執易)	179/13(1887)	

권180 공거3   180

상곤(常袞)	180/1(1888)	
송제(宋濟)	180/2(1889)	
우석서(牛錫庶)	180/3(1890)	
최원한(崔元翰)	180/4(1891)	
잠분(湛賁)	180/5(1892)	
윤극(尹極)	180/6(1893)	
이정(李程)	180/7(1894)	
채남사(蔡南史)	180/8(1895)	
우승유(牛僧孺)	180/9(1896)	
양우경(楊虞卿)	180/10(1897)	
묘찬(苗纘)	180/11(1898)	
비관경(費冠卿)	180/12(1899)	
이고언(李固言)	180/13(1900)	
은요번(殷堯藩)	180/14(1901)	
시견오(施肩吾)	180/15(1902)	
장정보(張正甫)	180/16(1903)	
풍요(馮陶)	180/17(1904)	
장환(張環)	180/18(1905)	
양삼희(楊三喜)	180/19(1906)	

권181 공거4   181

이봉길(李逢吉)	181/1(1907)	
장효표(章孝標)	181/2(1908)	
유가(劉軻)	181/3(1909)	
최군(崔羣)	181/4(1910)	
이고녀(李翶女)	181/5(1911)	
하발기(賀拔惎)	181/6(1912)	
이종민(李宗閔)	181/7(1913)	
유승선(庾承宣)	181/8(1914)	

장우(張祐)	181/9(1915)	옹언추(翁彦樞)	182/16(1941)
노구(盧求)	181/10(1916)	유허백(劉虛白)	182/17(1942)
두목(杜牧)	181/11(1917)	봉정경(封定卿)	182/18(1943)
유분(劉蕡)	181/12(1918)	풍조(馮藻)	182/19(1944)
설보손(薛保遜)	181/13(1919)	조종(趙琮)	182/20(1945)
가도(賈島)	181/14(1920)		
필함(畢諴)	181/15(1921)	권183 공거6	183
배덕융(裵德融)	181/16(1922)	유업(劉鄴)	183/1(1946)
배사겸(裵思謙)	181/17(1923)	섭경(葉京)	183/2(1947)
이굉(李肱)	181/18(1924)	이애(李藹)	183/3(1948)
소경윤(蘇景胤)·장원부(張元夫)		방후(房珝)	183/4(1949)
	181/19(1925)	왕준(汪遵)	183/5(1950)
		유윤장(劉允章)	183/6(1951)
권182 공거5	182	왕응(王凝)	183/7(1952)
최려(崔蠡)	182/1(1926)	노상경(盧尙卿)	183/8(1953)
노조(盧肇)	182/2(1927)	이요(李堯)	183/9(1954)
정릉(丁稜)	182/3(1928)	고식(高湜)	183/10(1955)
고비웅(顧非熊)	182/4(1929)	공승억(公乘億)	183/11(1956)
이덕유(李德裕)	182/5(1930)	손룡광(孫龍光)	183/12(1957)
장분(張濆)	182/6(1931)	왕린(王璘)	183/13(1958)
선종(宣宗)	182/7(1932)	장응(蔣凝)	183/14(1959)
노악(盧渥)	182/8(1933)	오융(吳融)	183/15(1960)
유태(劉蛻)	182/8(1934)	노광계(盧光啓)	183/16(1961)
묘태부(苗台符)·장독(張讀)		왕언창(王彦昌)	183/17(1962)
	182/19(1935)	두승(杜昇)	183/18(1963)
허도민(許道敏)	182/11(1936)	정창도(鄭昌圖)	183/19(1964)
최은몽(崔殷夢)	182/12(1937)	정하(程賀)	183/20(1965)
안표(顔標)	182/13(1938)	진교(陳嶠)	183/21(1966)
온정균(溫庭筠)	182/14(1939)	진도옥(秦韜玉)	183/22(1967)
노단(盧亶)	182/15(1940)	육의(陸扆)	183/23(1968)

장서(張曙)	183/24(1969)		여주의관(汝州衣冠)	184/24(1995)
최소구(崔昭矩)	183/25(1970)		황생(黃生)	184/25(1996)
가영(賈泳)	183/26(1971)			

권184 공거7　　　　　184

공거7　　　　　　　　184

권185 전선(銓選)1　　　185

소종(昭宗)	184/1(1972)		채확(蔡廓)	185/1(1997)
위견(韋甄)	184/2(1973)		사장(謝莊)	185/2(1998)
유찬(劉纂)	184/3(1974)		유림보(劉林甫)	185/3(1999)
종부(鍾傅)	184/4(1975)		장열(張說)	185/4(2000)
노문환(盧文煥)	184/5(1976)		온언박(溫彦博)	185/5(2001)
조광봉(趙光逢)	184/6(1977)		대주(戴冑)	185/6(2002)
노연양(盧延讓)	184/7(1978)		당교(唐皎)	185/7(2003)
위이범(韋貽範)	18/8(1979)		양사도(楊師道)	185/8(2004)
양현동(楊玄同)	1841/9(1980)		고계보(高季輔)	185/9(2005)
봉순경(封舜卿)	184/10(1981)		설원초(薛元超)	185/10(2006)
고련(高璉)	184/11(1982)		양사현(楊思玄)	185/11(2007)
씨족(氏族)	184		장인의(張仁禕)	185/12(2008)
이씨(李氏)	184/12(1983)		배행검(裴行儉)	185/13(2009)
왕씨(王氏)	184/13(1984)		삼인우열(三人優劣)	185/14(2010)
칠성(七姓)	184/14(1985)		유기(劉奇)	185/15(2011)
이적(李積)	184/15(1986)		적인걸(狄仁傑)	185/16(2012)
최식(崔湜)	184/16(1987)		정고(鄭杲)	185/17(2013)
유례(類例)	184/17(1988)		설계창(薛季昶)	185/18(2014)
이교(李嶠)	184/18(1989)		등갈(鄧渴)	185/19(2015)
장열(張說)	184/19(1990)		이지원(李至遠)	185/20(2016)
양씨(楊氏)	184/20(1991)		장문성(張文成)	185/21(2017)
이익(李益)	184/21(1992)		정음(鄭愔)·최식(崔湜)	185/22(2018)
장각태자비(莊恪太子妃)	184/22(1993)		호명(糊名)	185/23(2019)
백민중(白敏中)	184/23(1994)			

권186 전선2　　　　　186

사봉관(斜封官)　　　186/1(2020)

노종원(盧從愿)	186/2(2021)	위현(韋絢)	187/9(2049)
위항(韋抗)	186/3(2022)	이정(李程)	187/10(2050)
장인원(張仁愿)	186/4(2023)	잡설(雜說)	187/11(2051)
두섬(杜暹)	186/5(2024)	어사(御史)	187/12(2052)
위지고(魏知古)	186/6(2025)	동주어사(同州御史)	187/13(2053)
노제경(盧齊卿)	186/7(2026)	최원(崔薳)	187/14(2054)
왕구(王丘)	186/8(2027)	엄무(嚴武)	187/15(2055)
최림(崔琳)	186/9(2028)	압반(押班)	187/16(2056)
배광정(裴光庭)	186/10(2029)	대문(臺門)	187/17(2057)
설거(薛據)	186/11(2030)	역오원(歷五院)	187/18(2058)
이림보(李林甫)	186/12(2031)	한고(韓皐)	187/19(2059)
장열(張說)	186/13(2032)	잡설(雜說)	187/20(2060)
장석(張奭)	186/14(2033)	사직(使職)	187/21(2061)
양국충(楊國忠)	186/15(2034)	상서성(尙書省)	187/22(2062)
육지(陸贄)	186/16(2035)	최일지(崔日知)	187/23(2063)
정여경(鄭餘慶)	186/17(2036)	탁지(度支)	187/24(2064)
배준경(裴遵慶)	186/18(2037)	유벽(柳闢)	187/25(2065)
이강(李絳)	186/19(2038)	성교(省橋)	187/26(2066)
이건(李建)	186/20(2039)	비서성(秘書省)	187/27(2067)
최안잠(崔安潛)	186/21(2040)	어대(魚袋)	187/28(2068)
		사청(莎廳)	187/29(2069)

권187 직관(職官)	187		
재상(宰相)	187/1(2041)	권188 권행(權倖)	188
상사(上事)	187/2(2042)	장역지(張易之)	188/1(2070)
소괴(蘇瓌)	187/3(2043)	왕준(王準)	188/2(2071)
양성(兩省)	187/4(2044)	왕모중(王毛仲)	188/3(2072)
독고급(獨孤及)	187/5(2045)	이림보(李林甫)	188/4(2073)
참작원(參酌院)	187/6(2046)	노현(盧絢)	188/5(2074)
양성(陽城)	187/7(2047)	이보국(李輔國)	188/6(2075)
여온(呂溫)	187/8(2048)	위거모(韋渠牟)	188/7(2076)

어조은(魚朝恩)	188/8(2077)
원재(元載)	188/9(2078)
노암(路巖)	188/10(2079)
고상(高湘)	188/11(2080)
노은(盧隱)	188/12(2081)
권189 장수(將帥)1	189
관우(關羽)	189/1(2082)
간문(簡文)	189/2(2083)
이밀(李密)	189/3(2084)
유문정(劉文靜)	189/4(2085)
이금재(李金才)	189/5(2086)
이정(李靖)	189/6(2087)
곽제종(郭齊宗)	189/7(2088)
당휴경(唐休璟)	189/8(2089)
이진충(李盡忠)	189/9(2090)
봉상청(封常淸)	189/10(2091)
이광필(李光弼)	189/11(2092)
권190 장수2	190
장수2	190
마수(馬燧)	190/1(2093)
엄진(嚴振)	190/2(2094)
온조(溫造)	190/3(2095)
고병(高騈)	190/4(2096)
남만(南蠻)	190/5(2097)
장준(張濬)	190/6(2098)
유심(劉鄩)	190/7(2099)
장경(張勍)	190/8(2100)
왕건(王建)	190/9(2101)

잡휼지(雜譎智)	190
위태조(魏太祖)	190/10(2102)
촌부(村婦)	190/11(2103)
권191 효용(驍勇)1	191
치구흔(甾丘訢)	191/1(2104)
주준(朱遵)	191/2(2105)
조운(趙雲)	191/3(2106)
여몽(呂蒙)	191/4(2107)
위임성왕(魏任城王)	191/5(2108)
환석건(桓石虔)	191/6(2109)
양대안(楊大眼)	191/7(2110)
맥철장(麥鐵杖)	191/8(2111)
팽락(彭樂)	191/9(2112)
고개도(高開道)	191/10(2113)
두복위(杜伏威)	191/11(2114)
울지경덕(尉遲敬德)	191/12(2115)
시소제(柴紹弟)	191/13(2116)
진숙보(秦叔寶)	191/14(2117)
설인귀(薛仁貴)	191/15(2118)
공손무달(公孫武達)	191/16(2119)
정지절(程知節)	191/17(2120)
설만(薛萬)	191/18(2121)
이해고(李楷固)	191/19(2122)
왕군작(王君㚟)	191/20(2123)
송령문(宋令文)	191/21(2124)
팽박통(彭博通)	191/22(2125)
이굉(李宏)	191/23(2126)
신승사(辛承嗣)	191/24(2127)

권192 효용-2	192
내진(來瑱)	192/1(2128)
가서한(哥舒翰)	192/2(2129)
마린(馬璘)	192/3(2130)
백효덕(白孝德)	192/4(2131)
이정기(李正己)	192/5(2132)
이사업(李嗣業)	192/6(2133)
마훈(馬勛)	192/7(2134)
왕절(汪節)	192/8(2135)
팽선각(彭先覺)	192/9(2136)
왕배우(王俳優)	192/10(2137)
종부(鍾傅)	192/11(2138)
묵군화(墨君和)	192/12(2139)
주귀우(周歸祐)	192/13(2140)
왕재(王宰)	192/14(2141)

권193 호협(豪俠)1	193
이정(李亭)	193/1(2142)
규염객(虬髥客)	193/2(2143)
팽달(彭闥)·고찬(高瓚)	
	193/3(2144)
가흥승기(嘉興繩技)	193/4(2145)
거중여자(車中女子)	193/5(2146)

권194 호협2	194
곤륜노(崑崙奴)	194/1(2147)
후이(侯彝)	194/2(2148)
승협(僧俠)	194/3(2149)
최신사(崔愼思)	194/4(2150)
섭은낭(聶隱娘)	194/5(2151)

권195 호협3	195
홍선(紅綫)	195/1(2152)
호증(胡證)	195/2(2153)
풍연(馮燕)	195/3(2154)
경서점노인(京西店老人)	195/4(2155)
난릉노인(蘭陵老人)	195/5(2156)
노생(盧生)	195/6(2157)
의협(義俠)	195/7(2158)

권196 호협4	196
전팽랑(田膨郎)	196/1(2159)
선자사문자(宣慈寺門子)	
	196/2(2160)
이귀수(李龜壽)	196/3(2161)
반장군(潘將軍)	196/4(2162)
고인처(賈人妻)	196/5(2163)
형십삼낭(荊十三娘)	196/6(2164)
허적(許寂)	196/7(2165)
정수재(丁秀才)	196/8(2166)

권197 박물(博物)	197
동방삭(東方朔)	197/1(2167)
유향(劉向)	197/2(2168)
호종(胡綜)	197/3(2169)
장화(張華)	197/4(2170)
속석(束晳)	197/5(2171)
심약(沈約)	197/6(2172)
우세남(虞世南)	197/7(2173)
부혁(傅奕)	197/8(2174)
학처준(郝處俊)	197/9(2175)

맹선(孟詵)	197/10(2176)		권199 문장2	199
당문종(唐文宗)	197/11(2177)		두목(杜牧)	199/1(2204)
가탐(賈耽)	197/12(2178)		천교유인(天嶠遊人)	199/2(2205)
단성식(段成式)	197/13(2179)		담수(譚銖)	199/3(2206)
강릉서생(江陵書生)	197/14(2180)		주광물(周匡物)	199/4(2207)
			왕파(王播)	199/5(2208)
권198 문장(文章)1	198		주경여(朱慶餘)	199/6(2209)
사마상여(司馬相如)	198/1(2181)		당선종(唐宣宗)	199/7(2210)
사조(謝朓)	198/2(2182)		온정균(溫庭筠)	199/8(2211)
심약(沈約)	198/3(2183)		이상은(李商隱)	199/9(2212)
유신(庾信)	198/4(2184)		유전(劉琢)	199/10(2213)
왕발(王勃)	198/5(2185)		정전(鄭畋)	199/11(2214)
노조린(盧照鄰)	198/6(2186)		사공도(司空圖)	199/12(2215)
최융(崔融)	198/7(2187)		고섬(高蟾)	199/13(2216)
장열(張說)	198/8(2188)			
최서(崔曙)	198/9(2189)		권200 문장3	200
왕유(王維)	198/10(2190)		문장3	200
이한(李翰)	198/11(2191)		이위(李蔚)	200/1(2217)
고황(顧況)	198/12(2192)		노악(盧渥)	200/2(2218)
노악(盧渥)	198/13(2193)		한정사(韓定辭)	200/3(2219)
당덕종(唐德宗)	198/14(2194)		요암걸(姚嚴傑)	200/4(2220)
융욱(戎昱)	198/15(2195)		적귀창(狄歸昌)	200/5(2221)
이단(李端)	198/16(2196)		두순학(杜荀鶴)	200/6(2222)
한굉(韓翃)	198/17(2197)		무신유문(武臣有文)	200
양빙(楊憑)	198/18(2198)		조경종(曹景宗)	200/7(2223)
부재(符載)	198/19(2199)		고앙(高昂)	200/8(2224)
왕건(王建)	198/20(2200)		하약필(賀若弼)	200/9(2225)
배도(裴度)	198/21(2201)		이밀(李密)	200/10(2226)
백거이(白居易)	198/22(2202)		고숭문(高崇文)	200/11(2227)
원화사문(元和沙門)	198/23(2203)		왕지흥(王智興)	200/12(2228)

고병(高駢)	200/13(2229)	소덕언(蕭德言)	202/3(2252)
나소위(羅昭威)	200/14(2230)	장초금(張楚金)	202/4(2253)
조연수(趙延壽)	200/15(2231)	연재(憐才)	202
		심약(沈約)	202/5(2254)
권201 재명(才名)	201	당고종(唐高宗)	202/6(2255)
재명	201	천후(天后)	202/7(2256)
상관의(上官儀)	201/1(2232)	원건요(源乾曜)	202/8(2257)
동방규(東方虯)	201/2(2233)	장건봉(張建封)	202/9(2258)
소정(蘇頲)	201/3(2234)	이실(李實)	202/10(2259)
이옹(李邕)	201/4(2235)	한유(韓愈)	202/11(2260)
이화(李華)	201/5(2236)	양경지(楊敬之)	202/12(2261)
이백(李白)	201/6(2237)	노조(盧肇)	202/13(2262)
호상(好尙)	201	영호도(令狐綯)	202/14(2263)
방관(房琯)	201/7(2238)	최현(崔鉉)	202/15(2264)
한유(韓愈)	201/8(2239)	고일(高逸)	202
이약(李約)	201/9(2240)	공치규(孔稚珪)	202/16(2265)
육홍점(陸鴻漸)	201/10(2241)	이원성(李元誠)	202/17(2266)
독고급(獨孤及)	201/11(2242)	도홍경(陶弘景)	202/18(2267)
두겸(杜兼)	201/12(2243)	전유암(田遊巖)	202/19(2268)
이덕유(李德裕)	201/13(2244)	주도추(朱桃椎)	202/20(2269)
반언(潘彦)	201/14(2245)	노홍(盧鴻)	202/21(2270)
송지손(宋之愻)	201/15(2246)	원결(元結)	202/22(2271)
주전의(朱前疑)	201/16(2247)	하지장(賀知章)	202/23(2272)
선우숙명(鮮于叔明)	201/17(2248)	고황(顧況)	202/24(2273)
권장유(權長孺)	201/18(2249)	진숙(陳琡)	202/25(2274)
		공증(孔拯)	202/26(2275)
권202 유행(儒行)	202		
유행	202	권203 악(樂)1	203
유헌지(劉獻之)	202/1(2250)	순백옥관(舜白玉琯)	203/1(2276)
노경유(盧景裕)	202/2(2251)	사연(師延)	203/2(2277)

사광(師曠)	203/3(2278)	권204 악2	204
사연(師涓)	203/4(2279)	대포(大酺)	204/1(2304)
초회왕(楚懷王)	203/5(2280)	이원악(梨園樂)	204/2(2305)
함양궁동인(咸陽宮銅人)	203/6(2281)	태진비(太眞妃)	204/3(2306)
수문제(隋文帝)	203/7(2282)	천보악장(天寶樂章)	204/4(2307)
당태종(唐太宗)	203/8(2283)	위고(韋皐)	204/5(2308)
위도필(衛道弼)·조소기(曹紹夔)	203/9(2284)	우적(于頔)	204/6(2309)
		문종(文宗)	204/7(2310)
배지고(裵知古)	203/10(2285)	심아교(沈阿翹)	204/8(2311)
이사진(李嗣眞)	203/11(2286)	의종(懿宗)	204/9(2312)
송연(宋沇)	203/12(2287)	왕령언(王令言)	204/10(2313)
왕인유(王仁裕)	203/13(2288)	영왕헌(寧王獻)	204/11(2314)
이사회(李師誨)	203/14(2289)	왕인유(王仁裕)	204/12(2315)
금(琴)	203	가(歌)	204
여번악(璵璠樂)	203/15(2290)	진청(秦靑)·한아(韓娥)	
유도강(劉道强)	203/16(2291)		204/13(2316)
조후(趙后)	203/17(2292)	척부인(戚夫人)	204/14(2317)
마융(馬融)	203/18(2293)	이귀년(李龜年)	204/15(2318)
양수(楊秀)	203/19(2294)	이곤(李袞)	204/16(2319)
이면(李勉)	203/20(2295)	한회(韓會)	204/17(2320)
장홍정(張弘靖)	203/21(2296)	미가영(米嘉榮)	204/18(2321)
동정란(董庭蘭)	203/22(2297)	적(笛)	204
채옹(蔡邕)	203/23(2298)	소화관(昭華管)	204/19(2322)
우적(于頔)	203/24(2299)	당현종(唐玄宗)	204/20(2323)
한고(韓皐)	203/25(2300)	한중왕우(漢中王瑀)	204/21(2324)
왕중산(王中散)	203/26(2301)	이모(李謩)	204/22(2325)
슬(瑟)	203	허운봉(許雲封)	204/23(2326)
슬(瑟)	203/27(2302)	여향균(呂鄕筠)	204/24(2327)
완함(阮咸)	203/28(2303)	필률(觱篥)	204
		이위(李蔚)	204/25(2328)

권205 악3	205	권206 서(書)1	206
갈고(羯鼓)	205	고문(古文)	206/1(2352)
갈고(羯鼓)	205/1(2329)	대전(大篆)	206/2(2353)
현종(玄宗)	205/2(2330)	주문(籒文)	206/3(2354)
송경(宋璟)	205/3(2331)	소전(小篆)	206/4(2355)
이귀년(李龜年)	205/4(2332)	팔분(八分)	206/5(2356)
조왕고(曹王皋)	205/5(2333)	예서(隸書)	206/6(2357)
이완(李琬)	205/6(2334)	장초(章草)	206/7(2358)
두홍점(杜鴻漸)	205/7(2335)	행서(行書)	206/8(2359)
동고(銅鼓)	205	비백(飛白)	206/9(2360)
동고(銅鼓)	205/8(2336)	초서(草書)	206/10(2361)
장직방(張直方)	205/9(2337)	급총서(汲冢書)	206/11(2362)
정속(鄭續)	205/10(2338)	이사(李斯)	206/12(2363)
비파(琵琶)	205	소하(蕭何)	206/13(2364)
나흑흑(羅黑黑)	205/11(2339)	채옹(蔡邕)	206/14(2365)
배락아(裴洛兒)	205/12(2340)	최원(崔瑗)	206/15(2366)
양비(楊妃)	205/13(2341)	장지(張芝)	206/16(2367)
단사(段師)	205/14(2342)	장창(張昶)	206/17(2368)
한중왕우(漢中王瑀)		유덕승(劉德升)	206/18(2369)
	205/15(2343)	사의관(師宜官)	206/19(2370)
위응물(韋應物)	205/16(2344)	양곡(梁鵠)	206/20(2371)
송연(宋沇)	205/17(2345)	좌백(左伯)	206/21(2372)
황보직(皇甫直)	205/18(2346)	호소(胡昭)	206/22(2373)
왕기(王沂)	205/19(2347)	종요(鍾繇)	206/23(2374)
관별가(關別駕)	205/20(2348)	종회(鍾會)	206/24(2375)
왕씨녀(王氏女)	205/21(2349)	위탄(韋誕)	206/25(2376)
오현(五弦)	205		
조벽(趙辟)	205/22(2350)	권207 서2	207
공후(箜篌)	205	왕희지(王羲之)	207/1(2377)
서월화(徐月華)	205/23(2351)	왕헌지(王獻之)	207/2(2378)

왕수(王修)	207/3(2379)	권209 서4	209
순여(荀輿)	207/4(2380)	잡편(雜編)	209
사안(謝安)	207/5(2381)	정막이하(程邈已下)	209/1(2406)
왕이(王廙)	207/6(2382)	한단순이하(邯鄲淳已下)	
대안도(戴安道)·강흔(康昕)			209/2(2407)
	207/7(2383)	강후이하(姜詡已下)	209/3(2408)
위창(韋昶)	207/8(2384)	왕희지(王羲之)	209/4(2409)
소사화(蕭思話)	207/9(2385)	왕이(王廙)	209/5(2410)
왕승건(王僧虔)	207/10(2386)	노주로(潞州盧)	209/6(2411)
왕융(王融)	207/11(2387)	환현(桓玄)	209/7(2412)
소자운(蕭子雲)	207/12(2388)	저수량(褚遂良)	209/8(2413)
소특(蕭特)	207/13(2389)	난정진적(蘭亭眞迹)	209/9(2414)
승지영(僧智永)	207/14(2390)	왕방경(王方慶)	209/10(2415)
승지과(僧智果)	207/15(2391)	이왕진적(二王眞跡)	209/11(2416)
		팔체(八體)	209/12(2417)
권208 서3	208	이도(李都)	209/13(2418)
당태종(唐太宗)	208/1(2392)	동도걸아(東都乞兒)	209/14(2419)
구난정서(購蘭亭序)	208/2(2393)	노홍선(盧弘宣)	209/15(2420)
한왕원창(漢王元昌)	208/3(2394)	영남토(嶺南兎)	209/16(2421)
구양순(歐陽詢)	208/4(2395)		
구양통(歐陽通)	208/5(2396)	권210 화(畵)1	210
우세남(虞世南)	208/6(2397)	열예(烈裔)	210/1(2422)
저수량(褚遂良)	208/7(2398)	경군(敬君)	210/2(2423)
설직(薛稷)	208/8(2399)	모연수(毛延壽)	210/3(2424)
고정신(高正臣)	208/9(2400)	조기(趙岐)	210/4(2425)
왕소종(王紹宗)	208/10(2401)	유포(劉褒)	210/5(2426)
정광문(鄭廣文)	208/11(2402)	장형(張衡)	210/6(2427)
이양빙(李陽冰)	208/12(2403)	서막(徐邈)	210/7(2428)
장욱(張旭)	208/13(2404)	조불흥(曹不興)	210/8(2429)
승회소(僧懷素)	208/14(2405)	위협(衛協)	210/9(2430)

왕헌지(王獻之)	210/10(2431)
고개지(顧愷之)	210/11(2432)
고광보(顧光寶)	210/12(2433)
왕이(王廙)	210/13(2434)
왕몽(王濛)	210/14(2435)
대규(戴逵)	210/15(2436)
종병(宗炳)	210/16(2437)
황화사벽(黃花寺壁)	210/17(2438)
권211 화2	211
종측(宗測)	211/1(2439)
원천(袁蒨)	211/2(2440)
양원제(梁元帝)	211/3(2441)
도홍경(陶弘景)	211/4(2442)
장승요(張僧繇)	211/5(2443)
고효형(高孝珩)	211/6(2444)
양자화(楊子華)	211/7(2445)
유살귀(劉殺鬼)	211/8(2446)
정법사(鄭法士)	211/9(2447)
염립덕(閻立德)	211/10(2448)
염립본(閻立本)	211/11(2449)
설직(薛稷)	211/12(2450)
울지을승(尉遲乙僧)	211/13(2451)
왕유(王維)	211/14(2452)
이사훈(李思訓)	211/15(2453)
한간(韓幹)	211/16(2454)
권212 화3	212
오도현(吳道玄)	212/1(2455)
풍소정(馮紹正)	212/2(2456)
장조(張藻)	212/3(2457)
진굉(陳閎)	212/4(2458)
위무첨(韋無忝)	212/5(2459)
노릉가(盧稜伽)	212/6(2460)
필굉(畢宏)	212/7(2461)
정역사(淨域寺)	212/8(2462)
자성사(資聖寺)	212/9(2463)
노군묘(老君廟)	212/10(2464)
금교도(金橋圖)	212/11(2465)
최원벽(崔圓壁)	212/12(2466)
권213 화4	213
보수사(保壽寺)	213/1(2467)
선천보살(先天菩薩)	213/2(2468)
왕재(王宰)	213/3(2469)
양염(楊炎)	213/4(2470)
고황(顧況)	213/5(2471)
주방(周昉)	213/6(2472)
범장수(范長壽)	213/7(2473)
정수기(程修己)	213/8(2474)
변란(邊鸞)	213/9(2475)
장훤(張萱)	213/10(2476)
왕묵(王墨)	213/11(2477)
이중화(李仲和)	213/12(2478)
유상(劉商)	213/13(2479)
여귀진(厲歸眞)	213/14(2480)
성화(聖畫)	213/15(2481)
염광(廉廣)	213/16(2482)
범산인(范山人)	213/17(2483)
위숙문(韋叔文)	213/18(2484)

| 총목 색인 · 57 |

권214 화5	214
관휴(貫休)	214/1(2485)
초안(楚安)	214/2(2486)
응천삼절(應天三絶)	214/3(2487)
팔선도(八仙圖)	214/4(2488)
황전(黃筌)	214/5(2489)
잡편(雜編)	214/6(2490)

권215 산술(算術)	215
정현(鄭玄)	215/1(2491)
진현토(眞玄兎)	215/2(2492)
조원리(曹元理)	215/3(2493)
조달(趙達)	215/4(2494)
정관비기(貞觀祕記)	215/5(2495)
일행(一行)	215/6(2496)
형화박(邢和璞)	215/7(2497)
만사(滿師)	215/8(2498)
마처겸(馬處謙)	215/9(2499)
원홍어(袁弘禦)	215/10(2500)

권216 복서(卜筮)	216
관로(管輅)	216/1(2501)
순우지(淳于智)	216/2(2502)
유림조(柳林祖)	216/3(2503)
외소(隗炤)	216/4(2504)
곽박(郭璞)	216/5(2505)
채철(蔡鐵)	216/6(2506)
오중찰성자(吳中察聲者)	216/7(2507)
왕자정(王子貞)	216/8(2508)
장경장(張璟藏)	216/9(2509)
주주서자(湊州筮者)	216/10(2510)
채미원(蔡微遠)	216/11(2511)
차삼(車三)	216/12(2512)
이로(李老)	216/13(2513)
개원중이도사(開元中二道士)	
	216/14(2514)
장직(蔣直)	216/15(2515)

권217 복서2	217
심칠(沈七)	217/1(2516)
영음일자(潁陰日者)	217/2(2517)
왕서암(王栖巖)	217/3(2518)
노생(路生)	217/4(2519)
추생(鄒生)	217/5(2520)
오명도사(五明道士)	217/6(2521)
황하(黃賀)	217/7(2522)
등주복자(鄧州卜者)	217/8(2523)

권218 의(醫)1	218
화타(華佗)	218/1(2524)
장중경(張仲景)	218/2(2525)
오태의(吳太醫)	218/3(2526)
구려객(句驪客)	218/4(2527)
범광록(范光祿)	218/5(2528)
서문백(徐文伯)	218/6(2529)
서사백(徐嗣伯)	218/7(2530)
복하병(腹瘕病)	218/8(2531)
이자예(李子豫)	218/9(2532)
서지재(徐之才)	218/10(2533)
견권(甄權)	218/11(2534)

손사막(孫思邈)	218/12(2535)	진채(陳寨)	220/4(2560)
허예종(許裔宗)	218/13(2536)	도준(陶俊)	220/5(2561)
진명학(秦鳴鶴)	218/14(2537)	장역(張易)	220/6(2562)
노원흠(盧元欽)	218/15(2538)	광릉목공(廣陵木工)	220/7(2563)
주윤원(周允元)	218/16(2539)	비고(飛蠱)	220/8(2564)
양현량(楊玄亮)	218/17(2540)	균독(菌毒)	220/9(2565)
조현경(趙玄景)	218/18(2541)	전승조(田承肇)	220/10(2566)
장문중(張文仲)	218/19(2542)	사독(蛇毒)	220/11(2567)
학공경(郝公景)	218/20(2543)	야갈짐(冶葛鴆)	220/12(2568)
최무(崔務)	218/21(2544)	잡설약(雜說藥)	220/13(2569)
		이질(異疾)	220
권219 의2	219	강주승(絳州僧)	220/14(2570)
주광(周廣)	219/1(2545)	최상(崔爽)	220/15(2571)
백잠(白岑)	219/2(2546)	유록사(劉錄事)	220/16(2572)
장만복(張萬福)	219/3(2547)	구용좌사(句容佐史)	220/17(2573)
왕언백(王彦伯)	219/4(2548)	최융(崔融)	220/18(2574)
이우부(李祐婦)	219/5(2549)	조준조(刁俊朝)	220/19(2575)
원항(元頏)	219/6(2550)	이생(李生)	220/20(2576)
양혁(梁革)	219/7(2551)	위숙(魏淑)	220/21(2577)
양신(梁新)·조악(趙鄂)	219/8(2552)	황보급(皇甫及)	220/22(2578)
고병(高駢)	219/9(2553)	왕포(王布)	220/23(2579)
전령자(田令孜)	219/10(2554)	후우현(侯又玄)	220/24(2580)
우구(于遘)	219/11(2555)	이언길(李言吉)	220/25(2581)
안수(顔燧)	219/12(2556)	괴량(蒯亮)	220/26(2582)
권220 의3	220	권221 상(相)1	221
의3	220	원천강(袁天綱)	221/1(2583)
신광손(申光遜)	220/1(2557)	장경장(張囧藏)	221/2(2584)
손광헌(孫光憲)	220/2(2558)	장간지(張柬之)	221/3(2585)
어인처(漁人妻)	220/3(2559)	육경융(陸景融)	221/4(2586)

정행심(程行諶)	221/5(2587)	
위원충(魏元忠)	221/6(2588)	

권222 상2　　222
배광정(裴光庭)	222/1(2589)
안록산(安祿山)	222/2(2590)
손사막(孫思邈)	222/3(2591)
손생(孫生)	222/4(2592)
형상(衡相)	222/5(2593)
마록사(馬祿師)	222/6(2594)
이함장(李含章)	222/7(2595)
상형(尙衡)	222/8(2596)
유방(柳芳)	222/9(2597)
진소(陳昭)	222/10(2598)
노제경(盧齊卿)	222/11(2599)
양십이(梁十二)	222/12(2600)
풍칠(馮七)	222/13(2601)
마생(馬生)	222/14(2602)

권223 상3　　223
상도무(桑道茂)	223/1(2603)
위하경(韋夏卿)	223/2(2604)
낙산인(駱山人)	223/3(2605)
이생(李生)	223/4(2606)
왕악(王鍔)	223/5(2607)
두이직(竇易直)	223/6(2608)
이동(李潼)	223/7(2609)
가속(賈餗)	223/8(2610)
누천보(婁千寶)	223/9(2611)
정중(丁重)	223/10(2612)
하후생(夏侯生)	223/11(2613)
설소윤(薛少尹)	223/12(2614)
주현표(周玄豹)	223/13(2615)
정손(程遜)	223/14(2616)

권224 상4　　224
왕정군(王正君)	224/1(2617)
황패(黃霸)	224/2(2618)
매퇴온(賣䭔媼)	224/3(2619)
소씨녀(蘇氏女)	224/4(2620)
무후(武后)	224/5(2621)
이순풍(李淳風)	224/6(2622)
양귀비(楊貴妃)	224/7(2623)
강교(姜皎)	224/8(2624)
상곤(常袞)	224/9(2625)
유우석(劉禹錫)	224/10(2626)
정랑(鄭朗)	224/11(2627)
영호도문승(令狐綯門僧)	224/12(2628)
승처홍(僧處弘)	224/13(2629)
범씨니(範氏尼)	224/14(2630)
임지량(任之良)	224/15(2631)
은구하(殷九霞)	224/16(2632)
상수판유도민(相手板庾道敏)	224/17(2633)
이참군(李參軍)	224/18(2634)
용복본(龍復本)	224/19(2635)

권225 기교(伎巧)1　　225
인기국(因祇國)	225/1(2636)

갈유(葛由)	225/2(2637)		권227 기교3	227
노반(魯般)	225/3(2638)		기교3	227
궁인(弓人)	225/4(2639)		화청지(華淸池)	227/1(2665)
연교인(燕巧人)	225/5(2640)		중명침(重明枕)	227/2(2666)
운명대(雲明臺)	225/6(2641)		한지화(韓志和)	227/3(2667)
음연포(淫淵浦)	225/7(2642)		절예(絶藝)	227
신풍(新豊)	225/8(2643)		독군모(督君謨)	227/4(2668)
장형(張衡)	225/9(2644)		이흠요(李欽瑤)	227/5(2669)
왕숙(王肅)	225/10(2645)		소주유승(蘇州游僧)	227/6(2670)
능운대(凌雲臺)	225/11(2646)		강서인(江西人)	227/7(2671)
진사왕(陳思王)	225/12(2647)		승영감(僧靈鑒)	227/8(2672)
오부인(吳夫人)	225/13(2648)		장분(張芬)	227/9(2673)
구순(區純)	225/14(2649)		하북장군(河北將軍)	227/10(2674)
수지의기(水芝欹器)	225/15(2650)		서촉객(西蜀客)	227/11(2675)
난릉왕(蘭陵王)	225/16(2651)		척기사승(陟岅寺僧)	227/12(2676)
승영소(僧靈昭)	225/17(2652)			
칠보경대(七寶鏡臺)	225/18(2653)		권228 박희(博戱)	228
			혁기(奕棊)	228
권226 기교2	226		양현보(羊玄保)	228/1(2677)
수식도경(水飾圖經)	226/1(2654)		왕적신(王積薪)	228/2(2678)
관문전(觀文殿)	226/2(2655)		일행(一行)	228/3(2679)
유교(劉交)	226/3(2656)		위연우(韋延祐)	228/4(2680)
장숭(張崇)	226/4(2657)		일본왕자(日本王子)	228/5(2681)
십이진거(十二辰車)	226/5(2658)		탄기(彈棊)	228
동준(銅罇)	226/6(2659)		한성제(漢成帝)	228/6(2682)
은문량(殷文亮)	226/7(2660)		위문제(魏文帝)	228/7(2683)
양무렴(楊務廉)	226/8(2661)		장구(藏鉤)	228
왕거(王琚)	226/9(2662)		장구(藏鉤)	228/8(2684)
설신혹(薛育惑)	226/10(2663)		환현(桓玄)	228/9(2685)
마대봉(馬待封)	226/11(2664)		고영(高映)	228/10(2686)

석민(石旻)	228/11(2687)	장조택(張祖宅)	231/5(2710)
잡희(雜戲)	228	당의(唐儀)	231/6(2711)
잡희(雜戲)	228/12(2688)	당중종(唐中宗)	231/7(2712)
		송청춘(宋青春)	231/8(2713)
권229 기완(器玩)1	229	무승지(武勝之)	231/9(2714)
주목왕(周穆王)	229/1(2689)	이수태(李守泰)	231/10(2715)
주영왕(周靈王)	229/2(2690)	진중궁(陳仲躬)	231/11(2716)
왕자교(王子喬)	229/3(2691)	조왕고(曹王皋)	231/12(2717)
방장산(方丈山)	229/4(2692)	어인(漁人)	231/13(2718)
곤오산(昆吾山)	229/5(2693)		
한태상황(漢太上皇)	229/6(2694)	권232 기완4	232
한무제(漢武帝)	229/7(2695)	부재(符載)	232/1(2719)
경옥경(輕玉磬)	229/8(2696)	파산검(破山劍)	232/2(2720)
이부인(李夫人)	229/9(2697)	양주공(揚州貢)	232/3(2721)
길광구(吉光裘)	229/10(2698)	정운규(鄭雲逵)	232/4(2722)
서독국(西毒國)	229/11(2699)	장존(張存)	232/5(2723)
계궁(桂宮)	229/12(2700)	백합화(百合花)	232/6(2724)
서호거왕(西胡渠王)	229/13(2701)	절우어인(浙右漁人)	232/7(2725)
한선제(漢宣帝)	229/14(2702)	원정(元禎)	232/8(2726)
유표(劉表)	229/15(2703)	이덕유(李德裕)	232/9(2727)
		감로승(甘露僧)	232/10(2728)
권230 기완2	230	영호도(令狐綯)	232/11(2729)
소위(蘇威)	230/1(2704)	주한(周邯)	232/12(2730)
왕도(王度)	230/2(2705)	진양관(眞陽觀)	232/13(2731)
		비호어자(陣湖漁者)	232/14(2732)
권231 기완3	231	문곡(文谷)	232/15(2733)
장화(張華)	231/1(2706)	배악(裴岳)[闕]	232
진혜제(晉惠帝)	231/2(2707)	구풍(苟諷)[闕]	232
허손(許遜)	231/3(2708)	홍말(紅沫)[闕]	232
도정백(陶貞白)	231/4(2709)	철두(鐵頭)[闕]	232

건주자사(虔州刺史)[闕] 232

권233 주(酒)   233
　주   233
　　천일주(千日酒)   233/1(2734)
　　금간주(擒奸酒)   233/2(2735)
　　약하주(若下酒)   233/3(2736)
　　곤륜상(崑崙觴)   233/4(2737)
　　벽통주(碧筒酒)   233/5(2738)
　　구온주(九醞酒)   233/6(2739)
　　소장주(消腸酒)   233/7(2740)
　　청전주(靑田酒)   233/8(2741)
　　점우주(黏雨酒)   233/9(2742)
　　주명(酒名)   233/10(2743)
　　남방주(南方酒)   233/11(2744)
　　이경양(李景讓)   233/12(2745)
　　하후자(夏侯孜)   233/13(2746)
　　손회종(孫會宗)   233/14(2747)
　　육의(陸扆)   233/15(2748)
　주량(酒量)   233
　　산도(山濤)   233/16(2749)
　　주의(周顗)   233/17(2750)
　　배홍태(裴弘泰)   233/18(2751)
　　왕원중(王源中)   233/19(2752)
　기주(嗜酒)   233
　　서막(徐邈)   233/20(2753)
　　유령(劉伶)   233/21(2754)
　　주취(酒臭)   233/22(2755)

권234 식(食)   234

　식   234
　　오찬(吳饌)   234/1(2756)
　　어주(御廚)   234/2(2757)
　　오후정(五侯鯖)   234/3(2758)
　　유효의(劉孝儀)   234/4(2759)
　　저의(俎議)   234/5(2760)
　　저표(俎表)   234/6(2761)
　　열락하(熱洛河)   234/7(2762)
　　명식(名食)   234/8(2763)
　　패장니(敗障泥)   234/9(2764)
　　상식령(尙食令)   234/10(2765)
　　대병(大餠)   234/11(2766)
　능식(能食)   234
　　범왕(范汪)   234/12(2767)
　　송명제(宋明帝)   234/13(2768)
　　부견삼장(苻堅三將)   234/14(2769)
　비식(非食)   234
　　모용(茅容)   234/15(2770)
　　육기(陸機)   234/16(2771)
　　양만(羊曼)   234/17(2772)

권235 교우(交友)   235
　　종세림(宗世林)   235/1(2773)
　　예형(禰衡)   235/2(2774)
　　순거백(荀巨伯)   235/3(2775)
　　관녕(管寧)   235/4(2776)
　　죽림칠현(竹林七賢)   235/5(2777)
　　혜강(嵇康)   235/6(2778)
　　산도(山濤)   235/7(2779)
　　왕안기(王安期)   235/8(2780)

왕돈(王敦)	235/9(2781)	왕돈(王敦)	236/14(2808)
손백예(孫伯翳)	235/10(2782)	위고양왕옹(魏高陽王雍)	
상동왕역(湘東王繹)	235/11(2783)		236/15(2809)
당곽왕원궤(唐霍王元軌)		원침(元琛)	236/16(2810)
	235/12(2784)	수양제(隋煬帝)	236/17(2811)
왕방익(王方翼)	235/13(2785)	칙천후(則天后)	236/18(2812)
오소미(吳少微)	235/14(2786)	허경종(許敬宗)	236/19(2813)
장열(張說)	235/15(2787)	장역지(張易之)	236/20(2814)
유방(柳芳)	235/16(2788)	종초객(宗楚客)	236/21(2815)
두우(杜佑)	235/17(2789)	안락공주(安樂公主)	236/22(2816)
이주(李舟)	235/18(2790)	양신교(楊愼交)	236/23(2817)
백거이(白居易)	235/19(2791)	당예종(唐睿宗)	236/24(2818)
허당(許棠)	235/20(2792)	현종(玄宗)	236/25(2819)
육구몽(陸龜蒙)	235/21(2793)	괵국부인(虢國夫人)	236/26(2820)
안요(顔蕘)	235/22(2794)		
		권237 사치2	237
권236 사치(奢侈)1	236	위척(韋陟)	237/1(2821)
오왕부차(吳王夫差)	236/1(2795)	운휘당(芸輝堂)	237/2(2822)
한무제(漢武帝)	236/2(2796)	배면(裴冕)	237/3(2823)
정원(丁媛)	236/3(2797)	우적(于頔)	237/4(2824)
임지(淋池)	236/4(2798)	왕애(王涯)	237/5(2825)
곽광처(霍光妻)	236/5(2799)	이덕유(李德裕)	237/6(2826)
한언(韓嫣)	236/6(2800)	양수(楊收)	237/7(2827)
원광한(袁廣漢)	236/7(2801)	동창공주(同昌公主)	237/8(2828)
소유궁(霄遊宮)	236/8(2802)	이장(李璋)	237/9(2829)
사당주(沙棠舟)	236/9(2803)	이사군(李使君)	237/10(2830)
조비연(趙飛燕)	236/10(2804)		
곽황(郭況)	236/11(2805)	권238 궤사(詭詐)	238
후한영제(後漢靈帝)	236/12(2806)	유룡자(劉龍子)	238/1(2831)
석숭(石崇)	236/13(2807)	곽순(郭純)	238/2(2832)

왕수(王繇)	238/3(2833)	한전회(韓全誨)	239/10(2861)
당동태(唐同泰)	238/4(2834)	소순(蘇循)	239/11(2862)
호연경(胡延慶)	238/5(2835)	소해(蘇楷)	239/12(2863)
주전의(朱前疑)	238/6(2836)	악붕귀(樂朋龜)	239/13(2864)
영왕(寧王)	238/7(2837)	공겸(孔謙)	239/14(2865)
안록산(安祿山)	238/8(2838)		
백철여(白鐵余)	238/9(2839)	권240 첨녕2	240
이경원(李慶遠)	238/10(2840)	조원해(趙元楷)	240/1(2866)
유현좌(劉玄佐)	238/11(2841)	염지미(閻知微)	240/2(2867)
장호(張祜)	238/12(2842)	정음(鄭愔)	240/3(2868)
대안사(大安寺)	238/13(2843)	설직(薛稷)	240/4(2869)
왕사군(王使君)	238/14(2844)	이교(李嶠)	240/5(2870)
유숭귀(劉崇龜)	238/15(2845)	이의부(李義府)	240/6(2871)
이연소(李延召)	238/16(2846)	후사지(侯思止)	240/7(2872)
성도개자(成都丐者)	238/17(2847)	노장용(盧藏用)	240/8(2873)
설씨자(薛氏子)	238/18(2848)	조리온(趙履溫)	240/9(2874)
진중자(秦中子)	238/19(2849)	장급(張岌)	240/10(2875)
이전고(李全皐)	238/20(2850)	길욱(吉頊)	240/11(2876)
문처자(文處子)	238/21(2851)	종초객(宗楚客)	240/12(2877)
		최융(崔融)	240/13(2878)
권239 첨녕(諂佞)1	239	최식(崔湜)	240/14(2879)
안록산(安祿山)	239/1(2852)	용번장(用番將)	240/15(2880)
성경기(成敬奇)	239/2(2853)	장열(張說)	240/16(2881)
진소유(陳少遊)	239/3(2854)	정백헌(程伯獻)	240/17(2882)
배연령(裴延齡)	239/4(2855)	양국충(楊國忠)	240/18(2883)
설영진(薛盈珍)	239/5(2856)	태진비(太眞妃)	240/19(2884)
화조(畫鵰)	239/6(2857)	이림보(李林甫)	240/20(2885)
풍도명(馮道明)	239/7(2858)		
두선유(杜宣猷)	239/8(2859)	권241 첨녕3	241
이덕유(李德裕)	239/9(2860)	왕승휴(王承休)	241/1(2886)

권242 유오(謬誤) 242
　유오 242
　　익주장리(益州長吏) 242/1(2887)
　　소영사(蕭穎士) 242/2(2888)
　　치앙(郗昂) 242/3(2889)
　　장장사(張長史) 242/4(2890)
　　소면(蕭俛) 242/5(2891)
　　최청(崔淸) 242/6(2892)
　　하유량(何儒亮) 242/7(2893)
　　우적(于頔) 242/8(2894)
　　원주(苑咰) 242/9(2895)
　　이문빈(李文彬) 242/10(2896)
　　소증(蘇拯) 242/11(2897)
　　두소경(竇少卿) 242/12(2898)
　유망(遺忘) 242
　　장리섭(張利涉) 242/13(2899)
　　염현일(閻玄一) 242/14(2900)
　　곽무정(郭務靜) 242/15(2901)
　　장수신(張守信) 242/16(2902)
　　이현(李晛) 242/17(2903)
　　장장용(張藏用) 242/18(2904)

권243 치생(治生) 243
　치생 243
　　배명례(裴明禮) 243/1(2905)
　　하명원(何明遠) 243/2(2906)
　　나회(羅會) 243/3(2907)
　　두예(竇乂) 243/4(2908)
　탐(貪) 243
　　등장이왕(滕蔣二王) 243/5(2909)
　　두지범(竇知範) 243/6(2910)
　　하후표지(夏侯彪之) 243/7(2911)
　　왕지음(王志愔) 243/8(2912)
　　단숭간(段崇簡) 243/9(2913)
　　최현신(崔玄信) 243/10(2914)
　　엄승기(嚴昇期) 243/11(2915)
　　장창의(張昌儀) 243/12(2916)
　　이옹(李邕) 243/13(2917)
　　배길(裴佶) 243/14(2918)
　　원재(元載) 243/15(2919)
　　장연상(張延賞) 243/16(2920)
　　노앙(盧昂) 243/17(2921)
　　최함(崔咸) 243/18(2922)
　　최원(崔遠) 243/19(2923)
　　강회고인(江淮賈人) 243/20(2924)
　　용창예(龍昌裔) 243/21(2925)
　　안중패(安重霸) 243/22(2926)
　　장건교(張虔釗) 243/23(2927)

권244 편급(褊急) 244
　　시묘(時苗) 244/1(2928)
　　왕사(王思) 244/2(2929)
　　이응도(李凝道) 244/3(2930)
　　요군경(堯君卿) 244/4(2931)
　　소영사(蕭穎士) 244/5(2932)
　　배추(裴樞) 244/6(2933)
　　최공(崔珙) 244/7(2934)
　　한고(韓皐) 244/8(2935)
　　두우(杜佑) 244/9(2936)
　　황보식(皇甫湜) 244/10(2937)

단문창(段文昌)	244/11(2938)	한박(韓博)	246/4(2964)
이덕유(李德裕)	244/12(2939)	습착치(習鑿齒)	246/5(2965)
이반(李潘)	244/13(2940)	손성(孫盛)	246/6(2966)
노한(盧罕)	244/14(2941)	조납(祖納)	246/7(2967)
왕공(王珙)	244/15(2942)	학륭(郝隆)	246/8(2968)
고계창(高季昌)	244/16(2943)	나우(羅友)	246/9(2969)
		장융(張融)	246/10(2970)
권245 회해(詼諧)1	245	하승천(何承天)	246/11(2971)
안영(晏嬰)	245/1(2944)	왕현(王絢)	246/12(2972)
동방삭(東方朔)	245/2(2945)	하욱(何勗)	246/13(2973)
변소(邊韶)	245/3(2946)	사령운(謝靈運)	246/14(2974)
원차양(袁次陽)	245/4(2947)	유회(劉繪)	246/15(2975)
이적(伊籍)	245/5(2948)	서효사(徐孝嗣)	246/16(2976)
장예(張裔)	245/6(2949)	심문계(沈文季)	246/17(2977)
장유(張裕)	245/7(2950)	심소략(沈昭略)	246/18(2978)
설종(薛綜)	245/8(2951)	호해지(胡諧之)	246/19(2979)
제갈각(諸葛恪)	245/9(2952)	양무(梁武)	246/20(2980)
비위(費褘)	245/10(2953)	유신언(柳信言)	246/21(2981)
왕융처(王戎妻)	245/11(2954)	서리(徐摛)	246/22(2982)
등애(鄧艾)	245/12(2955)	서릉(徐陵)	246/23(2983)
안릉인(安陵人)	245/13(2956)	이해(李諧)	246/24(2984)
양수(楊修)	245/14(2957)	주사(周捨)	246/25(2985)
손자형(孫子荊)	245/15(2958)	왕림(王琳)	246/26(2986)
채홍(蔡洪)	245/16(2959)		
육기(陸機)	245/17(2960)	권247 회해3	247
		목자객(穆子客)	247/1(2987)
권246 회해2	246	승중공(僧重公)	247/2(2988)
채모(蔡謨)	246/1(2961)	손소(孫紹)	247/3(2989)
제갈회(諸葛恢)	246/2(2962)	위시인(魏市人)	247/4(2990)
주의(周顗)	246/3(2963)	위언연(魏彦淵)	247/5(2991)

육예(陸乂)	247/6(2992)
왕원경(王元景)	247/7(2993)
이서(李庶)	247/8(2994)
형자재(邢子才)	247/9(2995)
노순조(盧詢祖)	247/10(2996)
북해왕회(北海王晞)	247/11(2997)
이도도(李騊駼)	247/12(2998)
노사도(盧思道)	247/13(2999)
석동통(石動筩)	247/14(3000)
서지재(徐之才)	247/15(3001)
소표(蕭彪)	247/16(3002)
권248 회해4	248
후백(侯白)	248/1(3003)
노가언(盧嘉言)	248/2(3004)
육조(陸操)	248/3(3005)
설도형(薛道衡)	248/4(3006)
유작(劉焯)	248/5(3007)
산동인(山東人)	248/6(3008)
흘인(吃人)	248/7(3009)
조소아(趙小兒)	248/8(3010)
장손무기(長孫無忌)	248/9(3011)
임괴(任瓌)	248/10(3012)
이적(李勣)	248/11(3013)
이영(李榮)	248/12(3014)
권249 회해5	249
영호덕분(令狐德棻)	249/1(3015)
최행공(崔行功)	249/2(3016)
변인표(邊仁表)	249/3(3017)

신욱(辛郁)	249/4(3018)
윤군(尹君)	249/5(3019)
배현본(裴玄本)	249/6(3020)
장손현동(長孫玄同)	249/7(3021)
왕복치(王福畤)	249/8(3022)
허경종(許敬宗)	249/9(3023)
고최외(高崔嵬)	249/10(3024)
원진(元晉)	249/11(3025)
조겸광(趙謙光)	249/12(3026)
심전기(沈佺期)	249/13(3027)
최일용(崔日用)	249/14(3028)
배담(裴談)	249/15(3029)
이진악(李鎭惡)	249/16(3030)
노이(盧廙)	249/17(3031)
송수(松壽)	249/18(3032)
봉포일(封抱一)	249/19(3033)
윤신동(尹神童)	249/20(3034)
권250 회해6	250
적인걸(狄仁傑)	250/1(3035)
소미도(蘇味道)	250/2(3036)
시어사(侍御史)	250/3(3037)
이안기(李安期)	250/4(3038)
등현정(鄧玄挺)	250/5(3039)
원복경(元福慶)	250/6(3040)
상서랑(尙書郎)	250/7(3041)
어사리행(御史裏行)	250/8(3042)
요숭(姚崇)	250/9(3043)
황번작(黃幡綽)	250/10(3044)
양국충(楊國忠)	250/11(3045)

유조하(劉朝霞)	250/12(3046)	왕지흥(王智興)	251/12(3074)
요정조(姚貞操)	250/13(3047)	노발(盧發)	251/13(3075)
배서(裴諝)	250/14(3048)	배휴(裴休)	251/14(3076)
장문성(張文成)	250/15(3049)	풍곤(馮袞)	251/15(3077)
두효(竇曉)	250/16(3050)	인부(鄭夫)	251/16(3078)
두연업(杜延業)	250/17(3051)	관도(關圖)	251/17(3079)
노려행(路勵行)	250/18(3052)	양현익(楊玄翼)	251/18(3080)
소함(蕭諴)	250/19(3053)	배경여(裴慶餘)	251/19(3081)
덕종(德宗)	250/20(3054)	조숭(趙崇)	251/20(3082)
유현좌(劉玄佐)	250/21(3055)	정광업(鄭光業)	251/21(3083)
고황(顧況)	250/22(3056)		
배길(裴佶)	250/23(3057)	권252 회해8	252
조종유(趙宗儒)	250/24(3058)	이요(李曜)	252/1(3084)
녹우두(犢牛頭)	250/25(3059)	왕탁(王鐸)	252/2(3085)
한고(韓皐)	250/26(3060)	설소위(薛昭緯)	252/3(3086)
배도(裴度)	250/27(3061)	공위(孔緯)	252/4(3087)
요현(姚峴)	250/28(3062)	우문한(宇文翰)	252/5(3088)
		천자문어걸사(千字文語乞社)	
권251 회해7	251		252/6(3089)
주원(周愿)	251/1(3063)	산동좌사(山東佐史)	252/7(3090)
유우석(劉禹錫)	251/2(3064)	나은(羅隱)	252/8(3091)
원덕사(袁德師)	251/3(3065)	노연양(盧延讓)	252/9(3092)
이정(李程)	251/4(3066)	배우인(俳優人)	252/10(3093)
양우경(楊虞卿)	251/5(3067)	왕사성(王舍城)	252/11(3094)
심아지(沈亞之)	251/6(3068)	고형(顧夐)	252/12(3095)
장호(張祜)	251/7(3069)	부조자(不調子)	252/13(3096)
교광객(交廣客)	251/8(3070)	사마도(司馬都)	252/14(3097)
노조(盧肇)	251/9(3071)	오요경(吳堯卿)	252/15(3098)
장효표(章孝標)	251/10(3072)	이임위부(李任爲賦)	
남탁(南卓)	251/11(3073)		252/16(3099)

권253 조초(嘲誚)1　　　　　253
　정계명(程季明)　　　253/1(3100)
　제갈각(諸葛恪)　　　253/2(3101)
　장담(張湛)　　　　　253/3(3102)
　하순(賀循)　　　　　253/4(3103)
　육사룡(陸士龍)　　　253/5(3104)
　번흠(繁欽)　　　　　253/6(3105)
　유도진(劉道眞)　　　253/7(3106)
　조사언(祖士言)　　　253/8(3107)
　고상(高爽)　　　　　253/9(3108)
　서지재(徐之才)　　　253/10(3109)
　사마소난(司馬消難)　253/11(3110)
　마왕(馬王)　　　　　253/12(3111)
　주사(酒肆)　　　　　253/13(3112)
　노사도(盧思道)　　　253/14(3113)
　이음(李愔)　　　　　253/15(3114)
　설도형(薛道衡)　　　253/16(3115)
　해조(解嘲)　　　　　253/17(3116)
　신단(辛亶)　　　　　253/18(3117)
　우홍(牛弘)　　　　　253/19(3118)
　후백(侯白)　　　　　253/20(3119)

권254 조초2　　　　　　254
　조신덕(趙神德)　　　254/1(3120)
　가가은(賈嘉隱)　　　254/2(3121)
　구양순(歐陽詢)　　　254/3(3122)
　고사렴(高士廉)　　　254/4(3123)
　배략(裴略)　　　　　254/5(3124)
　유행민(劉行敏)　　　254/6(3125)
　두방(竇昉)　　　　　254/7(3126)

　적인걸(狄仁傑)　　　254/8(3127)
　양무직(楊茂直)　　　254/9(3128)
　죄우대어사(左右臺御史)
　　　　　　　　　　　254/10(3129)
　두문범(杜文範)　　　254/11(3130)
　어사리행(御史裏行)　254/12(3131)
　장원일(張元一)　　　254/13(3132)
　길욱(吉頊)　　　　　254/14(3133)
　주수후(朱隨侯)　　　254/15(3134)
　이상(李詳)　　　　　254/16(3135)

권255 조초3　　　　　　255
　장작(張鷟)　　　　　255/1(3136)
　석포충(石抱忠)　　　255/2(3137)
　정음(鄭愔)　　　　　255/3(3138)
　송무선(宋務先)　　　255/4(3139)
　부암(傅巖)　　　　　255/5(3140)
　후미허(侯味虛)　　　255/6(3141)
　가언충(賈言忠)　　　255/7(3142)
　사마승정(司馬承禎)　255/8(3143)
　이경현(李敬玄)　　　255/9(3144)
　격보원(格輔元)　　　255/10(3145)
　축흠명(祝欽明)　　　255/11(3146)
　강사도(姜師度)　　　255/12(3147)
　강회(姜晦)　　　　　255/13(3148)
　위광승(魏光乘)　　　255/14(3149)
　소경(邵景)　　　　　255/15(3150)
　황번작(黃幡綽)　　　255/16(3151)
　하지장(賀知章)　　　255/17(3152)
　왕유(王維)　　　　　255/18(3153)

감흡(甘洽)	255/19(3154)
교림(喬琳)	255/20(3155)
설려독(契䋲禿)	255/21(3156)
송제(宋濟)	255/22(3157)
안릉좌사(安陵佐史)	255/23(3158)
최호(崔護)	255/24(3159)

권256 조초4   256

노매(盧邁)	256/1(3160)
유종원(柳宗元)	256/2(3161)
육창(陸暢)	256/3(3162)
평증(平曾)	256/4(3163)
승영철(僧靈徹)	256/5(3164)
소운(蘇芸)	256/6(3165)
이환(李寰)	256/7(3166)
왕번(王璠)	256/8(3167)
위섬(韋蟾)	256/9(3168)
봉포일(封抱一)	256/10(3169)
최애(崔涯)	256/11(3170)
이선고(李宣古)	256/12(3171)
두목(杜牧)	256/13(3172)
육암몽(陸巖夢)	256/14(3173)
이원(李遠)	256/15(3174)
이덕유(李德裕)	256/16(3175)
설소위(薛昭緯)	256/17(3176)
최신유(崔愼由)	256/18(3177)
정훈(鄭薰)	256/19(3178)
당오경(唐五經)	256/20(3179)
청룡사객(靑龍寺客)	256/21(3180)
나은(羅隱)	256/22(3181)

권257 조초5   257

최담(崔澹)	257/1(3182)
피일휴(皮日休)	257/2(3183)
설능(薛能)	257/3(3184)
주의(周顗)	257/4(3185)
임곡(任轂)	257/5(3186)
왕휘(王徽)	257/6(3187)
산동인(山東人)	257/7(3188)
장등(張登)	257/8(3189)
주택(朱澤)	257/9(3190)
서언약(徐彦若)	257/10(3191)
풍연(馮涓)	257/11(3192)
장준영인(張濬伶人)	257/12(3193)
봉순경(封舜卿)	257/13(3194)
요계(姚洎)	257/14(3195)
이태하(李台瑕)	257/15(3196)
직금인(織錦人)	257/16(3197)
이주부(李主簿)	257/17(3198)
진라자(陳癩子)	257/18(3199)
환목비인(患目鼻人)	257/19(3200)
구인(傴人)	257/20(3201)
전온(田嫗)	257/21(3202)

권258 치비(嗤鄙)1   258

위인찬화(魏人鑽火)	258/1(3203)
제준사(齊俊士)	258/2(3204)
원위신(元魏臣)	258/3(3205)
병주사족(幷州士族)	258/4(3206)
고오조(高敖曹)	258/5(3207)
양권귀(梁權貴)	258/6(3208)

유건지(柳騫之)	258/7(3209)		강사도(姜師度)	259/11(3237)
완숭(阮嵩)	258/8(3210)		성경기(成敬奇)	259/12(3238)
학상현(郝象賢)	258/9(3211)		석혜태(石惠泰)	259/13(3239)
주전의(朱前疑)	258/10(3212)		풍광진(馮光震)	259/14(3240)
장유고(張由古)	258/11(3213)		이근도(李謹度)	259/15(3241)
후사정(侯思正)	258/12(3214)		삼예(三穢)	259/16(3242)
왕급선(王及善)	258/13(3215)		양도(陽滔)	259/17(3243)
녹인걸(逯仁傑)	258/14(3216)		상정종(常定宗)	259/18(3244)
원염(袁琰)	258/15(3217)		장현정(張玄靖)	259/19(3245)
대중어(臺中語)	258/16(3218)			
심자영(沈子榮)	258/17(3219)		권260 치비3	260
무의종(武懿宗)	258/18(3220)		공양전(公羊傳)	260/1(3246)
장형(張衡)	258/19(3221)		이문례(李文禮)	260/2(3247)
이량필(李良弼)	258/20(3222)		은안(殷安)	260/3(3248)
내자순(來子珣)	258/21(3223)		성방인(姓房人)	260/4(3249)
염지미(閻知微)	258/22(3224)		원종규(元宗逵)	260/5(3250)
최식(崔湜)	258/23(3225)		독고수충(獨孤守忠)	260/6(3251)
권룡양(權龍襄)	258/24(3226)		왕웅(王熊)	260/7(3252)
			국숭유(麴崇裕)	260/8(3253)
권259 치비2	259		양사회(梁士會)	260/9(3254)
소미도(蘇味道)	259/1(3227)		장회경(張懷慶)	260/10(3255)
이사단(李師旦)	259/2(3228)		강변(康訁)	260/11(3256)
곽헌가(霍獻可)	259/3(3229)		징군(徵君)	260/12(3257)
원수일(袁守一)	259/4(3230)		이좌(李佐)	260/13(3258)
최태지(崔泰之)	259/5(3231)		원재(元載)・상곤(常袞)	260/14(3259)
육여경(陸餘慶)	259/6(3232)		최천(崔阡)	260/15(3260)
손언고(孫彦高)	259/7(3233)		여간(黎幹)	260/16(3261)
출사어사(出使御史)	259/8(3234)		최숙청(崔叔清)	260/17(3262)
한완(韓琬)	259/9(3235)		상원(常愿)	260/18(3263)
조인장(趙仁獎)	259/10(3236)		유사영(劉士榮)	260/19(3264)

원덕사(袁德師)	260/20(3265)
장예(蔣乂)	260/21(3266)
최손(崔損)	260/22(3267)

권261 치비4   261
장무소(張茂昭)	261/1(3268)
왕파(王播)	261/2(3269)
이수재(李秀才)	261/3(3270)
성엄인(姓嚴人)	261/4(3271)
왕초곤제(王初昆弟)	261/5(3272)
이거(李據)	261/6(3273)
교방인(敎坊人)	261/7(3274)
남해제문선왕(南海祭文宣王)	
	261/8(3275)
태상시(太常寺)	261/9(3276)
유씨비(柳氏婢)	261/10(3277)
한창(韓昶)	261/11(3278)
왕지흥(王智興)	261/12(3279)
위씨자(韋氏子)	261/13(3280)
영호도(令狐綯)	261/14(3281)
정광(鄭光)	261/15(3282)
정전(鄭畋)·노휴(盧攜)	
	261/16(3283)
정계(鄭綮)	261/17(3284)
정준(鄭準)	261/18(3285)
장씨자(張氏子)	261/19(3286)
유의방(劉義方)	261/20(3287)
정군옥(鄭羣玉)	261/21(3288)
매권형(梅權衡)	261/22(3289)
이운한(李雲翰)	261/23(3290)

권262 치비5   262
최육(崔育)	262/1(3291)
우문굉(宇文翃)	262/2(3292)
한간(韓簡)	262/3(3293)
호령(胡令)	262/4(3294)
양쟁(楊錚)	262/5(3295)
사시서(謝柴書)	262/6(3296)
군목(郡牧)	262/7(3297)
장함광(張咸光)	262/8(3298)
장수승(長鬚僧)	262/9(3299)
도류(道流)	262/10(3300)
삼망인(三妄人)	262/11(3301)
주위이자(周韋二子)	262/12(3302)
불식경(不識鏡)	262/13(3303)
교비(齩鼻)	262/14(3304)
조상례(助喪禮)	262/15(3305)
외학귀(外學歸)	262/16(3306)
행조(行吊)	262/17(3307)
치서(癡壻)	262/18(3308)
노인집간(魯人執杆)	262/19(3309)
제인학슬(齊人學瑟)	262/20(3310)
시마(市馬)	262/21(3311)
소응서생(昭應書生)	262/22(3312)

권263 무뢰(無賴)1   263
유계지(劉誡之)	263/1(3313)
종현성(宗玄成)	263/2(3314)
맹신상(孟神爽)	263/3(3315)
비기석인(飛騎席人)	263/4(3316)
한령규(韓令珪)	263/5(3317)

이굉(李宏)	263/6(3318)	유상(劉祥)	265/1(3344)
장손흔(長孫昕)	263/7(3319)	유효작(劉孝綽)	265/2(3345)
장역지형제(張易之兄弟)	263/8(3320)	허경종(許敬宗)	265/3(3346)
권회은(權懷恩)	263/9(3321)	영천령(盈川令)	265/4(3347)
송지손(宋之遜)	263/10(3322)	최식(崔湜)	265/5(3348)
장간등(張幹等)	263/11(3323)	두심언(杜審言)	265/6(3349)
팽선각(彭先覺)	263/12(3324)	두보(杜甫)	265/7(3350)
장덕(張德)	263/13(3325)	진통방(陳通方)	265/8(3351)
사자탄사리(士子吞舍利)	263/14(3326)	이하(李賀)	265/9(3352)
유자진(劉子振)	263/15(3327)	이군옥(李群玉)	265/10(3353)
형주육차자(荊州鬻箭者)	263/16(3328)	풍연(馮涓)	265/11(3354)
		온정균(溫庭筠)	265/12(3355)
권264 무뢰2	264	진번수(陳磻叟)	265/13(3356)
남황인취부(南荒人娶婦)	264/1(3329)	설능(薛能)	265/14(3357)
조고(趙高)	264/2(3330)	고봉휴(高逢休)	265/15(3358)
위소경(韋少卿)	264/3(3331)	급사(汲師)	265/16(3359)
갈청(葛淸)	264/4(3332)	최병(崔駢)	265/17(3360)
삼왕자(三王子)	264/5(3333)	서천인(西川人)	265/18(3361)
악종훈(樂從訓)	264/6(3334)	하중막객(河中幕客)	265/19(3362)
장종회(張從晦)	264/7(3335)	최소부(崔昭符)	265/20(3363)
이인구(李仁矩)	264/8(3336)	온정(溫定)	265/21(3364)
이한지(李罕之)	264/9(3337)		
한신(韓伸)	264/10(3338)	권266 경박2	266
이령(李令)	264/11(3339)	요암걸(姚岩傑)	266/1(3365)
맹홍미(孟弘微)	264/12(3340)	조사사삭방(朝士使朔方)	266/2(3366)
승란(僧鸞)	264/13(3341)	설보손(薛保遜)	266/3(3367)
노덕연(路德延)	264/14(3342)	설소위(薛昭緯)(羅九皋附)	
소희보(蕭希甫)	264/15(3343)		266/4(3368)
		극연(劇燕)	266/5(3369)
권265 경박(輕薄)1	265	위설경고씨(韋薛輕高氏)	266/6(3370)

호홰(胡蔮)	266/7(3371)	길욱(吉頊)	268/1(3396)
경박사류(輕薄士流)	266/8(3372)	성왕천리(成王千里)	268/2(3397)
장고(張翺)	266/9(3373)	장단(張亶)	268/3(3398)
노정(盧程)	266/10(3374)	왕욱(王旭)	268/4(3399)
최비(崔祕)	266/11(3375)	경사삼표(京師三豹)	268/5(3400)
왕선주조경박(王先主遭輕薄)		장효숭(張孝嵩)	268/6(3401)
	266/12(3376)	왕홍의(王弘義)	268/7(3402)
장이공(蔣貽恭)	266/13(3377)	사우(謝祐)	268/8(3403)
		하내왕의종(河內王懿宗)	
권267 혹포(酷暴)1	267		268/9(3404)
마추(麻秋)	267/1(3378)	혹리(酷吏)	268/10(3405)
송유제(宋幼帝)	267/2(3379)	양무렴(楊務廉)	268/11(3406)
고양(高洋)	267/3(3380)	이전교(李全交)	268/12(3407)
남양왕(南陽王)	267/4(3381)		
주찬(朱粲)	267/5(3382)	권269 혹포3	269
진승친(陳承親)	267/6(3383)	호원례(胡元禮)	269/1(3408)
설진(薛震)	267/7(3384)	무유여선악당(誣劉如瑨惡黨)	
진원광(陳元光)	267/8(3385)		269/2(3409)
독고장(獨孤莊)	267/9(3386)	송욱(宋昱)・위환(韋僙)	269/3(3410)
색원례(索元禮)	267/10(3387)	소영사(蕭穎士)	269/4(3411)
나직인(羅織人)	267/11(3388)	이희렬(李希烈)	269/5(3412)
원해(元楷)	267/12(3389)	노기(盧杞)	269/6(3413)
무승사(武承嗣)	267/13(3390)	양양절도(襄樣節度)	269/7(3414)
장역지형제(張易之兄弟)	267/14(3391)	사모(史牟)	269/8(3415)
학상현(郝象賢)	267/15(3392)	이신(李紳)	269/9(3416)
주흥(周興)	267/16(3393)	호제(胡渻)	269/10(3417)
후사지(侯思止)	267/17(3394)	위공간(韋公幹)	269/11(3418)
내준신(來俊臣)	267/18(3395)	진연미(陳延美)[闕]	269
		조사관(趙思綰)	269/12(3419)
권268 혹포2	268	안도진(安道進)	269/13(3420)

| 총목 색인 · 75 |

권270 부인(婦人)1　　　　270
　선씨(洗氏)　　　　270/1(3421)
　위경유처(衛敬瑜妻)　270/2(3422)
　주적처(周迪妻)　　　270/3(3423)
　추대징처(鄒待徵妻)　270/4(3424)
　두열녀(竇烈女)　　　270/5(3425)
　정신좌녀(鄭神佐女)　270/6(3426)
　노부인(盧夫人)　　　270/7(3427)
　부봉처(符鳳妻)　　　270/8(3428)
　여영(呂榮)　　　　　270/9(3429)
　봉경문(封景文)　　　270/10(3430)
　고언소녀(高彦昭女)　270/11(3431)
　이탄녀(李誕女)　　　270/12(3432)
　의성처(義成妻)　　　270/13(3433)
　위지고처(魏知古妻)　270/14(3434)
　후사낭(侯四娘)　　　270/15(3435)
　정로녀(鄭路女)　　　270/16(3436)
　추복처(鄒僕妻)　　　270/17(3437)
　가자부(歌者婦)　　　270/18(3438)

권271 부인2　　　　　271
　현부(賢婦)　　　　　271
　서재인(徐才人)　　　271/1(3439)
　노씨(盧氏)　　　　　271/2(3440)
　동씨(董氏)　　　　　271/3(3441)
　고예처(高叡妻)　　　271/4(3442)
　최경녀(崔敬女)　　　271/5(3443)
　이여모(李畬母)　　　271/6(3444)
　노헌녀(盧獻女)　　　271/7(3445)
　등렴처(鄧廉妻)　　　271/8(3446)

숙종조공주(肅宗朝公主)271/9(3447)
　반염처(潘炎妻)　　　271/10(3448)
　유황후(劉皇后)　　　271/11(3449)
　하지부인(河池婦人)　271/12(3450)
　하씨(賀氏)　　　　　271/13(3451)
　재부(才婦)　　　　　271
　사도온(謝道韞)　　　271/14(3452)
　양용화(楊容華)　　　271/15(3453)
　상관소용(上官昭容)　271/16(3454)
　장씨(張氏)　　　　　271/17(3455)
　두고처(杜羔妻)　　　271/18(3456)
　장규처(張睽妻)　　　271/19(3457)
　관도매(關圖妹)　　　271/20(3458)
　어현기(魚玄機)　　　271/21(3459)
　우숙녀(牛肅女)　　　271/22(3460)
　신씨(愼氏)　　　　　271/23(3461)
　설원(薛媛)　　　　　271/24(3462)
　손씨(孫氏)　　　　　271/25(3463)

권272 부인3　　　　　272
　미부인(美婦人)　　　272
　이광(夷光)　　　　　272/1(3464)
　여연(麗娟)　　　　　272/2(3465)
　조비연(趙飛鷰)　　　272/3(3466)
　설령운(薛靈芸)　　　272/4(3467)
　손량희조주(孫亮姬朝姝)272/5(3468)
　촉감후(蜀甘后)　　　272/6(3469)
　석숭비현풍(石崇婢翾風)272/7(3470)
　절동무녀(浙東舞女)　272/8(3471)
　투부(妬婦)　　　　　272

차무자처(車武子妻)	272/9(3472)
단씨(段氏)	272/10(3473)
왕도처(王導妻)	272/11(3474)
두란향(杜蘭香)	272/12(3475)
임괴처(任瓌妻)	272/13(3476)
양홍무처(楊弘武妻)	272/14(3477)
방유복처(房孺復妻)	272/15(3478)
이정벽처(李廷璧妻)	272/16(3479)
장갈처(張褐妻)	272/17(3480)
오종문(吳宗文)	272/18(3481)
촉공신(蜀功臣)	272/19(3482)
진기장(秦騎將)	272/20(3483)
권273 부인4	273
기녀(妓女)	273
주호(周皓)	273/1(3484)
이수란(李秀蘭)	273/2(3485)
두목(杜牧)	273/3(3486)
유우석(劉禹錫)	273/4(3487)
이봉길(李逢吉)	273/5(3488)
낙중거인(洛中擧人)	273/6(3489)
채경(蔡京)	273/7(3490)
무창기(武昌妓)	273/8(3491)
위보구(韋保衢)	273/9(3492)
조생(曹生)	273/10(3493)
나규(羅虯)	273/11(3494)
서월영(徐月英)	273/12(3495)
권274 정감(情感)	274
매분아(買粉兒)	274/1(3496)
최호(崔護)	274/2(3497)
무연사(武延嗣)	274/3(3498)
개원제의녀(開元製衣女)	274/4(3499)
위고(韋皐)	274/5(3500)
구양첨(歐陽詹)	274/6(3501)
설의료(薛宜僚)	274/7(3502)
융욱(戎昱)	274/8(3503)
권275 동복노비(童僕奴婢)	275
위도부(韋桃符)	275/1(3504)
이경(李敬)	275/2(3505)
무공간(武公幹)	275/3(3506)
오행로(吳行魯)	275/4(3507)
이곡(李鵠)	275/5(3508)
봉연(捧硯)	275/6(3509)
봉검(捧劍)	275/7(3510)
귀진(歸秦)	275/8(3511)
단장(段章)	275/9(3512)
상청(上淸)	275/10(3513)
이기비(李錡婢)	275/11(3514)
이복여노(李福女奴)	275/12(3515)
각요(却要)	275/13(3516)
권276 몽(夢)1	276
주소왕(周昭王)	276/1(3517)
오부차(吳夫差)	276/2(3518)
한무제(漢武帝)	276/3(3519)
사마상여(司馬相如)	276/4(3520)
음귀인(陰貴人)	276/5(3521)
장환(張奐)	276/6(3522)

정현(鄭玄)	276/7(3523)		서선지(徐羨之)	276/37(3553)
범매(范邁)	276/8(3524)		심경지(沈慶之)	276/38(3554)
허유(許攸)	276/9(3525)		명예지(明慶之)	276/39(3555)
설하(薛夏)	276/10(3526)		유탄(劉誕)	276/40(3556)
장제(蔣濟)	276/11(3527)		원민손(袁愍孫)	276/41(3557)
주선(周宣)	276/12(3528)		유사문(劉沙門)	276/42(3558)
왕융(王戎)	276/13(3529)		제중무(諸仲務)	276/43(3559)
추담(鄒湛)	276/14(3530)		손씨(孫氏)	276/44(3560)
진도(陳桃)	276/15(3531)		환서(桓誓)	276/45(3561)
여몽(呂蒙)	276/16(3532)		장심(張尋)	276/46(3562)
왕목(王穆)	276/17(3533)		서조(徐祖)	276/47(3563)
장천석(張天錫)	276/18(3534)		환막(桓邈)	276/48(3564)
장준(張駿)	276/19(3535)		주씨비(周氏婢)	276/49(3565)
색충(索充)·송통(宋桶)	276/20(3536)		하경숙(何敬叔)	276/50(3566)
부견(苻堅)	276/21(3537)			
후조선함(後趙宣咸)	276/22(3538)		권277 몽2	277
장갑(張甲)	276/23(3539)		몽2	277
장무(張茂)	276/24(3540)		여영(閭英)	277/1(3567)
진명제(晉明帝)	276/25(3541)		송경(宋瓊)	277/2(3568)
풍효장(馮孝將)	276/26(3542)		송영처(宋穎妻)	277/3(3569)
서정(徐精)	276/27(3543)		노원명(盧元明)	277/4(3570)
상중감(商仲堪)	276/28(3544)		원연(元淵)	277/5(3571)
상령균(商靈均)	276/29(3545)		허초(許超)	277/6(3572)
환활(桓豁)	276/30(3546)		북제이광(北齊李廣)	277/7(3573)
사마념(司馬恬)	276/31(3547)		소갱(蕭鏗)	277/8(3574)
가필(賈弼)	276/32(3548)		서효사(徐孝嗣)	277/9(3575)
왕봉선(王奉先)	276/33(3549)		양강엄(梁江淹)	277/10(3576)
종숙림(宗叔林)	276/34(3550)		대종(代宗)	277/11(3577)
사문법칭(沙門法稱)	276/35(3551)		서선(徐善)	277/12(3578)
유목지(劉穆之)	276/36(3552)		몽휴징(夢休徵) 상	277

수문제(隋文帝)	277/13(3579)	두목(杜牧)	278/10(3606)
당고조(唐高祖)	277/14(3580)	고원유(高元裕)	278/11(3607)
대주(戴冑)	277/15(3581)	양경지(楊敬之)	278/12(3608)
누사덕(婁師德)	277/16(3582)	노정유자(盧貞猶子)	278/13(3609)
고종(顧琮)	277/17(3583)	국자감명경(國子監明經)	278/14(3610)
천후(天后)	277/18(3584)	설의(薛義)	278/15(3611)
설계창(薛季昶)	277/19(3585)	정광(鄭光)	278/16(3612)
현종(玄宗)	277/20(3586)	송언(宋言)	278/17(3613)
위잉(魏仍)	277/21(3587)	조확(曹確)	278/18(3614)
진안평(陳安平)	277/22(3588)	유인공(劉仁恭)	278/19(3615)
이구담(李瞿曇)	277/23(3589)	당희종(唐僖宗)	278/20(3616)
조량기(趙良器)	277/24(3590)	유단(劉檀)	278/21(3617)
해척(奚陟)	277/25(3591)	진소주(晉少主)	278/22(3618)
장작(張鷟)	277/26(3592)	신인손(辛寅遜)	278/23(3619)
배원질(裴元質)	277/27(3593)	하치옹(何致雍)	278/24(3620)
반개(潘玠)	277/28(3594)	곽인표(郭仁表)	278/25(3621)
번계(樊系)	277/29(3595)	왕여(王璵)	278/26(3622)
여인(呂諲)	277/30(3596)	사악(謝諤)	278/27(3623)
		최만안(崔萬安)	278/28(3624)
권278 몽3	278	강남이령(江南李令)	278/29(3625)
몽휴징 하	278	모정보(毛貞輔)	278/30(3626)
장일(張鎰)	278/1(3597)		
초식(楚寔)	278/2(3598)	권279 몽4	279
양염(楊炎)	278/3(3599)	**몽구징(夢咎徵)**	279
두삼(竇參)	278/4(3600)	소길(蕭吉)	279/1(3627)
이봉길(李逢吉)	278/5(3601)	후군집(侯君集)	279/2(3628)
왕파(王播)	278/6(3602)	최식(崔湜)	279/3(3629)
두로서(豆盧署)	278/7(3603)	이림보(李林甫)	279/4(3630)
위사(韋詞)	278/8(3604)	두현(杜玄)	279/5(3631)
황보홍(皇甫弘)	278/9(3605)	소교(召皎)	279/6(3632)

이소운(李捎雲)	279/7(3633)	부구령(扶溝令)	280/4(3660)
이숙제(李叔霽)	279/8(3634)	왕제(王諸)	280/5(3661)
이소(李愬)	279/9(3635)	서시인(西市人)	280/6(3662)
설존성(薛存誠)	279/10(3636)	왕방평(王方平)	280/7(3663)
이백련(李伯憐)	279/11(3637)	장선(張詵)	280/8(3664)
장첨(張瞻)	279/12(3638)	마안석(麻安石)	280/9(3665)
우근(于菫)	279/13(3639)	염척(閻陟)	280/10(3666)
노언서(盧彥緒)	279/14(3640)	유경복(劉景復)	280/11(3667)
유종원(柳宗元)	279/15(3641)		
위중행(衛中行)	279/16(3642)	권281 몽6	281
장성궁(張省躬)	279/17(3643)	귀신 하	281
왕운(王惲)	279/18(3644)	이진사(李進士)	281/1(3668)
유릉(柳凌)	279/19(3645)	후생(侯生)	281/2(3669)
최가(崔暇)	279/20(3646)	원계겸(袁繼謙)	281/3(3670)
소검(蘇檢)	279/21(3647)	소원휴(邵元休)	281/4(3671)
위검(韋檢)	279/22(3648)	주애(周薳)	281/5(3672)
주소경(朱少卿)	279/23(3649)	정기(鄭起)	281/6(3673)
담척(覃陟)	279/24(3650)	주증(朱拯)	281/7(3674)
맹덕숭(孟德崇)	279/25(3651)	위건(韋建)	281/8(3675)
손광헌(孫光憲)	279/26(3652)	정취(鄭就)	281/9(3676)
육계(陸洎)	279/27(3653)	몽유(夢遊) 상	281
주연한(周延翰)	279/28(3654)	앵도청의(櫻桃青衣)	281/10(3677)
왕첨(王瞻)	279/29(3655)	독고하숙(獨孤遐叔)	281/11(3678)
형도(邢陶)	279/30(3656)		
		권282 몽7	282
권280 몽5	280	몽유 하	282
귀신(鬼神) 상	280	원진(元稹)	282/1(3679)
양제(煬帝)	280/1(3657)	단성식(段成式)	282/2(3680)
두로영(豆盧榮)	280/2(3658)	형봉(邢鳳)	282/3(3681)
양소성(楊昭成)	280/3(3659)	심아지(沈亞之)	282/4(3682)

장생(張生)	282/5(3683)		천독국도인(天毒國道人)	284/2(3707)
유도제(劉道濟)	282/6(3684)		건소국화공(騫霄國畫工)	284/3(3708)
정창도(鄭昌圖)	282/7(3685)		영릉인(營陵人)	284/4(3709)
한확(韓確)	282/8(3686)		부루국인(扶婁國人)	284/5(3710)
			서등(徐登)	284/6(3711)
권283 무(巫)	283		주진노(周眕奴)	284/7(3712)
무	283		조후(趙侯)	284/8(3713)
사서례(師舒禮)	283/1(3687)		천축호인(天竺胡人)	284/9(3714)
여무진씨(女巫秦氏)	283/2(3688)		국도룡(鞠道龍)	284/10(3715)
양림(楊林)	283/3(3689)		양선서생(陽羨書生)	284/11(3716)
내준신(來俊臣)	283/4(3690)		후자광(侯子光)	284/12(3717)
당무후(唐武后)	283/5(3691)			
아래(阿來)	283/6(3692)		권285 환술2	285
옹문지(雍文智)	283/7(3693)		송자현(宋子賢)	285/1(3718)
팽군경(彭君卿)	283/8(3694)		호승(胡僧)	285/2(3719)
하파(何婆)	283/9(3695)		조진검(祖珍儉)	285/3(3720)
내파(來婆)	283/10(3696)		섭도사(葉道士)	285/4(3721)
증근(曾勤)	283/11(3697)		하남요주(河南妖主)	285/5(3722)
아마파(阿馬婆)	283/12(3698)		양주요주(梁州妖主)	285/6(3723)
백행간(白行簡)	283/13(3699)		명숭엄(明崇儼)	285/7(3724)
허지옹(許至雍)	283/14(3700)		유정처(劉靖妻)	285/8(3725)
위근(韋覲)	283/15(3701)		정사(鼎師)	285/9(3726)
고병(高騈)	283/16(3702)		이자덕(李慈德)	285/10(3727)
엽주(厭呪)	283		섭법선(葉法善)	285/11(3727)
엽도법(厭盜法)	283/17(3703)		나공원(羅公遠)	285/12(3729)
옹익견(雍益堅)	283/18(3704)		북산도자(北山道者)	285/13(3730)
송거사(宋居士)	283/19(3705)		동명관도사(東明觀道士)	285/14(3731)
			동암사승(東巖寺僧)	285/15(3732)
권284 환술(幻術)1	284		형술사(荊術士)	285/16(3733)
객은유(客隱遊)	284/1(3706)		범승난타(梵僧難陀)	285/17(3734)

태백노승(太白老僧)	285/18(3735)		하현경(賀玄景)	288/10(3759)
			영주부인(瀛州婦人)	288/11(3760)
권286 환술3	286		설회의(薛懷義)	288/12(3761)
장화(張和)	286/1(3736)		호승보엄(胡僧寶嚴)	288/13(3762)
호미아(胡媚兒)	286/2(3737)		호초승(胡超僧)	288/14(3763)
중부민(中部民)	286/3(3738)		조묘아앵무(調猫兒鸚鵡)	288/15(3764)
판교삼낭자(板橋三娘子)	286/4(3739)		낙빈왕(駱賓王)	288/16(3765)
관사법(關司法)	286/5(3740)		풍칠이(馮七姨)	288/17(3766)
장락리인(長樂里人)	286/6(3741)		강무선생(姜撫先生)	288/18(3767)
진무진(陳武振)	286/7(3742)			
해중부인(海中婦人)	286/8(3743)		권289 요망2	289
화공(畫工)	286/9(3744)		이필(李泌)	289/1(3768)
			지의사(紙衣師)	289/2(3769)
권287 환술4	287		명사원(明思遠)	289/3(3770)
후원(侯元)	287/1(3745)		주사룡(周士龍)	289/4(3771)
공덕산(功德山)	287/2(3746)		이장원(李長源)	289/5(3772)
양양노수(襄陽老叟)	287/3(3747)		쌍성등(雙聖燈)	289/6(3773)
청성도사(青城道士)	287/4(3748)		노신통(路神通)	289/7(3774)
촉도부인(蜀都婦人)	287/5(3749)		오복루(五福樓)	289/8(3775)
			어목위사리(魚目爲舍利)	
권288 요망(妖妄)1	288			289/9(3776)
채탄(蔡誕)	288/1(3750)		목로수위소아(目老叟爲小兒)	
수만경(須曼卿)	288/2(3751)			289/10(3777)
마태수(馬太守)	288/3(3752)		우세존(于世尊)	289/11(3778)
업성인(鄴城人)	288/4(3753)		착불광사(捉佛光事)	289/12(3779)
흘간호미(紇干狐尾)	288/5(3754)		대륜주(大輪呪)	289/13(3780)
이항(李恒)	288/6(3755)		진복야(陳僕射)	289/14(3781)
혜범(惠範)	288/7(3756)		해원귀(解元龜)	289/15(3782)
사숭현(史崇玄)	288/8(3757)		채전(蔡畋)	289/16(3783)
영남음사(嶺南淫祀)	288/9(3758)		장수일(張守一)	289/17(3784)

권290 요망3	290
여용지(呂用之)	290/1(3785)
제갈은(諸葛殷)	290/2(3786)
동창(董昌)	290/3(3787)
권291 신(神)1	291
용문산(龍門山)	291/1(3788)
태공망(太公望)	291/2(3789)
사해신(四海神)	291/3(3790)
연연(延娟)	291/4(3791)
제환공(齊桓公)	291/5(3792)
진문공(晉文公)	291/6(3793)
정목공(鄭繆公)	291/7(3794)
진평공(晉平公)	291/8(3795)
제경공(齊景公)	291/9(3796)
투녀묘(妒女廟)	291/10(3797)
오자서(伍子胥)	291/11(3798)
굴원(屈原)	291/12(3799)
이빙(李冰)	291/13(3800)
토양신(土羊神)	291/14(3801)
매고(梅姑)	291/15(3802)
진시황(秦始皇)	291/16(3803)
관정강신(觀亭江神)	291/17(3804)
완약(宛若)	291/18(3805)
죽왕(竹王)	291/19(3806)
유향(劉向)	291/20(3807)
하비간(何比干)	291/21(3808)
권292 신2	292
난후(欒侯)	292/1(3809)
양기(陽起)	292/2(3810)
구명(歐明)	292/3(3811)
이고(李高)	292/4(3812)
황원(黃原)	292/5(3813)
가규(賈逵)	292/6(3814)
이헌(李憲)	292/7(3815)
장박(張璞)	292/8(3816)
낙자연(洛子淵)	292/9(3817)
진우(陳虞)	292/10(3818)
황번(黃翻)	292/11(3819)
양옹(陽雍)	292/12(3820)
전우(錢祐)	292/13(3821)
서랑(徐郎)	292/14(3822)
정씨부(丁氏婦)	292/15(3823)
아자(阿紫)	292/16(3824)
권293 신3	293
도삭군(度朔君)	293/1(3825)
장자문(蔣子文)	293/2(3826)
갈조(葛祚)	293/3(3827)
우도시(虞道施)	293/4(3828)
고소(顧邵)	293/5(3829)
진씨녀(陳氏女)	293/6(3830)
왕표(王表)	293/7(3831)
석인신(石人神)	293/8(3832)
성고(聖姑)	293/9(3833)
진민(陳敏)	293/10(3834)
비장방(費長房)	293/11(3835)
호모반(胡母班)	293/12(3836)
장성지(張誠之)	293/13(3837)

권294 신4	294	곡아신(曲阿神)	295/5(3865)
왕우(王祐)	294/1(3838)	사환(謝奐)	295/6(3866)
온교(溫嶠)	294/2(3839)	이도(李滔)	295/7(3867)
대문심(戴文諶)	294/3(3840)	수백도(樹伯道)	295/8(3868)
황석공(黃石公)	294/4(3841)	후저(侯褚)	295/9(3869)
원쌍(袁雙)	294/5(3842)	노순(盧循)	295/10(3870)
상강(商康)	294/6(3843)	진신(陳臣)	295/11(3871)
가충(賈充)	294/7(3844)	장서(張舒)	295/12(3872)
왕문도(王文度)	294/8(3845)	소혜명(蕭惠明)	295/13(3873)
서장(徐長)	294/9(3846)	유적(柳積)	295/14(3874)
진서(陳緒)	294/10(3847)	조문소(趙文昭)	295/15(3875)
백도유(白道猷)	294/11(3848)	하백(河伯)	295/16(3876)
고아지(高雅之)	294/12(3849)	소경백(邵敬伯)	295/17(3877)
나근생(羅根生)	294/13(3850)	오흥인(吳興人)	295/18(3878)
심종(沈縱)	294/14(3851)	유자경(劉子卿)	295/19(3879)
대씨녀(戴氏女)	294/15(3852)		
손성(孫盛)	294/16(3853)	권296 신6	296
잠만(湛滿)	294/17(3854)	태실신(太室神)	296/1(3880)
축담수(竺曇遂)	294/18(3855)	황묘(黃苗)	296/2(3881)
무증(武曾)	294/19(3856)	공쌍(龔雙)	296/3(3882)
진효무제(晉孝武帝)	294/20(3857)	소총(蕭總)	296/4(3883)
인계지(藺啓之)	294/21(3858)	소악(蕭嶽)	296/5(3884)
왕맹(王猛)	294/22(3859)	이주조(爾朱兆)	296/6(3885)
봉구지(封驅之)	294/23(3860)	장제신(蔣帝神)	296/7(3886)
		임여후유(臨汝侯猷)	296/8(3887)
권295 신5	295	음자춘(陰子春)	296/9(3888)
왕승건(王僧虔)	295/1(3861)	소령묘(蘇嶺廟)	296/10(3889)
진회(陳悝)	295/2(3862)	노원명(盧元明)	296/11(3890)
궁정묘(宮亭廟)	295/3(3863)	동신(董愼)	296/12(3891)
안세고(安世高)	295/4(3864)	이정(李靖)	296/13(3892)

권297 신7　　　　　　　297
　단구자(丹丘子)　　　297/1(3893)
　한해신(瀚海神)　　　297/2(3894)
　설연타(薛延陀)　　　297/3(3895)
　목인천(睦仁蒨)　　　297/4(3896)
　연주인(兗州人)　　　297/5(3897)

권298 신8　　　　　　　298
　유지감(柳智感)　　　298/1(3898)
　이파(李播)　　　　　298/2(3899)
　적인걸(狄仁傑)　　　298/3(3900)
　왕만철(王萬徹)　　　298/4(3901)
　태학정생(太學鄭生)　298/5(3902)
　조주참군처(趙州參軍妻)298/6(3903)

권299 신9　　　　　　　299
　위안도(韋安道)　　　299/1(3904)

권300 신10　　　　　　 300
　두붕거(杜鵬擧)　　　300/1(3905)
　하동현위처(河東縣尉妻)300/2(3906)
　삼위(三衛)　　　　　300/3(3907)
　이식(李湜)　　　　　300/4(3908)
　섭정능(葉淨能)　　　300/5(3909)
　왕창령(王昌齡)　　　300/6(3910)
　장가우(張嘉祐)　　　300/7(3911)

권301 신11　　　　　　 301
　여음인(汝陰人)　　　301/1(3912)
　최민각(崔敏殼)　　　301/2(3913)

　장안(張安)　　　　　301/3(3914)
　구가복(仇嘉福)　　　301/4(3915)
　식양인(食羊人)　　　301/5(3916)
　왕준(王晙)　　　　　301/6(3917)

권302 신12　　　　　　 302
　황보순(皇甫恂)　　　302/1(3918)
　위정훈(衛庭訓)　　　302/2(3919)
　위수장(韋秀莊)　　　302/3(3920)
　화악신녀(華嶽神女)　302/4(3921)
　왕한(王閈)　　　　　302/5(3922)

권303 신13　　　　　　 303
　한광조(韓光祚)　　　303/1(3923)
　선주사호(宣州司戶)　303/2(3924)
　최원(崔圓)　　　　　303/3(3925)
　정인균(鄭仁鈞)　　　303/4(3926)
　계광침(季廣琛)　　　303/5(3927)
　유가대(劉可大)　　　303/6(3928)
　노창벽(奴蒼璧)　　　303/7(3929)
　남찬(南纘)　　　　　303/8(3930)
　왕상(王常)　　　　　303/9(3931)

권304 신14　　　　　　 304
　개업사(開業寺)　　　304/1(3932)
　여와신(女媧神)　　　304/2(3933)
　왕적(王籍)　　　　　304/3(3934)
　창최(暢璀)　　　　　304/4(3935)
　교귀년(喬龜年)　　　304/5(3936)
　장광성(張光晟)　　　304/6(3937)

| 총목 색인 · 85 |

회남군졸(淮南軍卒)	304/7(3938)
원재(元載)·장위(張謂)	
	304/8(3939)
영양리정(潁陽里正)	304/9(3940)

권305 신15	305
왕법지(王法智)	305/1(3941)
이좌시(李佐時)	305/2(3942)
위고(韋皐)	305/3(3943)
두삼(竇參)	305/4(3944)
이백금(李伯禽)	305/5(3945)
소복제(蕭復弟)	305/6(3946)
이납(李納)	305/7(3947)
최분(崔汾)	305/8(3948)
신비(辛秘)	305/9(3949)

권306 신16	306
진원생(陳袁生)	306/1(3950)
염수(冉遂)	306/2(3951)
위탐(魏耽)	306/3(3952)
노패(盧佩)	306/4(3953)

권307 신17	307
심율(沈聿)	307/1(3954)
당국청(党國清)	307/2(3955)
태원소리(太原小吏)	307/3(3956)
촌인진옹(村人陳翁)	307/4(3957)
악곤(樂坤)	307/5(3958)
영청현묘(永淸縣廟)	307/6(3959)
최택(崔澤)	307/7(3960)
한유(韓愈)	307/8(3961)
이봉길(李逢吉)	307/9(3962)
번종훈(樊宗訓)	307/10(3963)
배도(裴度)	307/11(3964)
장중은(張仲殷)	307/12(3965)
능화(凌華)	307/13(3966)

권308 신18	308
이회(李回)	308/1(3967)
이서(李序)	308/2(3968)
채영(蔡榮)	308/3(3969)
유원형(劉元迥)	308/4(3970)
정전(鄭翦)	308/5(3971)
유해(柳瀣)	308/6(3972)
마총(馬總)	308/7(3973)
최귀종(崔龜從)	308/8(3974)

권309 신19	309
장침(蔣琛)	309/1(3975)
장준언(張遵言)	309/2(3976)

권310 신20	310
장무파(張無頗)	310/1(3977)
왕기(王錡)	310/2(3978)
마조(馬朝)	310/3(3979)
극원위(郄元位)	310/4(3980)
하양조위(夏陽趙尉)	310/5(3981)
노사종(盧嗣宗)	310/6(3982)
삼사왕생(三史王生)	310/7(3983)
장생(張生)	310/8(3984)

권311 신21	311
소광(蕭曠)	311/1(3985)
사수(史遂)	311/2(3986)
전포(田布)	311/3(3987)
진사최생(進士崔生)	311/4(3988)
장언(張偃)	311/5(3989)
배씨자(裴氏子)	311/6(3990)
위추(韋騶)	311/7(3991)

권312 신22	312
초주인(楚州人)	312/1(3992)
함하신(陷河神)	312/2(3993)
건종유(謇宗儒)	312/3(3994)
활능(滑能)	312/4(3995)
유회(柳晦)	312/5(3996)
유산보(劉山甫)	312/6(3997)
이주씨(爾朱氏)	312/7(3998)
이중려(李仲呂)	312/8(3999)
신창방민(新昌坊民)	312/9(4000)
배씨녀(裴氏女)	312/10(4001)
하후정(夏侯禎)	312/11(4002)
서환(徐煥)	312/12(4003)
나홍신(羅弘信)	312/13(4004)
이요(李嶢)	312/14(4005)

권313 신23	313
양표(楊鐩)	313/1(4006)
장경(張璟)	313/2(4007)
최종사(崔從事)	313/3(4008)
왕심지(王審知)	313/4(4009)
장회무(張懷武)	313/5(4010)
이매(李玫)	313/6(4011)
조유(趙瑜)	313/7(4012)
관승단처(關承湍妻)	313/8(4013)
이빙사(李冰祠)	313/9(4014)
정군웅(鄭君雄)	313/10(4015)
종리왕사(鍾離王祠)	313/11(4016)
반고사(盤古祠)	313/12(4017)
적인걸사(狄仁傑祠)	313/13(4018)
갈씨부(葛氏婦)	313/14(4019)
마희성(馬希聲)	313/15(4020)
방식(龐式)	313/16(4021)

권314 신24	314
청태주(淸泰主)	314/1(4022)
복야피(僕射陂)	314/2(4023)
이영자(李泳子)	314/3(4024)
초예준(譙乂俊)	314/4(4025)
유초(劉峭)	314/5(4026)
원주부로(袁州父老)	314/6(4027)
주정우(朱廷禹)	314/7(4028)
승덕림(僧德林)	314/8(4029)
사마정이(司馬正彝)	314/9(4030)
유선(劉宣)	314/10(4031)
황로(黃魯)	314/11(4032)
장연(張鋋)	314/12(4033)
곽후(郭厚)	314/13(4034)
심양현리(潯陽縣吏)	314/14(4035)
주원길(朱元吉)	314/15(4036)
고주왕씨(沽酒王氏)	314/16(4037)

포회(鮑回)	314/17(4038)		장한직(張漢直)	316/8(4061)
유호(劉皞)	314/18(4039)		범단(范丹)	316/9(4062)
최련사(崔練師)	314/19(4040)		비계(費季)	316/10(4063)
			주식(周式)	316/11(4064)
권315 신25	315		진아등(陳阿登)	316/12(4065)
신25	315			
이산묘(梨山廟)	315/1(4041)		권317 귀2	317
오연도(吳延瑫)	315/2(4042)		오상(吳祥)	317/1(4066)
음사(淫祀)	315		주옹중(周翁仲)	317/2(4067)
여광사(餘光祠)	315/3(4043)		전주(田疇)	317/3(4068)
저부묘(組父廟)	315/4(4044)		문영(文穎)	317/4(4069)
포군(鮑君)	315/5(4045)		왕번(王樊)	317/5(4070)
장조(張助)	315/6(4046)		진거백(秦巨伯)	317/6(4071)
착이석인(著餌石人)	315/7(4047)		종대(宗岱)	317/7(4072)
낙서고묘(洛西古墓)	315/8(4048)		정기(鄭奇)	317/8(4073)
예장수(豫章樹)	315/9(4049)		종요(鍾繇)	317/9(4074)
적인걸격(狄仁傑檄)	315/10(4050)		하후현(夏侯玄)	317/10(4075)
비포산묘(飛布山廟)[闕]			혜강(嵇康)	317/11(4076)
	315/11(4051)		예언사(倪彥思)	317/12(4077)
화비파(畫琵琶)	315/12(4052)		심계(沈季)	317/13(4078)
벽산신(壁山神)	315/13(4053)		미축(糜竺)	317/14(4079)
			왕필(王弼)	317/15(4080)
권316 귀(鬼)1	316		진선(陳仙)	317/16(4081)
한중(韓重)	316/1(4054)		호희(胡熙)	317/17(4082)
공손달(公孫達)	316/2(4055)		노숙(魯肅)	317/18(4083)
선우기(鮮于冀)	316/3(4056)			
노충(盧充)	316/4(4057)		권318 귀3	318
담생(談生)	316/5(4058)		육기(陸機)	318/1(4084)
진번(陳蕃)	316/6(4059)		조백륜(趙伯倫)	318/2(4085)
유조(劉照)	316/7(4060)		주언(朱彥)	318/3(4086)

환회(桓回)	318/4(4087)	호장(胡章)	319/10(4115)
주자장(周子長)	318/5(4088)	소소(蘇韶)	319/11(4116)
순택(荀澤)	318/6(4089)	하후개(夏侯愷)	319/12(4117)
환월(桓軌)	318/7(4090)	유타(劉他)	319/13(4118)
주자지(朱子之)	318/8(4091)	왕융(王戎)	319/14(4119)
양선(楊羨)	318/9(4092)	왕중문(王仲文)	319/15(4120)
왕조종(王肇宗)	318/10(4093)		
장우(張禹)	318/11(4094)	권320 귀5	320
소공(邵公)	318/12(4095)	채모(蔡謨)	320/1(4121)
오사계(吳士季)	318/13(4096)	요원기(姚元起)	320/2(4122)
주자문(周子文)	318/14(4097)	여초(閭勖)	320/3(4123)
왕공백(王恭伯)	318/15(4098)	손치(孫稚)	320/4(4124)
이경(李經)	318/16(4099)	색손(索遜)	320/5(4125)
사막지(謝邈之)	318/17(4100)	풍술(馮述)	320/6(4126)
팽호자(彭虎子)	318/18(4101)	임회인(任懷仁)	320/7(4127)
사마념(司馬恬)	318/19(4102)	왕명(王明)	320/8(4128)
완덕여(阮德如)	318/20(4103)	왕표지(王彪之)	320/9(4129)
진경손(陳慶孫)	318/21(4104)	왕응지(王凝之)	320/10(4130)
견충(甄冲)	318/22(4105)	요우(姚牛)	320/11(4131)
		환공(桓恭)	320/12(4132)
권319 귀4	319	완유지(阮瑜之)	320/13(4133)
장자장(張子長)	319/1(4106)	유징(劉澄)	320/14(4134)
환도민(桓道愍)	319/2(4107)	유도석(劉道錫)	320/15(4135)
주림하(周臨賀)	319/3(4108)	조길(趙吉)	320/16(4136)
호무회(胡茂廻)	319/4(4109)	사마륭(司馬隆)	320/17(4137)
완첨(阮瞻)	319/5(4110)		
임상령(臨湘令)	319/6(4111)	권321 귀6	321
고씨(顧氏)	319/7(4112)	곽번(郭翻)	321/1(4138)
강주록사(江州錄事)	319/8(4113)	왕원지(王瑗之)	321/2(4139)
진소(陳素)	319/9(4114)	견등(牽騰)	321/3(4140)

신귀(新鬼)	321/4(4141)		장군림(張君林)	322/17(4169)
유청송(劉靑松)	321/5(4142)		만병(蠻兵)	322/18(4170)
유량(庾亮)	321/6(4143)		진고(陳皐)	322/19(4171)
사마의(司馬義)	321/7(4144)		원무기(袁無忌)	322/20(4172)
이원명(李元明)	321/8(4145)		신채왕소평(新蔡王昭平)	322/21(4173)
장개(張闓)	321/9(4146)		원학제생(遠學諸生)	322/22(4174)
유소지(庾紹之)	321/10(4147)			
위씨(韋氏)	321/11(4148)		권323 귀8	323
호복지(胡馥之)	321/12(4149)		장륭(張隆)	323/1(4175)
가옹(賈雍)	321/13(4150)		길각석(吉磬石)	323/2(4176)
송정백(宋定伯)	321/14(4151)		부양인(富陽人)	323/3(4177)
여광(呂光)	321/15(4152)		급사(給使)	323/4(4178)
			견법숭(甄法崇)	323/5(4179)
권322 귀7	322		사회(謝晦)	323/6(4180)
도간(陶侃)	322/1(4153)		사령운(謝靈運)	323/7(4181)
사상(謝尙)	322/2(4154)		양청(梁淸)	323/8(4182)
양양군인(襄陽軍人)	322/3(4155)		서도요(徐道饒)	323/9(4183)
여순(呂順)	322/4(4156)		동래진씨(東萊陳氏)	323/10(4184)
환공(桓恭)	322/5(4157)		사도흔(謝道欣)	323/11(4185)
유숭(庾崇)	322/6(4158)		심적지(沈寂之)	323/12(4186)
조공선(曹公船)	322/7(4159)		왕호(王胡)	323/13(4187)
왕지도(王志都)	322/8(4160)		도계지(陶繼之)	323/14(4188)
당방(唐邦)	322/9(4161)		주태(朱泰)	323/15(4189)
왕구(王矩)	322/10(4162)		대승백(戴承伯)	323/16(4190)
주의(周義)	322/11(4163)		장수(章授)	323/17(4191)
원걸(袁乞)	322/12(4164)		시속문생(施續門生)	323/18(4192)
왕항지(王恒之)	322/13(4165)		장도허(張道虛)	323/19(4193)
유둔(劉遁)	322/14(4166)			
왕사규(王思規)	322/15(4167)		권324 귀9	324
화일(華逸)	322/16(4168)		진수(秦樹)	324/1(4194)

축혜치(竺惠熾)	324/2(4195)	유확(劉廓)	325/13(4222)
곽전(郭銓)	324/3(4196)	왕요(王瑤)	325/14(4223)
하사령(賀思令)	324/4(4197)	왕문명(王文明)	325/15(4224)
산도(山都)	324/5(4198)	하후문규(夏侯文規)	325/16(4225)
구경지(區敬之)	324/6(4199)		
유준(劉雋)	324/7(4200)	권326 귀11	326
단도제(檀道濟)	324/8(4201)	원병(袁炳)	326/1(4226)
석수지(石秀之)	324/9(4202)	비경백(費慶伯)	326/2(4227)
하후조관(夏侯祖觀)	324/10(4203)	유랑지(劉朗之)	326/3(4228)
장승길(張承吉)	324/11(4204)	장손소조(長孫紹祖)	326/4(4229)
양청(梁淸)	324/12(4205)	유도(劉導)	326/5(4230)
최무백(崔茂伯)	324/13(4206)	유씨(劉氏)	326/6(4231)
소씨(巢氏)	324/14(4207)	최라집(崔羅什)	326/7(4232)
호비지(胡庇之)	324/15(4208)	심경(沈警)	326/8(4233)
색이(索頤)	324/16(4209)		
		권327 귀12	327
권325 귀10	325	최자무(崔子武)	327/1(4234)
왕빙지(王聘之)	325/1(4210)	마도유(馬道猷)	327/2(4235)
맹양(孟襄)	325/2(4211)	고총(顧總)	327/3(4236)
사마문선(司馬文宣)	325/3(4212)	형란(邢鸞)	327/4(4237)
우덕(虞德)·엄맹(嚴猛)		소마후(蕭摩侯)	327/5(4238)
	325/4(4213)	도인법력(道人法力)	327/6(4239)
곽경지(郭慶之)	325/5(4214)	소사우(蕭思遇)	327/7(4240)
박소지(薄紹之)	325/6(4215)	임주(任胄)	327/8(4241)
색만흥(索萬興)	325/7(4216)	동수지(董壽之)	327/9(4242)
곽수지(郭秀之)	325/8(4217)	번효겸(樊孝謙)	327/10(4243)
유계수(庾季隨)	325/9(4218)	이문부(李文府)	327/11(4244)
신익지(申翼之)	325/10(4219)	사만수(史萬歲)	327/12(4245)
왕회지(王懷之)	325/11(4220)	방현령(房玄齡)	327/13(4246)
유숙륜(柳叔倫)	325/12(4221)	위징(魏徵)	327/14(4247)

당검(唐儉)	327/15(4248)		양창(楊瑒)	329/11(4273)

권328 귀13　　　　　　328　　　　　　권330 귀15　　　　　　330

모용수(慕容垂)	328/1(4249)		장과녀(張果女)	330/1(4274)
이적녀(李勣女)	328/2(4250)		화비(華妃)	330/2(4275)
해복인(解襏人)	328/3(4251)		곽지운(郭知運)	330/3(4276)
조점인(漕店人)	328/4(4252)		왕광본(王光本)	330/4(4277)
장종(張琮)	328/5(4253)		유주아장(幽州衙將)	330/5(4278)
유문노(劉門奴)	328/6(4254)		위씨녀(韋氏女)	330/6(4279)
염경(閻庚)	328/7(4255)		최상(崔尙)	330/7(4280)
명숭엄(明崇儼)	328/8(4256)		하미인(河湄人)	330/8(4281)
왕회지(王懷智)	328/9(4257)		중관(中官)	330/9(4282)
사문영선사(沙門英禪師)			왕감(王鑑)	330/10(4283)
	328/10(4258)		이령문(李令問)	330/11(4284)
진도(陳導)	328/11(4259)		승도광(僧韜光)	330/12(4285)
왕지(王志)	328/12(4260)		승의광(僧儀光)	330/13(4286)
파협인(巴峽人)	328/13(4261)		이원지(尼員智)	330/14(4287)
육여경(陸餘慶)	328/14(4262)		양원영(楊元英)	330/15(4288)

권329 귀14　　　　　　329　　　　　　권331 귀16　　　　　　331

하문영(夏文榮)	329/1(4263)		설긍(薛矜)	331/1(4289)
장희망(張希望)	329/2(4264)		주칠낭(朱七娘)	331/2(4290)
정종간(鄭從簡)	329/3(4265)		이광원(李光遠)	331/3(4291)
방영숙(房穎叔)	329/4(4266)		이패(李霸)	331/4(4292)
유풍(劉諷)	329/5(4267)		낙양귀병(洛陽鬼兵)	331/5(4293)
상주자사(相州刺史)	329/6(4268)		도덕리서생(道德里書生)	331/6(4294)
왕담(王湛)	329/7(4269)		안의방서생(安宜坊書生)	331/7(4295)
적인걸(狄仁傑)	329/8(4270)		배성(裴盛)	331/8(4296)
이고(李暠)	329/9(4271)		양부(楊溥)	331/9(4297)
장수규(張守珪)	329/10(4272)		설직(薛直)	331/10(4298)

유홍(劉洪)	331/11(4299)	양준(楊準)	334/1(4321)
		왕을(王乙)	334/2(4322)
권332 귀17	332	위률(韋栗)	334/3(4323)
당훤(唐晅)	332/1(4300)	하간유별가(河間劉別駕)	334/4(4324)
소정인(蕭正人)	332/2(4301)	왕현지(王玄之)	334/5(4325)
위일(韋鎰)	332/3(4302)	정덕무(鄭德懋)	334/6(4326)
조하일(趙夏日)	332/4(4303)	주오(朱敖)	334/7(4327)
여자안(茹子顔)	332/5(4304)	배규(裴虯)	334/8(4328)
유자공(劉子貢)	332/6(4305)	조좌(趙佐)	334/9(4329)
유평(劉平)	332/7(4306)	기주좌사(岐州佐史)	334/10(4330)
소영사(蕭穎士)	332/8(4307)		
		권335 귀20	335
권333 귀18	333	준의왕씨(浚儀王氏)	335/1(4331)
여양객(黎陽客)	333/1(4308)	장구겸경(章仇兼瓊)	335/2(4332)
이형수(李迥秀)	333/2(4309)	이림보(李林甫)	335/3(4333)
낭야인(琅邪人)	333/3(4310)	진희렬(陳希烈)	335/4(4334)
최함(崔咸)	333/4(4311)	양국충(楊國忠)	335/5(4335)
계유(季攸)	333/5(4312)	이숙제(李叔霽)	335/6(4336)
무덕현전수(武德縣田叟)		신번현령(新繁縣令)	335/7(4337)
	333/6(4313)	요소품(姚蕭品)	335/8(4338)
배휘(裴徽)	333/7(4314)	양수위(梁守威)	335/9(4339)
이도(李陶)	333/8(4315)		
장주육씨녀(長洲陸氏女)		권336 귀21	336
	333/9(4316)	상이(常夷)	336/1(4340)
조면(刁緬)	333/10(4317)	장수일(張守一)	336/2(4341)
왕무유(王無有)	333/11(4318)	정망(鄭望)	336/3(4342)
왕승(王昇)	333/12(4319)	우문적(宇文覿)	336/4(4343)
고생(高生)	333/13(4320)	이영(李瑩)	336/5(4344)
		배성(裴諴)	336/6(4345)
권334 귀19	334	이씨(李氏)	336/7(4346)

권337 귀22	337		이칙(李則)	339/6(4372)
위황(韋璜)	337/1(4347)		육빙(陸憑)	339/7(4373)
설만석(薛萬石)	337/2(4348)		심양이생(潯陽李生)	339/8(4374)
범숙(范俶)	337/3(4349)			
이한(李澣)	337/4(4350)		권340 귀25	340
장경(張勍)	337/5(4351)		한엄(韓弇)	340/1(4375)
우상(牛爽)	337/6(4352)		노욱(盧頊)	340/2(4376)
이함(李咸)	337/7(4353)		이장무(李章武)	340/3(4377)
이주(李畫)	337/8(4354)			
원재(元載)	337/9(4355)		권341 귀26	341
소심(蕭審)	337/10(4356)		이준(李俊)	341/1(4378)
			이적(李赤)	341/2(4379)
권338 귀23	338		위포(韋浦)	341/3(4380)
노중해(盧仲海)	338/1(4357)		정순(鄭馴)	341/4(4381)
왕수(王垂)	338/2(4358)		위붕(魏朋)	341/5(4382)
무구사(武丘寺)	338/3(4359)		도정방택(道政坊宅)	341/6(4383)
이좌공(李佐公)	338/4(4360)		정경라(鄭瓊羅)	341/7(4384)
두유(竇裕)	338/5(4361)			
상순(商順)	338/6(4362)		권342 귀27	342
이재(李載)	338/7(4363)		독고목(獨孤穆)	342/1(4385)
고려(高勵)	338/8(4364)		화주참군(華州參軍)	342/2(4386)
소우(蕭遇)	338/9(4365)		조숙아(趙叔牙)	342/3(4387)
주자권(朱自勸)	338/10(4366)		주제천(周濟川)	342/4(4388)
권339 귀24	339		권343 귀28	343
나원칙(羅元則)	339/1(4367)		육교(陸喬)	343/1(4389)
이원평(李元平)	339/2(4368)		여강풍온(廬江馮媼)	343/2(4390)
유삼(劉參)	339/3(4369)		두옥(竇玉)	343/3(4391)
염경립(閻敬立)	339/4(4370)		이화자(李和子)	343/4(4392)
최서생(崔書生)	339/5(4371)		이희백(李僖伯)	343/5(4393)

권344 귀29	344		마진(馬震)	346/9(4419)
왕예로(王裔老)	344/1(4394)		유유청(劉惟淸)	346/10(4420)
장홍양(張弘讓)	344/2(4395)		동관(董觀)	346/11(4421)
구용(寇廊)	344/3(4396)		전방의(錢方義)	346/12(4422)
호연기(呼延冀)	344/4(4397)			
안봉(安鳳)	344/5(4398)		권347 귀32	347
성숙변(成叔弁)	344/6(4399)		오임생(吳任生)	347/1(4423)
양양선인(襄陽選人)	344/7(4400)		오도(鄔濤)	347/2(4424)
조가(祖價)	344/8(4401)		증계형(曾季衡)	347/3(4425)
			조합(趙合)	347/4(4426)
권345 귀30	345		위안지(韋安之)	347/5(4427)
곽승하(郭承嘏)	345/1(4402)		이좌문(李佐文)	347/6(4428)
장유(張庾)	345/2(4403)		호은(胡澱)	347/7(4429)
유방현(劉方玄)	345/3(4404)			
광택방민(光宅坊民)	345/4(4405)		권348 귀33	348
회서장군(淮西軍將)	345/5(4406)		신신옹(辛神邕)	348/1(4430)
곽저(郭翥)	345/6(4407)		당연사(唐燕士)	348/2(4431)
배통원(裴通遠)	345/7(4408)		곽심(郭鄩)	348/3(4432)
정소(鄭紹)	345/8(4409)		이전질(李全質)	348/4(4433)
맹씨(孟氏)	345/9(4410)		심공례(沈恭禮)	348/5(4434)
			우생(牛生)	348/6(4435)
권346 귀31	346		위제휴(韋齊休)	348/7(4436)
이속방민(利俗坊民)	346/1(4411)			
태원부장(太原部將)	346/2(4412)		권349 귀34	349
성공규(成公逵)	346/3(4413)		방척(房陟)	349/1(4437)
송서사자(送書使者)	346/4(4414)		왕초(王超)	349/2(4438)
장하(臧夏)	346/5(4415)		단하(段何)	349/3(4439)
답가귀(踏歌鬼)	346/6(4416)		위포생기(韋鮑生妓)	349/4(4440)
노연(盧燕)	346/7(4417)		양경(梁璟)	349/5(4441)
이상(李湘)	346/8(4418)		최어사(崔御史)	349/6(4442)

조당(曹唐)	349/7(4443)		유조(劉璪)	352/8(4467)
			이구(李矩)	352/9(4468)
권350 귀35	350		도복(陶福)	352/10(4469)
허생(許生)	350/1(4444)		파천최령(巴川崔令)	352/11(4470)
안준(顔濬)	350/2(4445)		풍생(馮生)	352/12(4471)
학유량(郝惟諒)	350/3(4446)			
부량장령(浮梁張令)	350/4(4447)		권353 귀38	353
구양민(歐陽敏)	350/5(4448)		황보매(皇甫枚)	353/1(4472)
봉천현민(奉天縣民)	350/6(4449)		진번(陳璠)	353/2(4473)
			예장중관(豫章中官)	353/3(4474)
권351 귀36	351		소원휴(邵元休)	353/4(4475)
형군(邢群)	351/1(4450)		하사랑(何四郎)	353/5(4476)
이중(李重)	351/2(4451)		청주객(青州客)	353/6(4477)
왕곤(王坤)	351/3(4452)		주원추(周元樞)	353/7(4478)
소태현(蘇太玄)	351/4(4453)		주연수(朱延壽)	353/8(4479)
방천리(房千里)	351/5(4454)		진진충(秦進忠)	353/9(4480)
위씨자(韋氏子)	351/6(4455)		망강이령(望江李令)	353/10(4481)
이심(李潯)	351/7(4456)		장비묘축(張飛廟祝)	353/11(4482)
단성식(段成式)	351/8(4457)		승언소(僧彦翛)	353/12(4483)
귀장(鬼葬)	351/9(4458)		건강악인(建康樂人)	353/13(4484)
동한훈(董漢勳)	351/10(4459)		황연양(黃延讓)	353/14(4485)
			장원(張瑗)	353/15(4486)
권352 귀37	352		무원군인처(婺源軍人妻)	353/16(4487)
모영(牟穎)	352/1(4460)		진덕우(陳德遇)	353/17(4488)
유씨자(游氏子)	352/2(4461)		광릉이인(廣陵吏人)	353/18(4489)
이운(李雲)	352/3(4462)			
정총(鄭總)	352/4(4463)		권354 귀39	354
왕소(王紹)	352/5(4464)		양감(楊瑊)	354/1(4490)
왕유(王鮪)	352/6(4465)		원계겸(袁繼謙)	354/2(4491)
이대인(李戴仁)	352/7(4466)		빈주사인(邠州士人)	354/3(4492)

왕상(王商)	354/4(4493)	권356 야차(夜叉)1	356
사언장(謝彦璋)	354/5(4494)	가서한(哥舒翰)	356/1(4521)
숭성사(崇聖寺)	354/6(4495)	장구겸경(章仇兼瓊)	356/2(4522)
임언사(任彦思)	354/7(4496)	양신긍(楊愼矜)	356/3(4523)
장인보(張仁寶)	354/8(4497)	강남오생(江南吳生)	356/4(4524)
양온중(楊蘊中)	354/9(4498)	주현녀(朱峴女)	356/5(4525)
왕연호(王延鎬)	354/10(4499)	두만(杜萬)	356/6(4526)
승혜진(僧惠進)	354/11(4500)	위자동(韋自東)	356/7(4527)
전달성(田達誠)	354/12(4501)	마수(馬燧)	356/8(4528)
서언성(徐彦成)	354/13(4502)		
정교(鄭郊)	354/14(4503)	권357 야차2	357
이인(李茵)	354/15(4504)	동락장생(東洛張生)	357/1(4529)
유붕거(柳鵬擧)	354/16(4505)	설종(薛淙)	357/2(4530)
주결(周潔)	354/17(4506)	구유(丘濡)	357/3(4531)
		진월석(陳越石)	357/4(4532)
권355 귀40	355	장융(張融)	357/5(4533)
양부사(楊副使)	355/1(4507)	온도사(蘊都師)	357/6(4534)
승민초(僧珉楚)	355/2(4508)		
진수규(陳守規)	355/3(4509)	권358 신혼(神魂)	358
광릉고인(廣陵賈人)	355/4(4510)	방아(龐阿)	358/1(4535)
포성인(浦城人)	355/5(4511)	마세부(馬勢婦)	358/2(4536)
유도사(劉道士)	355/6(4512)	무명부부(無名夫婦)	358/3(4537)
청원도장(清源都將)	355/7(4513)	왕주(王宙)	358/4(4538)
왕점처(王訓妻)	355/8(4514)	정제영(鄭齊嬰)	358/5(4539)
임창업(林昌業)	355/9(4515)	유소유(柳少遊)	358/6(4540)
반습(潘襲)	355/10(4516)	소래(蘇萊)	358/7(4541)
호징(胡澄)	355/11(4517)	정생(鄭生)	358/8(4542)
왕반(王攀)	355/12(4518)	위은(韋隱)	358/9(4543)
정수징(鄭守澄)	355/13(4519)	제추녀(齊推女)	358/10(4544)
유즐(劉騭)	355/14(4520)	정씨녀(鄭氏女)	358/11(4545)

배공(裴珙)	358/12(4546)	
서주군리(舒州軍吏)	358/13(4547)	

권359 요괴(妖怪)1	359
무도녀(武都女)	359/1(4548)
동방삭(東方朔)	359/2(4549)
쌍두계(雙頭鷄)	359/3(4550)
장유(張遺)	359/4(4551)
적선(翟宣)	359/5(4552)
장중영(臧仲英)	359/6(4553)
돈구인(頓丘人)	359/7(4554)
왕기(王基)	359/8(4555)
응거(應璩)	359/9(4556)
공손연(公孫淵)	359/10(4557)
제갈각(諸葛恪)	359/11(4558)
영릉태수녀(零陵太守女)	359/12(4559)
형양요씨(滎陽廖氏)	359/13(4560)
도황(陶璜)	359/14(4561)
조왕륜(趙王倫)	359/15(4562)
장빙(張騁)	359/16(4563)
회요(懷瑤)	359/17(4564)
배해(裴楷)	359/18(4565)
위관(衛瓘)	359/19(4566)
가밀(賈謐)	359/20(4567)
유교(劉崎)	359/21(4568)
왕돈(王敦)	359/22(4569)
왕헌(王獻)	359/23(4570)
유총(劉寵)	359/24(4571)
환온부참군(桓溫府參軍)	359/25(4572)
곽씨(郭氏)	359/26(4573)

권360 요괴2	360
유익(庾翼)	360/1(4574)
유근(庾謹)	360/2(4575)
상중감(商仲堪)	360/3(4576)
수반(壽頒)	360/4(4577)
이세(李勢)	360/5(4578)
치회(郗恢)	360/6(4579)
유식(庾寔)	360/7(4580)
걸불치반(乞佛熾盤)	360/8(4581)
요소(姚紹)	360/9(4582)
환진(桓振)	360/10(4583)
가필지(賈弼之)	360/11(4584)
강릉조모(江陵趙姥)	360/12(4585)
제갈장민(諸葛長民)	360/13(4586)
염관장씨(鹽官張氏)	360/14(4587)
왕유(王愉)	360/15(4588)
주종지(朱宗之)	360/16(4589)
우정국(虞定國)	360/17(4590)
정화(丁譁)	360/18(4591)
부양왕씨(富陽王氏)	360/19(4592)
악하(樂遐)	360/20(4593)
유빈(劉斌)	360/21(4594)
왕징(王徵)	360/22(4595)
장중서(張仲舒)	360/23(4596)
소사화(蕭思話)	360/24(4597)
부씨녀(傅氏女)	360/25(4598)
곽중산(郭仲産)	360/26(4599)
유순(劉順)	360/27(4600)
왕담(王譚)	360/28(4601)
주등지(周登之)	360/29(4602)

황심(黃尋)	360/30(4603)	권362 요괴4	362
형주인(荊州人)	360/31(4604)	장손역(長孫繹)	362/1(4631)
전소(田騷)	360/32(4605)	위허심(韋虛心)	362/2(4632)
등차(鄧差)	360/33(4606)	배경미(裴鏡微)	362/3(4633)
사마신(司馬申)	360/34(4607)	이우(李虞)	362/4(4634)
단휘(段暉)	360/35(4608)	무덕현부인(武德縣婦人)	362/5(4635)
		회주민(懷州民)	362/6(4636)
권361 요괴3	361	무덕현민(武德縣民)	362/7(4637)
최계서(崔季舒)	361/1(4609)	장사마(張司馬)	362/8(4638)
안양황씨(安陽黃氏)	361/2(4610)	이적지(李適之)	362/9(4639)
제후주(齊後主)	361/3(4611)	이림보(李林甫)	362/10(4640)
왕혜조(王惠照)	361/4(4612)	양신긍(楊愼矜)	362/11(4641)
독고타(獨孤陀)	361/5(4613)	강교(姜皎)	362/12(4642)
양소(楊素)	361/6(4614)	조량정(晁良貞)	362/13(4643)
등경정(滕景貞)	361/7(4615)	이씨(李氏)	362/14(4644)
원수(元邃)	361/8(4616)	장주봉(張周封)	362/15(4645)
유지언(劉志言)	361/9(4617)	왕풍(王豊)	362/16(4646)
소아(素娥)	361/10(4618)	방집(房集)	362/17(4647)
장역지(張易之)	361/11(4619)	장인(張寅)	362/18(4648)
이승가(李承嘉)	361/12(4620)	연봉상(燕鳳祥)	362/19(4649)
태주인(泰州人)	361/13(4621)	왕생(王生)	362/20(4650)
양재언(梁載言)	361/14(4622)	양중붕(梁仲朋)	362/21(4651)
범계보(范季輔)	361/15(4623)		
낙양부인(洛陽婦人)	361/16(4624)	권363 요괴5	363
배휴정(裴休貞)	361/17(4625)	위방(韋滂)	363/1(4652)
우성(牛成)	361/18(4626)	유씨(柳氏)	363/2(4653)
장한(張翰)	361/19(4627)	왕소(王愬)	363/3(4654)
남정현위(南鄭縣尉)	361/20(4628)	이철(李哲)	363/4(4655)
이반(李泮)	361/21(4629)	노원(盧瑗)	363/5(4656)
원자허(元自虛)	361/22(4630)	여강민(廬江民)	363/6(4657)

양주탑(揚州塔)	363/7(4658)		두원영(杜元穎)	366/1(4682)
고우사(高郵寺)	363/8(4659)		주도사(朱道士)	366/2(4683)
유적중(劉積中)	363/9(4660)		정생(鄭生)	366/3(4684)
			조사종(趙士宗)	366/4(4685)
권364 요괴6	364		조랑(曹朗)	366/5(4686)
강회사인(江淮士人)	364/1(4661)		자아(秄兒)	366/6(4687)
이곡(李鵠)	364/2(4662)		이약(李約)	366/7(4688)
승지원(僧智圓)	364/3(4663)		장진(張纘)	366/8(4689)
남효렴(南孝廉)	364/4(4664)		마거(馬擧)	366/9(4690)
사고(謝翶)	364/5(4665)		위침(韋琛)	366/10(4691)
승법장(僧法長)	364/6(4666)		장모손(張謀孫)	366/11(4692)
하북촌정(河北村正)	364/7(4667)		이황(李黃)	366/12(4693)
승홍제(僧弘濟)	364/8(4668)		송순(宋洵)	366/13(4694)
김우장(金友章)	364/9(4669)		장씨자(張氏子)	366/14(4695)
우응(于凝)	364/10(4670)		승십붕(僧十朋)	366/15(4696)
			의춘인(宜春人)	366/16(4697)
권365 요괴7	365		주종본(朱從本)	366/17(4698)
왕신자(王申子)	365/1(4671)		주본(周本)	366/18(4699)
한차(韓伋)	365/2(4672)		왕종신(王宗信)	366/19(4700)
허경(許敬)·장한(張閑)	365/3(4673)		설로봉(薛老峰)	366/20(4701)
태원소아(太原小兒)	365/4(4674)		구양찬(歐陽璨)	366/21(4702)
이사고(李師古)	365/5(4675)			
맹불의(孟不疑)	365/6(4676)		권367 요괴9	367
대찰(戴詧)	365/7(4677)		요괴9	367
두종(杜悰)	365/8(4678)		동가원(東柯院)	367/1(4703)
정인(鄭絪)	365/9(4679)		왕수정(王守貞)	367/2(4704)
하북장군(河北軍將)	365/10(4680)		팽옹(彭顒)	367/3(4705)
궁산승(宮山僧)	365/11(4681)		여사조(呂師造)	367/4(4706)
			최언장(崔彥章)	367/5(4707)
권366 요괴8	366		윤주기(潤州氣)	367/6(4708)

황극(黃極)	367/7(4709)		환현(桓玄)	368/2(4735)
웅훈(熊勛)	367/8(4710)		서씨비(徐氏婢)	368/3(4736)
왕건봉(王建封)	367/9(4711)		강회부인(江淮婦人)	368/4(4737)
광릉사인(廣陵士人)	367/10(4712)		유현(劉玄)	368/5(4738)
장용(張鋪)	367/11(4713)		유선조(游先朝)	368/6(4739)
종몽징(宗夢徵)	367/12(4714)		거연부락주(居延部落主)	368/7(4740)
황인준(黃仁濬)	367/13(4715)		승태경(僧太瓊)	368/8(4741)
손덕준(孫德遵)	367/14(4716)		청강군수(清江郡叟)	368/9(4742)
인요(人妖)	367		위훈(韋訓)	368/10(4743)
동군민(東郡民)	367/15(4717)		노찬선(盧贊善)	368/11(4744)
호욱(胡頊)	367/16(4718)		유숭(柳崇)	368/12(4745)
오정현인(烏程縣人)	367/17(4719)		남중행자(南中行者)	368/13(4746)
이선처(李宣妻)	367/18(4720)		국수재(麴秀才)	368/14(4747)
조선모(趙宣母)	367/19(4721)		괵국부인(虢國夫人)	368/15(4748)
마씨부(馬氏婦)	367/20(4722)			
양환처(楊歡妻)	367/21(4723)		**권369 정괴2**	**369**
수안남자(壽安男子)	367/22(4724)		잡기용	369
최광종(崔廣宗)	367/23(4725)		소비녀(蘇丕女)	369/1(4749)
허주승(許州僧)	367/24(4726)		장유악(蔣惟岳)	369/2(4750)
전심(田暶)	367/25(4727)		화음촌정(華陰村正)	369/3(4751)
원호(元鎬)	367/26(4728)		위량(韋諒)	369/4(4752)
무족부인(無足婦人)	367/27(4729)		동래객(東萊客)	369/5(4753)
누정(婁逞)	367/28(4730)		교성리인(交城里人)	369/6(4754)
맹구(孟嫗)	367/29(4731)		잠순(岑順)	369/7(4755)
황숭하(黃崇嘏)	367/30(4732)		원무유(元無有)	369/8(4756)
백항아(白項鴉)	367/31(4733)		이초빈(李楚賓)	369/9(4757)
권368 정괴(精怪)1	**368**		**권370 정괴3**	**370**
잡기용(雜器用)(偶像附)	368		잡기용	370
양성현리(陽城縣吏)	368/1(4734)		국자감생(國子監生)	370/1(4758)

요사마(姚司馬)	370/2(4759)		화(火)	373
최각(崔縠)	370/3(4760)		가탐(賈耽)	373/1(4780)
장수재(張秀才)	370/4(4761)		유희앙(劉希昂)	373/2(4781)
하동가리(河東街吏)	370/5(4762)		범장(范璋)	373/3(4782)
위협률형(韋協律兄)	370/6(4763)		호영(胡榮)	373/4(4783)
석종무(石從武)	370/7(4764)		양정(楊禎)	373/5(4784)
강수(姜修)	370/8(4765)		노욱(盧郁)	373/6(4785)
왕옥신자(王屋薪者)	370/9(4766)		유위(劉威)	373/7(4786)
			토(土)	373
권371 정괴4	371		마희범(馬希範)	373/8(4787)
잡기용	371			
독고언(獨孤彦)	371/1(4767)		권374 영이(靈異)	374
요강성(姚康成)	371/2(4768)		별령(鼈靈)	374/1(4788)
마거(馬擧)	371/3(4769)		옥량관(玉梁觀)	374/2(4789)
길주어자(吉州漁者)	371/4(4770)		상혈(湘穴)	374/3(4790)
흉기(凶器) 상	371		뇌양수(耒陽水)	374/4(4791)
양씨(梁氏)	371/5(4771)		손견득장지(孫堅得葬地)	374/5(4792)
조혜(曹惠)	371/6(4772)		섭우(聶友)	374/6(4793)
두불의(竇不疑)	371/7(4773)		팔진도(八陣圖)	374/7(4794)
			해반석귀(海畔石龜)	374/8(4795)
권372 정괴5	372		조대석(釣臺石)	374/9(4796)
흉기 하	372		분주녀자(汾州女子)	374/10(4797)
환언범(桓彦範)	372/1(4774)		파사왕녀(波斯王女)	374/11(4798)
채사(蔡四)	372/2(4775)		정안(程顔)	374/12(4799)
이화(李華)	372/3(4776)		문수현추석(文水縣墜石)	374/13(4800)
상향인(商鄕人)	372/4(4777)		현종성용(玄宗聖容)	374/14(4801)
노함(盧涵)	372/5(4778)		투주연화(渝州蓮花)	374/15(4802)
장불의(張不疑)	372/6(4779)		옥마(玉馬)	374/16(4803)
			화산도려(華山道侶)	374/17(4804)
권373 정괴6	373		정인본제(鄭仁本弟)	374/18(4805)

초주승(楚州僧)	374/19(4806)
호씨자(胡氏子)	374/20(4807)
왕촉선주(王蜀先主)	374/21(4808)
여산어자(廬山漁者)	374/22(4809)
계종의(桂從義)	374/23(4810)
금정산목학(金精山木鶴)	374/24(4811)
매병왕로(賣餅王老)	374/25(4812)
도림화(桃林禾)	374/26(4813)
왕연정(王延政)	374/27(4814)
홍주초인(洪州樵人)	374/28(4815)

권375 재생(再生)1   375

사후(史姁)	375/1(4816)
범명우노(范明友奴)	375/2(4817)
진초(陳焦)	375/3(4818)
최함(崔涵)	375/4(4819)
유장(柳萇)	375/5(4820)
유개(劉凱)	375/6(4821)
석함중인(石函中人)	375/7(4822)
두석가비(杜錫家婢)	375/8(4823)
한궁인(漢宮人)	375/9(4824)
이아(李俄)	375/10(4825)
하간여자(河間女子)	375/11(4826)
서현방녀(徐玄方女)	375/12(4827)
채지처(蔡支妻)	375/13(4828)
진랑비(陳朗婢)	375/14(4829)
우보가노(于宝家奴)	375/15(4830)
위풍여노(韋諷女奴)	375/16(4831)
업중부인(鄴中婦人)	375/17(4832)
이중통비(李仲通婢)	375/18(4833)
최생처(崔生妻)	375/19(4834)
동래인녀(東萊人女)	375/20(4835)

권376 재생2   376

정회(鄭會)	376/1(4836)
왕목(王穆)	376/2(4837)
소진(邵進)	376/3(4838)
이태위군사(李太尉軍士)	376/4(4839)
오원장교(五原將校)	376/5(4840)
범령경(范令卿)	376/6(4841)
탕씨자(湯氏子)	376/7(4842)
사인갑(士人甲)	376/8(4843)
이간(李簡)	376/9(4844)
죽계정(竹季貞)	376/10(4845)
육언(陸彦)	376/11(4846)

권377 재생3   377

조태(趙泰)	377/1(4847)
원확(袁廓)	377/2(4848)
조종지(曹宗之)	377/3(4849)
손회박(孫廻璞)	377/4(4850)
이강우(李彊友)	377/5(4851)
위광제(韋廣濟)	377/6(4852)
극혜련(郄惠連)	377/7(4853)

권378 재생4   378

유헌(劉憲)	378/1(4854)
장문(張汶)	378/2(4855)
습주좌사(隰州佐史)	378/3(4856)
등엄(鄧儼)	378/4(4857)

패희(貝禧)	378/5(4858)		곽유린(霍有鄰)	381/3(4882)
간경(干慶)	378/6(4859)		황보순(皇甫恂)	381/4(4883)
진량(陳良)	378/7(4860)		배령(裴齡)	381/5(4884)
양대부(楊大夫)	378/8(4861)		육합현승(六合縣丞)	381/6(4885)
이주부처(李主簿妻)	378/9(4862)		설도(薛濤)	381/7(4886)
			조배(趙裴)	381/8(4887)
권379 재생5	379		등성(鄧成)	381/9(4888)
유설(劉薛)	379/1(4863)		장요(張瑤)	381/10(4889)
이청(李淸)	379/2(4864)			
정사변(鄭師辯)	379/3(4865)		권382 재생8	382
법경(法慶)	379/4(4866)		지법형(支法衡)	382/1(4890)
개원선인(開元選人)	379/5(4867)		정도혜(程道惠)	382/2(4891)
최명달(崔明達)	379/6(4868)		승선도(僧善道)	382/3(4892)
왕륜(王掄)	379/7(4869)		이단(李旦)	382/4(4893)
비자옥(費子玉)	379/8(4870)		양갑(梁甲)	382/5(4894)
매선(梅先)	379/9(4871)		임의방(任義方)	382/6(4895)
			제사망(齊士望)	382/7(4896)
권380 재생6	380		양사조(楊師操)	382/8(4897)
왕숙(王璹)	380/1(4872)		배칙자(裴則子)	382/9(4898)
위정(魏靖)	380/2(4873)		하남부사(河南府史)	382/10(4899)
양재사(楊再思)	380/3(4874)		주송(周頌)	382/11(4900)
금단왕승(金壇王丞)	380/4(4875)		노변(盧弁)	382/12(4901)
한조종(韓朝宗)	380/5(4876)			
위연지(韋延之)	380/6(4877)		권383 재생9	383
장질(張質)	380/7(4878)		색로정(索盧貞)	383/1(4902)
정결(鄭潔)	380/8(4879)		낭야인(琅邪人)	383/2(4903)
			호륵(胡勒)	383/3(4904)
권381 재생7	381		안기(顔畿)	383/4(4905)
조문약(趙文若)	381/1(4880)		여항광(餘杭廣)	383/5(4906)
공각(孔恪)	381/2(4881)		곡아인(曲阿人)	383/6(4907)

하우(賀瑀)	383/7(4908)	장범(章汎)	386/2(4932)
식우인(食牛人)	383/8(4909)	사홍창처(謝弘敞妻)	386/3(4933)
구우(丘友)	383/9(4910)	양씨(梁氏)	386/4(4934)
유신(庾申)	383/10(4911)	주씨(朱氏)	386/5(4935)
이제(李除)	383/11(4912)	이강명처(李彊名妻)	386/6(4936)
장도(張導)	383/12(4913)	형주여자(荊州女子)	386/7(4937)
석장화(石長和)	383/13(4914)	주철체처(周哲滯妻)	386/8(4938)
고원지(古元之)	383/14(4915)	유장사녀(劉長史女)	386/9(4939)
		노욱표이(盧頊表姨)	386/10(4940)
권384 재생10	384	유씨자처(劉氏子妻)	386/11(4941)
주자공(周子恭)	384/1(4916)	연릉촌인처(延陵村人妻)	
이급(李及)	384/2(4917)		386/12(4942)
아륙(阿六)	384/3(4918)	조모처(趙某妻)	386/13(4943)
최군(崔君)	384/4(4919)		
유개(劉漑)	384/5(4920)	권387 오전생(悟前生)1	387
주동(朱同)	384/6(4921)	양호(羊祜)	387/1(4944)
고징(郜澄)	384/7(4922)	왕련(王練)	387/2(4945)
왕훈(王勳)	384/8(4923)	상정녀(向靖女)	387/3(4946)
소리상(蘇履霜)	384/9(4924)	최언무(崔彦武)	387/4(4947)
경생(景生)	384/10(4925)	기왕범(岐王範)	387/5(4948)
허침(許琛)	384/11(4926)	태화공주(太華公主)	387/6(4949)
		마가아(馬家兒)	387/7(4950)
권385 재생11	385	채낭(采娘)	387/8(4951)
최소(崔紹)	385/1(4927)	유삼복(劉三復)	387/9(4952)
신찰(辛察)	385/2(4928)	원관(圓觀)	387/10(4953)
승언선(僧彦先)	385/3(4929)		
진귀범(陳龜範)	385/4(4930)	권388 오전생2	388
		고비웅(顧非熊)	388/1(4954)
권386 재생12	386	제군방(齊君房)	388/2(4955)
가우(賈偶)	386/1(4931)	유립(劉立)	388/3(4956)

장극근(張克勤)	388/4(4957)		이덕림(李德林)	389/21(4985)
손면가노(孫緬家奴)	388/5(4958)		학처준(郝處俊)	389/22(4986)
문담(文澹)	388/6(4959)		서적(徐勣)	389/23(4987)
왕악(王鄂)	388/7(4960)		위안석(韋安石)	389/24(4988)
승도걸(僧道傑)	388/8(4961)		원건요(源乾曜)	389/25(4989)
원자(袁滋)	388/9(4962)		양지춘(楊知春)	389/26(4990)
최사팔(崔四八)	388/10(4963)		당요신(唐堯臣)	389/27(4991)
마사도(馬思道)	388/11(4964)		진사응(陳思膺)	389/28(4992)
권389 총묘(塚墓)1	389		권390 총묘2	390
총명화수(聰明花樹)	389/1(4965)		노관총(奴官冢)	390/1(4993)
상사목(相思木)	389/2(4966)		노환(盧渙)	390/2(4994)
광천왕(廣川王)	389/3(4967)		조동희(趙冬曦)	390/3(4995)
원안(袁安)	389/4(4968)		정영흥(丁永興)	390/4(4996)
정희(丁姬)	389/5(4969)		엄안지(嚴安之)	390/5(4997)
혼자(渾子)	389/6(4970)		여와묘(女媧墓)	390/6(4998)
왕찬(王粲)	389/7(4971)		이막(李邈)	390/7(4999)
손종(孫鍾)	389/8(4972)		가탐(賈耽)	390/8(5000)
오강(吳綱)	389/9(4973)		장식(張式)	390/9(5001)
육동미(陸東美)	389/10(4974)		번택(樊澤)	390/10(5002)
반장(潘章)	389/11(4975)		제경공묘(齊景公墓)	390/11(5003)
호옹(胡邕)	389/12(4976)		곽의(郭誼)	390/12(5004)
대희(戴熙)	389/13(4977)		수안토관(壽安土棺)	390/13(5005)
왕백양(王伯陽)	389/14(4978)		이사공(李思恭)	390/14(5006)
양호(羊祜)	389/15(4979)		무유(武瑜)	390/15(5007)
여구남양(閭丘南陽)	389/16(4980)		조왕묘(曹王墓)	390/16(5008)
고층총(古層冢)	389/17(4981)		한건(韓建)	390/17(5009)
수왕(隋王)	389/18(4982)		해릉하씨(海陵夏氏)	390/18(5010)
초왕총(楚王冢)	389/19(4983)		여릉팽씨(廬陵彭氏)	390/19(5011)
서작(舒綽)	389/20(4984)		무이산(武夷山)	390/20(5012)

임찬요(林贊堯)	390/21(5013)	권393 뇌(雷)1	393
장소군졸(張紹軍卒)	390/22(5014)	이숙경(李叔卿)	393/1(5039)
마황곡총(馬黃谷冢)	390/23(5015)	양도화(楊道和)	393/2(5040)
진진숭(秦進崇)	390/24(5016)	석륵(石勒)	393/3(5041)
화문(和文)	390/25(5017)	괵주인(虢州人)	393/4(5042)
		봉원칙(封元則)	393/5(5043)
권391 명기(銘記)1	391	승도선(僧道宣)	393/6(5044)
이사(李斯)	391/1(5018)	소천언(蘇踐言)	393/7(5045)
하후영(夏侯嬰)	391/2(5019)	적인걸(狄仁傑)	393/8(5046)
장은(張恩)	391/3(5020)	언사(偃師)	393/9(5047)
고류지(高流之)	391/4(5021)	뇌투(雷鬪)	393/10(5048)
고현락(高顯洛)	391/5(5022)	장천계(漳泉界)	393/11(5049)
사령운(謝靈運)	391/6(5023)	포초(包超)	393/12(5050)
왕과(王果)	391/7(5024)	장수미(張須瀰)	393/13(5051)
풍도총(豐都冢)	391/8(5025)	채희민(蔡希閔)	393/14(5052)
번흠분(樊欽賁)	391/9(5026)	서경선(徐景先)	393/15(5053)
강사도(姜師度)	391/10(5027)	구양홀뢰(歐陽忽雷)	393/16(5054)
오재(鄔載)	391/11(5028)	선주(宣州)	393/17(5055)
정흠열(鄭欽悅)	391/12(5029)	왕간(王幹)	393/18(5056)
		화정언전(華亭堰典)	393/19(5057)
권392 명기2	392	이사도(李師道)	393/20(5058)
한유(韓愈)	392/1(5030)	이용(李廊)	393/21(5059)
배도(裴度)	392/2(5031)	서점(徐利)	393/22(5060)
장유청(張惟淸)	392/3(5032)		
왕번(王璠)	392/4(5033)	권394 뇌2	394
유광(柳光)	392/5(5034)	진란봉(陳鸞鳳)	394/1(5061)
이복(李福)	392/6(5035)	건주산사(建州山寺)	394/2(5062)
웅박(熊博)	392/7(5036)	소씨자(蕭氏子)	394/3(5063)
왕경지(王敬之)	392/8(5037)	주홍(周洪)	394/4(5064)
왕승검(王承檢)	392/9(5038)	소한(蕭澣)	394/5(5065)

승문정(僧文淨)	394/6(5066)		감로사(甘露寺)	395/18(5094)
서지통(徐智通)	394/7(5067)		남강현(南康縣)	395/19(5095)
뇌공묘(雷公廟)	394/8(5068)			
남해(南海)	394/9(5069)		권396 우(雨)	396
진의(陳義)	394/10(5070)		우	396
섭천소(葉遷韶)	394/11(5071)		방현령(房玄齡)	396/1(5096)
원진(元稹)	394/12(5072)		불공삼장(不空三藏)	396/2(5097)
배용(裵用)	394/13(5073)		일행(一行)	396/3(5098)
동양군산(東陽郡山)	394/14(5074)		무외삼장(無畏三藏)	396/4(5099)
단성식백(段成式伯)	394/15(5075)		옥룡자(玉龍子)	396/5(5100)
지공(智空)	394/16(5076)		적유겸(狄惟謙)	396/6(5101)
			자랑(子朗)	396/7(5102)
권395 뇌3	395		풍(風)	396
백장홍(百丈泓)	395/1(5077)		진시황(秦始皇)	396/8(5103)
양순미종자(楊詢美從子)	395/2(5078)		왕망(王莽)	396/9(5104)
고우인(高郵人)	395/3(5079)		가밀(賈謐)	396/10(5105)
왕충정(王忠政)	395/4(5080)		장화(張華)	396/11(5106)
사무외(史無畏)	395/5(5081)		유요(劉曜)	396/12(5107)
장응(張應)	395/6(5082)		유예(劉裔)	396/13(5108)
천공단(天公壇)	395/7(5083)		서선지(徐羨之)	396/14(5109)
신무위(申文緯)	395/8(5084)		유세륭(柳世隆)	396/15(5110)
법문사(法門寺)	395/9(5085)		최혜경(崔惠景)	396/16(5111)
진현(陳絢)	395/10(5086)		허세종(許世宗)	396/17(5112)
팽성불사(彭城佛寺)	395/11(5087)		서비(徐妃)	396/18(5113)
구양씨(歐陽氏)	395/12(5088)		이밀(李密)	396/19(5114)
여산매유자(廬山賣油者)	395/13(5089)		홍(虹)	396
이성(李誠)	395/14(5090)		하세륭(夏世隆)	396/20(5115)
모산우(茅山牛)	395/15(5091)		진제처(陳濟妻)	396/21(5116)
번우촌녀(番禺村女)	395/16(5092)		설원(薛願)	396/22(5117)
강서촌구(江西村嫗)	395/17(5093)		유의경(劉義慶)	396/23(5118)

수양산(首陽山)	396/24(5119)	계독(溪毒)	397/25(5145)
위고(韋皐)	396/25(5120)		
		권398 석(石)	398
권397 산(山)	397	석	398
산	397	황석(黃石)	398/1(5146)
옥사산(玉笥山)	397/1(5121)	마간석(馬肝石)	398/2(5147)
대핵산(大翮山)	397/2(5122)	석고(石鼓)	398/3(5148)
산정(山精)	397/3(5123)	채석(採石)	398/4(5149)
석계산(石雞山)	397/4(5124)	청석(靑石)	398/5(5150)
신풍산(新豐山)	397/5(5125)	석문(石文)	398/6(5151)
경산(慶山)	397/6(5126)	석련리(石連理)	398/7(5152)
옹봉(甕峰)	397/7(5127)	태백정(太白精)	398/8(5153)
과보산(夸父山)	397/8(5128)	고철화(古鐵鏵)	398/9(5154)
삽조(挿竈)	397/9(5129)	주석(走石)	398/10(5155)
하산석곡(河山石斛)	397/10(5130)	석교(石橋)	398/11(5156)
종남유동(終南乳洞)	397/11(5131)	석마(石磨)	398/12(5157)
고철쇄(古鐵鏁)	397/12(5132)	부뢰(釜瀨)	398/13(5158)
애산(崖山)	397/13(5133)	석어(石魚)	398/14(5159)
성종산(聖鐘山)	397/14(5134)	추석(墜石)	398/15(5160)
숭량산(嵩梁山)	397/15(5135)	입석(立石)	398/16(5161)
석고산(石皷山)	397/16(5136)	고석(孤石)	398/17(5162)
사적산(射的山)	397/17(5137)	망석(網石)	398/18(5163)
괴산(怪山)	397/18(5138)	난석(卵石)	398/19(5164)
명뇨산(鳴鐃山)	397/19(5139)	와석(臥石)	398/20(5165)
공대(贛臺)	397/20(5140)	승화(僧化)	398/21(5166)
상소봉(上霄峰)	397/21(5141)	운석(霣石)	398/22(5167)
맥적산(麥積山)	397/22(5142)	목암(目巖)	398/23(5168)
두산관(斗山觀)	397/23(5143)	석타(石駝)	398/24(5169)
대죽로(大竹路)	397/24(5144)	석주(石柱)	398/25(5170)
계(溪)	397	석향(石響)	398/26(5171)

석녀(石女)	398/27(5172)		누택(漏澤)	399/14(5198)
장주석(藏珠石)	398/28(5173)		중수(重水)	399/15(5199)
화석(化石)	398/29(5174)		상수(湘水)	399/16(5200)
송화(松化)	398/30(5175)		폭수(暴水)	399/17(5201)
자연석(自然石)	398/31(5176)		선지(仙池)	399/18(5202)
열석(熱石)	398/32(5177)		투주탄(渝州灘)	399/19(5203)
견폐석(犬吠石)	398/33(5178)		청담(淸潭)	399/20(5204)
옹형석(甕形石)	398/34(5179)		구산탁(驅山鐸)	399/21(5205)
삼석(三石)	398/35(5180)		정(井)	399
인석(人石)	398/36(5181)		오산귀(烏山龜)	399/22(5206)
금잠(金蠶)	398/37(5182)		녹주정(綠珠井)	399/23(5207)
파사(坡沙)	398		임원정(臨沅井)	399/24(5208)
비파(飛坡)	398/38(5183)		화정(火井)	399/25(5209)
명사(鳴沙)	398/39(5184)		염정(鹽井)	399/26(5210)
			어정(御井)	399/27(5211)
권399 수(水)	399		왕적(王迪)	399/28(5212)
수	399		가탐(賈耽)	399/29(5213)
제신녀(帝神女)	399/1(5185)		팔각정(八角井)	399/30(5214)
유자광(劉子光)	399/2(5186)		이덕유(李德裕)	399/31(5215)
익수(益水)	399/3(5187)		영흥방백성(永興坊百姓)	399/32(5216)
양천(釀川)	399/4(5188)		독고숙아(獨孤叔牙)	399/33(5217)
석지수(石脂水)	399/5(5189)		시도(柴都)	399/34(5218)
원가천(元街泉)	399/6(5190)		호주정(濠州井)	399/35(5219)
동거(銅車)	399/7(5191)		계정(雞井)	399/36(5220)
신우천(神牛泉)	399/8(5192)		군정(軍井)	399/37(5221)
연원지(燕原池)	399/9(5193)		금화령(金華令)	399/38(5222)
단수(丹水)	399/10(5194)			
육홍점(陸鴻漸)	399/11(5195)		권400 보(寶)1	400
영수(零水)	399/12(5196)		금(金) 상	400
용문(龍門)	399/13(5197)		금(金)	400/1(5223)

옹중유(翁仲儒)	400/2(5224)	채언경(蔡彦卿)	401/9(5251)
곽광(霍光)	400/3(5225)	수은(水銀)	401
진작(陳爵)	400/4(5226)	여생(呂生)	401/10(5252)
부견(苻堅)	400/5(5227)	옥(玉)	401
우도현인(雩都縣人)	400/6(5228)	심유지(沈攸之)	401/11(5253)
하문(何文)	400/7(5229)	옥룡(玉龍)	401/12(5254)
후홀(侯遹)	400/8(5230)	강엄(江嚴)	401/13(5255)
성필(成弼)	400/9(5231)	당현종(唐玄宗)	401/14(5256)
현금(玄金)	400/10(5232)	오색옥(五色玉)	401/15(5257)
추낙타(鄒駱駝)	400/11(5233)	옥벽사(玉辟邪)	401/16(5258)
배담(裴談)	400/12(5234)	연옥편(軟玉鞭)	401/17(5259)
우씨동(牛氏僮)	400/13(5235)	옥저자(玉猪子)	401/18(5260)
우문진(宇文進)	400/14(5236)		
소알(蘇遏)	400/15(5237)	권402 보3	402
위사현(韋思玄)	400/16(5238)	수후(隋侯)	402/1(5261)
이원(李員)	400/17(5239)	연소왕(燕昭王)	402/2(5262)
우향도사(虞鄕道士)	400/18(5240)	한고후(漢高后)	402/3(5263)
조회정(趙懷正)	400/19(5241)	후한장제(後漢章帝)	402/4(5264)
금사(金蛇)	400/20(5242)	양무제(梁武帝)	402/5(5265)
		화주(火珠)	402/6(5266)
권401 보(寶)2	401	경어목(鯨魚目)	402/7(5267)
금(金) 하	401	주지(珠池)	402/8(5268)
장정(張珽)	401/1(5243)	소성주(少城珠)	402/9(5269)
공파(龔播)	401/2(5244)	청니주(青泥珠)	402/10(5270)
의춘군민(宜春郡民)	401/3(5245)	경촌주(徑寸珠)	402/11(5271)
장언(張彦)	401/4(5246)	보주(寶珠)	402/12(5272)
강씨(康氏)	401/5(5247)	수주(水珠)	402/13(5273)
예장인(豫章人)	401/6(5248)	이면(李勉)	402/14(5274)
진준(陳濬)	401/7(5249)	이관(李灌)	402/15(5275)
건안촌인(建安村人)	401/8(5250)	상청주(上清珠)	402/16(5276)

수선자(守船者)	402/17(5277)		피진건(辟塵巾)	404/5(5301)
엄생(嚴生)	402/18(5278)		부광구(浮光裘)[闕]	404
장문규(張文規)	402/19(5279)		중명침(重明枕)	404/6(5302)
위경(衛慶)	402/20(5280)		삼보촌(三寶村)	404/7(5303)
육병호(鬻餅胡)	402/21(5281)		화옥(火玉)	404/8(5304)
			마노궤(馬腦櫃)	404/9(5305)
권403 보4	403		잠씨(岑氏)	404/10(5306)
잡보(雜寶) 상	403			
마노(馬腦)	403/1(5282)		권405 보6	405
서(犀)	403/2(5283)		전(錢)	405
월경(月鏡)	403/3(5284)		육양동자(洧陽童子)	405/1(5307)
진보(秦寶)	403/4(5285)		문덕황후(文德皇后)	405/2(5308)
산호(珊瑚)	403/5(5286)		잠문본(岑文本)	405/3(5309)
사보궁(四寶宮)	403/6(5287)		옥청(王清)	405/4(5310)
연청실(延清室)	403/7(5288)		건안촌인(建安村人)	405/5(5311)
옥여의(玉如意)	403/8(5289)		서중보(徐仲寶)	405/6(5312)
칠보편(七寶鞭)	403/9(5290)		형씨(邢氏)	405/7(5313)
서도(犀導)	403/10(5291)		임씨(林氏)	405/8(5314)
옥청삼보(玉清三寶)	403/11(5292)		조진(曹眞)	405/9(5315)
보골(寶骨)	403/12(5293)		기물(奇物)	405
자말갈(紫抹羯)	403/13(5294)		서경(徐景)	405/10(5316)
자패(紫貝)	403/14(5295)		중모철추(中牟鐵錐)	405/11(5317)
위생(魏生)	403/15(5296)		독삭(毒槊)	405/12(5318)
			집취구(集翠裘)	405/13(5319)
권404 보5	404		사령운수(謝靈運鬚)	405/14(5320)
잡보 하	404		개원어자(開元漁者)	405/15(5321)
숙종조팔보(肅宗朝八寶)	404/1(5297)		양비말(楊妃襪)	405/16(5322)
영광두(靈光豆)	404/2(5298)		자미(紫米)	405/17(5323)
만불산(萬佛山)	404/3(5299)		가릉강거목(嘉陵江巨木)	
대모분(玳瑁盆)	404/4(5300)			405/18(5324)

강회시인도핵(江淮市人桃核) 405/19(5325)
옥룡고(玉龍膏) 405/20(5326)
단성식(段成式) 405/21(5327)
이덕유(李德裕) 405/22(5328)
하후자(夏侯孜) 405/23(5329)
엄준선사(嚴遵仙槎) 405/24(5330)

권406 초목(草木)1　406
목(木)　406
부자묘목(夫子墓木) 406/1(5331)
오작(五柞) 406/2(5332)
백은수(白銀樹) 406/3(5333)
합리수(合離樹) 406/4(5334)
옥수(玉樹) 406/5(5335)
예장(豫樟) 406/6(5336)
여지목(荔枝木) 406/7(5337)
주수(酒樹) 406/8(5338)
바라면수(娑羅綿樹) 406/9(5339)
자동(刺桐) 406/10(5340)
황칠수(黃漆樹) 406/11(5341)
목란수(木蘭樹) 406/12(5342)
야자수(椰子樹) 406/13(5343)
보리수(菩提樹) 406/14(5344)
바라수(婆羅樹) 406/15(5345)
독두수(獨梪樹) 406/16(5346)
파사조협수(波斯皂莢樹) 406/17(5347)
목룡수(木龍樹) 406/18(5348)
패다수(貝多樹) 406/19(5349)
몰수(沒樹) 406/20(5350)

반벽색파수(槃碧穆波樹) 406/21(5351)
제돈수(齊敦樹) 406/22(5352)
통탈목(通脫木) 406/23(5353)
산계(山桂) 406/24(5354)
오렵송(五鬣松) 406/25(5355)
삼렵송(三鬣松) 406/26(5356)
어갑송(魚甲松) 406/27(5357)
합장백(合掌柏) 406/28(5358)
황양목(黃楊木) 406/29(5359)
청양목(青楊木) 406/30(5360)
구나위(俱那衛) 406/31(5361)
산다(山茶) 406/32(5362)
하주괴(夏州槐) 406/33(5363)
적백정(赤白桯) 406/34(5364)
해목(楷木) 406/35(5365)
저(楮) 406/36(5366)
문리목(文理木)　406
종묘문목(宗廟文木) 406/37(5367)
문목간(文木簡) 406/38(5368)
고문주(古文柱) 406/39(5369)
삼자신(三字薪) 406/40(5370)
천존신(天尊薪) 406/41(5371)
태평목(太平木) 406/42(5372)
천왕괴(天王槐) 406/43(5373)
색릉목(色陵木) 406/44(5374)
마문목(馬文木) 406/45(5375)

권407 초목2　407
이목(異木)　407
주일주수(主一州樹) 407/1(5376)

언상(偃桑)	407/2(5377)	초심수(醋心樹)	407/32(5407)
부주목(不晝木)	407/3(5378)	등제조협(登第皂莢)	407/33(5408)
문자수(蚊子樹)	407/4(5379)	변백단수(辨白檀樹)	407/34(5409)
성고지(聖鼓枝)	407/5(5380)	유만(藟蔓)	407
녹목(鹿木)	407/6(5381)	등실배(藤實杯)	407/35(5410)
도생수(倒生木)	407/7(5382)	종등(鍾藤)	407/36(5411)
유목(黝木)	407/8(5383)	인자등(人子藤)	407/37(5412)
광랑수(桄榔樹)	407/9(5384)	밀초만(蜜草蔓)	407/38(5413)
괴송(怪松)	407/10(5385)	호만초(胡蔓草)	407/39(5414)
풍인(楓人)	407/11(5386)	야호사(野狐絲)	407/40(5415)
풍귀(楓鬼)	407/12(5387)		
풍생인(楓生人)	407/13(5388)	권408 초목3	408
영풍(靈楓)	407/14(5389)	초(草)	408
파목유육(破木有肉)	407/15(5390)	내지초(柰祗草)	408/1(5416)
강중풍재(江中楓材)	407/16(5391)	삼뢰초(三賴草)	408/2(5417)
하백하재(河伯下材)	407/17(5392)	석기초(席箕草)	408/3(5418)
투문선목(鬪蚊船木)	407/18(5393)	호문초(護門草)	408/4(5419)
교양목(交讓木)	407/19(5394)	선인조(仙人絛)	408/5(5420)
천세송(千歲松)	407/20(5395)	합리초(合離草)	408/6(5421)
한장(汗杖)	407/21(5396)	노아조리초(老鴉笊籬草)	408/7(5422)
화접수(化蝶樹)	407/22(5397)	귀조협(鬼皂莢)	408/8(5423)
부수재(浮水材)	407/23(5398)	청초괴(靑草槐)	408/9(5424)
단정수(端正樹)	407/24(5399)	동시초(銅匙草)	408/10(5425)
숭현리괴(崇賢里槐)	407/25(5400)	수내동(水耐冬)	408/11(5426)
삼지괴(三枝槐)	407/26(5401)	삼백초(三白草)	408/12(5427)
영괴(癭槐)	407/27(5402)	무심초(無心草)	408/13(5428)
형근침(荊根枕)	407/28(5403)	분증초(盆甑草)	408/14(5429)
오중상(五重桑)	407/29(5404)	여초(女草)	408/15(5430)
청정수(蜻蜓樹)	407/30(5405)	미초(媚草)	408/16(5431)
무환목(無患木)	407/31(5406)	취초(醉草)	408/17(5432)

무초(舞草)	408/18(5433)	신초(神草)	408/47(5462)
상사초(相思草)	408/19(5434)		
무정초(無情草)	408/20(5435)	권409 초목4	409
망우초(忘憂草)	408/21(5436)	초화(草花)	409
수초(睡草)	408/22(5437)	정절화(旌節花)	409/1(5463)
천보향초(千步香草)	408/23(5438)	야실밀화(野悉密花)	409/2(5464)
사초(麝草)	408/24(5439)	도승화(都勝花)	409/3(5465)
치고초(治蠱草)	408/25(5440)	족접화(簇蝶花)	409/4(5466)
사함초(蛇銜草)	408/26(5441)	융규(茙葵)	409/5(5467)
녹활초(鹿活草)	408/27(5442)	금등화(金燈花)	409/6(5468)
해독초(解毒草)	408/28(5443)	금전화(金錢花)	409/7(5469)
독초(毒草)	408/29(5444)	비시사화(毗尸沙花)	409/8(5470)
초독초(蕉毒草)	408/30(5445)	목화(木花)	409
목마초(牧麻草)	408/31(5446)	서모란(叙牡丹)	409/9(5471)
용추(龍芻)	408/32(5447)	백모란(白牡丹)	409/10(5472)
홍초(紅草)	408/33(5448)	홍자모란(紅紫牡丹)	409/11(5473)
궁인초(宮人草)	408/34(5449)	정도운모란(正倒暈牡丹)	409/12(5474)
초모(焦茅)	408/35(5450)	합환모란(合歡牡丹)	409/13(5475)
소명초(銷明草)	408/36(5451)	염모란화(染牡丹花)	409/14(5476)
황거초(黃渠草)	408/37(5452)	촉모란(屬牡丹)	409/15(5477)
문하초(聞遐草)	408/38(5453)	월계화(月桂花)	409/16(5478)
시황포(始皇蒲)	408/39(5454)	목계화(牡桂花)	409/17(5479)
몽초(夢草)	408/40(5455)	계화(桂花)	409/18(5480)
한무목마초(漢武牧馬草)		해석류화(海石榴花)	409/19(5481)
	408/41(5456)	남해주근(南海朱槿)	409/20(5482)
수망조(水網藻)	408/42(5457)	영표주근(嶺表朱槿)	409/21(5483)
지일초(地日草)	408/43(5458)	홍근화(紅槿花)	409/22(5484)
서대초(書帶草)	408/44(5459)	나제근화(那提槿花)	409/23(5485)
금등초(金鐙草)	408/45(5460)	불상화(佛桑花)	409/24(5486)
망서초(望舒草)	408/46(5461)	정동화(貞桐花)	409/25(5487)

치자화(梔子花)	409/26(5488)	기호수실(綺縞樹實)	410/4(5514)
산다화(山茶花)	409/27(5489)	파나파수실(波那婆樹實)	410/5(5515)
삼색석남화(三色石楠花)	409/28(5490)	첨파이과(瞻波異果)	410/6(5516)
비려화(比閭花)	409/29(5491)	신선리(神仙李)	410/7(5517)
목련화(木蓮花)	409/30(5492)	무릉도리(武陵桃李)	410/8(5518)
나가화(那伽花)	409/31(5493)	금리(金李)	410/9(5519)
목란화(木蘭花)	409/32(5494)	한제행(漢帝杏)	410/10(5520)
이목화(異木花)	409/33(5495)	선인행(仙人杏)	410/11(5521)
벽매괴(碧玫瑰)	409/34(5496)	어리자(御李子)	410/12(5522)
자동화(刺桐花)	409/35(5497)	주리(朱李)	410/13(5523)
회풍화(懷風花)	409/36(5498)	토두내(兔頭柰)	410/14(5524)
척촉화(躑躅花)	409/37(5499)	지의내(脂衣柰)	410/15(5525)
능소화(凌霄花)	409/38(5500)	주내(朱柰)	410/16(5526)
분지하(分枝荷)	409/39(5501)	문림과(文林果)	410/17(5527)
야서하(夜舒荷)	409/40(5502)	성내(聖柰)	410/18(5528)
수련화(睡蓮花)	409/41(5503)	목도(木桃)	410/19(5529)
벽련화(碧蓮花)	409/42(5504)	동방촌도(東方村桃)	410/20(5530)
염청련화(染靑蓮花)	409/43(5505)	선도(仙桃)	410/21(5531)
삼타서련(三朶瑞蓮)	409/44(5506)	구도(勾桃)	410/22(5532)
우(藕)	409/45(5507)	일석도(一石桃)	410/23(5533)
연실(蓮實)	409/46(5508)	편도(偏桃)	410/24(5534)
지(芰)	409/47(5509)	왕모도(王母桃)	410/25(5535)
능(菱)	409/48(5510)	식핵도(食核桃)	410/26(5536)
		소자(韶子)	410/27(5537)
권410 초목5	410	나부감자(羅浮甘子)	410/28(5538)
과(果) 상	410	천보감자(天寶甘子)	410/29(5539)
사가닐수실(柤稼㮕樹實)		북방조(北方棗)	410/30(5540)
	410/1(5511)	서왕모조(西王母棗)	410/31(5541)
여하수실(如何樹實)	410/2(5512)	선인조(仙人棗)	410/32(5542)
선리(仙梨)	410/3(5513)	중사조(仲思棗)	410/33(5543)

파사조(波斯棗)	410/34(5544)	개저(芥菹)	411/26(5570)
		개말(芥末)	411/27(5571)
권411 초목6	411	수구(水韭)	411/28(5572)
과 하	411	가자수(茄子樹)	411/29(5573)
앵도(櫻桃)	411/1(5545)	곤륜자과(崑崙紫瓜)	411/30(5574)
누조(穤棗)	411/2(5546)	가자고사(茄子故事)	411/31(5575)
시(柿)	411/3(5547)	담애호(儋崖瓠)	411/32(5576)
저이수실(底櫃樹實)	411/4(5548)		
시반(柿盤)	411/5(5549)	권412 초목7	412
융봉리(融峰梨)	411/6(5550)	죽(竹)	412
육근리(六觔梨)	411/7(5551)	서죽류(敍竹類)	412/1(5577)
자화리(紫花梨)	411/8(5552)	체죽(涕竹)	412/2(5578)
호진자(胡榛子)	411/9(5553)	극죽(棘竹)	412/3(5579)
산조(酸棗)	411/10(5554)	사로죽(箖篛竹)	412/4(5580)
포도(蒲萄)	411/11(5555)	함타죽(菡簹竹)	412/5(5581)
왕모포도(王母蒲萄)	411/12(5556)	자죽(慈竹)	412/6(5582)
후소자(侯騷子)	411/13(5557)	근죽(筋竹)	412/7(5583)
만호도(蔓胡桃)	411/14(5558)	백엽죽(百葉竹)	412/8(5584)
선수실(仙樹實)	411/15(5559)	도지죽(桃枝竹)	412/9(5585)
감람자(橄欖子)	411/16(5560)	영죽(癭竹)	412/10(5586)
동황률(東荒栗)	411/17(5561)	나부죽(羅浮竹)	412/11(5587)
후률(猴栗)	411/18(5562)	동자사죽(童子寺竹)	412/12(5588)
과(瓜)	411/19(5563)	죽화(竹花)	412/13(5589)
오색과(五色瓜)	411/20(5564)	죽주(竹笴)	412/14(5590)
과오향(瓜惡香)	411/21(5565)	죽실(竹實)	412/15(5591)
채(菜)	411	오곡(五穀)	412
만청(蔓菁)	411/22(5566)	우도(雨稻)	412/16(5592)
월산(越蒜)	411/23(5567)	우속(雨粟)	412/17(5593)
삼소(三蔬)	411/24(5568)	우맥(雨麥)	412/18(5594)
파릉(波稜)	411/25(5569)	조호(彫葫)	412/19(5595)

우곡(雨穀)	412/20(5596)		적지(滴芝)	413/12(5622)
요지속(搖枝粟)	412/21(5597)		목지(木芝)	413/13(5623)
봉관속(鳳冠粟)	412/22(5598)		형화지(螢火芝)	413/14(5624)
요명두(繞明豆)	412/23(5599)		육지(肉芝)	413/15(5625)
연정맥(延精麥)	412/24(5600)		소인지(小人芝)	413/16(5626)
자침마(紫沉麻)	412/25(5601)		지하육지(地下肉芝)	413/17(5627)
우오곡(雨五穀)	412/26(5602)		이균(異菌)	413/18(5628)
야속석각(野粟石殼)	412/27(5603)		석균(石菌)	413/19(5629)
우(芋)	412/28(5604)		죽육(竹肉)	413/20(5630)
작우(雀芋)	412/29(5605)		독균(毒菌)	413/21(5631)
감자(甘蔗)	412/30(5606)		태(苔)	413
다천(茶荈)	412		서태(叙苔)	413/22(5632)
서다(叙茶)	412/31(5607)		지전(地錢)	413/23(5633)
획신명(獲神茗)	412/32(5608)		만금태(蔓金苔)	413/24(5634)
향명획보(饗茗獲報)	412/33(5609)		여거태(如𦼫苔)	413/25(5635)
소식다(消食茶)	412/34(5610)		석발(石髮)	413/26(5636)
			와송(瓦松)	413/27(5637)
권413 초목8	413		와송부(瓦松賦)	413/28(5638)
지(芝)(菌蕈附)	413			
죽지(竹芝)	413/1(5611)		권414 초목9	414
누궐지(樓闕芝)	413/2(5612)		향약(香藥)	414
천존지(天尊芝)	413/3(5613)		다무향(茶蕪香)	414/1(5639)
자지(紫芝)	413/4(5614)		삼명향(三名香)	414/2(5640)
삼성지(參成芝)	413/5(5615)		오명향(五名香)	414/3(5641)
야광지(夜光芝)	413/6(5616)		침향(沉香)	414/4(5642)
은신지(隱晨芝)	413/7(5617)		용뇌향(龍腦香)	414/5(5643)
봉뇌지(鳳腦芝)	413/8(5618)		안식향(安息香)	414/6(5644)
백부지(白符芝)	413/9(5619)		일목오향(一木五香)	414/7(5645)
오덕지(五德芝)	413/10(5620)		가려륵(訶黎勒)	414/8(5646)
석계지(石桂芝)	413/11(5621)		백두구(白荳蔻)	414/9(5647)

불제향(韍齊香)	414/10(5648)	장숙고(張叔高)	415/1(5674)
무석자(無石子)	414/11(5649)	육경숙(陸敬叔)	415/2(5675)
자비(紫鉍)	414/12(5650)	섭우(聶友)	415/3(5676)
아위(阿魏)	414/13(5651)	동기(董奇)	415/4(5677)
필발(蓽撥)	414/14(5652)	조익(趙翼)	415/5(5678)
호초(胡椒)	414/15(5653)	위불타(魏佛陀)	415/6(5679)
아발삼(阿勃參)	414/16(5654)	임회장(臨淮將)	415/7(5680)
산저(山藷)	414/17(5655)	최도(崔導)	415/8(5681)
마황(麻黃)	414/18(5656)	가비(賈秘)	415/9(5682)
형삼릉(荊三稜)	414/19(5657)	설홍기(薛弘機)	415/10(5683)
복이(服餌)	414	노건(盧虔)	415/11(5684)
복송지(服松脂)	414/20(5658)	승지통(僧智通)	415/12(5685)
이송예(餌松蘂)	414/21(5659)	강하종사(江夏從事)	415/13(5686)
사복령(賜茯苓)	414/22(5660)		
복복령(服茯苓)	414/23(5661)	권416 초목11	416
복창포(服菖蒲)	414/24(5662)	목괴 하	416
복계(服桂)	414/25(5663)	두관(竇寬)	416/1(5687)
이저실(餌柠實)	414/26(5664)	오언(吳偃)	416/2(5688)
복오미자(服五味子)	414/27(5665)	동관(董觀)	416/3(5689)
식출(食朮)	414/28(5666)	경락사인(京洛士人)	416/4(5690)
복도교(服桃膠)	414/29(5667)	강수(江叟)	416/5(5691)
복지황(服地黃)	414/30(5668)	화훼괴(花卉怪) 상	416
복원지(服遠志)	414/31(5669)	용사초(龍蛇草)	416/6(5692)
복천문동(服天門冬)	414/32(5670)	선비녀(鮮卑女)	416/7(5693)
음국담수(飮菊潭水)	414/33(5671)	궐사(蕨蛇)	416/8(5694)
음감국곡수(飮甘菊谷水)	414/34(5672)	개충(芥蟲)	416/9(5695)
식황정(食黃精)	414/35(5673)	최현미(崔玄微)	416/10(5696)
권415 초목10	415	권417 초목12	417
목괴(木怪) 상	415	화훼괴 하	417

광화사객(光化寺客)	417/1(5697)		이정(李靖)	418/14(5723)
승지변(僧智彎)	417/2(5698)			
등규(鄧珪)	417/3(5699)		권419 용-2	419
유조(劉皂)	417/4(5700)		유의(柳毅)	419/1(5724)
전포(田布)	417/5(5701)			
양생(梁生)	417/6(5702)		권420 용-3	420
소창원(蘇昌遠)	417/7(5703)		구명국(俱名國)	420/1(5725)
약괴(藥怪)	417		석현조(釋玄照)	420/2(5726)
상당인(上黨人)	417/8(5704)		왕경융(王景融)	420/3(5727)
전등양(田登孃)	417/9(5705)		능파녀(凌波女)	420/4(5728)
조생(趙生)	417/10(5706)		도현(陶峴)	420/5(5729)
균괴(菌怪)	417		제한(齊澣)	420/6(5730)
곽원진(郭元振)	417/11(5707)		사주흑하(沙州黑河)	420/7(5731)
선평방관인(宣平坊官人)	417/12(5708)		홍경지룡(興慶池龍)	420/8(5732)
예장인(豫章人)	417/13(5709)		정룡(井龍)	420/9(5733)
			전연(㫋然)	420/10(5734)
권418 용(龍)1	418		용문(龍門)	420/11(5735)
창룡(蒼龍)	418/1(5710)			
조봉(曹鳳)	418/2(5711)		권421 용-4	421
장로녀(張魯女)	418/3(5712)		소흔(蕭昕)	421/1(5736)
강릉모(江陵姥)	418/4(5713)		유척담(遺尺潭)	421/2(5737)
감종(甘宗)	418/5(5714)		유관사(劉貫詞)	421/3(5738)
남심국(南郯國)	418/6(5715)		위씨(韋氏)	421/4(5739)
용장(龍塲)	418/7(5716)		임욱(任頊)	421/5(5740)
오색석(五色石)	418/8(5717)		조제숭(趙齊嵩)	421/6(5741)
진택동(震澤洞)	418/9(5718)			
양무후(梁武后)	418/10(5719)		권422 용-5	422
유갑(劉甲)	418/11(5720)		허한양(許漢陽)	422/1(5742)
송운(宋雲)	418/12(5721)		유우석(劉禹錫)	422/2(5743)
채옥(蔡玉)	418/13(5722)		주한(周邯)	422/3(5744)

자주용(資州龍)	422/4(5745)	온온(溫媼)	424/4(5771)
위사공(韋思恭)	422/5(5746)	유자화(柳子華)	424/5(5772)
노원유(盧元裕)	422/6(5747)	반석(斑石)	424/6(5773)
노한(盧翰)	422/7(5748)	장공동(張公洞)	424/7(5774)
이수(李修)	422/8(5749)	오대산지(五臺山池)	424/8(5775)
위유(韋宥)	422/9(5750)	장로(張老)	424/9(5776)
척목(尺木)	422/10(5751)	비계사(費雞師)	424/10(5777)
사씨자(史氏子)	422/11(5752)	분수노모(汾水老姥)	424/11(5778)
		이선(李宣)	424/12(5779)
권423 용6	423	몽양추(濛陽湫)	424/13(5780)
노군창(盧君暢)	423/1(5753)	염정룡(鹽井龍)	424/14(5781)
원의방(元義方)	423/2(5754)	윤호(尹皓)	424/15(5782)
평창정(平昌井)	423/3(5755)		
호두골(虎頭骨)	423/4(5756)	권425 용8	425
법희사(法喜寺)	423/5(5757)	용	425
용묘(龍廟)	423/6(5758)	장온(張溫)	425/1(5783)
환룡자(豢龍者)	423/7(5759)	곽언랑(郭彦郎)	425/2(5784)
공위(孔威)	423/8(5760)	왕종랑(王宗郎)	425/3(5785)
화음추(華陰湫)	423/9(5761)	서포룡(犀浦龍)	425/4(5786)
최도추(崔道樞)	423/10(5762)	정어(井魚)	425/5(5787)
금룡자(金龍子)	423/11(5763)	안천룡(安天龍)	425/6(5788)
황순(黃馴)	423/12(5764)	조관(曹寬)	425/7(5789)
임한시(臨漢豕)	423/13(5765)	몽청의(夢青衣)	425/8(5790)
소룡(燒龍)	423/14(5766)	교(蛟)	425
유옹(柳翁)	423/15(5767)	한무백교(漢武白蛟)	425/9(5791)
		심양교(潯陽橋)	425/10(5792)
권424 용7	424	왕술(王述)	425/11(5793)
염부룡(閻浮龍)	424/1(5768)	왕식(王植)	425/12(5794)
오산인(吳山人)	424/2(5769)	육사아(陸社兒)	425/13(5795)
백장군(白將軍)	424/3(5770)	장사녀(長沙女)	425/14(5796)

소정(蘇頲)	425/15(5797)		협구도사(峽口道士)	426/22(5825)
투교(鬪蛟)	425/16(5798)			
홍씨녀(洪氏女)	425/17(5799)		권427 호2	427
홍정(洪貞)	425/18(5800)		비충(費忠)	427/1(5826)
노교(老蛟)	425/19(5801)		호부(虎婦)	427/2(5827)
무휴담(武休潭)	425/20(5802)		계호(稽胡)	427/3(5828)
벌교(伐蛟)	425/21(5803)		벽석(碧石)	427/4(5829)
			원설호(黿齧虎)	427/5(5830)
권426 호(虎)1	426		이징(李徵)	427/6(5831)
백호(白虎)	426/1(5804)		천보선인(天寶選人)	427/7(5832)
한경제(漢景帝)	426/2(5805)			
충동(种僮)	426/3(5806)		권428 호3	428
봉소(封邵)	426/4(5807)		배민(裴旻)	428/1(5833)
정장(亭長)	426/5(5808)		반자(斑子)	428/2(5834)
엄맹(嚴猛)	426/6(5809)		유천(劉薦)	428/3(5835)
원쌍(袁雙)	426/7(5810)		근자려(勤自勵)	428/4(5836)
오도종(吳道宗)	426/8(5811)		선주아(宣州兒)	428/5(5837)
목우아(牧牛兒)	426/9(5812)		적사(笛師)	428/6(5838)
사도선(師道宣)	426/10(5813)		장갈충(張竭忠)	428/7(5839)
사윤(謝允)	426/11(5814)		배월객(裴越客)	428/8(5840)
정습(鄭襲)	426/12(5815)		노조(盧造)	428/9(5841)
유광아(劉廣雅)	426/13(5816)			
역발(易拔)	426/14(5817)		권429 호4	429
소태(蕭泰)	426/15(5818)		장어주(張魚舟)	429/1(5842)
황건(黃乾)	426/16(5819)		신도징(申屠澄)	429/2(5843)
추이수(酋耳獸)	426/17(5820)		정암(丁嵓)	429/3(5844)
호탑(虎塔)	426/18(5821)		왕용(王用)	429/4(5845)
부황중(傅黃中)	426/19(5822)		장봉(張逢)	429/5(5846)
빈주좌사(郴州佐史)	426/20(5823)			
파인(巴人)	426/21(5824)		권430 호(虎)5	430

이노(李奴)	430/1(5847)	식호(食虎)	432/9(5873)
마증(馬拯)	430/2(5848)	주웅(周雄)	432/10(5874)
장승(張昇)	430/3(5849)		
양진(楊眞)	430/4(5850)	권433 호8	433
왕거정(王居貞)	430/5(5851)	장준(張俊)	433/1(5875)
귀생(歸生)	430/6(5852)	심양렵인(潯陽獵人)	433/2(5876)
정사원(鄭思遠)	430/7(5853)	유병(柳幷)	433/3(5877)
이탁(李琢)	430/8(5854)	승호(僧虎)	433/4(5878)
초본(譙本)	430/9(5855)	왕요(王瑤)	433/5(5879)
		유목(劉牧)	433/6(5880)
권431 호6	431	이호(姨虎)	433/7(5881)
이대가(李大可)	431/1(5856)	최도(崔韜)	433/8(5882)
인정옹(藺庭雍)	431/2(5857)	왕행언(王行言)	433/9(5883)
왕태(王太)	431/3(5858)		
형주인(荊州人)	431/4(5859)	권434 축수(畜獸)1	434
유로(劉老)	431/5(5860)	우(牛)	434
호부(虎婦)	431/6(5861)	우(牛)	434/1(5884)
조척(趙倜)	431/7(5862)	금우(金牛)	434/2(5885)
주의(周義)	431/8(5863)	은우(銀牛)	434/3(5886)
중조자(中朝子)	431/9(5864)	청우(靑牛)	434/4(5887)
		우투(牛鬪)	434/5(5888)
권432 호7	432	잠우(潛牛)	434/6(5889)
송양인(松陽人)	432/1(5865)	양주인우(凉州人牛)	434/7(5890)
남양사인(南陽士人)	432/2(5866)	낙수우(洛水牛)	434/8(5891)
호휼인(虎恤人)	432/3(5867)	우배(牛拜)	434
범단(范端)	432/4(5868)	환충(桓冲)	434/9(5892)
석정애(石井崖)	432/5(5869)	광록도자(光祿屠者)	434/10(5893)
계호(械虎)	432/6(5870)	주씨자(朱氏子)	434/11(5894)
상산로(商山路)	432/7(5871)	우상채(牛償債)	434
진포(陳褒)	432/8(5872)	변사유(卞士瑜)	434/12(5895)

노백달(路伯達)	434/13(5896)	계남(季南)	435/17(5920)
대문(戴文)	434/14(5897)	조고(趙固)	435/18(5921)
하내최수(河內崔守)	434/15(5898)	한희(韓晞)	435/19(5922)
왕씨노모(王氏老姥)	434/16(5899)	강동객마(江東客馬)	435/20(5923)
우상인(牛傷人)	434	진장(陳璋)	435/21(5924)
소도근(邵桃根)	434/17(5900)		
우이(牛異)	434	권436 축수3	436
낙하인(洛下人)	434/18(5901)	마(馬)	436
영인(䏿茵)	434/19(5902)	노종사(盧從事)	436/1(5925)
중소소(仲小小)	434/20(5903)	위유유(韋有柔)	436/2(5926)
		오종사(吳宗嗣)	436/3(5927)
권435 축수2	435	손한위(孫漢威)	436/4(5928)
마(馬)	435	우원(于遠)	436/5(5929)
마(馬)	435/1(5904)	장전(張全)	436/6(5930)
주목왕팔준(周穆王八駿)	435/2(5905)	왕무(王武)	436/7(5931)
한문제구일(漢文帝九逸)	435/3(5906)	위빈(韋玭)	436/8(5932)
수문제사자총(隋文帝獅子驄)		낙타(駱駝)	436
	435/4(5907)	명타(明駝)	436/9(5933)
당현종용마(唐玄宗龍馬)	435/5(5908)	지수맥(知水脉)	436/10(5934)
대종구화규(代宗九花虯)	435/6(5909)	풍각타(風脚駝)	436/11(5935)
덕종신지총(德宗神智驄)	435/7(5910)	양각타(兩脚駝)	436/12(5936)
조홍(曹洪)	435/8(5911)	백낙타(白駱駝)	436/13(5937)
사마휴지(司馬休之)	435/9(5912)	나(騾)	436
모용외(慕容廆)	435/10(5913)	백라(白騾)	436/14(5938)
진숙보(秦叔寶)	435/11(5914)	추마라(推磨騾)	436/15(5939)
장납지(張納之)	435/12(5915)	여(驢)	436
송채(宋蔡)	435/13(5916)	승랑(僧朗)	436/16(5940)
무마(舞馬)	435/14(5917)	염달국(厭達國)	436/17(5941)
속곤(續坤)	435/15(5918)	촌인공승(村人供僧)	436/18(5942)
양옹불(楊翁佛)	435/16(5919)	장고(張高)	436/19(5943)

동시인(東市人)	436/20(5944)		견 하	438
하세백(賀世伯)	436/21(5945)		이도예(李道豫)	438/1(5969)
왕갑(王甲)	436/22(5946)		주휴지(朱休之)	438/2(5970)
탕안인(湯安仁)	436/23(5947)		이숙견(李叔堅)	438/3(5971)
왕훈(王薰)	436/24(5948)		왕호(王瑚)	438/4(5972)
			이덕(李德)	438/5(5973)
권437 축수4	437		온경림(溫敬林)	438/6(5974)
견(犬) 상	437		유씨(庾氏)	438/7(5975)
화륭(華隆)	437/1(5949)		심패(沈覇)	438/8(5976)
양생(楊生)	437/2(5950)		전염(田琰)	438/9(5977)
최중문(崔仲文)	437/3(5951)		왕중문(王仲文)	438/10(5978)
장연(張然)	437/4(5952)		최혜동(崔惠童)	438/11(5979)
양포(楊褒)	437/5(5953)		이의(李義)	438/12(5980)
정소(鄭韶)	437/6(5954)		호지충(胡志忠)	438/13(5981)
유초(柳超)	437/7(5955)		한생(韓生)	438/14(5982)
요갑(姚甲)	437/8(5956)		두수기(杜修己)	438/15(5983)
유거린(劉巨麟)	437/9(5957)		원계겸(袁繼謙)	438/16(5984)
장화(章華)	437/10(5958)			
범익(范翊)	437/11(5959)		권439 축수6	439
곽교(郭釗)	437/12(5960)		양(羊)	439
노언(盧言)	437/13(5961)		월지초할(月氏稍割)	439/1(5985)
조수(趙叟)	437/14(5962)		서역대양(西域大羊)	439/2(5986)
육기(陸機)	437/15(5963)		계빈청양(罽賓靑羊)	439/3(5987)
석현도(石玄度)	437/16(5964)		제송자(齊訟者)	439/4(5988)
제경(齊瓊)	437/17(5965)		양문(梁文)	439/5(5989)
석종의(石從義)	437/18(5966)		고패(顧霈)	439/6(5990)
전초(田招)	437/19(5967)		반과(潘果)	439/7(5991)
배도(裴度)	437/20(5968)		이심언(李審言)	439/8(5992)
			양씨(楊氏)	439/9(5993)
권438 축수5	438		진정관(陳正觀)	439/10(5994)

안갑(安甲)	439/11(5995)		채희부(蔡喜夫)	440/11(6020)
시(豕)	439		모숭구(茅崇丘)	440/12(6021)
연상(燕相)	439/12(5996)		소실달(蕭悉達)	440/13(6022)
두원(杜願)	439/13(5997)		역려도사(逆旅道士)	440/14(6023)
도말(都末)	439/14(5998)		이측(李測)	440/15(6024)
유호(劉胡)	439/15(5999)		천보확기(天寶驍騎)	440/16(6025)
경복생(耿伏生)	439/16(6000)		필항(畢杭)	440/17(6026)
이교위(李校尉)	439/17(6001)		최회억(崔懷嶷)	440/18(6027)
탕응(湯應)	439/18(6002)		이갑(李甲)	440/19(6028)
안양서생(安陽書生)	439/19(6003)		왕진(王縉)	440/20(6029)
오군사인(吳郡士人)	439/20(6004)		치사미(郗士美)	440/21(6030)
진주도아(晉州屠兒)	439/21(6005)		이지미(李知微)	440/22(6031)
원길(元佶)	439/22(6006)		건강인(健康人)	440/23(6032)
최일용(崔日用)	439/23(6007)		노숭(盧嵩)	440/24(6033)
이분(李汾)	439/24(6008)		시재용(柴再用)	440/25(6034)
서주군인(徐州軍人)	439/25(6009)		소장사(蘇長史)	440/26(6035)
			노추(盧樞)	440/27(6036)
권440 축수7	440		주인(朱仁)	440/28(6037)
묘(猫)	440		이소하(李昭嘏)	440/29(6038)
묘(猫)	440/1(6010)		서랑(鼠狼)	440
당도습(唐道襲)	440/2(6011)		장문위(張文蔚)	440/30(6039)
매초인(賣醋人)	440/3(6012)			
귀계(歸係)	440/4(6013)		권441 축수8	441
서(鼠)	440		사자(獅子)	441
서(鼠)	440/5(6014)		위무제(魏武帝)	441/1(6040)
왕주남(王周南)	440/6(6015)		후위장제(後魏莊帝)	441/2(6041)
종조(終祚)	440/7(6016)		잡설(雜說)	441/3(6042)
청하군수(淸河郡守)	440/8(6017)		서(犀)	441
순우지(淳于智)	440/9(6018)		통천서(通天犀)	441/4(6043)
서밀(徐密)	440/10(6019)		잡설(雜說)	441/5(6044)

상(象)	441	유백조(劉伯祖)	442/14(6066)
백상(白象)	441/6(6045)	오흥전부(吳興田父)	442/15(6067)
낭주막요(閬州莫徭)	441/7(6046)	손걸(孫乞)	442/16(6068)
화용장상(華容莊象)	441/8(6047)	황심(黃審)	442/17(6069)
안남렵자(安南獵者)	441/9(6048)	유원적(留元寂)	442/18(6070)
회남렵자(淮南獵者)	441/10(6049)	정씨자(鄭氏子)	442/19(6071)
장무(蔣武)	441/11(6050)	진양민가(晉陽民家)	442/20(6072)
잡설(雜說)	441/12(6051)	위(蝟)	442
잡수(雜獸)	441	비비(費祕)	442/21(6073)
소지충(蕭志忠)	441/13(6052)	허흠명객(許欽明客)	442/22(6074)
		희장위(戲場蝟)	442/23(6075)
권442 축수9	442		
낭(狼)	442	권443 축수10	443
낭패(狼狽)	442/1(6053)	주(麈)	443
낭총(狼冢)	442/2(6054)	오당(吳唐)	443/1(6076)
기주자사자(冀州刺史子)		이영(李嬰)	443/2(6077)
	442/3(6055)	장(麞)	443
왕함(王含)	442/4(6056)	유반(劉幡)	443/3(6078)
정평현촌인(正平縣村人)		녹(鹿)	443
	442/5(6057)	창록(蒼鹿)	443/4(6079)
장모처(張某妻)	442/6(6058)	과등(科藤)	443/5(6080)
웅(熊)	442	동환(銅環)	443/6(6081)
자로(子路)	442/7(6059)	녹마(鹿馬)	443/7(6082)
승평입산인(昇平入山人)	442/8(6060)	자석(紫石)	443/8(6083)
황수(黃秀)	442/9(6061)	육소제(陸紹弟)	443/9(6084)
이(狸)	442	당현종(唐玄宗)	443/10(6085)
동중서(董仲舒)	442/10(6062)	팽세(彭世)	443/11(6086)
장화(張華)	442/11(6063)	녹낭(鹿娘)	443/12(6087)
산중효자(山中孝子)	442/12(6064)	장합답(張盍蹋)	443/13(6088)
순우긍(淳于矜)	442/13(6065)	차갑(車甲)	443/14(6089)

숭산노승(嵩山老僧)	443/15(6090)		적소(翟昭)	446/3(6109)
왕호(王祜)	443/16(6091)		서적지(徐寂之)	446/4(6110)
잡설(雜說)	443/17(6092)		장우언(張寓言)	446/5(6111)
토(兔)	443		설방증조(薛放曾祖)	446/6(6112)
남주(嵐州)	443/18(6093)		양우도(楊于度)	446/7(6113)
양매(楊邁)	443/19(6094)		미후(獼猴)	446/8(6114)
			성성(猩猩)	446
권444 축수11	444		호주(好酒)	446/9(6115)
원(猿) 상	444		능언(能言)	446/10(6116)
백원(白猿)	444/1(6095)		초봉(焦封)	446/11(6117)
주군(周羣)	444/2(6096)		과연(猓獤)	446
가국(猳國)	444/3(6097)		과연(猓獤)	446/12(6118)
구양흘(歐陽紇)	444/4(6098)		융(狨)	446
진암(陳巖)	444/5(6099)		융(狨)	446/13(6119)
위원충(魏元忠)	444/6(6100)			
위허기자(韋虛己子)	444/7(6101)		권447 호(狐)1	447
왕장사(王長史)	444/8(6102)		설호(說狐)	447/1(6120)
			서응(瑞應)	447/2(6121)
권445 축수12	445		주문왕(周文王)	447/3(6122)
원 중	445		한광천왕(漢廣川王)	447/4(6123)
장연(張鋋)	445/1(6103)		진선(陳羨)	447/5(6124)
양수(楊叟)	445/2(6104)		관로(管輅)	447/6(6125)
손각(孫恪)	445/3(6105)		습착치(習鑿齒)	447/7(6126)
최상(崔商)	445/4(6106)		진비(陳斐)	447/8(6127)
			손암(孫巖)	447/9(6128)
권446 축수13	446		하후조(夏侯藻)	447/10(6129)
원 하	446		호도흡(胡道洽)	447/11(6130)
초강어자(楚江漁者)	446/1(6107)		북제후주(北齊後主)	447/12(6131)
왕인유(王仁裕)	446/2(6108)		송대현(宋大賢)	447/13(6132)
미후(獼猴)	446		장손무기(長孫無忌)	447/14(6133)

호신(狐神)	447/15(6134)
장간(張簡)	447/16(6135)
승복례(僧服禮)	447/17(6136)
상관익(上官翼)	447/18(6137)
대안화상(大安和尙)	447/19(6138)

권448 호2　　　　　　448
이항생(李項生)	448/1(6139)
왕의방(王義方)	448/2(6140)
하양지(何讓之)	448/3(6141)
심동미(沈東美)	448/4(6142)
양백성(楊伯成)	448/5(6143)
섭법선(葉法善)	448/6(6144)
유갑(劉甲)	448/7(6145)
이참군(李參軍)	448/8(6146)

권449 호3　　　　　　449
정굉지(鄭宏之)	449/1(6147)
견양령(汧陽令)	449/2(6148)
이원공(李元恭)	449/3(6149)
초련사(焦練師)	449/4(6150)
이씨(李氏)	449/5(6151)
위명부(韋明府)	449/6(6152)
임경현(林景玄)	449/7(6153)
사혼지(謝混之)	449/8(6154)

권450 호4　　　　　　450
왕포(王苞)	450/1(6155)
당참군(唐參軍)	450/2(6156)
전씨자(田氏子)	450/3(6157)
서안(徐安)	450/4(6158)
근수정(靳守貞)	450/5(6159)
엄간(嚴諫)	450/6(6160)
위참군(韋參軍)	450/7(6161)
양씨여(楊氏女)	450/8(6162)
설형(薛逈)	450/9(6163)
신체부(辛替否)	450/10(6164)
대주민(代州民)	450/11(6165)
기현민(祁縣民)	450/12(6166)
장례(張例)	450/13(6167)

권451 호5　　　　　　451
풍개(馮玠)	451/1(6168)
하란진명(賀蘭進明)	451/2(6169)
최창(崔昌)	451/3(6170)
장손갑(長孫甲)	451/4(6171)
왕로(王老)	451/5(6172)
유중애(劉衆愛)	451/6(6173)
왕암(王黯)	451/7(6174)
원가조(袁嘉祚)	451/8(6175)
이림보(李林甫)	451/9(6176)
손증생(孫甑生)	451/10(6177)
왕선(王璿)	451/11(6178)
이난(李麐)	451/12(6179)
이규(李揆)	451/13(6180)
송부(宋溥)	451/14(6181)
승안통(僧晏通)	451/15(6182)

권452 호6　　　　　　452
| 임씨(任氏) | 452/1(6183) |

이장(李萇)	452/2(6184)		녹사(綠蛇)	456/4(6206)
			보원사(報冤蛇)	456/5(6207)
권453 호7	453		독사(毒蛇)	456/6(6208)
왕생(王生)	453/1(6185)		종서래사(種黍來蛇)	456/7(6209)
이자량(李自良)	453/2(6186)		염사(蚺蛇)	456/8(6210)
이령서(李令緖)	453/3(6187)		염사담(蚺蛇膽)	456/9(6211)
배소윤(裴少尹)	453/4(6188)		계관사(雞冠蛇)	456/10(6212)
			폭신사(爆身蛇)	456/11(6213)
권454 호8	454		황령사(黃領蛇)	456/12(6214)
장간서(張簡棲)	454/1(6189)		남사(藍蛇)	456/13(6215)
설기(薛夔)	454/2(6190)		파사(巴蛇)	456/14(6216)
계진(計眞)	454/3(6191)		만강사(蠻江蛇)	456/15(6217)
유원정(劉元鼎)	454/4(6192)		양두사(兩頭蛇)	456/16(6218)
장립본(張立本)	454/5(6193)		안회(顔回)	456/17(6219)
요곤(姚坤)	454/6(6194)		촉오정(蜀五丁)	456/18(6220)
윤원(尹瑗)	454/7(6195)		소령부인(昭靈夫人)	456/19(6221)
위씨자(韋氏子)	454/8(6196)		장관(張寬)	456/20(6222)
			두무(竇武)	456/21(6223)
권455 호9	455		초왕영녀(楚王英女)	456/22(6224)
장직방(張直方)	455/1(6197)		장승모(張承母)	456/23(6225)
장근(張謹)	455/2(6198)		풍곤(馮緄)	456/24(6226)
잠규(岑規)	455/3(6199)		위서(魏舒)	456/25(6227)
호룡(狐龍)	455/4(6200)		두예(杜預)	456/26(6228)
창저민(滄渚民)	455/5(6201)		오맹(吳猛)	456/27(6229)
민부(民婦)	455/6(6202)		안함(顔含)	456/28(6230)
			사마궤지(司馬軌之)	456/29(6231)
권456 사(蛇)1	456		장구(章苟)	456/30(6232)
솔연(率然)	456/1(6203)		태원사인(太元士人)	456/31(6233)
사구(蛇丘)	456/2(6204)		모용희(慕容熙)	456/32(6234)
곤륜서북산(崑崙西北山)	456/3(6205)		공도노모(邛都老姥)	456/33(6235)

천문산(天門山)	456/34(6236)	두위(杜暐)	457/23(6263)
흔주자사(忻州刺史)	456/35(6237)	해주렵인(海州獵人)	457/24(6264)
여간현령(餘干縣令)	456/36(6238)		
왕진처(王眞妻)	456/37(6239)	권458 사3	458
주근(朱覲)	456/38(6240)	이주제(李舟弟)	458/1(6265)
		첨생(檐生)	458/2(6266)
권457 사2	457	숭산객(嵩山客)	458/3(6267)
몽산(蒙山)	457/1(6241)	등갑(鄧甲)	458/4(6268)
진첨(秦瞻)	457/2(6242)	소윤(蘇閏)	458/5(6269)
광주인(廣州人)	457/3(6243)	이주이록사(利州李錄事)	
원현영(袁玄瑛)	457/4(6244)		458/6(6270)
설중(薛重)	457/5(6245)	잠로(晉老)	458/7(6271)
고해(顧楷)	457/6(6246)	풍단(馮但)	458/8(6272)
수제가(樹提家)	457/7(6247)	육소(陸紹)	458/9(6273)
수양제(隋煬帝)	457/8(6248)	정휘(鄭翬)	458/10(6274)
흥복사(興福寺)	457/9(6249)	장악자(張蜑子)	458/11(6275)
장기사(張騎士)	457/10(6250)	선선장(選仙場)	458/12(6276)
이숭정(李崇貞)	457/11(6251)	구선산(狗仙山)	458/13(6277)
마령산(馬嶺山)	457/12(6252)	이황(李黃)	458/14(6278)
지상사현자(至相寺賢者)			
	457/13(6253)	권459 사4	459
이림보(李林甫)	457/14(6254)	승영인(僧令因)	459/1(6279)
위자춘(韋子春)	457/15(6255)	위중승자(衛中丞姊)	459/2(6280)
선주강(宣州江)	457/16(6256)	포주인(蒲州人)	459/3(6281)
이제물(李齊物)	457/17(6257)	상위빈민(相魏貧民)	459/4(6282)
엄정지(嚴挺之)	457/18(6258)	번우서생(番禺書生)	459/5(6283)
천보초인(天寶樵人)	457/19(6259)	비현민(郫縣民)	459/6(6284)
무외사(無畏師)	457/20(6260)	유소(游邵)	459/7(6285)
장호(張鎬)	457/21(6261)	성예(成汭)	459/8(6286)
필건태(畢乾泰)	457/22(6262)	손광헌(孫光憲)	459/9(6287)

주한빈(朱漢賓)	459/10(6288)		곡(鵠)	460/10(6312)
우존절(牛存節)	459/11(6289)		소경(蘇瓊)	460/11(6313)
수청지(水淸池)	459/12(6290)		앵무(鸚鵡)	460/12(6314)
왕사동(王思同)	459/13(6291)		장화(張華)	460/13(6315)
서탄(徐坦)	459/14(6292)		앵무구화(鸚鵡救火)	460/14(6316)
장씨(張氏)	459/15(6293)		설의녀(雪衣女)	460/15(6317)
고수(顧遂)	459/16(6294)		유잠녀(劉潛女)	460/16(6318)
구당협(瞿塘峽)	459/17(6295)		응(鷹)	460
근로(靳老)	459/18(6296)		초문왕(楚文王)	460/17(6319)
경환(景煥)	459/19(6297)		유율(劉聿)	460/18(6320)
서주인(舒州人)	459/20(6298)		업군인(鄴郡人)	460/19(6321)
가담(賈潭)	459/21(6299)		요(鷂)	460
요경(姚景)	459/22(6300)		위공자(魏公子)	460/20(6322)
왕임(王稔)	459/23(6301)		골(鶻)	460
안륙인(安陸人)	459/24(6302)		보관사(寶觀寺)	460/21(6323)
			낙안전(落鴈殿)	460/22(6324)
권460 금조(禽鳥)1	460			
봉(鳳)(鸞附)	460		권461 금조2	461
전도국(旃塗國)	460/1(6303)		공작(孔雀)	461
봉황대(鳳凰臺)	460/2(6304)		교지(交趾)	461/1(6325)
원정견(元庭堅)	460/3(6305)		나주(羅州)	461/2(6326)
수양봉(睢陽鳳)	460/4(6306)		왕헌(王軒)	461/3(6327)
난(鸞)	460/5(6307)		연(鳶)	461
학(鶴)	460		한연(漢鳶)	461/4(6328)
서석(徐奭)	460/6(6308)		호연(胡鳶)	461/5(6329)
오정채포자(烏程採捕者)			천세연(千歲鳶)	461/6(6330)
	460/7(6309)		진서(晉瑞)	461/7(6331)
호부령사처(戶部令史妻)			원도강(元道康)	461/8(6332)
	460/8(6310)		범질(范質)	461/9(6333)
배항(裴沆)	460/9(6311)		자고(鷓鴣)	461

비수(飛數)	461/10(6334)	아(鵝)(鴨附)	462
비남향(飛南向)	461/11(6335)	사회(史恒)	462/1(6360)
오초자고(吳楚鷓鴣)	461/12(6336)	요략(姚略)	462/2(6361)
작(鵲)(鶻附)	461	아구(鵝溝)	462/3(6362)
지태세(知太歲)	461/13(6337)	조록사(祖錄事)	462/4(6363)
장호(張顥)	461/14(6338)	주씨자(周氏子)	462/5(6364)
조지국(條支國)	461/15(6339)	평고인(平固人)	462/6(6365)
여경일(黎景逸)	461/16(6340)	해릉투아(海陵鬪鵝)	462/7(6366)
장창기(張昌期)	461/17(6341)	압(鴨)	462/8(6367)
최원처(崔圓妻)	461/18(6342)	노(鷺)	462
건릉(乾陵)	461/19(6343)	풍법(馮法)	462/9(6368)
합신(鶻信)	461/20(6344)	전당사인(錢塘士人)	462/10(6369)
계(雞)	461	여주백로(黎州白鷺)	462/11(6370)
진창보계(陳倉寶雞)	461/21(6345)	안(鴈)	462
초계(楚雞)	461/22(6346)	남인포안(南人捕鴈)	462/12(6371)
위녀(衛女)	461/23(6347)	해릉인(海陵人)	462/13(6372)
장명계(長鳴雞)	461/24(6348)	구욕(鸜鵒)	462
침명계(沉鳴雞)	461/25(6349)	구족(勾足)	462/14(6373)
손휴(孫休)	461/26(6350)	능언(能言)	462/15(6374)
오청(吳淸)	461/27(6351)	환활(桓豁)	462/16(6375)
광주자사(廣州刺史)	461/28(6352)	광릉소년(廣陵少年)	462/17(6376)
축계공(祝雞公)	461/29(6353)	작(雀)	462
주종(朱綜)	461/30(6354)	작목석혼(雀目夕昏)	462/18(6377)
대군정(代郡亭)	461/31(6355)	조오산(弔烏山)	462/19(6378)
고억(高嶷)	461/32(6356)	양선(楊宣)	462/20(6379)
천후(天后)	461/33(6357)	오(烏)	462
위호(衛鎬)	461/34(6358)	월오대(越烏臺)	462/21(6380)
합비부인(合肥富人)	461/35(6359)	하잠지(何潛之)	462/22(6381)
		오군산(烏君山)	462/23(6382)
권462 금조3	462	위령(魏伶)	462/24(6383)

삼족오(三足烏)	462/25(6384)	영도령(營道令)	463/15(6410)
이납(李納)	462/26(6385)	지연화조(紙鳶化鳥)	463/16(6411)
여생처(呂生妻)	462/27(6386)	순(鶉)	463/17(6412)
양조(梁祖)	462/28(6387)	대문모(戴文謀)	463/18(6413)
효(梟)(鴞附)	462	서조(瑞鳥)	463/19(6414)
명효(鳴梟)	462/29(6388)	보춘조(報春鳥)	463/20(6415)
치(鵄)	462/30(6389)	관부(冠鳧)	463/21(6416)
휴류목야명(鵂鶹目夜明)		진길료(秦吉了)	463/22(6417)
	462/31(6390)	위씨자(韋氏子)	463/23(6418)
야행유녀(夜行遊女)	462/32(6391)	조적(鳥賊)	463/24(6419)
양효(禳梟)	462/33(6392)	조성(鳥省)	463/25(6420)
장솔갱(張率更)	462/34(6393)	유경양(劉景陽)	463/26(6421)
옹주인(雍州人)	462/35(6394)	식황조(食蝗鳥)	463/27(6422)
위전(韋顓)	462/36(6395)	노융(盧融)	463/28(6423)
		장씨(張氏)	463/29(6424)
권463 금조4	463	왕서(王緒)	463/30(6425)
비연조(飛涎鳥)	463/1(6396)	무공대조(武功大鳥)	463/31(6426)
정위(精衛)	463/2(6397)	관단(鸛鶆)	463/32(6427)
인조(仁鳥)	463/3(6398)	토수조(吐綬鳥)	463/33(6428)
적(鸐)	463/4(6399)	두견(杜鵑)	463/34(6429)
한붕(韓朋)	463/5(6400)	문모조(蚊母鳥)	463/35(6430)
대전(帶箭)	463/6(6401)	동화조(桐花鳥)	463/36(6431)
세조(細鳥)	463/7(6402)	진랍국대조(眞臘國大鳥)	
왕모사자(王母使者)	463/8(6403)		463/37(6432)
원앙(鴛鴦)	463/9(6404)	백설(百舌)	463/38(6433)
오색조(五色鳥)	463/10(6405)	관(鸛)	463/39(6434)
신유남자(新喩男子)	463/11(6406)	감충(甘蟲)	463/40(6435)
장씨(張氏)	463/12(6407)	대승(戴勝)	463/41(6436)
수금조(漱金鳥)	463/13(6408)	북해대조(北海大鳥)	463/42(6437)
추(鶩)	463/14(6409)	아(鵶)	463/43(6438)

선거산이조(仙居山異鳥) 463/44(6439)	해연(海鷰) 464/27(6467)
앵(鸚) 463/45(6440)	교어(鮫魚) 464/28(6468)
권464 수족(水族)1　　　　464	권465 수족2　　　　465
동해대어(東海大魚) 464/1(6441)	봉주어(峰州魚) 465/1(6469)
타어(鼉魚) 464/2(6442)	해하(海蝦) 465/2(6470)
남해대어(南海大魚) 464/3(6443)	와옥자(瓦屋子) 465/3(6471)
경어(鯨魚) 464/4(6444)	인어(印魚) 465/4(6472)
이어(鯉魚) 464/5(6445)	석반어(石斑魚) 465/5(6473)
해인어(海人魚) 464/6(6446)	정어(井魚) 465/6(6474)
남해대해(南海大蟹) 464/7(6447)	이어(異魚) 465/7(6475)
해추(海鰌) 464/8(6448)	방회(螃蟚) 465/8(6476)
악어(鰐魚) 464/9(6449)	선어(鱓魚) 465/9(6477)
오여회어(吳餘鱠魚) 464/10(6450)	대모(玳瑁) 465/10(6478)
석두어(石頭魚) 464/11(6451)	해출(海朮) 465/11(6479)
황랍어(黃臘魚) 464/12(6452)	해경(海鏡) 465/12(6480)
오적어(烏賊魚) 464/13(6453)	수모(水母) 465/13(6481)
횡공어(橫公魚) 464/14(6454)	해(蟹) 465/14(6482)
골뢰(骨雷) 464/15(6455)	백족해(百足蟹) 465/15(6483)
팽월(彭蜖) 464/16(6456)	당해(螗蟹) 465/16(6484)
능어(鮻魚) 464/17(6457)	작어(鯌魚) 465/17(6485)
예어(鯢魚) 464/18(6458)	앵무라(鸚鵡螺) 465/18(6486)
비목어(比目魚) 464/19(6459)	홍라(紅螺) 465/19(6487)
녹자어(鹿子魚) 464/20(6460)	앙귀(䳾龜) 465/20(6488)
자귀모(子歸母) 464/21(6461)	예어(鯢魚) 465/21(6489)
후이어(鯸鮧魚) 464/22(6462)	후(鱟) 465/22(6490)
즉어(鯽魚) 464/23(6463)	비어(飛魚) 465/23(6491)
종어(鯼魚) 464/24(6464)	호해(虎蟹) 465/24(6492)
황홍어(黃魟魚) 464/25(6465)	호(蠔) 465/25(6493)
주준(蟕蠵) 464/26(6466)	적혼공(赤鯶公) 465/26(6494)

뇌혈어(雷穴魚)	465/27(6495)		권467 수족4	467
규미(虬尾)	465/28(6496)		수괴(水怪)	467
우어(牛魚)	465/29(6497)		곤(鯀)	467/1(6523)
추모(鰌䗫)	465/30(6498)		환충(桓冲)	467/2(6524)
분부(奔䱝)	465/31(6499)		이탕(李湯)	467/3(6525)
계비(係臂)	465/32(6500)		제한(齊澣)	467/4(6526)
계취어(雞嘴魚)	465/33(6501)		자영춘(子英春)	467/5(6527)
검어(劍魚)	465/34(6502)		낙수수자(洛水竪子)	467/6(6528)
난부어(嬾婦魚)	465/35(6503)		조귀(魖鬼)	467/7(6529)
황작화합(黃雀化蛤)	465/36(6504)		나주적별(羅州赤鼈)	467/8(6530)
천우어(天牛魚)	465/37(6505)		한순(韓珣)	467/9(6531)
			봉령진(封令禛)	467/10(6532)
권466 수족3	466		응진관(凝眞觀)	467/11(6533)
하곤(夏鯀)	466/1(6506)		촉강민(蜀江民)	467/12(6534)
동해인(東海人)	466/2(6507)		장호자(張胡子)	467/13(6535)
곤명지(昆明池)	466/3(6508)		백군(柏君)	467/14(6536)
서경산(徐景山)	466/4(6509)		섭랑지(葉朗之)	467/15(6537)
반혜연(潘惠延)	466/5(6510)		유종원(柳宗元)	467/16(6538)
갈현(葛玄)	466/6(6511)		왕요(王瑤)	467/17(6539)
개상(介象)	466/7(6512)		유기(柳沂)	467/18(6540)
용문(龍門)	466/8(6513)		최절(崔梲)	467/19(6541)
지중어(池中魚)	466/9(6514)		염인(染人)	467/20(6542)
통천하(通川河)	466/10(6515)		해상인(海上人)	467/21(6543)
행해인(行海人)	466/11(6516)		법취사승(法聚寺僧)	467/22(6544)
음화(陰火)	466/12(6517)		이연복(李延福)	467/23(6545)
배주(裴伷)	466/13(6518)			
왕민지(王旻之)	466/14(6519)		권468 수족5	468
한유(韓愈)	466/15(6520)		수족위인(水族爲人)	468
운향민(鄆鄕民)	466/16(6521)		자로(子路)	468/1(6546)
적령계(赤嶺溪)	466/17(6522)		장수현(長水縣)	468/2(6547)

고소남자(姑蘇男子)	468/3(6548)	수문제(隋文帝)	469/14(6575)
영강인(永康人)	468/4(6549)	대흥촌(大興村)	469/15(6576)
왕소(王素)	468/5(6550)	만경피(萬頃陂)	469/16(6577)
비장방(費長房)	468/6(6551)	장수국(長鬚國)	469/17(6578)
장복(張福)	468/7(6552)		
정초(丁初)	468/8(6553)	권470 수족7	470
사비(謝非)	468/9(6554)	수족위인	470
고보종(顧保宗)	468/10(6555)	이흘(李鶻)	470/1(6579)
무창민(武昌民)	468/11(6556)	사이(謝二)	470/2(6580)
과부엄(寡婦嚴)	468/12(6557)	형주어인(荊州漁人)	470/3(6581)
윤아(尹兒)	468/13(6558)	유성(劉成)	470/4(6582)
광릉왕녀(廣陵王女)	468/14(6559)	설이낭(薛二娘)	470/5(6583)
양추노(楊醜奴)	468/15(6560)	조평원(趙平原)	470/6(6584)
사종(謝宗)	468/16(6561)	고욱(高昱)	470/7(6585)
		승법지(僧法志)	470/8(6586)
권469 수족6	469		
수족위인	469	권471 수족8	471
장방(張方)	469/1(6562)	수족위인	471
종도(鍾道)	469/2(6563)	등원좌(鄧元佐)	471/1(6587)
진안민(晉安民)	469/3(6564)	요씨(姚氏)	471/2(6588)
유만년(劉萬年)	469/4(6565)	송씨(宋氏)	471/3(6589)
미생량(微生亮)	469/5(6566)	사씨녀(史氏女)	471/4(6590)
노당(蘆塘)	469/6(6567)	어인(漁人)	471/5(6591)
팽성남자(彭城男子)	469/7(6568)	인화수족(人化水族)	471
주법공(朱法公)	469/8(6569)	황씨모(黃氏母)	471/6(6592)
왕환(王奐)	469/9(6570)	송사종모(宋士宗母)	471/7(6593)
채홍(蔡興)	469/10(6571)	선건모(宣騫母)	471/8(6594)
이증(李增)	469/11(6572)	강주인(江州人)	471/9(6595)
소등(蕭騰)	469/12(6573)	독각(獨角)	471/10(6596)
유진(柳鎭)	469/13(6574)	설위(薛偉)	471/11(6597)

권472 수족9	472		소충(小蟲)	473/5(6624)
귀(龜)	472		장충(蔣蟲)	473/6(6625)
도당씨(陶唐氏)	472/1(6598)		원객(園客)	473/7(6626)
우(禹)	472/2(6599)		오의인(烏衣人)	473/8(6627)
갈홍(葛洪)	472/3(6600)		주탄급사(朱誕給使)	473/9(6628)
장광정(張廣定)	472/4(6601)		갈휘부(葛輝夫)	473/10(6629)
공현리(贛縣吏)	472/5(6602)		언정(蝘蜓)	473/11(6630)
치세료(郗世了)	472/6(6603)		육지(肉芝)	473/12(6631)
맹언휘(孟彦暉)	472/7(6604)		천세편복(千歲蝙蝠)	473/13(6632)
영릉(營陵)	472/8(6605)		승촉장(蠅觸帳)	473/14(6633)
흥업사(興業寺)	472/9(6606)		창오충(蒼梧蟲)	473/15(6634)
당태종(唐太宗)	472/10(6607)		책맹(蚱蜢)	473/16(6635)
유언회(劉彦回)	472/11(6608)		시자연(施子然)	473/17(6636)
오흥어자(吳興漁者)	472/12(6609)		방기(龐企)	473/18(6637)
당명황제(唐明皇帝)	472/13(6610)		섬서(蟾蜍)	473/19(6638)
영진민(寧晉民)	472/14(6611)		승사(蠅虵)	473/20(6639)
사론(史論)	472/15(6612)		발요(髮妖)	473/21(6640)
서중(徐仲)	472/16(6613)		환겸(桓謙)	473/22(6641)
고숭문(高崇文)	472/17(6614)		청정(靑蜓)	473/23(6642)
변하고객(汴河賈客)	472/18(6615)		주탄(朱誕)	473/24(6643)
남인(南人)	472/19(6616)		백인(白蚓)	473/25(6644)
염거경(閻居敬)	472/20(6617)		왕쌍(王雙)	473/26(6645)
지주민(池州民)	472/21(6618)			
이종(李宗)	472/22(6619)		권474 곤충2	474
			호충(胡充)	474/1(6646)
권473 곤충(昆蟲)1	473		노분(盧汾)	474/2(6647)
역사(虫或射)	473/1(6620)		내군작(來君綽)	474/3(6648)
화선(化蟬)	473/2(6621)		전병(傳病)	474/4(6649)
읍노와(挹怒蛙)	473/3(6622)		등정준(滕庭俊)	474/5(6650)
괴재(怪哉)	473/4(6623)		장사공(張思恭)	474/6(6651)

황(蝗)	474/7(6652)	법통(法通)	477/7(6676)
냉사(冷蛇)	474/8(6653)	등봉사인(登封士人)	477/8(6677)
이규(李揆)	474/9(6654)	슬징(虱徵)	477/9(6678)
주부충(主簿蟲)	474/10(6655)	벽경(壁鏡)	477/10(6679)
주아지(朱牙之)	474/11(6656)	대갈(大蝎)	477/11(6680)
수인(樹蚓)	474/12(6657)	홍편복(紅蝙蝠)	477/12(6681)
목사고(木師古)	474/13(6658)	청부(青蚨)	477/13(6682)
		등왕도(滕王圖)	477/14(6683)
권475 곤충3	475	이봉(異蜂)	477/15(6684)
순우분(淳于棼)	475/1(6659)	기거(寄居)	477/16(6685)
		이충(異蟲)	477/17(6686)
권476 곤충4	476	승(蠅)	477/18(6687)
적요의(赤腰蟻)	476/1(6660)	벽어(壁魚)	477/19(6688)
소담(蘇湛)	476/2(6661)	천우충(天牛蟲)	477/20(6689)
석헌(石憲)	476/3(6662)	백봉과(白蜂窠)	477/21(6690)
왕수(王叟)	476/4(6663)	독봉(毒蜂)	477/22(6691)
보인(步蚓)	476/5(6664)	죽봉(竹蜂)	477/23(6692)
수궁(守宮)	476/6(6665)	수저(水蛆)	477/24(6693)
염단(冉端)	476/7(6666)	수충(水蟲)	477/25(6694)
인치(蚓齒)	476/8(6667)	포창(抱搶)	477/26(6695)
위군(韋君)	476/9(6668)	피역(避役)	477/27(6696)
육옹(陸顒)	476/10(6669)	돈구(墩蜗)	477/28(6697)
		조마(竈馬)	477/29(6698)
권477 곤충5	477	사표(謝豹)	477/30(6699)
장경(張景)	477/1(6670)	쇄거충(碎車蟲)	477/31(6700)
사의(蛇醫)	477/2(6671)	탁고(度古)	477/32(6701)
산지주(山蜘蛛)	477/3(6672)	뇌기(雷蜞)	477/33(6702)
충변(蟲變)	477/4(6673)	복육(腹育)	477/34(6703)
갈화(蝎化)	477/5(6674)	협접(蛺蝶)	477/35(6704)
슬건초(虱建草)	477/6(6675)	의(螘)	477/36(6705)

의루(蟻樓)	477/37(6706)

권478 곤충6	478
반화(飯化)	478/1(6707)
오송기(蜈蚣氣)	478/2(6708)
열옹(蠮螉)	478/3(6709)
전당(顚當)	478/4(6710)
과라(蜾蠃)	478/5(6711)
사슬(沙虱)	478/6(6712)
수노(水弩)	478/7(6713)
서현지(徐玄之)	478/8(6714)
단호(短狐)	478/9(6715)
지주원(蜘蛛怨)	478/10(6716)
석척(蜥蜴)	478/11(6717)
은낭(殷琅)	478/12(6718)
예장민비(豫章民婢)	478/13(6719)
남해독충(南海毒蟲)	478/14(6720)
낙룡(諾龍)	478/15(6721)

권479 곤충7	479
의자(蟻子)	479/1(6722)
와합(蛙蛤)	479/2(6723)
금귀자(金龜子)	479/3(6724)
해산(海山)	479/4(6725)
오공(蜈蚣)	479/5(6726)
문익(蚊翼)	479/6(6727)
벽슬(壁蝨)	479/7(6728)
백충(白蟲)	479/8(6729)
잠녀(蠶女)	479/9(6730)
사부효(砂俘效)	479/10(6731)
사독(舍毒)	479/11(6732)
노주(老蛛)	479/12(6733)
이선(李襌)	479/13(6734)
황화(蝗化)	479/14(6735)
수와(水蛙)	479/15(6736)
인창(蚓瘡)	479/16(6737)
봉여(蜂餘)	479/17(6738)
웅내(熊酒)	479/18(6739)
종사(螽斯)	479/19(6740)
남화(蝻化)	479/20(6741)

권480 만이(蠻夷)1	480
사방만이(四方蠻夷)	480/1(6742)
무계민(無啓民)	480/2(6743)
제녀자택(帝女子澤)	480/3(6744)
모인(毛人)	480/4(6745)
헌원국(軒轅國)	480/5(6746)
백민국(白民國)	480/6(6747)
구사(歐絲)	480/7(6748)
해목국(䎶沐國)	480/8(6749)
이잡국(泥雜國)	480/9(6750)
연구(然丘)	480/10(6751)
노부국(盧扶國)	480/11(6752)
부절국(浮折國)	480/12(6753)
빈사(頻斯)	480/13(6754)
오명국(吳明國)	480/14(6755)
여만국(女蠻國)	480/15(6756)
도파(都播)	480/16(6757)
골리(骨利)	480/17(6758)
돌궐(突厥)	480/18(6759)

토번(吐蕃)	480/19(6760)	현도국(懸渡國)	482/10(6784)
서북황(西北荒)	480/20(6761)	비두료(飛頭獠)	482/11(6785)
학민(鶴民)	480/21(6762)	제강(踶羌)	482/12(6786)
거란(契丹)	480/22(6763)	부루(扶樓)	482/13(6787)
옥저(沃沮)	480/23(6764)	교지(交趾)	482/14(6788)
초요(僬僥)	480/24(6765)	남월(南越)	482/15(6789)
		척곽(尺郭)	482/16(6790)
권481 만이2	481	돈손(頓遜)	482/17(6791)
신라(新羅)	481/1(6766)	타파등국(墮婆登國)	482/18(6792)
동녀국(東女國)	481/2(6767)	애뢰이(哀牢夷)	482/19(6793)
늠군(廩君)	481/3(6768)	가릉국(訶陵國)	482/20(6794)
대식국(大食國)	481/4(6769)	진랍국(眞臘國)	482/21(6795)
사아수국(私阿修國)	481/5(6770)	유구국(留仇國)	482/22(6796)
구진제국(俱振提國)	481/6(6771)	목객(木客)	482/23(6797)
장가(牂牁)	481/7(6772)	격복국(獥濮國)	482/24(6798)
구자(龜茲)	481/8(6773)	목음주(木飮州)	482/25(6799)
건타국(乾陀國)	481/9(6774)	아살부(阿薩部)	482/26(6800)
		효억국(孝憶國)	482/27(6801)
권482 만이3	482	파미란국(婆彌爛國)	482/28(6802)
묘민(苗民)	482/1(6775)	발발력국(撥拔力國)	482/29(6803)
기굉(奇肱)	482/2(6776)	곤오(昆吾)	482/30(6804)
서북황소인(西北荒小人)		수면료자(繡面獠子)	482/31(6805)
	482/3(6777)	오계만(五溪蠻)	482/32(6806)
우전(于闐)	482/4(6778)	타우아(墮雨兒)	482/33(6807)
오장(烏萇)	482/5(6779)		
한반타국(漢槃陀國)	482/6(6780)	권483 만이4	483
소도식닉국(蘇都識匿國)		구국(狗國)	483/1(6808)
	482/7(6781)	남만(南蠻)	483/2(6809)
마류(馬留)	482/8(6782)	박부민(縛婦民)	483/3(6810)
무녕만(武寧蠻)	482/9(6783)	남해인(南海人)	483/4(6811)

일남(日南)	483/5(6812)		명음록(冥音錄)	489/2(6830)
구미국(拘彌國)	483/6(6813)			
남조(南詔)	483/7(6814)		권490 잡전기7	490
요부(獠婦)	483/8(6815)		동양야괴록(東陽夜怪錄)	490/1(6831)
남중승(南中僧)	483/9(6816)			
번우(番禺)	483/10(6817)		권491 잡전기8	491
영남여공(嶺南女工)	483/11(6818)		사소아전(謝小娥傳)	491/1(6832)
우갱(芋羹)	483/12(6819)		양창전(楊娼傳)	491/2(6833)
밀즐(蜜唧)	483/13(6820)		비연전(非煙傳)	491/3(6834)
남주(南州)	483/14(6821)			
			권492 잡전기9	492
권484 잡전기(雜傳記)1	484		영응전(靈應傳)	492/1(6835)
이와전(李娃傳)	484/1(6822)			
			권493 잡록(雜錄)1	493
권485 잡전기2	485		하후단(夏侯亶)	493/1(6836)
동성노부전(東城老父傳)	485/1(6823)		왕숙(王肅)	493/2(6837)
유씨전(柳氏傳)	485/2(6824)		이연식(李延寔)	493/3(6838)
			이의침(李義琛)	493/4(6839)
권486 잡전기3	486		유룡(劉龍)	493/5(6840)
장한전(長恨傳)	486/1(6825)		배현지(裴玄智)	493/6(6841)
무쌍전(無雙傳)	486/2(6826)		탁지랑(度支郎)	493/7(6842)
			우세남(虞世南)	493/8(6843)
권487 잡전기4	487		울지경덕(尉遲敬德)	493/9(6844)
곽소옥전(霍小玉傳)	487/1(6827)		우세기(虞世基)	493/10(6845)
			내항(來恒)	493/11(6846)
권488 잡전기5	488		구양순(歐陽詢)	493/12(6847)
앵앵전(鶯鶯傳)	488/1(6828)		허경종(許敬宗)	493/13(6848)
			원만경(元萬頃)	493/14(6849)
권489 잡전기6	489		곽무정(郭務靜)	493/15(6850)
주진행기(周秦行記)	489/1(6829)		당림(唐臨)	493/16(6851)

소괴(蘇瓌)·이교자(李嶠子)
　　　　　　　　　　493/17(6852)
　누사덕(婁師德)　　493/18(6853)
　이회(李晦)　　　　493/19(6854)
　송지문(宋之問)　　493/20(6855)
　육원방(陸元方)　　493/21(6856)
　진희민(陳希閔)　　493/22(6857)
　이상(李詳)　　　　493/23(6858)

권494 잡록2　　　　　494
　방광정(房光庭)　　494/1(6859)
　최사긍(崔思兢)　　494/2(6860)
　최식(崔湜)　　　　494/3(6861)
　여태일(呂太一)　　494/4(6862)
　허계언(許誡言)　　494/5(6863)
　두풍(杜豐)　　　　494/6(6864)
　수무현민(修武縣民)　494/7(6865)
　이원효(李元晶)　　494/8(6866)
　왕거(王琚)　　　　494/9(6867)
　이적지(李適之)　　494/10(6868)
　백리충(白履忠)　　494/11(6869)
　야명렴(夜明簾)　　494/12(6870)
　반경천(班景倩)　　494/13(6871)
　설령지(薛令之)　　494/14(6872)

권495 잡록3　　　　　495
　우문융(宇文融)　　495/1(6873)
　가서한(歌舒翰)　　495/2(6874)
　최은보(崔隱甫)　　495/3(6875)
　소숭(蕭嵩)　　　　495/4(6876)
　진회경(陳懷卿)　　495/5(6877)
　추봉치(鄒鳳熾)　　495/6(6878)
　고력사(高力士)　　495/7(6879)
　왕유(王維)　　　　495/8(6880)
　사사명(史思明)　　495/9(6881)
　두곡(豆穀)　　　　495/10(6882)
　윤주루(潤州樓)　　495/11(6883)
　구위(丘爲)　　　　495/12(6884)
　배길(裴佶)　　　　495/13(6885)
　이포정(李抱貞)　　495/14(6886)
　양지견(楊志堅)　　495/15(6887)

권496 잡록4　　　　　496
　조존(趙存)　　　　496/1(6888)
　엄진(嚴震)　　　　496/2(6889)
　노기(盧杞)　　　　496/3(6890)
　위고(韋皐)　　　　496/4(6891)
　육창(陸暢)　　　　496/5(6892)
　마창(馬暢)　　　　496/6(6893)
　오주(吳湊)　　　　496/7(6894)
　원참(袁參)　　　　496/8(6895)
　이면(李勉)　　　　496/9(6896)
　우공이(于公異)　　496/10(6897)
　형군아(邢君牙)　　496/11(6898)
　장조(張造)　　　　496/12(6899)
　여원응(呂元膺)　　496/13(6900)
　이장무(李章武)　　496/14(6901)
　원진(元稹)　　　　496/15(6902)
　우적(于頔)　　　　496/16(6903)
　설상연(薛尙衍)　　496/17(6904)

권497 잡록5	497
고령(高逞)	497/1(6905)
여원응(呂元膺)	497/2(6906)
왕악(王鍔)	497/3(6907)
강서역관(江西驛官)	497/4(6908)
왕중서(王仲舒)	497/5(6909)
주원(周愿)	497/6(6910)
장천(張薦)	497/7(6911)
연화루(蓮花漏)	497/8(6912)
당구(唐衢)	497/9(6913)
지분전(脂粉錢)	497/10(6914)
위집의(韋執誼)	497/11(6915)
이광안(李光顏)	497/12(6916)
이익(李益)	497/13(6917)
오무릉(吳武陵)	497/14(6918)
위건도(韋乾度)	497/15(6919)
조종유(趙宗儒)	497/16(6920)
석기(席夔)	497/17(6921)
유우석(劉禹錫)	497/18(6922)
등매(滕邁)	497/19(6923)
권498 잡록6	498
이종민(李宗閔)	498/1(6924)
풍숙(馮宿)	498/2(6925)
이회(李回)	498/3(6926)
주복(周復)	498/4(6927)
양희고(楊希古)	498/5(6928)
유우석(劉禹錫)	498/6(6929)
최진사(催陣使)	498/7(6930)
이군옥(李群玉)	498/8(6931)
온정균(溫庭筠)	498/9(6932)
묘탐(苗耽)	498/10(6933)
배훈(裴勛)	498/11(6934)
등창(鄧敞)	498/12(6935)
권499 잡록7	499
최현(崔鉉)	499/1(6936)
왕탁(王鐸)	499/2(6937)
이빈(李蟠)	499/3(6938)
위보형(韋保衡)	499/4(6939)
납의도인(衲衣道人)	499/5(6940)
노군(路羣)·노홍정(盧弘正)	
	499/6(6941)
필함(畢諴)	499/7(6942)
이사망(李師望)	499/8(6943)
고병(高騈)	499/9(6944)
위주(韋宙)	499/10(6945)
왕씨자(王氏子)	499/11(6946)
유태(劉蛻)	499/12(6947)
피일휴(皮日休)	499/13(6948)
곽사군(郭使君)	499/14(6949)
이덕권(李德權)	499/15(6950)
권500 잡록8	500
공위(孔緯)	500/1(6951)
이극조(李克助)	500/2(6952)
경도유사(京都儒士)	500/3(6953)
맹을(孟乙)	500/4(6954)
진무각저인(振武角抵人)	500/5(6955)
조숭(趙崇)	500/6(6956)

한악(韓偓)	500/7(6957)	심상서처(沈尙書妻)	500/12(6962)
설창서(薛昌緒)	500/8(6958)	양거(楊蘧)	500/13(6963)
강태사(姜太師)	500/9(6959)	원계겸(袁繼謙)	500/14(6964)
강의성(康義誠)	500/10(6960)	제파(帝㸈)	500/15(6965)
고계창(高季昌)	500/11(6961)		

『태평광기』 편목 색인

ㄱ

가(歌) 204
가가은(賈嘉隱) 254/2(3121)
가국(猳國) 444/3(6097)
가규(賈逵) 175/1(1823), 292/6(3814)
가담(賈潭) 459/21(6299)
가도(賈島) 156/11(1465), 181/14(1920)
가려륵(訶黎勒) 414/8(5646)
가롱(賈籠) 79/4(0420)
가릉강거목(嘉陵江巨木) 405/18(5324)
가릉국(訶陵國) 482/20(6794)
가밀(賈謐) 359/20(4567), 396/10(5105)
가비(賈秘) 415/9(5682)
가서한(哥舒翰) 192/2(2129), 356/1(4521)
가서한(歌舒翰) 495/2(6874)
가속(賈餗) 223/8(2610)

가언충(賈言忠) 255/7(3142)
가영(賈泳) 183/26(1971)
가옹(賈雍) 321/13(4150)
가우(賈偶) 386/1(4931)
가은림(賈隱林) 137/21(1199)
가자고사(茄子故事) 411/31(5575)
가자부(歌者婦) 270/18(3438)
가자수(茄子樹) 411/29(5573)
가주승(嘉州僧) 96/7(0553)
가충(賈充) 294/7(3844)
가탐(賈耽) 45/1(0206), 78/7(0413), 83/4(0459), 197/12(2178), 373/1(4780), 390/8(5000), 399/29(5213)
가필(賈弼) 276/32(3548)
가필지(賈弼之) 360/11(4584)
가흥승기(嘉興繩技) 193/4(2145)
각요(却要) 275/13(3516)

간경(干慶)　378/6(4859)
간문(簡文)　189/2(2083)
간옹(簡雍)　164/22(1613)
갈고(羯鼓)　205
갈고(羯鼓)　205/1(2329)
갈씨부(葛氏婦)　313/14(4019)
갈유(葛由)　225/2(2637)
갈제지(葛濟之)　114/5(0819)
갈조(葛祚)　293/3(3827)
갈주(葛周)　177/12(1859)
갈청(葛淸)　264/4(3332)
갈현(葛玄)　71/3(0347), 466/6(6511)
갈홍(葛洪)　472/3(6600)
갈화(蝎化)　477/5(6674)
갈휘부(葛輝夫)　473/10(6629)
감람자(橄欖子)　411/16(5560)
감로사(甘露寺)　395/18(5094)
감로승(甘露僧)　232/10(2728)
감사(鑒師)　97/9(0564)
감응(感應)1　161
감응(感應)2　162
감자(甘蔗)　412/30(5606)
감자포(甘子布)　146/13(1360)
감종(甘宗)　418/5(5714)
감충(甘蟲)　463/40(6435)
감흡(甘洽)　255/19(3154)
강계손(康季孫)　120/9(0922)
강교(姜皎)　224/8(2624), 362/12(4642)
강남오생(江南吳生)　356/4(4524)

강남이령(江南李令)　278/29(3625)
강동객마(江東客馬)　435/20(5923)
강략(姜略)　132/2(1076)
강련(强練)　142/13(1284)
강릉모(江陵姥)　418/4(5713)
강릉사대부(江陵士大夫)　120/5(0918)
강릉사자(江陵士子)　168/4(1671)
강릉서생(江陵書生)　197/14(2180)
강릉조모(江陵趙姥)　360/12(4585)
강무선생(姜撫先生)　288/18(3767)
강백달(强伯達)　107/6(0693)
강변(康諞)　260/11(3256)
강비(江妃)　59/7(0272)
강사도(姜師度)　255/12(3147), 259/11(3
　　237), 391/10(5027)
강서역관(江西驛官)　497/4(6908)
강서인(江西人)　227/7(2671)
강서촌구(江西村嫗)　395/17(5093)
강수(姜修)　370/8(4765)
강수(江叟)　416/5(5691)
강승(殭僧)　101/3(0603)
강승생(姜勝生)　116/12(0850)
강승회(康僧會)　87/3(0510)
강신(强紳)　80/6(0432)
강씨(康氏)　401/5(5247)
강엄(江嚴)　401/13(5255)
강융(江融)　121/6(0938)
강의성(康義誠)　500/10(6960)
강주록사(江州錄事)　319/8(4113)

강주승(絳州僧)　220/14(2570)
강주인(江州人)　471/9(6595)
강중척(康仲戚)　107/10(0697)
강중풍재(江中楓材)　407/16(5391)
강태사(姜太師)　500/9(6959)
강하종사(江夏從事)　415/13(5686)
강회(姜晦)　255/13(3148)
강회고인(江淮賈人)　243/20(2924)
강회부인(江淮婦人)　368/4(4737)
강회사인(江淮士人)　364/1(4661)
강회시인도핵(江淮市人桃核)　405/19(5325)
강후이하(姜詡已下)　209/3(2408)
개말(芥末)　411/27(5571)
개상(介象)　13/4(0073), 76/5(0387), 466/7(6512)
개업사(開業寺)　304/1(3932)
개원선인(開元選人)　379/5(4867)
개원어자(開元漁者)　405/15(5321)
개원제의녀(開元製衣女)274/4(3499)
개원중이도사(開元中二道士)　216/14(2514)
개저(芥菹)　411/26(5570)
개조사도(開照寺盜)　116/24(0862)
개충(芥蟲)　416/9(5695)
객은유(客隱遊)　284/1(3706)
거란(契丹)　480/22(6763)
거록수(鉅鹿守)　145/3(1336)
거연부락주(居延部落主)368/7(4740)
거중여자(車中女子)　193/5(2146)
건강악인(建康樂人)　353/13(4484)

건강인(建康人)　440/23(6032)
건녕재상(乾寧宰相)　123/7(0967)
건릉(乾陵)　461/19(6343)
건부승(乾符僧)　112/15(0804)
건소국화공(騫霄國畫工)284/3(3708)
건안촌인(建安村人)　401/8(5250), 405/5(5311)
건업부인(建業婦人)　133/12(1102)
건종유(搴宗儒)　312/3(3994)
건주광승(建州狂僧)　86/11(0504)
건주산사(建州山寺)　394/2(5062)
건주자사(虔州刺史)[闕]232
건타국(乾陀國)　481/9(6774)
걸불치반(乞佛熾盤)　360/8(4581)
검어(劍魚)　465/34(6502)
격보원(格輔元)　255/10(3145)
격복국(繳濮國)　482/24(6798)
격죽자(擊竹子)　85/2(0480)
견(犬)상　437
견(犬)하　438
견권(甄權)　218/11(2534)
견등(牽騰)　321/3(4140)
견법숭(甄法崇)　323/5(4179)
견빈(甄彬)　165/3(1622)
견양령(汧陽令)　449/2(6148)
견충(甄沖)　318/22(4105)
견폐석(犬吠石)　398/33(5178)
견행립(幵行立)　107/12(0699)
겸이함광(鉗耳含光)　115/8(0835)

경광(經曠) 119/11(0901)
경군(敬君) 210/2(2423)
경도유사(京都儒士) 500/3(6953)
경락사인(京洛士人) 416/4(5690)
경박(輕薄)1 265
경박(輕薄)2 266
경박사류(輕薄士流) 266/8(3372)
경복생(耿伏生) 439/16(6000)
경사삼표(京師三豹) 268/5(3400)
경산(慶山) 397/6(5126)
경생(景生) 384/10(4925)
경서점노인(京西店老人) 195/4(2155)
경소도(敬昭道) 166/5(1657)
경순(耿詢) 146/3(1350)
경어(鯨魚) 464/4(6444)
경어목(鯨魚目) 402/7(5267)
경옥경(輕玉磬) 229/8(2696)
경조옥졸(京兆獄卒) 120/18(0931)
경촌주(徑寸珠) 402/11(5271)
경환(景煥) 459/19(6297)
계(溪) 397
계(雞) 461
계관사(雞冠蛇) 456/10(6212)
계광침(季廣琛) 303/5(3927)
계궁(桂宮) 229/12(2700)
계남(季南) 435/17(5920)
계독(溪毒) 397/25(5145)
계란(雞卵) 101/4(0604)
계비(係臂) 465/32(6500)

계빈청양(罽賓青羊) 439/3(5987)
계유(季攸) 333/5(4312)
계자훈(薊子訓) 12/2(0067)
계전문(季全聞) 132/14(1088)
계정(雞井) 399/36(5220)
계종의(桂從義) 374/23(4810)
계진(計眞) 454/3(6191)
계취어(雞嘴魚) 465/33(6501)
계호(稽胡) 427/3(5828)
계호(械虎) 432/6(5870)
계화(桂花) 409/18(5480)
고개도(高開道) 191/10(2113)
고개지(顧愷之) 210/11(2432)
고계보(高季輔) 164/24(1615), 185/9(2005)
고계창(高季昌) 244/16(2943), 500/11(6961)
고광보(顧光寶) 210/12(2433)
고려(高勵) 338/8(4364)
고력사(高力士) 495/7(6879)
고련(高輦) 184/11(1982)
고령(高逞) 497/1(6905)
고류지(高流之) 391/4(5021)
고문(古文) 206/1(2352)
고문주(古文柱) 406/39(5369)
고병(高駢) 138/10(1211), 145/2(1335), 190/4(2096), 200/13(2229), 219/9(2553), 283/16(3702), 499/9(6944)
고보종(顧保宗) 468/10(6555)
고봉휴(高逢休) 265/15(3358)

고비웅(顧非熊) 182/4(1929), 388/1(4954)
고사렴(高士廉) 254/4(3123)
고상(高湘) 188/11(2080)
고상(高爽) 253/9(3108)
고생(高生) 333/13(4320)
고석(孤石) 398/17(5162)
고섬(高蟾) 199/13(2216)
고섭(高涉) 108/6(0710)
고소(顧邵) 169/6(1683), 293/5(3829)
고소남자(姑蘇男子) 468/3(6548)
고수(顧邃) 459/16(6294)
고순(高荀) 111/15(0780)
고숭문(高崇文) 200/11(2227), 472/17(6614)
고식(高湜) 183/10(1955)
고씨(顧氏) 319/7(4112)
고아지(高雅之) 294/12(3849)
고안촌소아(高安村小兒) 124/11(0978)
고앙(高昻) 200/8(2224)
고양(高洋) 267/3(3380)
고억(高嶷) 461/32(6356)
고언랑(顧彦朗) 158/5(1477)
고언소녀(高彦昭女) 270/11(3431)
고영(高穎) 163/3(1555)
고영(高映) 228/10(2686)
고예처(高叡妻) 271/4(3442)
고오조(高敖曹) 258/5(3207)
고우사(高郵寺) 363/8(4659)
고우인(高郵人) 395/3(5079)

고욱(高昱) 470/7(6585)
고원유(高元裕) 278/11(3607)
고원지(古元之) 383/14(4915)
고윤(高允) 165/4(1623)
고인처(賈人妻) 196/5(2163)
고일(高逸) 202
고정(高定) 175/9(1831)
고정신(高正臣) 208/9(2400)
고종(顧琮) 143/6(1293), 277/17(3583)
고주왕씨(沽酒王氏) 314/16(4037)
고지(高紙) 103/7(0638)
고지주(高智周) 147/3(1370)
고징(郜澄) 384/7(4922)
고철쇄(古鐵鏁) 397/12(5132)
고철화(古鐵鏵) 398/9(5154)
고총(顧總) 327/3(4236)
고최외(高崔嵬) 249/10(3024)
고층총(古層冢) 389/17(4981)
고패(顧霈) 439/6(5990)
고해(顧楷) 457/6(6246)
고현락(高顯洛) 391/5(5022)
고형(顧復) 252/12(3095)
고화(顧和) 170/15(1722)
고황(顧況) 170/18(1725), 198/12(2192), 202/24(2273), 213/5(2471), 250/22(3056)
고효형(高孝珩) 211/6(2444)
곡(鵠) 460/10(6312)
곡사풍락(斛斯豊樂) 164/23(1614)
곡아신(曲阿神) 295/5(3865)

곡아인(曲阿人)　383/6(4907)
곤(鯀)　467/1(6523)
곤륜노(崑崙奴)　194/1(2147)
곤륜상(崑崙觴)　233/4(2737)
곤륜서북산(崑崙西北山)456/3(6205)
곤륜자과(崑崙紫瓜)　411/30(5574)
곤명지(昆明池)　466/3(6508)
곤오(昆吾)　482/30(6804)
곤오산(昆吾山)　229/5(2693)
곤충(昆蟲)1　473
곤충(昆蟲)2　474
곤충(昆蟲)3　475
곤충(昆蟲)4　476
곤충(昆蟲)5　477
곤충(昆蟲)6　478
곤충(昆蟲)7　479
골(鶻)　460
골뢰(骨雷)　464/15(6455)
골리(骨利)　480/17(6758)
공각(孔恪)　381/2(4881)
공거(貢擧)1　178
공거(貢擧)2　179
공거(貢擧)3　180
공거(貢擧)4　181
공거(貢擧)5　182
공거(貢擧)6　183
공거(貢擧)7　184
공겸(孔謙)　239/14(2865)
공기(孔基)　119/16(0906)

공대(贛臺)　397/20(5140)
공덕산(功德山)　287/2(3746)
공도노모(邛都老姥)　456/33(6235)
공손달(公孫達)　316/2(4055)
공손무달(公孫武達)　191/16(2119)
공손성(公孫聖)　119/2(0892)
공손연(公孫淵)　359/10(4557)
공손작(公孫綽)　128/1(1022)
공승억(公乘億)　183/11(1956)
공승통(公乘通)　134/16(1128)
공쌍(龔雙)　296/3(3882)
공안국(孔安國)　13/2(0071)
공양전(公羊傳)　260/1(3246)
공여선사(空如禪師)　97/6(0561)
공온유(孔溫裕)　138/11(1212)
공원방(孔元方)　9/2(0047)
공위(孔緯)　252/4(3087), 500/1(6951)
공위(孔威)　423/8(5760)
공유(孔愉)　118/4(0878)
공인(邛人)　120/19(0932)
공자(孔子)　141/1(1256)
공작(孔雀)　461
공증(孔拯)　202/26(2275)
공치규(孔稚珪)　202/16(2265)
공파(龔播)　401/2(5244)
공현리(贛縣吏)　472/5(6602)
공후(箜篌)　205
과(瓜)　411/19(5563)
과(果)상　410

과(果)하 411
과당(過堂) 178/12(1871)
과등(科藤) 443/5(6080)
과라(蜾蠃) 478/5(6711)
과보산(夸父山) 397/8(5128)
과부엄(寡婦嚴) 468/12(6557)
과연(猓猭) 446
과연(猓猭) 446/12(6118)
과오향(瓜惡香) 411/21(5565)
과의(果毅) 132/9(1083)
곽경지(郭慶之) 325/5(4214)
곽광(霍光) 400/3(5225)
곽광처(霍光妻) 236/5(2799)
곽교(郭釗) 437/12(5960)
곽림종(郭林宗) 164/1(1592)
곽무정(郭務靜) 242/15(2901), 493/15(6850)
곽문(郭文) 13/7(0076), 14/2(0079), 76/6(0388), 216/5(2505)
곽번(郭翻) 321/1(4138)
곽사군(郭使君) 499/14(6949)
곽선(郭宣) 110/12(0751)
곽소옥전(霍小玉傳) 487/1(6827)
곽수지(郭秀之) 325/8(4217)
곽순(郭純) 238/2(2832)
곽승하(郭承嘏) 345/1(4402)
곽심(郭鄩) 348/3(4432)
곽씨(郭氏) 359/26(4573)
곽언랑(郭彦郎) 425/2(5784)

곽원진(郭元振) 166/3(1655), 417/11(5707)
곽유린(霍有鄰) 381/3(4882)
곽의(郭誼) 390/12(5004)
곽인표(郭仁表) 278/25(3621)
곽자의(郭子儀) 176/8(1846), 19/3(0102)
곽저(郭翥) 345/6(4407)
곽전(郭銓) 324/3(4196)
곽정일(郭正一) 171/11(1742)
곽제종(郭齊宗) 189/7(2088)
곽조심(郭祖深) 116/10(0848)
곽중산(郭仲產) 141/15(1270), 360/26(4599)
곽지운(郭知運) 330/3(4276)
곽태(郭泰) 169/3(1680)
곽팔랑(郭八郎) 155/7(1452)
곽패(郭霸) 126/10(1001)
곽한(郭翰) 68/1(0326)
곽헌가(霍獻可) 259/3(3229)
곽황(郭況) 236/11(2805)
곽후(郭厚) 314/13(4034)
관(鸛) 463/39(6434)
관녕(管寧) 161/16(1514), 235/4(2776)
관단(鵪鶉) 463/32(6427)
관도(關圖) 251/17(3079)
관도매(關圖妹) 271/20(3458)
관로(管輅) 76/9(0391), 216/1(2501), 447/6(6125)
관문전(觀文殿) 226/2(2655)
관별가(關別駕) 205/20(2348)

관부(冠鳧)　463/21(6416)
관사법(關司法)　286/5(3740)
관승단처(關承湍妻)　313/8(4013)
관시(關試)　178/14(1873)
관요주부(館陶主簿)　127/8(1017)
관우(關羽)　189/1(2082)
관원영녀(灌園嬰女)　160/3(1496)
관음경　111
관음경(觀音經)　110
관자문(管子文)　82/6(0453)
관잠산은자(管涔山隱者)84/10(0474)
관정강신(觀亭江神)　291/17(3804)
관휴(貫休)　214/1(2485)
광랑수(桃榔樹)　407/9(5384)
광록도자(光祿屠者)　434/10(5893)
광릉고인(廣陵賈人)　355/4(4510)
광릉남자(廣陵男子)　133/13(1103)
광릉대사(廣陵大師)　97/4(0559)
광릉목공(廣陵木工)　220/7(2563)
광릉사인(廣陵士人)　367/10(4712)
광릉소년(廣陵少年)　462/17(6376)
광릉왕녀(廣陵王女)　468/14(6559)
광릉이인(廣陵吏人)　35/18(4489)
광명사(光明寺)　99/9(0587)
광성자(廣成子)　1/3(0003)
광주인(廣州人)　131/12(1060), 457/3(6243)
광주자사(廣州刺史)　461/28(6352)
광천왕(廣川王)　389/3(4967)
광택방민(光宅坊民)　345/4(4405)

광형(匡衡)　173/2(1764)
광화사객(光化寺客)　417/1(5697)
광흔(匡昕)　161/31(1529)
괴량(蒯亮)　220/26(2582)
괴무안(蒯武安)　102/5(0620)
괴산(怪山)　397/18(5138)
괴송(怪松)　407/10(5385)
괴재(怪哉)　473/4(6623)
괵국부인(虢國夫人)　236/26(2820), 368
　/15(4748)
괵주인(虢州人)　393/4(5042)
교(蛟)　425
교광객(交廣客)　251/8(3070)
교귀년(喬龜年)　304/5(3936)
교림(喬琳)　150/2(1404), 255/20(3155)
교방악인자(教坊樂人子)85/14(0492)
교방인(教坊人)　261/7(3274)
교비(嚙鼻)　262/14(3304)
교성리인(交城里人)　369/6(4754)
교양목(交讓木)　407/19(5394)
교어(鮫魚)　464/28(6468)
교우(交友)　235
교이(喬彝)　179/7(1881)
교지(交趾)　461/1(6325), 482/14(6788)
구가복(仇嘉福)　301/4(3915)
구경지(區敬之)　324/6(4199)
구국(狗國)　483/1(6808)
구나위(俱那衛)　406/31(5361)
구난정서(購蘭亭序)　208/2(2393)

구당협(瞿塘峽)　459/17(6295)
구도(勾桃)　410/22(5532)
구도사(瞿道士)　45/3(0208)
구려객(句驪客)　218/4(2527)
구룡의(勾龍義)　107/16(0703)
구마라집(鳩摩羅什)　89/2(0514)
구명(歐明)　292/3(3811)
구명국(俱名國)　420/1(5725)
구미국(拘彌國)　483/6(6813)
구사(歐絲)　480/7(6748)
구산탁(驅山鐸)　399/21(5205)
구선고(緱仙姑)　70/5(0338)
구선산(狗仙山)　458/13(6277)
구순(區純)　225/14(2649)
구양민(歐陽敏)　350/5(4448)
구양순(歐陽詢)　208/4(2395), 254/3(3122), 493/12(6847)
구양씨(歐陽氏)　395/12(5088)
구양찬(歐陽璨)　366/21(4702)
구양첨(歐陽詹)　274/6(3501)
구양통(歐陽通)　208/5(2396)
구양해(歐陽澥)　158/3(1475)
구양홀뢰(歐陽忽雷)　393/16(5054)
구양흘(歐陽紇)　444/4(6098)
구온주(九醞酒)　233/6(2739)
구욕(鸜鵒)　462
구용(寇鄘)　344/3(4396)
구용좌사(句容佐史)　220/17(2573)
구우(丘友)　383/9(4910)

구위(丘爲)　495/12(6884)
구유(丘濡)　357/3(4531)
구익부인(鉤翼夫人)　59/10(0275)
구인(傴人)　257/20(3201)
구자(龜茲)　481/8(6773)
구족(勾足)　462/14(6373)
구진제국(俱振提國)　481/6(6771)
구천사자(九天使者)　29/1(0135)
구풍(苟諷)[闕]　232
국검(麴儉)　119/13(0903)
국도룡(鞠道龍)　284/10(3715)
국사명(麴思明)　149/1(1393)
국선충(麴先沖)　143/14(1301)
국수재(麴秀才)　368/14(4747)
국숭유(麴崇裕)　260/8(3253)
국자감명경(國子監明經)　278/14(3610)
국자감생(國子監生)　370/1(4758)
군목(郡牧)　262/7(3297)
군정(軍井)　399/37(5221)
굴돌중임(屈突仲任)　100/2(0593)
굴원(屈原)　291/12(3799)
궁사업(弓嗣業)　121/8(0940)
궁산승(宮山僧)　365/11(4681)
궁인(弓人)　225/4(2639)
궁인초(宮人草)　408/34(5449)
궁정묘(宮亭廟)　295/3(3863)
권덕여(權德輿)　174/22(1809)
권동휴(權同休)　42/9(0197)
권룡양(權龍襄)　258/24(3226)

권사(權師)　79/10(0426)
권장유(權長孺)　201/18(2249)
권행(權倖)　188
권회은(權懷恩)　263/9(3321)
궐사(蕨蛇)　416/8(5694)
궤사(詭詐)　238
귀(龜)　472
귀(鬼)1　316
귀(鬼)2　317
귀(鬼)3　318
귀(鬼)4　319
귀(鬼)5　320
귀(鬼)6　321
귀(鬼)7　322
귀(鬼)8　323
귀(鬼)9　324
귀(鬼)10　325
귀(鬼)11　326
귀(鬼)12　327
귀(鬼)13　328
귀(鬼)14　329
귀(鬼)15　330
귀(鬼)16　331
귀(鬼)17　332
귀(鬼)18　333
귀(鬼)19　334
귀(鬼)20　335
귀(鬼)21　336
귀(鬼)22　337
귀(鬼)23　338
귀(鬼)24　339
귀(鬼)25　340
귀(鬼)26　341
귀(鬼)27　342
귀(鬼)28　343
귀(鬼)29　344
귀(鬼)30　345
귀(鬼)31　346
귀(鬼)32　347
귀(鬼)33　348
귀(鬼)34　349
귀(鬼)35　350
귀(鬼)36　351
귀(鬼)37　352
귀(鬼)38　353
귀(鬼)39　354
귀(鬼)40　355
귀계(歸係)　440/4(6013)
귀곡선생(鬼谷先生)　4/4(0014)
귀등(歸登)　165/33(1652)
귀생(歸生)　430/6(5852)
귀숭경(歸崇敬)　177/9(1856)
귀신(鬼神)상　280
귀신(鬼神)하　281
귀장(鬼葬)　351/9(4458)
귀조협(鬼皂莢)　408/8(5423)
귀진(歸秦)　275/8(3511)
규미(虯尾)　465/28(6496)

규염객(虯髥客)　193/2(2143)
균괴(菌怪)　417
균독(菌毒)　220/9(2565)
극연(劇燕)　266/5(3369)
극원위(郄元位)　310/4(3980)
극죽(棘竹)　412/3(5579)
극혜련(郄惠連)　377/7(4853)
근로(靳老)　459/18(6296)
근수정(靳守貞)　450/5(6159)
근자려(勤自勵)　428/4(5836)
근죽(筋竹)　412/7(5583)
금(琴)　203
금(金)　400/1(5223)
금(金)상　400
금(金)하　401
금간주(擒奸酒)　233/2(2735)
금강경(金剛經)　102, 103, 104, 105, 10
　6, 107, 108
금강선(金剛仙)　96/8(0554)
금고(琴高)　4/3(0013)
금교도(金橋圖)　212/11(2465)
금귀자(金龜子)　479/3(6724)
금단왕승(金壇王丞)　380/4(4875)
금대자(琴臺子)　159/4(1490)
금등초(金䔲草)　408/45(5460)
금등화(金燈花)　409/6(5468)
금룡자(金龍子)　423/11(5763)
금리(金李)　410/9(5519)
금사(金蛇)　400/20(5242)

금와우(金蝸牛)　135/32(1161)
금우(金牛)　434/2(5885)
금잠(金蠶)　398/37(5182)
금전화(金錢花)　409/7(5469)
금정산목학(金精山木鶴)　374/24(4811)
금조(禽鳥)1　460
금조(禽鳥)2　461
금조(禽鳥)3　462
금조(禽鳥)4　463
금주도인(金州道人)　85/4(0482)
금화령(金華令)　399/38(5222)
급사(汲師)　265/16(3359)
급사(給使)　323/4(4178)
급총서(汲冢書)　206/11(2362)
기거(寄居)　477/16(6685)
기굉(奇肱)　482/2(6776)
기교(伎巧)1　225
기교(伎巧)2　226
기교(伎巧)3　227
기량(器量)1　176
기량(器量)2　177
기린객(麒麟客)　53/1(0243)
기만수(祁萬壽)　126/9(1000)
기물(奇物)　405
기완(器玩)1　229
기완(器玩)2　230
기완(器玩)3　231
기완(器玩)4　232
기왕범(岐王範)　387/5(4948)

기의(氣義)1   166
기의(氣義)2   167
기의(氣義)3   168
기주(嗜酒)   233
기주사주(岐州寺主)   127/7(1016)
기주소아(冀州小兒)   131/26(1074)
기주자사자(冀州刺史子)   442/3(6055)
기주좌사(岐州佐史)   334/10(4330)
기집(期集)   178/11(1870)
기현민(祁縣民)   450/12(6166)
기호수실(綺縞樹實)   410/4(5514)
길각석(吉磐石)   323/2(4176)
길광구(吉光裘)   229/10(2698)
길욱(吉頊)   240/11(2876), 254/14(3133), 268/1(3396)
길주어자(吉州漁者)   371/4(4770)
김가기(金可記)   53/4(0246)
김우장(金友章)   364/9(4669)
김치(金巵)   130/7(1048)
김현(金玄)   119/10(0900)
김형(金荊)   129/4(1031)

ㄴ

나(騾)   436
나가화(那伽花)   409/31(5493)
나공원(羅公遠)   22/1(0111), 285/12(3729)
나규(羅虯)   273/11(3494)
나근생(羅根生)   294/13(3850)
나도종(羅道悰)   162/9(1539)
나부감자(羅浮甘子)   410/28(5538)
나부죽(羅浮竹)   412/11(5587)
나사원(羅思遠)   77/3(0402)
나소위(羅昭威)   200/14(2230)
나우(羅友)   246/9(2969)
나원칙(羅元則)   339/1(4367)
나은(羅隱)   252/8(3091), 256/22(3181)
나잔(懶殘)   96/3(0549)
나제근화(那提槿花)   409/23(5485)
나주(羅州)   461/2(6326)
나주적별(羅州赤鼈)   467/8(6530)
나직인(羅織人)   267/11(3388)
나편객(騾鞭客)   72/8(0356)
나홍신(羅弘信)   312/13(4004)
나회(羅會)   243/3(2907)
나흑흑(羅黑黑)   205/11(2339)
낙룡(諾龍)   478/15(6721)
낙빈왕(駱賓王)   91/11(0529), 163/18(1570), 288/16(3765)
낙산인(駱山人)   78/9(0415), 223/3(2605)
낙서고묘(洛西古墓)   315/8(4048)
낙수수자(洛水竪子)   467/6(6528)
낙수우(洛水牛)   434/8(5891)
낙안전(落鴈殿)   460/22(6324)
낙양귀병(洛陽鬼兵)   331/5(4293)
낙양금상(洛陽金像)   139/10(1229)

낙양부인(洛陽婦人) 361/16(4624)
낙자연(洛子淵) 292/9(3817)
낙중거인(洛中擧人) 273/6(3489)
낙창공주(樂昌公主) 166/2
낙타(駱駝) 436
낙타장(駱駝杖) 140/10(1255)
낙평공주(樂平公主) 139/17
낙하인(洛下人) 434/18(5901)
낙현소(駱玄素) 73/7(0365)
난(鸞) 460/5(6307)
난공(蘭公) 15/4(0088)
난릉노인(蘭陵老人) 195/5(2156)
난릉왕(蘭陵王) 225/16(2651)
난부어(嬾婦魚) 465/35(6503)
난석(卵石) 398/19(5164)
난순(欒筍) 110/7(0746)
난정진적(蘭亭眞迹) 209/9(2414)
난파(欒巴) 11/4(0063)
난후(欒侯) 292/1(3809)
남강현(南康縣) 395/19(5095)
남군연(南郡掾) 161/20(1518)
남궁자오(南宮子敖) 110/16(0755)
남만(南蠻) 190/5(2097), 483/2(6809)
남방주(南方酒) 233/11(2744)
남사(藍蛇) 456/13(6215)
남서사인(南徐士人) 161/23(1521)
남심국(南鄩國) 418/6(5715)
남악진군(南岳眞君) 40/7(0184)
남양공주(南陽公主) 59/11(0276)

남양사인(南陽士人) 432/2(5866)
남양왕(南陽王) 267/4(3381)
남양인(南陽人) 165/23(1642)
남월(南越) 482/15(6789)
남인(南人) 472/19(6616)
남인포안(南人捕鴈) 462/12(6371)
남정현위(南鄭縣尉) 361/20(4628)
남조(南詔) 483/7(6814)
남주(南州) 483/14(6821)
남주(嵐州) 443/18(6093)
남중승(南中僧) 483/9(6816)
남중행자(南中行者) 368/13(4746)
남찬(南纘) 303/8(3930)
남채화(藍采和) 22/3(0113)
남탁(南卓) 251/11(3073)
남해(南海) 394/9(5069)
남해대어(南海大魚) 464/3(6443)
남해대해(南海大蟹) 464/7(6447)
남해독충(南海毒蟲) 478/14(6720)
남해인(南海人) 483/4(6811)
남해제문선왕(南海祭文宣王) 261/8(3275)
남해주근(南海朱槿) 409/20(5482)
남화(蝻化) 479/20(6741)
남황인취부(南荒人娶婦) 264/1(3329)
남효렴(南孝廉) 364/4(4664)
납의도인(衲衣道人) 499/5(6940)
낭(狼) 442
낭야인(琅邪人) 333/3(4310), 383/2(4903)
낭주막요(閬州莫徭) 441/7(6046)

낭충(狼冢)　442/2(6054)
낭패(狼狽)　442/1(6053)
내군작(來君綽)　474/3(6648)
내자순(來子珣)　258/21(3223)
내준신(來俊臣)　267/18(3395), 283/4(3690)
내지초(柰祇草)　408/1(5416)
내진(來瑱)　192/1(2128)
내출제(內出題)　178/6(1865)
내파(來婆)　283/10(3696)
내항(來恒)　493/11(6846)
냉사(冷蛇)　474/8(6653)
노(鷺)　462
노가언(盧嘉言)　248/2(3004)
노개(盧愷)　173/23(1785)
노건(盧虔)　415/11(5684)
노경순(路敬淳)　143/7(1294)
노경유(盧景裕)　102/1(0616), 202/2(2251)
노관총(奴官冢)　390/1(4993)
노광계(盧光啓)　183/16(1961)
노교(老蛟)　425/19(5801)
노구(盧求)　181/10(1916)
노군(路羣)·노홍정(盧弘正)　499/6(6941)
노군묘(老君廟)　212/10(2464)
노군창(盧君暢)　423/1(5753)
노균(盧鈞)　54/3(0250), 84/14(0478)
노기(盧杞)　269/6(3413), 496/3(6890)
노단(盧彖)　182/15(1940)
노당(蘆塘)　469/6(6567)
노덕연(路德延)　175/15(1837), 264/14(3

342)
노려행(路勵行)　250/18(3052)
노릉가(盧稜伽)　212/6(2460)
노매(盧邁)　256/1(3160)
노묘전(魯妙典)　62/1(0297)
노문환(盧文煥)　184/5(1976)
노미낭(盧眉娘)　66/2(0322)
노반(魯般)　225/3(2638)
노발(盧發)　251/13(3075)
노백달(路伯達)　434/13(5896)
노변(盧弁)　382/12(4901)
노병(盧骈)　144/14(1329)
노부국(盧扶國)　480/11(6752)
노부인(盧夫人)　270/7(3427)
노분(盧汾)　474/2(6647)
노사도(盧思道)　173/24(1786), 247/13(2999), 253/14(3113)
노사언녀(魯思郾女)　130/5(1046)
노사종(盧嗣宗)　310/6(3982)
노산인(盧山人)　43/2(0199)
노상경(盧尙卿)　183/8(1953)
노상사(盧常師)　151/4(1415)
노생(盧生)　159/6(1492), 195/6(2157)
노생(路生)　217/4(2519)
노숙(魯肅)　317/18(4083)
노숙륜녀(盧叔倫女)　125/4(0990)
노숙민(盧叔敏)　127/11(1020)
노순(盧循)　295/10(3870)
노순조(盧詢祖)　247/10(2996)

노숭(盧嵩)　440/24(6033)
노숭도(盧崇道)　146/18(1365)
노승경(盧承慶)　176/6(1844)
노승업녀(盧承業女)　159/3(1489)
노신통(路神通)　289/7(3774)
노씨(盧氏)　104/10(0658), 271/2(3440)
노아조리초(老鴉笊籬草)408/7(5422)
노악(盧偓)　182/8(1933), 198/13(2193),
　　200/2(2218)
노암(路巖)　188/10(2079)
노앙(盧昂)　243/17(2921)
노언(盧言)　437/13(5961)
노언서(盧彦緖)　279/14(3640)
노연(盧燕)　346/7(4417)
노연귀(盧延貴)　86/9(0502)
노연양(盧延讓)　184/7(1978), 252/9(3092)
노영(盧嬰)　86/13(0506)
노왕(潞王)　136/15(1176)
노욱(盧頊)　340/2(4376)
노욱(盧郁)　373/6(4785)
노욱표이(盧頊表姨)　386/10(4940)
노원(盧瑗)　363/5(4656)
노원명(盧元明)　277/4(3570), 296/11(3890)
노원유(盧元裕)　422/6(5747)
노원흠(盧元欽)　218/15(2538)
노융(盧融)　463/28(6423)
노은(盧隱)　188/12(2081)
노이(盧廙)　249/17(3031)
노이이생(盧李二生)　17/2(0093)

노인집간(魯人執杆)　262/19(3309)
노자(老子)　1/1(0001)
노잠(路潛)　146/12(1359)
노장도(盧莊道)　174/6(1793)
노장용(盧藏用)　240/8(2873)
노정(盧程)　266/10(3374)
노정유자(盧貞猶子)　278/13(3609)
노제경(盧齊卿)　170/2(1709), 186/7(2026), 222/11(2599)
노조(盧肇)　182/2(1927), 202/13(2262), 251/9(3071)
노조(盧造)　428/9(5841)
노조린(盧照鄰)　198/6(2186)
노종사(盧從事)　436/1(5925)
노종원(盧從愿)　169/27(1704), 186/2(2021)
노주(老蛛)　479/12(6733)
노주로(潞州盧)　209/6(2411)
노주별가(潞州別駕)　135/31(1160)
노중해(盧仲海)　338/1(4357)
노찬선(盧贊善)　368/11(4744)
노창벽(奴蒼璧)　303/7(3929)
노추(盧樞)　440/27(6036)
노충(盧充)　316/4(4057)
노패(盧佩)　306/4(3953)
노한(盧罕)　244/14(2941)
노한(盧翰)　422/7(5748)
노함(盧涵)　372/5(4778)
노헌경(盧獻卿)　144/13(1328)
노헌녀(盧獻女)　271/7(3445)

노현(盧絢)　188/5(2074)
노홍(盧鴻)　202/21(2270)
노홍선(盧弘宣)　209/15(2420)
노환(盧渙)　390/2(4994)
노회신(盧懷愼)　165/9(1628)
노휴(盧攜)　177/8(1855)
녹(鹿)　443
녹교(綠翹)　130/3(1044)
녹낭(鹿娘)　443/12(6087)
녹마(鹿馬)　443/7(6082)
녹목(鹿木)　407/6(5381)
녹사(綠蛇)　456/4(6206)
녹우두(燒牛頭)　250/25(3059)
녹인걸(逯仁傑)　258/14(3216)
녹자어(鹿子魚)　464/20(6460)
녹주정(綠珠井)　399/23(5207)
녹활초(鹿活草)　408/27(5442)
뇌(雷)1　393
뇌(雷)2　394
뇌(雷)3　395
뇌공묘(雷公廟)　394/8(5068)
뇌기(雷蜞)　477/33(6702)
뇌양수(耒陽水)　374/4(4791)
뇌투(雷鬪)　393/10(5048)
뇌혈어(雷穴魚)　465/27(6495)
누궐지(樓闕芝)　413/2(5612)
누사덕(婁師德)　121/4(0936), 146/6(1353), 176/3(1841), 277/16(3582), 493/18(6853)

누정(婁逞)　367/28(4730)
누조(樏棗)　411/2(5546)
누천보(婁千寶)　223/9(2611)
누택(漏澤)　399/14(5198)
늠군(廩君)　481/3(6768)
능(菱)　409/48(5510)
능공관(陵空觀)　162/10(1540)
능소화(凌霄花)　409/38(5500)
능식(能食)　234
능어(鯪魚)　464/17(6457)
능언(能言)　446/10(6116), 462/15(6374)
능운대(凌雲臺)　225/11(2646)
능파녀(凌波女)　420/4(5728)
능화(凌華)　307/13(3966)

ㄷ

다모(茶姥)　70/9(0342)
다무향(茶蕪香)　414/1(5639)
다천(茶荈)　412
단구자(丹丘子)　297/1(3893)
단도제(檀道濟)　324/8(4201)
단문창(段文昌)　106/6(0680), 138/2(1203), 155/5(1450), 244/11(2938)
단사(段師)　205/14(2342)
단성식(段成式)　197/13(2179), 282/2(3680), 351/8(4457), 405/21(5327)

단성식백(段成式伯)　394/15(5075)
단수(丹水)　399/10(5194)
단수실(段秀實)　122/4(0955)
단숭간(段崇簡)　243/9(2913)
단씨(段氏)　272/10(3473)
단장(段章)　275/9(3512)
단정수(端正樹)　407/24(5399)
단하(段何)　349/3(4439)
단호(短狐)　478/9(6715)
단휘(段暉)　360/35(4608)
달해순(達奚珣)　122/2(0953)
담마참(曇摩懺)　119/17(0907)
담무갈(曇無竭)　110/22(0761)
담생(談生)　316/5(4058)
담수(譚銖)　199/3(2206)
담애호(儋崖瓠)　411/32(5576)
담운선사(曇韻禪師)　109/12(0730)
담의(譚宜)　20/2(0105)
담척(覃陟)　279/24(3650)
답가귀(踏歌鬼)　346/6(4416)
당검(唐儉)　327/15(4248)
당경(唐慶)　84/13(0477)
당고조(唐高祖)　135/26(1155), 163/5(1557), 277/14(3580)
당고종(唐高宗)　202/6(2255)
당곽왕원궤(唐霍王元軌)235/12(2784)
당교(唐皎)　185/7(2003)
당구(唐衢)　497/9(6913)
당국윤(唐國閏)　163/38(1590)

당국청(党國淸)　307/2(3955)
당덕종(唐德宗)　198/14(2194)
당도민(當塗民)　132/15(1089)
당도습(唐道襲)　440/2(6011)
당동태(唐同泰)　238/4(2834)
당림(唐臨)　493/16(6851)
당망지(唐望之)　142/16(1287)
당명황제(唐明皇帝)　472/13(6610)
당무종(唐武宗)　116/18(0856), 136/7(1168)
당무종조술사(唐武宗朝術士)74/6(0373)
당무후(唐武后)　283/5(3691)
당문백(唐文伯)　116/7(0845)
당문종(唐文宗)　197/11(2177)
당방(唐邦)　322/9(4161)
당상왕(唐相王)　135/30(1159)
당선종(唐宣宗)　136/8(1169), 162/14(1544), 199/7(2210)
당소(唐紹)　125/2(0988)
당숙종(唐肅宗)　136/6(1167)
당안(唐晏)　112/9(0798)
당약산(唐若山)　27/1(0129)
당연사(唐燕士)　348/2(4431)
당예종(唐睿宗)　236/24(2818)
당오경(唐五經)　256/20(3179)
당왕황후(唐王皇后)　121/16(0948)
당요신(唐堯臣)　389/27(4991)
당의(唐儀)　231/6(2711)
당의종(唐懿宗)　136/10(1171)
당제왕원길(唐齊王元吉)135/28(1157)

당중종(唐中宗)　135/29(1158), 231/7(2712)
당참군(唐參軍)　450/2(6156)
당태종(唐太宗)　135/27(1156), 169/14(1691), 203/8(2283), 208/1(2392), 472/10(6607)
당해(螗蠏)　465/16(6484)
당헌종황제(唐憲宗皇帝)47/1(0216)
당현종(唐玄宗)　136/1(1162), 165/7(1626), 204/20(2323), 401/14(5256), 443/10(6085)
당현종용마(唐玄宗龍馬)435/5(5908)
당훤(唐晅)　332/1(4300)
당휴경(唐休璟)　189/8(2089)
당휴경문승(唐休璟門僧)94/2(0538)
당희종(唐僖宗)　136/11(1172), 278/20(3616)
대갈(大蝎)　477/11(6680)
대군정(代郡亭)　461/31(6355)
대규(戴逵)　210/15(2436)
대륜주(大輪呪)　289/13(3780)
대모(玳瑁)　465/10(6478)
대모군(大茅君)　11/6(0065)
대모분(玳瑁盆)　404/4(5300)
대문(臺門)　187/17(2057)
대문(戴文)　434/14(5897)
대문모(戴文謨)　294/3(3840), 463/18(6413)
대병(大餠)　234/11(2766)
대사원(戴思遠)　138/15(1216)
대성(大星)　140/1(1246)

대승(戴勝)　463/41(6436)
대승백(戴承伯)　323/16(4190)
대식국(大食國)　481/4(6769)
대씨녀(戴氏女)　294/15(3852)
대안도(戴安道)·강흔(康昕)207/7(2383)
대안사(大安寺)　238/13(2843)
대안화상(大安和尙)　447/19(6138)
대업객승(大業客僧)　99/7(0585)
대오(大烏)　139/20(1239)
대전(大篆)　206/2(2353)
대전(帶箭)　463/6(6401)
대종(代宗)　277/11(3577)
대종구화규(代宗九花虬)435/6(5909)
대주(戴冑)　185/6(2002), 277/15(3581)
대주민(代州民)　450/11(6165)
대죽로(大竹路)　397/24(5144)
대중어(臺中語)　258/16(3218)
대찰(戴䎖)　365/7(4677)
대포(大酺)　204/1(2304)
대핵산(大翮山)　397/2(5122)
대홍촌(大興村)　469/15(6576)
덕종(德宗)　250/20(3054)
덕종신지총(德宗神智聰)435/7(5910)
도간(陶侃)　322/1(4153)
도계지(陶繼之)　323/14(4188)
도당씨(陶唐氏)　472/1(6598)
도덕리서생(道德里書生)331/6(4294)
도류(道流)　262/10(3300)
도림(道林)　95/3(0544)

도림화(桃林禾)　374/26(4813)
도말(都末)　439/14(5998)
도복(陶福)　352/10(4469)
도사왕찬(道士王纂)　15/1(0085)
도삭군(度朔君)　293/1(3825)
도생수(倒生木)　407/7(5382)
도소(道昭)　150/9(1411)
도술(道術)1　71
도술(道術)2　72
도술(道術)3　73
도술(道術)4　74
도술(道術)5　75
도승화(都勝花)　409/3(5465)
도엄(道嚴)　100/9(0600)
도윤이군(陶尹二君)　40/3(0180)
도인(屠人)　132/12(1086)
도인법력(道人法力)　327/6(4239)
도정방택(道政坊宅)　341/6(4383)
도정백(陶貞白)　231/4(2709)
도준(陶俊)　220/5(2561)
도지죽(桃枝竹)　412/9(5585)
도파(都播)　480/16(6757)
도현(陶峴)　420/5(5729)
도홍경(陶弘景)　202/18(2267), 211/4(2442)
도황(陶璜)　359/14(4561)
독각(獨角)　471/10(6596)
독고급(獨孤及)　187/5(2045), 201/11(2242)
독고목(獨孤穆)　342/1(4385)
독고수충(獨孤守忠)　260/6(3251)

독고숙아(獨孤叔牙)　399/33(5217)
독고언(獨孤彦)　371/1(4767)
독고욱(獨孤郁)　164/17(1608)
독고장(獨孤莊)　267/9(3386)
독고타(獨孤陀)　361/5(4613)
독고하숙(獨孤遐叔)　281/11(3678)
독군모(督君謨)　227/4(2668)
독균(毒菌)　413/21(5631)
독두수(獨梪樹)　406/16(5346)
독봉(毒蜂)　477/22(6691)
독사(毒蛇)　456/6(6208)
독삭(毒槊)　405/12(5318)
독초(毒草)　408/29(5444)
돈구(蝳蝑)　477/28(6697)
돈구인(頓丘人)　359/7(4554)
돈금(頓金)　145/11(1344)
돈손(頓遜)　482/17(6791)
돌궐(突厥)　480/18(6759)
돌궐수령(突厥首領)　139/15(1234)
돌궐염(突厥鹽)　163/8(1560)
동가원(東柯院)　367/1(4703)
동강군(潼江軍)　116/26(0864)
동거(銅車)　399/7(5191)
동고(銅鼓)　205
동고(銅鼓)　205/8(2336)
동관(董觀)　346/11(4421), 416/3(5689)
동군민(東郡民)　367/15(4717)
동기(董奇)　415/4(5677)
동길(董吉)　112/2(0791)

동녀국(東女國) 481/2(6767)
동도걸아(東都乞兒) 209/14(2419)
동락장생(東洛張生) 357/1(4529)
동래객(東萊客) 369/5(4753)
동래인녀(東萊人女) 375/20(4835)
동래진씨(東萊陳氏) 323/10(4184)
동릉성모(東陵聖母) 60/6(0287)
동명관도사(東明觀道士)285/14(3731)
동방규(東方虬) 201/2(2233)
동방삭(東方朔) 6/2(0032), 118/2(0876), 164/21(1612), 173/1(1763), 174/23(1810), 197/1(2167), 245/2(2945), 359/2(4549)
동방촌도(東方村桃) 410/20(5530)
동복(童僕)(奴婢附) 275
동봉(董奉) 12/3(0068)
동산사미(東山沙彌) 111/17(0782)
동상선(董上仙) 64/2(0313)
동성노부전(東城老父傳)485/1(6823)
동수지(董壽之) 327/9(4242)
동시인(東市人) 436/20(5944)
동시초(銅匙草) 408/10(5425)
동신(董愼) 296/12(3891)
동씨(董氏) 271/3(3441)
동안우(童安玗) 134/10(1122)
동암사승(東巖寺僧) 285/15(3732)
동양군산(東陽郡山) 394/14(5074)
동양야괴록(東陽夜怪錄)490/1(6831)
동영공(東瀛公) 139/6(1225)

동영처(董永妻) 59/14(0279)
동웅(董雄) 112/6(0795)
동자사죽(童子寺竹) 412/12(5588)
동정란(董庭蘭) 203/22(2297)
동주어사(同州御史) 187/13(2053)
동준(銅罇) 226/6(2659)
동중군(董仲君) 71/2(0346)
동중서(董仲舒) 137/4(1182), 442/10(6062)
동진(董晉) 177/3(1850)
동진조(董進朝) 107/9(0696)
동창(董昌) 290/3(3787)
동창공주(同昌公主) 237/8(2828)
동청건(董靑建) 114/6(0820)
동한훈(董漢勛) 351/10(4459)
동해대어(東海大魚) 464/1(6441)
동해인(東海人) 466/2(6507)
동행성(董行成) 171/13(1744)
동화조(桐花鳥) 463/36(6431)
동환(銅環) 443/6(6081)
동황률(東荒栗) 411/17(5561)
동흥인(東興人) 131/13(1061)
두가균(杜可筠) 79/6(0422)
두견(杜鵑) 463/34(6429)
두겸(杜兼) 201/12(2243)
두경전(杜景佺) 143/4(1291)
두고처(杜羔妻) 271/18(3456)
두곡(豆穀) 495/10(6882)
두관(竇寬) 416/1(5687)
두궤(竇軌) 126/6(0997)

두덕현(竇德玄)　103/9(0640)
두란향(杜蘭香)　62/4(0300), 272/12(3475)
두로부인(豆盧夫人)　103/4(0635)
두로빈(杜魯賓)　86/10(0503)
두로서(豆盧署)　151/2(1413), 278/7(3603)
두로영(豆盧榮)　280/2(3658)
두만(杜萬)　356/6(4526)
두목(杜牧)　144/12(1327), 181/11(1917), 199/1(2204), 256/13(3172), 273/3(3486), 278/10(3606)
두몽징(竇夢徵)　158/8(1480)
두무(竇武)　456/21(6223)
두무(杜巫)　72/10(0358)
두문범(杜文範)　254/11(3130)
두방(竇昉)　254/7(3126)
두백(杜伯)　119/1(0891)
두보(杜甫)　265/7(3350)
두복위(杜伏威)　191/11(2114)
두부(竇傅)　110/1(0740)
두불의(竇不疑)　371/7(4773)
두붕거(杜鵬擧)　149/6(1398), 300/1(3905)
두사눌(杜思訥)　105/8(0669)
두사온(杜思溫)　149/8(1400)
두산관(斗山觀)　397/23(5143)
두삼(竇參)　278/4(3600), 305/4(3944)
두생(杜生)　77/1(0400)
두석가비(杜錫家婢)　375/8(4823)
두선유(杜宣猷)　239/8(2859)
두섬(杜暹)　148/7(1390), 186/5(2024)

두소경(竇少卿)　242/12(2898)
두수기(杜修己)　438/15(5983)
두순학(杜荀鶴)　200/6(2222)
두승(杜昇)　183/18(1963)
두심언(杜審言)　265/6(3349)
두억첩(杜嶷妾)　129/5(1032)
두연업(杜延業)　250/17(3051)
두열녀(竇烈女)　270/5(3425)
두예(竇乂)　243/4(2908)
두예(杜預)　456/26(6228)
두옥(竇玉)　343/3(4391)
두우(杜佑)　170/12(1719), 235/17(2789), 244/9(2936)
두원(杜願)　439/13(5997)
두원영(杜元穎)　366/1(4682)
두위(杜暐)　457/23(6263)
두유(竇裕)　338/5(4361)
두응첩(竇凝妾)　130/1(1042)
두이직(竇易直)　223/6(2608)
두자(杜慈)　137/14(1192)
두자춘(杜子春)　16/1(0090)
두정현(杜正玄)　179/1(1875)
두종(杜悰)　40/6(0183), 365/8(4678)
두종외생(杜悰外生)　156/9(1463)
두중립(杜中立)　138/7(1208)
두지량(杜之亮)　102/7(0622)
두지범(竇知範)　243/6(2910)
두지해(杜智楷)　111/19(0784)
두통달(杜通達)　121/1(0933)

두풍(杜豐)　494/6(6864)
두현(杜玄)　279/5(3631)
두현덕(竇玄德)　71/4(0348)
두홍점(杜鴻漸)　170/11(1718), 205/7(2335)
두황상(杜黃裳)　165/11(1630)
두효(竇曉)　250/16(3050)
등갈(鄧渴)　185/19(2015)
등갑(鄧甲)　458/4(6268)
등경정(滕景貞)　361/7(4615)
등경직(滕景直)　142/5(1276)
등규(鄧珪)　417/3(5699)
등렴처(鄧廉妻)　271/8(3446)
등매(滕邁)　497/19(6923)
등봉사인(登封士人)　477/8(6677)
등성(鄧成)　381/9(4888)
등실배(藤實杯)　407/35(5410)
등애(鄧艾)　245/12(2955)
등엄(鄧儼)　378/4(4857)
등완(鄧琬)　119/15(0905)
등왕도(滕王圖)　477/14(6683)
등우(鄧祐)　165/28(1647)
등원좌(鄧元佐)　471/1(6587)
등장이왕(滕蔣二王)　243/5(2909)
등정준(滕庭俊)　474/5(6650)
등제조협(登第皂莢)　407/33(5408)
등주복자(鄧州卜者)　217/8(2523)
등차(鄧差)　360/33(4606)
등창(鄧敞)　498/12(6935)
등현정(鄧玄挺)　250/5(3039)

ㅁ

마(馬)　435, 436
마(馬)　435/1(5904)
마가아(馬家兒)　387/7(4950)
마간석(馬肝石)　398/2(5147)
마거(馬擧)　157/4(1470), 366/9(4690),
　　　371/3(4769)
마고(麻姑)　60/1(0282), 131/4(1052)
마노(馬腦)　403/1(5282)
마노궤(馬腦櫃)　404/9(5305)
마대봉(馬待封)　226/11(2664)
마도유(馬道猷)　327/2(4235)
마령산(馬嶺山)　457/12(6252)
마록사(馬祿師)　222/6(2594)
마류(馬留)　482/8(6782)
마린(馬璘)　192/3(2130)
마명생(馬鳴生)　7/5(0040)
마문목(馬文木)　406/45(5375)
마봉충(馬奉忠)　122/5(0956)
마사도(馬思道)　388/11(4964)
마사량(馬士良)　69/2(0330)
마생(馬生)　222/14(2602)
마세부(馬勢婦)　358/2(4536)
마수(馬燧)　190/1(2093), 356/8(4528)
마식(馬植)　138/9(1210)
마씨부(馬氏婦)　367/20(4722)
마안석(麻安石)　280/9(3665)
마양촌인(麻陽村人)　39/4(0174)

마왕(馬王)　253/12(3111)
마유진(馬遊秦)　149/2(1394)
마융(馬融)　169/4(1681), 203/18(2293)
마자연(馬自然)　33/3(0151)
마자운(馬子雲)　101/9(0609)
마전절비(馬全節婢)　130/4(1045)
마조(馬朝)　310/3(3979)
마주(馬周)　164/9(1600), 19/1(0100)
마증(馬拯)　430/2(5848)
마진(馬震)　346/9(4419)
마창(馬暢)　496/6(6893)
마처겸(馬處謙)　80/12(0438), 215/9(2499)
마처백(馬處伯)　113/10(0814)
마총(馬總)　308/7(3973)
마추(麻秋)　267/1(3378)
마태수(馬太守)　288/3(3752)
마황(麻黃)　414/18(5656)
마황곡총(馬黃谷冢)　390/23(5015)
마훈(馬勛)　192/7(2134)
마희범(馬希範)　373/8(4787)
마희성(馬希聲)　313/15(4020)
만강사(蠻江蛇)　456/15(6217)
만경피(萬頃陂)　469/16(6577)
만국준(萬國俊)　126/13(1004)
만금태(蔓金苔)　413/24(5634)
만리교(萬里橋)　136/5(1166)
만묵(萬默)　119/12(0902)
만병(蠻兵)　322/18(4170)
만보상(萬寶常)　14/6(0083)

만불산(萬佛山)　404/3(5299)
만사(滿師)　215/8(2498)
만이(蠻夷)1　480
만이(蠻夷)2　481
만이(蠻夷)3　482
만이(蠻夷)4　483
만천추(挽天樞)　163/16(1568)
만청(蔓菁)　411/22(5566)
만호도(蔓胡桃)　411/14(5558)
만회(萬廻)　92/2(0531)
망강이령(望江李令)　353/10(4481)
망서초(望舒草)　408/46(5461)
망석(網石)　398/18(5163)
망우초(忘憂草)　408/21(5436)
망채령(望蔡令)　131/22(1070)
매고(梅姑)　291/15(3802)
매권형(梅權衡)　261/22(3289)
매병왕로(賣餠王老)　374/25(4812)
매분아(買粉兒)　274/1(3496)
매선(梅先)　379/9(4871)
매약옹(賣藥翁)　37/4(0168)
매진군(梅眞君)　45/6(0211)
매초인(賣醋人)　440/3(6012)
매퇴온(賣䭔媼)　224/3(2619)
맥적산(麥積山)　397/22(5142)
맥철장(麥鐵杖)　191/8(2111)
맹간(孟簡)　172/5(1754)
맹구(孟嫗)　367/29(4731)
맹군(孟君)　151/3(1414)

맹기(孟岐)　1/5(0005)
맹덕숭(孟德崇)　279/25(3651)
맹불의(孟不疑)　365/6(4676)
맹선(孟詵)　197/10(2176)
맹신상(孟神爽)　263/3(3315)
맹씨(孟氏)　345/9(4410)
맹양(孟襄)　325/2(4211)
맹언휘(孟彦暉)　472/7(6604)
맹을(孟乙)　500/4(6954)
맹지검(孟知儉)　112/7(0796)
맹홍미(孟弘微)　264/12(3340)
맹희(孟熙)　162/22(1552)
명기(銘記)1　391
명기(銘記)2　392
명뇨산(鳴鐃山)　397/19(5139)
명달사(明達師)　92/5(0534)
명사(鳴沙)　398/39(5184)
명사원(明思遠)　289/3(3770)
명상사(明相寺)　116/22(0860)
명성옥녀(明星玉女)　59/1(0266)
명숭엄(明崇儼)　285/7(3724), 328/8(4256)
명식(名食)　234/8(2763)
명예지(明叡之)　276/39(3555)
명음록(冥音錄)　489/2(6830)
명타(明駝)　436/9(5933)
명현(明賢)　164
명효(鳴梟)　462/29(6388)
모군(茅君)　13/1(0070)
모녀(毛女)　59/8(0273)

모덕조(毛德祖)　111/10(0775)
모몽(茅濛)　5/7(0028)
모보(毛寶)　118/3(0877)
모산도사(茅山道士)　85/12(0490)
모산우(茅山牛)　395/15(5091)
모숭구(茅崇丘)　440/12(6021)
모안도(茅安道)　78/8(0414)
모연수(毛延壽)　210/3(2424)
모영(车穎)　352/1(4460)
모용(茅容)　234/15(2770)
모용문책(慕容文策)　102/8(0623)
모용수(慕容垂)　328/1(4249)
모용외(慕容廆)　435/10(5913)
모용희(慕容熙)　456/32(6234)
모인(毛人)　480/4(6745)
모정보(毛貞輔)　278/30(3626)
모준남(毛俊男)　175/5(1827)
목(木)　406
목객(木客)　482/23(6797)
목계화(牡桂花)　409/17(5479)
목공(穆公)　1/2(0002)
목괴(木怪)상　415
목괴(木怪)하　416
목녕(穆寧)　167/3(1661)
목도(木桃)　410/19(5529)
목란수(木蘭樹)　406/12(5342)
목란화(木蘭花)　409/32(5494)
목련화(木蓮花)　409/30(5492)
목로수위소아(目老叟爲小兒)　289/10(3777)

목룡수(木龍樹)　406/18(5348)
목마초(牧麻草)　408/31(5446)
목사고(木師古)　474/13(6658)
목성문(木成文)　163/36(1588)
목암(目巖)　398/23(5168)
목언통(睦彦通)　102/6(0621)
목우아(牧牛兒)　426/9(5812)
목음주(木飮州)　482/25(6799)
목인천(睦仁蒨)　297/4(3896)
목자객(穆子客)　247/1(2987)
목장부(穆將符)　44/2(0203)
목지(木芝)　413/13(5623)
목화(木花)　409
몰수(沒樹)　406/20(5350)
몽(夢)1　276
몽(夢)2　277
몽(夢)3　278
몽(夢)4　279
몽(夢)5　280
몽(夢)6　281
몽(夢)7　282
몽구징(夢咎徵)　279
몽산(蒙山)　457/1(6241)
몽양추(濛陽湫)　424/13(5780)
몽유(夢遊)상　281
몽유(夢遊)하　282
몽청의(夢靑衣)　425/8(5790)
몽초(夢草)　408/40(5455)
몽휴징(夢休徵)상　277

몽휴징(夢休徵)하　278
묘(猫)　440
묘(猫)　440/1(6010)
묘귀(貓鬼)　139/18(1237)
묘녀(妙女)　67/2(0324)
묘민(苗民)　482/1(6775)
묘부인(苗夫人)　170/10(1717)
묘진경(苗晉卿)　84/1(0465)
묘찬(苗纘)　180/11(1898)
묘탐(苗耽)　498/10(6933)
묘태부(苗台符)·장독(張讀)　182/19(1935)
무(巫)　283
무건소(毋乾昭)　133/21(1111)
무계민(無啓民)　480/2(6743)
무공간(武公幹)　275/3(3506)
무공대조(武功大鳥)　463/31(6426)
무구사(武丘寺)　338/3(4359)
무녕만(武寧蠻)　482/9(6783)
무덕현민(武德縣民)　362/7(4637)
무덕현부인(武德縣婦人)　362/5(4635)
무덕현전수(武德縣田叟)　333/6(4313)
무도녀(武都女)　359/1(4548)
무뢰(無賴)1　263
무뢰(無賴)2　264
무릉도리(武陵桃李)　410/8(5518)
무마(舞馬)　435/14(5917)
무명부부(無名夫婦)　358/3(4537)
무미낭(武媚娘)　163/23(1575)
무민(毋昱)　143/17(1304)

무사확(武士彠)　137/15(1193)
무삼사(武三思)　163/26(1578)
무석자(無石子)　414/11(5649)
무승사(武承嗣)　267/13(3390)
무승지(武勝之)　231/9(2714)
무신유문(武臣有文)　200
무심초(無心草)　408/13(5428)
무쌍전(無雙傳)　486/2(6826)
무연사(武延嗣)　274/3(3498)
무염(巫炎)　11/2(0061)
무외(無畏)　92/4(0533)
무외사(無畏師)　457/20(6260)
무외삼장(無畏三藏)　396/4(5099)
무원군인처(婺源軍人妻)　353/16(4487)
무원형(武元衡)　177/6(1853)
무유(武瑜)　390/15(5007)
무유녕(武攸寧)　126/7(0998)
무유여선악당(誣劉如璠惡黨)　269/2(3409)
무은(武殷)　159/5(1491)
무의종(武懿宗)　258/18(3220)
무이산(武夷山)　390/20(5012)
무정초(無情草)　408/20(5435)
무족부인(無足婦人)　367/27(4729)
무주금강(婺州金剛)　100/3(0594)
무증(武曾)　294/19(3856)
무창기(武昌妓)　273/8(3491)
무창민(武昌民)　468/11(6556)
무초(舞草)　408/18(5433)
무해(武陔)　169/9(1686)

무환목(無患木)　407/31(5406)
무후(武后)　224/5(2621)
무휴담(武休潭)　425/20(5802)
묵군화(墨君和)　192/12(2139)
묵자(墨子)　5/2(0023)
묵철(默啜)　139/23(1242)
문곡(文谷)　232/15(2733)
문광통(文廣通)　18/3(0097)
문담(文澹)　388/6(4959)
문덕황후(文德皇后)　405/2(5308)
문리목(文理木)　406
문림과(文林果)　410/17(5527)
문모조(蚊母鳥)　463/35(6430)
문목간(文木簡)　406/38(5368)
문수현추석(文水縣墜石)　374/13(4800)
문영(文穎)　317/4(4069)
문옹(文翁)　137/3(1181)
문익(蚊翼)　479/6(6727)
문자수(蚊子樹)　407/4(5379)
문장(文章)1　198
문장(文章)2　199
문장(文章)3　200
문종(文宗)　165/15(1634), 204/7(2310)
문처자(文處子)　238/21(2851)
문하초(聞遐草)　408/38(5453)
미가영(米嘉榮)　204/18(2321)
미부인(美婦人)　272
미생량(微生亮)　469/5(6566)
미초(媚草)　408/16(5431)

미축(麋竺) 317/14(4079)
미후(獼猴) 446
미후(獼猴) 446/8(6114)
민부(民婦) 455/6(6202)
밀즐(蜜唧) 483/13(6820)
밀초만(蜜草蔓) 407/38(5413)

ㅂ

바라면수(娑羅綿樹) 406/9(5339)
바라수(婆羅樹) 406/15(5345)
박물(博物) 197
박부민(縛婦民) 483/3(6810)
박소지(薄紹之) 325/6(4215)
박희(博戱) 228
반개(潘玠) 277/28(3594)
반경천(班景倩) 494/13(6871)
반고사(盤古祠) 313/12(4017)
반과(潘果) 439/7(5991)
반노인(潘老人) 75/4(0377)
반도수(潘道秀) 110/6(0745)
반맹(班孟) 61/6(0295)
반몽(班蒙) 174/25(1812)
반벽색파수(槃碧稽波樹) 406/21(5351)
반석(斑石) 424/6(5773)
반습(潘襲) 355/10(4516)
반언(潘彦) 201/14(2245)

반염(潘炎) 179/11(1885)
반염처(潘炎妻) 271/10(3448)
반자(斑子) 428/2(5834)
반장(潘章) 389/11(4975)
반장군(潘將軍) 196/4(2162)
반존사(潘尊師) 49/1(0227)
반혜연(潘惠延) 466/5(6510)
반화(飯化) 478/1(6707)
발발력국(撥拔力國) 482/29(6803)
발요(髮妖) 473/21(6640)
발총도(發塚盜) 168/7(1674)
방건(房建) 44/3(0204)
방관(房琯) 148/4(1387), 201/7(2238)
방광정(房光庭) 494/1(6859)
방국구징(邦國咎徵) 139, 140
방기(龐企) 473/18(6637)
방녀(龐女) 61/3(0292)
방방(放牓) 178/8(1867)
방사(方士)1 76
방사(方士)2 77
방사(方士)3 78
방사(方士)4 79
방사(方士)5 80
방사원(龐士元) 169/8(1685)
방산개(方山開) 132/5(1079)
방식(龐式) 313/16(4021)
방씨자(房氏子) 174/33(1820)
방아(龐阿) 358/1(4535)
방엄(龐嚴) 156/1(1455)

방영숙(房穎叔)　329/4(4266)
방유복처(房孺復妻)　272/15(3478)
방잡문방(放雜文牓)　178/7(1866)
방장산(方丈山)　229/4(2692)
방종(龐從)　144/18(1333)
방지온(房知溫)　158/7(1479)
방집(房集)　362/17(4647)
방척(房陟)　349/1(4437)
방천리(房千里)　351/5(4454)
방현령(房玄齡)　327/13(4246), 396/1(5096)
방회(螃蟔)　465/8(6476)
방후(房珝)　183/4(1949)
배거(裴璩)　165/32(1651)
배경미(裴鏡微)　362/3(4633)
배경여(裴慶餘)　251/19(3081)
배공(裴珙)　358/12(4546)
배관(裴寬)　169/28(1705)
배광정(裴光庭)　186/10(2029), 222/1(2589)
배규(裴虬)　334/8(4328)
배길(裴佶)　243/14(2918), 250/23(3057), 495/13(6885)
배담(裴談)　169/30(1707), 249/15(3029), 400/12(5234)
배덕융(裴德融)　181/16(1922)
배도(裴度)　117/3(0867), 138/1(1202), 153/7(1432), 167/8(1666), 177/4(1851), 198/21(2201), 250/27(3061), 307/11(3964), 392/2(5031), 437/20(5968)
배도(杯渡)　90/1(0517)

배락아(裴洛兒)　205/12(2340)
배략(裴略)　254/5(3124)
배령(裴齡)　381/5(4884)
배로(裴老)　42/6(0194)
배면(裴冕)　167/1(1659), 176/7(1845), 237/3(2823)
배명례(裴明禮)　243/1(2905)
배명조(背明鳥)　139/2(1221)
배민(裴旻)　428/1(5833)
배사겸(裴思謙)　181/17(1923)
배서(裴諝)　150/7(1409), 250/14(3048)
배선례(裴宣禮)　104/2(0650)
배성(裴盛)　331/8(4296)
배성(裴諴)　336/6(4345)
배소윤(裴少尹)　453/4(6188)
배심(裴諶)　17/1(0092)
배씨녀(裴氏女)　312/10(4001)
배씨자(裴氏子)　34/1(0153), 311/6(3990)
배악(裴岳)[闕]　232
배연령(裴延齡)　239/4(2855)
배염지(裴琰之)　174/9(1796)
배용(裴用)　394/13(5073)
배우인(俳優人)　252/10(3093)
배원(裴垣)　124/17(0984)
배원질(裴元質)　277/27(3593)
배월객(裴越客)　428/8(5840)
배위(裴頠)　169/10(1687)
배유창(裴有敞)　147/10(1377)
배자운(裴子雲)　171/10(1741)

배주(裴伷)　466/13(6518)
배주선(裴伷先)　147/5(1372)
배준경(裴遵慶)　186/18(2037)
배지고(裴知古)　203/10(2285)
배추(裴樞)　244/6(2933)
배칙자(裴則子)　382/9(4898)
배탄(裴坦)　165/17(1636)
배통원(裴通遠)　345/7(4408)
배항(裴沆)　460/9(6311)
배항(裴航)　50/2(0234)
배해(裴楷)　359/18(4565)
배행검(裴行儉)　185/13(2009)
배현본(裴玄本)　249/6(3020)
배현정(裴玄靜)　70/2(0335)
배현지(裴玄智)　493/6(6841)
배홍태(裴弘泰)　233/18(2751)
배훈(裴勛)　498/11(6934)
배휘(裴徽)　333/7(4314)
배휴(裴休)　115/10(0837), 172/7(1756),
　251/14(3076)
배휴정(裴休貞)　361/17(4625)
백거이(白居易)　175/11(1833), 198/22(2
　202), 235/19(2791)
백교(白皎)　78/6(0412)
백군(柏君)　467/14(6536)
백낙타(白駱駝)　436/13(5937)
백도유(白道猷)　294/11(3848)
백두구(白荳蔲)　414/9(5647)
백라(白㗌)　436/14(5938)

백락천(白樂天)　48/3(0223)
백리충(白履忠)　494/11(6869)
백마사(白馬寺)　163/30(1582)
백모란(白牡丹)　409/10(5472)
백민국(白民國)　480/6(6747)
백민중(白敏中)　184/23(1994)
백봉과(白蜂窠)　477/21(6690)
백부지(白符芝)　413/9(5619)
백산보(伯山甫)　7/4(0039)
백상(白象)　441/6(6045)
백석선생(白石先生)　7/1(0036)
백설(百舌)　463/38(6433)
백수소녀(白水素女)　62/5(0301)
백연(白燕)　135/12(1141)
백엽선인(栢葉仙人)　35/2(0156)
백엽죽(百葉竹)　412/8(5584)
백원(白猿)　444/1(6095)
백유구(白幽求)　46/1(0212)
백은수(白銀樹)　406/3(5333)
백인(白蚓)　473/25(6644)
백인절(白仁晢)　103/8(0639)
백잠(白岑)　219/2(2546)
백장군(白將軍)　424/3(5770)
백장홍(百丈泓)　395/1(5077)
백족해(百足蟹)　465/15(6483)
백철여(白鐵余)　238/9(2839)
백충(白蟲)　479/8(6729)
백합화(百合花)　232/6(2724)
백항아(白項鴉)　367/31(4733)

백행간(白行簡)　283/13(3699)
백호(白虎)　426/1(5804)
백효덕(白孝德)　192/4(2131)
번계(樊系)　277/29(3595)
번광(樊光)　124/2(0969)
번부인(樊夫人)　60/5(0286)
번양원(樊陽源)　154/5(1439)
번영(樊英)　76/3(0385), 161/8(1506)
번우(番禺)　483/10(6817)
번우서생(番禺書生)　459/5(6283)
번우촌녀(番禺村女)　395/16(5092)
번종량(樊宗諒)　128/5(1026)
번종훈(樊宗訓)　307/10(3963)
번택(樊澤)　390/10(5002)
번효겸(樊孝謙)　327/10(4243)
번흠(繁欽)　253/6(3105)
번흠분(樊欽賁)　391/9(5026)
벌교(伐蛟)　425/21(5803)
범계보(范季輔)　361/15(4623)
범광록(范光祿)　218/5(2528)
범단(范丹)　316/9(4062)
범단(范端)　432/4(5868)
범략비(範略婢)　129/8(1035)
범령경(范令卿)　376/6(4841)
범매(范邁)　276/8(3524)
범명부(范明府)　117/9(0873)
범명우노(范明友奴)　375/2(4817)
범백년(范百年)　173/10(1772)
범산인(范山人)　213/17(2483)

범숙(范俶)　337/3(4349)
범승난타(梵僧難陀)　285/17(3734)
범씨니(範氏尼)　224/14(2630)
범왕(范汪)　234/12(2767)
범익(范翊)　437/11(5959)
범장(范璋)　373/3(4782)
범장수(范長壽)　213/7(2473)
범질(范質)　461/9(6333)
법경(法慶)　379/4(4866)
법도(法度)　91/2(0520)
법랑(法郎)　89/3(0515)
법림(法琳)　91/9(0527)
법문사(法門寺)　395/9(5085)
법본(法本)　98/13(0578)
법장(法將)　94/5(0541)
법조리(法曹吏)　124/6(0973)
법취사승(法聚寺僧)　467/22(6544)
법통(法通)　95/5(0546), 477/7(6676)
법화경(法華經)　109
법희(法喜)　91/8(0526)
법희사(法喜寺)　423/5(5757)
벽경(壁鏡)　477/10(6679)
벽련화(碧蓮花)　409/42(5504)
벽매괴(碧玫瑰)　409/34(5496)
벽산신(壁山神)　315/13(4053)
벽석(碧石)　427/4(5829)
벽슬(壁蝨)　479/7(6728)
벽어(壁魚)　477/19(6688)
벽통주(碧筒酒)　233/5(2738)

변란(邊鸞)　213/9(2475)
변문례(邊文禮)　173/3(1765)
변백단수(辨白檀樹)　407/34(5409)
변사유(卞士瑜)　434/12(5895)
변소(邊韶)　245/3(2946)
변열지(卞悅之)　111/2(0767)
변인표(邊仁表)　249/3(3017)
변통현(邊洞玄)　63/2(0308)
변하고객(汴河賈客)　472/18(6615)
별령(鼈靈)　374/1(4788)
병주사족(幷州士族)　258/4(3206)
병주인(幷州人)　116/14(0852)
보(寶)1　400
보(寶)2　401
보(寶)3　402
보(寶)4　403
보(寶)5　404
보(寶)6　405
보골(寶骨)　403/12(5293)
보관사(寶觀寺)　460/21(6323)
보리사저(菩提寺猪)　100/4(0595)
보리수(菩提樹)　406/14(5344)
보수사(保壽寺)　213/1(2467)
보신통(輔神通)　72/4(0352)
보원사(報寃蛇)　456/5(6207)
보응(報應)1　102
보응(報應)2　103
보응(報應)3　104
보응(報應)4　105

보응(報應)5　106
보응(報應)6　107
보응(報應)7　108
보응(報應)8　109
보응(報應)9　110
보응(報應)10　111
보응(報應)11　112
보응(報應)12　113
보응(報應)13　114
보응(報應)13　132
보응(報應)14　115
보응(報應)15　116
보응(報應)16　117
보응(報應)17　118
보응(報應)18　119
보응(報應)19　120
보응(報應)20　121
보응(報應)21　122
보응(報應)22　123
보응(報應)23　124
보응(報應)24　125
보응(報應)25　126
보응(報應)26　127
보응(報應)27　128
보응(報應)28　129
보응(報應)29　130
보응(報應)30　131
보응(報應)31　132
보응(報應)32　133

보응(報應)33　134
보인(步蚓)　476/5(6664)
보주(寶珠)　402/12(5272)
보지(寶誌)　146/1(1348)
보춘조(報春鳥)　463/20(6415)
보현사(普賢社)　115/5(0832)
복계(服桂)　414/25(5663)
복도교(服桃膠)　414/29(5667)
복만수(伏萬壽)　111/6(0771)
복복령(服茯苓)　414/23(5661)
복복선생(僕僕先生)　22/2(0112)
복서(卜筮)1　216
복서(卜筮)2　217
복송지(服松脂)　414/20(5658)
복야피(僕射陂)　314/2(4023)
복오미자(服五味子)　414/27(5665)
복원지(服遠志)　414/31(5669)
복육(腹育)　477/34(6703)
복지황(服地黃)　414/30(5668)
복창포(服菖蒲)　414/24(5662)
복천문동(服天門冬)　414/32(5670)
복하병(腹瘕病)　218/8(2531)
봉(鳳)(鸞附)　460
봉강(鳳綱)　4/2(0012)
봉검(捧劍)　275/7(3510)
봉경문(封景文)　270/10(3430)
봉관속(鳳冠粟)　412/22(5598)
봉구(蓬球)　62/7(0303)
봉구지(封駏之)　294/23(3860)

봉뇌지(鳳腦芝)　413/8(5618)
봉령진(封令禛)　467/10(6532)
봉망경(封望卿)　144/15(1330)
봉상청(封常淸)　189/10(2091)
봉소(封邵)　426/4(5807)
봉순경(封舜卿)　184/10(1981), 257/13(3194)
봉여(蜂餘)　479/17(6738)
봉연(捧硯)　275/6(3509)
봉원칙(封元則)　393/5(5043)
봉정경(封定卿)　182/18(1943)
봉주어(峰州魚)　465/1(6469)
봉중악(封中嶽)　163/9(1561)
봉척(封陟)　68/3(0328)
봉천현민(奉天縣民)　350/6(4449)
봉포일(封抱一)　249/19(3033), 256/10(3169)
봉황대(鳳凰臺)　460/2(6304)
부견(苻堅)　276/21(3537), 400/5(5227)
부견삼장(苻堅三將)　234/14(2769)
부계원(符契元)　78/5(0411)
부광구(浮光裘)[闕]　404
부구령(扶溝令)　280/4(3660)
부량(傅亮)　141/12(1267)
부량장령(浮梁張令)　350/4(4447)
부령처(涪令妻)　127/2(1011)
부뢰(釜瀨)　398/13(5158)
부루(扶樓)　482/13(6787)
부루국인(扶婁國人)　284/5(3710)
부봉처(符鳳妻)　270/8(3428)

부수재(涪水材)　407/23(5398)
부씨녀(傅氏女)　360/25(4598)
부암(傅巖)　255/5(3140)
부양왕씨(富陽王氏)　360/19(4592)
부양인(富陽人)　323/3(4177)
부인(婦人)1　270
부인(婦人)2　271
부인(婦人)3　272
부인(妓女)4　273
부자묘목(夫子墓木)　406/1(5331)
부재(符載)　198/19(2199),　232/1(2719)
부절국(浮折國)　480/12(6753)
부조자(不調子)　252/13(3096)
부주목(不晝木)　407/3(5378)
부해(府解)　178/3(1862)
부혁(傅奕)　116/13(0851),　197/8(2174)
부황중(傅黃中)　426/19(5822)
북방조(北方棗)　410/30(5540)
북산도자(北山道者)　285/13(3730)
북제문선제(北齊文宣帝)120/14(0927)
북제신무(北齊神武)　135/21(1150)
북제이광(北齊李廣)　277/7(3573)
북제후주(北齊後主)　447/12(6131)
북해대조(北海大鳥)　463/42(6437)
북해왕희(北海王晞)　247/11(2997)
분부(奔鰒)　465/31(6499)
분수노모(汾水老姥)　424/11(5778)
분주녀자(汾州女子)　374/10(4797)
분증초(盆甑草)　408/14(5429)

분지하(分枝荷)　409/39(5501)
불공삼장(不空三藏)　396/2(5097)
불도징(佛圖澄)　88/1(0512)
불상화(佛桑花)　409/24(5486)
불식경(不識鏡)　262/13(3303)
불제향(韍齊香)　414/10(5648)
불타살(佛陀薩)　98/8(0573)
비경백(費慶伯)　326/2(4227)
비계(費季)　316/10(4063)
비계사(費雞師)　80/4(0430),　424/10(5777)
비고(飛蠱)　220/8(2564)
비관경(費冠卿)　54/5(0252),　180/12(1899)
비기석인(飛騎席人)　263/4(3316)
비남향(飛南向)　461/11(6335)
비두료(飛頭獠)　482/11(6785)
비려화(比閭花)　409/29(5491)
비목어(比目魚)　464/19(6459)
비백(飛白)　206/9(2360)
비비(費祕)　442/21(6073)
비서성(秘書省)　187/27(2067)
비수(飛數)　461/10(6334)
비숭선(費崇先)　114/1(0815)
비시사화(毗尸沙花)　409/8(5470)
비식(菲食)　234
비씨(費氏)　109/4(0722)
비어(飛魚)　465/23(6491)
비연전(非煙傳)　491/3(6834)
비연조(飛涎鳥)　463/1(6396)
비위(費褘)　245/10(2953)

비자옥(費子玉)　379/8(4870)
비장방(費長房)　293/11(3835), 468/6(6551)
비첩(婢妾)　129, 130
비충(費忠)　427/1(5826)
비파(琵琶)　205
비파(飛坡)　398/38(5183)
비포산묘(飛布山廟)[闕]　315/11(4051)
비현민(郫縣民)　459/6(6284)
비호어자(陴湖漁者)　232/14(2732)
빈부(貧婦)　158/13(1485)
빈사(頻斯)　480/13(6754)
빈주사인(邠州士人)　354/3(4492)
빈주좌사(郴州佐史)　426/20(5823)

ㅅ

사(蛇)1　456
사(蛇)2　457
사(蛇)3　458
사(蛇)4　459
사가닐수실(柤稼榿樹實)　410/1(5511)
사고(謝翶)　364/5(4665)
사곤(謝鯤)　169/13(1690)
사공도(司空圖)　199/12(2215)
사광(師曠)　203/3(2278)
사구(蛇丘)　456/2(6204)
사남강(謝南康)　141/11(1266)

사당주(沙棠舟)　236/9(2803)
사도선(師道宣)　426/10(5813)
사도온(謝道韞)　271/14(3452)
사도흔(謝道欣)　323/11(4185)
사독(蛇毒)　220/11(2567)
사독(舍毒)　479/11(6732)
사령운(謝靈運)　246/14(2974), 323/7(4181), 391/6(5023)
사령운수(謝靈運鬚)　405/14(5320)
사로죽(簑簬竹)　412/4(5580)
사론(史論)　472/15(6612)
사마교경(司馬喬卿)　103/1(0632)
사마궤지(司馬軌之)　456/29(6231)
사마념(司馬恬)　276/31(3547), 318/19(4102)
사마도(司馬都)　252/14(3097)
사마륭(司馬隆)　320/17(4137)
사마문선(司馬文宣)　325/3(4212)
사마상여(司馬相如)　198/1(2181), 276/4(3520)
사마소난(司馬消難)　253/11(3110)
사마승정(司馬承禎)　21/2(0109), 255/8(3143)
사마신(司馬申)　360/34(4607)
사마의(司馬義)　321/7(4144)
사마정이(司馬正彛)　314/9(4030)
사마휴지(司馬休之)　137/13(1191), 435/9(5912)
사막지(謝邈之)　318/17(4100)

사만수(史萬歲)　327/12(4245)
사명군(司命君)　27/2(0130)
사모(史牟)　269/8(3415)
사무외(史無畏)　395/5(5081)
사문법상(沙門法尙)　109/7(0725)
사문법칭(沙門法稱)　276/35(3551)
사문영선사(沙門英禪師)　328/10(4258)
사문정생(沙門靜生)　109/1(0719)
사미도음(沙彌道蔭)　107/14(0701)
사방만이(四方蠻夷)　480/1(6742)
사보궁(四寶宮)　403/6(5287)
사복령(賜茯苓)　414/22(5660)
사봉관(斜封官)　186/1(2020)
사부(謝敷)　113/5(0809)
사부(史溥)　146/2(1349)
사부효(砂俘效)　479/10(6731)
사비(謝非)　468/9(6554)
사사명(史思明)　495/9(6881)
사상(謝尙)　322/2(4154)
사서례(師舒禮)　283/1(3687)
사성(謝盛)　131/5(1053)
사세광(史世光)　112/1(0790)
사소아전(謝小娥傳)　491/1(6832)
사수(史遂)　311/2(3986)
사숭현(史崇玄)　288/8(3757)
사슬(沙虱)　478/6(6712)
사시서(謝柴書)　262/6(3296)
사씨(謝氏)　134/6(1118)
사씨녀(史氏女)　471/4(6590)

사씨자(史氏子)　422/11(5752)
사아서(史阿誓)　109/20(0738)
사아수국(私阿修國)　481/5(6770)
사악(謝諤)　278/27(3623)
사안(謝安)　141/4(1259), 207/5(2381)
사야광(師夜光)　121/18(0950)
사언장(謝彦璋)　354/5(4494)
사연(師延)　203/2(2277)
사연(師涓)　203/4(2279)
사우(謝祐)　268/8(3403)
사윤(謝允)　426/11(5814)
사은(謝恩)　178/10(1869)
사의(蛇醫)　477/2(6671)
사의관(師宜官)　206/19(2370)
사이(謝二)　470/2(6580)
사인갑(士人甲)　376/8(4843)
사자(獅子)　441
사자연(謝自然)　66/1(0321)
사자탄사리(士子吞舍利)263/14(3326)
사장(謝莊)　185/2(1998)
사적산(射的山)　397/17(5137)
사조(謝朓)　198/2(2182)
사종(謝宗)　468/16(6561)
사주흑하(沙州黑河)　420/7(5731)
사준(史雋)　111/16(0781)
사직(使職)　187/21(2061)
사청(莎廳)　187/29(2069)
사초(麝草)　408/24(5439)
사치(奢侈)1　236

사치(奢侈)2 237
사표(謝豹) 477/30(6699)
사함초(蛇銜草) 408/26(5441)
사해신(四海神) 291/3(3790)
사혼지(謝混之) 449/8(6154)
사홍창처(謝弘敞妻) 386/3(4933)
사환(謝奐) 295/6(3866)
사회(謝晦) 116/1(0839), 323/6(4180)
사회(史悝) 462/1(6360)
사후(史姁) 375/1(4816)
산(山) 397
산계(山桂) 406/24(5354)
산다(山茶) 406/32(5362)
산다화(山茶花) 409/27(5489)
산도(山濤) 233/16(2749), 235/7(2779)
산도(山都) 324/5(4198)
산동인(山東人) 248/6(3008), 257/7(3188)
산동좌사(山東佐史) 252/7(3090)
산술(算術) 215
산저(山蘠) 414/17(5655)
산정(山精) 397/3(5123)
산조(酸棗) 411/10(5554)
산중효자(山中孝子) 442/12(6064)
산지주(山蜘蛛) 477/3(6672)
산호(珊瑚) 403/5(5286)
살생(殺生) 131, 132, 133
살처자(殺妻者) 172/11(1760)
삼도사(三刀師) 105/3(0664)
삼렵송(三鬣松) 406/26(5356)

삼뢰초(三賴草) 408/2(5417)
삼망인(三妄人) 262/11(3301)
삼명향(三名香) 414/2(5640)
삼백초(三白草) 408/12(5427)
삼보촌(三寶村) 404/7(5303)
삼사왕생(三史王生) 310/7(3983)
삼색석남화(三色石楠花) 409/28(5490)
삼석(三石) 398/35(5180)
삼성지(參成芝) 413/5(5615)
삼소(三疏) 411/24(5568)
삼예(三穢) 259/16(3242)
삼왕자(三王子) 264/5(3333)
삼위(三衛) 300/3(3907)
삼인우열(三人優劣) 185/14(2010)
삼자신(三字薪) 406/40(5370)
삼족오(三足烏) 462/25(6384)
삼주인(三州人) 161/13(1511)
삼지괴(三枝槐) 407/26(5401)
삼타서련(三朶瑞蓮) 409/44(5506)
삽조(揷竈) 397/9(5129)
상(象) 441
상(相)1 221
상(相)2 222
상(相)3 223
상(相)4 224
상강(商康) 294/6(3843)
상갱(商鏗) 173/17(1779)
상거사(商居士) 101/7(0607)
상곤(常袞) 180/1(1888), 224/9(2625)

상골인(相骨人)　76/16(0398)
상공(上公)　134/14(1126)
상관소용(上官昭容)　137/17(1195)，271/16(3454)
상관의(上官儀)　201/1(2232)
상관익(上官翼)　447/18(6137)
상당인(上黨人)　417/8(5704)
상도무(桑道茂)　76/14(0396)，223/1(2603)
상동왕역(湘東王繹)　235/11(2783)
상령균(商靈均)　276/29(3545)
상사(上事)　187/2(2042)
상사목(相思木)　389/2(4966)
상사초(相思草)　408/19(5434)
상산로(商山路)　432/7(5871)
상서랑(尙書郞)　250/7(3041)
상서성(尙書省)　187/22(2062)
상소봉(上霄峰)　397/21(5141)
상수(湘水)　399/16(5200)
상수판유도민(相手板庾道敏)　224/17(2633)
상순(商順)　338/6(4362)
상식령(尙食令)　234/10(2765)
상원(常愿)　260/18(3263)
상원부인(上元夫人)　56/2(0260)
상위간승(相衛間僧)　95/2(0543)
상위빈민(相魏貧民)　459/4(6282)
상유한(桑維翰)　145/9(1342)
상은(向隱)　79/8(0424)
상이(常夷)　336/1(4340)
상정녀(向靖女)　387/3(4946)

상정종(常定宗)　259/18(3244)
상조가(桑條歌)　163/7(1559)
상주자사(相州刺史)　329/6(4268)
상중감(商仲堪)　276/28(3544)，360/3(4576)
상청(上淸)　275/10(3513)
상청주(上淸珠)　402/16(5276)
상향인(商鄕人)　372/4(4777)
상현계(向玄季)　142/4(1275)
상혈(湘穴)　374/3(4790)
상형(尙衡)　222/8(2596)
색로정(索盧貞)　383/1(4902)
색릉목(色陵木)　406/44(5374)
색만흥(索萬興)　325/7(4216)
색손(索遜)　320/5(4125)
색원례(索元禮)　121/11(0943)，267/10(3387)
색이(索頤)　324/16(4209)
색충(索充)·송통(宋桶)　276/20(3536)
서(犀)　441
서(犀)　403/2(5283)
서(鼠)　440
서(鼠)　440/5(6014)
서(書)1　206
서(書)2　207
서(書)3　208
서(書)4　209
서가범(徐可範)　133/11(1101)
서경(徐慶)　143/1(1288)

서경(徐景)　405/10(5316)
서경산(徐景山)　466/4(6509)
서경선(徐景先)　393/15(5053)
서경업(徐敬業)　91/10(0528), 143/3(1290)
서광(徐光)　119/7(0897)
서다(叙茶)　412/31(5607)
서대초(書帶草)　408/44(5459)
서도(犀導)　403/10(5291)
서도요(徐道饒)　323/9(4183)
서독국(西毒國)　229/11(2699)
서등(徐登)　284/6(3711)
서랑(徐郎)　292/14(3822)
서랑(鼠狼)　440
서릉(徐陵)　246/23(2983)
서리(徐摛)　246/22(2982)
서막(徐邈)　210/7(2428), 233/20(2753)
서명부(徐明府)　85/6(0484)
서명사(西明寺)　116/21(0859)
서모란(叙牡丹)　409/9(5471)
서문백(徐文伯)　218/6(2529)
서밀(徐密)　440/10(6019)
서복(徐福)　4/6(0016)
서북황(西北荒)　480/20(6761)
서북황소인(西北荒小人)　482/3(6777)
서비(徐妃)　396/18(5113)
서사백(徐嗣伯)　218/7(2530)
서석(徐奭)　460/6(6308)
서선(徐善)　277/12(3578)
서선고(徐仙姑)　70/4(0337)

서선재(徐善才)　111/18(0783)
서선지(徐羨之)　276/37(3553), 396/14(5109)
서시인(西市人)　280/6(3662)
서씨비(徐氏婢)　368/3(4736)
서안(徐安)　450/4(6158)
서언성(徐彦成)　354/13(4502)
서언약(徐彦若)　257/10(3191)
서역대양(西域大羊)　439/2(5986)
서영(徐榮)　110/14(0753)
서왕모(西王母)　56/1(0259)
서왕모조(西王母棗)　410/31(5541)
서원겸(舒元謙)　156/8(1462)
서원여(舒元輿)　156/4(1458)
서월영(徐月英)　273/12(3495)
서월화(徐月華)　205/23(2351)
서유자(徐孺子)　164/3(1594)
서응(瑞應)　447/2(6121)
서의(徐義)　110/17(0756)
서작(舒綽)　389/20(4984)
서장(徐長)　294/9(3846)
서재인(徐才人)　271/1(3439)
서적(徐勣)　389/23(4987)
서적지(徐寂之)　446/4(6110)
서점(徐訓)　393/22(5060)
서정(徐精)　276/27(3543)
서조(徐祖)　161/24(1522), 276/47(3563)
서조(瑞鳥)　463/19(6414)
서좌경(徐佐卿)　36/1(0161)

서주군리(舒州軍吏) 358/13(4547)
서주군사(徐州軍士) 162/13(1543)
서주군인(徐州軍人) 439/25(6009)
서주인(舒州人) 459/20(6298)
서죽류(叙竹類) 412/1(5577)
서중(徐仲) 472/16(6613)
서중보(徐仲寶) 405/6(5312)
서지재(徐之才) 218/10(2533), 247/15(3001), 253/10(3109)
서지통(徐智通) 394/7(5067)
서천인(西川人) 265/18(3361)
서철구(徐鐵臼) 120/6(0919)
서촉객(西蜀客) 227/11(2675)
서탄(徐坦) 459/14(6292)
서태(叙苔) 413/22(5632)
서포룡(犀浦龍) 425/4(5786)
서하소녀(西河少女) 59/5(0270)
서현방녀(徐玄方女) 375/12(4827)
서현지(徐玄之) 478/8(6714)
서호거왕(西胡渠王) 229/13(2701)
서환(徐煥) 312/12(4003)
서효사(徐孝嗣) 246/16(2976), 277/9(3575)
석(石) 398
석개달(釋開達) 110/9(0748)
석거(石巨) 40/1(0178)
석계산(石雞山) 397/4(5124)
석계지(石桂芝) 413/11(5621)
석고(石鼓) 398/3(5148)
석고산(石鼓山) 397/16(5136)

석교(石橋) 398/11(5156)
석균(石菌) 413/19(5629)
석기(席蘷) 497/17(6921)
석기초(席箕草) 408/3(5418)
석녀(石女) 398/27(5172)
석담수(釋曇邃) 109/2(0720)
석담영(釋曇穎) 110/24(0763)
석도경(釋道岡) 111/5(0770)
석도속(釋道俗) 109/19(0737)
석도안(釋道安) 89/1(0513), 113/2(0806)
석도적(釋道積) 114/12(0826)
석도태(釋道泰) 110/11(0750)
석도흠(釋道欽) 96/5(0551)
석동통(石動筩) 247/14(3000)
석두어(石頭魚) 464/11(6451)
석련리(石連理) 398/7(5152)
석륵(石勒) 393/3(5041)
석마(石磨) 398/12(5157)
석마등(釋摩騰) 87/1(0508)
석문(石文) 398/6(5151)
석민(石旻) 74/5(0372), 78/10(0416), 84/9(0473), 228/11(2687)
석반어(石斑魚) 465/5(6473)
석발(石髮) 413/26(5636)
석법성(釋法誠) 114/13(0827)
석법지(釋法智) 110/19(0758)
석벽사승(石壁寺僧) 109/21(0739)
석보지(釋寶誌) 90/2(0518)
석수지(石秀之) 324/9(4202)

석숭(石崇)　236/13(2807)
석숭비현풍(石崇婢翾風)　272/7(3470)
석승군(釋僧羣)　131/24(1072)
석승월(釋僧越)　120/4(0917)
석승호(釋僧護)　114/9(0823)
석어(石魚)　398/14(5159)
석예(席豫)　115/9(0836)
석웅(石雄)　156/10(1464)
석인신(石人神)　293/8(3832)
석장화(石長和)　383/13(4914)
석정애(石井崖)　432/5(5869)
석종무(石從武)　370/7(4764)
석종의(石從義)　437/18(5966)
석주(石柱)　398/25(5170)
석증(釋證)1　99
석증(釋證)2　100
석증(釋證)3　101
석지담(釋志湛)　109/9(0727)
석지수(石脂水)　399/5(5189)
석지원(釋知苑)　91/7(0525)
석지총(釋智聰)　109/11(0729)
석지흥(釋智興)　112/5(0794)
석척(蜥蜴)　478/11(6717)
석타(石駝)　398/24(5169)
석포충(石抱忠)　255/2(3137)
석함중인(石函中人)　375/7(4822)
석향(石響)　398/26(5171)
석헌(石憲)　476/3(6662)
석현도(石玄度)　437/16(5964)

석현조(釋玄照)　420/2(5726)
석혜간(釋慧偘)　114/11(0825)
석혜경(釋慧慶)　109/3(0721)
석혜진(釋慧進)　109/6(0724)
석혜태(石惠泰)　259/13(3239)
석혜화(釋慧和)　111/8(0773)
석홍명(釋弘明)　109/8(0726)
선거산이조(仙居山異鳥)　463/44(6439)
선건모(宣騫母)　471/8(6594)
선도(仙桃)　410/21(5531)
선리(仙梨)　410/3(5513)
선비녀(鮮卑女)　416/7(5693)
선선장(選仙場)　458/12(6276)
선수실(仙樹實)　411/15(5559)
선씨(洗氏)　270/1(3421)
선어(鱓魚)　465/9(6477)
선우기(鮮于冀)　316/3(4056)
선우숙명(鮮于叔明)　201/17(2248)
선율사(宣律師)　93/1(0536)
선인조(仙人絛)　408/5(5420)
선인조(仙人棗)　410/32(5542)
선인행(仙人杏)　410/11(5521)
선자사문자(宣慈寺門子)　196/2(2160)
선장(選將)　169/21(1698)
선종(宣宗)　182/7(1932)
선주(宣州)　393/17(5055)
선주강(宣州江)　457/16(6256)
선주사호(宣州司戶)　303/2(3924)
선주아(宣州兒)　428/5(5837)

선지(仙池)　399/18(5202)
선천보살(先天菩薩)　213/2(2468)
선평방관인(宣平坊官人)　417/12(5708)
설거(薛據)　186/11(2030)
설계창(薛季昶)　170/3(1710), 185/18(2014), 277/19(3585)
설고훈(薛孤訓)　116/15(0853)
설긍(薛矜)　331/1(4289)
설기(薛夔)　454/2(6190)
설능(薛能)　257/3(3184), 265/14(3357)
설도(薛濤)　381/7(4886)
설도형(薛道衡)　174/2(1789), 248/4(3006), 253/16(3115)
설려독(契綟禿)　255/21(3156)
설령운(薛靈芸)　272/4(3467)
설령지(薛令之)　494/14(6872)
설로봉(薛老峰)　366/20(4701)
설만(薛萬)　191/18(2121)
설만석(薛萬石)　337/2(4348)
설방증조(薛放曾祖)　446/6(6112)
설보손(薛保遜)　181/13(1919), 266/3(3367)
설봉(薛逢)　54/4(0251)
설상연(薛尙衍)　496/17(6904)
설소위(薛昭緯)(羅九皐附)　252/3(3086), 256/17(3176), 266/4(3368)
설소윤(薛少尹)　223/12(2614)
설소은(薛少殷)　152/5(1424)
설수(薛收)　169/16(1693), 174/3(1790)
설신혹(薛育惑)　226/10(2663)

설씨자(薛氏子)　238/18(2848)
설엄(薛嚴)　106/4(0678)
설연타(薛延陀)　297/3(3895)
설영진(薛盈珍)　239/5(2856)
설옹(薛邕)　151/8(1419)
설원(薛媛)　271/24(3462)
설원(薛願)　396/22(5117)
설원초(薛元超)　185/10(2006)
설위(薛偉)　471/11(6597)
설의(薛義)　278/15(3611)
설의녀(雪衣女)　460/15(6317)
설의료(薛宜僚)　274/7(3502)
설이낭(薛二娘)　470/5(6583)
설인귀(薛仁貴)　191/15(2118)
설조(薛肇)　17/3(0094)
설존사(薛尊師)　41/1(0185)
설존성(薛存誠)　279/10(3636)
설종(薛綜)　245/8(2951)
설종(薛悰)　357/2(4530)
설중(薛重)　457/5(6245)
설직(薛稷)　208/8(2399), 211/12(2450), 240/4(2869)
설직(薛直)　331/10(4298)
설진(薛震)　267/7(3384)
설창서(薛昌緖)　500/8(6958)
설하(薛夏)　276/10(3526)
설현동(薛玄同)　70/7(0340)
설현진(薛玄眞)　43/3(0200)
설형(薛逈)　450/9(6163)

설호(說狐)　447/1(6120)
설홍기(薛弘機)　415/10(5683)
설회의(薛懷義)　288/12(3761)
섬사(陝師)　145/4(1337)
섬서(蟾蜍)　473/19(6638)
섭경(葉京)　183/2(1947)
섭도사(葉道士)　285/4(3721)
섭랑지(葉朗之)　467/15(6537)
섭법선(葉法善)　26/1(0127)，77/5(0404)，285/11(3727)，448/6(6144)
섭우(聶友)　374/6(4793)，415/3(5676)
섭은낭(聶隱娘)　194/5(2151)
섭정능(葉淨能)　72/6(0354)，300/5(3909)
섭천소(葉遷韶)　394/11(5071)
섭허중(葉虛中)　73/3(0361)
성경기(成敬奇)　239/2(2853)，259/12(3238)
성고(聖姑)　293/9(3833)
성고지(聖鼓枝)　407/5(5380)
성공규(成公逵)　346/3(4413)
성공지경(成公智瓊)　61/2(0291)
성교(省橋)　187/26(2066)
성규(成珪)　111/23(0788)
성내(聖柰)　410/18(5528)
성도개자(成都丐者)　238/17(2847)
성방인(姓房人)　260/4(3249)
성선공(成仙公)　13/6(0075)
성성(猩猩)　446
성숙변(成叔弁)　344/6(4399)
성엄인(姓嚴人)　261/4(3271)

성예(成汭)　145/6(1339)，158/1(1473)，459/8(6286)
성왕천리(成王千里)　268/2(3397)
성종산(聖鐘山)　397/14(5134)
성진인(成眞人)　35/1(0155)
성필(成弼)　400/9(5231)
성화(聖畫)　213/15(2481)
세조(細鳥)　463/7(6402)
소갱(蕭鏗)　277/8(3574)
소검(蘇檢)　279/21(3647)
소경(邵景)　255/15(3150)
소경(蘇瓊)　460/11(6313)
소경백(邵敬伯)　295/17(3877)
소경윤(蘇景胤)·장원부(張元夫)181/19(1)
소공(邵公)　318/12(4095)
소광(蕭曠)　311/1(3985)
소괴(蘇瓌)　187/3(2043)
소괴(蘇瓌)·이교자(李嶠子)　493/17(6852)
소교(召皎)　279/6(3632)
소길(蕭吉)　279/1(3627)
소담(蘇湛)　476/2(6661)
소덕언(蕭德言)　202/3(2252)
소도근(邵桃根)　434/17(5900)
소도식닉국(蘇都識匿國)　482/7(6781)
소동현(蕭洞玄)　44/4(0205)
소등(蕭騰)　469/12(6573)
소래(蘇萊)　358/7(4541)
소령묘(蘇嶺廟)　296/10(3889)
소령부인(昭靈夫人)　456/19(6221)

소룡(燒龍)　423/14(5766)
소리상(蘇履霜)　384/9(4924)
소마후(蕭摩侯)　327/5(4238)
소면(蕭俛)　242/5(2891)
소명초(銷明草)　408/36(5451)
소무명(蘇無名)　171/16(1747)
소문립(邵文立)　131/20(1068)
소미도(蘇味道)　146/17(1364), 250/2(30
　36), 259/1(3227)
소방(蕭倣)　117/6(0870)
소복제(蕭復弟)　305/6(3946)
소비녀(蘇丕女)　369/1(4749)
소사(蕭史)　4/5(0015)
소사우(蕭思遇)　327/7(4240)
소사의(蕭士義)　141/2(1257)
소사화(蕭思話)　207/9(2385), 360/24(4
　597)
소선공(蘇仙公)　13/5(0074)
소성주(少城珠)　402/9(5269)
소소(蘇韶)　319/11(4116)
소속(蕭繢)　120/7(0920)
소순(蘇循)　239/11(2862)
소숭(蕭嵩)　164/13(1604), 495/4(6876)
소식다(消食茶)　412/34(5610)
소실달(蕭悉達)　440/13(6022)
소심(蕭審)　337/10(4356)
소씨(蘇氏)　139/14(1233)
소씨(巢氏)　324/14(4207)
소씨녀(蘇氏女)　224/4(2620)

소씨유모(蕭氏乳母)　65/4(0320)
소씨자(蕭氏子)　394/3(5063)
소아(蘇娥)　127/1(1010)
소아(素娥)　361/10(4618)
소악(蕭嶽)　296/5(3884)
소알(蘇遏)　400/15(5237)
소영사(蕭穎士)　42/2(0190), 164/12(160
　3), 179/6(1880), 242/2(2888), 244/5
　(2932), 269/4(3411), 332/8(4307)
소예명(蕭叡明)　161/28(1526)
소요흔(蕭遙欣)　174/32(1819)
소우(蕭瑀)　102/10(0625)
소우(蕭遇)　338/9(4365)
소운(蘇芸)　256/6(3165)
소원휴(邵元休)　281/4(3671), 353/4(4475)
소위(蘇威)　230/1(2704)
소유궁(霄遊宮)　236/8(2802)
소윤(蘇閏)　458/5(6269)
소응서생(昭應書生)　262/22(3312)
소인지(小人芝)　413/16(5626)
소자(韶子)　410/27(5537)
소자무(蕭子懋)　161/27(1525)
소자운(蕭子雲)　207/12(2388)
소장(蘇長)　109/14(0732)
소장사(蘇長史)　440/26(6035)
소장주(消腸酒)　233/7(2740)
소전(小篆)　206/4(2355)
소정(蘇頲)　121/14(0946), 164/26(1617),
　174/10(1797), 175/6(1828), 201/3(22

34), 425/15(5797)
소정인(蕭正人)　332/2(4301)
소정지(蕭靜之)　24/4(0123)
소종(昭宗)　184/1(1972)
소주유승(蘇州游僧)　227/6(2670)
소주의사(蘇州義師)　83/8(0463)
소증(蘇拯)　242/11(2897)
소지충(蕭志忠)　441/13(6052)
소진(邵進)　376/3(4838)
소창원(蘇昌遠)　417/7(5703)
소천언(蘇踐言)　393/7(5045)
소총(蕭總)　296/4(3883)
소충(小蟲)　473/5(6624)
소침(蕭琛)　173/18(1780)
소탁(蘇鐸)　124/18(0985)
소태(蕭泰)　426/15(5818)
소태현(蘇太玄)　351/4(4453)
소특(蕭特)　207/13(2389)
소표(蕭彪)　247/16(3002)
소하(蕭何)　206/13(2364)
소한(蕭澣)　394/5(5065)
소함(蕭諴)　250/19(3053)
소항(蘇巷)　131/18(1066)
소해(蘇楷)　239/12(2863)
소혜명(蕭惠明)　295/13(3873)
소화(蕭華)　149/3(1395)
소화관(昭華管)　204/19(2322)
소화상(素和尙)　98/6(0571)
소회무(蕭懷武)　126/16(1007)

소흔(蕭昕)　421/1(5736)
소희보(蕭希甫)　264/15(3343)
속곤(續坤)　435/15(5918)
속생(續生)　83/1(0456)
속석(束皙)　197/5(2171)
속초사(束草師)　98/4(0569)
손각(孫恪)　445/3(6105)
손걸(孫乞)　442/16(6068)
손검(孫儉)　139/25(1244)
손견득장지(孫堅得葬地)　374/5(4792)
손경덕(孫敬德)　111/14(0779)
손계정(孫季貞)　133/7(1097)
손광헌(孫光憲)　220/2(2558), 279/26(3652), 459/9(6287)
손권(孫權)　163/2(1554)
손덕준(孫德遵)　367/14(4716)
손도덕(孫道德)　110/20(0759)
손등(孫登)　9/5(0050)
손량희조주(孫亮姬朝姝)　272/5(3468)
손룡광(孫龍光)　183/12(1957)
손면가노(孫緬家奴)　388/5(4958)
손명(孫明)　105/2(0663)
손박(孫博)　5/4(0025)
손백예(孫伯翳)　235/10(2782)
손부인(孫夫人)　60/4(0285)
손사막(孫思邈)　21/1(0108), 218/12(2535), 222/3(2591)
손생(孫生)　148/5(1388), 222/4(2592)
손성(孫盛)　246/6(2966), 294/16(3853)

손소(孫紹)　247/3(2989)
손수(孫壽)　103/2(0633)
손숙오(孫叔敖)　117/1(0865)
손씨(孫氏)　271/25(3463), 276/44(3560)
손악(孫偓)　138/12(1213)
손암(孫巖)　447/9(6128)
손언고(孫彦高)　259/7(3233)
손웅(孫雄)　80/16(0442)
손자형(孫子荊)　245/15(2958)
손전(孫佺)　163/27(1579)
손제유(孫齊由)　174/29(1816)
손종(孫鍾)　389/8(4972)
손증생(孫甑生)　72/5(0353), 451/10(6177)
손책(孫策)　174/27(1814)
손치(孫稚)　320/4(4124)
손태(孫泰)　117/7(0871)
손한위(孫漢威)　436/4(5928)
손함(孫咸)　106/8(0682)
손회박(孫廻璞)　377/4(4850)
손회종(孫會宗)　233/14(2747)
손휴(孫休)　461/26(6350)
솔연(率然)　456/1(6203)
송간(宋衎)　106/12(0686)
송거사(宋居士)　283/19(3705)
송경(宋璟)　205/3(2331)
송경(宋瓊)　277/2(3568)
송고조(宋高祖)　135/17(1146)
송궁인(宋宮人)　129/3(1030)
송대현(宋大賢)　447/13(6132)

송령문(宋令文)　191/21(2124)
송리국(宋吏國)　112/3(0792)
송명제(宋明帝)　135/19(1148), 234/13(2768)
송무선(宋務先)　255/4(3139)
송부(宋溥)　451/14(6181)
송사유(宋師儒)　84/11(0475)
송사종모(宋士宗母)　471/7(6593)
송서사자(送書使者)　346/4(4414)
송선위(宋善威)　143/12(1299)
송수(松壽)　249/18(3032)
송순(宋洵)　366/13(4694)
송신석(宋申錫)　122/8(0959)
송씨(宋氏)　471/3(6589)
송양인(松陽人)　432/1(5865)
송언(宋言)　278/17(3613)
송연(宋沇)　203/12(2287), 205/17(2345)
송영처(宋穎妻)　277/3(3569)
송욱(宋昱)·위환(韋儇)　269/3(3410)
송운(宋惲)　148/3(1386)
송운(宋雲)　418/12(5721)
송유(宋柔)　123/5(0965)
송유제(宋幼帝)　267/2(3379)
송의륜(宋義倫)　103/10(0641)
송자현(宋子賢)　285/1(3718)
송정백(宋定伯)　321/14(4151)
송제(宋濟)　180/2(1889), 255/22(3157)
송지문(宋之問)　493/20(6855)
송지손(宋之遜)　201/15(2246), 263/10(3

322)
송참군(宋參軍) 105/4(0665)
송채(宋蔡) 435/13(5916)
송청춘(宋青春) 231/8(2713)
송칙(宋則) 176/9(1847)
송현백(宋玄白) 47/3(0218)
송화(松化) 398/30(5175)
송황후(宋皇后) 119/6(0896)
송효무제(宋孝武帝) 135/18(1147)
쇄거충(碎車蟲) 477/31(6700)
수(水) 399
수괴(水怪) 467
수구(水韮) 411/28(5572)
수궁(守宮) 476/6(6665)
수금조(漱金鳥) 463/13(6408)
수내동(水耐冬) 408/11(5426)
수노(水弩) 478/7(6713)
수련화(睡蓮花) 409/41(5503)
수만경(須曼卿) 288/2(3751)
수망조(水網藻) 408/42(5457)
수면료자(繡面獠子) 482/31(6805)
수모(水母) 465/13(6481)
수무현민(修武縣民) 494/7(6865)
수문제(隋文帝) 135/24(1153), 203/7(2282), 277/13(3579), 469/14(6575)
수문제사자총(隋文帝獅子騘) 435/4(5907)
수반(壽頒) 360/4(4577)
수백도(樹伯道) 295/8(3868)
수사언기(秀師言記) 160/1(1494)

수서인용(隋庶人勇) 120/17(0930)
수선사(秀禪師) 97/1(0556)
수선자(守船者) 402/17(5277)
수식도경(水飾圖經) 226/1(2654)
수안남자(壽安男子) 367/22(4724)
수안토관(壽安土棺) 390/13(5005)
수양봉(睢陽鳳) 460/4(6306)
수양산(首陽山) 396/24(5119)
수양제(隋煬帝) 135/25(1154), 236/17(2811), 457/8(6248)
수와(水蛙) 479/15(6736)
수왕(隋王) 389/18(4982)
수은(水銀) 401
수인(樹蚓) 474/12(6657)
수재(水災) 140/3(1248)
수저(水蛆) 477/24(6693)
수제가(樹提家) 457/7(6247)
수족(水族)1 464
수족(水族)2 465
수족(水族)3 466
수족(水族)4 467
수족(水族)5 468
수족(水族)6 469
수족(水族)7 470
수족(水族)8 471
수족(水族)9 472
수족위인(水族爲人) 468
수족위인(水族爲人) 469
수족위인(水族爲人) 470

수족위인(水族爲人)　471
수주(水珠)　402/13(5273)
수주현령(巂州縣令)　116/16(0854)
수지의기(水芝欹器)　225/15(2650)
수청지(水淸池)　459/12(6290)
수초(睡草)　408/22(5437)
수충(水蟲)　477/25(6694)
수판명인관(授判冥人官)　146/9(1356)
수후(隋侯)　402/1(5261)
숙업축생(宿業畜生)　134
숙종(肅宗)　165/8(1627)
숙종조공주(肅宗朝公主)　271/9(3447)
숙종조팔보(肅宗朝八寶)　404/1(5297)
순(鶉)　463/17(6412)
순거백(荀巨伯)　235/3(2775)
순백옥관(舜白玉琯)　203/1(2276)
순여(荀輿)　207/4(2380)
순우긍(淳于矜)　442/13(6065)
순우분(淳于棼)　475/1(6659)
순우지(淳于智)　216/2(2502), 440/9(6018)
순자명(荀慈明)　173/4(1766)
순택(荀澤)　318/6(4089)
술사(術士)　149/5(1397)
숭경상(崇經像)　112
숭경상(崇經像)　113
숭경상(崇經像)　114
숭경상(崇經像)　115
숭경상(崇經像)　116
숭량산(嵩梁山)　397/15(5135)

숭산객(嵩山客)　458/3(6267)
숭산노승(嵩山老僧)　443/15(6090)
숭산수(嵩山叟)　14/3(0080)
숭성사(崇聖寺)　354/6(4495)
숭악가녀(嵩岳嫁女)　50/1(0233)
숭현리괴(崇賢里槐)　407/25(5400)
슬(瑟)　203
슬(瑟)　203/27(2302)
슬건초(虱建草)　477/6(6675)
슬징(虱徵)　477/9(6678)
습주좌사(隰州佐史)　378/3(4856)
습착치(習鑿齒)　246/5(2965), 447/7(6126)
승(蠅)　477/18(6687)
승가대사(僧伽大師)　96/1(0547)
승계허(僧契虛)　28/2(0134)
승김사(僧金師)　147/16(1383)
승담창(僧曇暢)　127/9(1018)
승담환(僧曇歡)　131/23(1071)
승덕림(僧德林)　314/8(4029)
승도걸(僧道傑)　388/8(4961)
승도광(僧韜光)　330/12(4285)
승도선(僧道宣)　393/6(5044)
승도지(僧道志)　116/6(0844)
승도헌(僧道憲)　111/22(0787)
승란(僧鸞)　264/13(3341)
승랑(僧朗)　436/16(5940)
승문정(僧文淨)　394/6(5066)
승민초(僧珉楚)　355/2(4508)
승법장(僧法長)　364/6(4666)

승법정(僧法正) 107/13(0700)
승법지(僧法志) 470/8(6586)
승법홍(僧法洪) 113/6(0810)
승보만(僧普滿) 140/6(1251)
승복례(僧服禮) 447/17(6136)
승사(蠅敉) 473/20(6639)
승사(僧些) 97/7(0562)
승선도(僧善道) 382/3(4892)
승소명(僧紹明) 116/25(0863)
승수영(僧秀榮) 133/20(1110)
승수준(僧修準) 133/17(1107)
승심언(僧審言) 134/17(1129)
승십붕(僧十朋) 366/15(4696)
승안통(僧晏通) 451/15(6182)
승언선(僧彦先) 385/3(4929)
승언소(僧彦愶) 353/12(4483)
승영감(僧靈鑒) 227/8(2672)
승영소(僧靈昭) 225/17(2652)
승영인(僧令因) 459/1(6279)
승영철(僧靈徹) 256/5(3164)
승유공(僧惟恭) 107/7(0694)
승의광(僧儀光) 330/13(4286)
승의부(僧義孚) 116/23(0861)
승일행(僧一行) 140/4(1249)
승제지(僧齊之) 100/6(0597)
승중공(僧重公) 247/2(2988)
승지과(僧智果) 207/15(2391)
승지등(僧智燈) 106/9(0683)
승지변(僧智䛒) 417/2(5698)

승지영(僧智永) 207/14(2390)
승지원(僧智圓) 364/3(4663)
승지통(僧智通) 415/12(5685)
승징공(僧澄空) 114/10(0824)
승처홍(僧處弘) 224/13(2629)
승촉장(蠅觸帳) 473/14(6633)
승태경(僧太瓊) 368/8(4741)
승평입산인(昇平入山人) 442/8(6060)
승협(僧俠) 194/3(2149)
승혜상(僧惠祥) 99/1(0579)
승혜진(僧惠進) 354/11(4500)
승호(僧虎) 433/4(5878)
승홍제(僧弘濟) 364/8(4668)
승화(僧化) 398/21(5166)
승회소(僧懷素) 208/14(2405)
시(豕) 439
시(柿) 411/3(5547)
시견오(施肩吾) 180/15(1902)
시도(柴都) 399/34(5218)
시마(市馬) 262/21(3311)
시묘(時苗) 244/1(2928)
시반(柿盤) 411/5(5549)
시변(施汴) 134/15(1127)
시소제(柴紹弟) 191/13(2116)
시속문생(施續門生) 323/18(4192)
시어사(侍御史) 250/3(3037)
시자연(施子然) 473/17(6636)
시잡문(試雜文) 178/5(1864)
시재용(柴再用) 440/25(6034)

시황포(始皇蒲)　408/39(5454)
식(食)　234
식양인(食羊人)　301/5(3916)
식우인(食牛人)　383/8(4909)
식출(食朮)　414/28(5666)
식핵도(食核桃)　410/26(5536)
식호(食虎)　432/9(5873)
식황정(食黃精)　414/35(5673)
식황조(食蝗鳥)　463/27(6422)
신(神)1　291
신(神)2　292
신(神)3　293
신(神)4　294
신(神)5　295
신(神)6　296
신(神)7　297
신(神)8　298
신(神)9　299
신(神)10　300
신(神)11　301
신(神)12　302
신(神)13　303
신(神)14　304
신(神)15　305
신(神)16　306
신(神)17　307
신(神)18　308
신(神)19　309
신(神)20　310

신(神)21　311
신(神)22　312
신(神)23　313
신(神)24　314
신(神)25　315
신광손(申光遜)　220/1(2557)
신구도(辛丘度)　174/18(1806)
신귀(新鬼)　321/4(4141)
신단(辛亶)　253/18(3117)
신도징(申屠澄)　429/2(5843)
신라(新羅)　481/1(6766)
신무위(申文緯)　395/8(5084)
신번현령(新繁縣令)　335/7(4337)
신번현서생(新繁縣書生)　102/4(0619)
신비(辛秘)　305/9(3949)
신선(神仙)1　1
신선(神仙)2　2
신선(神仙)3　3
신선(神仙)4　4
신선(神仙)5　5
신선(神仙)6　6
신선(神仙)7　7
신선(神仙)8　8
신선(神仙)9　8
신선(神仙)10　10
신선(神仙)11　11
신선(神仙)12　12
신선(神仙)13　13
신선(神仙)14　14

신선(神仙)15	15
신선(神仙)16	16
신선(神仙)17	17
신선(神仙)18	18
신선(神仙)19	19
신선(神仙)20	20
신선(神仙)21	21
신선(神仙)22	22
신선(神仙)23	23
신선(神仙)24	24
신선(神仙)25	25
신선(神仙)26	26
신선(神仙)27	27
신선(神仙)28	28
신선(神仙)29	29
신선(神仙)30	30
신선(神仙)31	31
신선(神仙)32	32
신선(神仙)33	33
신선(神仙)34	34
신선(神仙)35	35
신선(神仙)36	36
신선(神仙)37	37
신선(神仙)38	38
신선(神仙)39	39
신선(神仙)40	40
신선(神仙)41	41
신선(神仙)42	42
신선(神仙)43	43
신선(神仙)44	44
신선(神仙)45	45
신선(神仙)46	46
신선(神仙)47	47
신선(神仙)48	48
신선(神仙)49	49
신선(神仙)50	50
신선(神仙)51	51
신선(神仙)52	52
신선(神仙)53	53
신선(神仙)54	54
신선(神仙)55	55
신선리(神仙李)	410/7(5517)
신승사(辛承嗣)	191/24(2127)
신신옹(辛神邕)	348/1(4430)
신씨(愼氏)	271/23(3461)
신요(神堯)	163/4(1556)
신우천(神牛泉)	399/8(5192)
신욱(辛郁)	249/4(3018)
신원지(申元之)	33/2(0150)
신유남자(新喩男子)	463/11(6406)
신익지(申翼之)	325/10(4219)
신인손(辛夤遜)	278/23(3619)
신정(神鼎)	97/3(0558)
신찰(辛察)	385/2(4928)
신창방민(新昌坊民)	312/9(4000)
신채왕소평(新蔡王昭平)	322/21(4173)
신체부(辛替否)	450/10(6164)
신초(神草)	408/47(5462)

신칠사(辛七師)　96/6(0552)
신풍(新豊)　225/8(2643)
신풍산(新豊山)　397/5(5125)
신혼(神魂)　358
심가회(沈嘉會)　102/15(0630)
심갑(沈甲)　111/12(0777)
심건(沈建)　9/7(0052)
심경(沈警)　326/8(4233)
심경지(沈慶之)　141/16(1271), 276/38(3
　554)
심계(沈季)　317/13(4078)
심공례(沈恭禮)　348/5(4434)
심동미(沈東美)　448/4(6142)
심모(諶母)　62/2(0298)
심문계(沈文季)　246/17(2977)
심빈(沈彬)　54/6(0253)
심상서처(沈尙書妻)　500/12(6962)
심소략(沈昭略)　246/18(2978)
심승복(沈僧復)　116/5(0843)
심신(沈申)　124/5(0972)
심아교(沈阿翹)　204/8(2311)
심아지(沈亞之)　251/6(3068), 282/4(3682)
심약(沈約)　197/6(2172), 198/3(2183), 2
　02/5(2254)
심양교(潯陽橋)　425/10(5792)
심양렵인(潯陽獵人)　433/2(5876)
심양이생(潯陽李生)　339/8(4374)
심양현리(潯陽縣吏)　314/14(4035)
심유지(沈攸之)　401/11(5253)

심율(沈聿)　307/1(3954)
심자영(沈子榮)　258/17(3219)
심적지(沈寂之)　323/12(4186)
심전기(沈佺期)　249/13(3027)
심종(沈縱)　294/14(3851)
심준(沈峻)　165/21(1640)
심칠(沈七)　217/1(2516)
심패(沈覇)　438/8(5976)
심희(沈羲)　5/8(0029)
십광불(十光佛)　99/10(0588)
십선자(十仙子)　29/2(0136)
십이진거(十二辰車)　226/5(2658)
쌍두계(雙頭鷄)　359/3(4550)
쌍성등(雙聖燈)　289/6(3773)
씨족(氏族)　184

아(鵝)(鴨附)　462
아(鴉)　463/43(6438)
아구(鵝溝)　462/3(6362)
아독사(阿禿師)　91/5(0523)
아래(阿來)　283/6(3692)
아륙(阿六)　384/3(4918)
아마파(阿馬婆)　283/12(3698)
아발삼(阿勃參)　414/16(5654)
아살부(阿薩部)　482/26(6800)

아위(阿魏)　414/13(5651)
아육왕상(阿育王像)　99/2(0580)
아자(亞子)　170/24(1731)
아자(阿紫)　292/16(3824)
아장자(牙將子)　115/11(0838)
아전사(阿專師)　91/4(0522)
아족사(阿足師)　97/8(0563)
악(樂)1　203
악(樂)2　204
악(樂)3　205
악개경(樂蓋卿)　120/8(0921)
악곤(樂坤)　307/5(3958)
악광(樂廣)　176/1(1839)
악록승(岳麓僧)　80/5(0431)
악록화(萼綠華)　57/2(0264)
악붕귀(樂朋龜)　239/13(2864)
악생(樂生)　122/7(0958)
악어(鰐魚)　464/9(6449)
악종훈(樂從訓)　264/6(3334)
악주소장(鄂州小將)　130/6(1047)
악주인(岳州人)　133/10(1100)
악하(樂遐)　360/20(4593)
안(鴈)　462
안갑(安甲)　439/11(5995)
안기(顔畿)　383/4(4905)
안남렵자(安南獵者)　441/9(6048)
안도진(安道進)　269/13(3420)
안락공주(安樂公主)　236/22(2816)
안락사(安樂寺)　163/13(1565)

안록산(安祿山)　222/2(2590), 238/8(2838), 239/1(2852)
안록산술사(安祿山術士)　76/13(0395)
안륙인(安陸人)　459/24(6302)
안릉인(安陵人)　245/13(2956)
안릉좌사(安陵佐史)　255/23(3158)
안봉(安鳳)　344/5(4398)
안세고(安世高)　295/4(3864)
안수(顔燧)　219/12(2556)
안수범(安守範)　145/14(1347)
안식향(安息香)　414/6(5644)
안양서생(安陽書生)　439/19(6003)
안양황씨(安陽黃氏)　361/2(4610)
안영(晏嬰)　245/1(2944)
안요(顔蕘)　235/22(2794)
안의방서생(安宜坊書生)　331/7(4295)
안자(晏子)　164/19(1610)
안준(顔濬)　350/2(4445)
안중패(安重霸)　243/22(2926)
안진경(顔眞卿)　32/2(0148), 172/2(1751)
안천룡(安天龍)　425/6(5788)
안표(顔標)　182/13(1938)
안함(顔含)　456/28(6230)
안회(顔回)　456/17(6219)
압(鴨)　462/8(6367)
압반(押班)　187/16(2056)
앙귀(鴦龜)　465/20(6488)
애뢰이(哀牢夷)　482/19(6793)
애산(崖山)　397/13(5133)

앵(鶯)　463/45(6440)
앵도(櫻桃)　411/1(5545)
앵도청의(櫻桃青衣)　281/10(3677)
앵무(鸚鵡)　460/12(6314)
앵무구화(鸚鵡救火)　460/14(6316)
앵무라(鸚鵡螺)　465/18(6486)
앵앵전(鶯鶯傳)　488/1(6828)
야갈짐(冶葛鴆)　220/12(2568)
야광지(夜光芝)　413/6(5616)
야명렴(夜明簾)　494/12(6870)
야서하(夜舒荷)　409/40(5502)
야속석각(野粟石殼)　412/27(5603)
야실밀화(野悉密花)　409/2(5464)
야자수(椰子樹)　406/13(5343)
야차(夜叉)1　356
야차(夜叉)2　357
야행유녀(夜行遊女)　462/32(6391)
야호사(野狐絲)　407/40(5415)
약괴(藥怪)　417
약하주(若下酒)　233/3(2736)
양(羊)　439
양각타(兩脚駝)　436/12(5936)
양감(楊瑊)　354/1(4490)
양갑(梁甲)　382/5(4894)
양강엄(梁江淹)　277/10(3576)
양개(陽玠)　174/1(1788)
양거(楊蘧)　500/13(6963)
양거사(楊居士)　75/1(0374)
양경(梁璟)　349/5(4441)

양경지(楊敬之)　202/12(2261), 278/12(3608)
양경진(楊敬眞)　68/2(0327)
양곡(梁鵠)　206/20(2371)
양국충(楊國忠)　186/15(2034), 240/18(2883), 250/11(3045), 335/5(4335)
양권귀(梁權貴)　258/6(3208)
양귀비(楊貴妃)　224/7(2623)
양기(陽起)　292/2(3810)
양담(羊聃)　126/2(0993)
양대부(楊大夫)　378/8(4861)
양대안(楊大眼)　191/7(2110)
양도(陽滔)　259/17(3243)
양도녀(陽都女)　60/3(0284)
양도생(羊道生)　120/3(0916)
양도화(楊道和)　393/2(5040)
양두사(兩頭蛇)　456/16(6218)
양류요(楊柳謠)　163/10(1562)
양림(楊林)　283/3(3689)
양만(羊曼)　234/17(2772)
양매(楊邁)　443/19(6094)
양모(梁母)　59/13(0278)
양목제형(楊穆弟兄)　170/7(1714)
양무(梁武)　246/20(2980)
양무렴(楊務廉)　226/8(2661), 268/11(3406)
양무제(梁武帝)　120/1(0914), 120/15(0928), 139/11(1230), 402/5(5265)
양무직(楊茂直)　254/9(3128)
양무후(梁武后)　418/10(5719)

양문(梁文)　439/5(5989)
양백성(楊伯成)　448/5(6143)
양백추(楊伯醜)　18/4(0098)
양복공제(楊復恭弟)　108/12(0716)
양부(楊溥)　331/9(4297)
양부사(楊副使)　355/1(4507)
양비(楊妃)　205/13(2341)
양비말(楊妃襪)　405/16(5322)
양빙(楊憑)　198/18(2198)
양사공(梁四公)　81/4(0447)
양사달(楊思達)　120/11(0924)
양사도(楊師道)　185/8(2004)
양사조(楊師操)　382/8(4897)
양사현(楊思玄)　185/11(2007)
양사회(梁士會)　260/9(3254)
양삼희(楊三喜)　180/19(1906)
양생(梁生)　417/6(5702)
양생(楊生)　437/2(5950)
양선(楊羨)　318/9(4092)
양선(楊宣)　462/20(6379)
양선서생(陽羨書生)　284/11(3716)
양성(兩省)　187/4(2044)
양성(陽城)　165/12(1631), 167/6(1664), 187/7(2047)
양성(楊晟)　168/9(1676)
양성현리(陽城縣吏)　368/1(4734)
양소(楊素)　166/2(1654), 169/19(1696), 361/6(4614)
양소성(楊昭成)　280/3(3659)

양수(楊收)　123/4(0964), 155/3(1448), 237/7(2827)
양수(楊秀)　203/19(2294)
양수(楊修)　245/14(2957)
양수(楊叟)　445/2(6104)
양수위(梁守威)　335/9(4339)
양숙(梁肅)　170/13(1720)
양순미종자(楊詢美從子)　395/2(5078)
양신(梁新)·조악(趙鄂)　219/8(2552)
양신교(楊愼交)　236/23(2817)
양신긍(楊愼矜)　121/17(0949), 143/18(1305), 356/3(4523), 362/11(4641)
양십이(梁十二)　222/12(2600)
양씨(梁氏)　371/5(4771), 386/4(4934)
양씨(楊氏)　184/20(1991), 439/9(5993)
양씨여(楊氏女)　450/8(6162)
양양군인(襄陽軍人)　322/3(4155)
양양노모(襄陽老姥)　115/4(0831)
양양노수(襄陽老叟)　287/3(3747)
양양선인(襄陽選人)　344/7(4400)
양양절도(襄樣節度)　269/7(3414)
양염(楊炎)　213/4(2470), 278/3(3599)
양옥청(梁玉淸)　59/6(0271)
양온중(楊蘊中)　354/9(4498)
양옹(陽雍)　292/12(3820)
양옹백(陽翁伯)　4/11(0021)
양옹불(楊翁佛)　435/16(5919)
양용화(楊容華)　271/15(3453)
양우경(楊虞卿)　180/10(1897), 251/5(3067)

양우도(楊于度)　446/7(6113)
양운외(楊雲外)　40/5(0182)
양웅(揚雄)　161/5(1503)
양원영(楊元英)　330/15(4288)
양원제(梁元帝)　126/5(0996), 131/21(1069), 211/3(2441)
양월공제(楊越公弟)　37/2(0166)
양위(楊蔚)　158/2(1474)
양유(楊由)　76/4(0386)
양인유비(梁仁裕婢)　129/10(1037)
양자화(楊子華)　211/7(2445)
양재사(楊再思)　380/3(4874)
양재언(梁載言)　361/14(4622)
양쟁(楊錚)　262/5(3295)
양정(楊禎)　373/5(4784)
양정견(楊正見)　64/1(0312)
양정부(楊鼎夫)　158/10(1482)
양제(煬帝)　280/1(3657)
양조(梁祖)　462/28(6387)
양주공(揚州貢)　232/3(2721)
양주요주(梁州妖主)　285/6(3723)
양주인우(涼州人牛)　434/7(5890)
양주탑(揚州塔)　363/7(4658)
양준(楊準)　334/1(4321)
양중붕(梁仲朋)　362/21(4651)
양지견(楊志堅)　495/15(6887)
양지춘(楊知春)　389/26(4990)
양진(楊眞)　430/4(5850)
양진백(楊眞伯)　53/5(0247)

양창(楊瑒)　329/11(4273)
양창전(楊娼傳)　491/2(6833)
양천(釀川)　399/4(5188)
양청(梁淸)　323/8(4182), 324/12(4205)
양추노(楊醜奴)　468/15(6560)
양통유(楊通幽)　20/4(0107)
양평적선(陽平謫仙)　37/3(0167)
양포(楊褒)　437/5(5953)
양표(楊鑣)　313/1(4006)
양혁(梁革)　219/7(2551)
양현동(楊玄同)　1841/9(1980)
양현량(楊玄亮)　218/17(2540)
양현보(羊玄保)　228/1(2677)
양현익(楊玄翼)　251/18(3080)
양호(羊祜)　387/1(4944), 389/15(4979)
양홍무처(楊弘武妻)　272/14(3477)
양환처(楊歡妻)　367/21(4723)
양효(禳梟)　462/33(6392)
양훤(楊暄)　179/5(1879)
양희고(楊希古)　498/5(6928)
어갑송(魚甲松)　406/27(5357)
어대(魚袋)　187/28(2068)
어리자(御李子)　410/12(5522)
어만영(魚萬盈)　107/4(0691)
어목위사리(魚目爲舍利)　289/9(3776)
어사(御史)　187/12(2052)
어사리행(御史裏行)　250/8(3042), 254/12(3131)
어사훤(魚思咺)　121/10(0942)

어인(漁人)　231/13(2718), 471/5(6591)
어인처(漁人妻)　220/3(2559)
어정(御井)　399/27(5211)
어조은(魚朝恩)　188/8(2077)
어주(御廚)　234/2(2757)
어현기(魚玄機)　271/21(3459)
언사(偃師)　393/9(5047)
언상(偃桑)　407/2(5377)
언정(蝘蜓)　473/11(6630)
엄간(嚴諫)　450/6(6160)
엄맹(嚴猛)　426/6(5809)
엄무(嚴武)　187/15(2055)
엄무도첩(嚴武盜妾)　130/2(1043)
엄사칙(嚴士則)　37/5(0169)
엄생(嚴生)　402/18(5278)
엄승기(嚴昇期)　243/11(2915)
엄안지(嚴安之)　164/11(1602), 390/5(4997)
엄이도사(掩耳道士)　86/6(0499)
엄정지(嚴挺之)　457/18(6258)
엄준(嚴遵)　171/3(1734)
엄준미(嚴遵美)　145/5(1338)
엄준선사(嚴遵仙槎)　405/24(5330)
엄진(嚴震)　143/25(1312), 496/2(6889)
엄진(嚴振)　190/2(2094)
엄태(嚴泰)　118/11(0885)
업군인(鄴郡人)　460/19(6321)
업성인(鄴城人)　288/4(3753)
업중부인(鄴中婦人)　375/17(4832)
여(驢)　436

여간(黎幹)　260/16(3261)
여간현령(餘干縣令)　456/36(6238)
여강민(廬江民)　363/6(4657)
여강풍온(廬江馮媼)　343/2(4390)
여거태(如苣苔)　413/25(5635)
여건(呂虔)　161/15(1513)
여경일(黎景逸)　461/16(6340)
여경조(呂慶祖)　127/4(1013)
여광(呂光)　321/15(4152)
여광사(餘光祠)　315/3(4043)
여구남양(閭丘南陽)　389/16(4980)
여구자(閭丘子)　52/3(0241)
여군(呂群)　144/1(1316)
여궤(女几)　59/16(0281)
여귀진(厲歸眞)　213/14(2480)
여릉팽씨(廬陵彭氏)　390/19(5011)
여만국(女蠻國)　480/15(6756)
여망(呂望)　137/1(1179)
여몽(呂蒙)　191/4(2107), 276/16(3532)
여무진씨(女巫秦氏)　283/2(3688)
여문경(呂文敬)　9/6(0051)
여문전(呂文展)　104/7(0655)
여번악(璵璠樂)　203/15(2290)
여사조(呂師造)　367/4(4706)
여산매유자(廬山賣油者)　395/13(5089)
여산모(驪山姥)　63/4(0310)
여산어자(廬山漁者)　374/22(4809)
여생(呂生)　23/5(0118), 401/10(5252)
여생처(呂生妻)　462/27(6386)

여선(女仙)1 56
여선(女仙)2 57
여선(女仙)3 58
여선(女仙)4 59
여선(女仙)5 60
여선(女仙)6 61
여선(女仙)7 62
여선(女仙)8 63
여선(女仙)9 64
여선(女仙)10 65
여선(女仙)11 66
여선(女仙)12 67
여선(女仙)13 68
여선(女仙)14 69
여선(女仙)15 70
여송(呂竦) 110/13(0752)
여순(呂順) 322/4(4156)
여숭수(呂崇粹) 143/15(1302)
여양객(黎陽客) 333/1(4308)
여연(麗娟) 272/2(3465)
여영(呂榮) 270/9(3429)
여영(閭英) 277/1(3567)
여온(呂溫) 170/14(1721), 187/8(2048)
여옹(呂翁) 82/5(0452)
여와묘(女媧墓) 390/6(4998)
여와신(女媧神) 304/2(3933)
여용지(呂用之) 290/1(3785)
여원응(呂元膺) 496/13(6900), 497/2(6906)
여음인(汝陰人) 301/1(3912)

여인(呂諲) 277/30(3596)
여자안(茹子顔) 332/5(4304)
여주백로(黎州白鷺) 462/11(6370)
여주의관(汝州衣冠) 184/24(1995)
여지목(荔枝木) 406/7(5337)
여초(女草) 408/15(5430)
여초(閭勖) 320/3(4123)
여태일(呂太一) 494/4(6862)
여하수실(如何樹實) 410/2(5512)
여항광(餘杭廣) 383/5(4906)
여향균(呂鄕筠) 204/24(2327)
역려객(逆旅客) 85/13(0491)
역려도사(逆旅道士) 440/14(6023)
역발(易拔) 426/14(5817)
역사(蜮射) 473/1(6620)
역양온(歷陽媼) 163/1(1553)
역오원(歷五院) 187/18(2058)
연(鳶) 461
연교인(燕巧人) 225/5(2640)
연구(然丘) 480/10(6751)
연릉촌인처(延陵村人妻) 386/12(4942)
연봉상(燕鳳祥) 362/19(4649)
연상(燕相) 439/12(5996)
연소왕(燕昭王) 2/2(0007), 402/2(5262)
연신장자의(燕臣莊子儀) 119/3(0893)
연실(蓮實) 409/46(5508)
연연(延娟) 291/4(3791)
연옥편(軟玉鞭) 401/17(5259)
연원지(燕原池) 399/9(5193)

연재(憐才) 202
연정맥(延精麥) 412/24(5600)
연주군장(兗州軍將) 108/11(0715)
연주부인(延州婦人) 101/13(0613)
연주인(兗州人) 297/5(3897)
연집(讌集) 178/15(1874)
연청실(延淸室) 403/7(5288)
연화루(蓮花漏) 497/8(6912)
열락하(熱洛河) 234/7(2762)
열석(熱石) 398/32(5177)
열예(烈裔) 210/1(2422)
열옹(蠮螉) 478/3(6709)
염거경(閻居敬) 472/20(6617)
염검(廉儉) 165
염경(閻庚) 328/7(4255)
염경립(閻敬立) 339/4(4370)
염관장씨(鹽官張氏) 360/14(4587)
염광(廉廣) 213/16(2482)
염단(冉端) 476/7(6666)
염달국(厭達國) 436/17(5941)
염립덕(閻立德) 211/10(2448)
염립본(閻立本) 211/11(2449)
염모란화(染牡丹花) 409/14(5476)
염부룡(閻浮龍) 424/1(5768)
염사(蚺蛇) 456/8(6210)
염사담(蚺蛇膽) 456/9(6211)
염수(冉遂) 306/2(3951)
염인(染人) 467/20(6542)
염정(鹽井) 399/26(5210)

염정룡(鹽井龍) 424/14(5781)
염제미(閻濟美) 179/10(1884)
염지미(閻知微) 163/20(1572), 240/2(2867), 258/22(3224)
염척(閻陟) 280/10(3666)
염청련화(染靑蓮花) 409/43(5505)
염현일(閻玄一) 242/14(2900)
엽도법(厭盜法) 283/17(3703)
엽주(厭呪) 283
영강인(永康人) 468/4(6549)
영공(英公) 169/22(1699)
영광두(靈光豆) 404/2(5298)
영광왕(迎光王) 136/9(1170)
영괴(癭槐) 407/27(5402)
영나발마(永那跋摩) 91/1(0519)
영남여공(嶺南女工) 483/11(6818)
영남음사(嶺南淫祀) 288/9(3758)
영남토(嶺南兔) 209/16(2421)
영도령(營道令) 463/15(6410)
영릉(營陵) 472/8(6605)
영릉인(營陵人) 284/4(3709)
영릉태수녀(零陵太守女) 359/12(4559)
영면(簷勉) 108/4(0708)
영수(零水) 399/12(5196)
영양리정(潁陽里正) 304/9(3940)
영왕(寧王) 238/7(2837)
영왕헌(寧王獻) 204/11(2314)
영은사(靈隱寺) 99/5(0583)
영음일자(潁陰日者) 217/2(2517)

영웅전(靈應傳)　492/1(6835)
영이(靈異)　374
영인(霯茵)　434/19(5902)
영주부인(瀛州婦人)　288/11(3760)
영죽(瘦竹)　412/10(5586)
영진민(寧晉民)　472/14(6611)
영천령(盈川令)　265/4(3347)
영청현묘(永淸縣廟)　307/6(3959)
영표주근(嶺表朱槿)　409/21(5483)
영풍(靈楓)　407/14(5389)
영호덕분(令狐德棻)　249/1(3015)
영호도(令狐綯)　202/14(2263), 232/11(2729), 261/14(3281)
영호도문승(令狐綯門僧)　224/12(2628)
영호환(令狐峘)　179/12(1886)
영흥방백성(永興坊百姓)　399/32(5216)
예근(倪勤)　108/5(0709)
예릉승(睿陵僧)　140/8(1253)
예서(隷書)　206/6(2357)
예어(鯢魚)　464/18(6458), 465/21(6489)
예언사(倪彦思)　317/12(4077)
예장(豫樟)　406/6(5336)
예장민비(豫章民婢)　478/13(6719)
예장수(豫章樹)　315/9(4049)
예장인(豫章人)　401/6(5248), 417/13(5709)
예장중관(豫章中官)　353/3(4474)
예천(醴泉)　161/3(1501)
예형(禰衡)　235/2(2774)
오(烏)　462

오가구(吳可久)　107/11(0698)
오감(吳堪)　83/9(0464)
오강(吳綱)　389/9(4973)
오경(吳景)　124/10(0977)
오계만(五溪蠻)　482/32(6806)
오곡(五穀)　412
오공(蜈蚣)　479/5(6726)
오교민(午橋民)　127/10(1019)
오군사인(吳郡士人)　439/20(6004)
오군산(烏君山)　462/23(6382)
오당(吳唐)　443/1(6076)
오대산지(五臺山池)　424/8(5775)
오대제(吳大帝)　135/9(1138)
오덕지(五德芝)　413/10(5620)
오도(鄔濤)　347/2(4424)
오도종(吳道宗)　426/8(5811)
오도현(吳道玄)　212/1(2455)
오렵송(五鬣松)　406/25(5355)
오로방(五老牓)　178/9(1868)
오록충종(五鹿充宗)　137/6(1184)
오맹(吳猛)　456/27(6229)
오명국(吳明國)　480/14(6755)
오명도사(五明道士)　217/6(2521)
오명향(五名香)　414/3(5641)
오무릉(吳武陵)　497/14(6918)
오보안(吳保安)　166/6(1658)
오복루(五福樓)　289/8(3775)
오부인(吳夫人)　225/13(2648)
오부차(吳夫差)　276/2(3518)

| 오사계(吳士季)　318/13(4096)
| 오사지(伍寺之)　131/17(1065)
| 오사현(吳思玄)　104/3(0651)
| 오산귀(烏山龜)　399/22(5206)
| 오산인(吳山人)　424/2(5769)
| 오상(吳祥)　317/1(4066)
| 오색과(五色瓜)　411/20(5564)
| 오색석(五色石)　418/8(5717)
| 오색옥(五色玉)　401/15(5257)
| 오색조(五色鳥)　463/10(6405)
| 오석정(五石精)　161/9(1507)
| 오소미(吳少微)　235/14(2786)
| 오소성(吳少誠)　154/6(1440)
| 오송기(蜈蚣氣)　478/2(6708)
| 오언(吳偃)　416/2(5688)
| 오여회어(吳餘鱠魚)　464/10(6450)
| 오연도(吳延瑫)　315/2(4042)
| 오왕부차(吳王夫差)　236/1(2795)
| 오요경(吳堯卿)　252/15(3098)
| 오원장교(五原將校)　376/5(4840)
| 오융(吳融)　183/15(1960)
| 오의인(烏衣人)　473/8(6627)
| 오임생(吳任生)　347/1(4423)
| 오자서(伍子胥)　291/11(3798)
| 오작(五柞)　406/2(5332)
| 오작과(烏鵲窠)　163/14(1566)
| 오장(烏萇)　482/5(6779)
| 오재(鄔載)　391/11(5028)
| 오적어(烏賊魚)　464/13(6453)

오전생(悟前生)1　387
오전생(悟前生)2　388
오정채포자(烏程採捕者)　460/7(6309)
오정현인(烏程縣人)　367/17(4719)
오종문(吳宗文)　272/18(3481)
오종사(吳宗嗣)　436/3(5927)
오주(吳湊)　496/7(6894)
오중상(五重桑)　407/29(5404)
오중찰성자(吳中察聲者)　216/7(2507)
오진군(吳眞君)　14/5(0082)
오진사승(悟眞寺僧)　109/18(0736)
오찬(吳饌)　234/1(2756)
오청(吳淸)　461/27(6351)
오청처(吳淸妻)　67/3(0325)
오초자고(吳楚鷓鴣)　461/12(6336)
오태의(吳太醫)　218/3(2526)
오행로(吳行魯)　275/4(3507)
오현(五弦)　205
오후사승(五侯寺僧)　109/10(0728)
오후정(五侯鯖)　234/3(2758)
오흥경당(吳興經堂)　161/22(1520)
오흥어자(吳興漁者)　472/12(6609)
오흥인(吳興人)　295/18(3878)
오흥전부(吳興田父)　442/15(6067)
옥(玉)　401
옥녀(玉女)　63/1(0307)
옥량관(玉梁觀)　374/2(4789)
옥룡(玉龍)　401/12(5254)
옥룡고(玉龍膏)　405/20(5326)

옥룡자(玉龍子) 396/5(5100)
옥마(玉馬) 374/16(4803)
옥벽사(玉辟邪) 401/16(5258)
옥사산(玉笥山) 397/1(5121)
옥수(玉樹) 406/5(5335)
옥여의(玉如意) 403/8(5289)
옥예원여선(玉蕊院女仙) 69/1(0329)
옥자(玉子) 5/6(0027)
옥저(沃沮) 480/23(6764)
옥저자(玉猪子) 401/18(5260)
옥청(玉淸) 405/4(5310)
옥청삼보(玉淸三寶) 403/11(5292)
온경림(溫敬林) 438/6(5974)
온경조(溫京兆) 49/6(0232)
온교(溫嶠) 294/2(3839)
온도사(蘊都師) 357/6(4534)
온련(溫璉) 165/18(1637)
온언박(溫彦博) 185/5(2001)
온온(溫媼) 424/4(5771)
온정(溫定) 265/21(3364)
온정균(溫庭筠) 174/20(1807), 182/14(1939), 199/8(2211), 265/12(3355), 498/9(6932)
온조(溫造) 144/4(1319), 190/3(2095)
옹문지(雍文智) 283/7(3693)
옹봉(甕峰) 397/7(5127)
옹언추(翁彦樞) 182/16(1941)
옹익견(雍益堅) 283/18(3704)
옹주인(雍州人) 462/35(6394)

옹중유(翁仲孺) 400/2(5224)
옹형석(甕形石) 398/34(5179)
와석(臥石) 398/20(5165)
와송(瓦松) 413/27(5637)
와송부(瓦松賦) 413/28(5638)
와옥자(瓦屋子) 465/3(6471)
와합(蛙蛤) 479/2(6723)
완기(阮基) 15/5(0089)
완덕여(阮德如) 318/20(4103)
완숭(阮嵩) 258/8(3210)
완약(宛若) 291/18(3805)
완예(阮倪) 131/19(1067)
완유지(阮瑜之) 320/13(4133)
완첨(阮瞻) 319/5(4110)
완함(阮咸) 203/28(2303)
왕가(王賈) 32/1(0147)
왕가교(王可交) 20/3(0106)
왕간(王幹) 393/18(5056)
왕간이(王簡易) 124/1(0968)
왕감(王鑑) 330/10(4283)
왕갑(王甲) 436/22(5946)
왕거(王勮) 174/11(1798)
왕거(王琚) 226/9(2662), 494/9(6867)
왕거사(王居士) 84/5(0469)
왕거정(王居貞) 430/5(5851)
왕건(王建) 190/9(2101), 198/20(2200)
왕건봉(王建封) 367/9(4711)
왕겸(王儉) 173/13(1775)
왕경(王璥) 171/8(1739)

왕경(王卿)　45/4(0209)
왕경(王瓊)　78/3(0409)
왕경융(王景融)　420/3(5727)
왕경지(王敬之)　392/8(5037)
왕고(王固)　78/4(0410)
왕곤(王坤)　351/3(4452)
왕공(王珙)　244/15(2942)
왕공백(王恭伯)　318/15(4098)
왕공직(王公直)　133/3(1093)
왕과(王果)　391/7(5024)
왕광본(王光本)　330/4(4277)
왕굉(王宏)　104/12(0660), 119/5(0895)
왕교(王喬)　6/3(0033)
왕구(王球)　110/26(0765)
왕구(王丘)　170/6(1713), 186/8(2027)
왕구(王矩)　322/10(4162)
왕군작(王君夐)　191/20(2123)
왕규(王珪)　169/17(1694)
왕급선(王及善)　258/13(3215)
왕기(王琦)　111/24(0789)
왕기(王沂)　205/19(2347)
왕기(王錡)　310/2(3978)
왕기(王基)　359/8(4555)
왕담(王湛)　329/7(4269)
왕담(王譚)　360/28(4601)
왕담략(王曇略)　131/11(1059)
왕도(王導)　141/3(1258)
왕도(王度)　230/2(2705)
왕도처(王導妻)　272/11(3474)

왕돈(王敦)　235/9(2781), 236/14(2808), 359/22(4569)
왕동미(王洞微)　133/6(1096)
왕련(王練)　387/2(4945)
왕렬(王烈)　9/3(0048)
왕령망(王令望)　103/13(0644)
왕령언(王令言)　204/10(2313)
왕로(王老)　41/2(0186), 451/5(6172)
왕륜(王掄)　379/7(4869)
왕릉(王陵)　119/8(0898)
왕린(王璘)　183/13(1958)
왕림(王琳)　246/26(2986)
왕만철(王萬徹)　298/4(3901)
왕망(王莽)　396/9(5104)
왕맹(王猛)　294/22(3859)
왕면(王沔)　107/8(0695)
왕명(王明)　320/8(4128)
왕모도(王母桃)　410/25(5535)
왕모사자(王母使者)　4/7(0017), 463/8(6403)
왕모중(王毛仲)　188/3(2072)
왕모포도(王母蒲萄)　411/12(5556)
왕목(王沐)　156/7(1461)
왕목(王穆)　276/17(3533), 376/2(4837)
왕몽(王濛)　210/14(2435)
왕묘상(王妙想)　61/1(0290)
왕무(王武)　436/7(5931)
왕무애(王無㝵)　146/10(1357)
왕무유(王無有)　333/11(4318)

왕묵(王墨)　213/11(2477)
왕문도(王文度)　294/8(3845)
왕문명(王文明)　325/15(4224)
왕민(王旻)　72/2(0350)
왕민지(王旻之)　466/14(6519)
왕민처(王珉妻)　110/4(0743)
왕반(王攀)　355/12(4518)
왕발(王勃)　175/3(1825), 198/5(2185)
왕방경(王方慶)　209/10(2415)
왕방익(王方翼)　235/13(2785)
왕방평(王方平)　280/7(3663)
왕배우(王俳優)　192/10(2137)
왕백양(王伯陽)　389/14(4978)
왕번(王樊)　317/5(4070)
왕번(王璠)　154/9(1443), 256/8(3167), 392/4(5033)
왕범지(王梵志)　82/2(0449)
왕범첩(王範妾)　129/2(1029)
왕법랑(王法朗)　162/18(1548)
왕법지(王法智)　305/1(3941)
왕법진(王法進)　53/2(0244)
왕복치(王福畤)　249/8(3022)
왕봉(汪鳳)　140/5(1250)
왕봉선(王奉先)　276/33(3549)
왕부(王溥)　137/7(1185)
왕빙지(王騁之)　325/1(4210)
왕사(王思)　244/2(2929)
왕사군(王使君)　238/14(2844)
왕사규(王思規)　322/15(4167)

왕사단(王師旦)　169/18(1695)
왕사동(王思同)　459/13(6291)
왕사랑(王四郎)　35/4(0158)
왕사성(王舍城)　252/11(3094)
왕산인(王山人)　78/2(0408)
왕상(王商)　354/4(4493)
왕상(王常)　73/2(0360), 303/9(3931)
왕생(王生)　79/3(0419), 174/17(1805), 362/20(4650), 453/1(6185)
왕서(王緒)　463/30(6425)
왕서암(王栖巖)　217/3(2518)
왕선(王璿)　451/11(6178)
왕선생(王先生)　75/5(0378)
왕선주조경박(王先主遭鼙薄)266/12(3376)
왕소(王紹)　352/5(4464)
왕소(王愬)　363/3(4654)
왕소(王素)　468/5(6550)
왕소종(王紹宗)　208/10(2401)
왕수(王叟)　165/30(1649), 476/4(6663)
왕수(王修)　207/3(2379)
왕수(王燧)　238/3(2833)
왕수(王垂)　338/2(4358)
왕수일(王守一)　82/3(0450)
왕수정(王守貞)　367/2(4704)
왕숙(王肅)　225/10(2645), 493/2(6837)
왕숙(王璹)　380/1(4872)
왕술(王述)　425/11(5793)
왕습지(王襲之)　116/3(0841)
왕승(王昇)　333/12(4319)

왕승건(王僧虔) 207/10(2386), 295/1(3861)
왕승검(王承檢) 392/9(5038)
왕승휴(王承休) 241/1(2886)
왕식(王植) 425/12(5794)
왕신사(王愼辭) 145/13(1346)
왕신자(王申子) 365/1(4671)
왕심지(王審知) 313/4(4009)
왕쌍(王雙) 473/26(6645)
왕씨(王氏) 106/10(0684), 142/11(1282), 144/10(1325), 184/13(1984)
왕씨녀(王氏女) 70/6(0339), 205/21(2349)
왕씨노모(王氏老姥) 434/16(5899)
왕씨자(王氏子) 499/11(6946)
왕악(王鍔) 165/31(1650), 223/5(2607), 497/3(6907)
왕악(王鄂) 388/7(4960)
왕안(王晏) 142/6(1277)
왕안국(王安國) 128/2(1023)
왕안기(王安期) 235/8(2780)
왕암(王黯) 451/7(6174)
왕애(王涯) 144/3(1318), 144/7(1322), 237/5(2825)
왕언백(王彦伯) 219/4(2548)
왕언창(王彦昌) 183/17(1962)
왕여(王璵) 278/26(3622)
왕연정(王延政) 374/27(4814)
왕연호(王延鎬) 354/10(4499)
왕예로(王裔老) 344/1(4394)
왕옥신자(王屋薪者) 370/9(4766)

왕완(王琬) 139/3(1222)
왕요(王遙) 10/7(0059)
왕요(王瑤) 126/14(1005), 325/14(4223), 433/5(5879), 467/17(6539)
왕용(王用) 429/4(5845)
왕우(王祐) 294/1(3838)
왕욱(王旭) 268/4(3399)
왕운(王惲) 279/18(3644)
왕웅(王熊) 260/7(3252)
왕원(王遠) 7/3(0038)
왕원경(王元景) 173/25(1787), 247/7(2993)
왕원중(王源中) 233/19(2752)
왕원지(王遠知) 23/1(0114)
왕원지(王瑗之) 321/2(4139)
왕유(王維) 179/4(1878), 198/10(2190), 211/14(2452), 255/18(3153), 495/8(6880)
왕유(王鮪) 352/6(4465)
왕유(王愉) 360/15(4588)
왕융(王融) 173/15(1777), 207/11(2387)
왕융(王戎) 276/13(3529), 319/14(4119)
왕융처(王戎妻) 245/11(2954)
왕은(王殷) 108/2(0706), 168/10(1677)
왕을(王乙) 115/7(0834), 334/2(4322)
왕응(王凝) 183/7(1952)
왕응지(王凝之) 320/10(4130)
왕의(王懿) 113/4(0808)
왕의(王義) 167/7(1665)
왕의방(王義方) 169/20(1697), 448/2(6140)

왕의일(王義逸)　116/19(0857)
왕이(王廙)　207/6(2382), 209/5(2410), 210/13(2434)
왕인유(王仁裕)　203/13(2288), 204/12(2315), 446/2(6108)
왕임(王稔)　459/23(6301)
왕자교(王子喬)　4/1(0011), 229/3(2691)
왕자정(王子貞)　216/8(2508)
왕자지(王子芝)　46/3(0214)
왕잠(王潛)　144/8(1323)
왕장군(王將軍)　132/1(1075)
왕장사(王長史)　444/8(6102)
왕재(王宰)　192/14(2141), 213/3(2469)
왕적(王籍)　304/3(3934)
왕적(王迪)　399/28(5212)
왕적신(王積薪)　228/2(2678)
왕절(汪節)　192/8(2135)
왕점처(王訥妻)　355/8(4514)
왕정군(王正君)　224/1(2617)
왕제(王諸)　280/5(3661)
왕제비(王濟婢)　129/1(1028)
왕조(王藻)　174/13(1801)
왕조종(王肇宗)　318/10(4093)
왕종랑(王宗郎)　425/3(5785)
왕종신(王宗信)　366/19(4700)
왕주(王宙)　358/4(4538)
왕주남(王周南)　440/6(6015)
왕준(王遵)　132/6(1080)
왕준(王唆)　147/2(1369), 301/6(3917)

왕준(汪遵)　183/5(1950)
왕준(王準)　188/2(2071)
왕중문(王仲文)　141/6(1261), 319/15(4120), 438/10(5978)
왕중산(王中散)　203/26(2301)
왕중서(王仲舒)　497/5(6909)
왕지(王志)　328/12(4260)
왕지도(王志都)　322/8(4160)
왕지음(王志愔)　243/8(2912)
왕지흥(王智興)　138/5(1206), 200/12(2228), 251/12(3074), 261/12(3279)
왕진(王瑱)　121/5(0937)
왕진(王珍)　134/7(1119)
왕진(王縉)　440/20(6029)
왕진악(王鎭惡)　116/9(0847)
왕진처(王眞妻)　456/37(6239)
왕징(王徵)　360/22(4595)
왕차중(王次仲)　5/1(0022)
왕찬(王粲)　389/7(4971)
왕창령(王昌齡)　300/6(3910)
왕처회(王處回)　86/4(0497)
왕철(王哲)　144/11(1326)
왕첨(王瞻)　279/29(3655)
왕초(王超)　147/11(1378), 349/2(4438)
왕초곤제(王初昆弟)　261/5(3272)
왕촉선주(王蜀先主)　374/21(4808)
왕충간(王忠幹)　107/1(0688)
왕충정(王忠政)　395/4(5080)
왕칭(王偁)　107/2(0689)

왕타(王陁)　103/12(0643)
왕탁(王鐸)　163/35(1587), 252/2(3085), 499/2(6937)
왕태(王太)　431/3(5858)
왕태허(王太虛)　46/2(0213)
왕파(王播)　199/5(2208), 261/2(3269), 278/6(3602)
왕포(王布)　220/23(2579)
왕포(王苞)　450/1(6155)
왕표(王儦)　143/19(1306), 147/4(1371)
왕표(王表)　123/6(0966), 293/7(3831)
왕표지(王彪之)　320/9(4129)
왕풍(王豐)　362/16(4646)
왕필(王弼)　317/15(4080)
왕한(王閒)　302/5(3922)
왕한(王翰)　108/3(0707)
왕함(王含)　442/4(6056)
왕항지(王恒之)　322/13(4165)
왕행사(王行思)　118/15(0889)
왕행언(王行言)　433/9(5883)
왕허지(王虛之)　162/4(1534)
왕헌(王軒)　461/3(6327)
왕헌(王獻)　359/23(4570)
왕헌지(王獻之)　207/2(2378), 210/10(2431)
왕현(王顯)　146/7(1354)
왕현(王絢)　174/31(1818), 246/12(2972)
왕현모(王玄謨)　111/4(0769)
왕현지(王玄之)　334/5(4325)
왕혜조(王惠照)　361/4(4612)

왕호(王胡)　323/13(4187)
왕호(王瑚)　438/4(5972)
왕호(王祜)　443/16(6091)
왕홍의(王弘義)　268/7(3402)
왕홍지(王弘之)　115/2(0829)
왕환(王奐)　469/9(6570)
왕회사(王會師)　134/8(1120)
왕회지(王懷之)　325/11(4220)
왕회지(王懷智)　328/9(4257)
왕회지(王淮之)　99/3(0581)
왕훈(王勳)　384/8(4923)
왕훈(王薰)　436/24(5948)
왕휘(王暉)　162/20(1550)
왕휘(王徽)　257/6(3187)
왕휘지(王徽之)　141/13(1268)
왕흥(王興)　10/5(0057)
왕희지(王羲之)　207/1(2377), 209/4(2409)
외소(隗炤)　216/4(2504)
외학귀(外學歸)　262/16(3306)
요(鷂)　460
요갑(姚甲)　437/8(5956)
요강성(姚康成)　371/2(4768)
요경(姚景)　459/22(6300)
요계(姚洎)　257/14(3195)
요곤(姚坤)　454/6(6194)
요괴(妖怪)1　359
요괴(妖怪)2　360
요괴(妖怪)3　361
요괴(妖怪)4　362

요괴(妖怪)5　363
요괴(妖怪)6　364
요괴(妖怪)7　365
요괴(妖怪)8　366
요괴(妖怪)9　367
요군경(堯君卿)　244/4(2931)
요대(姚待)　104/6(0654)
요략(姚略)　462/2(6361)
요망(妖妄)1　288
요망(妖妄)2　289
요망(妖妄)3　290
요명두(繞明豆)　412/23(5599)
요부(獠婦)　483/8(6815)
요사마(姚司馬)　370/2(4759)
요소(姚紹)　360/9(4582)
요소품(姚蕭品)　335/8(4338)
요숭(姚崇)　250/9(3043)
요씨(姚氏)　471/2(6588)
요씨삼자(姚氏三子)　65/1(0317)
요암걸(姚巖傑)　200/4(2220), 266/1(3365)
요우(姚牛)　320/11(4131)
요원기(姚元起)　320/2(4122)
요원숭(姚元崇)　170/1(1708)
요유방(廖有方)　167/9(1667)
요정조(姚貞操)　250/13(3047)
요지속(搖枝粟)　412/21(5597)
요현(姚峴)　250/28(3062)
요홍(姚泓)　29/4(0138)
용(龍)1　418

용(龍)2　419
용(龍)3　420
용(龍)4　421
용(龍)5　422
용(龍)6　423
용(龍)7　424
용(龍)8　425
용뇌향(龍腦香)　414/5(5643)
용묘(龍廟)　423/6(5758)
용문(龍門)　399/13(5197), 420/11(5735), 466/8(6513)
용문산(龍門山)　291/1(3788)
용번장(用番將)　240/15(2880)
용복본(龍復本)　224/19(2635)
용사초(龍蛇草)　416/6(5692)
용장(龍場)　418/7(5716)
용창예(龍昌裔)　243/21(2925)
용추(龍芻)　408/32(5447)
용흥사주(龍興寺主)　105/9(0670)
우(雨)　396
우(藕)　409/45(5507)
우(芋)　412/28(5604)
우(牛)　434
우(牛)　434/1(5884)
우(禹)　472/2(6599)
우갱(芋羹)　483/12(6819)
우경여자(虞卿女子)　65/3(0319)
우곡(雨穀)　412/20(5596)
우공이(于公異)　496/10(6897)

우구(于遘)　219/11(2555)
우근(于菫)　279/13(3639)
우덕(虞德)・엄맹(嚴猛)325/4(4213)
우도(雨稻)　412/16(5592)
우도(于濤)　43/4(0201)
우도시(虞道施)　293/4(3828)
우도현인(雩都縣人)　400/6(5228)
우등(牛騰)　112/12(0801)
우리회(于李回)　107/5(0692)
우맥(雨麥)　412/18(5594)
우모(吁母)　62/3(0299)
우문굉(宇文翃)　262/2(3292)
우문씨(宇文氏)　133/18(1108)
우문융(宇文融)　146/11(1358), 495/1(6873)
우문적(宇文覿)　336/4(4343)
우문진(宇文進)　400/14(5236)
우문한(宇文翰)　252/5(3088)
우배(牛拜)　434
우보가노(于宝家奴)　375/15(4830)
우사(牛師)　138/6(1207)
우상(牛爽)　337/6(4352)
우상인(牛傷人)　434
우상채(牛償債)　434
우생(牛生)　348/6(4435)
우석서(牛錫庶)　180/3(1890)
우성(牛成)　361/18(4626)
우세기(虞世基)　493/10(6845)
우세남(虞世南)　164/8(1599), 197/7(2173), 208/6(2397), 493/8(6843)

우세존(于世尊)　289/11(3778)
우소(于邵)　170/19(1726)
우속(雨粟)　412/17(5593)
우숙녀(牛肅女)　271/22(3460)
우승유(牛僧孺)　138/4(1205), 180/9(1896)
우씨동(牛氏僮)　400/13(5235)
우어(牛魚)　465/29(6497)
우오곡(雨五穀)　412/26(5602)
우원(于遠)　436/5(5929)
우응(于凝)　364/10(4670)
우이(牛異)　434
우적(于頔)　177/5(1852), 203/24(2299), 204/6(2309), 237/4(2824), 242/8(2894), 496/16(6903)
우전(優旃)　164/20(1611)
우전(于闐)　482/4(6778)
우정국(虞定國)　360/17(4590)
우존절(牛存節)　459/11(6289)
우창(于昶)　104/1(0649)
우투(牛鬪)　434/5(5888)
우향도사(虞鄕道士)　400/18(5240)
우홍(牛弘)　253/19(3118)
우휴렬(于休烈)　164/14(1605)
우희제(牛希濟)　158/11(1483)
운명대(雲明臺)　225/6(2641)
운석(賈石)　398/22(5167)
운졸(鄆卒)　122/6(0957)
운향민(鄆鄕民)　466/16(6521)
운화부인(雲華夫人)　56/3(0261)

운화사관음(雲花寺觀音)101/10(0610)
운휘당(芸輝堂)　237/2(2822)
울지경덕(尉遲敬德)　146/4(1351), 191/12(2115), 493/9(6844)
울지을승(尉遲乙僧)　211/13(2451)
웅(熊)　442
웅내(熊迺)　479/18(6739)
웅박(熊博)　392/7(5036)
웅신(熊愼)　118/14(0888)
웅집역(熊執易)　168/1(1668), 179/13(1887)
웅훈(熊勳)　367/8(4710)
원(猿)상　444
원(猿)중　445
원(猿)하　446
원가(元嘉)　175/4(1826)
원가조(袁嘉祚)　82/7(0454), 147/7(1374), 451/8(6175)
원가천(元街泉)　399/6(5190)
원객(園客)　473/7(6626)
원객처(園客妻)　59/3(0268)
원건요(源乾曜)　143/16(1303), 202/8(2257), 389/25(4989)
원걸(袁乞)　322/12(4164)
원결(元結)　202/22(2271)
원계겸(袁繼謙)　281/3(3670), 354/2(4491), 438/16(5984), 500/14(6964)
원관(圓觀)　387/10(4953)
원광한(袁廣漢)　236/7(2801)
원길(元佶)　439/22(6006)

원덕사(袁德師)　251/3(3065), 260/20(3265)
원도강(元道康)　461/8(6332)
원만경(元萬頃)　493/14(6849)
원무기(袁無忌)　322/20(4172)
원무유(元無有)　369/8(4756)
원민손(袁愍孫)　276/41(3557)
원반천(員半千)　164/10(1601)
원병(袁炳)　326/1(4226)
원보(冤報)　119, 120, 121, 122, 123, 124, 125
원복경(元福慶)　250/6(3040)
원설호(黿齧虎)　427/5(5830)
원수(元邃)　361/8(4616)
원수일(袁守一)　259/4(3230)
원쌍(袁雙)　294/5(3842), 426/7(5810)
원안(袁安)　137/9(1187), 161/7(1505), 171/2(1733), 389/4(4968)
원앙(鴛鴦)　463/9(6404)
원연(元淵)　277/5(3571)
원염(袁琰)　258/15(3217)
원위신(元魏臣)　258/3(3205)
원유이공(元柳二公)　25/2(0126)
원은거(袁隱居)　72/7(0355)
원의방(元義方)　423/2(5754)
원자(袁滋)　153/6(1431), 171/18(1749), 388/9(4962)
원자허(元自虛)　361/22(4630)
원장기(元藏幾)　18/2(0096)
원재(元載)　143/21(1308), 177/2(1849), 18

8/9(2078), 243/15(2919), 337/9(4355)
원재(元載)·상곤(常袞)260/14(3259)
원재(元載)·장위(張謂)304/8(3939)
원정(元禎) 232/8(2726)
원정견(元庭堅) 460/3(6305)
원종규(元宗逵) 260/5(3250)
원주(苑紬) 242/9(2895)
원주록사(袁州錄事) 124/8(0975)
원주부로(袁州父老) 314/6(4027)
원지통(袁志通) 102/13(0628)
원진(元晉) 249/11(3025)
원진(元稹) 282/1(3679), 394/12(5072),
　　496/15(6902)
원차양(袁次陽) 245/4(2947)
원찬유자(袁粲幼子) 119/20(0910)
원참(袁參) 496/8(6895)
원천(袁蒨) 211/2(2440)
원천강(袁天綱) 76/12(0394), 221/1(2583)
원초(元初) 108/10(0714)
원치종(元稚宗) 131/10(1058)
원침(元琛) 236/16(2810)
원학제생(遠學諸生) 322/22(4174)
원항(元頏) 219/6(2550)
원해(元楷) 267/12(3389)
원현영(袁玄瑛) 457/4(6244)
원호(元鎬) 367/26(4728)
원홍어(袁弘禦) 215/10(2500)
원화사문(元和沙門) 198/23(2203)
원화이상(元和二相) 154/2(1436)

원확(袁廓) 377/2(4848)
원회경(元懷景) 170/4(1711)
원효숙(袁孝叔) 152/6(1425)
원휘(元徽) 127/5(1014)
월경(月鏡) 403/3(5284)
월계화(月桂花) 409/16(5478)
월산(越蒜) 411/23(5567)
월오대(越烏臺) 462/21(6380)
월왕(越王) 135/3(1132)
월지사자(月支使者) 4/8(0018)
월지초할(月氏稍割) 439/1(5985)
위(蝟) 442
위거모(韋渠牟) 188/7(2076)
위건(韋建) 281/8(3675)
위건도(韋乾度) 497/15(6919)
위검(韋檢) 279/22(3648)
위견(韋甄) 184/2(1973)
위경(衛慶) 402/20(5280)
위경식(韋慶植) 134/3(1115)
위경유처(衛敬瑜妻) 270/2(3422)
위경재(韋卿材) 48/6(0226)
위고(韋皋) 96/4(0550), 204/5(2308), 2
　　74/5(3500), 305/3(3943), 396/25(51
　　20), 496/4(6891)
위고양왕옹(魏高陽王雍)236/15(2809)
위공간(韋公幹) 269/11(3418)
위공자(魏公子) 460/20(6322)
위관(衛瓘) 359/19(4566)
위관지(韋貫之) 154/11(1445)

위광승(魏光乘)　255/14(3149)
위광제(韋廣濟)　377/6(4852)
위군(韋君)　476/9(6668)
위극근(韋克勤)　102/14(0629)
위근(韋覲)　283/15(3701)
위남인(渭南人)　139/17(1236)
위녀(衛女)　461/23(6347)
위노사(韋老師)　39/3(0173)
위단(韋丹)　35/5(0159), 118/13(0887)
위대(韋戴)　120/16(0929)
위도부(韋桃符)　275/1(3504)
위도필(衛道弼)·조소기(曹紹夔)203/9(22)
위량(韋諒)　369/4(4752)
위령(魏伶)　462/24(6383)
위률(韋栗)　334/3(4323)
위명부(韋明府)　449/6(6152)
위명제(魏明帝)　135/10(1139)
위몽처(韋蒙妻)　69/4(0332)
위무제(魏武帝)　441/1(6040)
위무첨(韋無忝)　212/5(2459)
위문제(魏文帝)　228/7(2683)
위방(韋滂)　363/1(4652)
위방진제(魏方進弟)　36/3(0163)
위백양(魏伯陽)　2/4(0009)
위범(韋泛)　149/10(1402)
위보구(韋保衢)　273/9(3492)
위보형(韋保衡)　499/4(6939)
위부인(魏夫人)　58/1(0265)
위불타(魏佛陀)　415/6(5679)

위붕(魏朋)　341/5(4382)
위빈(韋玭)　436/8(5932)
위빈조자(渭濱釣者)　101/15(0615)
위사(韋詞)　278/8(3604)
위사공(韋思恭)　422/5(5746)
위사현(韋思玄)　400/16(5238)
위생(魏生)　403/15(5296)
위서(魏舒)　456/25(6227)
위선(韋詵)　169/29(1706)
위선생(魏先生)　171/5(1736)
위선옹(韋仙翁)　37/1(0165)
위선준(韋善俊)　47/5(0220)
위설경고씨(韋薛輕高氏)　266/6(3370)
위섬(韋蟾)　256/9(3168)
위세자(魏世子)　114/2(0816)
위소경(韋少卿)　264/3(3331)
위수(韋岫)　170/21(1728)
위수장(韋秀莊)　302/3(3920)
위숙(魏淑)　220/21(2577)
위숙경(衛叔卿)　4/9(0019)
위숙린(魏叔麟)　163/25(1577)
위숙문(韋叔文)　213/18(2484)
위순(魏恂)　105/7(0668)
위시인(魏市人)　247/4(2990)
위씨(韋氏)　148/1(1384), 321/11(4148), 421/4(5739)
위씨녀(韋氏女)　330/6(4279)
위씨자(韋氏子)　101/2(0602), 261/13(3280), 454/8(6196), 351/6(4455), 463/

23(6418)
위안도(韋安道)　299/1(3904)
위안석(韋安石)　389/24(4988)
위안지(韋安之)　347/5(4427)
위언연(魏彦淵)　247/5(2991)
위엄(韋弇)　33/1(0149)
위연우(韋延祐)　228/4(2680)
위연지(韋延之)　380/6(4877)
위온(韋溫)　143/28(1315)
위왕(魏王)　163/22(1574)
위원종(衛元宗)　116/11(0849)
위원충(魏元忠)　221/6(2588), 444/6(6100)
위유(韋宥)　422/9(5750)
위유유(韋有柔)　436/2(5926)
위은(韋隱)　358/9(4543)
위응물(韋應物)　205/16(2344)
위이범(韋貽範)　18/8(1979)
위인찬화(魏人鑽火)　258/1(3203)
위일(韋鎰)　332/3(4302)
위임성왕(魏任城王)　161/14(1512), 191/5
　　(2108)
위잉(魏仍)　277/21(3587)
위자동(韋自東)　356/7(4527)
위자춘(韋子春)　457/15(6255)
위장(韋莊)　165/29(1648), 175/16(1838)
위전(韋顓)　462/36(6395)
위정(魏靖)　380/2(4873)
위정훈(衛庭訓)　302/2(3919)
위제휴(韋齊休)　348/7(4436)

위주(韋宙)　499/10(6945)
위중승자(衛中丞姊)　459/2(6280)
위중행(衛中行)　279/16(3642)
위지고(魏知古)　186/6(2025)
위지고처(魏知古妻)　270/14(3434)
위지십(韋知十)　99/12(0590)
위집의(韋執誼)　153/5(1430), 497/11(6915)
위징(魏徵)　146/5(1352), 327/14(4247)
위차공(衛次公)　155/1(1446)
위참군(韋參軍)　450/7(6161)
위창(韋昶)　207/8(2384)
위처사(韋處士)　124/14(0981)
위척(韋陟)　237/1(2821)
위촉주구(僞蜀主舅)　136/17(1178)
위추(韋騶)　311/7(3991)
위침(韋琛)　366/10(4691)
위탄(韋誕)　206/25(2376)
위탐(魏耽)　306/3(3952)
위태조(魏太祖)　190/10(2102)
위판관(韋判官)　123/3(0963)
위포(韋浦)　341/3(4380)
위포생기(韋鮑生妓)　349/4(4440)
위풍여노(韋諷女奴)　375/16(4831)
위하경(韋夏卿)　223/2(2604)
위항(韋抗)　186/3(2022)
위허기자(韋虛己子)　444/7(6101)
위허심(韋虛心)　362/2(4632)
위현(韋絢)　187/9(2049)
위협(衛協)　210/9(2430)

위협률형(韋協律兄)　370/6(4763)
위호(衛鎬)　461/34(6358)
위황(韋璜)　337/1(4347)
위훈(韋訓)　368/10(4743)
위휘준(魏輝俊)　119/22(0912)
유가(劉軻)　117/4(0868), 181/3(1909)
유가대(劉可大)　303/6(3928)
유갑(劉甲)　86/12(0505), 418/11(5720), 448/7(6145)
유개(劉漑)　384/5(4920)
유개(劉凱)　375/6(4821)
유거린(劉巨麟)　437/9(5957)
유건지(柳騫之)　258/7(3209)
유검(柳儉)　102/9(0624)
유경(劉京)　161/25(1523)
유경(柳慶)　165/25(1644)
유경복(劉景復)　280/11(3667)
유경양(劉景陽)　463/26(6421)
유계수(庾季隨)　325/9(4218)
유계지(劉誡之)　263/1(3313)
유고지(庾杲之)　173/12(1774)
유공권(柳公權)　174/21(1808)
유공신처(劉公信妻)　99/13(0591)
유공제(柳公濟)　144/6(1321)
유관사(劉貫詞)　421/3(5738)
유광(柳光)　392/5(5034)
유광아(劉廣雅)　426/13(5816)
유굉노(庾宏奴)　119/21(0911)
유교(劉交)　226/3(2656)

유교(劉嶠)　359/21(4568)
유구국(留仇國)　482/22(6796)
유귀순(柳歸舜)　18/1(0095)
유근(劉根)　10/2(0054)
유근(庾謹)　360/2(4575)
유급(柳及)　149/9(1401)
유기(劉奇)　169/23(1700), 185/15(2011)
유기(柳沂)　467/18(6540)
유단(劉檀)　278/21(3617)
유덕승(劉德升)　206/18(2369)
유덕원(劉德願)　142/1(1272)
유도(劉度)　110/15(0754)
유도(劉尊)　326/5(4230)
유도강(劉道强)　203/16(2291)
유도사(劉道士)　355/6(4512)
유도석(劉道錫)　320/15(4135)
유도제(劉道濟)　282/6(3684)
유도진(劉道眞)　253/7(3106)
유돈(游敦)　119/4(0894)
유둔(劉遁)　322/14(4166)
유랑지(劉朗之)　326/3(4228)
유량(庾亮)　141/5(1260), 321/6(4143)
유령(劉伶)　233/21(2754)
유령(劉齡)　113/8(0812)
유례(類例)　184/17(1988)
유로(劉老)　431/5(5860)
유록사(劉錄事)　220/16(2572)
유룡(劉龍)　493/5(6840)
유룡자(劉龍子)　238/1(2831)

유릉(柳凌)　279/19(3645)
유림보(劉林甫)　185/3(1999)
유림조(柳林祖)　216/3(2503)
유립(劉立)　388/3(4956)
유마아(劉摩兒)　132/10(1084)
유막지(劉邈之)　150/5(1407)
유만(藟蔓)　407
유만년(劉萬年)　469/4(6565)
유망(遺忘)　242
유면(劉沔)　143/23(1310)
유목(劉牧)　433/6(5880)
유목(黝木)　407/8(5383)
유목지(劉穆之)　276/36(3552)
유무명(劉無名)　41/4(0188)
유문노(劉門奴)　328/6(4254)
유문정(劉文靜)　189/4(2085)
유민(劉敏)　142/9(1280)
유민(幼敏)　174
유민(幼敏)　175
유반(劉幡)　443/3(6078)
유방(柳芳)　174/12(1800), 222/9(2597), 235/16(2788)
유방우(劉方遇)　172/13(1762)
유방현(劉方玄)　345/3(4404)
유백운(劉白雲)　27/4(0132)
유백조(劉伯祖)　442/14(6066)
유번(劉璠)　124/9(0976)
유법사(劉法師)　18/5(0099)
유벽(柳闢)　187/25(2065)

유병(柳幷)　433/3(5877)
유분(劉賁)　181/12(1918)
유붕거(柳鵬擧)　354/16(4505)
유빈(劉斌)　360/21(4594)
유빙(劉憑)　11/3(0062)
유사문(劉沙門)　276/42(3558)
유사영(劉士榮)　260/19(3264)
유산보(劉山甫)　312/6(3997)
유살귀(劉殺鬼)　211/8(2446)
유삼(劉參)　339/3(4369)
유삼복(劉三復)　387/9(4952)
유상(劉祥)　265/1(3344)
유상(劉商)　6/5(0035), 46/4(0215), 213/13(2479)
유선(劉宣)　314/10(4031)
유선(庾詵)　76/7(0389)
유선조(游先朝)　368/6(4739)
유설(劉薛)　379/1(4863)
유성(劉成)　470/4(6582)
유성(柳成)　83/7(0462)
유세륭(柳世隆)　396/15(5110)
유소(劉沼)　118/9(0883)
유소(游邵)　459/7(6285)
유소유(柳少遊)　358/6(4540)
유소지(庾紹之)　321/10(4147)
유수(兪叟)　74/1(0368), 84/6(0470)
유숙륜(柳叔倫)　325/12(4221)
유순(劉順)　360/27(4600)
유숭(柳崇)　368/12(4745)

유숭(庾崇)　322/6(4158)
유숭귀(劉崇龜)　172/10(1759), 238/15(2845)
유승선(庾承宣)　181/8(1914)
유식(庾寔)　360/7(4580)
유식지(劉式之)　113/7(0811)
유신(庾信)　198/4(2184)
유신(庾申)　383/10(4911)
유신동(劉神童)　175/14(1836)
유신언(柳信言)　246/21(2981)
유심(劉鄩)　190/7(2099)
유씨(劉氏)　326/6(4231)
유씨(柳氏)　363/2(4653)
유씨(庾氏)　438/7(5975)
유씨비(柳氏婢)　261/10(3277)
유씨자(游氏子)　352/2(4461)
유씨자처(劉氏子妻)　386/11(4941)
유씨전(柳氏傳)　485/2(6824)
유안(劉晏)　39/1(0171), 175/7(1829)
유안(劉安)　8/1(0043)
유약시(劉鑰匙)　134/13(1125)
유양십우(維楊十友)　53/3(0245)
유언회(劉彦回)　472/11(6608)
유업(劉鄴)　183/1(1946)
유예(劉裔)　396/13(5108)
유오(謬誤)　242
유옹(柳翁)　423/15(5767)
유요(劉曜)　396/12(5107)
유우석(劉禹錫)　170/16(1723), 224/10(2626), 251/2(3064), 273/4(3487), 422/2(5743), 497/18(6922), 498/6(6929)
유원경(柳元景)　142/3(1274)
유원적(留元寂)　442/18(6070)
유원정(劉元鼎)　454/4(6192)
유원형(劉元泂)　308/4(3970)
유위(劉威)　373/7(4786)
유유청(劉惟清)　346/10(4420)
유윤장(劉允章)　183/6(1951)
유율(劉聿)　460/18(6320)
유의(劉毅)　126/3(0994)
유의(柳毅)　419/1(5724)
유의경(劉義慶)　396/23(5118)
유의방(劉義方)　261/20(3287)
유익(庾翼)　360/1(4574)
유인공(劉仁恭)　278/19(3615)
유인궤(劉仁軌)　146/19(1366), 176/2(1840)
유일회(劉逸淮)　106/7(0681)
유자경(劉子卿)　295/19(3879)
유자공(劉子貢)　332/6(4305)
유자광(劉子光)　399/2(5186)
유자남(劉子南)　14/1(0078)
유자연(劉自然)　134/11(1123)
유자진(劉子振)　263/15(3327)
유자화(柳子華)　424/5(5772)
유작(劉焯)　248/5(3007)
유잠(劉朁)　54/2(0249)
유잠녀(劉潛女)　460/16(6318)
유장(柳萇)　375/5(4820)

유장사녀(劉長史女)　386/9(4939)
유적(柳積)　295/14(3874)
유적중(劉積中)　363/9(4660)
유전(劉㻞)　199/10(2213)
유정(劉政)　5/3(0024)
유정처(劉靖妻)　285/8(3725)
유조(劉皁)　417/4(5700)
유조(劉照)　316/7(4060)
유조(劉璪)　352/8(4467)
유조하(劉朝霞)　250/12(3046)
유존(劉存)　124/7(0974)
유종원(柳宗元)　256/2(3161), 279/15(3641), 467/16(6538)
유주아장(幽州衙將)　330/5(4278)
유주인(幽州人)　139/22(1241)
유준(劉雋)　324/7(4200)
유준고(劉遵古)　156/3(1457)
유중애(劉衆愛)　451/6(6173)
유즐(劉騭)　355/14(4520)
유지감(柳智感)　298/1(3898)
유지언(劉志言)　361/9(4617)
유지원(劉知元)　132/13(1087)
유지준(劉知俊)　145/7(1340)
유지형(劉之亨)　118/10(0884)
유진(柳鎭)　469/13(6574)
유징(劉澄)　320/14(4134)
유찬(劉纂)　184/3(1974)
유처사(劉處士)　85/10(0488)
유척담(遺尺潭)　421/2(5737)

유천(劉薦)　428/3(5835)
유청송(劉靑松)　321/5(4142)
유청진(劉淸眞)　24/2(0121)
유초(劉峭)　314/5(4026)
유초(柳超)　437/7(5955)
유총(留寵)　142/7(1278)
유총(劉寵)　359/24(4571)
유추(劉樞)　118/7(0881)
유타(劉他)　319/13(4118)
유탄(劉誕)　276/40(3556)
유태(劉蛻)　182/8(1934), 499/12(6947)
유파(劉波)　141/8(1263)
유평(劉平)　332/7(4306)
유포(劉褒)　210/5(2426)
유표(劉表)　229/15(2703)
유풍(劉諷)　329/5(4267)
유필(劉弼)　102/12(0627)
유해(柳澥)　308/6(3972)
유행(儒行)　202
유행민(劉行敏)　254/6(3125)
유행자(劉行者)　162/17(1547)
유향(劉向)　161/6(1504), 197/2(2168), 291/20(3807)
유허백(劉虛白)　182/17(1942)
유헌(劉憲)　378/1(4854)
유헌지(劉獻之)　202/1(2250)
유현(劉玄)　368/5(4738)
유현좌(劉玄佐)　238/11(2841), 250/21(3055)

유호(劉胡)　439/15(5999)
유호(劉皞)　314/18(4039)
유홍(劉洪)　331/11(4299)
유홍경(劉弘敬)　117/5(0869)
유홍점(劉鴻漸)　105/5(0666)
유확(劉廓)　325/13(4222)
유황후(劉皇后)　271/11(3449)
유회(劉繪)　246/15(2975)
유회(柳晦)　312/5(3996)
유효의(劉孝儀)　234/4(2759)
유효작(劉孝綽)　265/2(3345)
유홍도(劉興道)　141/14(1269)
유희앙(劉希昂)　373/2(4781)
유희이(劉希夷)　143/10(1297)
육가(陸賈)　135/6(1135)
육강성(陸康成)　106/3(0677)
육경숙(陸敬叔)　415/2(5675)
육경융(陸景融)　221/4(2586)
육계(陸洎)　279/27(3653)
육교(陸喬)　343/1(4389)
육구몽(陸龜蒙)　235/21(2793)
육근리(六觔梨)　411/7(5551)
육기(陸機)　234/16(2771), 245/17(2960), 318/1(4084), 437/15(5963)
육동미(陸東美)　389/10(4974)
육법화(陸法和)　82/1(0448)
육병호(鬻餠胡)　402/21(5281)
육빈우(陸賓虞)　154/8(1442)
육빙(陸憑)　339/7(4373)

육사룡(陸士龍)　253/5(3104)
육사아(陸社兒)　425/13(5795)
육상선(陸象先)　177/1(1848)
육생(陸生)　72/3(0351)
육소(陸紹)　458/9(6273)
육소제(陸紹弟)　443/9(6084)
육수(陸琇)　174/30(1817)
육암몽(陸巖夢)　256/14(3173)
육양동자(洧陽童子)　405/1(5307)
육언(陸彦)　376/11(4846)
육여경(陸餘慶)　259/6(3232), 328/14(4262)
육예(陸乂)　247/6(2992)
육옹(陸顒)　476/10(6669)
육원방(陸元方)　493/21(6856)
육의(陸扆)　183/23(1968), 233/15(2748)
육적(陸績)　165/1(1620)
육조(陸操)　248/3(3005)
육지(陸贄)　186/16(2035)
육지(肉芝)　413/15(5625), 473/12(6631)
육창(陸暢)　256/3(3162)
육창(陸暢)　496/5(6892)
육합현승(六合縣丞)　381/6(4885)
육홍점(陸鴻漸)　83/3(0458), 201/10(2241), 399/11(5195)
육회소(陸懷素)　102/16(0631)
육효정(陸孝政)　132/8(1082)
윤군(尹君)　21/3(0110), 249/5(3019)
윤궤(尹軌)　13/3(0072)
윤극(尹極)　180/6(1893)

윤사(尹思)　13/8(0077)
윤신동(尹神童)　249/20(3034)
윤아(尹兒)　468/13(6558)
윤원(尹瑗)　454/7(6195)
윤주기(潤州氣)　367/6(4708)
윤주루(潤州樓)　495/11(6883)
윤진인(尹眞人)　43/1(0198)
윤호(尹皓)　424/15(5782)
율려(律呂)　161/10(1508)
융(狨)　446
융(狨)　446/13(6119)
융규(茙葵)　409/5(5467)
융봉리(融峰梨)　411/6(5550)
융욱(戎昱)　198/15(2195), 274/8(3503)
은구하(殷九霞)　224/16(2632)
은낭(殷琅)　478/12(6718)
은문량(殷文亮)　226/7(2660)
은산노인(銀山老人)　104/4(0652)
은신지(隱晨芝)　413/7(5617)
은안(殷安)　260/3(3248)
은요번(殷堯藩)　180/14(1901)
은우(銀牛)　434/3(5886)
은천상(殷天祥)　52/2(0240)
음감국곡수(飮甘菊谷水)　414/34(5672)
음국담수(飮菊潭水)　414/33(5671)
음군문자(陰君文字)　158/12(1484)
음귀인(陰貴人)　276/5(3521)
음덕(陰德)　117
음사(淫祀)　315

음연포(淫淵浦)　225/7(2642)
음은객(陰隱客)　20/1(0104)
음자춘(陰子春)　296/9(3888)
음장생(陰長生)　8/2(0044)
음주령(飮酒令)　163/29(1581)
음화(陰火)　466/12(6517)
읍노와(揖怒蛙)　473/3(6622)
응(鷹)　460
응거(應璩)　359/9(4556)
응진관(凝眞觀)　467/11(6533)
응천삼절(應天三絶)　214/3(2487)
응추(應樞)　137/8(1186)
의(蟻)　477/36(6705)
의(醫)1　218
의(醫)2　219
의(醫)3　220
의(醫)3　220
의광선사(儀光禪師)　94/3(0539)
의군왕로(宜君王老)　51/2(0236)
의녕방광인(義寧坊狂人)　84/2(0466)
의루(蟻樓)　477/37(6706)
의복(義福)　97/2(0557)
의성민(宜城民)　134/2(1114)
의성처(義成妻)　270/13(3433)
의양여자(宜陽女子)　161/18(1516)
의자(蟻子)　479/1(6722)
의종(懿宗)　204/9(2312)
의춘군민(宜春郡民)　401/3(5245)
의춘인(宜春人)　366/16(4697)

의협(義俠)　195/7(2158)
이(狸)　442
이(服餌)　414
이각(李珏)　31/3(0145)
이간(李簡)　376/9(4844)
이갑(李甲)　158/6(1478), 440/19(6028)
이강(李絳)　164/28(1619), 186/19(2038)
이강(李岡)　103/11(0642)
이강명처(李彊名妻)　386/6(4936)
이강우(李彊友)　377/5(4851)
이객(李客)　85/8(0486)
이거(李據)　261/6(3273)
이거(李琚)　108/8(0712)
이건(李建)　186/20(2039)
이걸(李傑)　171/9(1740)
이경(李敬)　275/2(3505)
이경(李經)　318/16(4099)
이경략(李景略)　172/3(1752)
이경백(李景伯)　164/25(1616)
이경양(李景讓)　157/1(1467), 233/12(2745)
이경원(李慶遠)　238/10(2840)
이경현(李敬玄)　255/9(3144)
이고(李高)　292/4(3812)
이고(李翯)　329/9(4271)
이고녀(李翺女)　181/5(1911)
이고언(李固言)　155/2(1447), 180/13(1900)
이고언(李顧言)　154/1(1435)
이곡(李鵠)　275/5(3508), 364/2(4662)
이곤(李袞)　204/16(2319)

이공(李公)　153/1(1426)
이관(李灌)　402/15(5275)
이관(李觀)　103/3(0634)
이광(李廣)　142/10(1281)
이광(夷光)　272/1(3464)
이광안(李光顔)　497/12(6916)
이광원(李光遠)　331/3(4291)
이광필(李光弼)　189/11(2092)
이괭(李肱)　181/18(1924)
이굉(李宏)　191/23(2126), 263/6(3318)
이교(李嶠)　169/25(1702), 184/18(1989), 240/5(2870)
이교위(李校尉)　439/17(6001)
이구(李球)　47/2(0217)
이구(李矩)　352/9(4468)
이구담(李瞿曇)　277/23(3589)
이구일(李丘一)　103/17(0648)
이군(李君)　157/3(1469)
이군옥(李群玉)　265/10(3353), 498/8(6931)
이귀년(李龜年)　204/15(2318), 205/4(2332)
이귀수(李龜壽)　196/3(2161)
이귀정(李龜禎)　126/17(1008)
이규(李揆)　137/20(1198), 150/8(1410), 451/13(6180), 474/9(6654)
이균(李鈞)　145/1(1334)
이균(異菌)　413/18(5628)
이극조(李克助)　500/2(6952)
이근도(李謹度)　259/15(3241)
이금재(李金才)　189/5(2086)

이급(李及)　384/2(4917)
이기(李琪)　175/13(1835)
이기비(李錡婢)　275/11(3514)
이길보(李吉甫)　48/1(0221), 174/16(1804)
이난(李廱)　451/12(6179)
이납(李納)　305/7(3947), 462/26(6385)
이노(李奴)　430/1(5847)
이단(李旦)　382/4(4893)
이단(李丹)　170/8(1715)
이단(李端)　198/16(2196)
이대가(李大可)　431/1(5856)
이대안(李大安)　99/11(0589)
이대인(李戴仁)　352/7(4466)
이덕(李德)　438/5(5973)
이덕권(李德權)　499/15(6950)
이덕림(李德林)　389/21(4985)
이덕유(李德裕)　98/1(0566), 143/26(1313), 156/5(1459), 170/20(1727), 172/6(1755), 175/10(1832), 182/5(1930), 201/13(2244), 232/9(2727), 237/6(2826), 239/9(2860), 244/12(2939), 256/16(3175), 399/31(5215), 405/22(5328)
이도(李都)　209/13(2418)
이도(李滔)　295/7(3867)
이도(李陶)　333/8(4315)
이도도(李駒駼)　247/12(2998)
이도예(李道豫)　438/1(5969)
이동(李潼)　223/7(2609)
이량필(李良弼)　258/20(3222)

이령(李令)　264/11(3339)
이령문(李令問)　330/11(4284)
이령서(李令緒)　453/3(6187)
이로(李老)　216/13(2513)
이류(異類)　118
이릉(李稜)　151/1(1412)
이림보(李林甫)　19/2(0101), 186/12(2031), 188/4(2073), 240/20(2885), 279/4(3630), 335/3(4333), 362/10(4640), 451/9(6176), 457/14(6254)
이막(李邈)　390/7(4999)
이매(李玫)　313/6(4011)
이면(李勉)　165/10(1629), 203/20(2295), 402/14(5274), 496/9(6896)
이명부(李明府)　134/12(1124)
이모(李謩)　204/22(2325)
이목(異木)　407
이목화(異木花)　409/33(5495)
이몽(李蒙)　163/31(1583)
이몽기(李夢旗)　162/21(1551)
이묘적(尼妙寂)　128/3(1024)
이문례(李文禮)　260/2(3247)
이문민(李文敏)　128/4(1025)
이문부(李文府)　327/11(4244)
이문빈(李文彬)　242/10(2896)
이민구(李敏求)　157/2(1468)
이밀(李密)　142/14(1285), 189/3(2084), 200/10(2226), 396/19(5114)
이반(李潘)　244/13(2940)

이반(李泮)　361/21(4629)
이백(李白)　174/12(1799), 201/6(2237)
이백금(李伯禽)　305/5(3945)
이백련(李伯憐)　279/11(3637)
이백약(李百藥)　175/2(1824)
이번(李藩)　153/4(1429)
이번(伊璠)　158/4(1476)
이법신(尼法信)　109/15(0733)
이보국(李輔國)　188/6(2075)
이복(李福)　392/6(5035)
이복여노(李福女奴)　275/12(3515)
이봉(異蜂)　477/15(6684)
이봉길(李逢吉)　138/3(1204), 181/1(1907), 273/5(3488), 278/5(3601), 307/9(3962)
이부인(李夫人)　229/9(2697)
이분(李汾)　439/24(6008)
이빈(李蠙)　138/8(1209), 499/3(6938)
이빙(李冰)　291/13(3800)
이빙사(李冰祠)　313/9(4014)
이사(李斯)　206/12(2363), 391/1(5018)
이사고(李師古)　365/5(4675)
이사공(李思恭)　390/14(5006)
이사군(李使君)　237/10(2830)
이사단(李師旦)　259/2(3228)
이사도(李師道)　143/27(1314), 393/20(5058)
이사망(李師望)　499/8(6943)
이사업(李嗣業)　192/6(2133)

이사원(李思元)　100/5(0596)
이사진(李嗣眞)　203/11(2286)
이사회(李師誨)　203/14(2289)
이사훈(李思訓)　211/15(2453)
이산룡(李山龍)　109/13(0731)
이산묘(梨山廟)　315/1(4041)
이산인(李山人)　40/2(0179)
이상(李詳)　254/16(3135), 493/23(6858)
이상(李湘)　346/8(4418)
이상은(李商隱)　199/9(2212)
이상재(李常在)　12/4(0069)
이생(李生)　85/5(0483), 125/3(0988), 157/6(1472), 220/20(2576), 223/4(2606)
이서(李庶)　247/8(2994)
이서(李序)　308/2(3968)
이서균(李栖筠)　149/7(1399)
이선(李宣)　424/12(5779)
이선(李禪)　479/13(6734)
이선고(李宣古)　256/12(3171)
이선인(李仙人)　42/3(0191)
이선처(李宣妻)　367/18(4720)
이성(李誠)　395/14(5090)
이세(李勢)　360/5(4578)
이소(李愬)　279/9(3635)
이소(李紹)　133/22(1112)
이소군(李少君)　9/1(0046)
이소덕(李昭德)　121/7(0939)
이소운(李捎雲)　279/7(3633)
이소하(李昭瑕)　440/29(6038)

이속방민(利俗坊民)　346/1(4411)
이송예(餌松藥)　414/21(5659)
이수(李壽)　132/4(1078)
이수(李修)　422/8(5749)
이수란(李秀蘭)　273/2(3485)
이수재(李秀才)　78/1(0407), 261/3(3270)
이수태(李守泰)　231/10(2715)
이수행(尼修行)　103/5(0636)
이숙견(李叔堅)　438/3(5971)
이숙경(李叔卿)　393/1(5039)
이숙제(李叔霽)　279/8(3634), 335/6(4336)
이순풍(李淳風)　76/11(0393), 224/6(2622)
이숭(李崇)　165/22(1641), 171/4(1735)
이숭정(李崇貞)　457/11(6251)
이승(異僧)1　87
이승(異僧)2　88
이승(異僧)3　89
이승(異僧)4　90
이승(異僧)5　91
이승(異僧)6　92
이승(異僧)7　93
이승(異僧)8　94
이승(異僧)9　95
이승(異僧)10　96
이승(異僧)11　97
이승(異僧)12　98
이승가(李承嘉)　361/12(4620)
이식(李湜)　300/4(3908)
이신(李信)　134/5(1117)

이신(李紳)　48/2(0222), 177/7(1854), 269/9(3416)
이실(李實)　202/10(2259)
이심(李潯)　351/7(4456)
이심언(李審言)　439/8(5992)
이십칠선(二十七仙)　29/3(0137)
이씨(李氏)　109/16(0734), 184/12(1983), 336/7(4346), 362/14(4644), 449/5(6151)
이아(李俄)　375/10(4825)
이아(李阿)　7/7(0042)
이안기(李安期)　250/4(3038)
이애(李藹)　183/3(1948)
이약(李約)　168/2(1669), 201/9(2240), 366/7(4688)
이양빙(李陽冰)　208/12(2403)
이어(鯉魚)　464/5(6445)
이어(異魚)　465/7(6475)
이어아(鯉魚兒)　163/15(1567)
이언(李言)　156/6(1460)
이언광(李彦光)　124/3(0970)
이언길(李言吉)　220/25(2581)
이언좌(李彦佐)　162/15(1545)
이업(李業)　84/8(0472)
이여모(李畬母)　271/6(3444)
이연복(李延福)　467/23(6545)
이연소(李延召)　238/16(2846)
이연식(李延寔)　493/3(6838)
이영(李嬰)　131/6(1054), 443/2(6077)
이영(李榮)　248/12(3014)

이영(李瑩)　336/5(4344)
이영자(李泳子)　314/3(4024)
이옹(李邕)　201/4(2235), 243/13(2917)
이와전(李娃傳)　484/1(6822)
이완(李琬)　205/6(2334)
이왕진적(二王眞跡)　209/11(2416)
이요(李曜)　252/1(3084)
이요(李堯)　183/9(1954)
이요(李嶢)　312/14(4005)
이용(李鄘)　393/21(5059)
이용창(伊用昌)　55/5(0258)
이우(李虞)　42/7(0195), 362/4(4634)
이우부(李祐婦)　219/5(2549)
이운(李雲)　352/3(4462)
이운한(李雲翰)　261/23(3290)
이원(李遠)　256/15(3174)
이원(李員)　400/17(5239)
이원(李源)　154/3(1437)
이원(李元)　48/5(0225)
이원공(李元恭)　449/3(6149)
이원명(李元明)　321/8(4145)
이원성(李元誠)　202/17(2266)
이원악(梨園樂)　204/2(2305)
이원일(李元一)　107/3(0690)
이원지(尼員智)　330/14(4287)
이원평(李元平)　112/13(0802), 339/2(4368)
이원효(李元皛)　494/8(6866)
이위(李蔚)　200/1(2217), 204/25(2328)
이위공(李衛公)　29/5(0139)

이유연(李惟燕)　105/1(0662)
이유준(李儒俊)　111/11(0776)
이음(李愔)　253/15(3114)
이응(李膺)　164/2(1593), 173/16(1778)
이응도(李凝道)　244/3(2930)
이의(李義)　438/12(5980)
이의기(李意期)　10/4(0056)
이의득(李宜得)　167/2(1660)
이의부(李義府)　240/6(2871)
이의염(李義琰)　127/6(1015)
이의침(李義琛)　171/6(1737), 179/2(1876), 493/4(6839)
이이(李廙)　164/15(1606)
이이간(李夷簡)　172/4(1753)
이익(李益)　184/21(1992), 497/13(6917)
이인(李茵)　354/15(4504)
이인(異人)1　81
이인(異人)2　82
이인(異人)3　83
이인(異人)4　84
이인(異人)5　85
이인(異人)6　86
이인구(李仁矩)　264/8(3336)
이일지(李日知)　176/5(1843)
이임위부(李任爲賦)　252/16(3099)
이자덕(李慈德)　285/10(3727)
이자량(李自良)　453/2(6186)
이자모(李子牟)　82/4(0451)
이자예(李子豫)　218/9(2532)

이자장(李子萇)　171/1(1732)
이잡국(泥雜國)　480/9(6750)
이장(李璋)　237/9(2829)
이장(李萇)　452/2(6184)
이장무(李章武)　340/3(4377), 496/14(6901)
이장원(李長源)　289/5(3772)
이재(李載)　338/7(4363)
이저실(餌柠實)　414/26(5664)
이적(李勣)　169/15(1692), 176/4(1842), 248/11(3013)
이적(李積)　184/15(1986)
이적(李赤)　341/2(4379)
이적(伊籍)　245/5(2948)
이적녀(李勣女)　328/2(4250)
이적지(李適之)　362/9(4639), 494/10(6868)
이전(李筌)　14/7(0084)
이전고(李全皋)　238/20(2850)
이전교(李全交)　268/12(3407)
이전질(李全質)　348/4(4433)
이전충(李全忠)　138/13(1214)
이정(李程)　180/7(1894), 187/10(2050), 251/4(3066)
이정(李靖)　189/6(2087), 296/13(3892), 418/14(5723)
이정(李貞)　133/19(1109)
이정(李珵)　174/15(1803)
이정(李亭)　193/1(2142)
이정광(李廷光)　106/2(0676)
이정기(李正己)　137/19(1197), 192/5(2132)

이정벽처(李廷璧妻)　272/16(3479)
이제(李除)　383/11(4912)
이제물(李齊物)　457/17(6257)
이종(李宗)　472/22(6619)
이종민(李宗閔)　144/5(1320), 181/7(1913), 498/1(6924)
이종회(李宗回)　153/2(1427)
이좌(李佐)　260/13(3258)
이좌공(李佐公)　338/4(4360)
이좌문(李佐文)　347/6(4428)
이좌시(李佐時)　305/2(3942)
이주(李舟)　101/11(0611), 235/18(2790)
이주(李書)　337/8(4354)
이주부(李主簿)　257/17(3198)
이주부처(李主簿妻)　378/9(4862)
이주세륭(爾朱世隆)　142/8(1279)
이주씨(爾朱氏)　312/7(3998)
이주이록사(利州李錄事)　458/6(6270)
이주제(李舟弟)　458/1(6265)
이주조(爾朱兆)　296/6(3885)
이준(李俊)　341/1(4378)
이중(李重)　351/2(4451)
이중려(李仲呂)　312/8(3999)
이중보(李仲甫)　10/3(0055)
이중통비(李仲通婢)　375/18(4833)
이중화(李仲和)　213/12(2478)
이증(李增)　469/11(6572)
이지(李之)　121/15(0947)
이지례(李知禮)　132/7(1081)

이지미(李知微)　440/22(6031)
이지원(李至遠)　185/20(2016)
이지통(尼智通)　116/2(0840)
이진(李鎭)　142/2(1273)
이진다(李眞多)　61/5(0294)
이진사(李進士)　281/1(3668)
이진악(李鎭惡)　249/16(3030)
이진주(李進周)　163/32(1584)
이진충(李盡忠)　189/9(2090)
이질(李賀)　117/8(0872)
이질(異疾)　220
이징(李徵)　427/6(5831)
이참군(李參軍)　224/18(2634), 448/8(6146)
이처감(李處鑒)　143/13(1300)
이처사(李處士)　73/6(0364)
이철(李哲)　363/4(4655)
이첨(李詹)　133/2(1092)
이청(李淸)　36/4(0164), 379/2(4864)
이초빈(李楚賓)　369/9(4757)
이충(異蟲)　477/17(6686)
이측(李測)　440/15(6024)
이칙(李則)　339/6(4372)
이탁(李琢)　430/8(5854)
이탄녀(李誕女)　270/12(3432)
이탕(李湯)　467/3(6525)
이태(李邰)　136/12(1173)
이태위군사(李太尉軍士)376/4(4839)
이태하(李台瑕)　257/15(3196)
이퇴(李頎)　151/6(1417)

이파(李播)　298/2(3899)
이팔백(李八百)　7/6(0041)
이패(李霸)　331/4(4292)
이포정(李抱貞)　495/14(6886)
이표(李彪)　174/24(1811)
이필(李泌)　38/1(0170), 150/4(1406), 289/1(3768)
이하(李賀)　49/2(0228), 265/9(3352)
이하주(李遐周)　31/1(0143)
이한(李澣)　337/4(4350)
이한(李翰)　198/11(2191)
이한웅(李漢雄)　80/17(0443)
이한지(李罕之)　264/9(3337)
이함(李咸)　337/7(4353)
이함장(李含章)　222/7(2595)
이항(李恒)　288/6(3755)
이항사문(李恒沙門)　89/4(0516)
이항생(李項生)　448/1(6139)
이해(李諧)　173/22(1784), 246/24(2984)
이해고(李楷固)　191/19(2122)
이행수(李行脩)　160/2(1495)
이허(李虛)　104/9(0657)
이헌(李憲)　292/7(3815)
이현(李睍)　242/17(2903)
이형수(李迥秀)　146/14(1361), 333/2(4309)
이호(姨虎)　433/7(5881)
이화(李華)　201/5(2236), 372/3(4776)
이화자(李和子)　343/4(4392)
이환(李寰)　256/7(3166)

이황(李黃)　366/12(4693), 458/14(6278)
이회(李回)　308/1(3967), 498/3(6926)
이회(李晦)　493/19(6854)
이회광(李懷光)　163/34(1586)
이훈첩(李訓妾)　129/12(1039)
이흌(李鷸)　470/1(6579)
이흔(李昕)　112/11(0800)
이흠요(李欽瑤)　227/5(2669)
이흡(李洽)　115/6(0833)
이희렬(李希烈)　269/5(3412)
이희백(李僖伯)　343/5(4393)
익수(益水)　399/3(5187)
익주노부(益州老父)　23/2(0115)
익주인(益州人)　131/8(1056)
익주장리(益州長吏)　242/1(2887)
인계지(藺啓之)　294/21(3858)
인기국(因祇國)　225/1(2636)
인부(鄰夫)　251/16(3078)
인색(吝嗇)　165
인석(人石)　398/36(5181)
인신구징(人臣咎徵)　141, 142, 143, 144, 145
인신휴징(人臣休徵)　137, 138
인어(印魚)　465/4(6472)
인요(人妖)　367
인자등(人子藤)　407/37(5412)
인정옹(藺庭雍)　431/2(5857)
인조(仁鳥)　463/3(6398)
인창(蚓瘡)　479/16(6737)

인치(蚓齒)　476/8(6667)
인화수족(人化水族)　471
일남(日南)　483/5(6812)
일목오향(一木五香)　414/7(5645)
일본왕자(日本王子)　228/5(2681)
일석도(一石桃)　410/23(5533)
일행(一行)　92/3(0532), 149/4(1396), 215/6(2496), 228/3(2679), 396/3(5098)
임걸(林傑)　175/8(1830)
임경현(林景玄)　449/7(6153)
임곡(任轂)　257/5(3186)
임괴(任瓌)　248/10(3012)
임괴처(任瓌妻)　272/13(3476)
임삼랑(任三郎)　86/2(0495)
임상령(臨湘令)　319/6(4111)
임씨(林氏)　405/8(5314)
임씨(任氏)　452/1(6183)
임언사(任彦思)　354/7(4496)
임여후유(臨汝侯猷)　296/8(3887)
임욱(任頊)　421/5(5740)
임원정(臨沅井)　399/24(5208)
임의방(任義方)　382/6(4895)
임자신(任自信)　106/5(0679)
임조장인(臨洮長人)　135/4(1133)
임주(任胄)　327/8(4241)
임지(淋池)　236/4(2798)
임지량(任之良)　224/15(2631)
임지선(任之選)　146/20(1367)
임찬요(林贊堯)　390/21(5013)

임창업(林昌業)　355/9(4515)
임한시(臨漢豕)　423/13(5765)
임해인(臨海人)　131/2(1050)
임회인(任懷仁)　320/7(4127)
임회장(臨淮將)　415/7(5680)
입석(立石)　398/16(5161)

ㅈ

대희(戴熙)　389/13(4977)
자고(鷓鴣)　461
자귀모(子歸母)　464/21(6461)
자동(刺桐)　406/10(5340)
자동화(刺桐花)　409/35(5497)
자랑(子朗)　396/7(5102)
자로(子路)　442/7(6059), 468/1(6546)
자말갈(紫袜鞨)　403/13(5294)
자미(紫米)　405/17(5323)
자비(紫鉟)　414/12(5650)
자석(紫石)　443/8(6083)
자성사(資聖寺)　212/9(2463)
자심선인(慈心仙人)　39/5(0175)
자아(秄兒)　366/6(4687)
자연석(自然石)　398/31(5176)
자영춘(子英春)　467/5(6527)
자운관여도사(紫雲觀女道士)　62/8(0304)
자위(子韋)　76/1(0383)

자은승(慈恩僧)　79/1(0417)
자은탑원여선(慈恩塔院女仙)　69/5(0333)
자주용(資州龍)　422/4(5745)
자죽(慈竹)　412/6(5582)
자지(紫芝)　413/4(5614)
자침마(紫沉麻)　412/25(5601)
자패(紫貝)　403/14(5295)
자화리(紫花梨)　411/8(5552)
작(雀)　462
작(鵲)(鴿附)　461
작목석혼(雀目夕昏)　462/18(6377)
작어(鯌魚)　465/17(6485)
작우(雀芋)　412/29(5605)
잠규(笒規)　455/3(6199)
잠녀(蠶女)　479/9(6730)
잠로(笒老)　458/7(6271)
잠만(湛滿)　294/17(3854)
잠문본(岑文本)　162/6(1536), 405/3(5309)
잠분(湛賁)　180/5(1892)
잠순(岑順)　369/7(4755)
잠씨(岑氏)　404/10(5306)
잠우(潛牛)　434/6(5889)
잡기용(雜器用)　369
잡기용(雜器用)　370
잡기용(雜器用)　371
잡기용(雜器用)(偶像附)368
잡록(雜錄)1　493
잡록(雜錄)2　494
잡록(雜錄)3　495

잡록(雜錄)4　496
잡록(雜錄)5　497
잡록(雜錄)6　498
잡록(雜錄)7　499
잡록(雜錄)8　500
잡보(雜寶)상　403
잡보(雜寶)하　404
잡설(雜說)　187/11(2051), 187/20(2060),
　　441/3(6042), 441/5(6044), 441/12(60
　　51), 443/17(6092)
잡설약(雜說藥)　220/13(2569)
잡수(雜獸)　441
잡전기(雜傳記)1　484
잡전기(雜傳記)2　485
잡전기(雜傳記)3　486
잡전기(雜傳記)4　487
잡전기(雜傳記)5　488
잡전기(雜傳記)6　489
잡전기(雜傳記)7　490
잡전기(雜傳記)8　491
잡전기(雜傳記)9　492
잡편(雜編)　209
잡편(雜編)　214/6(2490)
잡휼지(雜謫智)　190
잡희(雜戲)　228
잡희(雜戲)　228/12(2688)
장(獐)　443
장가(牂牁)　481/7(6772)
장가복(張嘉福)　148/2(1385)

장가우(張嘉祐)　300/7(3911)
장가유(張嘉猷)　105/6(0667)
장가정(張嘉貞)　147/15(1382), 148/6(1389)
장각태자비(莊恪太子妃)　184/22(1993)
장간(張簡)　447/16(6135)
장간등(張幹等)　263/11(3323)
장간서(張簡棲)　454/1(6189)
장간지(張柬之)　221/3(2585)
장갈처(張褐妻)　272/17(3480)
장갈충(張竭忠)　428/7(5839)
장갑(張甲)　276/23(3539)
장개(張闓)　321/9(4146)
장거군(張巨君)　33/4(0152)
장거일(張去逸)　150/3(1405)
장건교(張虔釗)　243/23(2927)
장건봉(張建封)　202/9(2258)
장건장(張建章)　70/10(0343)
장경(張勍)　190/8(2100), 337/5(4351)
장경(張璟)　313/2(4007)
장경(張景)　477/1(6670)
장경선비(張景先婢)　129/11(1038)
장경장(張璟藏)　216/9(2509)
장경장(張冏藏)　221/2(2584)
장경장(張景藏)　77/4(0403)
장고(張高)　436/19(5943)
장고(張翶)　266/9(3373)
장공근첩(張公瑾妾)　129/7(1034)
장공동(張公洞)　424/7(5774)
장과(張果)　30/1(0140)

장과녀(張果女)　330/1(4274)
장관(張寬)　161/1(1499), 456/20(6222)
장광성(張光晟)　304/6(3937)
장광인(長廣人)　139/7(1226)
장광정(張廣定)　472/4(6601)
장구(藏鉤)　228
장구(藏鉤)　228/8(2684)
장구(章苟)　456/30(6232)
장구겸경(章仇兼瓊)　40/1(0177), 335/2
　　(4332), 356/2(4522)
장구령(張九齡)　170/5(1712)
장군림(張君林)　322/17(4169)
장규처(張暌妻)　271/19(3457)
장극근(張克勤)　388/4(4957)
장근(張謹)　455/2(6198)
장급(張岌)　240/10(2875)
장급보(張及甫)　49/3(0229)
장기사(張騎士)　457/10(6250)
장납지(張納之)　435/12(5915)
장단(張亶)　268/3(3398)
장달(張達)　111/13(0778)
장담(張湛)　253/3(3102)
장덕(張德)　263/13(3325)
장도(張導)　383/12(4913)
장도릉(張道陵)　8/3(0045)
장도허(張道虛)　323/19(4193)
장등(張登)　257/8(3189)
장락리인(長樂里人)　286/6(3741)
장락촌성승(長樂村聖僧)　100/1(0592)

장련교(張連翹)　64/3(0314)
장례(張例)　450/13(6167)
장로(張老)　16/2(0091), 424/9(5776)
장로녀(張魯女)　418/3(5712)
장륭(張隆)　323/1(4175)
장리섭(張利涉)　242/13(2899)
장림(張林)　139/5(1224)
장립본(張立本)　454/5(6193)
장만복(張萬福)　219/3(2547)
장명계(長鳴雞)　461/24(6348)
장모손(張謀孫)　366/11(4692)
장모처(張某妻)　442/6(6058)
장무(張茂)　276/24(3540)
장무(蔣武)　441/11(6050)
장무(張武)　85/11(0489)
장무소(張茂昭)　261/1(3268)
장무시(張無是)　100/7(0598)
장무파(張無頗)　310/1(3977)
장문(張汶)　378/2(4855)
장문관(張文瓘)　147/6(1373), 164/7(1598)
장문규(張文規)　402/19(5279)
장문성(張文成)　137/16(1194), 185/21(20
　　17), 250/15(3049)
장문위(張文蔚)　440/30(6039)
장문중(張文仲)　218/19(2542)
장박(張璞)　292/8(3816)
장방(張方)　469/1(6562)
장범(章汎)　386/2(4932)
장법의(張法義)　115/1(0828)

장보장(張寶藏)　146/8(1355)
장복(張福)　468/7(6552)
장봉(張逢)　429/5(5846)
장분(張濆)　182/6(1931)
장분(張芬)　227/9(2673)
장불의(張不疑)　372/6(4779)
장비(張裨)　120/2(0915)
장비묘축(張飛廟祝)　353/11(4482)
장빙(張聘)　139/4(1223)
장빙(張騁)　359/16(4563)
장사(張辭)　75/8(0381)
장사공(張思恭)　474/6(6651)
장사녀(長沙女)　425/14(5796)
장사마(張司馬)　362/8(4638)
장사인(長沙人)　112/14(0803)
장사정(張士政)　80/2(0428)
장사평(張士平)　75/2(0375)
장산인(張山人)　72/1(0349)
장생(張生)　282/5(3683), 310/8(3984)
장서(張曙)　183/24(1969)
장서(張舒)　295/12(3872)
장석(張奭)　186/14(2033)
장선(張宣)　155/8(1453)
장선(張詵)　280/8(3664)
장성(長星)　139/19(1238)
장성궁(張省躬)　279/17(3643)
장성지(張誠之)　293/13(3837)
장소(章邵)　133/15(1105)
장소군졸(張紹軍卒)　390/22(5014)

장손갑(長孫甲)　451/4(6171)
장손도생(長孫道生)　165/6(1625)
장손무기(長孫無忌)　121/3(0935), 163/2
　1(1573), 248/9(3011), 447/14(6133)
장손소조(長孫紹祖)　326/4(4229)
장손역(長孫繹)　362/1(4631)
장손현동(長孫玄同)　249/7(3021)
장손흔(長孫昕)　263/7(3319)
장솔갱(張率更)　462/34(6393)
장송수(張松壽)　171/15(1746)
장수(張琇)　174/34(1821)
장수(章授)　323/17(4191)
장수(將帥)1　189
장수(將帥)2　190
장수국(長鬚國)　469/17(6578)
장수규(張守珪)　147/9(1376), 329/10(4272)
장수미(張須瀰)　393/13(5051)
장수승(長鬚僧)　262/9(3299)
장수신(張守信)　242/16(2902)
장수일(張守一)　289/17(3784), 336/2(4341)
장수재(張秀才)　370/4(4761)
장수현(長水縣)　468/2(6547)
장숙고(張叔高)　415/1(5674)
장순경(蔣舜卿)　85/15(0493)
장숭(張崇)　110/8(0747), 226/4(2657)
장승(張承)　137/11(1189)
장승(張昇)　430/3(5849)
장승길(張承吉)　324/11(4204)
장승모(張承母)　456/23(6225)

장승요(張僧繇) 211/5(2443)
장식(張殖) 24/3(0122)
장식(張式) 390/9(5001)
장심(張尋) 276/46(3562)
장씨(張氏) 111/20(0785), 137/12(1190),
    271/17(3455), 459/15(6293), 463/12
    (6407), 463/29(6424)
장씨자(張氏子) 261/19(3286), 366/14(4
    695)
장악자(張蠻子) 458/11(6275)
장안(張安) 301/3(3914)
장안인(章安人) 131/9(1057)
장안현계수(長安縣繫囚) 104/8(0656)
장어사(張御史) 112/10(0799)
장어주(張魚舟) 429/1(5842)
장언(張偃) 311/5(3989)
장언(張彥) 401/4(5246)
장엄(張儼) 84/3(0467)
장역(張易) 220/6(2562)
장역지(張易之) 139/24(1243), 143/8(12
    95), 163/28(1580), 188/1(2070), 236/
    20(2814), 361/11(4619)
장역지형제(張易之兄弟) 263/8(3320), 2
    67/14(3391)
장연(張然) 437/4(5952)
장연(張鋋) 314/12(4033), 445/1(6103)
장연상(張延賞) 243/16(2920)
장열(張說) 184/19(1990), 185/4(2000),
    186/13(2032), 198/8(2188), 235/15(2

787), 240/16(2881)
장예(張裔) 245/6(2949)
장예(蔣乂) 260/21(3266)
장옥란(張玉蘭) 60/8(0289)
장온(張溫) 425/1(5783)
장요(張瑤) 381/10(4889)
장용(張鏞) 367/11(4713)
장우(張祐) 181/9(1915)
장우(張禹) 318/11(4094)
장우언(張寓言) 446/5(6111)
장욱(張旭) 208/13(2404)
장운용(張雲容) 69/3(0331)
장원(張元) 112/4(0793)
장원(張轅) 153/8(1433)
장원(張瑗) 353/15(4486)
장원일(張元一) 254/13(3132)
장유(張裕) 245/7(2950)
장유(張庾) 345/2(4403)
장유(張遺) 359/4(4551)
장유고(張由古) 258/11(3213)
장유악(蔣惟岳) 369/2(4750)
장유청(張惟清) 392/3(5032)
장융(張融) 173/11(1773), 246/10(2970),
    357/5(4533)
장은(張恩) 391/3(5020)
장응(張應) 100/8(0599), 113/1(0805), 1
    61/19(1517), 395/6(5082)
장응(蔣疑) 183/14(1959)
장이공(蔣貽恭) 266/13(3377)

장이이공(張李二公) 23/6(0119)
장인(張寅) 362/18(4648)
장인보(張仁寶) 354/8(4497)
장인원(張仁愿) 186/4(2023)
장인위(張仁褘) 150/6(1408)
장인의(張仁禕) 185/12(2008)
장일(張鎰) 105/12(0673), 278/1(3597)
장일(張逸) 114/8(0822)
장자량(張子良) 137/22(1200)
장자문(蔣子文) 293/2(3826)
장자방(張子房) 6/1(0031)
장자신(張子信) 76/8(0390)
장자장(張子長) 319/1(4106)
장작(張鷟) 142/15(1286), 169/24(1701), 171/14(1745), 255/1(3136), 277/26(3592)
장장사(張長史) 242/4(2890)
장장용(張藏用) 242/18(2904)
장전(張籛) 138/16(1217)
장전(張全) 436/6(5930)
장전소(章全素) 31/4(0146)
장정(張政) 108/7(0711)
장정(張珽) 401/1(5243)
장정(張定) 74/4(0371)
장정구(張正矩) 156/2(1456)
장정보(張正甫) 179/9(1883), 180/16(1903)
장제(蔣濟) 276/11(3527)
장제구(張齊丘) 147/12(1379)
장제신(蔣帝神) 296/7(3886)
장조(張藻) 212/3(2457)

장조(張助) 315/6(4046)
장조(張造) 496/12(6899)
장조택(張祖宅) 231/5(2710)
장조호(張雕虎) 142/12(1283)
장존(張存) 232/5(2723)
장종(張縱) 132/16(1090)
장종(張琮) 328/5(4253)
장종회(張從晦) 264/7(3335)
장좌(張佐) 83/2(0457)
장주봉(張周封) 362/15(4645)
장주석(藏珠石) 398/28(5173)
장주육씨녀(長洲陸氏女) 333/9(4316)
장준(張駿) 276/19(3535)
장준(張俊) 433/1(5875)
장준(張濬) 85/3(0481), 190/6(2098)
장준언(張遵言) 309/2(3976)
장준영인(張濬伶人) 257/12(3193)
장중경(張仲景) 218/2(2525)
장중서(張仲舒) 360/23(4596)
장중영(臧仲英) 359/6(4553)
장중은(張仲殷) 307/12(3965)
장지(張芝) 206/16(2367)
장직(蔣直) 216/15(2515)
장직방(張直方) 205/9(2337), 455/1(6197)
장진(張進) 124/15(0982)
장진(張縝) 366/8(4689)
장질(張質) 380/7(4878)
장창(張暢) 111/3(0768)
장창(張昶) 206/17(2368)

장창기(張昌期)　461/17(6341)
장창의(張昌儀)　243/12(2916)
장천(張薦)　497/7(6911)
장천계(漳泉界)　393/11(5049)
장천석(張天錫)　276/18(3534)
장첨(張瞻)　279/12(3638)
장초(張超)　119/19(0909)
장초(章草)　206/7(2358)
장초금(張楚金)　121/12(0944), 162/8(15
　38), 171/12(1743), 202/4(2253)
장충(蔣蟲)　473/6(6625)
장침(蔣琛)　309/1(3975)
장탁(張卓)　52/4(0242)
장하(臧夏)　346/5(4415)
장한(張翰)　361/19(4627)
장한전(長恨傳)　486/1(6825)
장한직(張漢直)　316/8(4061)
장함광(張咸光)　262/8(3298)
장합답(張盍蹋)　443/13(6088)
장항(蔣恒)　171/7(1738)
장해(張楷)　4/10(0020)
장현(張絢)　120/10(0923)
장현소(張玄素)　103/16(0647)
장현정(張玄靖)　259/19(3245)
장형(張衡)　210/6(2427), 225/9(2644),
　258/19(3221)
장호(張祜)　238/12(2842), 251/7(3069)
장호(張鎬)　457/21(6261)
장호(張顥)　461/14(6338)

장호자(張胡子)　467/13(6535)
장호처(張鎬妻)　64/4(0315)
장홍양(張弘讓)　344/2(4395)
장홍정(張弘靖)　203/21(2296)
장화(張華)　197/4(2170), 231/1(2706)
장화(張和)　286/1(3736)
장화(張華)　396/11(5106), 442/11(6063),
　460/13(6315)
장화(章華)　437/10(5958)
장화사(張和思)　126/4(0995)
장환(張環)　180/18(1905)
장환(張奐)　276/6(3522)
장회경(張懷慶)　260/10(3255)
장회무(張懷武)　313/5(4010)
장효숭(張孝嵩)　268/6(3401)
장효자(章孝子)　168/6(1673)
장효표(章孝標)　181/2(1908), 251/10(3072)
장후예(張後裔)　174/4(1791)
장훤(張萱)　213/10(2476)
장흥(張興)　110/21(0760)
장희망(張希望)　329/2(4264)
재명(才名)　201
재부(才婦)　271
재상(宰相)　187/1(2041)
재생(再生)1　375
재생(再生)2　376
재생(再生)3　377
재생(再生)4　378
재생(再生)5　379

재생(再生)6　380
재생(再生)7　381
재생(再生)8　382
재생(再生)9　383
재생(再生)10　384
재생(再生)11　385
재생(再生)12　386
저(楮)　406/36(5366)
저부묘(柤父廟)　315/4(4044)
저수량(褚遂良)　208/7(2398), 209/8(2413)
저의(柤議)　234/5(2760)
저이수실(底㯙樹實)　411/4(5548)
저표(柤表)　234/6(2761)
적(笛)　204
적(鸐)　463/4(6399)
적건우(翟乾祐)　30/2(0141)
적귀창(狄歸昌)　200/5(2221)
적령계(赤嶺溪)　466/17(6522)
적백정(赤白桯)　406/34(5364)
적사(笛師)　428/6(5838)
적선(翟宣)　359/5(4552)
적소(翟昭)　446/3(6109)
적요의(赤腰蟻)　476/1(6660)
적유겸(狄惟謙)　396/6(5101)
적인걸(狄仁傑)　146/15(1362), 166/4(1656), 185/16(2012), 250/1(3035), 254/8(3127), 298/3(3900), 329/8(4270), 393/8(5046)
적인걸격(狄仁傑檄)　315/10(4050)

적인걸사(狄仁傑祠)　313/13(4018)
적지(滴芝)　413/12(5622)
적혼공(赤鯶公)　465/26(6494)
전(錢)　405
전군(田頵)　145/8(1341)
전달성(田達誠)　354/12(4501)
전당(顚當)　478/4(6710)
전당사인(錢塘士人)　462/10(6369)
전도국(㨲塗國)　460/1(6303)
전등양(田登孃)　417/9(5705)
전량일(田良逸)·장함홍(蔣含弘)　76/17(039)
전령자(田令孜)　219/10(2554)
전방의(錢方義)　346/12(4422)
전병(傳病)　474/4(6649)
전선(銓選)1　185
전선(銓選)2　186
전선생(田先生)　44/1(0202)
전소(田騷)　360/32(4605)
전승조(田承肇)　220/10(2566)
전심(田瞫)　367/25(4727)
전씨(田氏)　104/13(0661)
전씨자(田氏子)　450/3(6157)
전연(㨲然)　420/10(5734)
전염(田琰)　438/9(5977)
전예(田預)　147/1(1368)
전온(田嫗)　257/21(3202)
전우(錢祐)　292/13(3821)
전유암(田遊巖)　202/19(2268)
전인회(田仁會)　162/12(1542)

전주(田疇)　317/3(4068)
전지미(錢知微)　77/6(0405)
전창(田倉)　131/1(1049)
전초(田招)　437/19(5967)
전팽랑(田膨郎)　196/1(2159)
전포(田布)　311/3(3987), 417/5(5701)
절동무녀(浙東舞女)　272/8(3471)
절예(絶藝)　227
절우어인(浙右漁人)　232/7(2725)
점부(店婦)　132/11(1085)
점우주(黏雨酒)　233/9(2742)
정(井)　399
정감(情感)　274
정거중(鄭居中)　55/4(0257)
정건(鄭虔)　148/8(1391)
정결(鄭潔)　380/8(4879)
정경라(鄭瓊羅)　341/7(4384)
정계(鄭綮)　261/17(3284)
정계명(程季明)　253/1(3100)
정고(鄭杲)　169/26(1703), 185/17(2013)
정관비기(貞觀祕記)　215/5(2495)
정광(鄭光)　261/15(3282), 278/16(3612)
정광문(鄭廣文)　208/11(2402)
정광업(鄭光業)　251/21(3083)
정괴(精怪)1　368
정괴(精怪)2　369
정괴(精怪)3　370
정괴(精怪)4　371
정괴(精怪)5　372

정괴(精怪)6　373
정굉지(鄭宏之)　449/1(6147)
정교(鄭郊)　354/14(4503)
정군(鄭君)　73/4(0362)
정군옥(鄭羣玉)　261/21(3288)
정군웅(鄭君雄)　313/10(4015)
정권(鄭權)　154/4(1438)
정기(鄭起)　281/6(3673)
정기(鄭奇)　317/8(4073)
정덕린(鄭德璘)　152/1(1420)
정덕무(鄭德懋)　334/6(4326)
정도운모란(正倒暈牡丹)　409/12(5474)
정도혜(程道惠)　382/2(4891)
정동화(貞桐花)　409/25(5487)
정랑(鄭朗)　155/4(1449), 224/11(2627)
정령(丁零)　116/17(0855)
정령선(程靈銑)　118/12(0886)
정로녀(鄭路女)　270/16(3436)
정룡(井龍)　420/9(5733)
정릉(丁稜)　182/3(1928)
정막이하(程邈已下)　209/1(2406)
정만(淨滿)　95/4(0545)
정망(鄭望)　336/3(4342)
정목공(鄭繆公)　291/7(3794)
정미(鄭微)　141/9(1264)
정백헌(程伯獻)　240/17(2882)
정법사(鄭法士)　211/9(2447)
정보(程普)　126/1(0992)
정사(鼎師)　285/9(3726)

정사변(鄭師辯)　379/3(4865)
정사원(鄭思遠)　430/7(5853)
정산고(鄭山古)　80/11(0437)
정상여(鄭相如)　82/8(0455)
정생(鄭生)　127/12(1021), 358/8(4542),
　　366/3(4684)
정선(鄭鮮)　162/7(1537)
정소(鄭紹)　345/8(4409)
정소(鄭韶)　437/6(5954)
정속(鄭續)　205/10(2338)
정손(程遜)　223/14(2616)
정수(定數)1　146
정수(定數)2　147
정수(定數)3　148
정수(定數)4　149
정수(定數)5　150
정수(定數)6　151
정수(定數)7　152
정수(定數)8　153
정수(定數)9　154
정수(定數)10　155
정수(定數)11　156
정수(定數)12　157
정수(定數)13　158
정수(定數)14　159
정수(定數)15　160
정수기(程修己)　213/8(2474)
정수재(丁秀才)　196/8(2166)
정수징(鄭守澄)　355/13(4519)

정순(鄭馴)　341/4(4381)
정습(鄭襲)　426/12(5815)
정신좌녀(鄭神佐女)　270/6(3426)
정씨녀(鄭氏女)　358/11(4545)
정씨부(丁氏婦)　292/15(3823)
정씨자(鄭氏子)　442/19(6071)
정안(程顔)　374/12(4799)
정암(丁嵓)　429/3(5844)
정약(丁約)　45/2(0207)
정어(井魚)　425/5(5787), 465/6(6474)
정언빈(程彦賓)　117/10(0874)
정여경(鄭餘慶)　165/13(1632), 186/17(2
　　036)
정역사(淨域寺)　212/8(2462)
정연제(鄭延濟)　157/5(1471)
정영흥(丁永興)　390/4(4996)
정옹(鄭雍)　168/8(1675)
정운규(鄭雲逵)　232/4(2722)
정원(丁媛)　236/3(2797)
정원말포의(貞元末布衣)　83/6(0461)
정위(精衛)　463/2(6397)
정위처(程偉妻)　59/12(0277)
정음(鄭愔)　240/3(2868), 255/3(3138)
정음(鄭愔)·최식(崔湜)　185/22(2018)
정인(鄭絪)　137/23(1201), 164/16(1607),
　　170/9(1716), 365/9(4679)
정인개(鄭仁凱)　165/27(1646)
정인균(鄭仁鈞)　303/4(3926)
정인본제(鄭仁本弟)　374/18(4805)

정일인(程逸人)　73/5(0363)
정장(亭長)　426/5(5808)
정전(鄭畋)　168/5(1672), 199/11(2214)
정전(鄭翦)　308/5(3971)
정전(鄭畋)·노휴(盧攜)　261/16(3283)
정절화(旌節花)　409/1(5463)
정제영(鄭齊嬰)　358/5(4539)
정종간(鄭從簡)　329/3(4265)
정준(鄭準)　261/18(3285)
정중(丁重)　223/10(2612)
정지절(程知節)　191/17(2120)
정찰(精察)1　171
정찰(精察)2　172
정창도(鄭昌圖)　183/19(1964), 282/7(3685)
정책(鄭冊)　49/4(0230)
정초(丁初)　468/8(6553)
정촉빈(鄭蜀賓)　143/9(1296)
정총(鄭總)　352/4(4463)
정취(鄭就)　281/9(3676)
정평현촌인(正平縣村人)442/5(6057)
정하(程賀)　183/20(1965)
정한(鄭澣)　165/14(1633)
정행심(程行諶)　221/5(2587)
정현(鄭女)　164/4(1595), 215/1(2491), 276/7(3523)
정혼점(定婚店)　159/1(1487)
정화(丁譁)　360/18(4591)
정환고(鄭還古)　159/7(1493), 168/3(1670)
정회(鄭會)　376/1(4836)

정훈(鄭薰)　256/19(3178)
정휘(鄭翬)　458/10(6274)
정흠열(鄭欽悅)　391/12(5029)
정희(丁姬)　389/5(4969)
제갈각(諸葛恪)　173/6(1768), 245/9(2952), 253/2(3101), 359/11(4558)
제갈간(諸葛侃)　141/7(1262)
제갈근형제(諸葛瑾兄弟)　169/7(1684)
제갈원숭(諸葛元崇)　127/3(1012)
제갈은(諸葛殷)　290/2(3786)
제갈장민(諸葛長民)　360/13(4586)
제갈정(諸葛靚)　173/8(1770)
제갈회(諸葛恢)　246/2(2962)
제강(蹄羌)　482/12(6786)
제건안왕(齊建安王)　111/9(0774)
제경(齊瓊)　437/17(5965)
제경공(齊景公)　291/9(3796)
제경공묘(齊景公墓)　390/11(5003)
제경릉왕(齊竟陵王)　114/7(0821)
제군방(齊君房)　388/2(4955)
제녀자택(帝女子澤)　480/3(6744)
제돈수(齊墩樹)　406/22(5352)
제명(題名)　178/13(1872)
제명제(齊明帝)　165/2(1621)
제사망(齊士望)　382/7(4896)
제송자(齊訟者)　439/4(5988)
제신녀(帝神女)　399/1(5185)
제영(齊映)　35/3(0157)
제왕휴징(帝王休徵)　135, 136

제요(帝堯)　135/1(1130)
제인학슬(齊人學瑟)　262/20(3310)
제조청(齊朝請)　131/16(1064)
제주민(齊州民)　138/17(1218)
제주승(齊州僧)　98/2(0567)
제주해(諸州解)　178/4(1863)
제준사(齊俊士)　258/2(3204)
제중무(諸仲務)　276/43(3559)
제추녀(齊推女)　358/10(4544)
제태조(齊太祖)　135/20(1149)
제파(帝豝)　500/15(6965)
제한(齊瀚)　147/8(1375), 420/6(5730), 4
　67/4(6526)
제환공(齊桓公)　291/5(3792)
제후주(齊後主)　361/3(4611)
조가(祖價)　344/8(4401)
조겸광(趙謙光)　249/12(3026)
조경(趙璟)　152/3(1422)
조경(趙璟)·노매(盧邁)　152/2(1421)
조경종(曹景宗)　200/7(2223)
조고(趙固)　435/18(5921)
조고(趙高)　71/1(0345), 264/2(3330)
조공선(曹公船)　322/7(4159)
조관(曹寬)　425/7(5789)
조광봉(趙光逢)　184/6(1977)
조구(趙瞿)　10/6(0058)
조귀(魆鬼)　467/7(6529)
조기(趙岐)　210/4(2425)
조길(趙吉)　320/16(4136)

조납(祖納)　246/7(2967)
조달(趙達)　215/4(2494)
조당(曹唐)　349/7(4443)
조대석(釣臺石)　374/9(4796)
조동희(趙冬曦)　390/3(4995)
조랑(曹朗)　366/5(4686)
조량기(趙良器)　277/24(3590)
조량정(晁良貞)　362/13(4643)
조록사(祖錄事)　462/4(6363)
조리온(趙履溫)　240/9(2874)
조마(竈馬)　477/29(6698)
조면(刁緬)　333/10(4317)
조모처(趙某妻)　386/13(4943)
조묘아앵무(調猫兒鸚鵡)　288/15(3764)
조문소(趙文昭)　295/15(3875)
조문신(趙文信)　102/11(0626)
조문약(趙文若)　102/2(0617), 381/1(4880)
조문창(趙文昌)　102/3(0618)
조문흡(曹文洽)　167/5(1663)
조배(趙裴)　381/8(4887)
조백륜(趙伯倫)　318/2(4085)
조번(趙蕃)　98/10(0575)
조벽(趙辟)　205/22(2350)
조봉(趙逢)　164/18(1609)
조봉(曹鳳)　418/2(5711)
조불흥(曹不興)　210/8(2429)
조비연(趙飛燕)　236/10(2804), 272/3(3466)
조사관(趙思綰)　269/12(3419)
조사사삭방(朝士使朔方)266/2(3366)

조사언(祖士言)　253/8(3107)
조사종(趙士宗)　366/4(4685)
조상례(助喪禮)　262/15(3305)
조생(曹生)　273/10(3493)
조생(趙生)　417/10(5706)
조선모(趙宣母)　367/19(4721)
조선사(稠禪師)　91/6(0524)
조성(鳥省)　463/25(6420)
조성인(趙聖人)　80/13(0439)
조소아(趙小兒)　248/8(3010)
조수(趙叟)　437/14(5962)
조숙아(趙叔牙)　342/3(4387)
조숭(趙崇)　251/20(3082), 500/6(6956)
조식(曹植)　173/5(1767)
조신덕(趙神德)　254/1(3120)
조안(趙安)　107/17(0704), 124/19(0986)
조연(趙涓)　171/17(1748)
조연노(趙鴛奴)　86/14(0507)
조연수(趙延壽)　200/15(2231)
조오산(弔烏山)　462/19(6378)
조왕고(曹王皐)　205/5(2333), 231/12(2717)
조왕륜(趙王倫)　359/15(4562)
조왕묘(曹王墓)　390/16(5008)
조욱(趙旭)　65/2(0318)
조운(趙雲)　191/3(2106)
조원리(曹元理)　215/3(2493)
조원해(趙元楷)　240/1(2866)
조유(趙瑜)　313/7(4012)
조유사(曹惟思)　126/11(1002)

조익(趙翼)　415/5(5678)
조인장(趙仁奬)　259/10(3236)
조일(趙逸)　81/3(0446)
조적(鳥賊)　463/24(6419)
조점인(漕店人)　328/4(4252)
조제숭(趙齊嵩)　421/6(5741)
조조(趙操)　73/8(0366)
조존(趙存)　496/1(6888)
조존사(趙尊師)　79/9(0425)
조종(趙琮)　182/20(1945)
조종유(趙宗儒)　250/24(3058), 497/16(6920)
조종지(曹宗之)　377/3(4849)
조좌(趙佐)　334/9(4329)
조주참군처(趙州參軍妻)　298/6(3903)
조준조(刁俊朝)　220/19(2575)
조지국(條支國)　461/15(6339)
조지미(趙知微)　85/1(0479)
조진(曹眞)　405/9(5315)
조진검(祖珍儉)　285/3(3720)
조창시(趙昌時)　153/9(1434)
조척(趙倜)　431/7(5862)
조초(嘲誚)1　253
조초(嘲誚)2　254
조초(嘲誚)3　255
조초(嘲誚)4　256
조초(嘲誚)5　257
조태(趙泰)　109/5(0723), 377/1(4847)
조태(趙太)　134/4(1116)

조평원(趙平原) 470/6(6584)	종숙림(宗叔林) 118/5(0879), 276/34(3550)
조하일(趙夏日) 332/4(4303)	종어(鱅魚) 464/24(6464)
조합(趙合) 347/4(4426)	종요(鍾繇) 206/23(2374), 317/9(4074)
조현경(趙玄景) 218/18(2541)	종원경(宗元卿) 161/30(1528)
조혜(曹惠) 371/6(4772)	종육(鍾毓) 174/28(1815)
조호(雕葫) 412/19(5595)	종조(終祚) 440/7(6016)
조홍(曹洪) 435/8(5911)	종준(鍾遵) 124/13(0980)
조화(趙驊) 167/4(1662)	종초객(宗楚客) 236/21(2815), 240/12(2877)
조화(趙和) 172/9(1758)	
조확(趙廓) 76/2(0384)	종측(宗測) 211/1(2439)
조확(曹確) 278/18(3614)	종현성(宗玄成) 263/2(3314)
조회정(趙懷正) 400/19(5241)	종회(鍾會) 206/24(2375)
조후(趙后) 203/17(2292)	좌백(左伯) 206/21(2372)
조후(趙侯) 284/8(3713)	좌영오백(左營伍伯) 106/11(0685)
족접화(簇蝶花) 409/4(5466)	좌자(左慈) 11/5(0064)
종간(從諫) 97/10(0565)	좌우대어사(左右臺御史) 254/10(3129)
종남유동(終南乳洞) 397/11(5131)	주(酒) 233
종대(宗岱) 317/7(4072)	주(塵) 443
종도(鍾道) 469/2(6563)	주결(周潔) 354/17(4506)
종등(鍾藤) 407/36(5411)	주경여(朱慶餘) 199/6(2209)
종리왕사(鍾離王祠) 313/11(4016)	주경원(朱慶源) 138/18(1219)
종몽징(宗夢徵) 367/12(4714)	주광(周廣) 219/1(2545)
종묘문목(宗廟文木) 406/37(5367)	주광물(周匡物) 199/4(2207)
종병(宗炳) 210/16(2437)	주군(周羣) 444/2(6096)
종부(鍾傅) 145/10(1343), 184/4(1975), 192/11(2138)	주귀우(周歸祐) 192/13(2140)
	주극융(朱克融) 144/2(1317)
종사(螽斯) 479/19(6740)	주근(朱覲) 456/38(6240)
종서래사(種黍來蛇) 456/7(6209)	주내(朱柰) 410/16(5526)
종세림(宗世林) 235/1(2773)	주당(周瑞) 110/2(0741)

주도사(朱道士)　366/2(4683)
주도추(朱桃椎)　202/20(2269)
주동(朱同)　384/6(4921)
주등지(周登之)　360/29(4602)
주량(酒量)　233
주리(朱李)　410/13(5523)
주림하(周臨賀)　319/3(4108)
주명(酒名)　233/10(2743)
주모(酒母)　59/15(0280)
주목왕(周穆王)　2/1(0006), 229/1(2689)
주목왕팔준(周穆王八駿)　435/2(5905)
주무왕(周武王)　135/2(1131)
주문(籀文)　206/3(2354)
주문왕(周文王)　447/3(6122)
주민(周閔)　113/3(0807)
주방(周昉)　213/6(2472)
주법공(朱法公)　469/8(6569)
주보(周寶)　70/11(0344)
주복(周復)　498/4(6927)
주본(周本)　366/18(4699)
주부충(主簿蟲)　474/10(6655)
주사(周捨)　246/25(2985)
주사(酒肆)　253/13(3112)
주사룡(周士龍)　289/4(3771)
주생(周生)　75/6(0379)
주석(走石)　398/10(5155)
주선(周宣)　276/12(3528)
주선사(籌禪師)　76/10(0392)
주소경(朱少卿)　279/23(3649)

주소왕(周昭王)　276/1(3517)
주송(周頌)　382/11(4900)
주수(酒樹)　406/8(5338)
주수후(朱隨侯)　254/15(3134)
주식(周式)　316/11(4064)
주씨(朱氏)　386/5(4935)
주씨비(周氏婢)　276/49(3565)
주씨자(朱氏子)　434/11(5894)
주씨자(周氏子)　462/5(6364)
주아지(朱牙之)　474/11(6656)
주애(周藹)　281/5(3672)
주언(朱彦)　318/3(4086)
주엄(朱淹)　173/19(1781)
주연수(朱延壽)　353/8(4479)
주연한(周延翰)　279/28(3654)
주열(朱悅)　79/2(0418)
주영왕(周靈王)　229/2(2690)
주오(朱敖)　334/7(4327)
주옹(周顒)　173/14(1776)
주옹중(周翁仲)　317/2(4067)
주웅(周雄)　432/10(5874)
주원(周愿)　251/1(3063), 497/6(6910)
주원길(朱元吉)　314/15(4036)
주원추(周元樞)　353/7(4478)
주위이자(周韋二子)　262/12(3302)
주유자(朱孺子)　24/5(0124)
주윤원(周允元)　218/16(2539)
주은극(周隱克)　80/1(0427)
주은요(周隱遙)　6/4(0034)

주의(周義)　322/11(4163), 431/8(5863)
주의(周顗)　233/17(2750), 246/3(2963), 257/4(3185)
주인(朱仁)　440/28(6037)
주인궤(周仁軌)　143/2(1289)
주일주수(主一州樹)　407/1(5376)
주자공(周子恭)　384/1(4916)
주자권(朱自勸)　338/10(4366)
주자문(周子文)　318/14(4097)
주자장(周子長)　318/5(4088)
주자지(朱子之)　318/8(4091)
주적처(周迪妻)　270/3(3423)
주전의(朱前疑)　201/16(2247), 238/6(2836), 258/10(3212)
주정(朱貞)　120/13(0926)
주정우(朱廷禹)　314/7(4028)
주정제(周靖帝)　139/13(1232)
주제천(周濟川)　342/4(4388)
주종(周宗)　116/4(0842)
주종(朱綜)　461/30(6354)
주종본(朱從本)　366/17(4698)
주종지(朱宗之)　360/16(4589)
주주서자(湊州筮者)　216/10(2510)
주준(朱遵)　191/2(2105)
주준(蠵蟝)　464/26(6466)
주증(朱拯)　281/7(3674)
주지(珠池)　402/8(5268)
주진노(周胗奴)　284/7(3712)
주진행기(周秦行記)　489/1(6829)

주찬(朱粲)　267/5(3382)
주철체처(周哲滯妻)　386/8(4938)
주초(周超)　141/10(1265)
주취(酒臭)　233/22(2755)
주칠낭(朱七娘)　331/2(4290)
주탄(朱誕)　473/24(6643)
주탄급사(朱誕給使)　473/9(6628)
주태(朱泰)　323/15(4189)
주택(朱澤)　257/9(3190)
주한(周邯)　232/12(2730), 422/3(5744)
주한빈(朱漢賓)　459/10(6288)
주현(朱顯)　160/4(1497)
주현녀(朱峴女)　356/5(4525)
주현자(周賢者)　73/1(0359)
주현표(周玄豹)　223/13(2615)
주호(周皓)　273/1(3484)
주홍(周洪)　394/4(5064)
주화(朱化)　133/1(1091)
주휴지(朱休之)　438/2(5970)
주흥(周興)　121/9(0941), 267/16(3393)
죽(竹)　412
죽계정(竹季貞)　376/10(4845)
죽류(竹貓)　163/39(1591)
죽림칠현(竹林七賢)　235/5(2777)
죽봉(竹蜂)　477/23(6692)
죽실(竹實)　412/15(5591)
죽영통(竹永通)　134/1(1113)
죽왕(竹王)　291/19(3806)
죽육(竹肉)　413/20(5630)

죽주(竹籿)　412/14(5590)
죽지(竹芝)　413/1(5611)
죽화(竹花)　412/13(5589)
준변(俊辯)1　173
준변(俊辯)2　174
준의왕씨(浚儀王氏)　335/1(4331)
중관(中官)　330/9(4282)
중니(仲尼)　137/2(1180)
중명침(重明枕)　227/2(2666), 404/6(5302)
중모철추(中牟鐵錐)　405/11(5317)
중부민(中部民)　286/3(3738)
중사조(仲思棗)　410/33(5543)
중소소(仲小小)　434/20(5903)
중수(重水)　399/15(5199)
중정예(中庭預)　165/19(1638)
중조자(中朝子)　431/9(5864)
즉어(鯽魚)　464/23(6463)
증강조(曾康祖)　161/32(1530)
증계형(曾季衡)　347/3(4425)
증근(曾勤)　283/11(3697)
지(芰)　409/47(5509)
지(芝)(菌蕈附)　413
지공(智空)　394/16(5076)
지공사(誌公詞)　163/33(1585)
지둔(支遁)　87/4(0511)
지법존(支法存)　119/18(0908)
지법형(支法衡)　382/1(4890)
지분전(脂粉錢)　497/10(6914)
지상사현자(至相寺賢者)　457/13(6253)

지수맥(知水脉)　436/10(5934)
지양소인(池陽小人)　139/1(1220)
지연화조(紙鳶化鳥)　463/16(6411)
지의내(脂衣柰)　410/15(5525)
지의사(紙衣師)　289/2(3769)
지인(知人)1　169
지인(知人)2　170
지인승(知人僧)　170/22(1729)
지일초(地日草)　408/43(5458)
지자선사(智者禪師)　98/12(0577)
지전(支戩)　158/14(1486)
지전(地錢)　413/23(5633)
지주민(池州民)　472/21(6618)
지주원(蜘蛛怨)　478/10(6716)
지중어(池中魚)　466/9(6514)
지태세(知太歲)　461/13(6337)
지하육지(地下肉芝)　413/17(5627)
직관(職官)　187
직금인(織錦人)　257/16(3197)
진갑(陳甲)　131/3(1051)
진거백(秦巨伯)　317/6(4071)
진결(陳潔)　126/18(1009)
진경선(陳敬瑄)　177/11(1858)
진경손(陳慶孫)　318/21(4104)
진계경(陳季卿)　74/2(0369)
진고(陳臯)　322/19(4171)
진고조(陳高祖)　135/23(1152)
진고조(晉高祖)　136/16(1177)
진광모(秦匡謀)　123/2(0962)

진굉(陳閎)　212/4(2458)
진교(陳嶠)　183/21(1966)
진군릉(陳君稜)　133/5(1095)
진궁인(秦宮人)　59/9(0274)
진귀범(陳龜範)　385/4(4930)
진금(陳金)　51/4(0238)
진기장(秦騎將)　272/20(3483)
진길료(秦吉了)　463/22(6417)
진덕우(陳德遇)　353/17(4488)
진도(陳桃)　276/15(3531)
진도(陳導)　328/11(4259)
진도옥(秦韜玉)　183/22(1967)
진라자(陳癩子)　257/18(3199)
진란봉(陳鸞鳳)　394/1(5061)
진랍국(眞臘國)　482/21(6795)
진랍국대조(眞臘國大鳥)　463/37(6432)
진랑비(陳朗婢)　375/14(4829)
진량(陳良)　378/7(4860)
진리빈(陳利賓)　104/11(0659)
진망(陳莽)　131/14(1062)
진명제(晉明帝)　276/25(3541)
진명학(秦鳴鶴)　218/14(2537)
진무각저인(振武角抵人)　500/5(6955)
진무제(晉武帝)　135/13(1142)
진무진(陳武振)　286/7(3742)
진문공(晉文公)　291/6(3793)
진문달(陳文達)　103/6(0637)
진민(陳敏)　293/10(3834)
진민(陳岷)　80/10(0436)

진백선생(眞白先生)　15/2(0086)
진번(陳蕃)　316/6(4059)
진번(陳璠)　353/2(4473)
진번수(陳磻叟)　265/13(3356)
진보(秦寶)　403/4(5285)
진복야(陳僕射)　289/14(3781)
진복휴(陳復休)　52/1(0239)
진비(陳斐)　447/8(6127)
진사(陳師)　51/3(0237)
진사귀예부(進士歸禮部)　178/2(1861)
진사마씨(晉司馬氏)　135/11(1140)
진사왕(陳思王)　225/12(2647)
진사응(陳思膺)　389/28(4992)
진사최생(進士崔生)　311/4(3988)
진생(陳生)　74/3(0370)
진서(陳緒)　294/10(3847)
진서(晉瑞)　461/7(6331)
진선(陳仙)　317/16(4081)
진선(陳羨)　447/5(6124)
진성파초(秦城芭蕉)　140/7(1252)
진소(陳昭)　106/13(0687), 222/10(2598)
진소(陳素)　319/9(4114)
진소유(陳少遊)　239/3(2854)
진소주(晉少主)　278/22(3618)
진수(秦樹)　324/1(4194)
진수규(陳守規)　355/3(4509)
진수원(陳秀遠)　114/4(0818)
진숙(陳琡)　202/25(2274)
진숙보(秦叔寶)　191/14(2117), 435/11(5914)

진승친(陳承親)　267/6(3383)
진시부인(秦時婦人)　62/9(0305)
진시황(秦始皇)　291/16(3803), 396/8(5103)
진식(陳寔)　161/12(1510), 169/1(1678)
진신(陳臣)　295/11(3871)
진씨녀(陳氏女)　293/6(3830)
진아등(陳阿登)　316/12(4065)
진안거(陳安居)　113/9(0813)
진안민(晉安民)　469/3(6564)
진안세(陳安世)　5/9(0030)
진안평(陳安平)　277/22(3588)
진암(陳巖)　444/5(6099)
진양관(眞陽觀)　232/13(2731)
진양민가(晉陽民家)　442/20(6072)
진양인첩(晉陽人妾)　129/14(1041)
진언박(陳彦博)　154/7(1441)
진업(陳業)　161/11(1509)
진연미(陳延美)[闕]　269
진영백(陳永伯)[闕]　10
진우(陳虞)　292/10(3818)
진원강(陳元康)　173/21(1783)
진원광(陳元光)　267/8(3385)
진원방(陳元方)　174/26(1813)
진원생(陳袁生)　306/1(3950)
진원제(晉元帝)　135/15(1144)
진월석(陳越石)　357/4(4532)
진유(陳遺)　162/3(1533)
진의(陳義)　394/10(5070)
진의랑(陳義郞)　122/1(0952)

진자앙(陳子昂)　179/3(1877)
진자융(眞子融)　119/23(0913)
진작(陳爵)　400/4(5226)
진장(陳璋)　435/21(5924)
진정관(陳正觀)　439/10(5994)
진제처(陳濟妻)　396/21(5116)
진주도아(晉州屠兒)　439/21(6005)
진주철탑(鎭州鐵塔)　101/14(0614)
진준(陳濬)　401/7(5249)
진중거(陳仲擧)　137/10(1188)
진중궁(陳仲躬)　231/11(2716)
진중자(秦中子)　238/19(2849)
진진숭(秦進崇)　390/24(5016)
진진충(秦進忠)　353/9(4480)
진창보계(陳倉寶雞)　461/21(6345)
진채(陳寨)　220/4(2560)
진철(陳哲)　105/10(0671)
진첨(秦瞻)　457/2(6242)
진청(秦青)·한아(韓娥)　204/13(2316)
진초(陳焦)　375/3(4818)
진택동(震澤洞)　418/9(5718)
진통방(陳通方)　265/8(3351)
진평공(晉平公)　291/8(3795)
진포(陳褒)　432/8(5872)
진현(陳峴)　126/15(1006)
진현(陳絢)　395/10(5086)
진현토(眞玄兎)　215/2(2492)
진혜제(晉惠帝)　135/14(1143), 231/2(2707)
진혜처(陳惠妻)　103/14(0645)

진혜허(陳惠虛)　49/5(0231)
진홍태(陳弘泰)　118/16(0890)
진회(陳悝)　295/2(3862)
진회경(陳懷卿)　495/5(6877)
진효무제(晉孝武帝)　294/20(3857)
진후주(陳後主)　139/16(1235)
진훈(陳勳)　124/12(0979)
진휴복(陳休復)　80/3(0428)
진희렬(陳希烈)　335/4(4334)
진희민(陳希閔)　493/22(6857)
질금상(叱金像)　136/2(1163)
집취구(集翠裘)　405/13(5319)
징군(徵君)　260/12(3257)
징응(徵應)1　135
징응(徵應)2　136
징응(徵應)3　137
징응(徵應)4　138
징응(徵應)5　139
징응(徵應)6　140
징응(徵應)7　141
징응(徵應)8　142
징응(徵應)9　143
징응(徵應)10　144
징응(徵應)11　145

ㅊ

차갑(車甲)　443/14(6089)

차모(車母)　110/23(0762)
차무자처(車武子妻)　272/9(3472)
차삼(車三)　216/12(2512)
차준(車浚)　173/7(1769)
착불광사(捉佛光事)　289/12(3779)
착이석인(著餌石人)　315/7(4047)
참응(讖應)　163
참작원(參酌院)　187/6(2046)
창록(蒼鹿)　443/4(6079)
창룡(蒼龍)　418/1(5710)
창오충(蒼梧蟲)　473/15(6634)
창용(昌容)　59/2(0267)
창저민(滄渚民)　455/5(6201)
창최(暢璀)　304/4(3935)
채(采)　411
채경(蔡京)　273/7(3490)
채남사(蔡南史)　180/8(1895)
채낭(采娘)　387/8(4951)
채모(蔡謨)　246/1(2961)
채모(蔡謨)　320/1(4121)
채미원(蔡微遠)　216/11(2511)
채사(蔡四)　372/2(4775)
채석(採石)　398/4(5149)
채소하(蔡少霞)　55/3(0256)
채약민(採藥民)　25/1(0125)
채언경(蔡彦卿)　401/9(5251)
채여선(蔡女仙)　62/6(0302)
채영(蔡榮)　308/3(3969)
채옥(蔡玉)　418/13(5722)

채옹(蔡邕)　164/5(1596), 169/5(1682), 2
　　03/23(2298), 206/14(2365)
채전(蔡畋)　289/16(3783)
채주행자(蔡州行者)　108/13(0717)
채지처(蔡支妻)　375/13(4828)
채철(蔡鐵)　216/6(2506)
채탄(蔡誕)　288/1(3750)
채형(蔡荊)　170/23(1730)
채홍(蔡洪)　173/9(1771), 245/16(2959)
채확(蔡廓)　185/1(1997)
채흥(蔡興)　469/10(6571)
채희민(蔡希閔)　393/14(5052)
채희부(蔡喜夫)　118/8(0882), 440/11(6020)
책맹(蚱蜢)　473/16(6635)
척곽(尺郭)　482/16(6790)
척기사승(陟屺寺僧)　227/12(2676)
척목(尺木)　422/10(5751)
척부인(戚夫人)　204/14(2317)
척소요(戚逍遙)　70/8(0341)
척촉화(躑躅花)　409/37(5499)
척현부(戚玄符)　70/3(0336)
천공단(天公壇)　395/7(5083)
천교유인(天嶠遊人)　199/2(2205)
천독국도인(天毒國道人)　284/2(3707)
천문산(天門山)　456/34(6236)
천문자(天門子)　5/5(0026)
천보감자(天寶甘子)　410/29(5539)
천보부(天寶符)　136/3(1164)
천보선인(天寶選人)　427/7(5832)
천보악장(天寶樂章)　204/4(2307)
천보초인(天寶樵人)　457/19(6259)
천보향초(千步香草)　408/23(5438)
천보황기(天寶黃騎)　440/16(6025)
천세송(千歲松)　407/20(5395)
천세연(千歲鶊)　461/6(6330)
천세편복(千歲蝙蝠)　473/13(6632)
천왕괴(天王槐)　406/43(5373)
천우어(天牛魚)　465/37(6505)
천우충(天牛蟲)　477/20(6689)
천일주(千日酒)　233/1(2734)
천자문어걸사(千字文語乞社)　252/6(3089)
천자재(天自在)　86/5(0498)
천존신(天尊薪)　406/41(5371)
천존지(天尊芝)　413/3(5613)
천축호인(天竺胡人)　284/9(3714)
천태이녀(天台二女)　61/7(0296)
천후(天后)　163/19(1571), 202/7(2256),
　　277/18(3584), 461/33(6357)
철두(鐵頭)[闕]　232
철사(徹師)　109/17(0735)
첨녕(諂佞)1　239
첨녕(諂佞)2　240
첨녕(諂佞)3　241
첨생(檐生)　458/2(6266)
첨파이과(瞻波異果)　410/6(5516)
청강군수(清江郡叟)　368/9(4742)
청니주(青泥珠)　402/10(5270)
청담(清潭)　399/20(5204)

청룡사객(青龍寺客)　256/21(3180)
청부(青蚨)　477/13(6682)
청석(青石)　398/5(5150)
청성도사(青城道士)　287/4(3748)
청양목(青楊木)　406/30(5360)
청우(青牛)　434/4(5887)
청원도장(清源都將)　355/7(4513)
청전주(青田酒)　233/8(2741)
청정(青蜓)　473/23(6642)
청정수(蜻蜓樹)　407/30(5405)
청주객(青州客)　353/6(4477)
청초괴(青草槐)　408/9(5424)
청태주(清泰主)　314/1(4022)
청하군수(清河郡守)　440/8(6017)
체죽(涕竹)　412/2(5578)
초(草)　408
초강어자(楚江漁者)　446/1(6107)
초계(楚雞)　461/22(6346)
초독초(蕉毒草)　408/30(5445)
초련사(焦練師)　449/4(6150)
초모(焦茅)　408/35(5450)
초목(草木)1　406
초목(草木)2　407
초목(草木)3　408
초목(草木)4　409
초목(草木)5　410
초목(草木)6　411
초목(草木)7　412
초목(草木)8　413

초목(草木)9　414
초목(草木)10　415
초목(草木)11　416
초목(草木)12　417
초문왕(楚文王)　460/17(6319)
초본(譙本)　430/9(5855)
초봉(焦封)　446/11(6117)
초서(草書)　206/10(2361)
초선(焦先)　9/4(0049)
초식(楚寔)　278/2(3598)
초심수(酢心樹)　407/32(5407)
초안(楚安)　214/2(2486)
초예준(譙乂俊)　314/4(4025)
초왕영녀(楚王英女)　456/22(6224)
초왕총(楚王冢)　389/19(4983)
초요(僬僥)　480/24(6765)
초주승(楚州僧)　374/19(4806)
초주인(楚州人)　312/1(3992)
초중생(草重生)　163/37(1589)
초화(草花)　409
초회왕(楚懷王)　203/5(2280)
촉감후(蜀甘后)　272/6(3469)
촉강민(蜀江民)　467/12(6534)
촉공신(蜀功臣)　272/19(3482)
촉당귀(蜀當歸)　136/4(1165)
촉도부인(蜀都婦人)　287/5(3749)
촉모란(蠲牡丹)　409/15(5477)
촉사(蜀士)　80/9(0435)
촉성매약인(蜀城賣藥人)　85/9(0487)

촉영전(蜀營典)　122/9(0960)
촉오정(蜀五丁)　456/18(6220)
촉이웅(蜀李雄)　135/16(1145)
촌부(村婦)　190/11(2103)
촌인공승(村人供僧)　436/18(5942)
촌인진옹(村人陳翁)　307/4(3957)
총명화수(聰明花樹)　389/1(4965)
총묘(塚墓)1　389
총묘(塚墓)2　390
총서진사과(總敍進士科)　178/1(1860)
최가(崔暇)　279/20(3646)
최각(崔慤)　370/3(4760)
최갈(崔碣)　172/8(1757)
최결(崔潔)　156/12(1466)
최경녀(崔敬女)　271/5(3443)
최경사(崔敬嗣)　117/2(0866)
최계서(崔季舒)　361/1(4609)
최공(崔珙)　244/7(2934)
최광(崔光)　165/5(1624), 173/20(1782)
최광종(崔廣宗)　367/23(4725)
최군(崔君)　384/4(4919)
최군(崔羣)　181/4(1910)
최귀종(崔龜從)　308/8(3974)
최녕(崔寧)　105/13(0674)
최담(崔澹)　257/1(3182)
최도(崔韜)　433/8(5882)
최도(崔導)　415/8(5681)
최도기(崔道紀)　133/8(1098)
최도추(崔道樞)　423/10(5762)

최라집(崔羅什)　326/7(4232)
최려(崔蠡)　182/1(1926)
최련사(崔練師)　314/19(4040)
최림(崔琳)　186/9(2028)
최만안(崔萬安)　278/28(3624)
최명달(崔明達)　379/6(4868)
최무(崔務)　218/21(2544)
최무두(崔無斁)　80/8(0434)
최무백(崔茂伯)　324/13(4206)
최무은(崔無隱)　125/5(0991)
최문간(崔文簡)　104/5(0653)
최민각(崔敏殼)　301/2(3913)
최박(崔朴)　153/3(1428)
최병(崔騈)　265/17(3360)
최분(崔汾)　305/8(3948)
최비(崔祕)　266/11(3375)
최사긍(崔思兢)　494/2(6860)
최사팔(崔四八)　388/10(4963)
최상(崔爽)　220/15(2571)
최상(崔尙)　330/7(4280)
최상(崔商)　445/4(6106)
최생(崔生)　23/3(0116)
최생처(崔生妻)　375/19(4834)
최서(崔曙)　143/20(1307)
최서(崔恕)　162/1(1531)
최서(崔曙)　198/9(2189)
최서생(崔書生)　63/3(0309), 339/5(4371)
최선충(崔善冲)　112/8(0797)
최소(崔紹)　385/1(4927)

최소구(崔昭矩) 183/25(1970)
최소부(崔昭符) 265/20(3363)
최소현(崔少玄) 67/1(0323)
최손(崔損) 260/22(3267)
최숙청(崔叔淸) 260/17(3262)
최식(崔湜)　184/16(1987), 240/14(2879), 258/23(3225), 265/5(3348), 279/3(3629), 494/3(6861)
최신사(崔愼思) 194/4(2150)
최신유(崔愼由) 256/18(3177)
최안잠(崔安潛) 186/21(2040)
최애(崔涯) 256/11(3170)
최어사(崔御史) 349/6(4442)
최언(崔言) 75/9(0382)
최언무(崔彦武) 387/4(4947)
최언장(崔彦章) 367/5(4707)
최언증(崔彦曾) 144/16(1331)
최옹(崔雍) 144/17(1332)
최원(崔圓) 148/9(1392), 303/3(3925)
최원(崔瑗) 206/15(2366)
최원(崔遠) 243/19(2923)
최원(崔邈) 187/14(2054)
최원벽(崔圓壁) 212/12(2466)
최원종(崔元綜) 146/16(1363), 159/2(1488)
최원처(崔圓妻) 461/18(6342)
최원한(崔元翰) 180/4(1891)
최위(崔煒) 34/2(0154)
최위자(崔尉子) 121/19(0951)
최육(崔育) 262/1(3291)

최융(崔融)　198/7(2187), 220/18(2574), 240/13(2878)
최은몽(崔殷夢) 182/12(1937)
최은보(崔隱甫) 495/3(6875)
최의기처(崔義起妻) 115/3(0830)
최인사(崔仁師) 164/6(1597), 174/5(1792)
최일용(崔日用) 249/14(3028), 439/23(6007)
최일지(崔日知) 121/13(0945), 187/23(2063)
최자무(崔子武) 327/1(4234)
최절(崔梲) 467/19(6541)
최조(崔造) 151/7(1418)
최종(崔從) 155/6(1451)
최종사(崔從事) 313/3(4008)
최중문(崔仲文) 437/3(5951)
최진사(崔進思) 126/8(0999)
최진사(催陣使) 498/7(6930)
최창(崔昌) 451/3(6170)
최천(崔阡) 260/15(3260)
최청(崔淸) 242/6(2892)
최태지(崔泰之) 259/5(3231)
최택(崔澤) 307/7(3960)
최평업(崔平業) 116/8(0846)
최함(崔咸) 243/18(2922), 333/4(4311)
최함(崔涵) 375/4(4819)
최행공(崔行功) 137/18(1196), 249/2(3016)
최현(崔鉉)　175/12(1834), 202/15(226

4), 499/1(6936)
최현량(崔玄亮) 73/9(0367), 154/10(1444)
최현미(崔玄微) 416/10(5696)
최현신(崔玄信) 243/10(2914)
최현위(崔玄暐) 143/11(1298)
최혜경(崔惠景) 396/16(5111)
최혜동(崔惠童) 438/11(5979)
최호(崔護) 255/24(3159), 274/2(3497)
최회억(崔懷嶷) 440/18(6027)
최회진(崔希眞) 39/2(0172)
추(鶖) 463/14(6409)
추낙타(鄒駱駝) 400/11(5233)
추담(鄒湛) 276/14(3530)
추대징처(鄒待徵妻) 270/4(3424)
추마라(推磨騾) 436/15(5939)
추모(蝤蛑) 465/30(6498)
추복처(鄒僕妻) 270/17(3437)
추봉치(鄒鳳熾) 495/6(6878)
추생(鄒生) 217/5(2520)
추석(墜石) 398/15(5160)
추이수(酋耳獸) 426/17(5820)
축계공(祝雞公) 461/29(6353)
축담수(竺曇㸒) 294/18(3855)
축법란(竺法蘭) 87/2(0509)
축법순(竺法純) 110/10(0749)
축법의(竺法義) 110/3(0742)
축법혜(竺法惠) 131/25(1073)
축수(畜獸)1 434
축수(畜獸)2 435

축수(畜獸)3 436
축수(畜獸)4 437
축수(畜獸)5 438
축수(畜獸)6 439
축수(畜獸)7 440
축수(畜獸)8 441
축수(畜獸)9 442
축수(畜獸)10 443
축수(畜獸)11 444
축수(畜獸)12 445
축수(畜獸)13 446
축장서(竺長舒) 110/5(0744)
축혜경(竺惠慶) 111/1(0766)
축혜치(竺惠熾) 324/2(4195)
축흠명(祝欽明) 255/11(3146)
출사어사(出使御史) 259/8(3234)
충동(种僮) 426/3(5806)
충변(蟲變) 477/4(6673)
췌육(贅肉) 116/20(0858)
취초(醉草) 408/17(5432)
치(鴟) 462/30(6389)
치감(郗鑒) 28/1(0133)
치고초(治蠱草) 408/25(5440)
치구화상(鴟鳩和尙) 96/9(0555)
치구혼(甾丘訢) 191/1(2104)
치법준(郗法遵) 162/19(1549)
치비(嗤鄙)1 258
치비(嗤鄙)2 259
치비(嗤鄙)3 260

치비(嗤鄙)4　261
치비(嗤鄙)5　262
치사미(郗士美)　440/21(6030)
치생(治生)　243
치서(癡壻)　262/18(3308)
치세료(郗世了)　472/6(6603)
치앙(郗昂)　242/3(2889)
치자화(梔子花)　409/26(5488)
치침도사(治針道士)　83/5(0460)
치회(郗恢)　360/6(4579)
칙천후(則天后)　236/18(2812)
칠보경대(七寶鏡臺)　225/18(2653)
칠보편(七寶鞭)　403/9(5290)
칠성(七姓)　184/14(1985)
침명계(沈鳴雞)　461/25(6349)
침향(沉香)　414/4(5642)

ㅌ

타어(鼉魚)　464/2(6442)
타우아(墮雨兒)　482/33(6807)
타파등국(墮婆登國)　482/18(6792)
탁고(度古)　477/32(6701)
탁발대랑(拓跋大郎)　36/2(0162)
탁지(度支)　187/24(2064)
탁지랑(度支郎)　493/7(6842)
탄기(彈棊)　228

탐(貪)　243
탕씨자(湯氏子)　376/7(4842)
탕안인(湯安仁)　436/23(5947)
탕응(湯應)　439/18(6002)
태(苔)　413
태공망(太公望)　291/2(3789)
태백노승(太白老僧)　285/18(3735)
태백정(太白精)　398/8(5153)
태백주현(太白晝見)　139/26(1245)
태산노부(泰山老父)　11/1(0060)
태상시(太常寺)　261/9(3276)
태실신(太室神)　296/1(3880)
태악기(太樂伎)　119/14(0904)
태원부장(太原部將)　346/2(4412)
태원사인(太元士人)　456/31(6233)
태원소리(太原小吏)　307/3(3956)
태원소아(太原小兒)　365/4(4674)
태원효렴(太原孝廉)　106/1(0675)
태음부인(太陰夫人)　64/5(0316)
태주인(泰州人)　361/13(4621)
태진부인(太眞夫人)　57/1(0263)
태진비(太眞妃)　204/3(2306), 240/19(2884)
태평목(太平木)　406/42(5372)
태학정생(太學鄭生)　298/5(3902)
태항산(太行山)　163/6(1558)
태현녀(太玄女)　59/4(0269)
태화공주(太華公主)　387/6(4949)
토(土)　373

토(兎)　443
토두내(兎頭柰)　410/14(5524)
토번(吐蕃)　480/19(6760)
토수조(吐綬鳥)　463/33(6428)
토양신(土羊神)　291/14(3801)
통공(通公)　91/3(0521)
통천서(通天犀)　441/4(6043)
통천하(通川河)　466/10(6515)
통탈목(通脫木)　406/23(5353)
투교(鬪蛟)　425/16(5798)
투녀묘(妬女廟)　291/10(3797)
투문선목(鬪蚊船木)　407/18(5393)
투부(妬婦)　272
투주연화(渝州蓮花)　374/15(4802)
투주탄(渝州灘)　399/19(5203)

ㅍ

파공인(巴邛人)　40/1(0176)
파나파수실(波那婆樹實)　410/5(5515)
파남재(巴南宰)　108/9(0713)
파릉(菠薐)　411/25(5569)
파목유육(破木有肉)　407/15(5390)
파미란국(婆彌爛國)　482/28(6802)
파사(坡沙)　398
파사(巴蛇)　456/14(6216)
파사왕녀(波斯王女)　374/11(4798)
파사조(波斯棗)　410/34(5544)
파사조협수(波斯皂莢樹)　406/17(5347)
파산검(破山劍)　232/2(2720)
파인(巴人)　426/21(5824)
파천최령(巴川崔令)　352/11(4470)
파협인(巴峽人)　328/13(4261)
판교삼낭자(板橋三娘子)　286/4(3739)
판해객(販海客)　108/14(0718)
팔각정(八角井)　399/30(5214)
팔범형(凡八兄)　30/3(0142)
팔분(八分)　206/5(2356)
팔선도(八仙圖)　214/4(2488)
팔진도(八陣圖)　374/7(4794)
팔체(八體)　209/12(2417)
패국인(沛國人)　131/15(1063)
패다수(貝多樹)　406/19(5349)
패장니(敗障泥)　234/9(2764)
패희(貝禧)　378/5(4858)
팽군경(彭君卿)　283/8(3694)
팽달(彭闥)·고찬(高瓚)　193/3(2144)
팽락(彭樂)　191/9(2112)
팽박통(彭博通)　191/22(2125)
팽선각(彭先覺)　192/9(2136), 263/12(3324)
팽성남자(彭城男子)　469/7(6568)
팽성불사(彭城佛寺)　395/11(5087)
팽세(彭世)　443/11(6086)
팽언(彭偃)　143/22(1309)
팽옹(彭顒)　367/3(4705)
팽월(彭蚏)　464/16(6456)

팽자교(彭子喬)　111/7(0772)
팽정근(彭釘筋)　80/7(0433)
팽조(彭祖)　2/3(0008)
팽호자(彭虎子)　318/18(4101)
편급(褊急)　244
편도(偏桃)　410/24(5534)
평고인(平固人)　462/6(6365)
평증(平曾)　256/4(3163)
평창정(平昌井)　423/3(5755)
포군(鮑君)　315/5(4045)
포녀(褒女)　61/4(0293)
포도(蒲萄)　411/11(5555)
포룡도사(抱龍道士)　86/7(0500)
포성인(浦城人)　355/5(4511)
포옥사(抱玉師)　98/3(0568)
포의(包誼)　152/4(1423)
포자도(鮑子都)　166/1(1653)
포주인(蒲州人)　459/3(6281)
포창(抱搶)　477/26(6695)
포초(包超)　393/12(5050)
포판정사(蒲坂精舍)　161/21(1519)
포회(鮑回)　314/17(4038)
폭수(暴水)　399/17(5201)
폭신사(爆身蛇)　456/11(6213)
풍(風)　396
풍각타(風胠駞)　436/11(5935)
풍간(諷諫)　164
풍개(馮玠)　451/1(6168)
풍곤(馮袞)　251/15(3077)

풍곤(馮緄)　456/24(6226)
풍광진(馮光震)　259/14(3240)
풍귀(楓鬼)　407/12(5387)
풍단(馮但)　458/8(6272)
풍대량(馮大亮)　35/6(0160)
풍도명(馮道明)　239/7(2858)
풍도총(豐都冢)　391/8(5025)
풍법(馮法)　462/9(6368)
풍생(馮生)　352/12(4471)
풍생인(楓生人)　407/13(5388)
풍소정(馮紹正)　212/2(2456)
풍숙(馮宿)　498/2(6925)
풍술(馮述)　320/6(4126)
풍연(馮燕)　195/3(2154)
풍연(馮涓)　257/11(3192), 265/11(3354)
풍요(馮陶)　180/17(1904)
풍인(楓人)　407/11(5386)
풍점(馮漸)　75/3(0376)
풍조(馮藻)　182/19(1944)
풍주봉자(豐州烽子)　105/11(0672)
풍준(馮俊)　23/4(0117)
풍칠(馮七)　222/13(2601)
풍칠언사(馮七言事)　147/13(1380)
풍칠이(馮七姨)　288/17(3766)
풍효장(馮孝將)　276/26(3542)
피역(避役)　477/27(6696)
피일휴(皮日休)　257/2(3183), 499/13(6948)
피진건(辟塵巾)　404/5(5301)
필건태(畢乾泰)　457/22(6262)

필굉(畢宏)　212/7(2461)
필람(畢覽)　110/18(0757)
필률(觱篥)　204
필발(篳撥)　414/14(5652)
필설아(苾挈兒)　163/12(1564)
필함(畢諴)　181/15(1921), 499/7(6942)
필항(畢杭)　440/17(6026)

ㅎ

후한장제(後漢章帝)　135/8(1137), 402/4(5264)
하간남자(河間男子)　161/17(1515)
하간여자(河間女子)　375/11(4826)
하간유별가(河間劉別駕)　334/4(4324)
하경숙(何敬叔)　161/26(1524), 276/50(3566)
하곤(夏緄)　466/1(6506)
하규(何奎)　80/15(0441)
하남부사(河南府史)　382/10(4899)
하남부인(河南婦人)　162/5(1535)
하남요주(河南妖主)　285/5(3722)
하내왕의종(河內王懿宗)　268/9(3404)
하내최수(河內崔守)　434/15(5898)
하담원(何曇遠)　114/3(0817)
하동가리(河東街吏)　370/5(4762)
하동현위처(河東縣尉妻)　300/2(3906)

하란진명(賀蘭進明)　451/2(6169)
하로(何老)　107/15(0702)
하마(蝦蟆)　139/21(1240)
하마자(何馬子)　133/14(1104)
하명원(何明遠)　243/2(2906)
하문(何文)　400/7(5229)
하문영(夏文榮)　329/1(4263)
하미인(河湄人)　330/8(4281)
하발기(賀拔基)　181/6(1912)
하백(河伯)　295/16(3876)
하백하재(河伯下材)　407/17(5392)
하북군장(河北軍將)　365/10(4680)
하북장군(河北將軍)　227/10(2674)
하북촌정(河北村正)　364/7(4667)
하비간(何比干)　137/5(1183), 291/21(3808)
하사랑(何四郎)　353/5(4476)
하사령(賀思令)　324/4(4197)
하산석곡(河山石斛)　397/10(5130)
하상공(河上公)　10/1(0053)
하세륭(夏世隆)　396/20(5115)
하세백(賀世伯)　436/21(5945)
하소한(何昭翰)　86/8(0501)
하순(賀循)　253/4(3103)
하승천(何承天)　246/11(2971)
하씨(賀氏)　271/13(3451)
하약필(賀若弼)　200/9(2225)
하양조위(夏陽趙尉)　310/5(3981)
하양지(何讓之)　448/3(6141)
하열(賀悅)　132/3(1077)

하우(賀瑀)　383/7(4908)
하욱(何勗)　246/13(2973)
하유량(何儒亮)　242/7(2893)
하이낭(何二娘)　62/10(0306)
하잠지(何潛之)　462/22(6381)
하주괴(夏州槐)　406/33(5363)
하중막객(河中幕客)　265/19(3362)
하지부인(河池婦人)　271/12(3450)
하지장(賀知章)　42/1(0189), 202/23(2272), 255/17(3152)
하진(何軫)　108/1(0705)
하치옹(何致雍)　278/24(3620)
하택(何澤)　133/9(1099)
하파(何婆)　283/9(3695)
하풍(何諷)　42/4(0192)
하현경(賀玄景)　288/10(3759)
하호(何瑚)　162/2(1532)
하횡(何㵯)　103/15(0646)
하후개(夏侯愷)　319/12(4117)
하후단(夏侯亶)　493/1(6836)
하후문규(夏侯文規)　325/16(4225)
하후생(夏侯生)　223/11(2613)
하후영(夏侯嬰)　391/2(5019)
하후은자(夏侯隱者)　42/8(0196)
하후자(夏侯孜)　165/16(1635), 177/10(1857), 233/13(2746), 405/23(5329)
하후정(夏侯禎)　312/11(4002)
하후조(夏侯藻)　447/10(6129)
하후조관(夏侯祖觀)　324/10(4203)

하후처신(夏侯處信)　165/24(1643)
하후표(夏侯彪)　165/26(1645)
하후표지(夏侯彪之)　243/7(2911)
하후현(夏侯玄)　119/9(0899), 317/10(4075)
학(鶴)　460
학고(郝姑)　60/7(0288)
학공경(郝公景)　218/20(2543)
학륭(郝隆)　246/8(2968)
학민(鶴民)　480/21(6762)
학부(郝溥)　124/16(0983)
학상현(郝象賢)　258/9(3211), 267/15(3392)
학유량(郝惟諒)　350/3(4446)
학처준(郝處俊)　197/9(2175), 389/22(4986)
한간(韓幹)　211/16(2454)
한간(韓簡)　262/3(3293)
한건(韓建)　390/17(5009)
한경제(漢景帝)　426/2(5805)
한고(韓皋)　187/19(2059), 203/25(2300), 244/8(2935), 250/26(3060)
한고조(漢高祖)　135/5(1134)
한고후(漢高后)　402/3(5263)
한광조(韓光祚)　303/1(3923)
한광천왕(漢廣川王)　447/4(6123)
한괵(韓翃)　198/17(2197)
한궁인(漢宮人)　375/9(4824)
한기(韓息)　155/9(1454)
한단순이하(邯鄲淳已下)　209/2(2407)
한령규(韓令珪)　263/5(3317)
한립선(韓立善)　133/16(1106)

한무목마초(漢武牧馬草)　408/41(5456)
한무백교(漢武白蛟)　425/9(5791)
한무제(漢武帝)　3/1(0010), 118/1(0875),
　　161/2(1500), 229/7(2695), 236/2(2796), 276/3(3519)
한문제구일(漢文帝九逸)　435/3(5906)
한박(韓博)　246/4(2964)
한반타국(漢槃陀國)　482/6(6780)
한붕(韓朋)　463/5(6400)
한산자(寒山子)　55/1(0254)
한생(韓生)　438/14(5982)
한선제(漢宣帝)　229/14(2702)
한성제(漢成帝)　228/6(2682)
한세노인(漢世老人)　165/20(1639)
한순(韓珣)　467/9(6531)
한승진(韓僧眞)　139/1(1228)
한신(韓伸)　264/10(3338)
한악(韓偓)　500/7(6957)
한약(韓約)　144/9(1324)
한언(韓嫣)　236/6(2800)
한엄(韓弇)　340/1(4375)
한연(漢鷰)　461/4(6328)
한완(韓琬)　259/9(3235)
한왕원창(漢王元昌)　208/3(2394)
한원후(漢元后)　135/7(1136)
한유(韓愈)　170/17(1724), 174/14(1802),
　　201/8(2239), 202/11(2260), 307/8(3961), 392/1(5230), 466/15(6520)
한유외생(韓愈外甥)　54/1(0248)

한장(汗杖)　407/21(5396)
한전회(韓全誨)　239/10(2861)
한정사(韓定辭)　200/3(2219)
한제행(漢帝杏)　410/10(5520)
한조종(韓朝宗)　380/5(4876)
한중(韓重)　316/1(4054)
한중왕우(漢中王瑀)　204/21(2324), 205/15(2343)
한지화(韓志和)　75/7(0380), 227/3(2667)
한차(韓佽)　365/2(4672)
한창(韓昶)　261/11(3278)
한치(韓稚)　81/1(0444)
한태상황(漢太上皇)　229/6(2694)
한해신(瀚海神)　297/2(3894)
한확(韓確)　282/8(3686)
한황(韓滉)　19/4(0103), 143/24(1311), 151/5(1416), 172/1(1750)
한회(韓會)　204/17(2320)
한희(韓晞)　435/19(5922)
함양궁동인(咸陽宮銅人)　203/6(2281)
함타죽(箶簵竹)　412/5(5581)
함하신(陷河神)　312/2(3993)
합두사(榼頭師)　125/1(0987)
합리수(合離樹)　406/4(5334)
합리초(合離草)　408/6(5421)
합비부인(合肥富人)　461/35(6359)
합상(蛤像)　99/8(0586)
합신(鴿信)　461/20(6344)
합장백(合掌柏)　406/28(5358)

합환모란(合歡牡丹) 409/13(5475)
해(蠏) 465/14(6482)
해경(海鏡) 465/12(6480)
해독초(解毒草) 408/28(5443)
해락산(奚樂山) 84/4(0468)
해릉인(海陵人) 462/13(6372)
해릉투아(海陵鬪鵝) 462/7(6366)
해릉하씨(海陵夏氏) 390/18(5010)
해목(楷木) 406/35(5365)
해목국(䮭沐國) 480/8(6749)
해반석귀(海畔石龜) 374/8(4795)
해복인(解襆人) 328/3(4251)
해봉선(解奉先) 134/9(1121)
해산(海山) 479/4(6725)
해상인(海上人) 467/21(6543)
해석류화(海石榴花) 409/19(5481)
해숙겸(解叔謙) 161/29(1527)
해연(海䴏) 464/27(6467)
해원귀(解元龜) 289/15(3782)
해인어(海人魚) 464/6(6446)
해조(解嘲) 253/17(3116)
해주렵인(海州獵人) 457/24(6264)
해중부인(海中婦人) 286/8(3743)
해척(奚陟) 277/25(3591)
해추(海鰌) 464/8(6448)
해출(海朮) 465/11(6479)
해하(海蝦) 465/2(6470)
행령(幸靈) 81/2(0445)
행서(行書) 206/8(2359)

행조(行吊) 262/17(3307)
행해인(行海人) 466/11(6516)
향교수(鄕校叟) 76/15(0397)
향명획보(饗茗獲報) 412/33(5609)
향약(香藥) 414
허건종(許建宗) 79/7(0423)
허경(許敬)·장한(張閑) 365/3(4673)
허경종(許敬宗) 174/7(1794), 236/19(2813), 249/9(3023), 265/3(3346), 493/13(6848)
허계언(許誡言) 494/5(6863)
허군(許君) 72/9(0357)
허노옹(許老翁) 31/2(0144)
허당(許棠) 235/20(2792)
허도민(許道敏) 182/11(1936)
허맹용(許孟容) 179/8(1882)
허문도(許文度) 101/5(0605)
허비경(許飛瓊) 70/1(0334)
허생(許生) 158/9(1481), 350/1(4444)
허서암(許棲巖) 47/4(0219)
허선평(許宣平) 24/1(0120)
허세종(許世宗) 396/17(5112)
허손(許遜) 231/3(2708)
허엄(許儼) 111/21(0786)
허예종(許裔宗) 218/13(2536)
허운봉(許雲封) 204/23(2326)
허유(許攸) 276/9(3525)
허작(許碏) 40/4(0181)
허적(許寂) 196/7(2165)

허종예(許宗裔)　172/12(1761)
허주승(許州僧)　367/24(4726)
허지옹(許至雍)　283/14(3700)
허진군(許眞君)　14/4(0081)
허초(許超)　277/6(3572)
허침(許琛)　384/11(4926)
허한양(許漢陽)　422/1(5742)
허헌(許憲)　131/7(1055)
허흠명객(許欽明客)　442/22(6074)
헌원국(軒轅國)　480/5(6746)
헌원미명(軒轅彌明)　55/2(0255)
헌원선생(軒轅先生)　48/4(0224)
헌원집(軒轅集)　79/5(0421)
혁기(奕棊)　228
현금(玄金)　400/10(5232)
현도국(懸渡國)　482/10(6784)
현람(玄覽)　94/4(0540)
현법사(玄法寺)　101/6(0606)
현부(賢婦)　271
현속처(玄俗妻)　60/2(0283)
현장(玄奘)　92/1(0530)
현종(玄宗)　150/1(1403), 205/2(2330), 236/25(2819), 277/20(3586)
현종성용(玄宗聖容)　374/14(4801)
현진자(玄眞子)　27/3(0131)
현천이녀(玄天二女)　56/4(0262)
협구도사(峽口道士)　426/22(5825)
협접(蛺蝶)　477/35(6704)
형군(邢群)　351/1(4450)

형군아(邢君牙)　496/11(6898)
형근침(荊根枕)　407/28(5403)
형도(邢陶)　279/30(3656)
형란(邢鸞)　327/4(4237)
형문종(邢文宗)　121/2(0934)
형봉(邢鳳)　282/3(3681)
형산은자(衡山隱者)　45/5(0210)
형삼릉(荊三稜)　414/19(5657)
형상(衡相)　222/5(2593)
형숙(邢璹)　126/12(1003)
형술사(荊術士)　285/16(3733)
형십삼낭(荊十三娘)　196/6(2164)
형씨(邢氏)　405/7(5313)
형악도인(衡岳道人)　84/7(0471)
형양씨(滎陽氏)　128/6(1027)
형양요씨(滎陽廖氏)　359/13(4560)
형자재(邢子才)　247/9(2995)
형조진(邢曹進)　101/1(0601)
형주어인(荊州漁人)　470/3(6581)
형주여자(荊州女子)　386/7(4937)
형주육차자(荊州鬻箭者)　263/16(3328)
형주인(荊州人)　360/31(4604), 431/4(5859)
형화박(邢和璞)　26/2(0128), 215/7(2497)
형화지(螢火芝)　413/14(5624)
형회명(邢懷明)　110/25(0764)
혜강(嵇康)　235/6(2778), 317/11(4076)
혜관(惠寬)　98/5(0570)
혜범(惠範)　288/7(3756)
혜소사(惠炤師)　139/12(1231)

혜원(惠原)　101/12(0612)
혜응(惠凝)　99/4(0582)
혜조(惠照)　92/6(0535)
호(虎)1　426
호(虎)2　427
호(虎)3　428
호(虎)4　429
호(虎)5　430
호(虎)6　431
호(虎)7　432
호(虎)8　433
호(狐)1　447
호(狐)2　448
호(狐)3　449
호(狐)4　450
호(狐)5　451
호(狐)6　452
호(狐)7　453
호(狐)8　454
호(狐)9　455
호(蠔)　465/25(6493)
호격(胡激)　123/1(0961)
호공(壺公)　12/1(0066)
호남마씨(湖南馬氏)　145/12(1345)
호도흡(胡道洽)　447/11(6130)
호두골(虎頭骨)　423/4(5756)
호량첩(胡亮妾)　129/9(1036)
호령(胡令)　262/4(3294)
호로생(胡蘆生)　77/7(0406)

호룡(狐龍)　455/4(6200)
호륵(胡勒)　383/3(4904)
호만초(胡蔓草)　407/39(5414)
호명(糊名)　185/23(2019)
호모반(胡母班)　293/12(3836)
호무회(胡茂廻)　319/4(4109)
호문초(護門草)　408/4(5419)
호미아(胡媚兒)　286/2(3737)
호복지(胡馥之)　321/12(4149)
호부(虎婦)　427/2(5827), 431/6(5861)
호부령사처(戶部令史妻)　460/8(6310)
호비지(胡庇之)　324/15(4208)
호상(好尙)　201
호생(胡生)　162/16(1546)
호소(胡昭)　206/22(2373)
호승(胡僧)　285/2(3719)
호승보엄(胡僧寶嚴)　288/13(3762)
호신(狐神)　447/15(6134)
호씨자(胡氏子)　374/20(4807)
호연(胡鷰)　461/5(6329)
호연경(胡延慶)　238/5(2835)
호연기(呼延冀)　344/4(4397)
호영(胡榮)　373/4(4783)
호옹(胡邕)　389/12(4976)
호욱(胡頊)　367/16(4718)
호원례(胡元禮)　269/1(3408)
호은(胡澺)　347/7(4429)
호장(胡章)　319/10(4115)
호제(胡濟)　269/10(3417)

호종(胡綜)　197/3(2169)
호주(好酒)　446/9(6115)
호주정(濠州井)　399/35(5219)
호증(胡證)　195/2(2153)
호지충(胡志忠)　438/13(5981)
호진자(胡榛子)　411/9(5553)
호징(胡澄)　355/11(4517)
호초(胡椒)　414/15(5653)
호초빈(胡楚賓)　174/8(1795)
호초승(胡超僧)　288/14(3763)
호충(胡充)　474/1(6646)
호탑(虎塔)　426/18(5821)
호해(虎蠏)　465/24(6492)
호해지(胡諧之)　246/19(2979)
호협(豪俠)1　193
호협(豪俠)2　194
호협(豪俠)3　195
호협(豪俠)4　196
호홰(胡翽)　266/7(3371)
호휼인(虎恤人)　432/3(5867)
호희(胡熙)　317/17(4082)
혹리(酷吏)　268/10(3405)
혹포(酷暴)1　267
혹포(酷暴)2　268
혹포(酷暴)3　269
혼감(渾瑊)　174/35(1822)
혼인(婚姻)　159, 160
혼자(渾子)　389/6(4970)
홍(虹)　396

홍근화(紅槿花)　409/22(5484)
홍라(紅螺)　465/19(6487)
홍말(紅沫)[闕]　232
홍방선사(洪昉禪師)　95/1(0542)
홍사(泓師)　77/2(0401)
홍선(紅綫)　195/1(2152)
홍씨(弘氏)　120/12(0925)
홍씨녀(洪氏女)　425/17(5799)
홍자모란(紅紫牡丹)　409/11(5473)
홍정(洪貞)　425/18(5800)
홍주초인(洪州樵人)　374/28(4815)
홍초(紅草)　408/33(5448)
홍편복(紅蝙蝠)　477/12(6681)
화(火)　373
화(畫)1　210
화(畫)2　211
화(畫)3　212
화(畫)4　213
화(畫)5　214
화공(畫工)　286/9(3744)
화륭(華隆)　437/1(5949)
화문(和文)　390/25(5017)
화비(華妃)　330/2(4275)
화비파(畫琵琶)　315/12(4052)
화산도려(華山道侶)　374/17(4804)
화석(化石)　398/29(5174)
화선(化蟬)　473/2(6621)
화악신녀(華嶽神女)　302/4(3921)
화양이위(華陽李尉)　122/3(0954)

화엄(花嚴)　129/13(1040)
화엄화상(華嚴和尙)　94/1(0537)
화옥(火玉)　404/8(5304)
화용장상(華容莊象)　441/8(6047)
화음점구(華陰店嫗)　85/7(0485)
화음촌정(華陰村正)　369/3(4751)
화음추(華陰湫)　423/9(5761)
화일(華逸)　322/16(4168)
화재(火災)　140/2(1247)
화접수(化蝶樹)　407/22(5397)
화정(火井)　399/25(5209)
화정언전(華亭堰典)　393/19(5057)
화조(畫鵰)　239/6(2857)
화주(火珠)　402/6(5266)
화주참군(華州參軍)　342/2(4386)
화청지(華淸池)　227/1(2665)
화타(華佗)　218/1(2524)
화화(和和)　97/5(0560)
화훼괴(花卉怪)상　416
화훼괴(花卉怪)하　417
환개(桓闓)　15/3(0087)
환겸(桓謙)　473/22(6641)
환공(桓恭)　320/12(4132)
환공(桓恭)　322/5(4157)
환도민(桓道愍)　319/2(4107)
환룡자(豢龍者)　423/7(5759)
환막(桓邈)　118/6(0880), 276/48(3564)
환목비인(患目鼻人)　257/19(3200)
환서(桓誓)　276/45(3561)

환석건(桓石虔)　191/6(2109)
환술(幻術)1　284
환술(幻術)2　285
환술(幻術)3　286
환술(幻術)4　287
환신범(桓臣範)　147/14(1381)
환언범(桓彦範)　372/1(4774)
환온(桓溫)　169/12(1689)
환온부참군(桓溫府參軍)　359/25(4572)
환월(桓軏)　318/7(4090)
환진(桓振)　360/10(4583)
환충(桓沖)　434/9(5892), 467/2(6524)
환현(桓玄)　209/7(2412), 228/9(2685),
　　368/2(4735)
환활(桓豁)　276/30(3546), 462/16(6375)
환회(桓回)　318/4(4087)
활능(滑能)　312/4(3995)
황(蝗)　474/7(6652)
황거초(黃渠草)　408/37(5452)
황건(黃乾)　426/16(5819)
황관복(黃觀福)　63/5(0311)
황구촌(黃丘村)　139/8(1227)
황극(黃極)　367/7(4709)
황독자(黃犢子)　163/17(1569)
황랍어(黃臘魚)　464/12(6452)
황령사(黃領蛇)　456/12(6214)
황로(黃魯)　314/11(4032)
황만우(黃萬祐)　86/1(0494)
황만호(黃萬戶)　80/14(0440)

황묘(黃苗)　296/2(3881)
황민(黃敏)　133/4(1094)
황번(黃翻)　292/11(3819)
황번작(黃幡綽)　164/27(1618), 250/10(3044), 255/16(3151)
황보급(皇甫及)　220/22(2578)
황보매(皇甫枚)　353/1(4472)
황보순(皇甫恂)　302/1(3918), 381/4(4883)
황보식(皇甫湜)　244/10(2937)
황보씨(皇甫氏)　162/11(1541)
황보직(皇甫直)　205/18(2346)
황보홍(皇甫弘)　278/9(3605)
황산서상(黃山瑞像)　101/8(0608)
황생(黃生)　184/25(1996)
황석(黃石)　398/1(5146)
황석공(黃石公)　294/4(3841)
황수(黃秀)　442/9(6061)
황숙도(黃叔度)　169/2(1679)
황순(黃馴)　423/12(5764)
황숭하(黃崇嘏)　367/30(4732)
황심(黃尋)　360/30(4603)
황심(黃審)　442/17(6069)
황씨모(黃氏母)　471/6(6592)
황안(黃安)　1/4(0004)
황양목(黃楊木)　406/29(5359)
황연양(黃延讓)　353/14(4485)
황원(黃原)　292/5(3813)
황인준(黃仁濬)　367/13(4715)
황작화합(黃雀化蛤)　465/36(6504)

황장가(黃鸒歌)　163/11(1563)
황전(黃筌)　214/5(2489)
황제(黃齊)　86/3(0496)
황존사(黃尊師)　42/5(0193)
황초평(皇初平)　7/2(0037)
황칠수(黃漆樹)　406/11(5341)
황패(黃霸)　224/2(2618)
황하(黃賀)　217/7(2522)
황홍어(黃魟魚)　464/25(6465)
황화(蝗化)　479/14(6735)
황화사벽(黃花寺壁)　210/17(2438)
회남군졸(淮南軍卒)　304/7(3938)
회남렵자(淮南獵者)　441/10(6049)
회남자(淮南子)　161/4(1502)
회서장군(淮西軍將)　345/5(4406)
회신(懷信)　98/7(0572)
회요(懷瑤)　359/17(4564)
회주민(懷州民)　362/6(4636)
회준(懷濬)　98/11(0576)
회창광사(會昌狂士)　84/12(0476)
회풍화(懷風花)　409/36(5498)
회해(詼諧)1　245
회해(詼諧)2　246
회해(詼諧)3　247
회해(詼諧)4　248
회해(詼諧)5　249
회해(詼諧)6　250
회해(詼諧)7　251
회해(詼諧)8　252

회향사광승(廻向寺狂僧)　96/2(0548)
획신명(獲神茗)　412/32(5608)
횡공어(橫公魚)　464/14(6454)
효(梟)(鴞附)　462
효억국(孝憶國)　482/27(6801)
효용(驍勇)1　191
효용(驍勇)2　192
효화(孝和)　163/24(1576)
후(鱟)　465/22(6490)
후경(侯慶)　99/6(0584)
후계도(侯繼圖)　160/5(1498)
후군집(侯君集)　279/2(3628)
후당명종(後唐明宗)　136/14(1175)
후당태조(後唐太祖)　136/13(1174)
후도화(侯道華)　51/1(0235)
후률(猴栗)　411/18(5562)
후미허(侯味虛)　255/6(3141)
후백(侯白)　248/1(3003), 253/20(3119)
후사낭(侯四娘)　270/15(3435)
후사정(侯思正)　258/12(3214)
후사지(侯思止)　240/7(2872), 267/17(3394)
후생(侯生)　281/2(3669)
후소자(侯騷子)　411/13(5557)
후온(侯溫)　124/4(0971)
후우현(侯又玄)　220/24(2580)
후원(侯元)　287/1(3745)

후위장제(後魏莊帝)　441/2(6041)
후이(侯彝)　194/2(2148)
후이어(鯸鮧魚)　464/22(6462)
후자광(侯子光)　284/12(3717)
후저(侯褚)　295/9(3869)
후조선함(後趙宣咸)　276/22(3538)
후주여자(後周女子)　129/6(1033)
후주태조(後周太祖)　135/22(1151)
후한영제(後漢靈帝)　236/12(2806)
후홍실(侯弘實)　138/14(1215)
후휼(侯遹)　400/8(5230)
휴류목야명(鵂鶹目夜明)　462/31(6390)
흉기(凶器)상　371
흉기(凶器)하　372
흉노사(匈奴使)　169/11(1688)
흑수(黑叟)　41/3(0187)
흑치상지(黑齒常之)　143/5(1292)
흔주자사(忻州刺史)　456/35(6237)
흘간호미(紇干狐尾)　288/5(3754)
흘인(吃人)　248/7(3009)
흥경지룡(興慶池龍)　420/8(5732)
흥복사(興福寺)　457/9(6249)
흥성관(興聖觀)　140/9(1254)
흥업사(興業寺)　472/9(6606)
흥원상좌(興元上座)　98/9(0574)
희장위(戲場蝟)　442/23(6075)

『태평광기』 인명 색인

ㄱ

가가은(賈嘉隱)　254/2
가경백(賈景伯)　129/2
가계자(賈季子)　58/1
가계종(賈繼宗)　385/1
가굴정(賈屈廷: 神林玉女)　58/1
가규(賈逵: 賈梁道)　119/8, 175/1, 292/6
가균(賈均)　123/3
가담(賈潭)　459/21
가당(伽當)　481/9
가대부(賈大夫)　16/1
가도(賈島: 賈浪仙)　156/11, 181/14
가량도(賈梁道: 賈逵)　119/8
가롱(賈籠: 賈尊師)　79/4
가리왕(歌利王)　445/2
가명부(賈明府)　280/3
가문합(賈文合: 賈偶)　386/1

가밀(賈謐: 賈長淵)　294/7, 359/20, 396/10
가비(賈秘)　415/9
가사군(賈使君: 賈玉)　14/4
가사군(賈使君: 康州刺史)　385/1
가사창(賈司倉)　178/9
가상공(賈相公: 賈耽)　45/1, 78/7
가서한(哥舒翰: 歌舒翰)　31/1, 92/5, 192/2, 213/6, 224/14, 231/8, 234/7, 240/15·18, 356/1, 393/12, 436/13, 485/1, 495/2
가섭불(迦葉佛: 迦葉如來)　93/1
가속(賈餗)　123/1, 223/8, 347/7
가수(賈修)　137/21, 183/26
가수(賈帥: 賈耽)　83/4
가숭(柯崇)　178/9
가씨(賈氏: 唐 洛陽人)　280/3
가씨(賈氏: 沈義 妻)　5/8
가씨(賈氏: 智滿禪師)　277/14

가언충(賈言忠) 255/7
가영(賈泳) 183/26
가오(賈午) 294/7, 491/3
가옥(賈玉: 賈使君) 14/4
가옹(賈雍) 321/13
가왕(嘉王: 五代十國 前蜀, 王頎) 85/9, 165/19
가우(賈偶: 賈文合) 386/1
가은림(賈隱林) 137/21
가의(賈誼) 391/12
가장(賈璘) 233/4
가존사(賈尊師: 賈籠) 79/4
가증(賈曾) 235/15
가지(賈智) 135/21
가지(賈至) 237/2, 244/6
가지덕(賈至德) 485/1
가지신(賈至信) 485/1
가직언(賈直言) 79/4
가참(賈漸) 265/13
가창(賈昌) 485/1
가충(賈充) 294/7, 310/1
가충(賈忠) 485/1
가탐(賈耽: 賈耽, 賈相公·賈帥) 45/1, 78/7, 83/4, 195/3, 197/12, 223/8, 373/1, 390/8, 399/29
가필(賈弼: 賈弼之) 276/32, 360/11
가혁(賈奕) 381/8
가후(賈后: 晉 惠帝 妃) 294/7, 359/19, 396/11

각요(却要) 275/13
간경(干慶: 干侯) 14/5, 378/6
간공(簡公: 北齊, 李靈) 202/17
간공(諫公: 從諫) 97/10
간공(簡公: 春秋戰國 燕) 119/3
간량(簡良) 126/2
간문제(簡文帝: 梁, 蕭綱) 120/1, 146/1, 336/1, 413/1·27
간문제(簡文帝: 晉, 司馬昱) 57/2, 189/2, 207/2, 296/4, 418/9, 463/16
간보(干寶) 14/5, 359/22, 463/5
간영(簡郢) 307/9
간옹(簡雍) 164/22
간장(干將) 445/3
간후(干侯: 干慶) 378/6
갈로(葛盧) 490/1
갈삼(葛三) 39/2
갈선공(葛仙公: 葛洪) 11/5, 44/1
갈선옹(葛仙翁: 葛玄) 52/2
갈씨(葛氏: 葛周 妻) 313/14
갈씨(葛氏: 東海姑神) 296/5
갈영괴(葛永瓖) 214/4
갈유(葛由) 225/2
갈제지(葛濟之) 114/5
갈조(葛祚) 293/3
갈주(葛周) 177/12, 313/14
갈진군(葛眞君: 葛洪) 358/10
갈청(葛淸) 264/4
갈치천(葛稚川: 葛洪) 1/1, 114/5, 202/1

8, 399/24
갈피군(葛陂君) 12/1, 293/11, 468/6
갈현(葛玄: 葛孝先, 葛仙翁) 71/3, 77/5, 226/1, 466/6
갈홍(葛洪: 葛稚川, 抱朴子·葛仙公·葛眞君·稚川眞君) 34/2, 39/2, 202/18, 284/10, 472/3
갈효선(葛孝先: 葛玄) 44/2
갈휘부(葛輝夫) 473/10
감당(甘棠) 203/22
감법사(鑒法師: 鑒師) 97/9
감선사(鑒禪師) 99/5
감수(甘需) 2/2
감씨(甘氏: 江州錄事) 319/8
감자(憨子) 252/12
감자포(甘子布) 146/13, 242/1
감종(甘宗) 418/5
감택(闞澤) 93/1, 245/8
감후(甘后: 三國 蜀 先主 劉備 后) 272/6
감흡(甘洽) 255/19
갑지회(甲知廻) 404/5
갑침알(甲侵訐: 盧侵訐) 371/1
강각(姜恪) 211/11
강개(江檗: 江吏部) 114/6
강거왕(康渠王: 漢) 3/1
강계(姜埑) 181/19
강계손(康季孫) 120/9
강곤륜(康崑崙) 188/9, 205/15·16
강공(江公: 宋江神) 309/1

강공(康公: 春秋戰國 秦) 262/16
강공보(姜公輔) 137/21, 151/8
강교(姜皎) 188/3, 224/8, 255/14, 269/3, 329/9, 362/12
강독신(江瀆神) 358/10
강라자(姜癩子) 252/12
강랑(江郎: 白魚精) 468/5
강략(姜略) 132/2
강련(强練) 142/13
강령공(江令公: 江總) 350/2
강무(姜撫) 72/2, 288/18
강문통(江文通: 江淹) 349/4
강백(姜伯) 13/2
강백(江伯: 江神) 291/17
강백달(强伯達) 107/6
강법랑(康法朗: 法朗) 89/3
강변(康訔) 260/11, 497/3
강부인(江夫人: 南齊 豫章王 妻) 403/10
강비(姜飛) 89/2
강비이녀(江妃二女) 59/7, 399/1
강빈(江濱) 44/1
강사군(姜使君) 274/5
강사도(姜師度) 255/12, 259/11, 391/10
강삼(康三) 450/2
강생(江生: 江淹) 370/3
강선(康詵) 156/10
강수(姜修) 370/8
강수용(江脩容) 350/2
강승(殭僧) 101/3

강승생(姜勝生) 116/12
강승회(康僧會) 87/3, 93/1
강시랑(姜侍郎: 姜晦) 255/13
강신(强紳) 80/6
강씨(康氏: 康義誠 父) 500/10
강씨(姜氏: 姜太師 父) 500/9
강씨(康氏: 唐 仙州人) 332/1
강씨(姜氏: 李祐 妻) 219/5
강씨(康氏: 五代十國 吳國人) 401/5
강아(姜牙: 姜太公) 391/12
강양왕(江陽王: 北魏, 元繼) 236/16
강언온(江彦溫) 264/7
강엄(江嚴) 401/13
강엄(江淹: 江文通, 江生) 277/10, 406/39
강연효(康延孝) 80/10, 138/14, 241/1
강왕(康王: 春秋戰國 宋) 4/3, 463/5
강운간(康云間) 403/13
강원(姜嫄) 226/1, 298/4
강유(綱維) 98/4
강융(江融) 121/6
강은(康訔) 329/1
강을(康乙) 376/8
강의성(康義誠) 500/10
강이부(江吏部: 江槩) 114/6
강일지(康日知) 472/14
강자아(姜子牙: 姜太公) 446/1
강제(康帝: 周, 姬釗) 245/2
강중척(康仲戚) 107/10
강지유(康知柔) 289/17

강총(江總: 江惚·江揔, 江令公) 18/1, 209/11, 253/11, 444/4
강충(江充: 汪充) 275/11, 283/4
강침(江琛) 171/12
강태공(姜太公: 周 太公, 太公望·姜尙·姜牙·姜子牙·呂望·呂尙·師尙父·周尙父) 221/1
강태사(姜太師) 500/9
강평(康平) 401/5
강하왕(江夏王: 南齊, 劉義恭) 207/10, 246/13
강현변(姜玄辨) 24/3
강형보(姜荊寶) 274/5
강회(姜晦: 姜侍郎) 255/13, 259/16
강효(江斅) 15/2
강후(姜詡) 209/3
강후(絳侯: 漢, 周勃) 231/11
강흔(康昕: 康君明) 207/7
개거원(蓋巨源) 261/10
개구(蓋苟) 131/10
개달(開達) 110/9
개명씨(開明氏) 374/1
개상(介象: 介元則) 13/4, 76/5, 234/1, 466/7
개우현(蓋又玄) 280/4
개원성제(開元聖帝: 唐 玄宗) 26/1
개이(蓋夷) 343/3
개자추(介子推: 介之推) 291/10, 463/3
개추(介推) 393/3

개휴왕(介休王) 393/21
개희(蓋喜) 359/6
거령신(巨靈神) 492/1
거록후(鉅鹿侯) 445/1
거백옥(蘧伯玉: 蘧瑗) 203/4, 245/2
거왕(渠王: 西胡) 229/13
거제삼낭(蘧際三娘) 336/3
건녕왕(建寧王: 唐 承天皇帝, 李倓) 38/1
건명제(乾明帝: 北齊 廢帝, 高殷) 120/14
건미도(騫味道) 277/26
건부승(乾符僧) 112/15
건안왕(建安王: 南齊) 111/9
건안왕(建安王: 唐, 武攸宜) 179/3
건종유(謇宗儒) 312/3
건창왕(建昌王: 唐, 武攸寧) 126/7
건창왕(建昌王: 唐, 李推) 236/21
건창태부인(建昌太夫人: 沈約 母) 336/1
건평왕(建平王: 劉宋, 劉景素) 135/19
걸공(杰公) 418/8·9, 492/1
걸불치반(乞佛熾盤) 360/8
걸왕(桀王: 夏) 18/3, 87/4, 93/1, 253/18
걸장차차(乞藏遮遮) 480/19
격보원(格輔元) 255/10
격죽자(擊竹子) 85/2
견국공(汧國公: 唐, 李勉) 168/2, 171/1
  8, 201/9, 203/20
견권(甄權) 218/11
견등(牽騰) 321/3
견랑(牽郎) 68/1

견법숭(甄法崇) 323/5
견빈(甄彬) 165/3
견중서(甄仲舒) 276/14
견충(甄沖: 甄叔讓) 318/22
견침(甄琛) 174/24
견풍(甄酆) 206/2·3
견행립(开行立) 107/12
견황후(甄皇后: 三國 魏) 311/1, 375/17
결화(潔華) 272/5
겸이찬부(鉗耳贊府: 鉗耳含光) 115/8
겸이함광(鉗耳含光: 鉗耳贊府) 115/8
경거문(敬去文) 490/1
경공(冏公: 道冏) 111/5
경공(鏡空: 齊君房) 388/2
경공(景公: 春秋戰國, 宋) 76/1, 225/4
경공(景公: 春秋戰國, 齊) 164/19, 291/
  9, 390/11, 462/33
경공(景公: 春秋戰國, 晉) 293/5
경광(經曠) 119/11
경구(耿球) 206/19
경군(敬君) 210/2
경기(慶忌) 245/2
경담(耿譚) 425/12
경릉왕(竟陵王: 南齊, 蕭子良) 90/2, 92
  /6, 114/7, 119/21
경릉왕(竟陵王: 劉宋, 劉誕) 276/40
경릉자(竟陵子: 陸羽) 83/3
경림진인(景林眞人) 58/1
경방(京房) 359/16

경복생(耿伏生) 439/16
경봉(輕鳳) 272/8
경상(敬翔) 239/12
경생(景生) 384/10
경선(景仙) 190/4
경소(輕素) 371/6
경소도(敬昭道) 166/5
경순(耿詢) 146/3
경양군(涇陽君) 492/1
경언(敬言) 321/1
경왕(慶王: 唐, 李琮) 330/2
경운(輕雲) 351/3
경원영(敬元穎) 231/11
경윤징(景潤澄) 241/1
경인혜(耿仁惠) 242/13
경정신(敬亭神) 308/8
경제(敬帝: 梁, 蕭方智) 214/6
경제(景帝: 三國 吳, 孫休) 396/20
경제(景帝: 漢, 劉啓) 1/1, 3/1, 6/2, 22/1, 59/11, 119/7, 426/2
경종(敬宗: 唐, 李湛) 101/4, 217/6
경지(瓊枝) 273/7
경진(庚辰) 56/3, 467/3
경천(涇川: 涇河龍君) 419/1
경파(敬播) 249/2
경호(耿皓) 376/4
경홍(輕紅: 柳參軍 妻 崔氏 婢) 342/2
경홍(輕紅: 木偶人) 371/6
경환(景煥) 214/3, 459/19

경휘(敬暉) 185/16, 240/14
경흔(敬昕) 394/14
계광침(季廣琛) 303/5
계남(季南) 435/17
계낭(桂娘) 270/5
계니타왕(罽膩吒王) 112/5
계로(季路: 子路) 245/2
계리제(季履濟) 335/4
계민극한(啓民可汗) 236/17
계삼십낭자(桂三十娘子) 18/1
계생(嵇生: 嵇生, 嵇康) 203/25
계손씨(季孫氏) 173/19
계씨(計氏: 關承湍 妻) 313/8
계아(季雅) 411/8
계외(季隗) 200/3
계위(季暐) 332/6
계유(季攸) 333/5
계자(季子) 406/38
계자(桂子) 487/1
계자훈(薊子訓) 12/2
계전문(季全聞) 132/14
계정선생(契貞先生: 李義範) 157/6
계종의(桂從義) 374/23
계진(計眞) 454/3
계찰(季札: 延陵季子·吳季子) 210/4
계포(季布) 341/1
계허(契虛) 28/2
계현법사(契玄法師) 475/1
계호(稽胡) 427/3

계휴광(季休光) 129/14
고갈(高褐) 322/17
고강(古强) 7/7
고개(高鍇: 高侍郎) 155/7, 181/16·17·1
8, 454/5
고개도(高開道) 191/10
고개지(顧愷之: 顧長康·顧虎頭) 210/9·
11, 214/6, 228/9
고경덕(高敬德: 北齊 齊安王) 139/12
고경언(高敬言) 221/2
고계보(高季輔) 164/24, 169/15, 185/9
고계식(高季式) 200/8
고계창(高季昌: 唐 高王, 五代 後梁 武信
王) 79/8, 244/16, 266/6, 500/11
고공(高共: 高赫) 478/8
고공(高公: 唐 上黨帥) 287/1
고공(高公: 唐 荊州刺史) 98/11
고공(高公: 智高) 490/1
고공(皐公: 侯龍思[恩]) 142/13
고공익(高公釴) 392/3
고광(高廣) 386/9
고광보(顧光寶) 210/12
고구(顧球) 216/5
고국공주(郜國公主: 唐 肅宗 女, 延先公
主) 38/1
고귀언(高歸彥: 北齊 平秦王) 120/14
고균(高筠) 258/16
고담(高湛: 北齊 武成帝·世祖) 139/12
고당륭(高堂隆) 135/14

고당신녀(高堂神女: 高唐神女) 469/5
고도(高韜) 165/4
고도공주(高都公主: 唐, 晉國公主) 438/11
고도사(顧道士) 366/5
고려(高麗) 268/6
고려(高勵) 338/8
고력사(高力士) 22/1, 29/2, 30/1, 77/3,
82/5, 136/2·6, 164/11·13, 188/3·4·
6, 201/6, 202/8, 204/15·20, 205/2·
5, 213/1·2, 231/12, 240/17·19, 273/
1, 277/11·20, 393/12, 396/4, 405/1
6, 443/10, 445/3, 486/1, 494/12, 49
5/7
고련(高輦) 184/11
고령(高浧) 497/1
고류지(高流之) 391/4
고립법신(孤林法神) 311/6
고명대사(高明大師: 許遜) 15/4
고민(高愍: 高妹妹) 270/11
고밀공주(高密公主: 唐) 249/7
고번(高璠) 275/6
고병(高駢: 燕國公·高燕公·高王·高太尉
·渤海公·渤海王) 52/1, 138/10, 145/
2, 190/4·5, 196/6, 200/11·13, 214/3,
219/9, 252/15, 283/16, 289/16·17, 2
90/1·2, 499/9
고보욱(高保勗) 279/26
고보융(高保融) 279/26
고보절(高保節) 205/21

고보종(顧保宗: 顧世嗣) 468/10
고보최(高保最) 266/6
고봉휴(高逢休) 265/15
고부(顧敷) 170/15
고부군(高府君) 10/2
고비웅(顧非熊) 182/4, 388/1, 477/35
고사(高四) 93/1
고사렴(高士廉: 申國公) 169/14, 202/20, 221/1·2, 254/4
고사언(顧師言) 228/5
고산군(高山君) 439/5
고상(高湘) 188/11
고상(高爽: 高晉陵) 253/9
고상지(高上智) 254/11
고생(高生: 渤海人) 333/13
고선지(高仙芝) 189/10, 240/15, 414/8
고섬(高蟾) 199/13
고섭(高涉) 108/6
고소(顧邵) 169/6·8, 293/5
고소련(顧少連) 151/6, 239/6, 265/8
고손지(高損之) 219/7
고수(顧遂) 459/16
고숙양(高叔讓) 341/4
고순(高荀) 111/15
고숭(高崇) 174/30, 277/3
고숭문(高崇文) 155/5, 200/11, 472/17
고승지(高丞之) 235/22
고시랑(高侍郎: 高鍇) 454/5
고식(高湜) 183/10·11

고신제(高辛帝: 帝嚳) 479/9
고심사(高審思) 45/6
고씨(高氏: 獨孤陀 外家) 361/5
고씨(顧氏: 吳中人) 319/7
고씨(高氏: 袁生 遇人) 306/1
고씨(顧氏: 晉人) 253/4
고씨(高氏: 春秋戰國 齊 世族) 497/12
고씨(高氏: 狐精) 453/4
고씨(女皇氏: 出於黑穴者) 481/3
고아지(高雅之) 294/12
고압아(古押衙: 古洪) 486/2
고앙(高昂: 高敖曹) 200/8
고야왕(顧野王: 梁) 93/1
고양(高洋: 北齊 文宣帝, 太原公) 461/8, 120/14, 216/7, 267/3
고양왕(高陽王: 北魏, 元雍) 165/22, 205/23, 236/15·16
고억(高嶷) 461/32
고언랑(顧彦朗) 158/5, 170/23
고언선(顧彦先: 顧榮) 173/9
고언소(高彦昭) 270/11
고언휘(顧彦暉) 158/5, 170/23, 266/12
고엄(高儼: 北齊 琅琊王) 76/8
고연(高演: 北齊 孝昭帝) 120/14
고연공(高燕公: 唐, 高駢) 289/12
고열(古說) 383/14
고영(高穎) 102/10, 103/7, 140/1, 163/3, 200/9, 361/5
고영(高映) 228/10

고영(顧榮: 顧彥先) 173/9
고영(高郢: 眞公) 175/9·11
고예(高叡) 271/4
고오낭(高五娘) 42/3
고오조(高敖曹: 高昂) 200/11, 258/5
고왕(高王: 唐, 高季昌) 266/6
고왕(高王: 唐, 高駢) 290/2
고요(皐陶) 245/2, 297/1
고우(高寓) 251/2
고우(高虞) 290/2
고우(高瑀) 404/5
고우(高遇) 424/14
고욱(高郁) 423/14
고욱(高昱) 470/7
고운(顧雲) 174/34, 184/8, 186/21, 265/15
고원례(高元禮) 240/7
고원외(高員外) 77/7, 153/4
고원유(高元裕) 278/11, 405/18
고원중(高元中) 282/3
고원지(古元之) 383/14
고월(高越) 228/12
고월(高鉞) 343/2
고위(高偉) 131/16
고위(高緯: 北齊 後主) 139/12
고유(高誘) 161/4
고윤(高允: 高伯恭) 165/4
고이휴(高貽休) 239/12
고장강(顧長康: 顧愷之) 214/6
고장공(姑臧公: 唐, 李元吉) 184/21

고저작(顧著作: 顧況) 214/6
고적(高適) 219/2, 277/24
고정(高定: 高菫二) 175/9
고정신(高正臣) 208/9
고제(高帝: 南齊 太祖, 蕭道成) 90/2, 135/20, 207/10
고제(高帝: 劉宋 武帝, 劉裕) 468/11
고조(高肇) 396/17
고조(高祖: 南齊 太祖, 蕭道成) 119/20, 202/18, 207/13
고조(高祖: 唐, 李淵, 神堯皇帝·堯王) 23/1, 32/2, 91/9, 135/25·26·27·28, 137/15, 163/5, 185/4, 189/3·5, 218/12, 235/12, 277/14, 297/1, 335/5, 374/14, 407/22, 493/5·9
고조(高祖: 北魏 孝文帝, 元宏) 173/19·20, 174/24, 191/7, 247/2, 253/15, 493/2
고조(高祖: 北齊 太祖, 高歡) 164/23, 171/4, 247/14, 253/14
고조(高祖: 梁 武帝, 蕭衍) 93/1, 198/2·3, 246/20, 265/2
고조(高祖: 五代 後梁, 朱溫[朱全忠]) 190/6
고조(高祖: 五代 後周, 郭威) 314/19
고조(高祖: 五代 後晉, 石敬瑭) 136/16, 163/36, 314/1
고조(高祖: 五代十國 前蜀, 王建) 241/1
고조(高祖: 五代十國 後漢, 劉知遠) 140/8

고조(高祖: 劉宋 武帝, 劉裕) 126/3, 135/17, 322/14, 412/27
고조(高祖: 陳 武帝, 陳霸先) 135/23
고조(高祖: 漢, 劉邦) 6/1, 8/1, 135/5, 141/16, 163/2, 171/5, 189/2·4, 225/8, 226/1, 229/6, 231/2, 275/11, 301/2, 310/7, 397/24, 398/1, 403/4, 446/2·9, 489/1
고종(顧琮) 126/10, 143/6, 277/17
고종(高宗: 唐, 李治, 大帝) 21/1, 26/1, 30/1, 36/4, 38/1, 77/5, 121/4, 139/21, 143/1, 163/9·23, 164/10, 169/22, 174/7·8, 176/2, 179/2, 189/7, 201/1, 202/6, 208/2, 209/9·10, 211/11, 218/12·14, 221/1, 235/13, 238/1, 265/16, 272/14, 280/8 , 298/2·3, 387/6, 396/5, 397/5, 401/14, 406/14, 456/35, 457/11, 495/6
고종(高宗: 北魏 文成帝, 拓拔濬) 165/4
고종(高宗: 殷, 武丁) 173/19, 229/6, 359/8
고종회(高從誨: 南平王) 98/11, 205/21, 281/6
고죽군(孤竹君) 292/11
고중서(高仲舒) 222/3
고지(高紙) 103/7
고지유(高知柔) 172/13
고지주(高智周) 147/3, 185/10
고진릉(高晉陵: 高爽) 253/9

고징(郜澄) 384/7
고징(高澄: 北齊 文襄皇帝·世宗) 216/7
고차동(高次同: 高翼) 200/8
고창(高昌) 110/1
고천대장군(高天大將軍) 320/2
고총(顧總) 327/3
고최외(高崔嵬) 249/10
고태위(高太尉: 高騈) 190/5
고패(顧霈) 439/6
고필(古弼) 383/14
고해(顧諧) 246/25
고해(顧楷) 457/6
고해(高諧: 高鐈) 178/6
고행사(高行思) 462/28
고현락(高顯洛) 391/5
고형(顧敻) 252/12
고형(高衡) 294/12
고호두(顧虎頭: 顧愷之) 214/6
고홍(古洪: 古押衙) 486/2
고화(顧和) 170/15
고환(高歡: 北齊 太祖·高祖·神武皇帝) 111/14, 327/8, 461/8
고황(顧況: 顧逋翁, 顧著作) 170/18, 182/4, 198/12, 202/24, 213/5, 214/6, 244/10, 250/22, 388/1
고회(高悝) 81/2
고효형(高孝珩) 211/6
고후(高后: 漢 高祖 后, 呂后) 402/3
고휘(高暉) 189/11

곡강공(曲江公: 南齊, 蕭遙欣) 174/32
곡량한(曲良翰) 234/8
곡부신(穀父神) 53/2
곡사풍락(斛斯豊樂) 164/23
곡슬라(斛瑟羅) 267/18
곡습(谷習) 272/4
곡신(谷神) 69/2
곡신자(谷神子) 348/4
곡아신(曲阿神) 295/5
곡아인(曲阿人) 383/6
곡엽(曲葉) 39/5
곡영(谷永) 236/8
곡장자(谷將子) 2/2
곤(鯀) 171/5, 310/8, 466/1, 467/1
곤륜노(崑崙奴) 16/2, 340/2, 361/17
곤명지신(昆明池神) 301/4, 358/12
곤오(昆吾) 282/4
골독록(骨篤祿) 258/20
골자(鶻子) 341/4
공각(孔恪) 381/2
공겸(孔謙) 239/14, 262/9, 476/8
공계공(孔季恭: 孔靜) 295/13
공공(共工) 174/1, 310/8
공공아(空空兒) 194/5
공관(龔寬) 210/3
공광(孔光) 198/20
공구(孔丘: 孔子) 179/10, 245/2, 246/15
공군평(孔君平: 孔坦) 245/14
공귀빈(孔貴嬪: 陳) 350/2

공기(孔基) 119/16
공녕(孔寗) 90/1
공덕산(功德山) 287/2
공도륭(孔道隆) 202/16
공령부(孔靈符) 397/17
공령산(孔靈産) 202/16
공림지(孔琳之) 207/9
공명고(公明高) 310/8
공문거(孔文擧: 孔融) 164/4, 235/2, 258/1
공민행(孔敏行) 261/2
공변(共辨) 372/6
공보(孔父) 245/2
공부자(孔夫子: 孔子) 19/4, 65/1, 137/2, 418/1, 425/12, 494/7
공성(孔聖: 孔子) 425/2
공손경(公孫卿) 8/1
공손달(公孫達) 316/2
공손룡(公孫龍) 276/10
공손무달(公孫武達) 191/16
공손성(公孫聖: 公孫勝) 119/2, 276/2
공손술(公孫述) 191/2, 241/1
공손승상(公孫丞相: 公孫弘) 245/2
공손씨(公孫氏: 公孫大娘) 208/13
공손연(公孫淵) 359/10
공손작(公孫綽) 128/1
공손찬(公孫瓚) 171/5, 317/3
공손홍(公孫洪) 291/21
공손홍(公孫弘: 公孫丞相·孫弘) 181/12,

204/25, 237/2
공수(龔壽) 127/1
공수(龔遂) 434/19
공수반(公輸般: 公輸班, 魯班) 5/2, 225/3, 324/9
공승억(公乘億) 183/10·11
공승통(公乘通) 134/16
공신(孔申) 22/2
공쌍(龔雙) 296/3
공씨(龔氏) 323/16
공씨(孔氏: 孔子) 206/3, 478/8
공씨(孔氏: 道安 外兄) 89/1
공씨(孔氏: 李常在 弟子) 12/4
공씨(孔氏: 荀澤 妻) 318/6
공씨(孔氏: 幽州衙將 張氏 妻) 330/5
공안국(孔安國) 13/2
공여선사(空如禪師) 97/6
공역(孔懌) 77/5
공엽(孔曄) 397/17
공영(龔穎) 383/1
공온업(孔溫業) 138/11
공온유(孔溫裕) 138/11
공왕(恭王) 389/5
공왕(空王: 釋迦如來) 238/16
공원방(孔元方) 9/2
공위(孔威) 423/8
공위(孔緯: 魯國公) 252/4, 500/1
공유(孔愉: 晉 餘不亭侯) 118/4, 226/1
공융(孔融: 孔文擧) 164/4, 235/2

공자(孔子: 孔丘·孔夫子·孔聖·孔氏·文宣王·尼父·仲尼) 1/1, 5/2, 81/4, 82/8, 87/3, 101/11, 102/11, 137/2, 141/1, 169/4, 173/21, 174/4, 211/5, 213/6, 226/1, 247/14, 248/1, 253/2, 260/3, 268/5, 310/8, 406/1, 418/1, 456/17, 468/1, 481/1, 499/13
공제(恭帝: 晉, 司馬德文) 360/11, 425/12
공중유(龔仲儒) 81/2
공증(孔拯) 202/26
공지양(孔知讓) 145/10
공찬(孔贊) 327/11
공창(孔敞) 119/16
공치규(孔稚珪) 202/16, 246/26
공타(公牠) 418/9
공파(龔播) 401/2
공현리(贛縣吏) 472/5
과두랑군(科斗郎君: 威氏) 474/3
과타왕(果陁王) 418/12
곽거(郭璩) 406/45
곽거병(霍去病: 霍將軍) 165/6, 200/7, 291/18
곽경(郭京) 155/7
곽경순(郭景純: 郭璞) 14/4, 85/1, 238/18, 244/10, 277/10
곽경장(郭景章) 124/19
곽경지(郭慶之) 325/5
곽고(郭固) 67/1
곽공(郭珙) 134/10

곽광(霍光) 76/7, 176/8, 236/5, 375/2·
    4, 400/3
곽교(郭釗) 108/2, 437/12
곽구구(郭九舅) 79/10
곽금악(郭金樂) 14/6
곽대공(郭代公: 唐, 郭子儀) 69/3
곽대낭(郭大娘) 382/10
곽대봉(郭待封) 185/13
곽동리(郭東里) 178/8
곽등(郭登) 346/12
곽령(郭令) 403/12
곽령공(郭令公: 郭子儀) 213/6
곽림종(郭林宗: 郭泰) 164/1, 169/2, 234
    /15, 434/19
곽모(霍某: 唐 舒州 儒生) 124/7
곽무위(郭無爲) 448/2
곽무정(郭務靜) 242/15, 493/15
곽묵(郭默) 396/13
곽문(郭文: 郭文擧) 14/2
곽문간(郭文簡) 399/26
곽밀향(郭密香) 3/1, 56/2
곽박(郭璞: 郭景純) 13/7, 14/4, 45/2, 7
    6/6, 81/3, 146/3, 197/2, 216/5, 244/
    10, 247/14, 359/23, 390/9, 399/1, 4
    35/18, 462/29
곽번(郭翻: 郭長翔) 321/1
곽분양(郭汾陽: 郭子儀) 202/25, 344/3,
    367/29
곽사라(郭沙羅) 361/5

곽사랑(郭四郞) 275/7
곽사법(郭司法) 283/9
곽사인(郭舍人) 174/23, 228/12, 245/2
곽사형(郭司刑: 郭璋) 129/7
곽생(郭生: 郭隈) 8/1
곽선(郭宣) 110/12
곽소(郭素: 郭凝素) 257/9
곽소(郭紹: 郭子元) 159/5
곽소부(霍少府: 霍有鄰) 381/3
곽소옥(霍小玉) 487/1
곽수지(郭秀之) 325/8
곽수진(郭修眞) 68/2
곽숙비(郭淑妃: 唐 懿宗 妃) 136/10
곽순(郭純) 238/2
곽숭도(郭崇韜: 興聖令公) 126/16, 241/1
곽승하(郭承嘏) 210/11, 345/1
곽식(郭植) 155/7
곽신호(郭神虎) 88/1
곽심(郭鄩) 348/3
곽씨(郭氏: 鬼神) 341/2
곽씨(郭氏: 陳彝爽 妻) 122/1
곽씨(郭氏: 咸陽人) 275/7
곽씨(郭氏: 畢修 外祖母) 359/26
곽애(郭曖) 176/8, 198/16
곽약눌(郭若訥) 265/6
곽언랑(郭彦郎) 425/2
곽언양(郭言楊) 155/7
곽연균(郭延均) 133/18
곽왕(霍王: 唐, 李元軌) 235/12

곽왕(霍王: 唐, 李暉) 487/1
곽우(郭瑀) 276/17
곽원(郭圓) 170/10
곽원(郭遠) 406/42
곽원진(郭元振: 郭震) 125/2, 166/3·6, 240/15, 417/11
곽유린(霍有鄰: 霍少府) 381/3
곽육(郭毓) 259/3
곽은(郭恩) 76/9
곽음(郭愔) 122/1
곽응소(郭凝素: 郭素) 257/9
곽의(郭誼) 390/12
곽인표(郭仁表) 278/25
곽자원(郭子元: 郭紹) 159/5
곽자의(郭子儀: 郭代公·郭令公·郭汾陽·汾陽王) 19/3, 123/7, 176/8, 213/6, 435/6
곽장(霍璋) 129/7
곽장군(霍將軍: 霍去病) 291/18
곽장상(郭長翔: 郭翻) 321/1
곽장생(郭長生) 324/14
곽저(郭翥) 345/6
곽전(郭銓: 郭仲衡) 324/3
곽전지(郭銓之) 202/25
곽정일(郭正一) 171/11, 185/10, 260/10
곽제종(郭齊宗) 189/7
곽조(郭祚) 327/4
곽조심(郭祖深) 116/10
곽존중(郭存中) 341/4

곽준(郭俊) 184/11
곽중산(郭仲産) 141/15, 360/26, 482/23
곽중산(郭重産) 296/10
곽중상(郭仲翔) 166/6
곽지운(郭知運) 330/3
곽천사(郭天師) 396/6
곽칠랑(郭七郎) 499/14
곽태(郭太) 170/11
곽태(郭泰: 郭林宗) 164/1, 169/2·3
곽태의(郭太儀) 410/11
곽판관(霍判官) 124/7
곽팔랑(郭八郎) 155/7
곽패(郭霸) 126/10, 240/10, 268/10
곽한(郭翰) 68/1
곽향(郭麐) 89/2
곽헌가(霍獻可) 146/15, 258/12, 259/3, 268/10
곽현(霍顯) 236/5
곽홍광(郭弘廣) 176/8
곽황(郭況) 236/11
곽효각(郭孝恪) 169/15
곽후(郭厚) 314/13
곽후(郭后: 魏) 375/9
곽훤(郭萱) 83/7
곽흑략(郭黑略) 88/1
관강(關康: 關康之) 326/5
관국공(管國公: 唐, 任瓌) 248/10
관녕(管寧) 88/1, 161/16, 167/6, 235/4
관도(關圖) 251/17, 271/20

관령(關令: 尹喜) 57/1
관로(管輅) 76/9, 216/1, 222/12, 359/8, 447/6
관별가(關別駕) 205/20
관부(灌夫) 124/4
관부인(管夫人) 489/1
관세음보살(觀世音菩薩) 90/1, 96/1, 101/10, 108/8, 110/1·4·6·7·8·9·12·13·15·19·24·26, 111/3·4·5·6·9·12·14·16·20·21·22·23, 240/12
관수조(管修條) 11/6
관승단(關承湍) 313/8
관쌍(管雙) 319/10
관씨(關氏: 鄆州 司法官) 286/5
관영(灌嬰: 潁陰侯) 163/2
관우(關羽) 10/4, 189/1, 191/7
관음불(觀音佛) 110/16
관이오(管夷吾: 管仲) 38/1
관자문(管子文) 82/6
관중(管仲: 管夷吾) 169/15, 245/2, 291/5
관파(關播) 239/3
관휴(貫休) 196/8, 214/1
광릉대사(廣陵大師: 大師佛) 97/4
광릉왕(廣陵王) 468/14
광릉혜왕(廣陵惠王: 北魏 節閔帝, 元羽) 139/10
광리왕(廣利王: 南海神) 310/1
광명사(光明寺) 99/9
광무제(光武帝: 漢, 劉秀, 世祖) 131/1, 1 87/4, 189/2·4, 191/2, 236/11, 267/3, 275/11, 296/10, 391/12, 396/9, 399/3, 404/7, 434/19, 448/3, 473/5
광성선생(廣成先生: 杜光庭) 80/12
광성자(廣成子) 1/1·3, 21/1, 400/16
광수자(廣壽子) 1/1
광씨(匡氏: 王氏) 253/12
광양왕(廣陽王: 北魏, 元淵) 277/5
광왕(光王: 唐 宣宗, 李忱) 121/16, 136/7·9, 278/13
광원(光遠) 413/20
광장(狂章) 56/3
광정(匡鼎: 匡衡) 173/2
광제선생(廣濟先生) 411/8
광천왕(廣川王: 漢, 劉去疾) 389/3, 447/4
광평왕(廣平王: 唐, 李泌) 38/1
광형(匡衡: 匡稚圭, 匡鼎) 173/2
광흔(匡昕) 161/31
괴공(蒯公: 唐人) 362/14
괴량(蒯亮) 220/26
괴무안(蒯武安) 102/5
괴심(蒯潯) 70/8
괴안국왕(槐安國王) 475/1
괴왕(槐王) 416/5
괴적(蒯適) 277/30
괴희일(蒯希逸) 200/4, 266/1, 275/3
괵국부인(虢國夫人: 唐, 楊貴妃 姊) 186/1 5, 205/13, 236/25·26, 240/18, 368/15
괵왕(虢王: 唐, 李巨) 38/1, 191/23, 211/

11, 288/17
굉(閎: 黃閎) 444/2
교교(翹翹) 329/5
교군(喬君) 28/2
교귀년(喬龜年) 304/5
교림(喬琳) 150/2, 255/20
교서왕(膠西王: 漢) 1/1
교수낭(嬌羞娘) 327/3
교씨(喬氏: 唐人) 361/10
교이(喬彝) 179/7
교자(敎子) 127/4
교지지(喬知之) 267/13, 274/3
교창(膠倉) 245/2
구가복(仇嘉福) 301/4
구강왕(九江王) 29/1
구겸지(寇謙之: 寇天師) 63/4, 14/7, 210/17
구경지(區敬之) 324/6
구공주(九公主) 494/12
구낭자신(九娘子神) 492/1
구노(狗奴) 319/12
구도사(瞿道士) 45/3
구동화(寇同華) 239/10
구령금모(九靈金母: 西王母) 1/2, 63/4
구령노자(九靈老子) 1/1
구령태묘귀산금모(九靈太妙龜山金母: 西王母) 56/1
구례(勾禮) 124/16
구로(九老) 3/1

구룡생(勾龍生) 159/5
구룡의(勾龍義) 107/16
구마라집(鳩摩羅什: 童壽) 89/2, 93/1
구망(勾芒) 291/3·7
구망신(勾芒神) 38/1
구명(歐明) 292/3
구미원군(九微元君) 58/1
구반다(鳩盤茶: 鳩槃茶·冬瓜鬼) 248/10, 253/16
구방고(九方皐) 211/16
구사(九思) 299/1
구사량(仇士良) 84/8, 123/1, 156/7, 181/12·17, 210/11, 347/7, 406/25
구생(仇生: 唐興縣吏) 52/3
구서(丘紓) 174/19
구선고(緱仙姑) 70/5
구선공주(九仙公主: 唐) 121/18
구선원(九僊媛) 69/3, 188/6
구성고진(九星高眞) 58/1
구순(區純) 225/14
구승(具蠅: 甘蠅) 227/4
구신적(丘神勣) 268/10
구씨(苟氏: 隋 新繁縣 書生) 102/4
구씨(寇氏: 宗氏 妻) 329/3
구씨(歐氏: 晉 南郡 議曹掾) 161/20
구씨(緱氏: 唐人) 285/8
구야자(歐冶子) 229/6
구양간(歐陽衎) 80/5
구양면(歐陽冕) 241/1

구양모(歐陽某: 蒼龍溪主) 49/3
구양민(歐陽敏) 350/5
구양사문(歐陽四門) 158/3
구양소(歐陽紹: 歐陽忽雷) 393/16
구양솔갱(歐陽率更: 歐陽詢) 208/4
구양순(歐陽洵) 405/2
구양순(歐陽詢: 歐陽信本, 歐陽率更) 208/4·5·7·13, 248/9, 254/3, 265/3, 493/12
구양씨(歐陽氏: 廣陵 孔目吏) 395/12
구양진(歐陽進) 314/16
구양찬(歐陽璨) 366/21
구양첨(歐陽詹: 歐陽行周, 詹生) 180/1, 274/6
구양통(歐陽通) 208/5
구양평(歐陽平) 76/17
구양해(歐陽澥) 158/3
구양형(歐陽炯) 214/1·3·4
구양홀뢰(歐陽忽雷: 歐陽紹) 393/16
구양흘(歐陽紇) 444/4
구용(寇鄘) 344/3
구우(丘友) 383/9
구월왕(甌越王: 漢, 搖) 34/2
구위(丘爲) 495/12
구유(丘濡) 357/3
구의도사(九疑道士: 王方古) 67/1
구의산신(九嶷山神) 10/5
구익부인(鉤弋夫人: 鉤翼夫人, 漢 武帝 妃) 18/1, 59/10, 228/8

구자(寇沘) 186/4
구자모(九子母) 160/2
구자왕(龜玆王: 晉代 西域國王, 白純) 89/2, 481/8
구장(寇璋) 159/7
구장(苟萇) 276/18
구조인(寇祖仁) 127/5
구주도선대사고명주(九州都仙大使高明主: 許遜) 62/3
구지선(緱氏仙) 46/2
구진제국왕(俱振提國王) 481/6
구천(勾踐: 句踐, 春秋戰國 越王) 135/3, 227/5, 229/5, 390/7, 473/3, 478/8
구천사(寇天師: 寇謙之) 391/9
구천사자(九天使者) 29/1, 313/5, 395/13
구천현녀(九天玄女) 56/1
구호장군(九虎將軍: 王莽) 359/3
구화도사(九華道士: 葉通微) 18/2
구화산도사(九華山道士: 趙知微) 85/1
구효백(丘孝伯) 383/9
국검(麴儉) 119/13
국도룡(鞠道龍) 284/10
국사명(麴思明) 149/1
국선충(麴先沖) 143/14
국소남(國邵南) 279/20
국수재(麴秀才) 368/14
국숭유(麴崇裕) 260/8
국씨(國氏: 春秋戰國 齊 世族) 497/12
국처사(麴處士) 26/1

군각(群角) 67/2
굴대부(屈大夫: 屈原) 309/1
굴도(屈到) 201/16
굴돌계장(屈突季將) 100/2
굴돌중임(屈突仲任) 100/2
굴돌중장(屈突仲將) 100/2
굴부사(屈副使: 屈原) 309/1
굴암(屈巖) 101/10
굴원(屈原: 屈平, 屈大夫·屈副使) 164/5, 202/1, 203/5, 226/1, 249/10, 265/6, 291/12, 309/1, 391/12
굴평(屈平: 屈原) 203/5
궁사업(弓嗣業) 121/8
궁영매(窮英妹) 475/1
궁지기(宮之奇) 478/8
권덕여(權德輿) 164/17, 174/22, 201/18
권동휴(權同休: 權秀才) 42/9
권량산(權梁山) 333/2
권룡양(權龍襄) 258/24
권사(權師) 79/10
권수재(權秀才: 權同休) 42/9
권숙본(權叔本) 5/9
권시랑(權侍郎) 154/5
권익(權翼) 89/1
권장유(權長孺) 201/18
권현복(權玄福) 250/5
권회은(權懷恩) 263/9
귀계(歸係) 257/2, 440/4
귀곡선생(鬼谷先生: 鬼谷子) 4/4·6, 5/7

귀곡자(鬼谷子: 鬼谷先生) 138/13, 150/4
귀곡자(鬼谷子: 李泌) 38/1
귀군(歸君: 歸評事) 264/11
귀대금모(龜臺金母: 西王母) 56/2
귀등(歸登: 小歸公) 165/33
귀보(歸寶) 455/2
귀산구허태진금모(龜山九虛太眞金母: 西王母) 58/1
귀산왕모(龜山王母: 西王母) 58/1
귀생(歸生: 弘文館 學士) 430/6
귀숭경(歸崇敬) 177/9
귀씨(歸氏: 道士) 73/5
귀암(歸黯) 183/25
귀왕(鬼王) 95/1, 100/5·6
귀원창(歸元昶) 341/3
귀인소(歸仁紹) 177/8, 257/2
귀일(歸佾) 257/2
귀자모(鬼子母) 113/1, 292/10
귀중서(歸中書) 264/12
귀진(歸秦) 275/8
귀평사(歸評事: 歸君) 264/11
규염객(虯髯客) 193/2
극담(郄曇: 郄曇, 郄重熙) 207/1
극승명(郄承明) 494/8
극신선사(克愼禪師) 222/7
극연(劇燕) 266/5
극원위(郄元位) 310/4
극원절(郄元節) 9/2
극의(郄倚) 322/18

극중희(郄重熙: 郄曇)　207/1
극혜련(郄惠連)　377/7
근사옹(靳四翁)　459/18
근상(靳尙)　91/2
근수정(靳守貞)　450/5
근자려(勤自勵)　428/4
근탄(靳坦)　307/3
금강(金釭)　372/6
금강불(金剛佛)　402/10
금강삼장(金剛三藏)　22/1, 396/2
금강선(金剛仙)　96/8
금강신(金剛神)　22/1, 105/9, 108/4, 40
　　2/12, 285/15
금강역사(金剛力士)　91/6, 100/3, 108/1
　　3, 174/2
금강왕(金剛王)　449/8
금강화상(金剛和尙)　108/13
금고(琴高)　4/3, 309/1, 416/5
금궐성군(金闕聖君)　11/6, 58/1
금궐제군(金闕帝君)　1/1
금궐후성군(金闕後聖君)　58/1
금모(金母: 西王母)　1/2, 6/1, 56/1·3, 4
　　88/1
금모원군(金母元君: 西王母)　66/1
금방백호신(金方白虎神)　56/1
금상장군(金象將軍)　369/7
금소(金霄)　67/2
금속여래(金粟如來)　98/13, 285/16
금수낭(錦繡娘)　352/11

금악장군(擒惡將軍)　306/2
금양귀(金煬鬼)　80/11
금지공주(金枝公主: 順儀公主)　475/1
금천왕(金天王)　35/1, 213/18, 283/12, 3
　　04/6·7, 311/5, 341/3, 350/4, 378/9,
　　470/5
금하공주(金河公主: 唐)　280/2
금화(金花)　453/3
금화대선(金華大仙: 玉華君)　67/1
금화부인(金華夫人)　339/8
금활리(禽滑釐)　5/2
급사(汲師)　265/16
급암(汲黯)　245/2
기(夔)　205/2·7, 297/1, 483/7
기결(冀缺)　495/15
기경보살(起敬菩薩: 張伯英)　105/3
기련요(綦連耀)　267/18, 268/1
기련휘(綦連輝)　146/12
기롱위(祁隴威)　132/10
기리계(綺里季)　6/1
기리용(紀離容)　3/1
기린객(麒麟客: 王夐)　53/1
기만수(祁萬壽)　126/9
기망량(夔魍魎)　359/4
기명(紀明)　219/1
기모잠(綦母潛)　199/1
기법사(基法師: 窺基)　413/25
기생(暨生)　147/14
기선지(紀先知)　255/1

기순지(祁順之)　201/4
기승정(紀僧貞: 紀僧眞)　135/20
기씨(紀氏: 葛濟之 妻)　114/5
기안(夔安)　88/1
기역(耆域)　96/5
기연(紀涓)　490/1
기오(祁午)　186/13
기왕(岐王: 唐, 李茂貞)　500/8
기왕(岐王: 唐, 李範)　179/4, 204/15, 209/4, 214/6, 237/2, 387/5
기왕(紀王: 唐, 李愼)　263/2, 410/17
기자(箕子)　166/6
기장공(奇章公: 唐, 牛僧孺)　138/6
기장공(奇章公: 唐, 牛弘)　182/11, 361/5
기제물(旣濟物)　26/1
기창(紀昌)　227/4
기해(祁奚)　173/4, 185/16, 186/13
기해해(紀孩孩)　273/1
길각석(吉礐石)　323/2
길달(吉達)　228/12
길무(吉懋)　271/5
길미한(吉未翰)　323/2
길선행(吉善行)　135/26
길아(吉兒)　35/4
길온(吉溫)　143/18, 201/4, 242/3
길욱(吉頊)　240/11, 242/3, 254/13·14, 267/18, 268/1, 271/5
길익자(吉翼子)　319/13
길재(吉財)　408/25

길조(吉兆)　238/6
길철(吉哲)　240/11
김가(金哥)　481/1
김가기(金可記)　53/4
김감(金監)　406/43
김규(金閨)　123/3
김사(金師)　147/16
김씨(金氏: 王含 母)　442/4
김우장(金友章)　364/9
김유(金柔: 天台道士)　49/4
김참군(金參軍)　40/3
김충의(金忠義)　275/10
김치(金卮)　130/7
김현(金玄)　119/10
김형(金荊)　129/4

ㄴ

나공원(羅公遠: 羅天師·維ㅅ遠)　22/1, 23/3, 33/2, 285/12, 396/2, 449/2
나구고(羅九皐)　266/4
나규(羅虯)　261/23, 273/11
나근생(羅根生)　294/13
나도종(羅道悰)　162/9
나도종(羅道宗)　259/18
나랑중(羅郞中: 羅紹權)　223/9
나립언(羅立言)　144/6
나만자(羅蠻子)　252/12

나부산인(羅浮山人: 軒轅集)　79/5
나부선생(羅浮先生: 軒轅集)　48/4
나부처사(羅浮處士: 李象先)　66/2
나부처사(羅浮處士: 夏侯生)　223/11
나사(羅舍: 羅含, 羅君章)　326/3
나사군(羅使君: 羅紹權)　223/9
나사원(羅思遠)　77/3
나소권(羅紹權: 羅郞中·羅使君)　223/9
나소권(羅劭權)　256/18
나소미(羅少微)　196/8
나소위(羅昭威: 後梁 鄴王)　200/14
나소척(羅紹戚)　203/26
나순(羅巡)　474/3
나식(邢息)　374/11
나씨(羅氏: 蜀僧)　93/1
나약언(羅約言)　144/6
나양왕(羅陽王)　293/7
나업(羅鄴)　273/11
나여(羅璵)　109/4
나우(羅友)　246/9
나욱(羅郁)　57/2
나원고(羅元杲)　289/14, 498/12
나원칙(羅元則)　339/1
나은(羅隱)　184/8, 199/13, 200/14, 235/
　21, 252/8, 256/22, 271/20, 273/11
나자명(羅子明)　93/1
나자춘(羅子春)　418/9, 492/1
나잔(懶殘)　96/3
나적(羅逖)　474/3

나조(那照)　227/12
나집(羅什)　228/3
나차(羅叉)　89/2
나찰(羅利)　112/3
나찰귀(羅刹鬼)　357/5, 361/13
나천사(羅天師: 羅公遠)　22/1, 25/1, 52/4
나타태자(那吒太子)　92/4
나편객(騾鞭客)　72/8
나홍신(羅弘信: 唐 臨淮王)　312/13
나회(羅會)　243/3
나휘(羅暉)　209/3
나흑흑(羅黑黑)　205/11
나희석(羅希奭)　201/4
낙덕파(駱德播: 駱山人)　78/9
낙빈왕(駱賓王)　91/11, 163/18, 185/13, 1
　98/6, 265/4, 288/16
낙산인(駱山人: 駱德播)　78/9
낙산인(駱山人: 唐 濟源人)　223/3
낙신(洛神: 洛浦神女)　311/1
낙안공(樂安公: 唐, 孫偓)　232/13
낙안공주(樂安公主: 唐)　405/14
낙원광(駱元光)　280/6
낙유왕(樂遊王)　349/4
낙자연(洛子淵)　292/9
낙정아(駱廷雅)　13/4
낙진(洛珍)　272/5
낙창공주(樂昌公主: 陳)　166/2
낙충(駱忠)　392/3
낙평공주(樂平公主: 隋)　139/17

낙포신녀(洛浦神女: 洛神)　311/1
낙하굉(洛下閎)　21/1, 92/3
낙현소(駱玄素)　73/7
난(鸞)　264/13
난(蘭)　368/3
난경(蘭京)　216/7
난공(蘭公: 兗州 曲阜縣 至人)　15/4
난낭자(鸞娘子)　128/6
난대(欒大)　8/1
난릉공(蘭陵公: 唐, 蕭倣)　117/6
난릉왕(蘭陵王: 北齊, 高長恭)　225/16
난서(欒書: 欒武子)　389/3, 447/4
난순(欒荀)　110/7
난씨(鸞氏)　329/5
난씨(蘭氏: 申蘭 妻)　491/1
난원복(欒元福)　314/19
난잔(嬾殘)　38/1
난초(蘭茗)　231/11
난타(難陀)　285/17
난파(欒巴)　11/4
난포(欒布)　235/13
난후(欒侯)　292/1
남강군왕(南康郡王: 唐, 韋皐)　106/6, 138/2
남계(南季)　215/3
남군공주(南郡公主: 晉)　126/2
남군왕(南郡王: 劉宋, 劉義宣)　141/15, 142/4, 216/6
남궁자오(南宮子敖)　110/16

남극부인(南極夫人)　58/1
남극원군(南極元君)　58/1
남두주생진군(南斗注生眞君)　67/1
남면극한(南面可汗: 閻知微)　95/4
남명부인(南溟夫人)　25/2
남방삭(南方朔)　283/10
남방천왕(南方天王: 韋將軍)　93/1
남산자신(南山岩神)　311/4
남수(南竪)　144/1
남악도사(南岳道士: 蔣含弘)　76/17
남악도사(南岳道士: 田良逸)　76/17
남악부인(南嶽夫人)　58/1, 70/5
남악신(南嶽神)　25/2, 312/6, 350/4
남악진군(南岳眞君)　40/9
남악진인(南嶽眞人: 赤松子)　11/6
남안왕(南安王: 北齊)　447/12
남양공주(南陽公主: 漢)　59/11
남양왕(南陽王: 北齊, 高綽)　267/4
남양왕(南陽王: 梁)　391/12
남월왕(南越王: 漢, 趙佗)　34/2, 403/5
남진군(南眞君)　58/1
남진칠원군(南眞七元君)　3/1
남찬(南纘)　303/8
남채화(藍采和)　22/3
남천왕(南天王: 唐)　91/9
남천왕(南天王: 提頭賴吒)　95/1
남천왕자(南天王子: 張璵)　91/9
남초왕(南譙王: 劉宋)　111/3
남초재(南楚材)　271/24

남탁(南卓: 卓二十三) 251/11
남평왕(南平王: 唐, 高從誨) 98/11
남평왕(南平王: 五代 後梁, 鍾傳) 79/8,
　124/13, 232/13, 313/5
남해군(南海君) 293/1
남효렴(南孝廉) 364/4
납의도인(衲衣道人) 499/5
낭(朗) 436/16
낭서령(郎徐令: 郎餘令) 103/3
낭야공(瑯琊公: 唐, 王重盈) 46/3
낭야공(琅琊公: 唐, 秦州節度使) 437/18
낭야선생(琅琊先生) 67/1
낭야왕(瑯邪王: 晉) 58/1, 126/2
낭야왕(琅琊王: 唐, 李沖) 94/3, 258/12,
　268/10
낭야왕(琅琊王: 北齊, 高儼) 76/8
낭여경(郎餘慶) 185/11
낭자신(郎子神) 305/1
내군작(來君綽) 474/3
내부군(來府君) 162/1
내씨(來氏: 來護兒 歌人) 342/1
내아조(來阿照) 134/6
내자순(來子珣) 258/21, 268/10
내제(來濟) 147/3, 493/11
내조(來操) 267/18, 268/10
내준신(來俊臣) 121/9, 169/24, 240/3·1
　0, 258/12, 263/10, 267/11·17·18, 268
　/1·5·7·10, 271/3, 283/4, 494/2
내진(來瑱) 189/11

내천사(來天師) 30/2
내파(來婆) 283/10
내항(來恒) 493/11
내호(來護) 474/3
내호아(來護兒) 342/1, 493/11
내후(萊侯: 漢, 范丹) 371/1
냉광(冷廣) 11/6
냉조양(冷朝陽) 195/1, 198/15
노가(盧𦲷) 332/7
노가언(盧嘉言) 248/2
노가창(盧嘉場) 221/2
노간구(盧簡求) 181/16
노간능(盧簡能) 467/3
노간사(盧簡辭) 282/3
노개(盧愷: 盧怡) 170/6, 173/23, 186/9
노건(盧虔: 盧侍御) 415/11
노건관(盧虔灌) 266/3
노검(盧儉) 82/5
노경(盧卿) 43/2
노경량(盧景亮) 79/4
노경선(盧景宣) 66/2
노경순(路敬淳) 143/7
노경유(盧景裕: 盧仲儒) 66/2, 102/1, 17
　3/24, 202/2
노경융(盧景融) 66/2
노경인(盧景仁: 燕郡公) 173/24
노경잠(路敬潛: 路潛) 146/12
노경장(盧景莊) 179/10
노경조(盧景祚) 66/2

노경지(盧敬芝) 124/14
노공(魯恭) 186/17, 466/15
노공(盧公: 唐 潞州節度使) 209/6
노공(盧公: 唐 宣帝時 相公) 409/42
노공구(魯孔丘) 254/13
노공호(魯公扈) 376/9
노관(奴官) 390/1
노광(盧匡) 209/6
노광계(盧光啓) 183/16
노구(盧求) 181/10
노구(盧鈞) 473/17
노구저(盧求著) 283/14
노국공(魯國公: 唐, 孔緯) 500/1
노국공(魯國公: 唐, 顔眞卿) 27/3, 32/2, 58/1, 172/2, 182/13, 224/14, 256/19
노국공(魯國公: 唐, 王損) 183/25
노군(路君) 285/18
노군(老君: 老子) 5/8, 16/1, 135/26, 162/18, 163/38, 288/1, 366/1, 370/9, 448/3, 449/4
노군(路羣) 499/6
노군창(盧君暢) 423/1
노규(盧珪) 16/1
노균(盧鈞) 54/3, 84/14, 251/8, 275/5, 465/3
노기(盧杞) 32/2, 64/5, 76/14, 170/11, 239/3, 269/6, 496/3
노단(盧彖) 182/15
노담(老聃: 老子) 1/1

노덕연(路德延: 路子) 175/15, 264/14
노덕파(路德播) 223/3
노동(盧同) 202/2
노동미(盧東美) 151/7
노래자(老萊子) 271/22
노려행(路勵行) 250/18
노룡산(盧龍山) 141/9
노륙(盧六: 盧弘正) 499/6
노릉가(盧稜伽) 212/6
노립(盧立) 392/3
노망(盧望) 499/4
노매(盧邁) 152/2, 203/27, 256/1
노묘전(魯妙典) 62/1
노문려(盧文礪) 436/23
노문진(盧文進: 范陽王) 252/16, 480/22
노문환(盧文煥) 184/5
노미낭(盧眉娘: 逍遙·神姑) 66/2
노민(魯旻) 376/2
노반(魯般) 225/3
노반(魯班: 魯班, 公輸班) 245/2, 374/8, 406/12
노반(魯班: 皇初起) 7/2
노발(盧發) 251/13
노백달(路伯達) 434/13
노변(盧弁) 382/12
노병(盧騈) 144/14
노복야(盧僕射: 盧從史) 346/8
노봉(盧峯) 494/7
노부인(盧夫人: 房玄齡 妻) 270/7

노분(盧賁)　14/6, 173/24
노분(盧汾: 盧士濟)　474/2
노비(盧斐)　119/22
노비(老濞: 漢 吳王, 劉濞)　275/11
노비(盧釪)　273/10
노사(盧使)　66/1
노사경(盧士瓊)　341/4
노사도(盧思道: 盧八)　173/24, 198/4, 2
　47/11·13, 248/4, 253/14·15
노사언(魯思郾)　130/5
노사종(盧嗣宗)　310/6
노사호(盧司戶)　441/13
노산인(盧山人)　43/2
노삼랑(盧三郎: 盧嬰)　86/13
노상경(盧尙卿)　183/8
노상사(盧常師)　151/4
노상서(盧尙書: 盧弘宣)　261/3
노생(盧生)　159/6
노생(盧生: 邯鄲 少年, 趙國公)　82/5
노생(盧生: 唐 元和年間人)　195/6
노생(盧生: 邑宰)　266/10
노생(路生: 長安縣 占卜人)　217/4
노생(盧生: 趙州參軍)　298/6
노생(盧生: 崔士人 族舅)　31/2
노생(盧生: 太白山 隱者)　17/2
노선(露仙)　357/6
노소(盧沼)　200/2
노소(盧紹)　200/2
노소천(魯少千)　456/22

노수(盧收)　338/2
노수(盧陲: 盧自列)　67/1
노숙(魯肅: 魯子敬)　173/19, 275/5 , 317
　/18, 389/14
노숙륜(盧叔倫)　125/4
노숙민(盧叔敏)　127/11
노숙호(盧叔虎)　247/13
노순(盧循: 盧征虜)　110/7·12, 295/10
노순조(盧詢祖)　247/10
노숭(盧嵩)　440/24
노숭도(盧崇道)　146/18
노승경(盧承慶)　159/3, 176/6
노승업(盧承業)　159/3
노시어(盧侍御: 盧虔)　415/11
노시중(路侍中)　266/4
노식(盧植: 盧子幹)　316/4
노신례(盧神禮)　102/1
노신통(路神通)　289/7
노심(盧甚)　499/1
노십주(盧十住)　296/11
노씨(盧氏: 盧頊 表姨)　386/10
노씨(盧氏: 盧子 再從姑)　281/10
노씨(盧氏: 盧貞 猶子)　278/13
노씨(盧氏: 唐 鄭州人)　105/2
노씨(盧氏: 唐 滑州人)　104/10
노씨(盧氏: 唐人)　257/16
노씨(盧氏: 白敏中 妻)　184/23
노씨(盧氏: 薛保遜 妻)　266/3
노씨(盧氏: 蘇萊 妻)　358/7

노씨(盧氏: 蕭氏)　281/2
노씨(盧氏: 劉君 妻)　444/5
노씨(盧氏: 李益 妻)　487/1
노씨(勞氏: 張嘉猷 友)　105/6
노씨(盧氏: 張不疑 母)　372/6
노씨(盧氏: 張說 壻)　271/17
노씨(盧氏: 狄仁傑 堂姨)　271/2
노씨(盧氏: 鄭翬 親表)　458/10
노씨(盧氏: 崔尉 母)　121/19
노씨(盧氏: 崔應 妻)　123/3
노씨(盧氏: 甲侵訐 先祖)　371/1
노씨(盧氏: 鄭翬 親表)　395/3
노씨(盧氏: 柳毅 妻, 龍女)　419/1
노씨자(路氏子)　285/18
노악(盧偓)　182/8, 198/13, 200/2, 251/20
노악(路嶽)　264/14
노안(路晏)　217/7
노암(路巖)　145/5, 175/15, 183/13, 188/10·11, 223/10, 264/14, 265/13, 499/3
노앙(盧昂)　243/17
노애(嫪毐)　240/12
노약허(盧若虛)　279/7
노언(盧彥)　174/6
노언(盧言)　437/13
노언서(盧彥緖)　279/14
노언성(盧彥盛)　138/13
노여필(盧汝弼)　183/16
노연(盧燕: 盧五)　346/7
노연귀(盧延貴)　86/9

노연양(盧延讓)　184/7, 232/9, 252/9
노영(盧嬰: 盧三郞)　86/13
노영(盧泳)　411/8
노오(盧五: 盧燕)　346/7
노왕(魯王: 唐)　208/3
노왕(潞王: 五代 後唐 末帝, 淸泰王, 李從珂)　136/15, 459/13
노왕(盧王)　359/14
노용련(盧庸連)　261/23
노우승(盧右丞: 盧藏用)　279/3
노욱(盧頊)　340/2, 386/10
노욱(盧郁)　373/6
노원(盧瑗)　363/5
노원각(路元殼)　259/8
노원공(盧元公)　48/6
노원공주(魯元公主: 漢)　402/3
노원명(盧元明: 盧幼章)　253/10, 277/4, 296/11
노원외(盧員外)　18/2
노원유(盧元裕)　422/6·7
노원흠(盧元欽)　218/15
노위(盧位)　82/5
노유아(盧惟雅)　222/12
노유칙(盧有則)　282/2
노융(盧融)　463/28
노은(盧隱)　188/12
노의(盧倚)　82/5
노의마(盧倚馬: 盧曹長)　490/1
노이(盧怡: 盧愷)　186/9

노이(盧廙)　249/17
노이구(盧二舅: 太白山 隱者 盧生)　17/2
노이구(盧二舅: 太元夫人 庫子)　31/2
노인성(老人星: 南極老人星)　87/3
노자(老子: 名 重耳, 字 伯陽, 老聃·老君·太上老君·柱下史·玄元皇帝)　1/1, 4/6, 6/2, 47/3, 50/2, 102/11, 139/12, 202/21, 219/12, 311/1
노자(盧子: 范陽人)　281/10
노자(路子: 路德延)　264/14
노자간(盧子幹: 盧植)　169/3·4
노자강(盧子剛)　173/23
노자경(魯子敬: 魯肅)　389/14
노자렬(盧自列: 盧陲)　67/1
노잠(路潛: 路敬潛)　146/12
노장도(盧莊道)　174/6
노장사(盧長史)　442/3
노장용(盧藏用: 盧右丞)　21/2, 240/8, 255/8, 279/3
노저(盧儲)　181/5
노전소(盧傳素: 盧從事)　436/1
노정(盧貞)　175/8, 278/13
노정(盧靜)　202/2
노정(盧程)　223/13, 266/10
노정(盧正)　363/5
노정로(盧征虜: 盧循)　295/10
노제경(盧齊卿)　21/1, 146/11, 170/2, 185/18, 186/7, 222/11
노조(盧肇)　182/2·3, 200/4, 202/13, 255/1/9, 265/10, 266/1, 461/3
노조(盧造: 盧縣令)　428/9
노조린(盧照鄰: 盧昇之)　21/1, 185/13, 198/6, 218/12, 265/4
노조장(盧曹長: 盧倚馬)　490/1
노종사(盧從史: 盧僕射)　346/8
노종사(盧從事: 盧傳素)　436/1
노종원(盧從愿)　147/14, 165/9, 169/27, 186/2·5, 379/5, 495/1
노준(盧傳)　82/5
노중해(盧仲海)　338/1
노진(盧眞)　136/9
노진(盧軫)　94/2
노질(盧質)　266/10
노찬(盧纘)　338/1
노찬선(盧贊善)　368/11
노책(盧冊)　282/8
노척(盧倜)　82/5
노천인(盧千仞)　263/1
노추(盧樞)　440/27
노충(盧充)　316/4
노탐(盧耽)　275/4, 311/3
노택(盧澤)　247/13
노팔(盧八: 盧思道)　253/15
노팔좌(盧八座)　274/5
노패(盧佩)　306/4
노한(盧罕)　244/14
노한(盧翰)　422/6·7
노함(盧涵)　372/5

노항(盧沆) 200/2
노항(盧恒) 404/1
노헌(盧獻) 250/1, 267/18, 271/7
노헌경(盧獻卿) 144/13
노혁(盧奕) 154/3
노현(盧玄) 165/4
노현(盧絢) 188/5
노현령(盧縣令: 盧造) 428/9
노호(盧浩) 419/1
노호(盧顥) 50/2
노홍(盧鴻) 92/3, 202/21
노홍선(盧弘宣: 盧尙書) 157/2, 209/15, 261/3
노홍정(盧弘正: 盧六) 178/4, 499/6
노환(盧渙) 390/2
노황문(盧黃門) 213/4
노회신(盧懷愼) 165/9, 185/18, 255/14
노회창(盧會昌) 338/9
노훈(盧纁) 223/9
노휴(盧休) 183/15
노휴(盧攜: 盧携) 170/21, 177/8, 181/10, 182/8, 188/12, 251/20, 261/16
노휴경(盧携景) 235/21
녹교(綠翹) 130/3
녹낭(鹿娘) 443/12
녹도자(祿圖子) 1/1
녹리선생(甪里先生) 6/1·4
녹수(鹿受) 368/7
녹안홍(鹿晏洪) 108/12

녹인걸(逯仁傑) 258/14
녹주(綠珠) 177/5, 237/2, 267/13, 489/1
녹피공(鹿皮公) 58/1
농서공(隴西公: 唐, 李蔚) 136/11
농서공(隴西公: 唐, 李滙) 282/3
농서공(隴西公: 五胡十六國 後秦, 姚碩德) 89/2
농옥(弄玉: 秦女) 4/5, 68/3, 69/1, 282/4
농화(穠華) 335/1
뇌공(雷公) 231/9, 383/6, 393/8·10, 394/1·8·10·11, 395/7, 456/30, 464/4
뇌귀(雷鬼) 394/1·3
뇌만(雷滿) 79/8, 257/10
뇌사(雷師) 393/16, 395/16
뇌신(雷神) 191/1, 395/10, 425/2
뇌씨(雷氏: 雷煥) 422/5
뇌씨(雷氏: 唐 宣城部將) 74/5, 84/9
뇌씨(雷氏: 唐 蜀人) 203/20
뇌제(雷濟) 471/11
뇌충순(雷忠順) 348/5
뇌피(雷被) 8/1
뇌해청(雷海淸) 495/8
뇌환(雷煥: 雷氏) 197/4, 311/1, 442/11
누관(婁瓘) 289/4
누납언(婁納言: 婁師德) 169/24
누령(婁逞) 367/28
누무롱(樓無隴) 295/9
누사덕(婁師德: 婁納言) 121/4, 146/6, 148/4, 169/24, 176/3, 221/1, 251/3,

254/13, 277/16, 493/18
누산인(婁山人: 婁千寶) 223/9
누약(婁約) 407/30
누천보(婁千寶: 婁山人) 223/9
누호(婁護: 婁君卿) 234/3
늠군(廩君: 巴務相) 481/3
능법사(稜法師) 127/9
능양자중(陵陽子仲) 414/31
능용화(陵容華) 56/3
능준(凌準) 188/11
능파녀(凌波女) 420/4
능화(凌華) 307/13

ㄷ

다모(茶姥) 70/9
다보석불(多寶石佛) 93/1
다화자(多花子) 18/1
단각(段恪) 249/7
단간(段簡) 179/3
단간목(段干木) 88/1
단거정(段居貞) 491/1
단공(段公: 武成侯) 475/1
단구(段究) 139/7
단구(丹丘) 297/1
단구자(丹丘子) 412/32
단군수(段君秀) 78/3
단근(段瑾) 268/9

단도제(檀道濟) 323/2, 324/8
단동미(段東美) 274/7
단말파(段末波) 88/1
단목사(端木賜: 子貢) 243/4
단문조(段文操) 413/2
단문창(段文昌: 段景初, 鄒平公) 80/1, 106/6, 138/2, 154/10, 155/5, 165/17, 197/13, 210/9, 244/11, 341/7, 351/8
단비선생(丹飛先生: 嚴含質) 441/13
단사(段師) 205/14
단사군(段使君: 段崇簡) 381/3
단사농(段司農: 段秀實) 122/4
단사자(段師子) 191/13
단성식(段成式) 78/10, 80/4, 197/13, 215/7, 228/10·11·12, 232/5, 264/4, 265/10, 282/2, 289/7, 351/8 , 376/9, 394/15, 400/19, 405/21, 406/25, 408/11, 409/48, 411/31, 413/18, 441/5, 465/6, 476/1·5·8, 477/5·10·15·18·20·21·27·36, 478/3·4, 498/8
단소상(段少常) 351/8
단수실(段秀實: 段司農) 122/4, 339/4
단숭간(段崇簡: 段使君) 243/9, 381/3
단씨(檀氏: 龜精) 469/8
단씨(段氏: 唐 什邡縣令 賈氏 妻) 280/3
단씨(段氏: 冥府使者) 103/17
단씨(段氏: 人蔘精) 417/10
단씨(段氏: 字 明光, 劉伯玉 妻) 272/10
단악(段鍔) 155/5

단안절(段安節) 351/8
단안향(段安香) 3/1
단양(段㲅) 28/1
단양공주(丹陽公主: 唐) 191/13
단업(段業) 89/2
단응(段凝) 239/14
단의종(段義宗) 190/5
단이(段怡) 108/6
단장(段章) 275/9
단장군(段將軍) 356/7
단제진(段齊眞) 470/6
단주(丹朱) 253/2
단질(段瑱: 襄國公) 268/9
단하(丹霞) 273/10
단하(段何) 349/3
단화상(段和尙) 188/9
단회(段誨) 217/7
단획(段劃) 28/1
단휘(段暉, 段長祚) 99/9, 360/35
달관자(達觀子: 李筌) 14/7
달다(達多) 375/4
달마(達摩) 97/1
달야객사(達野客師) 173/23
달해(達奚) 224/3
달해무(達奚撫) 179/5
달해순(達奚珣) 122/2, 179/5, 277/29
담강(曇剛) 184/17
담견(曇堅) 112/1
담경(曇鏡) 161/19

담고화(鄲賈和) 375/1
담공(郯公: 唐, 張公瑾) 215/6
담대자우(澹臺子羽: 澹臺滅明) 226/1
담량(曇亮) 130/1
담마참(曇摩懺) 119/17
담모최(曇謨最) 99/4
담무갈(曇無竭: 曇無謁, 法盛) 110/22
담무알(曇無謁: 曇無竭) 93/1
담불(曇弗) 214/1
담생(談生) 316/5
담소(曇霄) 411/12
담수(曇邃) 109/2
담수(譚銖) 199/3
담숙피(譚叔皮) 20/2
담순(曇順) 114/6
담억(曇嶷: 周瑠) 110/2
담역(曇域) 214/1
담영(曇穎) 110/24
담운선사(曇韻禪師) 109/12
담원무(談元茂) 256/2
담유(曇遊) 359/13
담의(譚宜: 阿宜) 20/2
담익(曇翼) 110/21
담자(譚子) 173/13
담자양(譚子陽) 201/3
담중(談衆) 451/14
담창(曇暢) 127/9
담척(覃隲) 279/24
담호(曇護) 112/1

담호(譚鎬) 228/12
담환(曇歡) 131/23
답돈(蹋頓) 389/7
답련로(踏蓮露) 18/1
당거사(唐居士) 75/5
당검(唐儉) 169/14, 189/6, 327/15
당경(唐慶) 84/13
당공량(唐公亮) 426/11
당공방(唐公昉) 7/6, 397/23
당교(唐晈) 185/7
당구(唐衢) 497/9
당구별(唐勾鱉) 470/7
당국청(党國淸) 307/2
당금비(黨金毗) 185/13
당도습(唐道襲) 440/2
당동태(唐同泰) 238/4
당림(唐臨) 493/16
당망지(唐望之) 142/16
당몽(唐蒙) 291/19
당문백(唐文伯) 116/7
당방(唐邦) 322/9
당방(唐昉) 440/5
당복(唐福) 322/9
당부(唐扶) 175/8
당분(黨芬) 496/1
당산인(唐山人) 195/6
당소(唐紹) 125/2
당소(唐昭) 386/6
당시어사(唐侍御史: 唐元瓌) 27/2

당신(唐伸) 181/7
당신(唐臣) 41/1
당실(唐實) 32/2
당씨(唐氏: 九隴村民) 80/7
당아(唐兒: 唐姬) 275/11
당안(唐晏) 112/9
당약산(唐若山) 27/1, 48/2
당약수(唐若水) 27/1
당연사(唐燕士) 348/2
당염(唐炎) 282/3
당오경(唐五經) 256/20
당옹(唐邕: 隋 晉昌王) 139/12, 174/1
당요신(唐堯臣) 389/27
당욱(黨項: 黨項) 84/8
당원괴(唐元瓌: 唐侍御史) 27/2
당의(唐儀) 231/6
당참군(唐參軍) 450/2
당촌신(唐村神) 313/11
당파약(唐波若) 254/13
당평(唐平) 15/1
당항(党項: 黨項, 黨項) 84/8, 138/11, 1
  43/5, 270/6
당헌(唐獻) 204/12
당홍(當洪) 425/14
당훤(唐晅: 七郞) 332/1
당휴경(唐休璟) 94/2, 189/8
대가섭(大迦葉) 93/1
대고신(大孤神) 313/1
대국공주(代國公主: 唐) 97/5

대규(戴逵: 戴安道)　207/7, 210/15
대극근(戴克勤)　167/9
대근(戴瑾)　323/16
대덕법사(大德法師)　247/14
대동군(大洞君: 吳猛)　14/4
대라천녀(大羅天女: 則天武后)　299/1
대랑(大郎: 提頭賴吒天王)　67/2
대력장자(大力長者)　91/6
대로(大鹵)　80/6
대마살(大摩殺)　324/12
대모군(大茅君: 茅盈)　11/6
대목련(大目連)　93/1
대목황후(大穆皇后: 唐)　212/8
대문(戴文)　434/14
대문모(戴文謨)　463/18
대문심(戴文諶)　294/3
대바라문(大婆羅門: 釋迦牟尼)　406/14
대범천왕(大梵天王)　93/1, 95/1
대부(戴孚)　305/1
대사마공(大司馬公)　294/22
대사불(大師佛: 廣陵大師)　97/4
대사원(戴思遠)　138/15
대선백(大仙伯: 茅盈)　68/2
대선생(戴先生)　426/11
대선아(戴蟬兒)　18/1
대세지보살(大勢至菩薩)　110/26
대수신(大樹神)　328/2
대숙륜(戴叔倫)　198/14
대순(大舜: 舜)　62/1

대승백(戴承伯)　323/16
대신백(大神伯)　329/5
대씨(戴氏: 豫章人)　294/15
대씨(戴氏: 晉 永嘉年間人)　374/2
대안(大安)　447/19
대안공(大安公: 唐, 閻立德)　211/10
대안도(戴安道: 戴逵)　207/7, 490/1
대양(戴洋)　396/13
대예(大翳)　56/3
대오(大伍)　13/2
대옹(戴顒)　334/8
대왕(大王: 王羲之)　209/9
대우(大禹)　32/1
대유(大庾: 庾亮)　409/18
대이소부(大李少府: 李嶠)　222/6
대이장군(大李將軍: 李思訓)　211/15
대정(戴政)　425/12
대제(大帝: 唐 高宗, 李治)　163/9·23
대제(大帝: 三國 吳, 孫權)　71/3, 77/5, 135/9, 226/1, 279/28, 425/11
대종(代宗: 唐, 李豫, 楚王)　32/2, 37/1, 38/1, 136/2·6, 137/20, 150/1, 171/17, 176/8, 194/2, 205/7, 237/2, 239/3, 260/14·16, 277/11, 278/1, 289/2, 304/8, 337/5, 404/1·2, 421/1, 435/6
대주(戴冑)　169/15·17, 185/6, 277/15
대지(大智)　379/4
대지덕(戴至德)　176/2
대찰(戴詧)　365/7

| 인명 색인 · 301 |

대황제(大皇帝: 三國 吳, 孫權) 87/3
대희(戴熙) 389/13
덕림(德林) 314/8
덕아(德兒) 455/2
덕정왕(德靖王: 唐, 武三思) 163/26, 169/24
덕종(德宗: 唐, 李括) 137/21, 150/1, 151/1·8, 152/2, 153/3, 154/1, 155/9, 167/5, 170/10, 171/17·18, 177/3, 180/1·2·8, 188/7, 190/2, 192/7·8, 196/1, 198/14·17, 202/10, 203/26, 205/17, 213/6·9, 223/6, 239/3·4·5·6, 250/20, 260/17, 270/11, 271/10, 274/5, 275/10, 278/4, 304/6, 401/17, 407/24, 435/7, 496/3·6·7·10, 38/1, 76/14·15, 79/1·4, 83/5, 84/1
도간(陶侃: 陶士行, 陶太尉) 58/1, 322/1, 415/9
도걸(道傑) 388/8
도경(道冏) 冏公) 111/5
도경군(倒景君) 3/1
도경현(陶敬玄: 陶御史) 324/15
도계지(陶繼之: 陶秣陵·陶縣令) 119/14, 323/14
도광(韜光) 330/12
도괴운(陶蕢雲) 70/4
도군(陶君: 陶弘景) 15/2·3
도노(道奴) 339/4
도당씨(陶唐氏: 堯) 371/1, 373/5, 472/1

도령(道靈) 324/5
도류(道流) 89/2
도릉천사(道陵天師: 張道陵) 58/1
도말(都末) 439/14
도말릉(陶秣陵: 陶繼之) 323/14
도무제(道武帝: 北魏 太祖, 拓拔珪) 399/8
도민(道愍) 468/16
도복(陶福) 352/10
도부(桃符) 275/1
도분(道芬) 214/6
도삭군(度朔君) 293/1
도산(塗山) 13/2
도생(道生: 桓軌 妻 乳母 陳氏 子) 318/7
도선(道宣) 393/6
도선사(度禪師) 131/20
도선생(陶先生: 陶弘景) 15/3, 336/1
도세군(度世君: 司馬生) 4/6, 5/8
도소(道昭) 150/9
도속(道俗) 109/19
도승력(陶勝力) 461/4
도씨(陶氏: 花精) 416/10
도아(都兒) 167/6
도아(陶雅) 277/12
도안(道安) 88/1, 89/1·2, 108/8, 113/2, 246/5, 440/5
도어사(陶御史: 陶敬玄) 324/15
도언지(到彦之) 116/4
도엄(道嚴: 嚴師) 100/9
도영(桃英) 129/2

도유(道儒) 254/9
도음(道蔭) 107/14
도의(道懿) 111/5
도잠(陶潛: 陶淵明, 彭澤令·五柳先生) 112/12, 265/14, 443/14
도적(道積) 114/12
도정백(陶貞白: 陶眞白, 陶弘景) 21/1, 58/1, , 231/4, 441/12
도정익(陶貞益) 448/8
도주공(陶朱公: 范蠡) 1/1, 196/4, 297/1, 317/14
도준(陶濬) 15/2
도준(陶俊) 220/5
도지(道志) 116/6
도진(道進) 88/1
도진백(陶眞白: 陶弘景) 15/2, 409/26
도척(盜跖) 81/3, 87/4, 390/4
도천활(陶天活: 符契元) 78/5
도태(道泰) 110/11
도태백(陶太白) 40/5
도태위(陶太尉: 陶侃) 321/1
도표(道標) 89/2
도품(道品) 99/4
도한(陶翰) 217/4
도한(道閑) 73/9
도항(道恒) 89/2
도헌(道憲) 111/22
도현(陶峴) 420/5
도현령(陶縣令: 陶繼之) 119/14

도혜법사(道惠法師) 131/26
도홍(道弘) 99/4
도홍경(陶弘景: 陶通明, 陶君·陶先生·陶貞白·陶眞白·貞白先生·眞白先生·華陽隱居) 23/1, 49/1, 202/18, 211/4, 231/4, 277/8, 418/9
도화(道華) 338/9
도황(陶璜) 359/14
도훈(道訓) 324/5
도흠(道欽) 96/5
도흡(到洽) 265/2
도흥(道興) 468/16
독각(獨角) 471/10
독각신(獨脚神) 34/2
독고건례(獨孤乾禮) 154/5
독고공(獨孤公) 172/5
독고급(獨孤及) 187/5, 201/11
독고랑(獨孤朗) 261/2
독고목(獨孤穆: 獨郎) 342/1, 361/5
독고문속(獨孤問俗) 152/2
독고비(獨孤妃: 唐 代宗 妃) 404/2
독고사장(獨孤思莊) 381/4
독고생(獨孤生: 唐 開元年間人) 204/22
독고섬(獨孤暹) 458/2
독고성(獨孤盛: 獨孤將軍) 342/1
독고소(獨孤沼) 454/3
독고수(獨孤綬) 170/19, 198/14
독고수충(獨孤守忠) 260/6
독고숙아(獨孤叔牙) 399/33

독고신(獨孤信)　21/1
독고신숙(獨孤申叔)　180/8
독고씨(獨孤氏: 李昌夔 妻)　237/4
독고언(獨孤彦)　371/1
독고욱(獨孤郁)　164/17
독고운(獨孤雲)　273/9
독고장(獨孤莊)　267/9
독고장군(獨孤將軍: 獨孤盛)　342/1
독고준(獨孤峻)　189/10
독고타(獨孤陀: 獨孤黎邪)　361/5
독고하숙(獨孤遐叔)　281/11
독고현(獨孤鉉)　282/3
독군모(督君謨)　227/4
독랑(獨郞: 獨孤穆)　342/1
독자(犢子: 黑山仙人)　60/3
돈금(頓金)　145/11
돌궐극한(突厥可汗: 默啜)　116/14
동강(董江)　343/2
동강군(潼江軍)　116/26
동경(董經)　9/4
동경사명군(東卿司命君: 茅盈)　5/7
동관(董觀)　346/11, 416/3
동광왕(同光王)　332/6
동극진인(東極眞人)　46/2, 66/1
동근(董僅)　290/1
동기(董奇)　415/4
동길(董吉)　112/2
동래객(東萊客)　369/5
동률(童律)　56/3

동릉성모(東陵聖母)　60/6
동문고(東門誥)　29/3
동문표기(東門驃騎)　223/9
동미(洞微)　128/3
동방군(東方君)　47/2
동방규(東方虯)　201/2, 202/7, 254/13
동방만천(東方曼倩: 東方朔)　201/10
동방삭(東方朔: 東方曼倩)　3/1, 6/2, 10/5, 11/2, 18/1, 87/2, 118/2, 164/21, 173/1, 174/23, 178/1, 197/1, 201/10, 245/2, 283/10, 291/18, 359/2, 407/21, 408/43, 443/10, 473/4
동방세안(東方世安: 合卿[鄕]侯)　228/7
동방의(董方義)　64/2
동백진인(桐栢眞人: 王喬)　11/6, 418/9
동백징군(桐栢徵君: 徐靈府)　55/1
동백천군장(桐栢千君長)　467/3
동봉(董奉: 董君異)　12/3, 217/3
동사원(董士元)　331/8
동산사미(東山沙彌)　111/17
동상선(董上仙)　64/2
동생(董生: 韋思恭 友)　422/5
동소지(董昭之)　473/8
동수(董秀)　239/3
동수지(董壽之)　327/9
동숙경(董叔經)　417/4
동숙유(董叔儒)　228/12
동신(董莘)　119/8
동신(董愼)　296/12

동쌍성(董雙成) 3/1
동씨(董氏: 朱牙之 妾) 474/11
동씨(董氏: 侯敏 妻) 271/3
동아(東阿: 曹植) 371/6
동악부인(東嶽夫人) 60/4, 66/1
동악상경(東嶽上卿: 茅盈) 11/6, 56/2
동악진군(東嶽眞君) 46/1
동안우(童安玗) 134/10
동양무의(東陽無疑) 113/8
동언(董偃) 240/14, 403/7
동영(董永) 59/14
동영공(東瀛公: 晉, 司馬騰) 139/6
동완(董琬) 495/11
동왕공(東王公: 木公) 1/2, 6/1·2, 56/1, 411/19
동왕공(東王公: 李括) 67/2
동왕보(東王父: 道人) 389/1
동왕보(東王父: 木公) 1/2, 389/1
동웅(董雄) 112/6
동원공(東園公) 6/1, 54/1
동원범(童元範) 369/9
동월기(董越騎) 114/6
동자(童子: 小金 弟) 340/2
동장(董璋) 264/8
동정군(洞庭君: 洞庭龍君) 492/1
동정란(董庭蘭) 203/21·22
동정용군(洞庭龍君: 洞庭君) 419/1
동정자(洞庭子) 393/19
동중군(董仲君) 3/1, 71/2

동중궁(董仲躬) 9/1
동중서(董仲舒) 10/5, 137/4, 181/12, 214/4, 242/8, 245/2, 442/10
동진(董晉) 177/3
동진군(東眞君) 73/7
동진조(董進朝: 慧通) 107/9
동창(董昌) 163/37, 290/3
동창공주(同昌主公: 唐) 49/6, 237/8, 273/9
동청건(董青建) 114/6
동탁(董卓: 董太師) 148/1, 164/5, 236/12, 315/3, 327/4, 410/12, 416/6, 435/8
동태사(董太師: 董卓) 327/4
동평왕(東平王: 北魏, 陸俟) 174/30
동평왕(東平王: 漢, 劉蒼) 161/14, 191/5
동평자(東平子: 呂生) 392/5
동한훈(董漢勳) 351/10
동해공(東海公) 60/7, 129/7
동해군(東海君) 293/11
동해소동(東海小童: 上相清童君) 8/3
동해신군(東海神君) 12/1, 81/1
동해왕(東海王: 晉, 司馬越) 235/8
동해용왕(東海龍王) 418/9
동해청동군(東海青童君) 21/2
동행성(董行成) 171/13
동현명(董賢明: 法藏) 114/6
동현선생(洞玄先生) 445/1
동호(董狐) 173/19
동혼후(東昏侯: 南齊) 120/1, 489/1

동홍지(董弘贄) 123/5
동화군(東華君) 21/2
동화대신(東華大神) 58/1
동화옥녀(東華玉女: 煙景珠) 58/1
동황군(東黃君) 47/4
동후(董侯) 447/8
두가균(杜可筠) 79/6
두감(竇堪) 305/2
두강(杜康) 497/4
두거명(杜巨明) 253/6
두건덕(竇建德) 163/27, 191/12, 251/1, 375/17
두겸(杜兼) 174/15, 201/12
두경전(杜景佺: 杜元方) 143/4, 216/10, 221/2
두계낭(竇桂娘) 270/5
두계량(杜季良) 171/5
두고(杜羔) 271/18
두고(杜皐: 杜中立) 138/7
두공(竇公: 陳國公, 竇抗) 103/4
두공부(杜工部: 杜甫) 212/10, 351/6
두공아(杜公亞) 23/4
두공첨(杜公瞻) 174/1
두관(竇寬) 416/1
두광정(杜光庭) 80/12, 196/7, 215/9, 390/14
두교(杜喬) 216/15
두교(竇交) 243/4
두군(竇群) 260/20

두권(杜勸) 228/12
두궤(竇軌: 酇國公) 126/6, 202/20, 221/1
두대경(杜臺卿) 174/1, 247/13
두대사(竇大使: 竇德玄) 103/9
두덕상(杜德祥) 178/9
두덕현(竇德玄: 竇大使·竇都水) 103/9, 174/7
두도(杜度) 206/15, 209/2·3
두도(杜慆) 223/12
두도(竇滔) 337/4
두도(杜弢) 456/27
두도수(竇都水: 竇玄德) 71/4
두도영(杜道榮) 111/7
두두(杜杜) 22/2
두란향(杜蘭香: 阿蘭) 62/4, 272/12, 309/2, 326/8
두량(杜亮) 244/5
두량(竇良) 270/5
두렬(竇烈) 270/5
두령지(杜靈之) 322/10
두로기(豆盧器) 207/6
두로보정(豆盧輔貞) 278/7
두로보진(豆盧輔眞: 豆盧署) 151/2
두로부인(豆盧夫人) 103/4
두로빈(杜魯賓) 86/10
두로서(豆盧署: 豆盧輔眞) 151/2, 278/7, 396/25
두로씨(豆盧氏: 竇抗 妻) 103/4
두로씨(兜盧氏) 467/3

두로영(豆盧榮) 280/2
두로혁(豆盧革) 264/15
두로흠망(豆盧欽望) 254/8
두만(杜萬) 356/6
두모(杜某: 唐 城南民) 125/5
두목(杜牧: 杜書記·杜紫微) 144/12, 181
 /11, 199/1·13, 251/7, 256/13, 273/3,
 275/11, 278/10
두몽징(竇夢徵) 158/8
두무(竇武) 169/5, 456/21
두무(杜巫) 72/10
두무은(杜無隱) 223/12
두무일(杜無逸) 123/2, 500/1
두문범(杜文範) 254/11, 258/11, 259/19
두문장(竇文場: 竇文暘) 496/6
두문창(竇文暘: 竇文暘) 187/14
두밀(杜密) 164/2
두방(竇昉) 254/7
두방(竇滂) 499/8
두백(杜伯: 杜桓) 119/1, 174/1, 253/6
두백낭(竇伯娘) 270/5
두번(竇璠) 262/2
두병(杜幷) 265/6
두보(杜寶) 226/1
두보(杜甫: 杜工部) 204/15, 212/1·10, 2
 13/3, 241/1, 265/7
두복위(杜伏威) 191/11
두부(竇傅) 110/1
두불의(竇不疑) 371/7

두붕거(杜鵬擧) 135/30, 149/6, 300/1
두비(竇祕: 竇易直) 223/6
두사(杜使) 66/1
두사군(竇使君: 竇懸) 106/13
두사군(竇使君: 竇弘餘) 223/9
두사눌(杜思訥) 105/8
두사도(杜司徒: 杜佑) 385/1
두사례(竇思禮) 123/5
두사석(竇師錫) 384/5
두사온(杜思溫) 149/8
두사인(杜師仁) 407/32
두삼(竇參) 151/7, 177/3, 275/10, 278/
 4, 305/4
두상(竇常) 179/11, 223/9
두상서(杜尙書: 杜勝) 223/9
두생(竇生: 唐 韓城縣丞) 384/5
두생(杜生: 許州 卜筮人) 77/1
두서(杜恕) 265/7
두서기(杜書記: 杜牧) 273/3
두석(杜錫) 375/8
두선유(杜宣猷) 183/18, 239/8
두선현(杜善賢) 254/6
두섬(杜暹) 32/1, 148/7, 169/27, 186/5,
 240/15, 485/1
두섭(杜涉) 405/19
두섭(杜燮) 12/3
두성궁(杜省躬) 363/9
두소경(竇少卿) 242/12
두소경(竇少卿: 竇弘餘) 223/9

두소부(竇少府) 496/15
두수기(杜修己) 438/15
두수재(杜秀才: 杜循) 76/16
두수재(竇秀才: 竇玉) 343/3
두숙(杜肅) 263/13
두순(竇紃) 181/19
두순(杜循: 杜秀才) 76/16
두순학(杜荀鶴) 200/6, 252/13
두숭가(竇崇嘉) 143/13
두승(杜昇) 183/18
두승(杜勝: 杜尙書) 223/9
두승애(杜僧哀) 90/1
두식방(杜式方) 122/7
두신(竇申) 177/3
두심권(杜審權) 181/10, 265/11
두심언(杜審言) 265/6·7
두십장(杜十丈: 杜祐) 308/7
두씨(杜氏: 廣陵富家 子) 358/13
두씨(竇氏: 唐 肅宗 張皇后 祖母, 玄宗 姨母, 鄧國夫人) 150/3
두씨(杜氏: 唐人) 278/18, 343/4
두씨(杜氏: 東陵聖母 夫) 60/6
두씨(杜氏: 李錡 婢) 275/11
두씨(杜氏: 神女) 300/4
두씨(竇氏: 楊昭成 妻) 280/3
두씨(杜氏: 五代十國 前蜀人) 459/15
두씨(竇氏: 王恕 妻) 363/3
두씨(杜氏: 錢塘 士人) 462/10
두씨(杜氏: 前蜀人) 278/21

두씨(杜氏: 陳虞 妻) 292/10
두씨(杜氏: 靑州刺史) 324/10
두아(杜亞) 278/6
두약(杜若) 250/4
두양능(杜讓能) 181/10
두억(杜嶷) 129/5
두엄(杜淹) 221/1
두여회(杜如晦) 169/16, 185/6, 254/5, 327/13, 335/5
두연범(杜延範: 杜縣令) 367/1
두연업(杜延業) 250/17
두영(竇嬰) 124/4
두예(杜預) 226/1, 226/11, 239/5
두예(竇乂) 243/4
두예(杜預) 265/7, 456/26
두예휴(杜裔休) 183/6, 188/11
두옥(竇玉: 竇秀才) 343/3
두온(杜蘊) 251/13
두온(竇溫) 358/12
두우(杜佑: 杜司徒) 76/14, 170/12, 235/17, 244/9, 260/17, 496/3
두우(杜祐: 杜十丈) 308/7
두원(杜願: 杜永平) 439/13
두원방(杜元方: 杜景佺) 216/10
두원영(杜元穎) 174/19, 366/1, 424/10
두원외(竇員外: 竇庭芝) 38/1
두위(杜暐) 457/23
두유(竇裕) 338/5
두유기(杜幼奇) 148/3

두유휴(杜孺休: 杜刺史) 43/4, 409/43
두융(竇融) 189/3
두응(竇凝) 130/1
두의(杜顗) 181/19, 273/3
두이간(杜易簡) 255/10
두이직(竇易直: 竇祕) 76/15, 179/4, 223/6
두자(杜慈) 137/14
두자거(杜子巨) 253/6
두자미(杜子微) 414/32
두자미(杜紫微: 杜牧) 181/11
두자사(杜刺史: 杜孺休) 409/43
두자춘(杜子春) 16/1
두자화(杜子華) 42/7
두자휴(杜子休) 81/3
두재영(竇載英) 223/3
두정륜(杜正倫) 164/6, 169/15, 174/5, 179/1, 248/10
두정분(竇廷芬) 150/4
두정장(杜正藏) 179/1
두정지(竇庭芝: 竇員外) 38/1
두정현(杜正玄) 179/1
두제(杜濟) 234/1
두조(杜操) 206/7
두종(杜鍾) 494/6
두종(杜悰: 汾[邠]國公) 40/8, 123/2·3, 144/15, 156/9, 199/8, 201/13, 205/7, 223/4, 365/8, 498/1, 500/1
두주보(杜周甫) 164/2
두중낭(竇仲娘) 270/5
두중립(杜中立: 杜皐) 138/7
두중유(杜中猶) 240/20
두지량(杜之亮) 102/7
두지명(杜志名) 262/2
두지범(竇知範) 243/6
두지해(杜智楷) 111/19
두진(杜眞) 123/5
두집(杜集) 160/4
두창(杜昌) 129/4
두처약(竇處約) 27/4
두천기(杜天期) 90/1
두천보(杜天保) 439/13
두추(杜秋) 275/11
두충(杜沖) 2/1
두칙(杜則) 108/6
두태후(竇太后: 漢 文帝 后, 竇后) 1/1
두통달(杜通達) 121/1
두풍(杜豐) 494/6
두해(杜楷) 169/5
두향란(杜蘭香) 18/1
두현(竇賢) 181/19
두현(杜玄) 279/5
두현(竇懸: 竇使君) 106/13
두현덕(竇玄德) 71/4
두현령(杜縣令: 杜延範) 367/1
두형(竇衡) 222/7
두홍여(竇弘餘: 竇使君·竇少卿) 223/9
두홍점(杜鴻漸) 149/6, 170/11, 205/7, 273/4

두홍중(杜洪中) 158/1
두화(杜華) 147/13
두확(杜確) 488/1
두환(杜桓: 杜伯) 119/1
두황상(杜黃裳) 165/11, 180/6, 271/10
두황후(竇皇后: 唐 高祖 后) 163/4
두회(竇回) 262/2
두회정(竇懷貞) 259/4
두효(竇曉) 250/16
두후(杜后: 石虎 皇后) 88/1
두후(竇后: 漢 文帝 后, 竇太后) 275/11
등갈(鄧渴: 鄧玄) 185/19
등갑(鄧甲) 458/4
등경산(鄧景山) 403/13
등경정(滕景貞) 361/7
등경직(滕景直) 142/5
등공(滕公: 漢, 夏侯嬰) 391/2
등과보(鄧夸父) 397/8
등국부인(鄧國夫人: 唐 玄宗 姨母, 竇氏) 150/3
등규(鄧珪) 417/3
등당(鄧當) 191/4
등덕명(鄧德明) 324/5
등도자(登徒子) 488/1
등렴(鄧廉) 271/8
등륙신(滕六神) 441/13
등륭(鄧隆) 457/8
등매(滕邁) 497/19
등문좌(鄧文佐) 256/2

등부인(鄧夫人: 三國 吳人) 218/3
등선객(鄧先客) 199/2
등성(鄧成) 381/9
등소(鄧韶) 50/1
등순(滕循) 465/2
등십이랑(滕十二郎: 滕傳胤) 305/1
등씨(鄧氏: 宋穎 妻) 277/3
등씨(鄧氏: 唐人) 423/14
등애(鄧艾) 209/3, 228/2, 241/1, 245/12, 276/31, 318/19, 320/8
등엄(鄧儼) 378/4
등예(滕倪) 497/19
등완(鄧琬) 119/15
등왕(滕王: 唐, 李元嬰) 243/5, 398/5, 477/14
등왕(鄧王: 唐, 李元裕) 218/12
등우(鄧祐) 165/28
등운(鄧惲) 242/13
등원좌(鄧元佐) 471/1
등유(鄧攸) 350/1
등유공(鄧惟恭) 177/3
등적(滕籍) 184/7
등전빈(鄧全賓) 456/38
등전윤(滕傳胤: 滕十二郎) 305/1
등정준(滕庭俊) 474/5
등주노승(鄧州老僧: 鴟鳩和尙) 96/9
등지(鄧芝) 245/6, 446/13
등차(鄧差) 360/33
등창(鄧敞) 498/12

등천사(鄧天師: 鄧太玄) 51/1
등태현(鄧太玄: 鄧天師) 51/1
등통(鄧通) 275/11
등파(鄧把) 260/18
등현(鄧玄: 鄧渴) 185/19
등현정(鄧玄挺) 250/5

ㅁ

마가(摩訶) 420/5
마가운(馬嘉運) 129/7
마거(馬擧) 157/4, 224/12, 366/9, 371/3
마계장(馬季長: 馬融) 245/4
마계조(馬繼祖) 250/20
마고(麻姑) 7/3, 22/2, 50/1, 60/1, 131/4, 287/4, 289/1
마공(馬公: 馬援) 404/7
마교(馬皎) 457/21
마길보(馬吉甫) 254/13
마대(馬戴) 186/2, 235/20
마대(麻大: 麻來和) 474/5
마대봉(馬待封) 226/11
마도유(馬道猷) 327/2
마두낭(馬頭娘) 479/9
마등(摩騰: 摩勝) 87/2, 87/1, 93/1
마래화(麻來和: 麻大) 474/5
마록사(馬祿師) 222/6
마륵(磨勒) 194/1

마린(馬璘) 192/3
마멸왕(磨滅王) 96/2
마명생(馬鳴生: 馬明生, 和君賢) 7/5, 8/2, 57/1
마모신(魔母神) 41/3
마반부(馬磻夫) 385/1
마변진(馬辨眞) 67/3
마복야(馬僕射: 馬燧) 409/11
마복야(馬僕射: 馬總) 385/1
마복파(馬伏波: 馬援) 482/8
마봉(馬逢) 497/5
마봉충(馬奉忠) 122/5
마사(馬師: 馬和尙) 80/14
마사도(馬思道) 388/11
마사량(馬士良) 69/2
마사준(馬士俊) 310/3
마사황(馬師皇) 311/1
마산인(馬山人: 馬沼) 430/2
마상(馬湘: 馬自然) 33/3
마생(馬生: 唐 天寶年間人) 222/14
마선기(馬仙期) 204/2
마세(馬勢) 358/2
마소(馬沼: 馬山人) 430/2
마수(馬受) 368/7
마수(馬燧: 唐 北平王, 馬僕射) 163/34, 170/11, 190/1, 250/20, 356/8, 384/9, 453/2, 485/1, 496/6, 497/3
마승(摩勝: 摩騰) 373/5
마식(馬植) 33/3, 138/9, 157/2, 170/20,

178/4, 223/4, 467/3
마신진(馬信眞) 68/2
마씨(馬氏: 馬二娘) 358/7
마씨(馬氏: 隋人) 253/12
마씨(馬氏: 侯慶 妻) 99/6
마씨(馬氏: 輿古太守) 288/3
마씨(馬氏: 後蜀人) 367/20
마씨구(麻氏嫗) 64/5
마안석(麻安石) 144/2, 280/9
마업(馬鄴) 124/7
마욱(馬彧) 200/3
마원(馬援: 馬公·馬伏波·飛將軍) 269/1
  1, 407/6, 457/21
마원장(馬元章) 446/2
마유(麻襦) 88/1
마유진(馬遊秦) 149/2
마융(馬融: 馬季長) 169/4, 203/18, 215/
  1, 276/7
마은(馬殷: 五代十國, 楚王) 278/24·29
마이낭(馬二娘) 358/7
마인절(麻仁節) 139/19, 163/11, 189/9,
  191/19
마일제(馬日磾) 164/5, 169/3
마자연(馬自然: 馬湘) 33/3
마자운(馬子雲) 101/9
마자헌(麻子軒) 318/4
마잠(馬潛: 馬贊善) 385/4
마전절(馬全節) 130/4
마조(馬朝) 310/3

마주(馬周: 馬賓王, 忠公) 19/1, 54/2, 1
  64/9, 169/14, 214/6, 224/3
마중숙(馬仲叔) 322/8
마중승(馬中丞: 馬埴) 223/4
마증(馬拯) 430/2
마지(馬蚳) 478/8
마지기(馬知己) 218/18
마지현(馬知玄) 478/8
마진(馬震) 346/9
마징(馬徵) 256/2
마찬선(馬贊善: 馬潛) 385/4
마창(馬敞) 253/19
마창(馬暢) 496/6
마처겸(馬處謙) 80/12, 215/9
마처백(馬處伯) 113/10
마총(馬總: 馬緫, 馬僕射) 78/5, 308/7
마추(麻秋) 267/1
마행여(馬行餘) 481/1
마화상(馬和尙: 馬師) 80/14
마회은(馬會恩) 435/5
마훈(馬勛) 192/7
마희범(馬希範: 五代十國 楚王) 124/5,
  278/24, 313/15, 373/8
마희성(馬希聲) 124/5, 313/15
마희진(馬希振) 313/15
막씨(莫氏: 唐 玄宗 才人) 238/7
막요(莫徭) 441/7
막우현(莫又玄) 203/26
막음(鄭愔: 鄭愔, 鄭鄭) 255/3

막정(鄚鄭: 鄭憎)　255/3
막하돌(莫賀咄: 屈突仲任 奴)　100/2
막하돌(莫賀咄: 鄭憎)　258/23
만건(滿騫)　209/11
만걸(䩓杰)　81/4
만국준((萬國俊)　126/13, 268/10
만묵(萬默)　119/12
만병(蠻兵)　322/18
만보상(萬寶常)　14/6
만사(滿師)　215/8
만상(滿相: 滿存)　86/2
만아(萬兒)　286/5
만영지(萬榮之)　189/9
만왕(蠻王)　441/12
만장(萬章)　310/8
만장(萬莊)　470/4
만적(萬敵)　438/11
만정(萬貞)　345/9
만존(滿存: 滿相)　86/2
만주왕(滿冑王: 摩揭陁國王)　406/14
만추(萬推)　276/24
만회(萬廻: 普滿)　92/2·5, 96/1, 140/6, 356/7
말제(末帝: 漢 獻帝, 劉協)　463/9
망제(望帝: 春秋戰國 楚, 杜宇)　374/1
매고(枚皐)　265/7, 366/5
매고(梅姑)　291/15
매권형(梅權衡)　261/22
매백성(梅伯成)　279/11
매복(梅福)　162/16, 429/2
매선(梅先)　379/9
매씨(梅氏: 豫章 逆旅人)　51/3
매진군(梅眞君)　45/6
맥철장(麥鐵杖)　191/8, 252/12, 371/6
맹가(孟軻: 孟子)　171/5, 181/3, 310/8
맹간(孟簡)　172/5, 243/17, 274/6, 467/3
맹계(孟棨)　182/17
맹광(孟光)　245/4, 429/2
맹구(孟媼)　367/29
맹군(孟君: 唐 貞元年間 員外)　151/3
맹기(孟岐)　1/5
맹기사(孟期思: 孟先生)　28/1
맹덕숭(孟德崇)　279/25
맹령휴(孟靈休)　201/16
맹리진(孟利眞)　185/10
맹분(孟賁)　8/1, 375/16
맹불의(孟不疑)　365/6
맹상(孟嘗)　422/3
맹선(孟詵)　21/1, 197/10, 218/12, 398/7
맹선생(孟先生: 孟期思)　28/1
맹소경(孟少卿)　120/12
맹숙도(孟叔度)　177/3
맹승(孟丞)　383/13
맹신상(孟神爽)　263/3
맹심징(孟審澄)　239/14
맹씨(孟氏: 萬貞 妻)　345/9
맹씨(孟氏: 五代十國 後蜀主, 孟知祥)　136/17

맹씨(孟氏: 平昌縣人) 292/16
맹양(孟襄: 孟寶稱) 325/2
맹언심(孟彦深) 420/5
맹언휘(孟彦暉) 472/7
맹요(孟曜) 197/10
맹우(孟禹) 322/16
맹운경(孟雲卿) 420/5
맹원(孟遠) 492/1
맹을(孟乙) 500/4
맹의(孟顗) 246/14
맹이업(孟貽鄴: 五代十國 後蜀 燕王) 279/25
맹자(孟子: 孟軻) 275/11, 310/8, 391/12 499/1·13
맹자(孟子: 春秋 魯 惠公 元妃) 271/22
맹종(孟宗) 438/12
맹지검(孟知儉) 112/7
맹지상(孟知祥) 136/17
맹창(孟昶) 214/4·5
맹창기(孟昌期) 271/25
맹청(孟青) 267/17, 258/12, 268/10
맹해공(孟海公) 194/1
맹호연(孟浩然) 181/9
맹홍미(孟弘微) 149/9, 264/12
맹희(孟熙) 162/22
명교(明敎) 355/7
명달사(明達師) 92/5
명도(明道) 324/2
명비(明妃: 漢 元帝 後宮, 王昭君) 236/15

명사원(明思遠) 289/3
명산신(鳴山神) 471/3
명성옥녀(明星玉女) 59/1
명숭엄(明崇儼: 明正諫) 74/6, 285/7·8, 298/6, 299/1, 328/8
명승소(名僧紹: 明僧紹) 91/2
명아(冥兒) 26/1
명예지(明慶之) 276/39
명왕(明王: 月神) 15/4
명정간(明正諫: 明崇儼) 299/1, 328/8
명제(明帝: 南齊, 蕭鸞) 15/2, 165/2, 211/2·5, 296/5, 367/28
명제(明帝: 南朝 後梁, 蕭巋) 246/26
명제(明帝: 北魏, 元詡) 247/16, 396/24
명제(明帝: 三國 魏, 曹叡) 61/2, 135/10, 203/25, 206/25, 210/7, 225/11, 236/12, 408/47, 413/27, 466/4
명제(明帝: 劉宋, 劉彧) 135/19, 174/31, 201/16, 218/6, 234/13, 267/2, 295/14, 360/29, 396/15, 477/21
명제(明帝: 晉, 司馬紹) 13/7, 119/10, 169/13, 209/5, 213/8, 276/25, 403/9, 473/14
명제(明帝: 漢, 劉莊, 顯宗) 14/1, 87/1·2, 88/1, 89/2, 93/1, 276/5, 315/3, 373/5, 409/39, 411/19
명종(明宗: 五代 後唐, 李嗣源) 79/8, 136/14, 172/13, 223/13, 239/14, 264/8, 266/6, 269/13, 289/15, 314/1, 353/1

2, 374/14
명찬선사(明瓚禪師) 38/1
명황(明皇: 唐 玄宗, 李隆基) 18/2, 69/
　3, 75/6, 77/3, 125/2, 148/3, 214/3,
　255/16·17, 277/11, 472/13
모고(茅固: 茅季偉, 定錄君) 11/6, 56/2
모군(茅君: 茅盈) 14/3, 68/2, 413/6
모군(茅君: 幽州人) 13/1
모녀(毛女: 玉姜) 40/5, 59/8
모덕조(毛德祖) 111/10
모몽(茅濛: 茅初成) 5/7
모문석(毛文錫) 123/4
모보(毛寶) 118/3
모산도사(茅山道士: 唐 建中年間人) 486/2
모산도사(茅山道士: 葉虛中) 73/3
모산도사(茅山道士: 陳某) 85/12
모산도사(茅山道士: 陳生) 74/3
모산도사(茅山道士: 峭巖) 458/4
모수지(毛脩之) 360/13
모숙신(茅叔申: 茅盈) 11/6, 56/1, 58/1
모순심(毛順心) 26/1, 77/5
모숭구(茅崇丘) 440/12
모씨(毛氏: 安陸人) 459/24
모씨(毛氏: 庾寔 妻) 360/7
모안도(茅安道) 78/8
모연수(毛延壽) 210/3, 489/1
모영(牟穎) 352/1
모영(茅盈: 茅叔申, 茅君·大茅君·大仙伯
　·東卿司命君·東嶽上卿·太元眞人) 5/

7, 11/6, 50/1, 56/1·2
모용(茅容: 茅季偉) 234/15, 418/9
모용궁(慕容宮) 401/16
모용문책(慕容文策) 102/8
모용보절(慕容寶節) 259/19
모용수(慕容垂) 110/18, 328/1
모용외(慕容廆) 435/10
모용위(慕容暐) 88/1
모용인궤(慕容仁軌) 102/15
모용준(慕容儁) 88/1
모용초(慕容超) 137/13, 295/17
모용희(慕容熙) 456/32
모장(毛璋) 138/15
모장군(茅將軍) 314/8
모정보(毛貞輔) 278/30
모준(毛俊) 175/5
모청(毛淸) 101/3
모충(茅衷: 茅思和, 保命君) 11/6, 56/2
모홍(毛弘) 206/21, 209/2
모홍빈(毛鴻賓) 233/2
목강(木強: 周勃) 489/1
목공(木公: 東王公·東王父·玉皇君) 1/2,
　6/1, 56/1·3
목공(穆公: 春秋戰國 秦, 秦公) 4/5, 93/
　1, 241/1, 326/8, 461/21
목공(繆公: 穆公, 春秋戰國 鄭) 291/7
목녕(穆寧) 167/3
목도릉(穆刀綾) 252/10
목련(目連) 93/1

목말(木末) 110/15
목사고(木師古) 474/13
목상(穆賞) 170/7
목생(睦生: 睦仁蒨) 297/4
목소사(穆昭嗣) 98/11
목씨(穆氏: 劉允章 親戚) 265/20
목언통(睦彦通) 102/6
목왕(穆王: 周, 姬滿, 穆天子) 2/1, 56/1, 61/5, 93/1, 116/18, 173/15, 229/1, 241/1, 272/1, 435/2
목원(穆員) 170/7
목인유(穆仁裕) 44/2
목인천(睦仁蒨: 睦生) 297/4
목자객(穆子客) 247/1
목장부(穆將符: 穆處士) 44/2
목적(穆寂) 188/7
목제(穆帝: 晉, 司馬聃) 57/2, 88/1, 207/1, 359/25
목조(沐藻) 180/6
목종(穆宗: 唐, 李恒) 37/5, 84/10, 154/10, 187/6, 227/3, 275/11, 307/6, 308/5, 489/2
목질(穆質) 79/3·4, 170/7
목찬(穆贊) 170/7, 235/17
목처사(穆處士: 穆將符) 44/2
목천자(穆天子: 周 穆王) 50/1, 226/1, 408/32
목현도(穆玄道) 274/6
목현허(木玄虛: 木華) 244/10, 466/12

목화(木華: 木玄虛) 244/10
몽귀(夢龜) 214/3
몽념(蒙恬) 62/9, 310/2, 315/10, 370/3
몽란(夢蘭) 349/4
몽장(蒙莊: 莊子) 271/22
몽현진백(蒙玄眞伯) 83/2
몽호(蒙狐) 63/4
묘개립(苗介立: 苗十) 490/1
묘계자(苗季子) 230/2
묘군(苗君: 天台山 仙人) 26/1
묘녀(妙女) 67/2
묘등(苗登) 255/24
묘부인(苗夫人: 張延賞 妻) 170/10
묘십(苗十: 苗介立) 490/1
묘온(苗溫) 168/10
묘적(妙寂: 葉氏) 128/3
묘진경(苗晉卿) 84/1, 170/10, 186/14, 187/19
묘찬(苗粲) 180/11
묘찬(苗纘) 180/11
묘탐(苗耽) 498/10
묘태부(苗台符) 182/10
무가(無可: 呂用之) 290/1
무건소(毋乾昭) 133/21
무계륜(武季倫) 378/2
무공(武恭) 256/7
무공간(武公幹) 275/3
무공업(武公業: 武掾) 491/3
무광(務光: 務允) 58/1

무구검(毋丘儉: 毋立儉) 203/25, 480/23
무기(无忌) 460/20
무녀성(婺女星) 65/1
무량수불(無量壽佛) 114/5
무령왕(武靈王: 春秋戰國 趙) 170/8, 297/4
무릉공(武陵公: 唐, 楊文瓘) 254/6
무릉왕(武陵王: 梁) 211/5
무릉왕(武陵王: 劉宋 孝武帝, 劉駿) 135/18
무릉왕(武陵王: 晉) 403/10
무목왕(武穆王) 145/12
무민(毋旻) 143/17
무비(武妃: 唐 玄宗 惠妃, 武氏) 121/16, 387/6
무사(繆士) 323/5
무사개(武士開) 169/24
무사확(武士彠) 76/12, 137/15, 143/26, 224/5
무산신녀(巫山神女) 287/4
무삼사(武三思: 唐 德靖王·梁王) 26/1, 163/23·26, 169/24, 188/1, 240/5·13·14, 263/10, 277/18, 300/1, 361/10
무상공(武相公) 384/11, 390/15
무상선생(無常先生) 3/1
무선랑(武仙郎) 18/1
무성자(務成子) 1/1, 14/1, 402/2
무성제(武成帝: 北齊, 高湛) 139/12, 225/17, 361/2
무성후(武成侯: 段公) 475/1

무숙비(武淑妃: 唐 則天武后 姪女) 486/1
무숭훈(武崇訓) 236/23
무승사(武承嗣: 唐 魏王) 163/22·23, 240/11, 267/13, 277/18
무승지(武勝之) 231/9
무신(武臣: 唐 晉州刺史) 183/26
무신왕(武信王: 五代 後梁, 高季昌) 79/8
무십삼(武十三) 154/3
무쌍(無雙) 177/5
무쌍(劉無雙) 486/2
무씨(武氏: 唐 玄宗 惠妃) 121/16
무안후(武安侯: 漢, 田蚡) 9/1, 124/4
무양공주(舞陽公主: 晉) 236/14
무연(武掾: 武公業) 491/3
무연사(武延嗣) 274/3
무연수(武延秀) 163/8
무염(巫炎: 巫子都) 11/2
무영(茂英) 273/6
무영공자(無英公子) 62/2
무왕(武王: 周, 太子發) 1/1, 135/2, 164/3, 173/4·9, 189/4, 203/2, 211/10, 226/1, 229/7, 241/1, 245/16, 257/1, 291/3
무외삼장(無畏三藏) 92/4, 396/4, 457/20
무우왕(無憂王: 阿育王) 406/14
무원경(武元慶) 76/12, 224/5
무원상(武元爽) 76/12, 224/5
무원형(武元衡) 153/7, 154/2·11, 167/7, 175/10, 177/6, 202/25, 496/11

무위(無爲) 307/9
무유(武瑜) 390/15
무유기(武攸暨: 唐 定王) 163/23
무유녕(武攸寧: 唐 建昌王) 126/7
무유랑(武遊郞) 18/1
무유의(武攸宜: 唐 建安王) 179/3
무윤(務允: 務光) 210/15
무은(武殷) 159/5
무을(武乙: 殷) 393/19
무의종(武懿宗: 唐 河內王) 163/20, 254/13, 258/18·20, 263/5, 268/1·9, 271/5
무자(武子) 351/8
무자도(巫子都: 巫炎) 11/2
무저(無諸: 漢 閩越王·越王) 34/2, 396/20, 397/19
무정(武丁: 殷 高宗) 474/3
무제(武帝: 南齊, 蕭賾, 世祖) 90/2, 109/7, 173/12
무제(武帝: 唐 武宗, 李炎) 136/9
무제(武帝: 梁, 蕭衍) 15/2, 81/4, 90/2, 102/10, 109/9, 116/10, 120/12, 120/1·13·15, 125/1, 139/11, 146/1, 173/16·17, 197/6, 200/7, 206/10, 207/12·14, 211/3·4·5, 288/12, 296/9, 326/5, 327/7, 336/1, 391/12, 402/5, 406/18, 418/8·9·10, 443/12, 463/16, 482/17, 492/1, 493/8
무제(武帝: 北周, 宇文邕) 15/5, 102/3, 129/6, 131/23, 139/12, 142/13, 211/6, 402/12
무제(武帝: 三國 魏, 曹操) 14/1, 169/11, 189/2, 190/10, 191/5, 206/20, 209/1, 235/1, 373/5, 374/2, 389/7, 410/12, 411/11, 435/8, 441/1, 497/18
무제(武帝: 劉宋, 劉裕) 276/36, 280/9, 283/2, 295/17
무제(武帝: 晉, 司馬炎) 62/3, 81/3, 135/13, 139/3, 161/17, 197/5, 226/1, 231/1, 233/16, 236/13, 375/11, 398/3, 408/45
무제(武帝: 陳, 陳霸先) 118/12, 120/16, 135/23, 336/1, 444/4
무제(武帝: 漢, 劉徹·劉吉) 1/5, 3/1, 4/7·8, 5/2, 6/2, 7/4, 8/1, 9/1, 10/5, 11/1·2·3, 18/1, 30/1, 33/2, 54/2, 56/1, 59/10, 71/2, 73/2, 87/2, 118/1·2, 161/2·21, 173/1, 174/23, 197/1, 206/16, 226/1, 228/12, 229/7·8·9·10·11·12·13, 236/2, 245/2, 272/2, 276/3, 291/18·19, 303/9, 359/2·3, 374/2, 397/1, 398/2, 399/3, 403/6·7, 405/3, 406/6, 408/40·41·42, 409/47, 412/18, 415/9, 425/9, 434/2, 443/10, 454/3, 456/20, 461/15·25, 463/7·8·13, 473/4, 482/11, 486/1
무종(武宗: 唐, 李炎, 李某) 74/6, 97/10, 98/7, 116/18·19, 136/7, 156/11, 17

4/21, 187/9, 217/5, 237/6, 239/9, 256/16, 404/9, 405/22, 411/8, 413/19, 498/7
무증(武曾) 294/19
무지기(無支祁) 467/3
무철(武徹) 150/7
무태후(武太后: 唐, 則天武后) 97/1, 298/4
무해(武陔) 169/9
무헌공(武獻公: 北齊, 蕭穎冑) 76/7
무혜비(武惠妃: 唐 玄宗 妃) 22/1, 402/16
무환(無患) 119/21
무황제(武皇帝: 唐 代宗, 李豫) 289/2
무황제(武皇帝: 北周 武帝, 宇文邕) 253/14
무후(武后: 唐 高宗 后, 則天武后) 38/1
무후(武侯: 三國 魏 武帝, 曹操) 319/11
무후(武侯: 三國 魏, 諸葛武侯, 諸葛亮) 265/14, 425/5, 496/15
묵군화(墨君和: 墨三旺) 192/12
묵독(冒頓: 踢頓) 441/1
묵삼왕(墨三旺: 墨君和) 192/12
묵자(墨子: 墨翟) 5/2·4, 391/12, 442/11
묵적(墨狄) 58/1
묵적(墨翟: 墨子) 202/1
묵적군(墨荻君) 363/4
묵철(默啜: 突厥可汗, 阿史那環) 139/23, 240/2, 258/22, 268/3·9, 271/4, 380/3, 398/11
문강공(文康公: 晉, 魏舒) 58/1
문곡(文谷: 文員外) 232/15, 388/6

문공(文公: 唐, 李翱) 73/6
문공(文公: 唐, 鄭畋) 168/5
문공(文公: 唐, 韓愈) 409/14·43, 466/15
문공(文公: 春秋戰國 晉, 重耳) 200/3, 257/10, 291/6, 461/21, 463/3, 478/8
문광통(文廣通) 18/3
문담(文澹) 388/6
문덕황후(文德皇后: 唐 太宗 后) 265/3, 396/5, 401/14, 405/2, 493/12
문무황제(文武皇帝: 唐 太宗, 李世民) 146/7·10, 435/4, 474/7
문사(聞使) 66/1
문사로(文思輅) 80/14
문서법사(文漵法師) 204/7
문선왕(文宣王: 孔子) 213/6, 252/10, 260/16, 261/8·17·23, 407/33, 483/9
문선제(文宣帝: 北齊, 高洋) 91/6, 119/22, 120/14, 142/10, 216/7, 247/14
문성공주(文成公主: 唐) 171/6
문성장군(文成將軍) 9/1
문수보살(文殊菩薩: 文殊聖者) 24/2, 93/1, 115/8, 340/2, 451/4
문수성자(文殊聖者: 文殊菩薩) 93/1
문씨(文氏: 南陽人) 414/28
문영(文穎: 文叔長) 317/4
문영대사(文英大師: 彦偁) 353/12
문옹(文翁) 137/3
문왕(文王: 五胡十六國 前涼, 張駿) 276/19
문왕(文王: 周) 1/1, 87/3, 117/6, 173/4·

9, 201/16, 226/1, 229/7, 235/13, 245/16, 249/4, 276/16, 291/2, 447/3
문왕(文王: 晉, 司馬昭) 245/12
문왕(文王: 春秋戰國 楚) 460/17
문원외(文員外: 文谷) 232/15
문읍선생(文邑先生) 1/1
문인달지(聞人怛之) 90/1
문정(文淨) 394/6
문정공(文貞公: 唐, 魏徵) 187/9
문정공(文貞公: 唐, 張說) 271/17
문정공(文貞公: 唐, 崔祐甫) 127/11
문제(文帝: 唐 文宗, 李昂) 101/4, 217/6
문제(文帝: 北周, 宇文泰) 126/5
문제(文帝: 三國 魏, 曹丕) 173/5, 174/28, 191/5, 226/1, 228/7, 229/7, 235/1, 272/4, 276/10, 311/1, 327/3, 375/17, 497/19, 410/13
문제(文帝: 西魏, 元寶炬) 126/5, 225/15, 463/17
문제(文帝: 隋, 楊堅) 14/6, 21/1, 82/2, 93/1, 135/24, 163/3, 200/9, 203/7·19, 208/6, 253/14, 270/1, 277/13, 327/11, 361/5, 376/6, 397/22, 417/8, 435/4, 469/13
문제(文帝: 劉宋, 劉義隆, 孝文帝) 91/1, 118/7, 139/7, 141/13, 228/1, 295/15·19, 323/8, 396/14, 473/26
문제(文帝: 陳, 陳蒨) 327/7
문제(文帝: 漢, 劉恒, 孝文帝) 1/1, 8/1, 10/1·4, 13/5, 22/1, 59/11, 405/3, 435/3, 489/1
문종(文宗: 唐, 李昂) 37/5, 51/1, 99/8, 101/4, 108/4, 155/5, 165/15·16, 181/19, 184/22, 187/9, 196/1, 197/11, 204/7·8, 213/8, 233/19, 237/5, 366/5, 405/22, 498/2
문중자(文中子: 王通) 499/13
문처무(文處茂) 110/12
문처자(文處子: 文處士) 238/21
문충공(文忠公: 唐, 顔眞卿) 32/2
문헌왕(文獻王: 後梁) 79/8, 409/43
문혜태자(文惠太子: 南齊) 90/2
문황(文皇: 唐 太宗, 李世民) 163/4, 193/2
문황제(文皇帝: 梁) 120/12
문흔(文欣) 119/21
문흠(文欽) 61/2, 203/25
미가영(米嘉榮) 204/18
미기(米暨) 98/1
미낭(美娘: 阿美) 332/1
미량(米亮) 243/4
미륵보살(彌勒菩薩) 93/1, 111/14
미륵불(彌勒佛) 95/1, 114/12, 481/8, 447/17
미미(美美) 388/3
미빈(米賓) 237/8
미생(尾生: 微生, 春秋 魯國人) 173/19
미생량(微生亮) 469/5
미원종(米元宗) 276/43

미천(媚川) 252/1
미축(糜竺) 35/6, 317/14
미형(彌衡: 禰衡) 498/8
민월왕(閩越王: 漢, 無諸) 34/2, 397/19
민자건(閔子騫) 164/5, 245/2
민정언(閔廷言) 183/21
민제(愍帝: 晉, 司馬鄴) 360/31, 408/46
민초(珉楚) 355/2
민회태자(愍懷太子: 晉) 396/10
밀선사(密禪師) 115/10
밀타(蜜陀) 348/5

ㅂ

바라문승(婆羅門僧) 76/11, 102/9, 115/3
바라첩(波羅疊) 324/12
박릉공(博陵公: 崔碣) 172/8
박릉왕(博陵王: 崔玄暐) 143/11, 385/1
박릉자(博陵子: 閻立本) 211/10
박소지(薄紹之) 325/6
박씨(薄氏: 鄒待徵 妻) 270/4
박안(撲岸) 425/14
박연지(薄延之) 4/6, 5/8
박자목(薄自牧) 270/4
박태후(薄太后: 漢 文帝 母) 489/1
박희(薄姬) 275/11
반개(潘玠) 277/28
반거(潘渠) 367/29

반경천(班景倩) 111/23, 494/13
반고(盤古) 250/12, 256/13, 313/12
반고(班固: 班孟堅) 29/4, 47/1, 76/1, 2
  00/4, 258/11, 266/1, 310/7, 434/19
반고삼랑(盤古三郎) 313/12
반골률(潘鶻碑: 潘將軍) 196/4
반과(潘果) 439/7
반노인(潘老人) 75/4
반대동(潘大同) 485/1
반도(潘滔) 367/29
반도수(潘道秀) 110/6
반랑(潘郎: 潘岳) 488/1
반마(班馬: 班固·司馬遷) 349/4, 434/19
반맹(班孟) 61/6
반맹견(班孟堅: 班固) 258/11
반맹양(潘孟陽) 271/10
반몽(班蒙) 174/25
반방(潘昉) 159/1
반부군(潘府君: 潘惠延) 466/5
반사정(潘師正) 23/1
반수(班受) 368/7
반숙비(潘淑妃: 南齊 東昏侯 妃, 玉兒) 2
  37/8, 489/1
반습(潘襲) 355/10
반씨(潘氏: 賈昌 妻) 485/1
반씨(潘氏: 潘滔 父) 367/29
반씨(潘氏: 河陽 進奏官) 281/4
반악(潘岳: 潘安仁, 潘郎·潘黃門) 198/
  6, 272/16, 410/7, 497/19

반안인(潘安仁: 潘岳) 59/11, 198/6, 245/17

반언(潘彦) 201/14

반염(潘炎) 179/11, 271/10

반인(斑寅) 434/19

반장(潘章) 389/11

반장군(潘將軍: 潘鶻碑) 196/4

반정숙(潘正叔: 潘尼) 497/19

반조(潘祚) 398/34

반존사(潘尊師: 潘法正) 49/1

반첩여(班婕妤: 班姬) 208/1, 236/8, 272/16, 342/1, 434/19

반초(班超: 定遠侯) 399/3, 434/19

반특(斑特) 434/19

반행달(班行達) 63/1

반혜연(潘惠延: 潘府君) 466/5

반호(磐瓠) 482/9, 490/1

반호례(潘好禮) 259/10

반환(潘環) 266/11

반황문(潘黃門: 潘岳) 371/6

반희(班姬: 班婕妤) 236/8, 273/2

발도골저(勃都骨低) 368/7

발한나국왕(拔汗那國王) 481/8

발해공(渤海公: 唐, 高駢) 214/3, 289/17

발해왕(渤海王: 唐, 高駢) 290/1, 499/9

발해왕(渤海王: 五代 後梁, 高季興) 223/12

발해왕(渤海王: 漢, 劉悝) 119/6

방가환(龐家喚) 222/14

방간(方干) 257/17

방건(房建: 淸河公) 44/3

방과영(防過營) 355/7

방관(房觀) 150/7

방관(房琯: 永國公·房相) 38/1, 97/2, 148/4, 174/33, 201/7, 215/7, 222/4·10, 242/3, 409/10, 496/1

방광정(房光庭) 494/1

방기(龐企) 473/18

방녀(龐女: 逢女) 61/3

방대(方大: 方相氏) 372/5

방란손(方蘭蓀) 117/5

방로(房魯) 212/1

방모(方某: 舒州軍吏) 358/13

방무(房武) 278/8

방사고(龐師古: 龐從) 144/18

방사원(龐士元: 龐統) 169/6·8

방산개(方山開) 132/5

방상(房相: 房琯) 242/3

방상시(方相氏: 方大) 141/6·12·14, 247/15, 255/14, 260/4, 262/7, 293/5, 295/11, 319/15, 321/6, 327/10, 359/26, 362/3, 371/7, 372/1·5, 438/10

방상신(方相神) 360/1

방식(龐式) 313/16

방씨(房氏: 唐人) 260/4

방아(龐阿) 358/1

방안우(房安禹) 150/7

방엄(龐嚴) 156/1, 261/4

방영숙(房穎叔)　329/4
방완(房琬)　147/16
방유복(房孺復)　272/15
방융(房融)　242/3
방이(旁𩇕)　481/1
방자숙(龐子肅)　344/2
방장도인(方丈道人)　90/2
방제청동(方諸青童: 青童君)　58/1
방종(龐從: 龐師古)　144/18
방지온(房知溫)　158/7
방직온(房直溫)　159/7
방집(房集)　362/17
방차경(房次卿)　76/16, 341/6
방척(房陟)　349/1
방천리(房千里)　351/5, 491/2
방태위(房太尉)　203/20
방통(龐統: 龐士元)　169/6
방풍씨(防風氏)　323/11, 327/3
방항(房恒)　268/4
방현령(房玄齡)　23/1, 146/7, 169/16·17, 208/2, 221/1, 224/3, 249/6, 270/7, 272/13, 327/13, 335/5, 396/1
방후(房珝)　183/4
방훈(龐勛)　136/13, 144/16·17, 157/4, 172/8, 183/8, 224/12
배강(裴綱)　421/4
배거(裴蘧)　467/3
배거(裴璩)　165/32, 398/37
배거도(裴居道)　159/3

배경(裴璟)　265/17
배경미(裴鏡微)　362/3
배경여(裴慶餘)　251/19
배고(裴皐: 裴德融)　181/16
배공(裴珙)　358/12
배관(裴寬: 裴郞中)　92/3, 94/1, 147/16, 169/28·29, 250/14, 279/4, 436/2
배관(裴觀: 裴二十一郞)　348/7
배광(裴光)　171/12
배광원(裴光遠)　123/6
배광정(裴光庭: 河東公)　77/4, 82/5, 149/2, 186/10, 222/1
배구(裴求)　181/10
배구담(裴瞿曇)　382/8
배군(裴君: 裴少尹)　453/4
배규(裴珪)　216/9
배규(裴虯)　334/8
배균(裴均)　233/18
배균(裴筠)　256/22
배급사(裴給事: 裴士淹)　409/10
배기(裴冀)　327/15, 452/1
배길(裴佶)　243/14, 250/23, 495/13
배담(裴談)　169/30, 249/15, 400/12
배덕융(裴德融: 裴皐)　181/16
배도(杯渡)　89/2, 90/1, 98/11
배도(裴度: 裴令公·裴晉公·晉國公)　117/3, 138/1, 153/7, 156/12, 163/35, 167/7·8, 177/4, 180/16, 195/2, 198/21, 199/12, 204/15, 217/6, 219/5, 244/10,

250/27, 307/11, 346/2, 392/2, 437/2
0, 454/6
배돈(裴敦) 147/13, 379/7
배돈복(裴敦復) 170/6, 186/9
배동(裴同) 414/19
배동절(裴同節) 298/1
배락아(裴洛兒) 205/12
배랑(裴郞: 浚儀 王氏 壻) 335/1
배랑중(裴郞中: 裴寬) 94/1
배랑중(裴郞中: 裴某) 122/7
배랑중(裴郞中: 裴玄本) 249/6
배략(裴略) 254/5
배령(裴齡: 裴少府) 381/5
배령(裴令: 裴炎) 73/1
배령공(裴令公: 裴度) 156/12, 437/20
배로(裴老) 42/6
배료(裴寮: 裴少府) 471/11
배륙낭(裴六娘) 356/1
배면(裴冕) 167/1, 176/7, 237/3, 428/8
배명례(裴明禮) 243/1
배모(裴某: 唐 朝士) 312/10
배모(裴某: 裴郞中) 122/7
배민(裴旻) 191/24, 212/1, 428/1, 477/3
배병조(裴兵曹: 裴丈) 31/2
배부사(裴副使: 裴中丞) 224/16
배빈(裴邠) 155/5
배사(裴使: 裴至德) 275/6
배사겸(裴思謙) 181/17, 261/15
배사남(裴士南) 216/12, 279/7

배사엄(裴士淹: 裴給事) 393/12, 409/10
배사호(裴司戶) 73/1
배서(裴諝) 150/7, 250/14
배선례(裴宣禮) 104/2
배성(裴誠) 265/12
배성(裴盛) 331/8
배성(裴諴) 336/6
배소명(裴昭明) 173/19
배소부(裴少府: 裴齡) 381/5
배소부(裴少府: 裴寮) 471/11
배소업(裴紹業) 191/24
배소윤(裴少尹: 裴君) 453/4
배수(裴秀) 168/3
배수(裴修) 499/4
배순관(裴巡官: 裴弘泰) 233/18
배습(裴襲: 裴敬憲) 247/9
배승(裴昇) 70/2
배심(裴諶) 17/1
배심(裴沈) 477/30
배씨(裴氏: 郜澄 妹夫) 384/7
배씨(裴氏: 唐 鄂渚人) 346/12
배씨(裴氏: 唐 長安城民) 34/1
배씨(裴氏: 李福 妻) 275/12
배씨(裴氏: 穆質 妹夫) 79/3
배씨(裴氏: 裴沆 再從伯) 460/9
배씨(裴氏: 辛秘 妻) 305/9
배씨(裴氏: 王氏女 嫡母) 70/6
배씨(裴氏: 州從事) 472/12
배연령(裴延齡) 79/1, 167/6, 188/7, 239

/4·6, 275/10
배열(裴說) 278/27
배염(裴炎: 裴令·河東侯) 73/1, 112/12, 143/1, 147/5, 288/16
배염지(裴琰之) 174/9
배오(裴晤) 30/1
배오(裴五) 471/11
배요경(裴耀卿: 裴稷山) 188/4, 240/20, 244/6
배용(裴用) 394/13
배원(裴垣) 124/17
배원(裴愿) 147/5
배원(裴垣) 182/16·17, 498/11
배원유(裴元裕) 282/2
배원질(裴元質) 277/27
배월객(裴越客) 428/8
배위(裴頠) 169/10, 396/11
배유(裴柔) 240/18
배유(裴裕) 261/23
배유악(裴惟岳) 243/10
배유창(裴有敞) 147/10
배의성(裴宜城) 353/1
배이십일랑(裴二十一郎: 裴觀) 348/7
배인기(裴仁基) 435/4
배자야(裴子野) 235/11, 246/25
배자여(裴子餘) 185/14
배자운(裴子雲) 171/10
배자의(裴子儀) 384/1
배장(裴丈: 裴兵曹) 31/2

배정(裴貞) 240/7
배정유(裴廷裕: 裴庸餘) 257/14
배조(裴條) 266/4
배조(裴祖) 324/13
배좨주(裴祭酒: 裴通) 409/10
배주(裴周) 169/25
배주(裴伷) 466/13
배주(裴冑) 219/4, 242/9
배주선(裴伷先) 147/5
배준경(裴遵慶) 162/11, 186/18
배중승(裴中丞: 裴副使) 224/16
배지(裴贄) 183/24·25·26, 251/20
배지고(裴知古) 203/10
배지덕(裴至德: 裴使) 275/6
배직산(裴稷山: 裴耀卿) 240/20
배진공(裴晉公: 裴度) 204/15
배질(裴質) 182/16
배찬(裴瓚) 181/19
배청령진인(裴淸靈眞人) 58/1
배추(裴樞: 裴環中) 244/6, 257/8
배칙(裴則) 382/9
배탄(裴坦) 165/17, 265/12
배통원(裴通遠) 345/7
배필(裴泌) 181/19
배항(裴沆) 460/9
배항(裴航) 50/2
배해(裴楷) 210/11, 359/18
배행검(裴行儉) 185/13, 186/2
배행본(裴行本) 259/3

| 인명 색인 · 325 |

배행엄(裵行儼) 191/17
배현(裵懸) 341/4
배현(裵翾) 393/12
배현본(裵玄本: 裵郎中) 249/6
배현위(裵縣尉) 36/2
배현인(裵玄仁: 淸冷眞人) 50/2
배현정(裵玄靜) 70/2
배현지(裵玄智) 493/6
배홍점(裵鴻漸) 237/3
배홍태(裵弘泰: 裵巡官) 233/18
배회(裵迴) 333/7
배회고(裵懷古) 95/4
배훈(裵勛) 182/16, 498/11
배휘(裵徽) 333/7
배휴(裵休: 河東公) 115/10, 172/7, 175/12, 181/12, 251/14
배휴원(裵休元) 361/17
배휴정(裵休貞) 361/17
백거이(白居易: 白樂天, 白傅・白舍人・白尙書・白二十二丈) 69/1, 156/11, 170/18, 175/11, 178/15, 198/22, 199/1, 202/25, 204/25, 235/19, 244/10・12, 250/22, 251/7, 257/16, 264/4, 311/2, 344/1, 486/1
백경(伯敬) 456/22
백계경(白季庚) 175/11
백공(白公: 鳳州衙將) 425/20
백교(白皎) 78/6
백구(伯裘) 447/8

백금(伯禽) 260/20
백기(白起) 14/7, 63/4, 102/3, 199/1, 327/3, 328/10, 382/10
백도유(白道猷) 294/11
백두공(白頭公) 294/12
백라장군(白驟將軍) 436/14
백락(伯樂: 孫陽) 211/16, 249/20
백락천(白樂天: 白居易) 48/3, 199/1, 282/1 401/7
백리충(白履忠) 494/11
백리해(百里奚) 245/2, 246/7
백마신(白馬神) 312/7
백미(白眉: 馬良) 434/19
백민중(白敏中: 晉國公) 170/20, 181/6, 184/23, 196/3, 251/13, 256/18, 269/9
백부(白傅: 白居易) 202/25
백사인(白舍人: 白居易) 264/4
백산보(伯山甫) 7/4, 59/5
백상서(白尙書: 白居易) 269/9
백석선생(白石先生: 隱遁仙人) 7/1
백성(柏成) 58/1
백성(伯成) 88/1
백수소녀(白水素女) 62/5
백수옹(白鬚翁) 312/13
백수정(白秀貞) 205/13
백순(白純: 晉代 西域國 龜玆王) 89/2
백씨(白氏: 仇嘉福 遇人) 301/4
백씨(白氏: 獨孤遐叔 妻) 281/11
백씨(白氏: 白員外) 265/17

백씨(柏氏: 出於黑穴者)　481/3
백액표(白額豹: 李全交)　268/5
백액후(白額侯)　445/1
백양(伯陽: 老子)　57/1
백엽선인(栢葉仙人: 田鸞)　35/2
백예(伯翳: 伯益)　197/1
백우(伯禹: 禹王)　478/8
백운선생(白雲先生)　290/2
백운자(白雲子: 司馬承禎)　21/2
백원외(白員外: 白氏)　265/17
백원좌(白元佐)　405/17
백원통(白元通)　436/20
백유구(白幽求)　46/1
백의기(白衣夔)　151/7
백이(伯夷)　81/3, 173/1, 206/22, 245/2,
　　268/5, 292/11
백이십이장(白二十二丈: 白居易)　269/9
백익(伯益: 伯翳)　197/1, 245/2
백인절(白仁晢)　103/8
백잠(白岑)　219/2
백장군(白將軍: 薛氏 子)　438/15
백장군(白將軍: 斬龍者)　424/3
백족아련(白足阿練)　323/13
백중도(白仲都)　77/5
백진(白震)　89/2
백창조(白昌祚)　133/19
백철여(白鐵余)　139/19, 238/9
백택씨(白澤氏)　373/5
백항아(白項鴉)　367/31

백행간(白行簡)　283/13, 484/1
백호(白皞)　344/1
백호신(白虎神)　56/1, 307/6
백회(柏懷)　467/14
백효덕(白孝德)　192/4
번계(樊系)　277/29
번고(樊姑: 樊夫人)　60/5
번광(樊光)　124/2
번모(樊某: 李彦光 部將)　124/3
번문(樊文)　391/9
번부인(樊夫人: 裴航 同行人)　50/2
번부인(樊夫人: 樊姑, 劉綱 妻)　60/5
번소(樊素)　198/22
번씨(樊氏: 李宣 妻)　367/18
번씨(樊氏: 出於黑穴者)　481/3
번양원(樊陽源)　154/5
번영(樊英)　76/3, 161/8
번원보(樊元寶)　292/9
번원칙(樊元則)　341/7
번자소(樊子昭)　169/8
번장빈(樊長賓)　81/2
번종량(樊宗諒)　128/5
번종역(樊宗易)　179/9
번종인(樊宗仁)　78/6
번종훈(樊宗訓)　307/10
번지일(繁知一)　198/22
번쾌(樊噲)　135/6, 171/5, 200/10, 327/12
번택(樊澤)　168/1, 170/19, 179/9, 203/2
　　2, 390/10

번행이(樊行夷) 461/14
번홀뢰(樊忽雷) 252/12
번효겸(樊孝謙) 327/10
번흠(繁欽) 253/6
번흠분(樊欽賁) 391/9
번희(樊姬: 春秋戰國 楚 莊王 妃) 389/18
범가보(范可保) 395/18
범계보(范季輔) 361/15
범광록(范光祿) 218/5
범단(范端: 范里正) 432/4
범단(范丹: 范史雲, 漢 萊侯) 316/9
범략(範略) 129/8
범려(范蠡: 陶朱公·范相國·范丞相) 1/1, 13/2, 444/1
범령경(范令卿) 376/6
범리정(范里正: 范端) 432/4
범매(范邁: 楊邁) 276/8
범명부(范明府) 117/9
범명우(范明友) 375/2, 375/4
범문지(范文志) 376/6
범백년(范百年) 173/10
범사도(范司徒) 307/2
범산인(范山人) 213/17
범상국(范相國: 范蠡) 309/1
범생(范生: 唐 東市 鐵行人) 261/21
범서(范胥) 173/22, 247/1
범선고(范宣古) 353/6
범성군(范成君) 3/1
범숙(范俶) 337/3

범승(梵僧) 103/8, 109/9
범승상(范丞相: 范蠡) 27/1
범신(范愼) 296/12
범씨(范氏: 唐 天寶年間 比丘尼) 224/14
범씨(范氏: 法華經 主人) 99/13
범양왕(范陽王: 盧文進) 480/22
범연광(范延光) 204/12
범엽(范曄) 207/9
범왕(范汪) 234/12
범우칭(范禹稱) 388/6
범운(范雲) 235/10, 343/1
범운선(範雲仙) 267/18
범익(范翊) 437/11
범인(范寅) 472/5
범장(范璋) 373/3
범장수(范長壽) 213/7
범전정(范傳正) 201/6
범정(范政) 278/2
범증(范增) 175/13
범진(凡縉) 179/4
범질(范質) 80/13, 184/11, 461/9
범팔형(凡八兄) 30/3
범현룡(范玄龍) 216/1
범흠(范欽) 376/6
범희조(范希朝) 307/9
법경(法慶) 379/4
법교(法橋) 382/1
법궤(法軌) 248/12
법단(法端) 109/15

법도(法度)　91/2
법랑(法朗: 康法朗)　62/9, 89/3
법력(法力)　327/6
법림(法琳)　91/9
법만(法滿)　116/9
법보(法寶)　149/10, 354/1
법본(法本)　98/13
법산(法山)　383/13
법상(法尙)　109/7
법상(法常)　88/1
법성(法誠)　114/13
법성(法盛: 法勇, 曇無竭)　93/1
법소(法昭)　131/25
법수(法首)　88/1
법신(法信)　109/15
법안(法安)　98/10, 243/4
법우(法友: 韋丹)　256/5
법운(法雲)　90/2, 246/16·25
법의(法義)　135/17
법의(法意)　90/1
법장(法長)　364/6
법장(法將)　94/5
법장(法藏: 董賢明)　114/6
법정(法正)　107/13
법조(法祚)　88/1
법좌(法佐)　88/1
법주(法舟)　349/7, 454/5
법지(法智)　110/19
법지(法志)　470/8

법진(法珍)　135/17
법진(法眞)　307/9, 388/8
법칭(法稱)　276/35
법통(法通)　95/5, 477/7
법향(法向)　99/1
법혜(法惠)　131/25, 133/21
법홍(法洪)　113/6
법황(法晃)　147/13
법흠(法欽)　89/2
법희(法喜)　91/8
벽산신(壁山神)　315/13, 352/11
벽여윤(辟閭允)　406/3
벽엽(辟葉)　280/2
벽옥(碧玉: 喬知之 婢)　267/13
벽옥(碧玉: 司馬義 妾)　321/7
벽지불(辟支佛)　214/1, 402/10
변(變)　414/13
변(辯)　458/7
변감(邊諴)　265/13
변강(邊岡)　163/35
변노인(卞老人)　50/2
변동현(邊洞玄)　63/2
변란(邊鸞)　212/9, 213/9
변문례(邊文禮)　173/3
변사유(卞士瑜)　434/12
변소(邊韶: 邊孝先)　245/3
변수(卞隨)　226/1
변수(邊岫)　500/5
변엄자(卞嚴子: 卞莊子)　245/2

변열지(卞悅之) 111/2
변왕(卞王: 漢, 項籍) 294/6
변왕(汴王: 後梁 太祖, 朱溫[朱全忠]) 264/7
변인표(邊仁表) 249/3
변장자(卞莊子: 卞嚴子) 434/19
변재(辨才) 208/2
변정(邊定) 131/10
변충적(邊冲寂) 283/11
변화(卞和) 341/3, 344/5
별령(鼈靈) 374/1
병랑(邴浪) 401/13
병예(屛翳) 309/1
병한(邴漢) 415/10
병화(幷華) 287/3
보고(寶誥) 23/1
보공(寶公: 北魏 僧) 90/2
보공(寶公: 北齊 僧) 99/5
보공석(輔公祏) 144/16
보광자(葆光子: 孫光憲) 425/6·7
보량(寶亮) 90/2
보만(普滿: 萬廻) 140/6
보명(寶明) 99/4
보명군(保命君: 茅衷) 56/2, 58/1
보비연(步非煙) 491/3
보살승(菩薩勝) 482/11
보선옥(輔仙玉) 22/1
보신통(輔神通) 72/4
보엄(普嚴) 135/17

보엄(寶嚴) 288/13
보왕(普王: 唐 僖宗, 李儇) 136/11
보장주(寶藏主) 492/1
보적(普寂) 92/3
보제왕(普濟王) 492/1
보조(普照: 照公) 344/3
보조왕불(普照王佛) 96/1
보주(寶珠) 147/12
보즐(步騭) 173/6
보지(寶志) 109/9
보지(寶誌: 誌公·風病道人) 90/2
보징(寶澄) 114/12
보천(步闡) 324/8
보헌(寶獻) 103/5
보현보살(普賢菩薩) 102/10, 114/13, 115/5
보화(寶和: 眞如) 404/1
복고회은(僕固懷恩) 176/8, 192/4, 239/3
복도(伏滔) 472/1
복례(服禮) 447/17
복만수(伏萬壽) 111/6
복복선생(僕僕先生) 22/2
복비(宓妃) 311/1
복상(卜商: 子夏) 148/8, 319/11
복양원(濮陽愿) 278/12
복호선사(伏虎禪師) 430/2
복희(伏羲) 1/1·4, 3/1, 30/1, 81/1, 224/5, 226/1, 260/3, 276/16, 480/13
봉강(鳳綱) 4/2
봉검(捧劍) 275/7

봉경문(封景文: 封絢)　270/10
봉구(蓬球: 蓬伯堅)　62/7
봉구지(封驅之)　294/23
봉군달(封君達: 青牛道士)　14/1
봉덕이(封德彝)　169/19, 493/10
봉도홍(封道弘)　248/11
봉련(封璉)　279/25
봉령진(封令禛)　467/10
봉루(鳳樓)　67/2
봉륙(封六)　286/5
봉망경(封望卿)　144/15
봉몽(逢蒙)　227/4
봉사군(封使君: 封邵)　426/4
봉상청(封常淸)　189/10
봉소(封邵: 封使君)　426/4
봉순경(封舜卿)　184/10, 257/13
봉십팔이(封十八姨)　416/10
봉연(捧硯)　275/6
봉영(封盈)　365/2
봉오(封敖)　144/15, 270/10
봉원칙(封元則)　393/5
봉정경(封定卿)　182/18
봉척(封陟)　68/3
봉축보(逢丑父)　490/1
봉포일(封抱一)　249/19, 256/10
봉현(封絢: 封景文)　270/10
봉화대(鳳花臺)　18/1
봉효건(封孝騫)　247/13
봉희안(封希顏)　186/6

부가모(富嘉謨)　198/8, 235/14
부개자(傅介子)　480/12
부견(苻堅: 五胡十六國 前秦 君主, 苻王)
　81/3, 88/1, 89/1·2, 110/8, 234/14, 2
　46/5, 276/18·21, 322/3, 400/5, 473/
　20
부경(傅經)　96/8
부계원(符契元: 陶天活)　78/5
부구공(浮丘公)　4/1
부구백(浮丘伯)　250/2
부군(部郡: 老狸精)　439/18
부군(府君: 老狶精)　439/18
부남국왕(扶南國王)　464/15
부대산인(符戴山人)　177/5
부도씨(浮屠氏)　394/16
부랑(符朗)　234/1
부량(傅亮)　110/3·14, 141/12, 185/1
부몽(符蒙)　172/13
부백자(鳧伯子)　409/47
부봉처(符鳳)　270/8
부상대제(扶桑大帝)　58/1, 62/1, 67/1
부상벽아양곡신왕(夫桑碧阿陽谷神王)　5
　8/1
부상부인(扶桑夫人)　67/1
부상태제군(扶桑太帝君)　3/1, 58/1
부생(傅生)　8/1
부씨(傅氏: 北地郡 尙書)　360/25
부암(傅巖: 傅說)　435/15
부암(傅巖: 佛慶)　255/5

부양왕(扶陽王: 桓彦範) 372/1
부언경(符彦卿) 367/31
부열(傳說: 傳巖) 38/1, 391/12
부왕(苻王: 苻堅) 474/5
부유예(傅遊藝) 268/10
부융(苻融: 平陽公) 89/1, 473/20
부의(傳毅) 87/1
부인균(傅仁均) 116/13
부자(附子) 437/8
부재(符載: 符厚之) 94/4, 198/19, 232/1, 289/8
부조자(不調子) 252/13
부존초(傅存初) 196/3
부진(傳珍) 141/12
부차(夫差: 春秋戰國 吳王) 119/2, 236/1, 272/1, 276/2, 316/1
부태후(傅太后: 漢 恭王 母) 389/5
부평(苻平) 89/1
부혁(傅奕) 116/13, 197/8, 285/2
부황중(傅黃中) 426/19
부효충(傅孝忠) 255/12
부휴자(浮休子: 張鷟) 148/1, 169/24, 176/3·4, 263/10, 283/4·9·10, 288/12, 474/7
북두군(北斗君) 319/7
북면군왕(北面軍王: 李順興) 135/22
북방삭(北方朔) 283/10
북산군(北山君) 32/2
북악진군(北嶽眞君) 70/3

북제(北帝: 北方天帝) 441/13
북제(北帝: 黑帝) 467/7
북조(北祖: 神秀) 94/1
북조제사(北祖帝師) 66/2
북촉선인(北燭仙人) 3/1
북평왕(北平王: 唐, 馬燧) 497/3
북한옥녀(北寒玉女: 宋聯涓) 58/1
북해왕(北海王: 冥府王) 377/3
북해왕(北海王: 北魏, 元顥) 127/5
북해왕(北海王: 北齊, 許世宗) 396/17
분국공(汾國公: 唐, 杜悰) 123/2
분수신(漢水神) 310/5
분양왕(汾陽王: 唐, 郭子儀) 176/8, 344/3
분황여(棼皇茹) 490/1
불경(佛慶: 傳巖) 255/5
불공(不空) 396/2, 404/3, 421/1
불도징(佛圖澄: 佛屠澄) 88/1, 89/1, 99/5
불래차(佛柰遮) 93/1
불불로아(狒狒虜兒: 長樂公) 110/16
불조(佛調) 88/1
불타살(佛陀薩) 98/8
불태자(佛太子: 侯子光) 284/12
비(嚭) 119/2
비간(比干) 478/8
비경백(費慶伯) 326/2
비계(費季) 316/10
비계사(費雞師) 80/4, 424/10
비관경(費冠卿) 54/5, 180/12
비두료자(飛頭獠子) 482/11

비렴(飛廉)　135/2, 229/7
비루박의천왕(毗婁博義天王)　402/10
비릉도사(毘陵道士: 李褐)　55/1
비마라차(卑摩羅叉)　89/2
비부국왕(蚍蜉國王)　478/8
비비(飛飛)　194/3
비비(費祕)　442/21
비사문천왕(毗沙門天王)　92/4, 264/2, 3
　12/9
비사사(毗舍闍)　253/16
비숭선(費崇先)　114/1
비씨(費氏: 羅璵 妻)　109/4
비씨(費氏: 逐靜律師 遇人)　93/1
비양군(飛陽君)　61/5
비연(飛燕: 飛鸞, 趙飛燕)　237/2, 272/8
비열(費悅)　109/4
비왕(濞王: 漢 吳王, 劉濞)　275/11
비위(飛衛)　227/4
비의(費禕)　245/10, 253/2
비자옥(費子玉: 費參軍)　379/8
비장군(飛將軍: 馬援)　404/7
비장방(費長房)　12/1, 293/11, 468/6
비조(神竈)　76/1, 444/2
비참군(費參軍: 費子玉)　379/8
비천야차(飛天夜叉: 飛天野叉)　356/2, 3
　57/2, 363/9
비천진인(飛天眞人)　57/1
비철자(費鐵觜)　192/14
비충(費忠)　427/1

비파사시불(毗婆師尸佛)　95/1
비현옥녀(飛玄玉女: 鮮於虛)　58/1
비황자(飛黃子)　4/9
비희언(祕希言)　33/2
빈국공(邠國公: 豳國公, 唐, 杜悰)　40/8,
　144/15, 199/8, 201/13, 498/1, 500/1
빈두로(賓頭盧)　89/1, 97/10, 105/9, 113
　/2, 430/2
빙육랑(馮六郎: 馮夷)　341/3
빙이(馮夷: 馮六郎)　199/7, 309/1, 341/
　3, 467/17, 492/1

ㅅ

사(舍)　325/3
사가자매(謝家姊妹: 謝道蘊)　342/1
사강락(謝康樂: 謝靈運)　409/9, 420/5
사강왕(嗣江王: 唐, 李禕)　134/9
사거사(謝居士: 謝安)　207/7
사경(謝慶)　295/6
사경충(史敬忠)　143/18
사고(謝翱)　364/5
사곤(謝鯤)　169/13, 210/11
사공기(司空錡)　119/1
사공도(司空圖)　183/7, 199/12, 275/9
사공동(司空董: 司空薰)　223/12
사광(師曠)　135/12, 203/3, 205/2, 231/1
　1, 291/8, 461/7

| 인명 색인 · 333 |

사광택(史光澤) 313/1
사굴(謝朏) 185/2
사남강(謝南康) 141/11
사다미극한(沙多彌可汗: 突厥, 薛延陀) 297/3
사다미극한(沙多彌可汗: 突厥, 薛延陀) 297/3
사단(謝端) 62/5
사도명(謝道明) 468/16
사도변(司徒弁) 328/11
사도선(師道宣) 426/10
사도온(謝道韞) 271/14
사도왕(嗣道王: 唐, 李實) 188/7
사도철(司徒鐵) 47/2
사도흔(謝道欣) 323/11
사랑(謝郎: 謝朓) 371/6
사랑(四郎: 田四郎) 344/6
사령운(謝靈運: 謝康樂) 246/14, 295/6, 323/7, 391/6, 405/14
사령효(士靈孝: 王靈孝) 447/5
사론(史論) 98/2, 472/15
사릉(史陵) 208/7
사리불(舍利弗) 93/1
사리심(沙利深) 414/12
사리왕(舍利王) 384/9
사리해신(舍利海神) 480/18
사마(射摩) 480/18
사마경(司馬冏) 119/9
사마경왕(司馬景王: 三國 魏, 司馬師) 11 9/9, 317/10
사마굉(司馬鍠) 169/23, 185/15
사마교경(司馬喬卿) 103/1
사마궤지(司馬軌之: 字 道援) 456/29
사마념(司馬恬: 晉 譙王) 276/31, 276/3 1, 318/19
사마도(司馬都) 252/14
사마도자(司馬道子: 晉 會稽王) 113/3
사마등(司馬騰: 晉 東瀛公, 司馬元邁) 1 39/6
사마련사(司馬鍊師) 49/1
사마륜(司馬倫: 晉 趙王) 186/1, 359/15, 396/11, 489/1
사마륭(司馬隆) 320/17
사마모공(司馬毛公) 129/13
사마문선(司馬文宣) 325/3
사마문왕(司馬文王: 三國 魏, 司馬昭) 11 9/9, 169/9
사마부(司馬孚) 181/18
사마비(司馬毖) 235/8
사마사(司馬師: 晉 世宗, 司馬子元) 317/10
사마상여(司馬相如: 司馬長卿) 8/1, 18/1, 198/1, 218/12, 245/2·6, 246/13, 271/20, 276/4, 338/2, 446/11, 497/18
사마생(司馬生: 度世君) 4/6, 5/8
사마선왕(司馬宣王: 三國 魏, 司馬懿) 11 9/8·9, 288/16
사마소(司馬紹: 晉 明帝) 169/13
사마소(司馬昭: 晉 文王) 169/9

사마소난(司馬消難) 139/13, 253/11
사마손(司馬遜) 326/1
사마승정(司馬承禎: 司馬子微, 白雲子·
　天台道士) 21/2, 29/1, 255/8
사마신(司馬申) 360/34
사마양저(司馬穰苴) 170/5
사마연(司馬衍: 晉 成帝, 顯宗) 126/2
사마영(司馬穎: 晉 成都王) 176/1
사마예(司馬乂: 晉 長沙王) 176/1
사마원융(司馬元戎) 79/8
사마월(司馬越: 晉 東海王) 235/8
사마유(司馬攸: 晉 齊王) 119/9
사마의(司馬義) 321/7
사마의(司馬懿: 晉 宣王, 晉帝) 203/25,
　359/10
사마임주(司馬任冑) 327/8
사마자여(司馬子如) 202/17, 253/11
사마자원(司馬子元: 司馬師) 119/9
사마장경(司馬長卿: 司馬相如) 198/1, 3
　45/9
사마전(司馬詮) 222/12
사마정이(司馬正彝) 314/9
사마진(司馬進) 320/17
사마천(司馬遷: 太史公) 29/4, 200/4, 2
　13/4, 245/2, 266/1, 310/7
사마표(司馬彪) 473/23
사마효조(司馬孝祖) 325/3
사마휘(司馬徽) 176/3
사마휴(司馬休) 139/8

사마휴지(司馬休之) 137/13, 435/9
사막지(謝邈之) 318/17
사만(謝萬: 字 萬石) 207/5
사만보(史萬寶) 189/3
사만석(謝萬石: 謝萬) 87/4
사만세(史萬歲) 327/12
사명군(司命君) 27/2
사명신(司命神) 32/1, 318/21
사명신선(司命神仙) 58/1
사명진군(司命眞君: 茅盈) 11/6, 56/2, 3
　13/6
사모(史牟) 269/8, 446/12
사무외(史無畏) 395/5
사미(謝微) 185/2
사발해왕(嗣渤海王: 東魏, 高澄) 216/7
사범(師範) 211/11, 255/2
사보적(謝寶積: 張寶積) 246/10
사봉(謝鳳) 207/10
사부(史溥) 135/23, 146/2
사부(謝敷: 字 慶緒) 110/1·14, 113/5
사비(謝非) 468/9
사사(謝思) 185/2
사사명(史思明) 189/11, 192/4, 227/5, 2
　70/15, 337/5, 495/9
사상(謝尙: 字 仁祖) 207/5, 210/13, 322/2
사상보(師尙父: 姜太公) 291/3
사석(謝石) 89/1
사선성(謝宣城: 謝朓) 239/7, 371/6
사선훈(謝善勛) 207/11

사설왕(嗣薛王: 唐, 李知柔) 183/17, 184
　/3, 465/10
사성(司誠) 13/2
사성(謝盛) 131/5
사성공(謝聖公) 295/18
사성씨(司星氏) 76/1
사세광(史世光) 112/1
사소아(謝小娥) 491/1
사수(史遂) 311/2
사숭(史崇) 33/2
사숭현(史崇玄) 288/8
사심(謝沈) 169/5
사씨(謝氏: 唐人 元氏 妻) 134/6
사씨(史氏: 唐人) 422/11
사씨(師氏: 道士) 73/5
사씨(史氏: 零陵太守) 359/12
사씨(史氏: 溧水 五壇村人) 471/4
사씨(謝氏: 愍懷太子 母) 396/10
사씨(謝氏: 謝朓) 371/6
사씨(謝氏: 王騁之 妻) 325/1
사씨(謝氏: 王肅 妻) 493/2
사씨(謝氏: 王凝之 妻) 320/10
사씨(謝氏: 丁氏 夫) 292/15
사씨(師氏: 鄭又玄 師) 52/3
사씨(謝氏: 周登之 母) 360/29
사씨(謝氏: 晉人) 294/18
사씨(史氏: 漢 戾太子 劉據 妾) 229/14
사아서(史阿誓) 109/20
사악(謝諤) 278/27

사악(謝岳) 314/14
사안(謝安: 謝安石, 謝居士) 87/4, 141/
　4, 144/18, 184/16, 207/1·2·5·7, 210
　/11, 240/14
사안석(謝安石: 謝安) 87/4, 207/1·5
사야광(師夜光) 121/18
사약(謝瀹: 謝淪) 185/2, 202/16
사어(史魚: 史鰌) 245/2
사언장(謝彦璋) 354/5
사연(師延) 203/2
사연(師涓) 203/4
사옥(謝玉) 293/2
사우(謝佑) 250/5
사우(謝祐) 268/8
사우손(謝又損) 386/12
사원심(謝元深) 211/10
사유(史游) 206/7
사유(謝輶) 113/5
사유여(謝幼輿: 謝鯤) 210/11
사윤(謝允: 字 道通) 426/11
사음군(司陰君) 57/1
사의관(師宜官) 206/1·19·20
사이(謝二) 470/2
사인갑(士人甲: 晉 元帝時人) 376/8
사인조(謝仁祖) 321/1
사자연(謝自然) 21/2, 22/2, 50/1, 66/1
사자유(謝自柔) 66/1
사장(謝莊: 字 希逸) 174/31, 185/2
사재덕(史在德) 313/1

사전지(謝詮之) 39/5
사조(謝朓: 謝朓, 字 玄暉) 198/2, 199/7, 202/5, 239/7, 249/5, 493/7
사조의(史朝義: 唐 僞懷王) 189/11, 192/5, 306/2, 404/1, 495/9
사종(謝宗) 468/16
사주(史籀) 206/2·3·12
사준(史雋) 111/16
사중승(史中丞: 史論) 98/2
사차국왕(莎車國王) 439/14
사천왕(司天王) 313/15
사천왕(四天王) 90/1, 95/1, 114/6, 318/5
사초(謝楚) 154/7
사초종(謝超宗) 207/10
사추낭(謝秋娘) 309/1
사타리(沙吒利) 485/2
사타파한왕(娑陀婆恨王) 481/9
사파(師婆: 阿來) 283/6
사풍(謝諷) 234/1
사헌성(史憲誠) 497/3
사혁(謝赫) 210/8·9, 211/10
사현(四紘) 349/4
사현(謝玄) 89/1, 320/17
사현진(史玄眞) 418/11
사현휘(謝玄暉: 謝朓) 343/1
사혜원(謝慧遠) 114/1
사호(沙壺) 482/19
사호(四皓: 東園公·綺里季·夏黃公·甪里先生) 27/1, 398/1, 415/10

사혼지(謝混之) 449/8
사홍도(謝弘道) 323/11
사홍창(謝弘敞) 386/3
사화기(史華期) 129/2
사환(謝奐) 295/6
사환(謝寰) 66/1
사홰(史䎺) 216/12
사회(謝晦) 116/1, 141/10, 323/6, 371/6
사회(史悝) 462/1
사후(史朐: 字 威明) 375/1
사후(史侯) 447/8
사희일(謝希逸: 謝莊) 349/4
산간(山簡) 197/13
산고(山姑: 妖怪, 山魈雌者) 428/2
산공(山公: 妖怪, 山魈雄者) 428/2
산도(山都) 324/5
산도(山濤: 字 巨源) 233/16, 235/5·7
산령(山靈: 妖怪) 325/5
산소(山魈: 妖怪) 428/2·3
산소(山獤: 妖怪) 360/19
산수신(滻水神) 312/10
산씨(山氏: 晉 瑯琊孝王 妃) 126/2
산양왕(山陽王: 劉宋, 劉休祐) 224/17
산의생(散宜生) 447/3
산중재상(山中宰相: 陶弘景) 15/2
산행장(山行章) 190/9
산현경(山玄卿: 紫陽眞人) 55/3
산호(珊瑚: 馮小憐) 275/11
삼과(三果) 112/5

삼낭자(三娘子) 286/4
삼도사(三刀師: 張伯英) 105/3
삼랑(三郎: 唐 玄宗) 92/2, 489/1
삼랑(三郎: 寶玉) 343/3
삼랑군(三郎君: 祠神) 313/14
삼량(三良: 郤宛·陽令終·晉陳) 492/1
삼려대부(三閭大夫: 屈原) 164/5
삼료자(參寥子: 高彦休) 440/21
삼산선인(三山仙人) 63/2
삼서(三庶) 121/16
삼소고원군(三素高元君) 58/1
삼십륙공(三十六公: 裴樞) 257/8
삼양왕(三讓王: 吳泰伯) 280/11
삼왕자(三王子: 壯士) 264/5
삼원도군(三元道君) 56/3
삼원부인(三元夫人: 馮雙珠) 11/6, 58/1
삼장법사(三藏法師) 248/8
삼천법사(三天法師: 張道陵) 60/4
삼천진왕(三天眞王) 57/1
삼천진황(三天眞皇) 56/2
삼천태상도군(三天太上道君) 3/1
삼황(三皇) 20/4, 47/5
삼황오제(三皇五帝) 72/6
상가고(尙可孤) 280/6
상감(常監) 84/11
상강(商康) 294/6
상갱(商鏗) 173/17
상거(常璩: 常璩) 270/13
상거사(商居士) 101/7

상건(常騫) 462/33
상결찬(尙結贊) 190/1, 480/19
상고사(常高士: 常夷) 336/1
상곤(常袞) 38/1, 178/7, 180/1, 224/9, 260/14
상공(常公: 鹽賈 常某) 271/20
상공(尙公: 李益 從兄) 487/1
상관(向瓘) 327/10
상관소용(上官昭容: 上官婉兒) 137/17, 240/14, 271/16
상관위(上官魏) 280/1
상관의(上官儀) 137/17, 201/1
상관익(上官翼) 447/18
상국사(桑國師) 78/7
상군(相君) 461/25
상당왕(上黨王: 長孫道生) 165/6
상도무(桑道茂) 76/14, 144/4, 151/1, 179/11, 223/1
상동왕(湘東王: 梁 元帝, 蕭繹) 82/1, 126/5, 200/3, 207/11, 235/11, 336/1
상동왕(湘東王: 劉宋 明帝, 劉彧) 135/19
상람(上藍) 224/13
상령균(商靈均) 276/29
상리씨(相里氏: 唐 儒學人 韋氏 長壻) 101/2
상리조(相里造) 255/24
상명부(向明府) 252/7
상방삭(上方朔) 283/10
상부인(湘夫人) 399/1

상산공(常山公: 唐, 王達) 411/8
상산왕(常山王: 唐, 王景崇) 217/6
상산왕(常山王: 北齊, 高演) 120/14, 267/3
상선(商船) 212/9
상선자(上仙子) 475/1
상설가왕(賞設迦王) 406/14
상소(常愬) 251/17
상수(常修) 271/20
상수(向秀) 235/5, 278/12
상수신(湘水神) 309/1
상순(商順) 338/6
상술(向戌) 490/1
상신(商辛: 商, 紂王) 189/3
상씨(常氏: 三峽人) 271/20
상씨(向氏: 後梁人) 423/14
상언(桑偃) 90/2
상언위(常彦瑋) 263/1
상온(湘媼) 60/5
상왕(商王) 59/2
상왕(相王: 唐 睿宗, 李旦) 135/30, 277/18, 300/1, 402/13
상왕(湘王: 湘水神) 309/1
상외신(商外臣) 173/17
상용(商容) 164/3
상원(常愿) 260/18
상원보(常元甫) 337/10
상원부인(上元夫人: 阿環) 3/1, 11/6, 56/2, 68/3, 204/24, 309/2
상원여선(上元女仙) 20/4

상유한(桑維翰) 145/9
상은(向隱) 79/8
상이(常夷: 字 叔通) 336/1
상자(相子: 藺相如) 202/13
상자집(向子集) 371/5
상자평(尙子平: 尙長) 230/2
상저공(桑苧公: 陸羽) 83/3
상정(常靖) 107/13
상정(向靖: 字 奉仁) 387/3
상정종(常定宗) 259/18
상중감(商仲堪: 殷仲堪) 276/28, 360/3
상지포(常持蒲) 72/6
상진사명(上眞司命) 58/1
상진왕군(上眞王君) 49/5
상진자(上眞子) 475/1
상청(上淸) 275/10
상청도사(上淸道士: 寇謙之) 14/7
상청시서(上淸侍書) 63/5
상청옥신(上淸玉晨) 58/1
상통법사(向統法師) 99/5
상하(常何) 164/9, 224/3
상현계(向玄季) 142/4
상형(尙衡) 189/11, 222/8
상홍양(桑弘羊) 178/1
상황(上皇: 唐 玄宗) 163/32, 222/10, 335/9
새홍(塞鴻) 486/2
색계천왕(色界天王) 81/4
색담(索紞) 276/20

색도독(索都督: 索盧貞) 383/1
색로정(索盧貞) 383/1
색만흥(索萬興) 325/7
색사(索使: 索元禮) 267/10
색사미(索思微) 268/10
색손(索遜) 320/5
색씨(索氏: 巫女 秦氏 夫) 283/2
색원례(索元禮: 胡元禮) 121/11, 267/10, 268/5·10
색이(索頤: 字 景眞) 324/16
색정(索靖) 206/22·23·25, 207/6, 208/4, 209/3
색충(索充) 276/20
서가범(徐可範) 133/11
서간(徐幹) 327/3
서간(徐侃) 344/5
서감(徐龕) 359/24
서갑(徐甲: 老子 奴) 1/1, 219/12
서갑(徐甲: 梁 東海人) 120/6
서걸술(西乞術) 282/4
서견(徐堅) 271/1
서경(徐慶) 143/1
서경(徐景) 405/10
서경산(徐景山) 466/4
서경선(徐景先) 393/15
서경업(徐敬業: 英國公) 91/10·11, 121/6·10, 139/19, 143/1·3, 163/10·18, 169/22, 171/12, 203/11, 268/10, 288/16, 389/23

서경정(徐敬貞) 389/23
서광(徐廣) 246/11
서광(徐光) 88/1, 119/7, 393/3
서광포(徐光浦) 241/1
서교(徐嶠) 30/1
서군방(徐君房) 411/11
서담진(徐湛眞) 68/2
서덕언(徐德言) 166/2, 177/5
서도립(徐道立) 127/3
서도복(徐道覆) 295/10, 324/5
서도사(徐道士: 徐道盛) 59/13
서도성(徐道盛) 59/13
서도요(徐道饒) 323/9
서등(徐登) 284/6
서락(徐樂) 245/2
서랑(徐郞: 京口人) 292/14
서령부(徐靈府: 桐栢徵君) 55/1, 76/17
서령왕모(西靈王母: 西王母) 56/2
서례(舒禮) 283/1
서로인(徐魯仁) 290/1
서룡(徐龍) 142/7
서릉(徐陵) 246/22·23, 253/14
서리(徐摛) 246/20·22
서막(徐邈: 字 景山) 210/7, 233/20, 473/16
서만복(舒萬福) 166/5
서명부(徐明府) 85/6
서명부인(西明夫人: 楊貴妃) 373/5
서문계현(西門季玄) 123/5, 237/8

서문리현(西門李玄: 西門季玄)　145/5
서문백(徐文伯)　218/6
서문사공(西門思恭)　168/5, 481/1
서문표(西門豹)　201/2
서밀(徐密)　440/10
서방삭(西方朔)　283/10
서백(西佰: 周 文王)　447/3
서번왕(西蕃王: 贊普)　105/11
서복(徐馥)　457/4
서복(徐福: 字 君房)　4/6, 5/8, 40/5
서부군(徐府君)　320/17
서비(徐妃: 梁 元帝 妃)　183/14, 396/18
서사백(徐嗣伯: 字 德紹)　218/7
서사형(徐士衡)　27/3
서삼지(徐森之)　127/3
서삼회(徐三誨)　314/11
서상(鉏商)　137/2
서상(徐商)　265/12
서상시(徐常侍: 徐陵)　246/22
서생(徐生: 唐人)　395/1
서석(徐奭)　460/6
서선(徐善)　277/12
서선(徐宣)　399/3
서선고(徐仙姑)　70/4
서선재(徐善才)　111/18
서선지(徐羨之)　185/1, 276/37, 396/14
서성백(徐成伯)　247/15
서성왕군(西城王君)　11/6, 20/4, 56/1·2, 58/1

서성진인(西城眞人: 王方平)　11/6
서세적(徐世勣)　254/2
서수지(徐崒之)　446/4
서숙보(徐叔寶)　323/9
서승권(徐僧權)　209/11
서시(西施)　201/6, 236/1, 257/9, 282/3, 326/5, 327/7
서신(徐紳)　34/2
서씨(徐氏: 東晉人)　368/3
서씨(胥氏: 謝自然 母)　66/1
서씨(徐氏: 陽雍 妻)　292/12
서씨(徐氏: 陽翁伯 妻)　4/11
서씨(舒氏: 崔宣 食客)　494/2
서씨(徐氏: 蘇太玄 妻)　351/4
서아니(徐阿尼)　361/5
서악진군(西岳眞君)　46/1
서안(徐安)　450/4
서양왕(西陽王: 北齊, 徐之才)　247/15, 253/10
서언(徐偃)　2/1
서언백(徐彦伯)　21/2
서언성(徐彦成)　354/13
서언약(徐彦若)　257/10
서연(徐衍)　309/1
서영(徐榮)　110/14
서옥(徐玉)　439/21
서왕(舒王: 唐, 李元名)　240/7, 268/10
서왕모(西王母: 王母·金母·金母元君·九靈金母·九靈太妙龜山金母·龜臺金母·

龜山九虛太眞金母·龜山王母·太虛九光龜臺金母元君) 2/1·2, 3/1, 4/7, 6/1, 11/6, 40/1·6, 50/1, 56/1, 63/3, 65/4, 70/5·8, 203/1, 204/24, 226/1, 256/3, 287/4, 290/2, 410/25·31, 411/19, 463/8
서외(徐隗) 161/24, 276/47
서요신(西妖神) 285/6
서웅(徐雄) 247/15
서원겸(舒元謙) 156/8
서원여(舒元輿) 156/4·8
서월영(徐月英) 273/12
서월화(徐月華) 205/23, 236/15
서유공(徐有功) 169/24, 267/11
서유자(徐孺子: 徐穉) 164/3, 434/19
서융왕(西戎王) 106/8
서응(徐凝) 199/1
서의(徐義) 110/17
서인(徐裀) 158/7
서자(西子: 西施) 257/9, 275/11
서작(舒綽) 389/20
서장(徐長) 294/9
서재인(徐才人: 徐堅) 271/1
서적(徐勣: 英國公) 189/3, 389/23
서적지(徐寂之) 446/4
서점(徐諫) 393/22
서정(徐精) 276/27
서정광(徐庭光: 徐廷光) 190/1
서조(徐祖) 161/24, 276/47

서조(徐肇) 197/5
서조(徐祚) 276/37, 320/7
서조왕(西祖王: 唐, 李璋) 184/18
서좌경(徐佐卿) 36/1
서주황제(西州皇帝: 鼉靈) 374/1
서중(徐仲) 472/16
서중보(徐仲寶) 405/6
서중산(徐仲山) 462/23
서지간(徐知諫) 158/14, 314/14
서지순(徐知詢) 367/7
서지재(徐之才) 70/4, 218/10, 247/15, 253/10
서지통(徐智通) 394/7
서진(徐眞) 121/8
서처사(徐處士: 徐衍) 309/1
서철구(徐鐵臼) 120/6
서철저(徐鐵杵) 120/6
서초(徐超) 246/22
서초패왕(西楚霸王: 項羽) 301/2, 315/10
서추부(徐秋夫) 218/6
서추영(徐秋英) 386/2
서충용(徐充容: 徐堅) 271/1
서치(徐穉) 164/3
서타(徐隓) 11/5
서탄(徐坦) 459/14
서택(徐澤) 341/6
서평왕(西平王: 唐, 李晟) 223/1, 256/7
서평왕(西平王: 後梁, 朱友謙) 264/14
서하(西河: 子夏) 256/20

서하소녀(西河少女)　59/5
서한부인(西漢夫人)　57/1
서해군(西海君)　116/18
서현방(徐玄方)　276/26, 375/12
서현조(徐玄造)　33/2
서현지(徐玄之)　478/8
서혜(徐惠)　271/1
서홍(徐鴻)　163/36
서환(徐煥)　312/12
서황(徐晃)　305/1
서황옥(徐璜玉)　189/11
서효사(徐孝嗣: 字 始昌)　246/16, 277/9
서흘(徐紇)　99/4, 375/4
서희지(徐熙之)　218/6
석가(石家: 石崇)　267/13
석가모니(釋迦牟尼: 大婆羅門)　101/11, 240/12
석가문행(釋迦文行)　111/5
석가불(釋迦佛)　93/1
석가세존(釋迦世尊)　97/10, 370/9
석가여래(釋迦如來: 空王)　93/1, 252/10, 406/14
석감(石堪)　88/1
석거(石巨)　40/3
석계룡(石季龍: 石虎)　170/16, 398/4, 410/22
석계륜(石季倫: 石崇)　16/1, 272/7, 399/23
석계무(石季武)　279/9
석공자(石公子)　3/1

석관(石貫)　351/3
석광(石廣)　284/12
석기(席夔)　497/17
석도(石韜)　88/1
석동통(石動筒)　247/14
석로성(石路成: 紫陽左仙公)　11/6
석룡(石龍)　418/9, 492/1
석륵(石勒: 五胡十六國 後趙 高祖, 石世龍, 趙天王)　88/1, 93/1, 113/2, 170/5, 267/1, 369/7, 393/3, 396/12
석명원(石名遠)　388/8
석민(石旻)　74/5, 78/10, 84/9, 228/11
석밀(石密)　119/12
석법도(石法度)　437/16
석보(石父: 越石父)　166/6
석부(石婦: 石婆神)　278/9
석빈(石斌: 燕國公)　88/1
석사마(石司馬: 石潡)　205/20
석생(石生: 賣瓦金人)　433/5
석선(石宣)　88/1
석수(石邃)　88/1
석수지(石秀之)　324/9
석숭(石崇)　143/10, 236/13·16, 272/7
석씨(石氏: 龐阿 妻)　358/1
석씨(石氏: 徐三誨 妻)　314/11
석씨(石氏: 石勒)　89/1, 118/3
석씨(石氏: 石崇)　489/1
석씨(席氏: 周哲濤 妻)　386/8
석씨(席氏: 中橋店主)　35/4

석씨(石氏: 秦州 騎將)　272/20
석씨(石氏: 解縣 釀酒人)　46/3
석아조(石阿措: 安石榴)　416/10
석예(席豫)　115/9, 386/8
석웅(石雄)　156/10, 498/7
석월(石越)　89/1
석위위(石衛尉: 石崇)　489/1
석의(石義)　341/7
석인신(石人神)　293/8
석장화(石長和)　383/13
석정애(石井崖)　432/5
석제환인(釋提桓因: 帝釋天)　95/1
석종무(石從武)　370/7
석종의(石從義)　437/18
석중람(石仲覽)　147/3
석총(石苳)　88/1
석총(石漗)　205/20
석칙자(錫則子)　1/1
석파신(石婆神)　278/9
석포충(石抱忠)　255/2
석하(石賀)　154/8
석헌(石憲)　476/3
석현도(石玄度)　437/16
석혜태(石惠泰)　259/13
석호(石虎)　88/1, 170/16, 233/9, 276/2
　2, 435/10
석홍(石洪)　154/5
석홍(石弘)　88/1
석화(石和)　437/3

선거화(仙居和)　399/19
선건(宣騫)　471/8
선니(宣尼: 孔子)　87/3, 211/5
선도(善道)　382/3
선무제(宣武帝: 北魏)　360/30
선문(宣文: 孔子)　73/6
선문자(羨門子)　21/1, 38/1
선보(宣父: 孔子)　19/4, 170/10
선분(宣奮)　276/22
선선왕(鄯善王: 晉代 西域國王)　89/2
선씨(洗氏: 高凉人)　270/1
선오허(鮮於虛: 飛玄玉女)　58/1
선왕(仙王: 日神)　15/4
선왕(宣王: 周, 姬靜)　119/1, 174/1, 206/2
선우기(鮮于冀)　316/3
선우변(鮮于弁)　79/4
선우보(鮮于輔)　233/20
선우봉(鮮于鳳: 僧鸞)　264/13
선우숙명(鮮于叔明)　152/5, 201/17
선율사(宣律師)　21/1, 91/9, 92/4, 93/1
선제(宣帝: 唐 宣宗)　252/10, 409/42
선제(宣帝: 北周, 宇文贇)　21/1, 253/11·14
선제(宣帝: 陳)　92/6, 118/11
선제(宣帝: 漢)　3/1, 56/2, 197/2, 224/1,
　229/14, 400/3, 412/20·21
선제(宣帝: 後周)　129/6
선제승(善提勝)　465/6
선존사(單尊師: 法名 以淸)　29/5
선종(宣宗: 唐)　48/4, 53/4, 62/2, 79/5,

97/10, 136/7·8·10, 139/25, 157/1, 162/14, 170/20, 175/12, 182/7·8, 196/3, 198/13·22, 199/7·8, 202/14, 210/11, 223/4·10, 228/5, 251/14, 261/14·15, 264/12, 275/11, 278/13·16, 283/15
선주(先主: 三國 吳, 孫權) 12/3, 415/2, 473/6
선주(先主: 三國 蜀, 劉備) 41/4, 60/4, 164/22, 245/5·7
선주(先主: 五代十國 前蜀 高祖, 王建) 80/8·11·13·14, 158/5·11, 163/39, 168/9, 190/8, 425/20, 500/9
선파(旋波: 廣延國 舞姬) 56/4
선파(旋波: 春秋 越國 美姬) 237/2
선함(宣咸) 276/22
선황제(宣皇帝: 唐 肅宗) 485/2
선효(善曉) 315/13
설(契) 173/13, 245/2, 483/7
설감(薛監) 266/3
설갑(薛甲) 95/3
설개연(薛介然) 146/18
설거(薛據) 186/11
설겸금(薛兼金) 254/9
설겸훈(薛兼訓) 337/2
설경원(薛景元) 150/5
설계창(薛季昶) 170/3, 185/18, 277/19
설고훈(薛孤訓) 116/15
설공(薛公: 唐, 大將軍) 436/7
설공평(薛公苹) 467/3

설교서(薛校書) 43/4
설군주(薛君冑) 83/2
설규(薛逵) 116/16
설긍(薛矜) 331/1
설기(薛夔) 454/2
설납(薛納) 331/10
설눌(薛訥) 139/25, 240/15
설능(薛能) 178/15, 184/7, 188/10, 199/13, 202/25, 257/3·6, 264/13, 265/14, 463/41
설담(薛談) 204/13
설대백(薛大白) 244/11
설대부(薛大夫: 薛平) 256/4
설대조(薛大造) 388/8
설덕음(薛德音) 169/16
설도(薛濤) 354/9, 381/7
설도형(薛道衡) 18/1, 174/2, 198/4, 248/4, 253/16, 342/1
설랑(薛朗) 52/2
설량(薛良) 327/15
설려독(契䬳禿) 255/21
설령운(薛靈芸: 夜來) 272/4
설령지(薛令之) 494/14
설로봉(薛老峯) 366/20
설만(薛萬) 191/18
설만균(薛萬鈞) 189/6
설만석(薛萬石) 337/2
설문미(薛文美) 215/10
설방(薛放) 446/6

설백고(薛伯高) 43/3
설보(薛甫) 119/1
설보손(薛保遜) 181/13, 256/17, 261/15, 266/3·4
설보후(薛保厚) 266/3
설봉(薛逢) 54/4
설부마(薛駙馬) 487/1
설빈(薛贇) 438/15
설사(薛師) 240/10·12, 267/10
설상(薛庠) 181/7
설상연(薛尙衍) 496/17
설생(薛生: 後唐 東郡人) 313/16
설소(薛昭) 69/3, 494/1
설소부(薛少府: 薛矜) 331/1
설소위(薛紹緯) 145/10
설소위(薛昭緯) 252/3, 256/17, 266/4
설소윤(薛少尹) 223/12
설소은(薛少殷) 152/5
설수(薛收) 169/16, 174/3
설순타(薛純陀) 208/5
설숭(薛嵩) 195/1, 460/19
설습(薛襲) 437/19
설승(薛勝) 149/3
설신혹(薛育惑) 226/10
설씨(薛氏: 江陽縣尉) 290/2
설씨(薛氏: 唐 伊闕人) 238/18
설씨(薛氏: 杜修己 妻) 438/15
설씨(薛氏: 薛方 曾祖) 446/6
설씨(薛氏: 薛玄同, 馮徽 妻) 70/7

설씨(薛氏: 中經 撰者) 61/2
설씨(薛氏: 皇甫恂 叔母) 302/1
설아(雪兒) 200/3
설양도(薛陽道) 204/25
설엄(薛嚴) 106/4
설업(薛鄴) 272/4
설연타(薛延陀: 突厥 沙多彌可汗) 297/3
설영(薛瑩) 169/5
설영진(薛盈珍) 167/5, 239/5
설옹(薛邕) 151/8, 244/6
설왕(薛王: 唐) 401/16
설요영(薛瑤英) 237/2
설용(薛容) 4/9
설용약(薛用弱) 312/12
설우빈(薛禹賓) 95/3
설운향(薛芸香) 43/4
설원(薛媛) 271/24
설원(薛願) 396/22
설원경(薛元敬) 169/16
설원상(薛元賞) 263/11
설원주(薛元周) 437/6
설원초(薛元超) 185/10, 202/19
설위(薛偉: 薛主簿) 471/11
설육(薛育) 270/5
설의(薛義) 278/15
설의녀(雪衣女) 460/15
설의료(薛宜僚) 274/7
설이(薛頤) 116/13
설이구(薛貽矩) 235/22

설이낭(薛二娘)　470/5
설인귀(薛仁貴)　191/15
설정로(薛廷老)　261/2
설조(薛肇)　17/3
설조(薛調)　486/2
설존사(薛尊師)　41/1
설존성(薛存誠)　279/10
설종(薛綜)　173/6, 245/8
설종(薛宗)　357/2
설종본(薛宗本)　237/2
설종의(薛從義)　237/2
설주부(薛主簿: 薛偉)　471/11
설중(薛重)　457/5
설직(薛稷)　166/3, 174/10, 198/8, 208/8
　·13, 211/12, 214/6, 240/4, 277/17
설직(薛直)　331/10
설진(薛震)　267/7
설창서(薛昌緖)　500/8
설초옥(薛楚玉)　331/11
설탐(薛耽)　183/6
설택(薛澤)　266/6, 313/1
설평(薛平)　101/3, 256/4
설평(薛萍)　346/10
설필아력(契苾阿力)　191/18
설필악(契苾鍔)　336/4
설하(薛嘏)　419/1
설하(薛夏)　276/10
설합(薛合)　88/1
설현동(薛玄同)　70/7

설현진(薛玄眞)　43/3
설협(薛俠)　230/2
설형(薛逈)　450/9
설홍기(薛弘機)　415/10
설황문(薛黃門)　260/3
설회의(薛懷義)　288/12
섭간(葉幹)　308/3
섭경(葉京)　183/2
섭계보(聶季寶)　164/2
섭도사(葉道士: 葉法善)　285/4, 448/5
섭랑지(葉朗之)　467/15
섭무련(葉茂蓮)　136/12
섭법사(葉法師: 葉法善)　77/5
섭법선(葉法善: 葉道元, 越國公, 葉道士·
　葉法師·葉仙師·葉尊師·葉天師)　22/
　1, 26/1, 30/1, 33/2, 77/5, 231/10, 28
　5/11, 332/7, 361/16, 368/14, 448/6
섭봉(聶鋒)　194/5
섭봉(葉逢)　80/12
섭부인(聶夫人)　290/2
섭선사(葉仙師: 葉法善)　378/9, 448/6
섭승(葉昇)　128/3
섭씨(葉氏: 妙寂)　128/3
섭우(聶友: 聶文悌)　374/6, 415/3
섭은낭(聶隱娘)　194/5
섭이중(葉夷中)　183/10
섭정(聶政)　69/3, 178/1
섭정능(葉靜能)　26/1, 50/1, 72/6, 300/
　5, 387/5, 450/1, 470/1

섭존사(葉尊師: 葉法善) 22/1
섭중(葉重: 有道先生) 26/1
섭중용(葉仲容) 26/1
섭천사(葉天師: 葉法善) 52/4, 72/3
섭천소(葉遷韶) 394/11
섭통미(葉通微: 九華道士) 18/2
섭허중(葉虛中: 茅山道士) 73/3
섭혜명(葉慧明) 26/1
성강(聖剛) 237/10
성경(誠敬) 270/1
성경(成景: 成長史) 297/4
성경기(成敬奇) 239/2, 259/12
성고(聖姑: 李氏) 293/9
성공규(成公逵) 346/3
성공지경(成公智瓊: 智瓊, 天上玉女) 61/2
성규(成珪) 111/23
성다수(成多受) 368/7
성덕기(成德器) 370/8
성도아(盛道兒) 325/10
성도왕(成都王: 晉, 司馬穎) 176/1
성람(盛覽: 盛長通) 198/1
성로서(成老鼠) 252/7
성모(聖母: 諶母) 62/2
성무정(成武丁: 成仙公) 13/6
성묵철(成默啜) 163/8
성보살(聖菩薩) 447/19
성부군(聖府君: 陳斐) 447/8
성빙(成憑) 318/4
성선공(成仙公: 成武丁) 13/6

성소의(成少儀) 346/3
성숙변(成叔弁) 344/6
성신(成愼) 129/6
성양왕(城陽王: 北魏, 元徽) 127/5
성양후(城陽侯: 唐, 許超) 277/6
성언사(盛彦師) 189/3
성예(成汭) 79/8, 145/6, 158/1, 184/7, 252/9, 257/10, 261/18, 264/9, 352/9, 459/8
성왕(成王: 唐, 李千里) 268/2, 426/18
성왕(成王: 周) 1/5, 81/4, 225/1, 226/1, 460/1, 480/9·10, 482/13
성응원(成應元) 433/6
성자허(成自虛: 成致本) 490/1
성장사(成長史: 成景) 297/4
성제(成帝: 周) 245/2
성제(成帝: 晉, 司馬衍) 58/1, 87/3, 88/1, 207/1, 396/13, 443/4
성제(成帝: 漢, 劉驁, 孝成帝) 59/9, 161/6, 215/2, 224/1, 228/6, 236/8·9, 291/20, 405/3, 443/4, 461/24
성진인(成眞人) 35/1
성충(盛忠) 140/5
성태위(成太尉) 238/21
성필(成㢸) 400/9
성홍지(盛弘之) 389/6
성황신(城隍神) 124/1, 281/7, 303/2, 312/7
세신(細辛) 325/12

세운(世雲) 62/2
세장년(歲長年) 93/1
세조(世祖: 南齊 武帝, 蕭賾) 296/4, 440/12
세조(世祖: 北齊 武成帝, 高湛) 211/7·8
세조(世祖: 劉宋 孝武帝, 劉駿) 135/19, 276/41
세조(世祖: 漢 光武帝, 劉秀) 434/3
세종(世宗: 北齊 文襄皇帝, 高澄) 171/4, 211/6
세종(世宗: 晉, 司馬師) 317/10
소가공주(蕭家公主: 唐, 弄玉公主) 282/4
소각(蕭慤) 327/7
소강(蕭綱: 梁 簡文帝, 晉安王) 90/2
소갱(蕭鏗: 南齊 宜都王) 277/8
소건웅(蘇建雄) 395/14
소검(蘇檢) 279/21
소경(邵景) 255/15
소경(蘇瓊) 460/11
소경백(邵敬伯) 295/17
소경윤(蘇景胤) 181/19
소경지(蕭敬之) 304/7
소계평(蕭季平) 73/5
소고(蕭古) 203/22
소고온(蘇考蘊) 186/14
소공(邵公) 318/12
소공(蕭公: 蕭璠 族人, 蕭使君) 448/8
소공(素公: 素和尙) 98/6
소공(蕭公: 梁 武帝, 蕭衍) 343/1

소공(召公: 周, 召伯·邵伯) 245/2
소공조(蕭功曹: 蕭穎士) 201/5
소광(疎廣) 1/1
소광(韶光) 252/1
소광(蕭曠) 311/1
소괴(蘇瓌) 174/10, 175/6, 187/3, 235/15, 296/4, 493/17, 495/4
소교(小喬) 200/3
소교(召皎) 279/6
소구(蕭遘) 188/11, 256/22
소군(少君) 245/4
소귀공(小歸公: 唐, 歸登) 183/22
소규(蘇閈) 144/7
소규(蕭巋: 南朝 後梁 明帝, 梁王) 102/10
소금(小金) 340/2
소기(蘇夔) 230/1
소기(蕭紀) 82/1
소길(蕭吉) 14/6, 203/8, 279/1, 361/6
소노(小奴) 437/8
소눌(昭訥) 314/5
소담(蘇湛) 476/2
소덕언(蕭德言) 202/3
소도(蘇道) 14/6
소도(蘇導) 183/18
소도근(邵桃根) 434/17
소동현(蕭洞玄) 44/4
소등(蕭騰) 469/12
소랑(蕭郞: 蕭史) 68/3
소랑중(蕭郞中: 蕭遇) 338/9

소래(蘇萊) 358/7
소량사(蘇良嗣: 溫國公) 393/7
소령(蕭令) 259/14
소령부인(昭靈夫人) 456/19
소륜(蕭綸: 梁 邵陵王) 15/2
소릉왕(邵陵王: 梁, 蕭綸) 15/2, 120/3
소리상(蘇履霜) 384/9
소마후(蕭摩侯) 327/5
소만(小蠻) 198/22
소맹(蘇猛) 220/4
소면(蕭俛) 154/10, 242/5
소명(紹明: 慈昭大師) 116/25
소명태자(昭明太子: 梁, 蕭統) 90/2, 311/1, 336/1, 343/1, 469/12,
소무(蘇武) 166/6, 275/11, 480/12
소무명(蘇無名) 171/16
소무제(蕭武帝: 梁 武帝, 蕭衍) 214/6
소문갱(蕭文鏗) 115/3
소문례(蕭聞禮) 239/12
소문립(邵文立) 131/20
소미도(蘇味道) 146/17, 185/13, 250/2, 254/13, 259/1·2, 265/6
소민(蕭旻) 337/10
소박(蘇璞) 242/11
소발(蕭勃) 270/1
소방(蕭倣: 唐 蘭陵公) 117/6, 178/8, 498/2
소백(召伯: 邵伯·召公, 姬奭) 492/1, 496/12

소백(小白: 春秋 齊 桓公) 172/7
소벽(小碧) 363/9
소보(邵寶) 461/27
소보인(蕭寶寅) 247/16
소복(蕭復) 170/8, 305/6
소봉대(蕭鳳臺) 69/3
소부(巢父) 4/9, 50/1, 297/1
소비(蘇丕) 369/1
소빈(蘇賓) 230/2
소빙(蘇氷) 174/10
소사(蕭史) 4/5, 282/4, 488/1, 491/3
소사군(蕭使君: 蕭璿 族人 蕭公) 448/8
소사군(蕭使君: 蕭志忠) 441/13
소사랑(蘇四郞: 太白星) 309/2
소사우(蕭思遇: 蕭望明) 327/7
소사의(蕭士義) 141/2
소사청(蕭士淸) 344/1
소사화(蕭思話) 113/10, 207/9, 360/24
소삼랑(蕭三郞: 蕭徹) 348/7
소상(蕭琋) 203/26
소상공(蕭相公: 蘇嵩) 37/5
소상국(蕭相國: 蘇嵩) 152/2, 261/23
소상국(蕭相國: 蕭何) 397/24
소생(蕭生: 蕭復 弟) 305/6
소선(蘇詵) 174/10, 358/7
소선(蕭璿: 蕭主簿) 222/6, 448/8
소선공(蘇仙公) 13/5
소성황후(昭成皇后: 唐 睿宗 后) 485/1
소소(蘇韶: 蘇孝先) 319/11, 321/1

소소소(蘇小小) 199/3
소소요공(小逍遙公: 韋嗣立) 436/8
소속(蕭續: 梁 廬陵王) 120/7
소수(蘇修) 305/1
소수묵(邵修默) 134/15, 313/6
소숙(蕭俶) 270/6
소순(蘇循) 239/11·12
소숭(蕭嵩: 蕭相公·蕭相國) 82/5, 164/1
   3, 240/15, 255/15, 495/4
소승(蕭勝) 289/17, 290/2
소승(蘇承) 319/11
소신(邵信) 90/1
소실달(蕭悉達) 440/13
소심(蕭審) 337/10
소씨(蕭氏: 蘭陵人) 281/2
소씨(蕭氏: 唐 蘭陵人) 394/3
소씨(蕭氏: 唐 順宗 后) 38/1
소씨(蕭氏: 唐人) 361/22
소씨(蘇氏: 白衣人) 309/2
소씨(蘇氏: 北周人) 139/14
소씨(蘇氏: 蘇丕 女) 369/1
소씨(蕭氏: 神女) 300/4
소씨(蘇氏: 魏知古 妻) 270/14
소씨(巢氏: 劉宋 太山人) 324/14
소씨(蘇氏: 張褐 妻) 272/17
소씨(蕭氏: 崔義起 妻) 115/3
소씨(蕭氏: 侯生 妻) 281/2
소씨(蘇氏: 後漢人) 293/1
소씨(蕭氏: 李廙 妻) 451/12

소씨(蕭氏: 崔生 妻) 375/19
소아(素娥) 361/10
소아(蘇娥: 蘇始珠) 127/1
소악(蕭嶽) 296/5
소안(小安) 400/13
소알(蘇遏: 蘇有德) 400/15
소양왕(昭襄王: 春秋戰國 秦) 229/6, 42
   6/1
소억(蕭嶷: 南齊 豫章王) 211/1
소역(蕭繹: 梁 元帝, 孝元帝) 131/21, 23
   5/11
소연(蕭衍: 梁 武帝, 蕭武帝·高祖·蕭公)
   120/1
소열(蘇悅) 46/3
소영사(蕭穎士: 蕭功曹) 42/2, 164/12, 1
   79/6, 201/5, 242/2, 244/5, 269/4, 3
   32/8
소영주(蕭穎冑: 北齊 武獻公) 76/7
소예(蘇汭) 352/7
소예명(蕭叡明) 161/28
소오흥(蕭吳興: 蕭惠明) 114/6
소옥(素玉) 115/3
소옥(小玉) 486/1
소옹(少翁: 李少翁) 274/5
소왕(小王: 王獻之) 209/11·15
소왕(昭王: 周) 2/1, 93/1, 226/1, 276/1,
   291/4
소왕(昭王: 春秋戰國 燕) 2/2, 56/4, 284
   /2, 402/2, 414/1, 442/11, 480/11

소왕(昭王: 春秋戰國 秦)　197/5, 226/1
소왕(昭王: 春秋戰國 楚)　226/1, 425/12, 492/1
소요(逍遙: 盧眉娘)　66/2
소요흔(蕭遙欣)　174/32
소우(蕭祐)　202/10
소우(蕭宇)　337/10
소우(蕭瑀: 唐 宋國公)　91/7, 102/10, 254/3
소우(蕭遇: 蕭郎中)　338/9
소운(蘇芸)　256/6
소원(蕭源)　207/9
소원(蕭瑗)　222/6
소원종(蕭元宗)　332/6
소원휴(邵元休)　281/4, 353/4
소위(蘇威)　230/1, 361/5
소유(蕭猷: 梁 臨汝侯)　296/8
소유덕(蘇有德: 蘇遏)　400/15
소유동천선왕(小有洞天仙王)　58/1
소유선녀(小有仙女)　58/1
소윤(蘇閏)　458/5
소이소부(小李少府: 李全昌)　222/6
소이장군(小李將軍: 李昭道)　211/15
소익(蕭翼)　208/2
소일인(蕭逸人)　413/17
소자개(蕭子開)　397/19
소자량(蕭子良: 南齊 竟陵王)　90/2, 92/6, 206/7·21
소자무(蕭子懋: 齊 晉安王, 蕭雲昌)　161/27

소자운(蕭子雲: 蕭景喬)　207/12, 214/1, 235/11
소작(蘇綽)　230/2
소장(蘇長)　109/14
소장(小張: 張玄靖)　259/19
소장사(蘇長史)　440/26
소장산인(小張山人: 鄭居中)　55/4
소적부(蕭赤斧)　76/7
소전(蕭佺)　400/11
소절(蘇節)　319/11
소정(蘇頲)　121/14, 164/26, 169/30, 174/10, 175/6, 201/3, 235/15, 425/15, 493/17, 495/4
소정견(蕭正見)　342/1
소정인(蕭正人)　332/2
소정지(蕭靜之)　24/4
소제(少帝: 三國 吳 會稽王, 孫亮)　468/5
소제(少帝: 五代十國 後唐 閔帝, 李從厚)　459/13
소제(少帝: 劉宋 前廢帝, 劉子業)　142/3
소제(少帝: 劉宋, 劉義符)　129/3, 161/23, 218/6
소제(昭帝: 漢, 劉弗陵)　59/10, 236/4
소종(昭宗: 唐, 李曄)　123/7, 144/18, 145/5, 170/24, 175/13, 183/17·26, 184/1, 190/6·11, 192/11, 203/26, 205/20, 217/7, 239/10·12, 252/10, 257/11, 395/9, 423/11, 483/9, 500/1·2
소주(少主: 五代十國 前蜀 後主, 王衍)　1

36/17, 140/9, 241/1, 287/4
소주(少主: 五代十國 後晉 出帝, 石重貴)
278/22, 367/27
소주부(蕭主簿: 蕭璿) 222/6
소준(蘇峻) 87/3, 113/3, 294/2
소중랑(蕭中郞) 349/5
소증(蘇拯) 242/11
소지충(蕭至忠: 蕭使君) 82/7, 139/26,
202/8, 240/4·14, 265/5, 441/13
소진(蘇晉) 186/10
소진(邵進) 376/3
소진(蘇秦) 4/4, 178/1, 237/2, 391/5, 4
15/9, 446/11
소진사(紹眞師) 106/5
소징(蘇徵) 254/13
소차(蕭佽: 梁 安城王) 246/21
소창원(蘇昌遠) 417/7
소척(蘇滌) 242/11, 282/3
소천(小倩) 349/4
소천언(蘇踐言) 393/7
소천의(蘇踐義) 393/7
소철(蕭徹: 蕭三郞) 348/7
소총(蕭總: 蕭彦先) 296/4
소치(蕭寘) 224/19
소침(蕭琛) 173/18
소탁(蘇鐸) 124/18
소탐(蘇耽) 13/5, 410/21
소태(蕭泰: 衡山侯) 426/15
소태현(蘇太玄) 351/4

소택(邵澤) 232/12
소특(蕭特) 207/13
소포(昭浦) 289/13
소표(蕭彪) 247/16
소하(蕭何: 蕭相國) 118/12, 169/15, 200
/10, 206/13, 255/20, 297/1
소한(蕭澣) 394/5
소함(蕭諴) 250/19
소항(蘇巷) 131/18
소해(蕭山𡶇) 181/19
소해(蘇楷) 239/12
소형(蕭衡) 462/23
소혜개(蕭惠開) 135/19
소혜명(蕭惠明: 蕭吳興) 114/6, 295/13
소홍(小紅) 205/20
소화(蕭華) 30/1, 149/3
소화상(素和尙) 98/6
소황후(蕭皇后: 南朝 梁) 342/1
소회무(蕭懷武) 126/16
소효선(蘇孝先: 蘇韶) 321/1
소후(蕭詡) 174/1
소후(蕭后: 隋 煬帝 皇后) 236/17, 275/1
1, 350/2
소흔(蕭昕) 180/3, 421/1
소희보(蕭希甫: 皇甫校書) 264/15
속곤(續坤) 435/15
속생(續生: 猪龍) 83/1
속석(束晳) 197/5
속초사(束草師) 98/4

손각(孫恪) 445/3
손걸(孫乞) 442/16
손검(孫儉) 139/25
손견(孫堅) 374/5, 389/8·9
손경(孫儆) 21/1
손경덕(孫敬德) 111/14
손계정(孫季貞) 133/7
손광헌(孫光憲: 葆光子) 80/5·6·11·12, 205/21, 220/2, 262/11, 279/26, 459/9
손권(孫權: 三國 吳 大帝, 大皇帝·吳王·吳主·吳侯·孫主·孫氏) 87/3, 126/1, 135/9, 163/2, 173/6, 197/3, 215/4, 225/13, 245/5·6·9·10, 317/18, 389/10, 403/8, 464/10, 468/4
손규(孫揆) 190/6
손금(孫金) 355/14
손덕준(孫德遵) 367/14
손도능(孫道能) 98/11
손도덕(孫道德) 110/20
손등(孫騰) 200/8, 202/17
손등(孫登) 9/5
손량(孫亮: 三國 吳 會稽王, 少帝) 272/5
손령풍(孫靈諷) 54/4
손룡광(孫龍光) 183/12
손만영(孫萬榮) 121/7, 254/13, 258/20
손면(孫緬) 388/5
손명(孫明) 105/2
손묘재(孫卯齋: 孫雄) 80/16
손무(孫武) 14/7, 63/4, 170/5, 443/16

손무은(孫無隱) 134/5
손문도(孫文度) 129/2
손문양(孫文陽) 9/6
손민(孫旻) 361/20
손박(孫博) 5/4
손백부(孫伯符: 孫策) 174/1, 200/3
손백예(孫伯翳) 235/10
손봉길(孫逢吉) 314/5
손부(孫溥) 21/1
손부인(孫夫人) 60/4
손사막(孫思邈: 孫處士) 21/1, 40/2, 218/12, 222/3, 420/2
손사아(孫思兒) 363/3
손상용(孫尙容) 126/8
손생(孫生: 開元年間 杭州人) 148/5
손생(孫生: 唐 肅宗時人) 222/4
손선생(孫先生: 興世觀主) 15/2
손성(孫盛) 246/6, 294/16
손성(孫成) 452/1
손소(孫紹) 247/3
손수(孫壽) 103/2
손수(孫守) 192/3
손숙(孫宿) 19/3
손숙오(孫叔敖) 117/1, 245/2
손승공(孫承公: 孫統) 207/1
손승화(孫僧化) 161/10
손씨(孫氏: 求官人) 276/44
손씨(孫氏: 唐 吉州人) 121/19
손씨(孫氏: 柳及 妻母) 149/9

손씨(孫氏: 孟昌期 妻)　271/25
손씨(孫氏: 孫權)　293/2
손씨(孫氏: 孫柔之)　229/7
손씨(孫氏: 王懷智 母)　328/9
손씨(孫氏: 任城縣人)　318/11
손씨(孫氏: 張承 母)　137/11, 456/23
손아(孫阿)　276/11
손악(孫岳)　124/13
손악(孫偓: 孫渥, 唐 樂安公)　138/12, 232/13, 233/14
손암(孫嚴)　447/9
손양(孫陽: 伯樂)　256/4
손언고(孫彦高)　259/7
손연(孫㚒)　21/1
손연응(孫延膺)　124/18
손영(孫盈)　209/6
손용(孫容: 孫思淵)　320/4
손용사(孫容師)　126/10
손욱(孫昱)　143/10
손웅(孫雄: 孫卯齋)　80/16
손원필(孫元弼)　129/2
손위(孫煒)　138/12
손위(孫位)　214/3
손유(孫侑)　21/1
손유(孫儒)　79/6, 278/29
손은(孫恩)　90/1, 162/3, 293/2, 323/11, 360/14
손읍(孫挹)　253/9
손이신(巽二神)　441/13

손자형(孫子荊: 孫楚)　245/15
손작(孫綽: 孫興公)　207/1
손장사(孫長史)　446/11
손저(孫儲)　138/12
손적(孫逖)　170/6, 186/8
손전(孫展)　117/7
손전(孫佺)　21/1, 163/27, 169/25, 191/24
손제유(孫齊由: 孫潛)　174/29
손제장(孫齊莊: 孫方)　174/29
손종(孫鍾)　389/8
손주(孫主: 三國 吳 大帝, 孫權)　93/1, 293/2, 473/6
손준(孫俊)　21/1
손중오(孫仲敖)　220/1
손중용(孫仲容)　209/6
손증생(孫甑生)　72/5, 451/10
손지고(孫知古)　231/10
손책(孫策: 孫伯符·孫討逆)　174/27, 276/16
손처사(孫處士: 唐人)　200/1
손처사(孫處士: 孫思邈)　21/1, 420/2
손처약(孫處約)　21/1, 147/3
손치(孫稚: 孫法暉)　320/4
손침(孫綝)　119/7
손태(孫泰)　117/7
손토역(孫討逆: 孫策)　11/5
손통(孫統: 孫承公)　207/1
손풍(孫豐)　377/1
손한위(孫漢威)　436/4

손함(孫咸) 106/8
손현위(孫縣尉) 217/2
손호(孫皓: 三國 吳 末帝) 87/3, 173/8, 253/4, 293/10, 350/2, 397/3, 471/8, 473/9
손홍(孫弘: 公孫弘) 497/18
손홍지(孫鴻之: 孫暢之) 210/9
손화(孫和) 218/3
손황(孫瑝) 182/18
손회박(孫廻璞) 377/4
손회종(孫會宗) 233/14
손휴(孫休: 三國 吳 景帝) 461/26, 367/17, 375/3
손흥공(孫興公: 孫綽) 207/1
송간(宋衎) 106/12
송개부(宋開府: 唐, 宋璟) 205/17
송거사(宋居士) 283/19
송경(宋瓊) 277/2
송경(宋景) 278/8
송경(宋璟: 宋開府) 29/2, 165/9, 186/1, 188/3, 205/3·17, 240/20, 259/15
송경빈(宋慶賓) 143/13
송광사(宋光嗣) 241/1, 262/9
송국공(宋國公: 唐, 蕭瑀) 102/10, 254/3
송국공(宋國公: 晉, 劉裕) 435/9
송귀유(宋歸儒) 155/6
송기(宋祁) 224/19
송담(宋曇) 263/10
송대현(宋大賢) 447/13

송동(宋董) 276/44
송라(松羅) 324/12
송랑군(宋郎君) 252/7
송련연(宋聯涓: 北寒玉女) 58/1
송령문(宋令文) 191/21, 192/9, 218/12
송리국(宋吏國) 112/3
송만(宋萬) 245/2
송모(宋謨: 宋西河) 114/6
송무기(宋無忌) 281/8, 359/8, 373/5
송무선(宋務先) 255/4, 259/10
송문(宋汶) 108/13
송벽(宋辟) 56/2
송변(宋弁) 173/15
송부(宋溥) 451/14
송부인(宋夫人) 205/3
송사유(宋師儒) 84/11
송사종(宋士宗) 471/7
송삼랑(宋三郎: 宋洵) 366/13
송서하(宋西河: 宋謨) 114/6
송선원(宋宣遠) 148/3
송선위(宋善威) 143/12
송수(松壽) 249/18
송수재(宋秀才: 宋言) 278/17
송순(宋洵: 宋三郎) 366/13
송신석(宋申錫) 122/8, 261/2
송씨(宋氏: 江西軍吏) 471/3
송씨(宋氏: 董靑建 母) 114/6
송약란(宋若蘭) 256/3
송약소(宋若昭) 256/3

송언(宋言: 宋秀才)　278/17
송연(宋沇)　203/12, 205/17
송영(宋穎)　277/3
송옥(宋獄)　278/17
송옥(宋玉)　56/3, 265/6
송왕(宋王)　451/5
송요(宋遙)　186/6
송욱(宋昱)　269/3
송운(宋惲)　148/3
송운(宋雲)　418/12, 482/4
송원소(宋元素)　263/11
송유(宋愈)
송유(宋柔)　123/5
송유소(宋愈昭)　425/20
송의륜(宋義倫)　103/10
송자현(宋子賢)　285/1
송정백(宋定伯)　321/14
송제(宋濟)　180/2, 198/19, 255/22
송존수(宋存壽)　83/7
송준귀(宋遵貴)　280/1
송지문(宋之問)　91/11, 21/1, 143/10, 191/21, 198/8·10, 202/7, 240/10, 263/10, 265/6, 343/1, 493/20
송지손(宋之遜)　191/21, 201/15, 263/10
송지순(宋之順)　254/11
송지제(宋之悌)　191/21
송집사(宋執事)　105/4
송채(宋蔡)　435/13
송청춘(宋青春)　231/8

송칙(宋則)　176/9
송통(宋桶)　276/20
송파(宋波)　366/13
송행질(宋行質)　380/1
송현백(宋玄白)　47/3
송황후(宋皇后: 漢 靈帝 后)　119/6
쇄골보살(鏁骨菩薩)　101/13
수(俥)　324/9
수구희(水丘熙)　90/1
수녀성(須女星)　65/1
수란(水蘭)　497/14
수릉자(垂陵子: 織女)　67/2
수립화(水立和)　113/8
수만경(須曼卿)　288/2
수명(修明)　272/1
수반(壽頒)　360/4
수백도(樹伯道)　295/8
수보리(須菩提)　88/1, 107/16, 108/7
수부진군(水府眞君)　46/1
수서대왕(水西大王)　126/15
수선(睡仙)　42/8
수선백(水仙伯)　13/7
수선사(秀禪師)　97/1
수아(壽兒)　342/1
수안공(遂安公: 唐, 李壽)　132/4
수양왕(睢陽王)　316/5
수영(秀榮)　133/20
수왕(隋王: 南齊)　389/18
수왕(壽王: 唐, 李瑁)　486/1

수율사(首律師) 112/5
수인씨(燧人氏) 81/1, 373/5
수정(水精) 232/12, 422/3
수제(樹提) 457/7
수준(修準) 133/17
수청(守淸) 376/4
수춘공주(壽春公主: 唐) 217/6, 411/8
수행(修行) 103/5
수후(隋侯) 402/1, 418/9
숙류(宿瘤) 201/16
숙문(叔門) 11/6
숙비(淑妃: 唐 肅宗 張皇后) 150/3
숙상신(肅霜神) 292/2
숙손(叔孫: 叔孫通) 415/10
숙손통(叔孫通: 叔孫) 391/1
숙제(叔齊) 81/3, 173/1, 268/5
숙종(肅宗: 唐, 李亨) 32/2, 38/1, 77/2, 116/18, 121/16, 122/2, 136/1·2·6, 143/19, 148/5·8·9, 149/3, 150/1·3·4·7, 159/5, 164/14·27, 165/7·8, 187/19, 188/6, 192/1, 199/11, 212/4, 222/2·4, 237/2, 240/18, 260/12, 304/1·2, 335/6·9, 362/17, 387/8, 401/16, 402/16, 404/1, 462/30, 485/1, 486/1, 494/14
숙종(肅宗: 北魏 孝明帝, 元詡) 139/9
숙종조공주(肅宗朝公主: 唐, 柳晟 母) 271/9
숙향(叔向) 210/4

순(舜: 大舜·虞舜·虞帝·有虞氏·重華) 1/1, 8/2, 22/1, 38/1, 48/4, 61/1, 76/7, 81/3, 88/1, 89/1, 101/4, 169/17, 173/4·16·19, 200/13, 203/1, 226/1, 241/1, 297/1, 305/6, 310/8, 326/8, 351/4, 396/8, 418/6, 461/14, 466/1, 482/1, 498/8
순거백(荀巨伯) 235/3
순경(荀卿: 荀子) 499/13
순계화(荀季和: 荀淑, 荀使君) 333/1
순곤(荀鯤) 169/5
순국공(邠國公: 唐, 韋陟) 237/1
순명학(荀鳴鶴: 荀隱) 253/5
순백옥(荀伯玉) 135/20
순백자(荀伯子) 246/11
순사군(荀使君: 荀淑, 荀季和) 333/1
순상(荀爽) 161/12
순선(荀羨) 383/1
순수(荀粹) 383/1
순언서(荀彦舒) 318/4
순여(荀輿) 207/4
순우긍(淳于矜) 442/13
순우백(淳于伯) 360/31
순우분(淳于棼) 475/1
순우연(淳于衍) 236/5
순우지(淳于智: 淳于叔平) 216/2, 440/9, 447/10
순욱(荀勖: 荀勵) 99/9, 206/22·24, 210/9, 294/7

순의공주(順儀公主: 金枝公主)　475/1
순익(荀翊)　164/2
순자(荀子: 荀卿)　328/7
순자명(荀慈明)　173/4
순제(荀濟)　493/3
순제(順帝: 劉宋, 劉準)　401/11, 469/5
순제(順帝: 漢, 劉保)　161/8, 412/9
순종(順宗: 唐, 李誦)　38/1, 66/2, 152/5, 164/16, 203/26, 260/15, 415/9, 483/6, 485/1
순첨(荀僉)　462/1
순택(荀澤)　318/6
숭악도사(嵩嶽道士: 吳筠)　334/7
습욱(習郁)　296/10
습착치(習鑿齒)　89/1, 246/5, 447/7
승가(僧伽: 僧伽大師)　38/1, 67/2, 96/1
승건(承乾)　279/2
승괵(僧㶟)　89/2
승군(僧羣)　131/24
승귀(承貴)　318/11
승나(僧那)　94/4
승달도인(僧達道人)　379/2
승명사우(昇明四友: 陶弘景·江斅·褚炫·劉俊)　15/2
승사(僧些)　97/7
승아(勝兒)　280/11
승예(僧叡)　89/2
승운선생(承雲先生)　415/4
승월(僧越)　120/4

승융(僧融)　110/21
승인(僧因)　294/21
승조(僧肇)　89/2
승천(僧遷)　89/2
승천황제(承天皇帝: 唐 建寧王, 李倓)　38/1
승철(僧澈)　497/8
승평공주(昇平公主: 唐)　176/8, 198/16
승현선생(昇玄先生: 王遠知)　23/1
승호(僧護)　114/9
승화(僧和)　114/13
승회(僧會: 僧惠)　88/1
시견오(施肩吾)　180/15
시대왕(施大王)　14/4
시라(尸羅)　284/2
시묘(時苗)　244/1
시법사(偲法師)　114/11
시변(施㳂)　134/15
시비왕(尸毘王)　481/9
시소(柴紹)　191/13
시속(施續)　323/18
시씨(施氏: 凌華 遇人)　307/13
시안왕(始安王: 南齊, 蕭道生)　414/22
시원좌(時元佐)　155/9
시자연(施子然)　473/17
시재용(柴再用)　440/25
시포(時浦)　353/2
시화(柴華)　230/2
시황(始皇: 秦, 嬴政·秦嬴, 祖龍·秦王)　4/4·6, 5/1, 33/3, 40/5, 54/2, 59/8, 73/

2, 135/1·4·16, 164/20, 197/3, 199/4, 206/5·6·12, 209/1, 210/1, 225/6·7, 226/1, 229/7, 231/10, 241/1, 279/22 , 284/3, 291/14·16, 303/9, 310/2, 334/9, 396/8, 397/2, 398/16, 399/21, 403/4·8, 406/2, 408/39, 429/1, 446/9, 454/3, 464/13, 478/8
시흥왕(始興王: 陳, 陳叔陵) 92/6
식규(息嬀) 248/3
식달(識達) 279/10
식사(食邪) 482/16
식휴(息休) 361/4
신고(辛杲) 223/5
신고(神姑: 盧眉娘) 66/2
신광도(申匡圖) 409/43
신광손(申光遜) 220/1
신구도(辛丘度) 174/19, 269/9
신국공(申國公: 唐, 高士廉) 221/1
신낙라(新諾羅) 82/5
신남용(辛南容) 256/2
신농씨(神農氏: 伊祈) 1/1, 2/2, 56/1, 63/4, 260/3, 373/5
신단(辛亶) 253/18
신덕원(辛德源) 247/13
신도방(信都芳) 161/10
신도생(申屠生: 劉彥莊 賓客) 150/2
신도선생(申屠先生: 申徒先生, 申徒狄) 309/1
신도역(申屠埸) 169/23

신도원방(信都元方) 388/8
신도징(申屠澄) 429/2
신도창(申屠場) 185/15
신도천령(申屠千齡: 包山道士) 366/5
신라승(新羅僧) 109/18
신란(申蘭) 128/3, 491/1
신랑(愼郎) 14/4
신릉군(信陵君: 春秋戰國 魏) 201/4
신림옥녀(神林玉女: 賈屈廷) 58/1
신무황제(神武皇帝: 唐 玄宗, 李隆基) 82/5, 125/2, 163/16·30, 255/12·15, 288/7·8
신무황제(神武皇帝: 北齊 高祖, 高歡) 83/2, 91/5, 102/1, 135/21·22, 191/9, 200/8
신무황제(神武皇帝: 陳 武帝, 陳霸先) 120/16
신문위(申文緯) 395/8
신백(申伯) 245/2
신부(信夫) 84/2
신불해(申不害) 371/6
신비(辛秘) 305/9
신비(辛毗) 478/8
신사(辛四: 辛稷) 336/4
신상인(神上人) 388/2
신서(申胥: 申包胥) 492/1
신수(神秀: 北祖) 94/1, 160/1
신승사(辛承嗣) 191/24
신신옹(辛神邕) 348/1

신씨(辛氏: 三秦記 撰者) 228/8
신씨(愼氏: 嚴灌夫 妻) 271/23
신씨(辛氏: 張恭 婿) 332/1
신씨(辛氏: 滄渚村民) 455/5
신안왕(信安王: 唐, 李禕) 184/18, 301/6, 452/1
신야(莘野) 435/15
신예(辛銳) 400/16
신왕(信王: 唐) 38/1
신왕(申王: 唐, 李撝) 92/2, 474/8
신요황제(神堯皇帝: 唐 高祖, 李淵) 146/4, 163/4, 184/22, 208/3·4, 212/8, 297/1, 374/14, 489/2
신욱(辛郁: 辛太公) 249/4
신운경(辛雲景) 176/8
신원지(申元之: 申天師·田先生) 33/2
신원평(新垣平) 43/1, 486/1
신의(信義) 493/6
신익지(申翼之) 325/10
신인손(辛寅遜) 278/23
신정(神鼎) 97/3
신정위(辛廷蔚) 239/14
신종(申宗: 申觀) 83/2
신주(辛紂: 殷, 紂王) 241/1
신직(辛稷: 辛四·辛侯) 336/4
신찰(辛察) 385/2
신천사(申天師: 申元之) 69/3, 278/23
신체부(辛替否) 450/10
신춘(申春) 128/3, 491/1

신칠사(辛七師) 96/6
신태공(辛太公: 辛郁) 249/4
신향(申香) 234/14
신홍지(辛弘智) 259/18
신후(辛侯: 辛稷) 336/4
심가회(沈嘉會) 102/15
심갑(沈甲: 南朝 吳郡人) 111/12
심건(沈建) 9/7
심경(沈警: 沈玄機) 326/8
심경지(沈慶之) 111/4, 141/16, 276/38
심계(沈季) 317/13
심공(沈公) 324/15
심공례(沈恭禮) 348/5
심군량(沈君亮) 150/6
심기제(沈旣濟) 452/1
심길광(沈吉光) 386/3
심동미(沈東美) 448/4
심모(沈某: 唐 楚州 白田縣人) 470/5
심모(諶母: 聖母·嬰母) 62/2
심묵(沈默) 232/15
심문계(沈文季) 246/17
심문룡(沈文龍) 111/7
심문숙(沈文叔) 246/18
심부사(沈傅師: 沈傳師) 374/16
심비(沈妃: 陳 長沙王 陳叔堅 妃) 92/6
심빈(沈彬) 54/6, 313/5
심상(沈庠) 147/13
심상서(沈尙書) 500/12
심생(沈生: 淮陰縣令) 338/5

심소략(沈昭略) 246/18
심순(沈詢) 199/8, 275/8
심승과(沈僧果) 265/2
심승복(沈僧復) 116/5
심승영(沈僧榮) 324/10
심승익(沈僧翼) 218/7
심신(沈申) 124/5
심씨(沈氏: 南鄭縣令) 352/3
심씨(沈氏: 柳及 妻) 149/9
심아교(沈阿翹) 204/8
심아지(沈亞之) 251/6, 282/3·4
심약(沈約: 沈休文, 沈隱侯·隱侯) 81/4, 197/6, 198/3, 200/7, 201/6, 202/5, 246/20, 336/1, 343/1, 414/22
심언(審言) 134/17
심언문(沈彦文) 92/6
심언순(沈彦循) 354/10
심여의(尋如意) 139/22
심유(沈裕) 277/15
심유지(沈攸之) 325/13, 401/11
심율(沈聿) 28/2, 307/1
심은후(沈隱侯: 沈約) 371/6
심자영(沈子榮) 258/17
심장(沈萇) 339/7
심적지(沈寂之) 323/12
심전(沈田) 128/3
심전교(沈全交) 255/1
심전기(沈佺期) 198/22, 201/2, 249/13, 343/1, 448/4

심전사(沈傳師: 沈傳師) 273/3
심종(沈縱) 294/14
심준(沈峻) 165/21
심중(沈中) 308/8
심창(沈敞) 399/7, 405/1
심충(沈充) 276/24
심치문(沈熾文) 209/11
심칠(沈七) 217/1
심탁(沈擢) 264/11
심태허(沈太虛) 313/5
심파(沈婆: 唐 代宗 后) 489/1
심패(沈霸) 438/8
심현법(沈玄法) 103/5
심형(沈珩) 165/21
심화(沈華) 307/1
심휘(沈徽) 199/8
심휴문(沈休文: 沈約) 201/6, 343/1
심희(沈羲) 4/6, 5/8
십광불(十光佛) 99/10
십낭자(十娘子: 唐晅 妻 張氏) 332/1
십담상(什曇爽) 323/17
십붕(十朋) 366/15
십사형(十四兄: 狐精) 449/5
십팔이(十八姨: 嘉陵江 婦人) 433/7

ㅇ

아고(阿姑) 65/3

아교(阿嬌)　18/1
아구(阿丘)　61/3
아내(阿嬭)　376/1
아노(阿奴)　137/10, 316/6
아대부(兒大夫: 兒霓)　245/2
아독사(阿禿師)　91/5
아라한(阿羅漢)　93/1
아란(阿蘭: 杜蘭香)　491/3
아랑(阿郎: 王懇)　363/3
아래(阿來: 師婆)　283/6
아련(阿連)　369/3
아련(阿練: 王洪明)　110/4
아록(阿鹿)　49/4
아륙(阿六)　384/3
아마파(阿馬婆)　283/12
아만(阿万)　363/4
아만(阿蠻: 楊貴妃)　200/5
아모(阿母)　20/3
아미(阿美: 美娘)　332/1
아미타불(阿彌陀佛)　109/13, 111/14·19·22
아사(阿四)　393/15
아사(阿史)　476/8
아사(阿士: 劉孝綽)　265/2
아사나곡슬라(阿史那斛瑟羅)　268/10
아사나환(阿史那環: 默啜)　139/23
아성(亞聖: 孟子)　261/8
아소아(阿蘇兒)　18/1
아육왕(阿育王: 無憂王)　87/3, 88/1, 93/1, 99/2

아의(阿宜: 勾禮 婢子)　124/16
아의(阿宜: 譚宜)　20/2
아자(阿紫: 紫姑神)　292/16
아장(阿藏)　236/20, 361/11
아전사(阿專師)　91/4
아조(阿趙)　102/15
아족사(阿足師)　97/8
아주아(阿主兒: 龜茲國 君主)　481/8
아추(阿推)　393/13
아춘(阿春)　18/1
아파극한(阿波可汗: 西突厥 君主)　139/15
아포은(阿布恩)　271/9
아향(阿香)　319/3
아호(阿胡)　449/4
아환(阿環: 上元夫人)　3/1
아황(娥皇)　310/6, 326/8, 498/8
악개경(樂蓋卿)　120/8
악곤(樂坤)　307/5
악광(樂黃: 樂彦輔)　169/10, 176/1, 349/3
악래(惡來)　135/2
악록화(萼綠華)　57/2
악부인(樂夫人)　371/6
악붕귀(樂朋龜)　239/13
악사회(樂思誨)　267/18
악생(樂生: 旗亭 主人)　79/6
악생(樂生: 唐 押衙)　122/7
악신(岳神)　256/13, 283/12, 311/4, 313/2
악씨(樂氏: 庾崇 妻)　322/6
악양(樂羊)　446/12

악언보(樂彥輔: 樂廣) 371/6
악언위(樂彥偉) 250/16
악언정(樂彥禎) 264/6
악언진(樂彥眞) 392/8
악왕(惡王) 342/1
악왕(鄂王: 唐, 李瑤) 121/16
악자장(樂子長: 樂眞人) 27/4
악전(偓佺) 288/1
악종훈(樂從訓) 264/6
악진(樂進) 327/3
악진인(樂眞人: 樂子長) 27/4
악충(樂冲) 307/5
악하(樂遐) 360/20
안갑(安甲: 守思) 439/11
안경서(安慶緖) 165/30
안고경(顏杲卿) 32/2, 497/10
안구도사(安丘道士) 443/7
안기(安期: 安期生) 44/4
안기(顏畿: 顏世都) 383/4
안기생(安期生: 安期) 25/2, 34/2
안기선생(安期先生) 9/1, 21/1, 38/1, 57/1
안길(安吉) 461/28
안도명(安度明: 太極眞人) 58/1
안도사(顏道士) 43/1
안도진(安道進) 269/13
안락공주(安樂公主: 唐) 92/2, 163/13, 169/24, 236/22, 240/9, 268/11
안록산(安祿山) 19/2, 21/1·2, 28/2, 31/1, 32/2, 35/1, 38/1, 72/4·5, 76/13, 7/2, 82/8, 96/2, 97/2, 105/1, 115/6, 140/4·5, 148/8·9, 150/4, 154/3, 158/4, 163/32·33, 164/27, 170/5, 179/4, 186/14, 189/10, 192/1, 204/2·23, 212/12, 217/1·2, 222/2·8·13, 227/1, 234/7, 236/25, 238/8, 239/1, 240/15·18, 265/7, 279/6, 303/4·7, 332/7, 335/5·6, 336/5, 337/5, 358/7, 376/1, 384/2, 404/1, 428/6, 434/20, 435/14, 440/17, 457/20, 459/10, 485/1, 486/1, 495/8·9
안류왕(安流王: 宋江神) 309/1
안리왕(安釐王: 春秋戰國 魏) 206/11, 284/1
안마구(安馬駒) 14/6
안만세(安萬歲) 1/4
안미(安美) 172/13
안법영(安法嬰) 3/1
안봉(安鳳) 344/5
안비신(安轡新) 252/10
안사(安史: 安祿山·史思明) 34/1, 37/5, 260/13
안사건(安師建) 168/9
안사겸(安思謙) 145/14, 158/10
안사고(顏師古) 211/10
안사백(顏師伯) 141/16
안사순(安思順) 240/15, 401/15
안석(安石) 117/2
안설경(安舌耕) 1/4

안성왕(安城王: 梁, 蕭伏)　246/21, 326/3
안세고(安世高: 安侯)　295/4
안수(顔燧)　219/12
안수범(安守範)　145/14
안씨(安氏: 智高)　490/1
안엄(安儼)　106/4
안연(顔淵: 顔回)　148/8, 165/16, 245/2, 319/11, 456/17
안영(晏嬰: 晏子)　165/6, 210/4, 245/1
안요(顔蕘)　235/21·22, 256/17
안운(顔雲)　262/11
안자(晏子: 晏嬰)　164/19, 245/1, 291/9
안자(顔子: 顔回)　92/3, 148/8
안잠(安潛)　239/10
안제(安帝: 晉, 司馬德宗)　131/5, 135/17, 137/13, 322/14, 360/6·7·11·13, 367/18, 389/16, 437/3, 460/11, 468/10, 473/21
안종진(安從進)　313/16
안준(顔峻)　185/2
안준(顔濬)　350/2
안중고(安仲古)　314/5
안중영(安重榮)　425/7
안중패(安重霸)　243/22, 269/13
안중회(安重誨)　172/13, 264/8
안지추(顔之推)　32/2, 258/2
안진경(顔眞卿: 顔淸臣, 魯國公·文忠公)　27/3, 32/2, 58/1, 167/3, 172/2, 182/13, 201/7, 208/13, 224/14, 495/15

안징재(顔徵在)　137/2, 418/1
안태청(安太淸)　289/6, 344/3
안통(晏通)　451/15
안평공(安平公: 唐, 李百藥)　250/4
안표(顔標)　182/13, 256/19, 266/1
안표(顔標)　200/4
안품자(安品子)　348/3
안함(顔含)　456/28
안호(安胡)　337/10
안홍도(顔弘都)　383/4
안회(顔回: 顔淵·顔子)　169/4, 248/1, 261/23, 406/1, 456/17
안후(安侯: 安世高)　295/4
알유(猰貐)　197/2
앙산신(仰山神)　314/6
애산신(崖山神)　397/13
애을(艾乙)　265/10
애제(哀帝: 漢, 劉欣)　161/6, 403/7, 405/3
앵무(鸚鵡: 程雄 婢)　230/2
앵무(鸚鵡: 狐精)　445/3
야광(夜光)　30/1
야랑후(夜郎侯: 古蜀王)　86/1
야래(夜來: 唐 妓女)　273/1
야래(夜來: 薛靈芸)　272/4
야율덕광(耶律德光: 遼 太宗)　200/15, 500/15
약씨(藥氏: 張定 師)　74/4
양가(楊軻)　88/1
양간(楊侃)　333/12

양감(楊鑒)　155/3
양감(楊瑊: 楊書記)　354/1
양감진(楊監眞)　67/3
양갑(梁甲: 北齊人)　382/5
양개(陽玠)　174/1
양거(楊鉅)　155/3
양거(楊遽)　500/13
양거사(楊居士)　75/1
양거원(楊巨源)　488/1
양건부(楊乾夫)　172/8
양검(楊儉: 楊稜)　42/7
양견(楊堅: 隋 文帝)　93/1, 300/7
양겸(梁謙)　89/2
양경(梁璟)　349/5
양경(梁頃)　414/26
양경(楊瓊)　275/9
양경소(楊景霄)　347/2
양경지(楊敬之)　180/19, 202/12, 278/12
양경진(楊敬眞)　68/2
양계문(梁季文: 梁給事)　114/6
양고(羊固)　234/17
양곡(梁鵠: 梁孟皇)　206/20, 209/1·2
양공(楊公: 唐 新昌人)　155/7
양공(襄公: 春秋戰國 魯)　137/2
양공인(楊恭仁)　389/20
양공회(楊公淮)　280/9
양과(楊果)　340/3
양관(楊寬)　493/3
양관신(陽關神: 張飛)　354/10

양광(楊廣: 隋 煬帝)　350/2, 417/8
양광주(羊廣州: 羊希)　114/6
양광흔(楊光欣)　401/12
양교(楊喬)　169/10
양국공(梁國公: 唐, 姚元崇)　200/4, 266/1
양국공(凉國公: 唐, 李逢吉)　138/3
양국공(凉國公: 唐, 李愬)　279/9
양국공(梁國公: 唐, 李峴)　201/5
양국공(梁國公: 唐, 狄仁傑)　228/12, 361/10
양국공(襄國公: 唐, 段瓊)　268/9
양국충(楊國忠: 楊司空)　32/2, 36/3, 38/1, 148/9, 179/4·5, 186/15, 212/12, 224/7, 236/25, 237/2, 240/18, 250/11, 269/3, 279/6, 303/4·7, 335/5, 379/7, 426/21, 486/1, 495/2
양권(羊權)　57/2
양귀비(楊貴妃: 唐 玄宗 妃, 阿蠻·楊妃·楊玉環·楊太眞·太眞妃)　20/4, 31/1, 33/2, 50/1, 69/3, 72/2, 164/27, 204/23, 224/7, 236/25·26, 238/8, 240/19, 368/15, 373/5, 405/16, 407/24, 460/15, 485/1, 486/1, 489/1
양근(楊覲)　111/23
양급사(梁給事: 梁季文)　114/6
양기(陽起: 陽聖卿)　292/2
양기곤(楊奇鯤)　190/5
양난당(楊難當)　191/7
양내신(楊內臣)　108/12
양담(羊聃: 羊彭祖)　126/2

양당원(楊唐源)　271/22
양대(楊戴)　278/12
양대부(楊大夫)　378/8
양대안(楊大眼)　191/7, 296/7
양덕조(楊德祖)　30/3
양덕휘(楊德輝: 玉局仙)　80/8
양도(陽滔)　259/17
양도(楊度)　485/2
양도생(羊道生)　120/3
양도화(楊道和)　393/2
양독(梁犢)　88/1
양동(楊洞)　155/3
양두(羊杜: 羊祜·杜預)　167/5
양득의(楊得意)　221/1
양랑(楊郎: 盧頊 妻父)　340/2
양랑신(楊郎神: 楊明府)　295/9
양량(楊諒: 隋 漢王)　102/7
양령(楊令: 楊載)　499/7
양릉(楊稜: 楊儉)　42/7
양린(楊鏻)　155/3
양림(楊林)　105/13, 283/3
양만(羊曼)　234/17
양만(陽萬)　396/24
양만경(楊萬頃)　174/34
양만경(梁萬頃)　222/11
양망(陽望)　210/3
양매(楊邁: 范邁, 林邑王)　276/8
양매(楊邁: 司農卿)　443/19
양명부(楊明府: 楊郎神)　295/9

양모(梁母: 女仙)　59/13
양모(楊髦)　169/10
양몰(楊沒)　427/6
양무경(楊茂卿)　244/9
양무공(凉武公: 唐 凉國公, 李愬)　279/9
양무렴(楊務廉)　226/8, 268/11
양무직(楊茂直)　254/9, 259/10
양문(梁文)　439/5
양문관(楊文瓘: 唐 武陵公)　254/6
양문칙(楊文則)　158/10
양발(楊發)　155/3
양발(陽發)　33/3
양방(梁芳)　17/1
양백(梁伯)　4/9
양백성(楊伯成)　301/6, 448/5
양백추(楊伯醜)　18/4
양법성(楊法成)　213/2
양보(梁甫)　116/2
양보(梁寶)　254/1
양복공(楊復恭)　108/12, 145/5
양봉(楊苂)　228/12
양부(楊溥)　331/9
양부(楊孚)　461/11, 464/21
양부사(楊副使)　355/1
양분(羊賁)　126/2
양불의(羊不疑)　207/2
양비(楊妃: 楊貴妃)　205/13
양빈(楊玭)　158/2
양빙(楊憑)　76/17, 79/4, 198/18, 402/15

양사공(梁四公: 罨闒·㸌杰·麩䶉·仉肙)
  81/4, 311/1
양사공(楊司空: 楊國忠) 148/9
양사달(楊思達) 120/11
양사도(楊師道) 185/8, 169/14
양사립(楊師立) 289/14
양사복(楊嗣復) 177/6, 178/15, 181/10·1
  2, 187/9, 197/11, 498/2
양사욱(楊思勖) 188/3
양사조(楊師操) 382/8
양사현(楊思玄: 楊吏部) 185/11, 249/9
양사회(梁士會) 260/9
양사후(楊師厚) 145/6, 353/6
양상공(楊相公: 楊收) 123/4
양생(梁生: 唐 興平縣人) 417/6
양생(楊生: 唐人) 347/1
양생(楊生: 楊契丹) 211/9
양생(楊生: 晉人) 437/2
양서(楊曙) 308/3
양서기(楊書記: 楊崇) 354/1
양석(楊錫) 329/11
양선(梁宣) 209/3
양선(陽羨) 284/11, 318/9
양선(楊宣) 462/20
양선옥(楊仙玉) 263/7
양섬(楊暹) 113/10
양섭(楊涉) 155/3
양성(陽城) 165/12, 167/6, 187/7
양성(楊晟) 168/9

양소(楊素: 隋 越國公) 163/37, 166/2, 1
  69/19, 177/5, 191/8, 193/2, 248/1·7,
  361/5·6
양소성(楊昭成) 280/3
양소업(羊昭業) 265/15
양손(楊損) 223/9
양수(楊修) 245/14
양수(楊叟) 445/2
양수(楊秀: 隋 蜀王) 139/17·18, 203/19
양수(楊收: 楊相公) 123/4, 155/3, 165/1
  7, 237/7·9, 313/1
양수경(楊收敬) 110/12
양수량(楊守亮) 459/9
양수위(梁守威) 335/9
양숙(梁肅) 170/13
양숙자(羊叔子) 68/3
양순미(楊詢美) 395/2
양순신(楊舜臣) 132/13
양술(陽述) 154/10
양숭례(楊崇禮) 143/18
양숭의(梁崇義) 106/8
양승(楊乘) 155/3, 382/11
양승경(梁昇卿) 186/3
양승은(楊承恩) 280/9
양신(梁新) 219/8, 497/3
양신교(楊愼交) 236/23
양신긍(楊愼矜) 121/17, 143/18, 356/3,
  362/11
양신사(楊伸嗣) 255/14

양십오(楊什伍: 楊通幽)　20/4
양십이(梁十二)　222/12
양씨(梁氏: 唐 咸陽人)　386/4
양씨(梁氏: 董江 妻)　343/2
양씨(梁氏: 韋英 妻)　371/5
양씨(楊氏: 季攸 屬官)　333/5
양씨(楊氏: 盧頊 妻)　340/2
양씨(楊氏: 唐 楊貴妃 一家)　279/6
양씨(楊氏: 唐 長安人)　439/9
양씨(楊氏: 唐人)　450/8
양씨(楊氏: 獨孤穆 遇人)　342/1
양씨(楊氏: 獨孤陀 妻)　361/5
양씨(楊氏: 武士䂮 妻)　224/5
양씨(楊氏: 文欣 隣婦)　119/21
양씨(楊氏: 宋衎 妻)　106/12
양씨(楊氏: 楊監眞, 吳淸 妻)　67/3
양씨(楊氏: 楊寶)　230/2
양씨(楊氏: 豫章邸吏)　85/7
양씨(羊氏: 袁廓 生母)　377/2
양씨(楊氏: 劉立 妻)　388/3
양씨(楊氏: 張景先 妻)　129/11
양씨(梁氏: 張恭 壻)　332/1
양씨(楊氏: 池州民)　472/21
양씨(楊氏: 淸源都將)　355/7
양씨(楊氏: 則天武后 母)　76/12
양씨(楊氏: 縣主)　342/1
양씨(楊氏: 花精)　416/10
양악(楊渥)　277/12
양안(楊安)　322/3

양안거(楊安居)　166/6
양안공(楊安共)　127/7
양양공(襄陽公: 唐, 于頓)　177/5
양양공주(襄陽公主: 唐 順宗 女)　489/2
양양후(襄陽侯: 晉, 王濬)　81/3
양언백(楊彦伯)　85/7
양엄(楊嚴)　155/3, 196/2
양여사(楊汝士)　178/15, 181/19
양연(楊演)　108/6
양염(楊炎)　32/2, 76/14, 153/3, 180/4,
　　187/5, 205/7, 213/4, 237/2, 278/3
양영천(楊盈川: 楊炯)　271/15
양예(楊豫)　150/5
양오릉(楊於陵)　178/15, 180/7
양옥청(梁玉淸)　59/6
양옥환(楊玉環: 楊貴妃)　31/1
양온중(楊蘊中)　354/9
양옹(陽雍)　292/12
양옹백(陽翁伯)　4/11
양옹불(楊翁佛)　435/16
양왕(梁王: 唐, 武三思)　163/23·26
양왕(梁王: 五代 後梁 太祖, 朱溫[朱全
　　忠])　158/1, 252/10, 425/7, 500/7
양왕(梁王: 南朝 後梁 明帝, 蕭巋)　102/10
양왕(襄王: 唐)　52/1, 140/1
양왕(凉王: 北魏, 沮渠蒙遜)　119/17
양왕(襄王: 春秋戰國 魏)　389/3
양왕(襄王: 春秋戰國 楚)
양왕(襄王: 春秋戰國 楚)　56/3, 65/2, 16

8/4
양외랑(楊外郎) 28/2
양요(楊瑤) 408/45
양용(楊勇) 30/3
양용화(楊容華) 271/15
양우경(楊虞卿) 180/10, 181/19, 244/12, 251/5, 264/5, 498/1
양우도(楊于度) 446/7
양운외(楊雲外) 40/7
양웅(揚雄: 楊雄, 揚子雲, 揚子) 18/1, 92/3, 161/5, 198/1, 213/4, 265/7
양원(楊媛) 106/12
양원(楊遠) 361/5
양원경(楊元卿) 370/2
양원영(楊元英) 330/15
양원진(楊元稹) 277/5·6
양원파(楊源嶓) 498/5
양원휘(梁元暉) 120/5
양월공(楊越公) 37/2
양위(楊蔚) 158/2
양위(楊違) 5/2
양유(楊由) 76/4
양유직(楊維直) 155/3
양은지(楊隱之) 75/5
양이랑(楊二郞) 340/2
양이부(楊吏部: 楊思玄) 249/9
양인유(梁仁裕) 129/10
양자(陽子) 1/1
양자(揚子: 楊子, 揚雄) 61/2, 161/10

양자운(揚子雲: 楊子雲, 揚雄) 198/1, 406/5
양자화(楊子華) 211/7·8·10, 409/9
양잠(楊㬎) 378/2
양장관(楊長官: 楊瑒) 329/11
양재(楊載: 楊令) 180/19, 499/7
양재사(楊再思) 250/3, 380/3
양재언(梁載言) 255/5, 361/14
양쟁(楊錚) 262/5
양전구(楊全玖) 264/6
양전기(楊佺期) 389/16
양정(楊禎) 373/5
양정(楊汀) 395/11
양정견(楊正見) 64/1
양정광(楊庭光) 212/1
양정부(楊鼎夫) 145/14, 158/10
양정식(楊廷式) 278/30
양정옥(楊廷玉) 329/1
양제(楊濟) 408/45
양제(煬帝: 隋, 楊廣, 晉王) 6/4, 18/2, 23/1, 76/10, 91/7·8, 102/10, 112/5, 120/17·18, 135/25, 163/4, 189/4, 191/12, 193/2, 204/10, 207/15, 208/6, 226/1·2, 236/17, 241/1, 271/20, 280/1, 285/1, 400/20, 437/6, 457/8, 460/7, 474/3·4, 482/22, 411/30, 415/9, 463/19
양제장(楊齊莊) 268/9
양조(梁祖: 後梁 太祖, 朱溫[朱全忠]) 23

9/10·12, 257/13, 462/28
양조(楊照) 155/3
양종소(楊宗素) 445/2
양주(楊注) 155/3
양주(楊朱) 202/1
양주(梁主: 後梁 太祖, 朱溫[朱全忠]) 269/13
양준(楊準) 334/1
양준(楊雋) 408/45
양준(楊駿) 9/5
양준언(楊遵彦) 120/14, 173/25, 253/15, 440/13
양중경(羊中敬) 324/11
양중붕(梁仲朋) 362/21
양지간(楊之侃) 400/13
양지견(楊志堅) 495/15
양지렬(楊志烈) 192/3
양지우(楊知遇) 313/12
양지지(楊知至) 178/15
양지춘(楊知春) 389/26
양진(梁震) 223/12, 500/11
양진(楊震) 171/18, 184/20, 463/10
양진(楊眞) 171/7, 430/4
양진(楊鎭) 84/8
양진백(楊眞伯) 53/5
양집(楊集) 37/2
양집유(楊執柔) 267/18
양찬(梁璨) 280/5
양찬(楊纂) 249/5

양찬(梁鑽) 290/1
양창(楊娼) 491/2
양창(楊瑒: 楊長官) 329/11, 494/11
양척(梁陟) 149/8
양천(梁倩) 343/2
양청(梁淸) 323/8, 324/12
양체기(楊體幾) 104/4
양초옥(楊楚玉) 461/17
양총(楊寵) 64/1
양추노(楊醜奴) 468/15
양축(楊祝) 155/3
양탄(揚坦) 212/9
양태진(楊太眞: 楊貴妃) 20/4
양통유(楊通幽: 楊什伍) 20/4
양팔이(楊八姨: 楊貴妃 妹, 秦國夫人) 143/18
양포(梁褒) 279/7
양포(楊褒) 437/5
양표(楊鑣) 313/1
양하(楊嘏) 155/3
양한공(楊漢公) 180/14, 181/19
양해(襄楷) 140/1
양해진(羊海珍) 120/3
양행밀(楊行密: 唐 淮南吳王) 43/4, 289/17, 401/5
양행영(楊行穎) 240/6
양허(楊虛) 15/2
양허주(梁虛舟) 216/14
양혁(梁革) 219/7

양현감(楊玄感) 171/5, 200/10, 248/1, 3
61/6
양현개(楊玄价) 123/4
양현기(楊玄基) 285/10
양현동(楊玄同) 184/9
양현량(楊玄亮) 218/17
양현보(羊玄保) 228/1
양현염(楊玄琰) 486/1
양현익(楊玄翼) 251/18
양형(楊衡) 198/19, 467/3
양형(楊炯: 楊烱, 楊盈川) 185/13, 198/6, 265/4
양혜지(楊惠之) 212/10
양호(羊祜) 239/5, 387/1, 389/15
양홍(梁鴻) 245/4, 271/22
양홍무(楊弘武) 272/14
양화(陽貨) 174/1
양환(楊歡) 367/21
양회(楊淮) 169/10
양회(楊會) 499/7
양회지(楊晦之) 75/5
양후(楊厚) 158/1
양후(陽侯) 226/1, 492/1
양훤(楊暄) 179/5, 378/8
양휴지(陽休之) 81/4
양흔(羊欣) 57/2, 206/22, 207/2·9, 210/11
양흠의(楊欽義) 239/9
양흡(梁洽) 214/6
양희(楊羲) 58/1

양희(羊希: 羊廣州) 114/6
양희고(楊希古) 80/14, 498/5
어령휘(魚令徽) 188/8
어룡초(魚龍超) 383/13
어만영(魚萬盈) 107/4
어사훤(魚思喧) 121/10
어전인(魚全諲) 432/10
어조은(魚朝恩) 176/8, 177/2, 188/8, 189/11, 401/16
어현기(魚玄機: 魚幼微·魚惠蘭) 130/3, 271/21
어홍(魚弘) 409/7
언선(彦先) 385/3
언소(彦脩: 文英大師) 353/12
언언(言偃: 子游) 148/8
언월자(偃月子) 40/6
언전(堰典) 393/19
언종(彦悰) 213/7
엄간(嚴諫) 450/6
엄고(嚴杲) 222/5
엄공수(嚴公綬) 21/3
엄공필(嚴公弼) 496/2
엄관부(嚴灌夫) 271/23
엄광초(嚴光楚) 279/26, 281/6
엄군평(嚴君平: 嚴遵) 214/4, 221/1, 285/3
엄눌(嚴訥) 107/3
엄맹(嚴猛) 325/4, 426/6
엄모(嚴謨) 174/16
엄무(嚴武) 130/2, 187/15, 265/7, 384/1

0, 496/5
엄부자(嚴夫子)　107/3
엄사(嚴師: 道嚴)　100/9
엄사(嚴師: 卜地人)　476/7
엄사칙(嚴士則)　37/5
엄사형(嚴四兄)　441/13
엄생(嚴生: 馮翊人)　402/18
엄손지(嚴損之)　147/11
엄수(嚴綬)　107/8, 365/4
엄승기(嚴昇期)　243/11
엄씨(嚴氏: 唐人)　261/4
엄씨(嚴氏: 劉宋 建康人)　468/12
엄안(嚴安)　245/2
엄안지(嚴安之)　164/11, 390/5
엄영(嚴郢)　19/3, 76/14, 269/6
엄은(嚴隱: 嚴仲弼)　173/9
엄이도사(掩耳道士)　86/6
엄자릉(嚴子陵: 嚴遵)　146/7, 446/1
엄장(嚴莊)　279/6
엄정지(嚴挺之)　97/2, 265/7, 457/18
엄정회(嚴正誨)　22/2
엄제식(嚴齊息)　325/10
엄조(嚴助)　245/2
엄준(嚴遵: 嚴光·嚴君平·嚴子陵)　171/3,
　　221/1, 405/24
엄준미(嚴遵美)　145/5
엄중필(嚴仲弼: 嚴隱)　173/9
엄진(嚴震)　143/25, 496/2
엄진(嚴振)　190/2, 192/7

엄천(嚴遷)　208/2
엄촉(嚴燭)　308/6
엄태(嚴泰)　118/11
엄함질(嚴含質: 丹飛先生)　441/13
엄형(嚴迥)　147/11
엄휴(嚴休)　174/16
엄휴복(嚴休復)　69/1
업왕(鄴王: 後梁, 羅昭威)　200/14
업중칠자(鄴中七子: 建安七子)　342/1
업후(鄴侯: 唐, 李泌)　38/1, 96/3
여간(黎幹)　153/3, 195/5, 260/16
여거(麗居)　272/5
여건(呂虔)　161/15
여경(餘慶)　249/9
여경일(黎景逸)　461/16
여경조(呂慶祖)　127/4, 440/11
여공(呂公: 冥府官吏)　43/1
여공(呂恭: 呂文敬)　9/6
여광(呂光)　89/2, 321/15
여구(女鳩)　119/1
여구남양(閭丘南陽)　389/16
여구씨(閭丘氏: 鄭又玄 友)　52/3
여군(呂群)　144/1
여군(呂君)　281/3
여군(廬君: 廬山廟神)　292/8, 293/5
여궤(女几)　59/16
여귀진(厲歸眞)　213/14
여남왕(汝南王: 北魏, 元悅)　81/3, 375/4
여담(呂譚: 呂相)　384/10

여대부(茹大夫)　84/2
여덕진(呂德眞)　67/3
여도남(厲圖南)　275/4
여도혜(呂道惠)　90/1
여래대사(如來大士: 如來佛)　112/2
여래불(如來佛: 如來大士)　87/3, 93/1, 3
　95/9, 407/34
여록(呂祿)　147/5
여륭(呂隆)　89/2
여릉왕(廬陵王: 唐 中宗, 李顯)　163/29,
　263/4, 277/18
여릉왕(廬陵王: 梁, 蕭續)　120/7·8
여릉왕(廬陵王: 劉宋)　110/23
여망(呂望: 姜太公)　137/1, 226/1
여몽(呂蒙)　191/4, 276/16
여무기(呂無期)　127/4
여문경(呂文敬: 呂恭)　9/6
여문기(呂文起)　9/6
여문전(呂文展)　104/7
여문현(呂文顯)　90/2
여보(呂保)　89/2
여부정후(餘不亭侯: 晉, 孔愉)　118/4
여불위(呂不韋)　328/10
여사조(呂師造)　367/4, 423/15
여산(呂産)　147/5
여산도사(廬山道士: 張陵)　406/38
여산신(廬山神)　358/10
여상(呂尙: 姜太公)　82/6, 173/13, 221/1
여상(呂相: 呂譚)　384/10

여생(呂生: 魯國郡人)　462/27
여생(呂生: 唐 虞鄕·永樂間人)　23/5
여생(呂生: 唐人)　401/10
여생(呂生: 唐 京兆人 呂氏 子)　84/6
여생(呂生: 唐 渭北人)　74/1
여생(呂生: 東平子)　392/5
여소(呂紹)　89/2, 321/15
여송(呂竦: 呂茂高)　110/13
여순(呂順)　322/4
여순관(呂巡官: 呂用之)　290/1
여숭분(呂崇賁)　336/4
여숭수(呂崇粹)　143/15
여습(呂習)　9/6
여식(黎殖)　175/8
여씨(呂氏: 岑順 外家 親戚)　369/7
여씨(呂氏: 漢 高祖 后, 呂后)　489/1
여씨(呂氏: 唐 京兆人)　84/6
여아(余兒)　291/5
여안(呂安)　235/6
여양왕(汝陽王: 唐, 李璡)　72/6, 205/2
여여왕(茹茹王: 柔然族王, 郁久閭阿那
　壞)　126/5
여연(麗娟)　272/2
여연(呂延: 呂延之)　377/6
여연사(呂延嗣)　255/14
여영(女英)　310/6, 326/8, 498/8
여영(呂榮)　270/9
여영(閭英)　277/1
여온(呂溫)　76/17, 170/14, 187/8

여옹(呂翁: 唐 開元年間 道士)　82/5
여와(女媧)　81/1, 250/12, 304/2, 390/6
여왕(厲王: 周)　450/5
여왕(厲王: 漢, 劉長)　8/1
여용(麗容)　375/16
여용지(呂用之: 呂巡官·無可)　196/6, 283/16, 289/17, 290/1·2
여원(呂元)　171/14
여원방(呂元芳)　223/9
여원응(呂元膺)　496/13, 497/2
여위(黎謂)　490/1
여위(呂渭)　76/17, 244/8
여의(呂誼)　285/15
여의(呂猗)　81/2
여인(呂諲)　122/2, 277/30, 384/4
여자안(茹子顏)　332/5
여재(呂才)　203/8
여차(余且)　309/1
여찬(余粲)　243/20
여찬(呂籑)　89/2, 321/15
여첩도(餘捷道)　90/2
여초(閭勛)　320/3
여초(呂超: 呂胡奴)　89/2
여태일(呂太一)　186/6, 494/4
여항광(餘杭廣)　383/5
여향균(呂鄕筠)　204/24
여형(女娙)　463/2
여호(呂護)　110/1
여호노(呂胡奴: 呂超)　89/2

여화(呂華)　153/3
여화상(汝和尙)　106/5
여황(呂璜)　290/1
여후(呂后: 漢 高祖 后, 高后·呂氏)　229/6, 412/17
여훈(汝勛)　124/16
여휘(呂暉)　231/10
여휴천(呂休蕡)　469/12
역발(易拔)　426/14
역생(酈生: 酈食其)　34/2
역성공(易聖公: 黃賀)　217/7
역원(酈元: 酈道元)　399/14
역위(逆韋: 唐, 韋后)　283/6, 288/11·17
연개공자(延蓋公子: 太極高仙伯)　11/6
연경주(煙景珠: 東華玉女)　58/1
연공(燕公)　374/8
연공자(燕公子: 北周 燕國公, 于謹)　83/2
연국공(燕國公: 唐, 高騈)　52/1, 138/10, 289/16
연국공(兗國公: 唐, 陸象先)　177/1, 496/1
연국공(燕國公: 唐, 張說)　26/1, 77/2, 97/1, 170/4, 201/2, 228/3, 240/16, 271/17
연국공(燕國公: 五胡十六國 後趙, 石斌)　88/1
연군공(燕郡公: 唐, 盧景仁)　173/24
연독각(然獨角)　399/18
연릉계자(延陵季子: 春秋 吳, 季札)　245/2, 296/5

연봉상(燕鳳祥) 362/19
연선공주(延先公主: 唐, 邰國公主, 肅宗 女) 487/1
연숙견(延叔堅) 316/8
연연(延娟) 291/4
연오(延娛) 291/4
연왕(燕王: 唐, 李匡威) 192/12
연왕(燕王: 五代十國 後蜀, 孟昶鄰) 279/25
연자(蓮子) 219/7
연자(涓子) 4/3
연지(閼氏: 匈奴 君主 正妻) 275/11
연타아(延陀兒) 254/6
연화낭자(蓮花娘子) 357/6
연화봉사(蓮花峰士: 蓮花峰叟) 50/1
열어구(列禦寇: 列子) 162/16
열예(烈裔) 210/1
열자(列子: 列禦寇) 93/1, 162/16, 499/13
염거경(閻居敬) 472/20
염경(閻庚: 閻侯) 328/7
염경립(閻敬立) 339/4
염광(廉廣) 213/16
염금(閻今: 閻令, 閻立本) 212/9
염단(冉端) 476/7
염등(冉登) 3/1
염라왕(閻羅王) 99/4, 102/3·8·11·13, 103/7·10·12·17, 104/6·9·10·13, 105/2·5, 107/13, 108/7·8, 109/13·16, 112/10, 115/6·9, 121/17, 132/7·16, 135/30, 136/15, 297/4, 377/6, 378/3·5·6, 379/6·8·9, 380/1·3·4, 381/1·3·5·9, 388/5
염령(閻令: 閻立本) 211/12, 212/4·9
염린지(閻鱗之) 186/10
염립덕(閻立德: 大安公) 211/10·11
염립본(閻立本: 博陵子) 211/10·11·12·16, 212/4·9
염민(冉閔: 冉棘奴) 88/1, 148/1
염바라왕(閻波羅王) 377/7
염백우(冉伯牛) 165/16
염보경(閻普敬) 262/11
염비(閻毗) 463/19
염수(冉邃) 306/2
염씨(閻氏: 阮嵩 妻) 258/8
염정장군(廉貞將軍) 307/11
염제(炎帝: 赤帝) 2/2, 373/5
염제미(閻濟美) 179/10
염조은(閻朝隱) 198/8
염종장(冉從長) 83/7
염지미(閻知微: 南面可汗) 95/4, 163/8·20, 240/2, 254/13, 258/22
염척(閻陟) 280/10
염파(廉頗) 199/1, 281/9
염현일(閻玄一) 242/14
염후(閻侯: 閻庚) 328/7
영(英) 456/22
영(嬴: 秦 始皇, 嬴政) 458/5
영감(靈鑒) 227/8
영고숙(潁考叔) 434/19

영공(靈公: 春秋戰國, 衛) 203/4, 254/13
영공(靈公: 春秋戰國, 晉) 203/3, 389/3
영국공(英國公: 唐, 李世勣) 493/13
영국공(英國公: 唐, 李勣) 176/4, 248/11, 254/2, 457/10
영국공(永國公: 唐, 房琯) 148/4
영국공(英國公: 唐, 徐敬業) 143/1, 203/11
영국공(英國公: 唐, 徐勣) 169/22, 389/23
영귀(靈貴) 96/7
영규(靈歸) 107/7
영나발마(永那跋摩) 91/1
영륜(伶倫) 203/26
영릉왕(零陵王: 晉) 131/20
영면(寗勉) 108/4
영모(嬰母: 諶嬰) 62/2
영목공주(永穆公主: 唐) 188/2
영봉(寧封) 6/2
영사(永師: 智永) 207/15
영생(寗生: 寗戚) 58/1, 200/4, 266/1, 4 90/1
영석공(永石公) 76/2
영선사(英禪師) 328/10
영성(寗成) 443/13
영소(靈昭) 225/17·18
영수(靈岫) 472/9
영습(靈習) 346/11
영십일낭(營十一娘) 487/1
영씨(嬴氏: 秦王) 492/1
영안(永安) 80/4

영애(令藹) 396/7
영양존사(潁陽尊師) 47/4
영왕(寧王: 唐, 李成器) 205/2
영왕(寧王: 唐, 李憲) 22/1, 38/1, 82/7, 186/12, 201/6, 204/11, 238/7, 250/10, 332/4, 451/8
영왕(靈王: 周) 4/1, 49/5, 137/2, 229/2, 326/8, 403/3
영왕(穎王: 唐) 38/1
영왕(永王: 唐, 李璘) 201/6
영왕(榮王: 唐, 李琬) 189/10
영왕(榮王: 五代, 馮道) 165/18
영왕(靈王: 春秋戰國 楚) 408/34
영음후(潁陰侯: 漢, 灌嬰) 163/2
영응군(靈應君) 492/1
영의(靈顗) 116/14
영인(寗茵) 434/19
영인(令因) 459/1
영정(靈貞) 333/2
영정(嬴政: 秦 始皇) 241/1
영제(靈帝: 漢, 劉宏) 60/4·8, 87/3, 119/6, 173/16, 198/20, 206/18·19·20, 236/12, 292/11, 315/3, 399/4, 403/5, 409/40, 416/6, 471/6
영조(令操) 491/1
영조(英祖: 三國 魏, 曹操) 327/3
영지부인(靈芝夫人) 475/1
영진(永進) 142/15
영채(甯采) 83/7

영척(甯戚: 甯生) 434/19
영철(靈徹) 256/5
영청대왕(永淸大王) 307/6
영태후(靈太后: 北魏 宣武帝 后) 247/3
영호덕분(令狐德棻) 249/1
영호도(令狐綯: 趙國公) 184/8, 199/8·9, 202/14, 205/20, 213/12, 232/11, 251/7, 261/14, 265/12, 174/25, 210/11, 224/12, 269/9, 332/7
영호식(令狐寔) 296/12
영호장(令狐章: 令狐彰) 195/1
영호초(令狐楚: 彭陽公) 180/6, 181/9, 199/9, 153/3, 178/4
영호통(令狐通) 344/2
영호풍(令狐灃) 205/20
영호호(令狐縞) 265/12
영호환(令狐峘) 179/12
영호환(令狐澳) 205/20
예(羿) 227/4
예국공(芮國公: 唐, 李寬) 103/4
예근(倪勤) 108/5
예약빙(倪若氷) 150/8, 185/18
예약수(倪若水) 255/14, 259/10, 494/13
예언사(倪彥思) 317/12
예장왕(豫章王: 南齊, 蕭嶷) 90/2, 211/1, 403/10
예정평(禰正平: 禰衡) 266/5
예종(睿宗: 唐, 李旦, 太上皇) 21/2, 24/1, 26/1, 38/1, 92/2, 208/9, 236/24,

255/8·15, 259/10, 328/14, 402/13, 457/14, 462/25, 485/1
예차(豫且) 49/6
예형(禰衡: 禰正平) 235/2, 265/10·14·20
오가구(吳可久) 107/11
오감(吳堪) 83/9
오강(吳綱) 389/9
오경(吳景) 124/10
오경(吳慶) 90/2
오계자(吳季子: 春秋戰國 吳, 季札) 319/11
오공(悟空) 84/7
오구(吾丘: 吾丘子·丘吾子) 202/1
오구수왕(吾丘壽王: 漢) 229/7, 245/2
오군(吳君: 長沙王) 295/1
오균(吳均) 198/3, 246/20
오균(吳筠: 嵩嶽道士) 33/2, 334/7
오기(吳起) 14/7, 63/4, 319/11, 443/16
오남학(吳南鶴) 448/5
오낭(五娘) 84/2
오념(吳恬: 吳汾, 吳建康) 214/6
오당(吳當) 278/12
오당(吳唐) 443/1
오대(烏大) 490/1
오덕용(吳德鄘) 79/5
오도(鄔濤) 347/2
오도고(吳道古: 吳師古) 178/5
오도대사(五道大使) 26/2
오도대신(五道大神) 103/17
오도사(吳道士) 52/3

오도자(吳道子: 吳道玄)　212/1·9, 214/1
　·3·5, 231/10
오도장군(五道將軍)　278/15, 302/1, 304
　/3, 361/1
오도종(吳道宗)　426/8
오도현(吳道玄: 吳道子)　212/1·6·8·9·1
　0·11, 231/10
오랑(烏郎)　370/2
오랑(五郎: 嚴諫)　450/6
오랑(吳郎: 吳延瑫 弟)　315/2
오로(烏老)　310/7
오록충종(五鹿充宗)　137/6
오류선생(五柳先生: 陶潛)　112/12
오망자(吳望子)　293/2
오맹(吳猛: 吳世雲, 吳眞君·大洞君)　14/
　4·5, 62/2·3, 378/6, 456/27
오명규(吳明珪)　22/2
오명도사(五明道士)　217/6
오명철(吳明徹)　139/12
오모(吳某: 梁 枝江縣令)　120/7
오무릉(吳武陵: 吳太學)　181/11, 497/14
오백(五伯: 五嶽君長)　467/3
오법사(悟法師)　388/2
오보안(吳保安: 吳永固)　166/6
오복신(五福神)　289/8
오부군(吳府君: 吳展)　173/9
오부인(吳夫人: 孫權 妻, 趙夫人)　225/13
오사(吳賜)　226/11
오사계(吳士季)　318/13
오사고(吳士皐)　441/5
오사지(伍寺之)　131/17
오사현(吳思玄)　104/3
오상(吳湘)　269/9
오상(吳祥)　317/1
오생(吳生: 饒州人)　464/22
오서오(吳栖梧)　254/13
오소미(吳少微)　235/14
오소성(吳少誠)　154/6, 269/10, 270/5,
　392/2
오수원(吳守元)　366/14
오시어(鄔侍御: 鄔載)　391/11
오실(吳實)　329/7
오씨(吳氏: 江南人)　356/4
오씨(吳氏: 唐 長沙人)　112/14
오씨(吳氏: 後漢人)　317/8
오악신(五嶽神)　308/2, 447/14
오악제군(五嶽帝君)　11/6
오악진군(五岳眞君)　29/1
오안빈(伍安貧)　409/48
오안왕(吳安王)　313/4
오양(於壤)　182/12
오언(吳偃)　416/2
오여납(吳汝納)　269/9
오연도(吳延瑫)　315/2
오예(吳芮: 漢 長沙王·鄱陽王·鄱縣王)
　44/1, 358/10, 374/24, 389/9
오오낭(伍五娘)　103/5
오왕(吳王: 唐, 李恪)　452/1

오왕(五王: 唐, 張柬之·敬暉·崔玄暐·袁
恕己·桓彦範) 298/4
오왕(吳王: 三國) 13/4, 76/5
오왕(吳王: 三國, 孫權) 93/1, 276/16, 4
64/10
오왕(吳王: 春秋戰國, 夫差) 119/2, 201/
6, 236/1, 316/1, 326/5
오왕(吳王: 春秋戰國, 闔閭) 406/12, 42
5/19, 456/23
오왕(吳王: 漢, 劉濞, 濞王·老濞) 405/3
오요경(吳堯卿) 252/15, 410/26
오웅(吳雄) 256/18
오원(吳圓) 252/1
오원제(吳元濟) 138/1, 153/9, 204/8, 21
9/5, 392/2
오원창(鄥元昌) 115/6, 420/6, 467/4
오융(吳融: 吳子華) 183/15, 184/7, 235/21
오임생(吳任生) 347/1
오자서(伍子胥: 子胥, 鴟夷君) 71/3, 291
/11, 478/8
오자화(吳子華: 吳融) 242/11
오장신(五臟神) 19/1, 358/5
오재(鄥載: 鄥侍御) 391/11
오전(吳展: 吳府君) 173/9
오제(五帝) 3/1, 15/1
오제성군(五帝星君) 75/2
오종문(吳宗文) 272/18
오종사(吳宗嗣) 436/3
오주(吳姝) 123/3

오주(吳湊) 496/7
오주(吳主: 三國 吳, 孫權) 253/2, 466/6·7
오중예(烏重裔) 224/16
오진군(吳眞君: 吳猛) 14/5
오질(吳質) 326/7
오청(吳淸) 67/3, 461/27
오태백(吳太伯: 周 太王 長子) 173/7, 28
3/14, 434/19
오태의(吳太醫) 218/3
오태학(吳太學: 吳武陵) 181/11
오특경(於特卿: 於號卿) 170/6, 186/9
오표장군(五豹將軍) 445/1
오피(伍被) 8/1
오해(烏海) 414/12
오행로(吳行魯) 275/4
오호경(於號卿: 於特卿) 186/9
오후(吳侯: 三國 吳, 孫權) 173/7
옥(玉) 316/1
옥경부인(玉京夫人) 340/3
옥국선(玉局仙: 楊德輝) 80/8
옥녀(玉女) 63/1
옥련(玉蓮) 129/4
옥산(玉山) 349/5
옥소(玉素) 171/11
옥소(玉簫) 274/5
옥신대도군(玉晨大道君) 1/2
옥아(玉兒: 官妓) 177/11
옥아(玉兒: 潘淑妃) 489/1
옥영(玉英) 270/8

옥이(玉姨)　339/5
옥자(玉子: 韋震)　5/6
옥진공주(玉眞公主: 唐)　30/1, 38/1
옥진상공(玉眞上公: 崔文子)　62/3
옥천(玉川: 盧仝)　350/1
옥청신녀(玉淸神女)　22/1
옥청진인(玉淸眞人)　33/1
옥치낭자(玉卮娘子)　63/3
옥허존사(玉虛尊師)　25/2
옥화군(玉華君: 金華大仙)　62/7
옥화군(玉華君: 崔少玄)　67/1
옥황(玉皇)　25/1
옥황군(玉皇君: 木公)　1/2
옥황대제(玉皇大帝: 天皇大帝)　62/2
옥황상제(玉皇上帝)　158/6
옥황시녀(玉皇侍女)　63/5
옥황좌시서(玉皇左侍書: 崔少玄)　67/1
옥황천존(玉皇天尊)　15/1
온개(溫介)　232/5
온경림(溫敬林)　438/6
온경조(溫京兆: 溫璋)　49/6
온교(溫嶠)　294/2, 422/3
온국공(溫國公: 唐, 蘇良嗣)　393/7
온극수(溫克修)　79/8
온기(溫岐: 溫庭筠)　199/8
온도(溫韜)　239/14
온도사(蘊都師: 行蘊)　357/6
온련(溫璉)　165/18
온상서(溫尙書: 溫璋)　49/6

온술(溫術)　158/5, 239/3
온씨(溫氏: 溫庭筠 姊)　498/9
온씨(溫氏: 劉邦 外家)　310/7
온언박(溫彦博)　169/17, 185/5, 254/5
온온(溫媼)　424/4
온자승(溫子昇)　198/4
온자승(溫子升)　493/3
온장(溫璋: 溫京兆·溫尙書)　49/6, 188/10·11, 271/21, 463/43
온적(溫積)　262/8
온정(溫定)　265/21
온정균(溫庭筠: 溫飛卿, 溫岐)　174/20, 182/14, 199/8, 265/12, 351/8, 498/9
온조(溫造)　144/4, 187/18, 190/3, 310/2
온태진(溫太眞)　58/1
온회(溫會)　376/4, 477/17
옹개(雍闓)　245/6
옹노(翁奴)　327/3
옹도(雍陶)　239/7
옹문지(雍文智)　283/7
옹언추(翁彦樞)　182/16
옹왕(雍王: 唐, 李賢)　38/1
옹익견(雍益堅)　283/18
옹중유(翁仲孺)　400/2
옹중자(雍仲子)　414/2
옹호(雍顥)　189/11
와아(蝸兒)　474/3
완경(阮敬)　379/2
완경(阮瓊)　79/9

완고사(玩敲師) 147/8
완공(阮公: 阮籍) 273/2
완기(阮基) 15/5
완덕여(阮德如) 318/20
완랑(阮郎: 阮肇) 194/1
완릉화(婉淩華) 3/1
완법사(琬法師) 111/18
완사(浣沙) 487/1
완사종(阮嗣宗: 阮籍) 369/8
완생(阮生: 阮籍) 73/6
완수용(阮脩容) 131/21
완숙원(阮淑媛: 南齊 晉安王 蕭子懋 生 母) 161/27
완숭(阮嵩) 258/8
완씨(阮氏: 唐 陳留人) 472/9
완약(宛若) 291/18
완예(阮倪) 131/19
완우(阮瑀) 261/18
완유지(阮瑜之) 320/13
완음(阮愔) 131/10
완적(阮籍: 阮嗣宗, 阮公) 83/7, 235/5·7, 278/12
완조(阮肇: 阮郎) 25/2, 61/7, 403/11
완중용(阮仲容: 阮咸) 273/2
완첨(阮瞻) 319/5
완함(阮咸: 阮仲容) 177/5, 203/28, 235/5
왕가(王珂) 190/6
왕가(王賈) 32/1
왕가(王嘉) 81/4

왕가교(王可交: 王仙人) 20/3
왕가구(王可久) 172/8
왕간(王幹) 393/18
왕간이(王簡易) 124/1
왕감(王鑑) 330/10
왕갑(王甲: 金壇縣丞) 380/4
왕갑(王甲: 王五戒) 436/22
왕강(王綱: 天門子) 5/5
왕개(王愷) 236/13
왕개부(王開府) 263/7
왕거(王勮: 王五) 174/11, 185/13, 249/8, 263/5
왕거(王琚) 35/4, 226/9, 494/9
왕거기(王車騎: 王玄) 114/6
왕거사(王居士: 常樂人) 84/5
왕거사(王居士: 通州人) 358/11
왕거정(王居貞) 430/5
왕건(王騫) 209/10
왕건(王建: 五代十國 前蜀 高祖, 王公·王先主·王氏·僞蜀主·蜀主) 67/1, 86/1, 158/5, 163/39, 168/9, 190/8·9, 198/20, 224/13, 252/9·12, 374/21, 440/2, 458/11
왕건봉(王建封) 367/9
왕건정(王乾貞) 435/5
왕검(王儉: 王仲寶) 173/12·13·14, 265/1, 406/39
왕견(王汧) 347/6
왕겸(王謙) 139/13

왕경(王敬)　171/10
왕경(王璥)　171/8
왕경(王慶)　242/15
왕경(王經)　408/44
왕경(王卿)　45/4
왕경(王傾)　480/23
왕경(王瓊)　73/3, 74/6, 78/3
왕경(王頃: 五代十國 前蜀 嘉王)　85/9
왕경(王景: 王景文)　174/31
왕경문(王景文: 王景)　246/18
왕경백(王敬伯: 王評公)　17/1
왕경선(王慶詵)　258/12, 267/18, 268/10
왕경숭(王景崇)　217/6
왕경오(王敬傲)　203/26
왕경융(王景融)　420/3
왕경인(王敬仁: 王修)　207/3
왕경지(王敬之)　392/8
왕경초(王景超)　389/27
왕경칙(王敬則)　371/6
왕경홍(王敬弘)　196/1
왕계(王棨)　252/15
왕고(王固)　78/4
왕고(王杲: 王伯母)　255/9
왕곤(王坤)　351/3
왕공(王珙)　244/15
왕공(王公: 王建)　269/13
왕공(王公: 王導)　321/1
왕공근(王公瑾)　169/18
왕공기(王公起)　48/1

왕공백(王恭伯: 王子升)　318/15
왕공응(王公凝)　133/3
왕공직(王公直)　133/3
왕과(王果)　391/7
왕광(王曠)　207/1
왕광본(王光本)　330/4
왕굉(王宏: 王長文)　104/12, 119/5
왕교(王喬: 桐栢眞人)　6/3, 11/6, 44/4, 200/3
왕구(王丘)　170/6, 179/6, 186/8
왕구(王矩)　322/10
왕구(王球: 王叔達)　110/26
왕구광(王九光)　3/1
왕군(王君: 李仲甫 師)　10/3
왕군(王君: 王度)　445/3
왕군작(王君㚟)　82/5, 191/20
왕권(王勸)　16/1
왕권(王眷)　8/1
왕귀랑(王貴郞: 王愼微)　44/4
왕귀비(王貴妃: 後唐)　172/13
왕규(王珪)　169/17, 221/1
왕규(王規)　209/10
왕균(王筠)　81/4, 90/2, 202/5, 308/2
왕급사(王給事: 王枳)　244/15
왕급선(王及善)　254/8, 258/13
왕기(王琦)　111/24
왕기(王起)　181/6, 182/2
왕기(王沂)　205/19
왕기(王琪)　358/13

왕기(王基)　359/8
왕기(王錡: 王丞)　310/2
왕기광(王奇光)　304/2
왕길(王吉)　137/7
왕단(王丹)　18/1
왕단양(王丹陽)　323/14
왕달(王達)　411/8
왕담(王曇)　209/10
왕담(王湛)　329/7
왕담(王譚: 王思玄)　119/18, 360/28
왕담략(王曇略)　131/11
왕담수(王曇首)　173/13
왕당(王當)　221/1
왕대(王大: 王最大)　372/2
왕대낭(王大娘)　175/7
왕대력(王大曆: 王夐)　53/1
왕대장군(王大將軍: 王敦)　320/8
왕덕명(王德明)　411/8
왕덕수(王德壽)　267/18
왕덕조(王德祖)　82/2
왕도(王圖)　183/15
왕도(王燾)　186/3
왕도(王滔)　22/2
왕도(王導: 王公·王丞相)　13/7, 126/2, 141/3, 184/16, 207/3, 209/10, 246/12, 272/11, 293/2, 393/19
왕도(王度: 王君)　88/1, 230/2, 240/14
왕도(王琛)　46/2
왕도견(王道堅)　329/6

왕도륭(王道隆)　360/27
왕도생(王道生: 王彬之)　207/1
왕도장(王挑杖)　86/4
왕도지(王滔之)　404/1
왕돈(王敦: 王大將軍)　13/7, 14/4, 177/5, 235/9, 236/14, 276/24, 359/22, 403/9
왕돈(王忳: 王少琳)　127/2
왕동교(王同皎)　263/10
왕동미(王洞微)　133/6
왕라달(王癩獺: 王熊)　260/7
왕랑(王郞)　11/6
왕랭연(王冷然)　170/6, 186/8
왕량(王亮)　235/10
왕량(王良)　435/3
왕려진(王麗眞)　347/3
왕력노(王力奴)　263/11
왕련(王練: 王玄明)　387/2
왕련사(王鍊師)　48/1
왕렬(王烈: 王長休)　9/3, 54/4
왕령(王令: 王重盈)　46/3
왕령망(王令望)　103/13
왕령언(王令言)　14/6, 204/10
왕령지(王靈智)　227/4
왕로(王老: 宜君縣人)　51/2
왕로(王老: 馱人)　393/13
왕로(王老: 唐 洛陽人)　451/5
왕로(王老: 賣藥人)　23/6
왕로(王老: 賣錢貫人)　42/1

왕로(王老: 北邱 賣藥人) 16/2
왕로(王老: 西京 賣藥人) 41/2
왕로(王老: 淸城山 道士) 31/2
왕료(王鐐) 202/13, 351/10
왕륜(王掄) 121/17, 379/7
왕릉(王陵: 王彦雲) 119/8, 203/25
왕리(王摛) 173/13
왕린(王璘) 183/13
왕림(王琳: 韋林[韋琳]) 82/1, 246/26
왕립(王立) 196/5
왕만철(王萬徹) 298/4
왕망(王莽: 九虎將軍) 10/2, 18/1, 59/1 1, 77/2, 131/1, 139/1, 224/1, 236/17, 258/2, 292/4, 359/3·5, 389/5, 403/ 7, 405/3, 396/9
왕망신(汪芒神) 317/4
왕매(王枚) 287/3
왕맹(王猛) 88/1, 294/22, 473/20
왕맹박(王孟博) 144/7
왕면(王沔) 107/8
왕면(王勔) 249/8
왕명(王明) 320/8
왕명진(王明進) 344/1
왕모(王某: 唐 袁州 錄事參軍) 124/8
왕모(王某: 唐 左廂虞候) 106/7
왕모(王母: 西王母) 62/7
왕모(王姥: 一行 隣人) 92/3
왕모중(王毛仲) 167/2, 188/3, 240/16
왕목(王沐) 156/7·8

왕목(王穆) 276/17, 376/2
왕몽(王蒙) 79/1
왕몽(王濛: 王仲祖, 王長史) 87/4, 210/1 4, 500/6
왕묘상(王妙想) 61/1
왕무(王武) 436/7
왕무(王茂) 446/11
왕무강(王武剛) 403/10
왕무권(王茂權) 262/5
왕무긍(王無兢) 198/22
왕무애(王無㝵) 146/10
왕무유(王無有: 王主簿) 333/11
왕무자(王武子: 王濟) 234/16, 245/15·1 7, 249/8
왕무준(王武俊) 125/3
왕무후(王武侯) 78/9
왕묵(王墨: 王洽) 213/11
왕묵(王默) 213/5, 214/6
왕문(王汶) 440/18
왕문도(王文度) 294/8
왕문명(王文明) 325/15
왕문병(王文秉) 398/37
왕문상(王文上) 9/6
왕문앙(王文昂) 327/13
왕문영(王文英) 294/1
왕민(王珉: 王季琰) 110/4, 387/2
왕민(王旻: 太和先生) 72/2
왕민지(王旻之) 466/14
왕반(王攀) 355/12

왕발(王勃: 王子安) 112/12, 175/3, 185/
　13, 198/5·6, 249/8, 259/12, 265/4
왕방경(王方慶) 209/10
왕방경(王方卿) 254/13
왕방고(王方古: 九疑道士) 67/1
왕방언(王方言) 410/17
왕방익(王方翼) 185/13, 235/13
왕방평(王方平: 王遠) 11/6, 22/2, 60/1,
　62/7, 280/7
왕배우(王俳優) 192/10
왕백(王伯) 127/1
왕백당(王伯當) 189/3
왕백모(王伯母: 王昊) 255/9
왕백양(王伯陽) 389/14
왕백예(王百藝: 王守眞) 290/3
왕번(王樊) 317/5
왕번(王璠) 84/11, 93/1, 122/8, 154/9,
　256/8, 348/7, 392/4
왕범(王範) 129/2
왕범지(王梵志: 林木梵天) 82/2
왕법랑(王法朗) 162/18
왕법지(王法智) 305/1
왕법진(王法進) 53/2
왕변(王卞) 500/5
왕변(王弁: 通眞先生) 22/2
왕보(王甫) 119/6
왕보궐(王補闕) 254/9
왕보병(王步兵) 349/5
왕보사(王輔嗣: 王弼) 18/3, 39/4, 87/4

왕보의(王保義) 205/21
왕복야(王僕射: 王潛) 384/11
왕복치(王福畤) 249/8
왕본립(王本立) 259/9
왕봉(汪鳳) 140/5
왕봉상(王鳳翔) 80/6, 384/9
왕봉선(王奉先) 276/33
왕부(王溥) 137/7
왕부(王阜) 435/1
왕부(王裒: 淸虛王君·淸虛眞人·淸虛天
　王) 58/1
왕부생(王符生) 137/14
왕부인(王夫人: 郭弘廣 妻) 176/8
왕부인(王夫人: 袁廓 嫡母) 377/2
왕부인(王夫人: 漢 武帝 夫人) 3/1
왕비(王羆) 176/4
왕빈지(王彬之: 王道生) 207/1
왕빙지(王騁之) 325/1
왕사(王思) 244/2
왕사(王舍) 244/9
왕사(王謝: 王導·謝安) 265/5
왕사군(王使君: 唐人) 347/3
왕사군(王使君: 王通郞) 238/14
왕사규(王思規) 322/15
왕사단(王師旦) 169/18
왕사동(王思同) 397/24, 459/13
왕사랑(王四郞: 王處士) 35/4
왕사량(王士良) 471/11
왕사범(王師範) 252/14

왕사성(王舍城)　252/11
왕사인(王舍人: 王僩)　302/5
왕사진(王士眞)　125/3
왕사징(王士徵)　344/2
왕사평(王士平)　180/8
왕산인(王山人)　54/3, 78/2
왕삼고(王三姑)　459/15
왕삼랑(王三郞)　111/24
왕상(王箱)　320/17
왕상(王祥)　438/12
왕상(王爽)　69/2
왕상(王常)　73/2, 303/9
왕상(王商: 王殷)　354/4
왕상객(王上客)　250/7
왕상산(王常山: 王鎔)　200/3
왕상서(王尙書: 王叔卿)　295/15
왕상지(王象之: 王象)　401/1
왕생(王生: 唐 江淮人)　279/12
왕생(王生: 唐 羅浮山人)　174/18
왕생(王生: 唐 三史科 出身)　310/7
왕생(王生: 唐 宣平坊人)　150/8
왕생(王生: 唐 杭州人)　453/1
왕생(王生: 唐 興趙人)　79/3
왕생(王生: 唐人)　362/20
왕생(王生: 董觀 表弟)　416/3
왕생(王生: 續坤 隣人)　435/15
왕생(王生: 勝業坊 富人)　348/3
왕생(王生: 楊正見 夫)　64/1
왕생(王生: 王炎)　282/3

왕생(王生: 韋思恭 友)　422/5
왕생(王生: 狐精)　453/4
왕서(王緒)　463/30
왕서암(王栖巖)　217/3
왕선(王璿)　215/8, 304/3, 451/11
왕선객(王仙客)　255/19, 486/2
왕선교(王善交)　342/1
왕선묘(王仙苗: 王子芝)　46/3
왕선생(王先生: 唐 烏江 隱者)　75/5
왕선생(王先生: 靑城山 道士)　40/1
왕선인(王仙人: 王可交)　20/3
왕선주(王先主: 五代十國 前蜀, 王建)　215/9, 266/12, 409/43
왕선지(王仙芝)　145/1, 266/10, 351/10, 499/14
왕섬(王暹)　344/2
왕섭(王撝)　379/7
왕세충(王世充)　163/27, 189/3, 251/1
왕소(王素)　174/14, 468/5
왕소(王紹)　214/6, 352/5
왕소(王愬: 阿郞)　363/3
왕소군(王昭君: 漢 元帝 後宮, 王嬙, 明妃)　160/1, 210/3, 489/1
왕소원(王昭遠)　390/25
왕소위(王昭緯)　367/1
왕소은(王昭隱: 王韶應)　212/8
왕소의(王紹懿)　217/6
왕소정(王紹鼎)　217/6
왕소종(王紹宗: 王承烈)　208/10

왕소지(王劭之) 119/18
왕소평(王昭平) 322/21
왕손(王巽) 241/1
왕손(王遜) 27/4
왕손(王孫) 35/6
왕손(王損: 魯國公) 183/25
왕수(王收) 181/18
왕수(王水) 186/3
왕수(王燧) 238/3
왕수(王垂) 338/2
왕수(王綏) 360/15
왕수(王叟: 唐 長沙人) 476/4
왕수(王叟: 唐 天寶年間人) 165/30
왕수(王修: 王敬仁) 207/3
왕수(王洙: 王學源) 490/1
왕수(王倕) 186/3
왕수일(王守一: 終南山人) 82/3
왕수정(王守貞) 367/2
왕수중(王遂中) 486/2
왕수진(王守眞: 王百藝) 290/3
왕숙(王璹) 380/1
왕숙(王肅: 王恭懿) 191/7, 225/10, 246/22, 493/2
왕숙경(王叔卿: 王尙書) 295/15
왕숙인(王叔仁: 王蘊) 207/1
왕순(王詢) 209/10
왕술(王述) 425/11
왕숭(王崇) 181/19
왕습지(王襲之) 116/3

왕승(王昇) 333/12
왕승(王勝) 343/3, 367/29
왕승(王升) 78/6
왕승(王丞: 唐 晉江縣人) 132/16
왕승(王丞: 王錡) 310/2
왕승건(王僧虔: 簡穆公) 206/9·21, 207/3·5·9·10, 295/1, 326/1, 389/19
왕승검(王承檢: 王合郎) 392/9
왕승랑(王僧朗) 174/31
왕승변(王僧辯) 120/16, 336/1
왕승비(王承丕) 133/18
왕승상(王丞相: 王導) 321/1
왕승유(王僧孺: 王佛袍) 258/11
왕승은(王承恩) 485/1
왕승작(王僧綽) 173/13, 209/10
왕승종(王承宗) 122/5, 346/8
왕승지(王昇之) 219/2
왕승첩(王承捷) 241/1
왕승협(王承協) 80/9
왕승휴(王承休) 241/1
왕시랑(王侍郎) 72/3
왕식(王植) 425/12
왕신(王新) 153/3
왕신(王申) 365/1
왕신(王信) 378/1
왕신념(王神念) 296/9
왕신미(王愼微: 王貴郎) 44/4
왕신사(王愼辭) 145/13
왕신전(王新殿) 257/13

왕신진(王信眞)　67/3
왕신징(王愼徵)　184/11
왕심(王尋)　396/9
왕심조(王審潮)　126/15
왕심지(王審知)　126/15, 313/4, 374/26
왕십팔(王十八)　39/1
왕쌍(王雙)　473/26
왕씨(王氏: 高保節 妻)　205/21
왕씨(王氏: 沽酒人)　314/16
왕씨(王氏: 郭令 妻)　403/12
왕씨(王氏: 廣陵 老姥)　434/16
왕씨(王氏: 盧頊 妻母)　340/2
왕씨(王氏: 唐 原武縣民)　364/6
왕씨(王氏: 唐 長安城民)　125/4
왕씨(王氏: 唐 太宗 后)　222/6
왕씨(王氏: 唐 瀾陵人)　125/2
왕씨(王氏: 唐 河陽城民)　144/10
왕씨(王氏: 琅邪人)　383/2
왕씨(王氏: 劉刺夫 妻)　366/6
왕씨(王氏: 李佐文 遇人)　347/6
왕씨(王氏: 李行脩 妻)　160/2
왕씨(王氏: 賣餠人)　374/25
왕씨(王氏: 武宗 才人)　404/9
왕씨(王氏: 富陽縣人)　323/3, 360/19
왕씨(王氏: 北齊人)　142/11
왕씨(王氏: 徐安 妻)　450/4
왕씨(王氏: 隋人)　253/12
왕씨(王氏: 勝業坊 富人)　348/3
왕씨(王氏: 神女)　300/4

왕씨(王氏: 吳可久 妻)　107/11
왕씨(王氏: 吳郡 士人)　439/20
왕씨(王氏: 五代人)　279/26
왕씨(王氏: 王建)　257/11·15, 262/12
왕씨(王氏: 王韞秀, 元載 妻)　237/2
왕씨(王氏: 王將軍 妻)　331/2
왕씨(王氏: 王從貴 妹)　106/10
왕씨(王氏: 張崇 妻)　392/9
왕씨(王氏: 定州人)　499/11
왕씨(王氏: 廚子)　329/4
왕씨(王氏: 浚儀人)　335/1
왕씨(王氏: 晉 琅邪郡 費縣人)　473/21
왕씨(王氏: 陳惠 妻)　103/14
왕씨(王氏: 崔書生 妻)　339/5
왕씨(王氏: 崔氏 外叔)　342/2
왕씨(王氏: 崔尉 妻)　121/19
왕씨(王氏: 太叔)　438/7
왕씨(王氏: 河南府史)　382/10
왕씨(王氏: 河東縣尉 李氏 妻)　300/2
왕씨(王氏: 惠進)　354/11
왕씨(王氏: 皇甫恂 遇人)　302/1
왕씨녀(王氏女: 王徽之 姪)　70/6
왕아평(王阿平: 王澄)　235/9
왕악(王鍔)　165/31, 223/5, 307/3·7, 497/3
왕악(王鄂)　388/7
왕안(王安)　93/1
왕안(王晏: 王休默)　142/6, 202/16, 218/7
왕안국(王安國)　128/2

왕안기(王安期: 王承, 王參軍) 235/8
왕안인(王安仁) 129/13
왕암(王黯) 451/7
왕애(王涯) 144/3·7, 155/1, 156/7, 237/5, 347/7
왕약(王約) 246/18
왕어사(王御史) 454/7
왕언백(王彦伯) 219/4, 242/5, 306/4
왕언운(王彦雲: 王陵) 119/8
왕언위(王彦威) 477/2
왕언창(王彦昌) 183/17
왕언휘(王彦暉) 459/13
왕여(王璵) 255/18, 278/26
왕여랑(王女郎) 301/1
왕연(王衍: 五代十國 前蜀 後主, 少主·僞蜀主) 140/9, 163/38, 170/5, 271/22
왕연수(王延叟) 33/3
왕연업(王延業) 81/4
왕연정(王延政) 315/1, 374/27
왕연창(王延昌) 19/3
왕연창(汪延昌) 353/16
왕연호(王延鎬) 354/10
왕연희(王延義) 374/26
왕열(王悅: 王長豫) 121/15, 141/3
왕예(王裔) 344/1
왕예(王睿) 424/13
왕오(王五: 王勳) 263/5
왕오계(王五戒: 王甲) 436/22
왕오계(王五戒: 張公瑾 同鄕人) 129/7

왕온(王蘊: 王叔仁) 207/1, 293/2
왕옹(王顒) 448/8
왕옹(王翁: 唐 布政坊 富翁) 100/7
왕완(王琬) 139/3, 191/12
왕요(王瑤) 126/14, 188/2, 325/14, 433/5, 467/17
왕요(王蕘) 256/17, 395/7
왕요(王遙: 王伯遼) 10/7
왕용(王容) 337/7
왕용(王用) 429/4
왕용(王鎔: 後梁 趙王, 王常山) 78/9, 101/14, 192/12, 200/3, 203/26, 217/6·7
왕우(王祐) 294/1, 305/7
왕우군(王右軍: 王羲之) 200/12, 207/1·2·3·4·5·6·8·14·15, 208/2·7·9, 209/5·11·12, 331/11
왕우승(王右丞: 王維) 237/2
왕욱(王彧) 174/31, 246/12
왕욱(王旭: 黑豹) 250/19, 268/4·5·12
왕운(王惲) 279/18
왕웅(王熊: 王癩獺) 260/7
왕웅(王雄: 王雅) 276/37
왕원(王遠: 王方平) 7/3, 60/1
왕원경(王元景) 173/25, 247/7
왕원규(王元逵) 217/6
왕원보(王元寶) 495/6
왕원외(王員外) 42/6
왕원응(王元膺) 458/11
왕원장(王元長: 王融) 207/11

왕원중(王源中) 233/19
왕원지(王瑗之) 321/2
왕원지(王遠知: 昇玄先生) 15/2, 23/1
왕원충(王元忠) 185/20
왕위(王偉) 463/16
왕유(王由) 277/4
왕유(王鮪) 352/6
왕유(王維: 王摩詰, 王右丞) 179/4, 198/10, 211/14, 212/12, 213/4, 237/2, 255/18, 495/8
왕유(王愉: 王茂和) 360/15
왕유거(王惟擧) 341/7
왕윤(王允) 119/5, 164/5
왕윤광(王允光) 124/15
왕융(王戎) 235/5, 245/11, 259/10, 276/13, 319/14
왕융(王融: 王元長) 101/12, 173/15, 202/5, 207/11, 265/2
왕은(王隱) 206/9·15
왕은(王殷: 王商) 108/2, 168/10, 354/4
왕을(王乙: 唐 開元年間人) 115/7
왕을(王乙: 唐 長安人) 399/32
왕을(王乙: 李氏莊 過客) 334/2
왕음(王愔) 206/5·7·8·9
왕음(王崟) 392/4
왕읍(王邑) 396/9
왕응(王凝) 181/19, 183/7, 238/14, 352/6
왕응지(王凝之) 207/1, 271/14, 320/10
왕의(王義) 153/7, 167/7
왕의(王椅) 214/6
왕의(王懿: 王仲德) 113/4
왕의방(王義方) 164/10, 169/20, 185/10, 448/2
왕의일(王義逸) 116/19
왕이(王怡) 259/16
왕이(王廙: 王世將) 207/6, 209/5, 210/13
왕이보(王夷甫: 王衍, 王太尉) 15/2, 170/5
왕이종(王易從) 186/4
왕익(王翊) 407/29
왕인교(王仁皎) 188/3
왕인유(王仁裕) 203/13, 204/12, 241/1, 244/16, 266/7, 314/2, 397/22·23·24, 407/34, 446/2
왕일소(王逸少: 王義之) 207/1·3·13·14, 208/2, 370/3
왕임(王稔) 459/23
왕자(王慈) 207/10
왕자(王子: 王子喬) 59/4
왕자(王鄯) 86/2, 388/7
왕자경(王子敬: 王獻之) 207/2·3·7·8·13, 208/10, 209/2
왕자교(王子喬: 王子·子喬) 4/1, 8/2, 15/2, 164/1, 221/1, 226/1, 229/3, 288/1
왕자년(王子年) 418/7, 482/11
왕자대(王子帶) 252/10
왕자동(王子童) 3/1
왕자등(王子登) 3/1
왕자상(王子相) 23/1

왕자유(王子猷: 王徽之) 490/1
왕자정(王子貞) 216/8
왕자지(王子芝: 王仙苗·王尊師) 46/3
왕자진(王子晉: 周, 太子晉) 4/9, 188/1, 226/1, 240/13, 480/13
왕자충(王子沖) 211/7
왕자충(王子充) 482/33
왕잠(王潛: 王僕射) 74/1, 80/2, 84/6, 144/8, 384/11
왕장(王長) 8/3
왕장(王章: 王鳳) 350/1
왕장(王嬙: 王昭君) 210/3, 489/1
왕장군(王將軍: 唐 開元年間人) 331/2
왕장군(王將軍: 唐 乾元年間人) 336/3
왕장군(王將軍: 隋人) 132/1
왕장군(王將軍: 神人) 107/3
왕장군(王將軍: 王籍) 304/3
왕장사(王長史: 唐 開元年間人) 444/8
왕장사(王長史: 王濛) 210/15
왕장예(王長豫: 王悅) 141/3, 293/2
왕장통(王長通) 14/6
왕재(王宰: 唐 都統) 498/7
왕재(王宰: 五代 前蜀人) 192/14
왕재(王宰: 王窐) 213/3
왕저(王翥) 343/3
왕적(王勣) 230/2
왕적(王迪) 399/28
왕적(王籍: 王將軍) 304/3
왕적신(王積薪) 228/2·3

왕전(王翦) 15/1, 328/10
왕절(汪節) 192/8
왕정(王汀) 184/11
왕정경(王正卿) 277/29
왕정군(王正君) 224/1
왕정백(王貞白) 184/1
왕정법(王貞範) 205/21
왕정주(王庭湊) 78/9, 217/6, 223/3
왕제(王諸) 217/1, 280/5
왕제(王濟: 王武子) 129/1
왕조(王藻) 174/14
왕조(王助) 268/1
왕조(王祖) 320/7
왕조(王照) 472/9
왕조종(王肇宗) 318/10
왕조지(王操之) 207/1
왕존(王存) 200/2, 311/5
왕존사(王尊師: 王子芝) 46/3
왕존사(王尊師: 王知遠) 71/4
왕종귀(王從貴) 106/10
왕종랑(王宗郎) 425/3
왕종신(王宗信) 124/18, 366/19
왕종암(王宗黯) 124/17
왕종주(王宗儔) 238/16, 366/19, 396/7
왕종필(王宗弼) 241/1
왕주(王宙) 358/4
왕주남(王周南) 440/6
왕주부(王主簿: 王無有) 333/11
왕주호(王酒胡) 499/11

왕준(王遵)　132/6
왕준(王晙)　147/2, 301/6
왕준(汪遵)　183/5
왕준(王準)　188/2
왕준(王濬: 襄陽侯)　81/3, 283/5
왕중문(王仲文)　141/6, 319/15, 438/10
왕중보(王仲寶: 王儉)　209/10
왕중산(王中散)　203/26
왕중상(王仲翔)　144/3
왕중서(王仲舒)　160/2, 261/5, 497/5
왕중선(王仲先)　389/11
왕중선(王仲宣: 王粲)　202/5, 218/2, 270/1
왕중영(王重榮)　266/5
왕중영(王重盈: 瑯琊公·王令)　46/3
왕중조(王仲祖: 王濛)　207/3
왕지(王志)　328/12
왕지고(王知古)　455/1
왕지도(王志都)　322/8
왕지미(王知微)　33/3
왕지신(王知愼)　211/11
왕지원(王知遠: 王尊師)　71/4
왕지음(王志愔)　243/8, 494/11
왕지흥(王智興)　138/5, 156/10, 162/13, 200/12, 251/12, 261/12
왕직(王直)　283/11
왕직방(王直方)　346/12
왕진(王瑱)　121/5
왕진(王珍)　10/2, 134/7
왕진(王縉)　177/2, 198/16, 237/2, 440/20, 445/3
왕진(王眞)　456/37
왕진광(王晉光)　390/6
왕진악(王鎭惡)　116/9
왕짐(王訦)　355/8
왕징(王徵)　360/22, 429/3
왕징(王澄: 王阿平)　307/6
왕차중(王次仲)　5/1, 206/5·20, 209/1·2, 397/2
왕찬(王纂)　15/1, 469/1
왕찬(王瓚)　168/10, 239/14
왕찬(王贊)　500/7·13
왕찬(王粲: 王仲宣)　202/5, 218/2, 327/3, 389/7
왕참군(王參軍: 王承, 王安期)　235/8
왕창(王暢)　169/5, 414/34
왕창령(王昌齡)　260/10, 300/6
왕책(王策)　207/1
왕처사(王處士: 王四郞)　35/4
왕처회(王處回)　86/4
왕척(王倜)　183/25
왕천운(王天運)　401/15
왕천주(王天主)　129/7
왕철(王哲)　144/11, 261/5
왕첨(王瞻)　279/29
왕청(王淸)　68/2, 405/4
왕초(王超)　147/11, 196/4, 349/2
왕초(王初)　261/5

왕초(王礎)　392/4
왕최대(王最大: 王大)　372/2
왕추밀(王樞密)　198/20
왕축(王祝)　399/38
왕축(王柷: 王給事)　244/15
왕충(王忠)　11/6
왕충(王充)　145/7, 171/5, 172/1, 191/12·
　17, 410/11
왕충(汪充: 江充)　169/24
왕충간(王忠幹)　107/1
왕충변(王忠弁)　122/5
왕충정(王忠政)　395/4
왕충헌(王忠憲)　122/5
왕치(王治)　209/10
왕치군(王穉君)　224/1
왕칠낭(王七娘)　75/5
왕칭(王偁)　107/2
왕타(王陁)　103/12
왕탁(王鐸: 晉國公)　123/5, 163/35, 175/
　13, 188/12, 252/2, 264/6, 287/2, 312
　/2, 499/2·3, 500/1
왕태(王泰)　159/1
왕태(王太)　431/3
왕태복(王太僕)　411/13
왕태위(王太尉: 王衍, 王夷甫)　235/9
왕태허(王太虛)　46/2
왕택(王澤)　422
왕통랑(王通郞: 王使君)　238/14
왕파(王播)　199/4·5, 261/2, 265/8, 278/6

왕파(王波)　88/1
왕판관(王判官)　152/5, 385/1
왕팔(王八: 狐精)　447/14
왕패(王霸)　175/8
왕평(王平: 王平北, 王乂)　246/7
왕평공(王評公: 王敬伯)　17/1
왕평사(王評事)　432/2
왕포(王布)　220/23
왕포(王苞)　450/1
왕포(王褒: 王子登)　18/1, 56/1, 82/1, 2
　09/10, 247/16
왕표(王儦)　143/19, 147/4
왕표(王表)　123/6, 179/11, 293/7
왕표지(王彪之)　320/9
왕풍(王渢)　20/3
왕풍(王豐)　362/16
왕필(王弼: 王輔嗣)　18/4, 271/22, 317/1
　5, 318/1
왕하칠(王何七)　128/2
왕하휴(王瑕休)　392/4
왕한(王僩: 王舍人)　302/5
왕한(王翰)　108/3, 198/8
왕함(王含)　442/4
왕함(王咸)　59/11
왕항(王恒)　91/8
왕항지(王恒之)　322/13
왕행(王幸)　461/34
왕행사(王行思)　118/15
왕행약(王行約)　367/26

왕행언(王行言) 433/9
왕행유(王行瑜) 123/7, 170/24, 271/11
왕허지(王虛之) 162/4
왕헌(王軒) 257/9, 461/3
왕헌(王獻) 359/23
왕헌지(王獻之: 王子敬, 小王) 173/11, 206/8·12·23, 207/1·3·7·8·13, 207/2, 208/10, 209/2·10·11·13·15, 210/10, 271/14, 324/12
왕현(王顯) 146/7
왕현(王絢) 174/31, 246/12
왕현(王玄: 王車騎) 114/6
왕현모(王玄謨) 111/4
왕현식(王玄式) 329/7
왕현지(王玄之) 207/1, 334/5
왕현진(王玄眞) 24/5
왕현질(王玄質) 214/6
왕형(王夐: 王大曆, 麒麟客) 53/1
왕형질(王逈質) 30/1
왕혜조(王惠照) 361/4
왕호(王胡) 323/13
왕호(王祜) 443/16
왕호(王瑚: 王孟璉) 438/4
왕호자(王胡子) 436/19
왕호타(王號駝) 252/12
왕홍(王鉷) 121/17, 126/12, 167/1, 188/2, 215/8
왕홍(王弘) 129/13, 140/2
왕홍명(王洪明: 王玄明, 阿練) 110/4

왕홍부(王弘夫) 483/9
왕홍의(王弘義) 267/18, 268/7·10
왕홍지(王弘之) 115/2
왕화(王華) 437/10
왕환(王奐) 469/9, 493/2
왕황(王黃) 113/4
왕황(王晃) 217/4
왕황후(王皇后: 唐 高宗 廢后) 298/4
왕황후(王皇后: 唐 玄宗 后) 121/16
왕회(王淮) 210/11
왕회(王回) 347/3
왕회사(王會師) 134/8
왕회선(王懷善) 328/9
왕회지(王懷之) 325/11
왕회지(王懷智) 328/9
왕회지(王淮之: 王元曾) 99/3
왕회표(王懷表) 328/9
왕효걸(王孝傑) 139/19, 163/11
왕후(王侯) 447/8
왕훈(王勳) 384/8
왕훈(王薰) 436/24
왕휘(王徽) 257/6
왕휘(王暉) 80/13, 162/20
왕휘지(王徽之: 王子猷) 70/6, 141/13, 207/1
왕휴음(王休愔) 132/15
왕흔(王忻) 112/6
왕흔(王訢) 253/10
왕흡(王洽: 王墨) 213/11

왕흥(王興)　10/5, 64/1
왕희(王晞: 王叔朗)　247/11
왕희우(王希羽)　178/9
왕희지(王義之: 王逸少, 王右軍·大王)　8
　7/4, 102/4, 144/17, 173/11, 206/8·12
　·23, 207/1·3·4·5·6·8·12·13·14·15,
　208/2·7·9, 209/4·5·6·8·9·10·11·12
　·13, 265/6, 324/12
외소(隗炤)　216/4, 391/12
외효(隗囂)　241/1
요(瑤)　468/14
요(遙)　67/2
요(堯: 陶唐氏)　1/1, 6/2, 8/2, 22/1, 30/
　1, 38/1, 48/4, 76/7, 81/3, 89/1, 101/
　4, 118/1, 135/1, 137/5, 169/17, 171/
　5, 173/3·4·16, 178/2, 226/1, 241/1,
　253/18, 291/21, 310/8, 396/8, 398/1,
　402/19, 405/18, 419/1, 460/5, 461/1
　4, 466/1, 467/1
요(搖: 漢 甌越王)　34/2
요갑(姚甲: 唐 吳興縣人)　437/8
요강성(姚康成)　371/2
요경(姚景)　459/22
요계(姚洎)　257/14
요곡(姚鵠)　182/2
요곤(姚坤)　454/6
요광(姚曠)　152/2
요광(姚光)　77/5
요구선생(瑤丘先生)　49/5

요군경(堯君卿)　244/4
요귀례(姚歸禮)　290/1
요규(姚珪)　308/8
요남중(姚南仲)　167/5, 239/5, 250/28
요낭(窈娘)　274/3
요내사(廖內史)　282/4
요대(姚待)　104/6
요도(夭桃)　454/6
요략(姚略)　462/2
요령공(姚令公: 姚嗣卿)　255/22
요령언(姚令言)　151/8, 255/20, 486/2
요리(要離)　191/1
요막(姚邈)　150/9
요모(瑤髦)　407/31
요방(瑤芳)　475/1
요복(廖福)　268/12
요복(姚覆: 姚馥, 姚世芬)　135/13, 408/45
요사경(姚嗣卿: 姚令公)　255/22
요사관(姚史官: 姚訾)　391/12
요사마(姚司馬)　370/2
요생(姚生: 唐 御史)　65/1
요생(姚生: 義興縣人)　424/7
요생(姚生: 長安 東市 酒肆客)　44/2
요석덕(姚碩德: 隴西公)　89/2
요소(姚紹)　360/9
요소품(姚蕭品)　335/8
요숭(姚崇)　26/1, 29/2, 188/3, 239/2, 2
　40/20, 250/9, 259/10·12, 494/12
요신(堯神)　362/19

요씨(廖氏: 滎陽人) 359/13
요씨(姚氏: 東州 靜海軍人) 471/2
요암걸(姚巖傑) 200/4, 266/1
요양(姚襄) 408/45
요연(裊烟) 50/2
요옹(姚翁) 3/1
요왕(堯王: 唐 高祖, 李淵) 392/5
요우(姚牛) 320/11
요욱(姚勗) 498/9
요원기(姚元起) 320/2
요원숭(姚元崇: 梁國公) 143/16, 170/1, 185/16, 200/4, 221/1·2, 222/1, 255/14, 266/1, 474/7
요유경(廖游卿: 廖有方) 167/9
요유방(廖有方: 廖游卿) 167/9
요자(姚眥: 姚史官) 391/12
요장(姚萇: 五胡十六國 後秦 太祖) 89/2, 312/2
요정조(姚貞操) 250/13
요중약(廖仲藥) 426/1
요증(姚曾) 371/1
요찰(姚察) 209/11
요척(廖隦) 313/2
요표(姚彪) 165/21
요합(姚合) 282/3
요현(姚峴) 250/28
요홍(姚泓) 29/4, 81/3, 360/9
요흥(姚興) 89/2, 93/1, 110/19
요희성(姚希晟) 289/4

욕수(蓐收) 291/3
욕아(鵒兒) 109/21
용(勇) 120/17
용녀(龍女: 織綃娘子) 311/1
용망포(龍莽布) 82/5
용복본(龍復本) 224/19
용봉(龍逢) 245/2
용성(容成: 容成公) 214/4, 444/2
용수(龍樹) 212/9
용신(龍神) 402/21, 458/3
용창예(龍昌裔) 243/21
용천왕(龍天王: 郗皇后) 418/10
용호(龍護) 231/10
용호이군(龍虎二君) 15/1
우(禹: 夏禹·伯禹·紫庭眞人) 19/4, 48/4, 56/3, 88/1, 98/12, 165/2, 173/9, 197/1·14, 226/1, 245/2·16, 291/1, 323/11, 397/21, 412/16, 418/6, 463/4, 466/1·8, 467/1·3, 472/2, 480/11
우감(虞監: 虞世南) 208/7
우경칙(虞慶則) 258/7
우계유(于季有) 398/18
우공(于公: 唐 秭歸郡牧) 98/11
우공이(于公異) 496/10
우교(牛嶠: 牛大阮) 158/11
우구(于遘) 219/11
우군(盱君: 盱烈) 62/3
우근(于謹: 燕公子·燕國公) 83/2, 336/1
우근(于菫) 279/13

우금(于禁)　173/19
우긍(于兢)　235/22
우기(虞寄)　402/5
우대완(牛大阮: 牛嶠)　158/11
우덕(虞德)　325/4
우도(于濤)　43/4
우도미(盱道微: 盱烈)　62/3
우도시(虞道施)　293/4
우등(牛騰: 牛思遠, 布衣公子)　112/12
우렬(盱烈: 盱道微, 盱君)　62/3
우로(于老)　59/15
우리회(于李回)　107/5
우망(虞茫)　412/32
우모(盱母)　62/3
우문굉(宇文翃)　262/2
우문사급(宇文士及)　435/4
우문씨(宇文氏: 後蜀時 寡婦)　133/18
우문옹(宇文邕: 北周 武帝)　139/12
우문우(宇文遇)　472/17
우문융(宇文融)　146/11, 495/1
우문적(宇文覿: 宇文七·七郎)　336/4
우문정(宇文鼎)　343/2
우문진(宇文進)　400/14
우문칠(宇文七: 宇文覿)　336/4
우문태(宇文泰: 北周 文帝, 宇文黑獺)　1 26/5, 400/14
우문한(宇文翰)　252/5
우문현(宇文顯)　396/24
우문호(宇文護: 晉國公)　142/13, 191/9

우문화급(宇文化及)　146/3, 350/2, 493/10
우문흑달(宇文黑獺: 宇文泰)　247/14
우미인(牛美人: 唐 順宗 妃)　164/16
우방(于方)　260/19
우번(虞翻)　276/15
우법계(于法階)　320/4
우보(于寶: 于寶, 于令升)　375/15
우부인(牛夫人: 牛弘 女)　182/11
우사(牛師)　138/6
우사(雨師)　291/3, 394/1
우상(牛爽)　337/6
우생(于生: 唐 南燕人)　84/10
우생(牛生: 唐 河東人)　348/6
우석서(牛錫庶)　180/3
우선객(牛仙客)　188/4, 240/20, 260/11
우섭(虞涉)　120/15
우성(牛成)　361/18
우세기(虞世基)　234/1, 493/10
우세남(虞世南: 虞世伯施, 虞監·虞永興·虞七)　164/8, 197/7, 208/6·7·8·10·1 3, 209/8·11, 463/19, 493/8·10·11
우소(于邵)　170/19
우수재(牛秀才: 牛僧孺)　489/1, 496/16
우숙(牛肅)　129/14, 271/22, 361/18, 362 /6, 400/13, 450/3, 457/23, 463/29
우숙량(牛叔良)　309/2
우순(虞舜: 舜)　43/3
우승유(牛僧孺: 奇章公·牛秀才)　138/4· 6, 163/35, 180/9, 244/12, 273/3, 35

7/1, 423/7, 454/5, 489/1, 496/16, 497/3·15·18, 498/12
우시랑(于侍郎: 于惊) 223/10
우씨(牛氏: 鄧敞 妻) 498/12
우씨(于氏: 逐州人) 289/11
우씨(虞氏: 魏伯陽 弟子) 2/4
우안원(于安遠) 268/1
우애(牛哀: 公牛哀) 432/2
우여(虞余) 56/3
우영(于瑩) 375/15
우영흥(虞永興: 虞世南) 251/1
우오(于敖) 219/7
우욱(牛勗) 289/14
우운광(牛雲光) 305/3
우원(于遠) 436/5
우위(牛蔚) 498/12
우유방(牛遺芳: 牛應貞) 271/22
우응(于凝) 364/10
우응정(牛應貞: 牛遺芳) 271/22
우자열(于子悅) 91/3
우자충(牛子充) 174/1
우작(虞綽) 463/19
우장군(牛將軍: 牛金) 96/8
우장기(虞藏玘) 366/4
우적(于頔: 襄陽公) 27/4, 78/4, 177/5, 203/24, 204/6, 237/4, 242/8, 260/19, 344/7, 496/16·17
우전(優旃) 164/20
우전왕(于闐王: 優田王·優塡王) 87/2, 93/1, 393/5, 439/14, 482/4
우정국(于定國: 虞定國) 169/24, 360/17
우제(虞帝: 舜) 443/7
우조(虞早) 308/4
우존절(牛存節) 459/11
우종(于琮) 43/4
우종(于惊: 于侍郎) 223/10
우중경(于仲卿) 150/7
우지미(牛知微) 54/3
우진(牛進) 430/2
우창(于昶) 104/1
우척(虞隙) 120/13
우총(牛叢) 190/5
우칠(虞七: 虞世南) 208/10
우파질나(優婆質那) 93/1
우함(虞咸) 100/2
우헌(虞獻) 120/13
우홍(牛弘: 奇章公) 182/11, 253/19, 361/5
우홍휘(牛弘徽) 290/1
우휴렬(于休烈) 164/14
우희(虞姬: 楚 覇王 項羽 妾, 虞美人) 256/9
우희제(牛希濟) 158/11
욱구려아나괴(郁久閭阿那瓌: 柔然族王, 茹茹王) 126/5
운경(雲敬) 210/17
운계자(雲谿子: 范攄) 177/5
운교부인(雲翹夫人) 50/2
운림왕부인(雲林王夫人) 309/2

운방자(雲芳子) 354/15
운양공주(雲陽公主: 唐) 256/3
운양씨(雲陽氏: 仙人) 414/21
운영(雲英) 50/2
운왕(鄆王: 唐 懿宗, 李漼) 136/10
운원상인(雲遠上人) 470/8
운평(運平) 485/1
운호(云皓) 256/21
운화부인(雲華夫人: 瑤姬) 56/3
울근(尉瑾) 411/11
울선천자(鬱單天子) 31/2
울지갑승(尉遲甲僧) 211/13
울지경덕(尉遲敬德) 146/4, 191/12, 300
  /1, 493/9
울지부군(尉遲府君) 300/7
울지씨(尉遲氏: 杜鵬擧 妻) 300/1
울지을승(尉遲乙僧) 211/13
울지회(尉遲回) 139/13
울화자(鬱華子) 1/1
웅교(熊皎) 397/21
웅교(熊皦) 55/5
웅기(熊基) 426/16
웅내(熊酒) 479/18
웅박(熊博) 392/7
웅서(雄舒) 363/6
웅수(熊受) 368/7
웅신(熊愼) 118/14
웅연경(熊延景) 460/15
웅집역(熊執易) 168/1, 179/13

웅훈(熊勛) 367/8
원(袁) 311/1
원가(元嘉) 175/4
원가(元可) 424/3
원가조(袁嘉祚) 82/7, 147/7, 451/8
원객(園客) 59/3, 473/7
원객사(袁客師) 221/1
원건요(源乾曜) 143/16, 202/8, 389/25
원걸(袁乞) 322/12
원결(元結) 202/22
원경안(元景安) 267/3
원경호(元景皓) 267/3
원계(元繼: 北魏 江陽王) 236/16
원계겸(袁繼謙) 281/3, 354/2, 438/16,
  500/14
원고(袁高) 251/3
원고언(元固言) 374/17
원공(袁公: 猿精) 444/1
원공(遠公: 惠遠) 89/1, 113/2
원공로(袁公路) 439/5
원공석(元公錫) 467/3
원관(圓觀) 387/10
원광한(袁廣漢) 236/7
원굉(袁閎: 袁奉高) 169/2
원굉(袁宏: 袁彦伯) 87/4
원군(元君) 2/3, 204/24
원군부인(元君夫人) 46/1
원군태을(元君太乙) 57/1
원극(袁克) 146/3

원기(袁璣)　221/1
원기(元紀)　407/29
원길(元佶)　439/22
원달(袁達)　221/1
원담(袁譚)　293/1
원담(元澹)　433/1
원대낭(袁大娘)　310/1
원대행(元大行: 元兆)　210/17
원덕사(袁德師)　251/3, 260/20
원덕수(元德秀: 元魯山)　178/1, 204/1
원덕태자(元德太子: 隋)　120/17
원도(袁都)　181/7
원도강(元道康: 元景怡)　461/8
원동직(袁同直)　179/11
원로산(元魯山: 元德秀)　178/1, 204/1
원론(苑論)　242/9
원류(袁劉: 袁粲·劉彦第)　265/1
원만(元巒)　267/3
원만경(元萬頃)　493/14
원맹(爰猛)　389/3
원모(元某: 唐 江州刺史)　111/22
원무기(袁無忌)　322/20
원무유(元無有)　369/8
원민손(袁愍孫)　276/41
원반천(員半千: 員餘慶)　38/1, 164/10, 169/20, 189/7
원백화(元伯和)　86/13, 188/9, 239/3
원병(袁炳: 袁叔煥)　326/1
원보(元寶)　405/3

원복(源復)　63/2
원복경(元福慶)　250/6
원본(元本)　254/13
원봉(元封)　308/7
원봉고(袁奉高: 袁閎)　169/2, 173/3
원사강(原士康: 衛將軍)　236/15
원사고(袁思古)　265/3
원산송(袁山松)　253/3
원삼(元三: 元載)　384/4
원상공(元相公: 元稹)　269/9
원생(袁生: 唐 陳郡人)　306/1
원서(元緒)　468/4
원서기(袁恕己)　185/16, 240/14
원석(員錫)　420/6, 467/4
원소(袁紹)　164/4, 190/10, 293/1
원소(原紹)　89/1
원소랑(袁少朗)　173/4
원소의(袁昭儀)　350/2
원수(元邃)　361/8
원수(元修: 元脩)　178/1
원수일(袁守一)　259/4, 285/12
원숙(員俶)　38/1
원숙언(元肅言)　393/7
원순(元恂)　173/20
원술(袁術)　174/27, 206/19, 236/16, 292/7
원숭(袁嵩)　221/1
원시십천왕(元始十天王)　3/1
원시천왕(元始天王)　3/1, 56/1

원시천존(元始天尊) 1/2, 6/1
원시태성진왕(元始太聖眞王) 15/4
원쌍(袁雙) 294/5, 426/7
원씨(袁氏: 木人精) 368/15
원씨(元氏: 北魏 皇族) 267/3
원씨(袁氏: 蛇精) 458/14
원씨(袁氏: 孫恪 妻) 445/3
원씨(袁氏: 兗州人) 281/3
원씨(袁氏: 猿精) 445/2
원씨(元氏: 李林甫 姨母) 222/5
원씨(元氏: 張公瑾 妾) 129/7
원안(袁安) 137/9, 161/7, 171/2, 389/4,
    412/27, 490/1
원앙(袁盎) 389/3
원앙(袁昂) 206/15·25, 207/9
원언백(袁彦伯: 袁宏) 256/4
원언위(元彦瑋) 267/12
원여경(員餘慶: 員半千) 164/10, 169/20
원역(元懌) 173/20
원연(元淵: 北魏 廣陽王) 277/5
원열(元悅: 北魏 汝南王) 173/20
원염(袁琰) 258/15
원옹(元雍: 北魏 高陽王) 236/15·16
원왕(袁王: 唐, 李紳) 477/2
원외(袁隗: 袁次陽) 414/34
원웅(源雄) 200/9
원유(元愉) 173/20
원융(元融: 北魏 章武王) 236/16
원은거(袁隱居) 72/7

원의(元義) 391/5
원의(元意) 403/12
원의(袁顗) 119/15
원의방(元義方) 423/2
원이식(袁異式) 221/2
원자(袁滋) 106/6, 153/6, 171/18, 388/9
원자허(元自虛) 361/22
원장관(袁長官) 445/3
원장기(元藏幾) 18/2
원장사(元長史: 元濬之) 118/13
원장사(元長史: 黿精) 471/3
원장춘(元長春) 267/3
원재(元載: 元三) 32/2, 38/1, 143/21, 1
    77/2, 187/5, 188/9, 212/9, 223/4, 23
    7/2, 239/3, 243/15, 260/14, 304/8,
    337/9, 384/4, 440/20
원적미(爰赤眉) 284/12
원정(元禎) 232/8
원정견(元庭堅) 460/3
원제(元帝: 梁, 蕭繹) 15/2, 82/1, 83/2,
    93/1, 96/5, 120/15, 200/3, 208/2, 21
    1/3, 214/6, 131/21, 336/1, 360/31
원제(元帝: 晉, 司馬睿, 中宗) 131/3, 13
    5/15, 210/13, 359/22, 376/8
원제(元帝: 漢, 李奭) 206/7, 210/3, 224
    /1, 489/1
원조(袁晁) 39/5, 270/4, 280/2
원조(袁眺) 496/8
원조(元兆: 元大行) 210/17

원종(元從)　156/9
원종규(元宗逵)　260/5
원주(苑紬)　242/9
원준지(元濬之: 元長史)　118/13
원중무(元仲武)　239/3
원지(員智)　330/14
원지통(袁志通)　102/13
원지홍(袁智弘)　169/24
원진(元珍)　240/2
원진(元晉)　249/11
원진(袁眞)　294/5
원진(元稹: 元相公)　69/1, 156/1·11, 178/15, 181/9, 187/15, 198/20, 199/1, 204/25, 235/19, 265/9, 282/1, 394/12, 488/1, 489/2, 496/15, 498/4
원차(元叉)　139/9
원차양(袁次陽: 袁隗)　245/4
원찬(袁粲)　119/20
원찰(元察)　220/21
원참(袁參)　427/6, 496/8
원천(袁倩)　211/2
원천강(袁天綱)　19/1, 76/12, 221/1·2, 222/11, 223/13, 224/3·5·9, 310/1
원철(元徹)　25/2
원초(元初)　108/10
원초상인(圓超上人)　433/4
원측(袁測)　347/6
원치종(元稚宗)　131/10
원침(元琛: 北魏 河間王)　236/16

원태(元太)　215/6
원항(元頏)　219/6
원해(元楷)　267/12
원행충(元行冲)　203/10·28
원행흠(元行欽)　239/14
원허(袁許: 袁隱居·許君)　80/13
원헌황후(元獻皇后: 唐 玄宗 妃)　136/1, 486/1
원현영(袁玄瑛)　457/4
원협(元勰: 北魏 彭城王)　174/24
원호(元顥: 北魏 北海王)　127/5
원호(元鎬)　367/26
원홍어(袁弘禦)　215/10
원홍초(元洪超)　327/4
원화자(元和子)　287/5
원확(袁廓: 袁思度)　377/2
원회경(元懷景)　170/4
원효숙(袁孝叔)　152/6
원후(元后: 漢 元帝 后)　135/7
원휘(袁暉)　186/6
원휘(袁輝)　255/14
원휘(元暉)　62/7
원휘(元徽: 北魏 城陽王)　127/5
원휴(源休)　122/4, 151/7, 255/20
원흉(元凶: 劉劭)　139/7
원희성(元希聲)　169/26, 185/17
월국공(越國公: 唐, 葉法善)　77/5
월국공(越國公: 隋, 楊素)　163/37, 166/2, 248/1

월석(越石) 202/4
월왕(越王: 唐) 94/3, 147/3
월왕(越王: 春秋戰國, 勾踐) 135/3, 326/5, 462/21, 473/3, 444/1
월왕(越王: 漢 東越王) 270/12
월왕(越王: 漢 閩越王, 無諸) 396/20
월혜(越惠) 66/1
위(危) 197/2
위강(魏絳) 198/15
위강(韋康: 韋元將) 206/25, 207/8
위개(衛玠: 衛叔寶, 衛洗馬) 87/4, 174/1, 207/5
위개(魏覬: 衛覬) 209/3
위갱(韋鏗) 255/15
위거(魏巨) 113/8
위거(韋渠) 260/15
위거(魏鍚) 178/4
위거모(韋渠牟) 188/7, 223/2
위건(韋建) 281/8
위건도(韋乾度: 韋殿中) 497/15
위건조(魏虔祖) 440/10
위검(韋檢) 279/22
위견(韋甄) 184/2
위견소(韋見素) 186/15, 277/20
위경(衛慶) 402/20
위경(韋卿) 93/1
위경본(韋慶本) 249/18
위경식(韋慶植: 韋長史) 134/3
위경유(衛敬瑜) 270/2

위경재(韋卿材) 48/6
위계(韋計) 428/9
위계경(魏季景) 139/10
위계창(魏季昌) 247/5
위고(韋固) 159/1
위고(韋皐: 唐 南康郡王, 韋武侯·韋太尉, 韓翱) 47/4, 77/7, 96/4, 106/11, 138/2, 155/5, 170/10, 198/19, 204/5, 213/3, 227/9·11, 274/5, 305/3, 396/25, 422/4, 424/10, 496/4·5
위곤(韋鯤) 159/1
위곤(韋袞) 275/1
위공간(韋公幹) 269/11, 286/7
위공자(魏公子: 春秋戰國, 无忌) 460/20
위과(魏過) 293/2
위관(衛瓘) 209/3, 359/19
위관(韋寬) 67/2
위관지(韋貫之) 154/11, 180/14
위광(韋光) 462/36
위광승(魏光乘) 255/14
위광제(韋廣濟) 377/6
위구주(韋衢州: 韋黃裳) 377/6
위국공(衛國公: 唐, 李德裕) 78/2, 143/26, 232/9·10, 256/16, 406/26, 409/33·42, 411/18
위국공(衛國公: 唐, 李靖) 29/5, 193/2, 296/13, 418/14
위국공(魏國公: 唐, 李密) 396/19
위국공(魏國公: 唐, 張延賞) 285/17

위국공(魏國公: 唐, 崔沆)　182/17
위국공(魏國公: 唐, 崔鉉)　175/12, 201/1
　　3, 202/15
위군(韋君: 江夏從事)　476/9
위군(韋君: 唐 監察御史)　37/1
위극근(韋克勤)　102/14
위극기(魏克己)　185/19
위근(韋覲)　283/15
위길(韋吉)　252/16
위남화(魏南華)　128/5
위납(韋納)　341/4
위녀(衛女: 春秋戰國 衛侯 女)　461/23
위념(魏恬)　255/14
위단(韋丹: 法友·韋夫人)　35/5, 118/13,
　　256/5, 497/8
위대(韋戴)　120/15·16
위대경(衛大經)　391/10
위덕린(韋德隣)　47/3
위도(韋縚)　389/24
위도세(衛度世)　4/9
위도필(衛道弼)　203/9
위래(韋騋)　311/7
위량(韋諒)　282/3, 369/4
위령(魏伶)　462/24
위령공(韋令公)　149/8
위로사(韋老師)　39/3
위률(韋栗)　334/3
위림(韋林: 韋琳, 王琳)　234/6
위명(魏明)　169/5

위명부(韋明府)　449/6
위모(魏暮)　187/9, 199/7, 217/5, 498/3
위모(魏謨)　266/3
위모(韋謀)　307/10
위모(韋某: 唐 漢州刺史)　108/8
위목(韋牧: 韋承皋)　124/14
위몽(韋蒙: 韋小眞)　69/4
위무정(韋務靜)　265/16
위무첨(韋無忝)　212/5·11
위문경(韋文卿)　123/3
위문진(魏文眞: 魏文貞)　171/5
위민(韋旻)　214/6
위방(韋放)　120/16
위방(韋滂)　363/1
위방진(魏方進)　36/3
위백양(魏伯陽)　2/4
위백옥(衛伯玉)　160/2
위범(韋泛)　149/10
위보구(韋保衢)　273/9
위보의(韋保義)　183/1
위보형(韋保衡)　123/2, 183/9, 188/11, 4
　　99/3·4
위복야(魏僕射)　163/25
위봉고(魏奉古)　213/2
위부(魏扶)　170/20
위부(韋副)　388/4
위부경(衛符卿)　50/1
위부인(韋夫人: 韋丹)　347/4
위부인(衛夫人: 衛鑠, 衛茂猗)　207/1

위부인(魏夫人: 魏華存)　58/1, 70/2·5
위부인(韋夫人: 崔元綜 妻)　159/2
위불타(魏佛陀)　415/6
위붕(魏朋)　341/5
위비(蠶飛)　478/8
위빈(韋斌)　237/1
위빈(韋玭)　436/8
위빙(韋冰)　380/6
위사(韋詞)　278/8
위사(衛賜: 子貢)　179/10
위사공(韋思恭)　422/5
위사공(韋四公: 韋齊休)　348/7
위사군(魏使君: 建州人)　399/37
위사군(魏使君: 魏耽)　306/3
위사립(韋嗣立: 小逍遙公)　174/10, 235/15, 236/26
위사마(韋司馬: 韋延之)　380/6
위사목(韋思穆: 韋判官)　123/3
위사창(韋士昌)　363/4
위사현(韋思玄)　400/16
위상(衛象)　94/4
위상덕(魏尙德)　105/7
위상서(韋尙書: 韋雲起)　126/6
위상서(韋尙書: 韋陟)　242/3
위생(韋生: 唐 建中年間人)　194/3
위생(魏生: 唐人)　403/15
위생(韋生: 孟氏 妻弟)　421/4
위생(韋生: 鮑生 外弟)　349/4
위생(衛生: 淮楚 呪術人)　363/4

위서(韋恕)　16/2
위서(魏舒: 文康公)　58/1, 456/25
위서인(韋庶人: 唐 中宗 后, 韋后)　92/2, 240/3·5·14, 249/15, 275/1, 283/6·7, 300/1
위선(韋詵)　169/29
위선생(魏先生: 北周人)　171/5
위선옹(韋仙翁: 韋集)　37/1
위선준(衛善俊)　26/1, 47/5
위섬(韋蟾)　256/9, 273/8
위성신룡(衛聖神龍)　425/8
위성흥(尉成興)　327/4
위세마(衛洗馬: 衛玠)　207/5
위세자(魏世子)　114/2
위소경(韋少卿)　264/3
위소계(韋少季)　209/3
위소도(韋昭度)　123/7, 158/5, 170/22, 183/23, 262/12, 266/12
위소범(韋昭範)　196/2
위소진(韋小眞: 韋蒙)　69/4
위손(韋巽)　262/12
위수(衛隨)　160/2
위수(韋岫)　170/21
위수(韋綬)　204/6
위수(魏收)　246/22, 247/15, 253/15
위수(衛受)　368/7
위수장(韋秀莊)　302/3
위수재(衛秀才: 衛庭訓)　302/2
위수재(韋秀才: 韋處厚)　224/10

위수충(衛邃忠)　267/18
위숙(魏淑)　220/21
위숙경(衛叔卿)　4/9
위숙린(魏叔麟)　163/25
위숙문(韋叔文)　213/18
위숙보(衛叔寶: 衛玠)　174/1
위순(魏恂)　105/7
위순관(韋巡官)　198/17
위술(韋述)　212/9, 222/9, 235/16
위승고(韋承皐: 韋牧)　124/14
위승장(衛承莊)　59/6
위시(尉始)　482/15
위시어(韋侍御: 韋君)　37/1
위시어(魏侍御: 魏式)　385/2
위식(魏式: 魏侍御)　385/2
위신(韋愼)　250/5
위십낭(韋十娘)　364/3
위씨(韋氏)　261/13
위씨(威氏: 科斗郞君)　474/3
위씨(韋氏: 洛陽人)　330/6
위씨(韋氏: 南朝 安定人)　321/11
위씨(韋氏: 唐 都官)　278/11
위씨(韋氏: 唐 杜陵人)　454/8
위씨(韋氏: 唐 儒學人)　101/2
위씨(韋氏: 唐 中宗 后, 韋后)　135/31, 16
　　9/24, 188/3, 236/21, 240/9, 485/1
위씨(韋氏: 唐 興平縣人)　417/6
위씨(韋氏: 唐 邛人)　120/19
위씨(韋氏: 同昌公主 母)　237/8

위씨(韋氏: 孟氏 妻)　421/4
위씨(韋氏: 武殷 妻)　159/5
위씨(韋氏: 薛義 叔母)　278/15
위씨(韋氏: 楊弘武 妻)　272/14
위씨(韋氏: 韋參軍 父)　450/7
위씨(魏氏: 李元允 妻)　40/4
위씨(韋氏: 張易之 母)　361/11
위씨(魏氏: 崔涵 母)　375/4
위씨(韋氏: 巴南縣令)　108/9
위씨(韋氏: 華原縣令 妻)　302/2
위씨(韋氏: 京兆人)　351/6
위씨(韋氏: 唐 上元年間人)　463/23
위씨(韋氏: 崔道樞 表兄)　423/10
위안(韋顔)　423/10
위안도(韋安道)　299/1
위안석(韋安石)　129/12, 242/3, 389/24
위안정(韋安貞)　159/5
위안지(韋安之)　347/5
위양원(魏陽元)　158/7
위언변(韋言辯)　469/12
위언연(魏彦淵)　247/5
위엄(韋弇: 韋景昭[景照])　33/1, 403/11
위연왕(僞燕王: 唐, 趙延壽)　367/31
위연우(韋延祐)　228/4·12
위연지(韋延之: 韋司馬)　380/6
위열(韋說)　262/2, 264/15, 266/6
위영(韋英)　371/5
위오확(威汚蠖: 六郞子·田氏)　474/3
위온(韋溫)　143/28, 300/1

위왕(魏王: 唐)　208/3, 460/22
위왕(魏王: 唐, 武承嗣)　163/22·23, 240/11, 267/13
위왕(魏王: 五代 後唐, 李繼岌)　80/10, 241/1
위왕(魏王: 五代十國 前蜀)　124/14
위왕(威王: 春秋戰國 齊)　474/3
위요(魏曜)　481/1
위요(韋曜)　87/3
위운기(韋雲起: 韋尙書)　126/6
위웅(韋熊: 韋少李)　206/25
위원보(韋元甫)　244/6
위원종(衛元宗)　116/11
위원충(魏元忠: 齊國公·魏眞宰)　169/24, 221/2·6, 250/3, 258/12, 259/8, 268/10, 300/1, 444/6
위유(韋宥)　422/9
위유유(韋有柔)　436/2
위윤(韋允)　237/1
위은(韋隱)　358/9
위음(韋崟)　452/1
위응물(韋應物)　204/23, 205/16
위의방(偉義方)　16/2
위이범(韋貽範)　184/8
위이십삼(韋二十三: 唐 劍南人)　496/11
위이십이랑(韋二十二郞: 韋浦)　341/3
위인실(韋仁實)　261/2
위일(韋鎰)　332/3
위잉(魏仍)　277/21

위자동(韋自東)　356/7
위자위(韋子威)　45/2
위자춘(韋子春)　457/15
위장(韋莊)　165/29, 175/16, 200/6, 257/11, 432/10
위장(韋璋)　327/15
위장군(韋將軍: 南方天王)　91/9, 93/1
위장군(衛將軍: 原士康)　236/15
위장립(胃藏立)　490/1
위장사(韋長史: 韋慶植)　134/3
위장호(胃藏瓠)　490/1
위전(魏全)　216/8
위전(韋顚)　462/36
위전중(韋殿中: 韋乾度)　497/15
위정(韋挺)　221/1
위정(魏貞)　273/1
위정(韋鼎)　300/1
위정(魏靖)　380/2
위정(韋貞: 唐 鄭王)　283/7
위정관(韋正貫)　279/19
위정훈(衛庭訓: 衛秀才)　302/2
위제(魏齊)　275/11
위제(魏帝: 三國 魏 文帝, 曹丕)　326/7
위제(魏帝: 三國 魏 元帝, 曹奐, 陳留侯)　480/13
위제휴(韋齊休: 韋四公)　348/7
위조(魏祖: 三國 魏 武帝, 曹操)　60/4
위조사(魏肇師)　411/11
위종경(韋宗卿)　67/1

위주(韋舟) 223/2
위주(韋宙) 37/5, 183/9, 499/10
위중(韋仲) 207/11
위중령(韋中令: 唐 中書令) 158/3
위중령(韋中令: 唐 翰林院長) 183/18
위중승(衛中丞) 459/2
위중장(韋仲將: 韋誕) 206/16·21, 207/2·8
위중행(衛中行) 279/16
위지고(魏知古) 186/6, 224/4, 270/14
위지십(韋知十) 99/12
위진(韋眞) 299/1
위진(韋震: 玉子) 5/6
위집(韋集: 韋仙翁) 37/1
위집의(韋執誼) 153/5, 188/11, 223/2, 497/11
위징(魏徵: 鄭國公·文貞公·魏太監) 21/1, 146/5·8, 169/15·17, 208/8, 209/8·11, 327/14, 377/4
위차공(衛次公) 155/1
위참군(韋參軍) 450/7
위창(魏昶) 171/11
위창(魏昶: 韋文林[文休]) 207/8
위처사(韋處士) 124/14
위처인(韋處仁) 165/15, 399/32
위처후(韋處厚: 韋秀才) 155/5, 223/7, 224/10, 308/5
위척(韋陟: 郇國公·韋尙書) 97/2, 159/2, 174/33, 189/11, 237/1, 242/3
위천신(渭川神) 300/3

위철(魏哲) 209/11
위청(衛靑) 480/12
위초로(韋楚老) 405/22
위촉주(僞蜀主: 五代十國 前蜀, 王建) 257/11, 262/9, 409/44
위촉주(僞蜀主: 五代十國 前蜀, 王衍) 80/16
위추(韋騶: 逸群公子) 311/7
위침(韋琛) 366/10
위타(尉陀: 趙陀) 482/15
위탄(韋誕: 韋仲將) 206/16·22·23·25, 207/8, 209/3
위탐(魏耽: 魏使君) 306/3
위태감(魏太監: 魏徵) 377/4
위태위(韋太尉: 韋皐) 204/6
위태자(衛太子: 漢 武帝 太子) 291/18
위태후(魏太后: 北魏) 99/4
위파로(韋破虜) 120/8
위판관(韋判官: 韋思穆) 123/3
위팔사(魏八師) 213/2
위포(韋浦: 韋二十二郞) 341/3
위표(魏豹) 275/11
위표미(韋表微) 264/3
위풍(韋諷) 375/16
위하경(韋夏卿: 獻公) 223/2, 487/1
위함(韋啣) 123/3
위항(韋恒) 147/13, 206/7·22·23, 207/6, 209/3
위항(韋抗) 148/6, 186/3

위행규(韋行規)　195/4, 465/27
위행식(韋行式)　45/2
위허기(韋虛己)　444/7
위허명(韋虛名)　250/6
위허심(韋虛心)　38/1, 362/2
위현(韋絢)　187/9, 424/10, 477/4
위현(韋賢)　199/9
위현(韋翾)　477/34
위현성(韋玄成)　199/9
위협(衛協)　210/9, 213/8, 214/6
위협률(韋協律)　370/6
위형(韋荊)　266/6
위호(衛鎬)　461/34
위홍철(魏弘哲)　192/9
위화존(魏華存: 魏賢安, 魏夫人·南岳神
　仙)　11/6, 58/1
위환(韋偘)　269/3
위환(韋環)　167/4
위황(韋況)　168/2
위황(韋璜)　337/1
위황상(韋黃裳: 韋衢州)　377/6
위회왕(僞懷王: 唐, 史朝義)　495/9
위효관(韋孝寬)　300/7
위후(衛侯)　461/23
위후(韋后: 唐 中宗 后, 孝和皇后·逆韋·
　韋庶人·韋氏)　26/1, 135/30, 163/17,
　263/10, 265/5, 288/17
위훈(韋訓)　368/10
위휘준(魏輝儁)　119/22

유가(劉家)　329/5
유가(劉軻: 海納)　117/4, 181/3
유가대(劉可大: 劉秀才)　303/6
유간(劉幹)　217/7
유간사(劉簡辭)　470/6
유갑(劉甲: 唐 彭城人)　448/7
유갑(劉甲: 劉宋人)　418/11
유갑(劉甲: 鵁鶄)　86/12
유강(劉綱)　50/1·2, 60/5·6, 68/3, 350/4
유강조(劉康祖)　320/15
유개(劉漑)　384/5
유개(劉凱)　375/6
유거린(劉巨麟)　437/9
유거용(劉巨容)　108/12, 158/3, 265/13
유거질(劉去疾: 漢 廣川王)　389/3
유건(劉騫)　326/5
유건봉(劉建封)　278/29, 366/15
유건지(柳騫之)　258/7
유검(柳儉)　102/9
유견오(庾肩吾)　246/20, 336/1
유견자(劉犬子)　263/9
유경(柳璟)　155/7, 278/14
유경(劉京)　161/25
유경(柳慶)　165/25
유경(劉景)　170/9, 265/19
유경궁(劉敬躬)　131/22
유경동(劉敬同)　185/13
유경문(劉敬文)　110/25
유경복(劉景復)　280/11

유경소(劉景素: 劉宋 建平王)　135/19
유경숙(劉敬叔)　113/3, 412/33
유경양(劉景陽)　463/26
유경지(劉敬之)　239/7
유경헌(劉景憲)　269/2
유경휴(庾敬休: 庾右丞)　211/14
유계(劉洎)　169/14, 208/1, 221/1
유계(柳季: 柳下惠)　460/11
유계수(庾季隨)　325/9
유계지(劉系之)　87/4
유계지(劉誡之: 劉果毅)　263/1
유고(柳顧)　93/1
유고언(柳顧言)　23/1
유고지(庾杲之)　173/12
유곤(劉琨)　335/9, 434/19
유공(劉公: 唐 通義官)　265/13
유공(劉公: 唐 刑部尙書)　159/7
유공(惟恭)　107/7
유공(劉公: 唐 江西廉使)　55/5
유공(劉公: 唐 乾符年間 丞相)　290/1
유공(庾公: 庾亮)　174/29
유공(幽公: 春秋戰國 晉)　389/3
유공간(劉公幹: 劉楨)　327/3, 349/4
유공권(柳公權)　174/21, 213/1, 261/2, 308/5, 394/2
유공신(劉公信)　99/13
유공일(劉公逸)　280/9
유공재(劉孔才: 劉劭)　319/11, 326/7
유공제(柳公濟)　144/6

유공초(俞公楚)　290/1
유과의(劉果毅: 劉誡之)　263/1
유관(劉寬)　176/3, 414/34
유관사(劉貫詞)　421/3
유광(劉廣)　134/13
유광(柳光)　392/5
유광아(劉廣雅)　426/13
유광조(劉光祚)　232/15
유괴(劉瓌)　207/8
유굉(劉肱)　112/9
유굉(庾宏)　119/21
유교(劉交)　226/3
유교(劉嶠)　359/21
유군(劉君)　477/12
유군(劉君: 弋陽縣尉)　444/5
유군(劉君: 漢 武帝, 劉徹)　50/1
유굴리(劉屈氂)　204/25
유궁(裕躬)　400/4
유귀(劉貴)　135/21
유귀순(柳歸舜: 柳十二)　18/1
유근(劉根: 劉君安)　10/2, 309/2
유근(庾謹)　360/2
유근(劉根)　47/3
유금(劉金)　459/22
유급(柳及)　149/9
유기(柳沂)　467/18
유기(劉奇: 劉子)　169/23, 185/15, 255/2
유길(劉吉)　3/1
유나(維那)　89/1, 96/7, 112/5

유단(劉單)　179/10
유단(劉檀)　278/21
유단(劉旦)　322/11
유담(劉湛)　110/25
유담(劉覃)　411/1
유담(劉惔: 劉眞長)　207/3
유덕(劉德: 漢 河間王)　144/16
유덕승(劉德升: 劉德昇, 劉君嗣)　206/8·
　18·22·23, 209/3
유덕원(劉德願)　142/1, 473/25
유도(劉度)　110/15
유도(劉導: 劉仁成)　326/5
유도(柳靹)　483/9
유도강(劉道强)　203/16
유도계(庾道季: 庾龢)　210/15
유도린(劉道隣: 劉宋 長沙王)　396/23
유도민(庾道敏)　224/17
유도사(劉道士)　355/6
유도석(劉道錫)　320/15
유도선생(有道先生: 葉重)　26/1
유도제(劉道濟)　282/6
유도존(劉道存)　473/25
유도지(劉桃枝)　216/7
유도진(劉道眞)　253/7
유도현(劉道玄)　23/6
유돈(游敦: 游幼齊)　119/4
유돈유(劉敦儒)　261/2
유둔(劉遁)　322/14
유득언(劉得言)　342/3

유득인(劉得仁)　182/4
유등(劉騰)　139/9
유등(柳登)　219/3
유란교(劉蘭翹)　69/3
유랄부(劉剌夫)　366/6
유랑중(劉郞中: 劉商)　46/4
유랑지(劉朗之)　326/3
유량(庾亮: 大庾·庾公)　58/1, 126/2, 141
　/5, 169/13, 207/1, 235/9, 246/3, 321
　/1·6
유령(劉齡)　113/8
유령(劉伶)　233/21, 235/5, 278/12
유령(柳逞)　398/6
유로(劉老)　431/5
유로봉(劉魯封)　477/14
유록사(劉錄事)　220/16
유룡(劉龍: 劉義節)　493/5
유룡선(劉龍仙)　192/4
유룡자(劉龍子)　238/1
유릉(柳凌)　279/19
유림보(劉林甫)　185/3
유림조(柳林祖)　216/3, 388/3
유마거사(維摩居士: 維摩詰)　210/11, 28
　5/16
유마아(劉摩兒)　132/10
유마힐(維摩詰: 維摩居士)　21/1, 214/1,
　405/14
유막지(劉邈之)　150/5
유만금(劉萬金)　348/1

유만년(劉萬年) 469/4
유망(楡罔) 56/1
유면(劉沔) 143/23
유면(劉緬) 263/12
유명부(劉明府) 381/6
유명원(劉明遠) 384/9
유모(劉某: 合肥 富人) 461/35
유모(柳某: 益州 士曹) 31/2
유모원(維ム遠: 羅公遠) 22/1
유목(劉牧: 劉子仁) 433/6
유목지(劉穆之: 劉鎭軍) 276/36
유무(劉戊: 漢 楚王) 328/6
유무군(劉撫軍) 437/3
유무기(柳無忌) 329/1
유무명(劉無名) 41/4
유무주(劉武周) 203/8
유문(劉文: 劉幼彦) 58/1
유문경(喩文景) 189/11
유문노(劉門奴) 328/6
유문백(劉文伯) 375/10
유문수(劉文樹) 255/16
유문정(劉文靜) 189/4, 193/2
유문정(劉文靖) 277/14
유민(劉敏) 142/9
유박(劉璞) 58/1
유반(劉幡) 443/3
유방(柳芳) 174/13, 219/3, 222/9, 235/16
유방(劉邦: 漢 高祖, 漢祖·沛公) 310/7
유방우(劉方遇) 172/13

유방현(劉方玄) 345/3
유백(劉白) 210/3
유백운(劉白雲) 27/4
유백조(劉伯祖) 442/14
유백타(劉白墮) 233/2
유번(劉璠) 124/9, 436/12
유법사(劉法師) 18/5
유벽(柳闢) 187/25
유벽(劉闢: 劉尙書) 77/7, 106/6·13, 178/1, 198/19, 200/11, 261/19, 289/8, 496/4
유벽(劉辟) 149/8
유별가(劉別駕) 334/4
유병(柳幷) 433/3
유병(劉炳) 408/27
유복(劉復) 219/1
유부(柳父: 柳鎭) 469/13
유분(劉賁) 181/12
유분소(劉糞掃) 355/14
유붕거(柳鵬擧) 354/16
유비(劉備: 三國 蜀 昭烈帝, 劉玄德) 174/27, 191/3, 226/1, 236/16, 241/1
유비라(庾毗羅) 418/9, 492/1
유빈(劉斌) 110/25, 360/21
유빈(劉邠) 216/1
유빈(柳玭) 264/13
유빙(劉憑) 11/3
유사(劉四: 劉積中) 363/9
유사군(柳使君) 309/1

유사군(劉使君: 劉晏) 336/4
유사녕(劉士寧) 177/3, 275/10
유사례(劉思禮) 267/18
유사로(劉師老) 188/7, 496/11
유사문(劉沙門) 276/42
유사보(劉師保) 132/10
유사복(劉師復) 55/2
유사영(劉士榮) 260/19
유사장(劉思莊) 493/15
유사홍(劉士弘) 92/6
유산보(劉山甫) 223/11, 266/9, 282/6, 312/6, 313/2·3·4, 366/14
유살가법사(劉薩訶法師) 93/1
유살귀(劉殺鬼) 211/8
유삼(劉參) 339/3
유삼복(劉三復) 387/9
유상(劉尙) 131/1
유상(劉象) 178/9
유상(劉祥) 265/1
유상(劉商: 劉郞中) 6/5, 46/4, 213/13
유상(庾常) 90/1
유상도(劉祥道) 240/6
유상서(劉尙書: 劉闢) 106/13
유생(劉生: 唐 彭城人) 282/6
유생(劉生: 李球 友) 47/2
유생(劉生: 唐 開元年間人) 216/13
유생(劉生: 劉乙 子) 330/1
유서(劉舒) 378/7
유서초(劉栖楚) 156/11

유선(劉詵) 266/6
유선(劉宣) 314/10
유선(劉禪: 三國 蜀 後主) 241/1, 350/2
유선(庾詵) 76/7
유선조(游先朝) 368/6
유설(劉薛: 惠達) 379/1
유섬(劉贍) 188/11
유성(柳晟) 271/9
유성(劉成) 449/2, 470/4
유성(柳城) 83/7
유성지(劉城之) 267/12
유세륭(劉世隆) 396/15
유소(劉沼) 118/9
유소(游邵) 459/7
유소부(劉少府: 劉俶) 339/4
유소유(柳少遊) 358/6
유소지(庾紹之: 庾道覆) 321/10
유수(柳殊) 149/9
유수(劉隨) 404/7
유수(兪叟) 74/1, 84/6
유수재(劉秀才: 劉可大) 303/6
유숙(劉淑) 169/5
유숙(劉俶: 劉少府) 339/4
유숙륜(柳叔倫) 325/12
유순(劉恂) 441/12, 465/2, 483/1
유순(庾純) 294/7
유순(劉順) 360/27
유숭(庾崇) 322/6
유숭(柳崇) 368/12

유숭귀(劉崇龜: 彭城公) 85/6, 223/11, 2
  38/15
유숭로(劉崇魯) 123/7
유숭망(劉崇望) 265/15
유숭원(劉崇遠) 85/6
유승(劉勝) 206/23
유승선(庾承宣) 181/2·8
유승옹(劉承雍) 497/18
유식(庾寔) 360/7
유식지(劉式之) 113/7
유신(劉晨) 25/2, 61/7, 403/11
유신(柳信) 82/3
유신(劉信: 庾子山) 51/4
유신(庾信) 102/11, 144/13, 169/30, 198
  /4, 247/16, 397/22, 411/11
유신(劉愼) 332/6
유신(庾申: 庾甲) 383/10
유신동(劉神童) 175/14
유신언(柳信言) 246/21
유실(柳實) 25/2
유심(劉郯) 190/7, 354/4
유심의(劉審義) 278/21
유십랑(劉十郎) 138/17
유십륙랑(劉十六郎: 劉鴻漸) 105/5
유십이(柳十二: 柳歸舜) 18/1
유씨(劉氏: 唐人) 350/6
유씨(柳氏: 唐人) 363/2
유씨(劉氏: 杜羔 妻) 271/18
유씨(柳氏: 杜昌 妻) 129/4

유씨(劉氏: 謝安 妻) 141/4
유씨(劉氏: 梁人) 326/6
유씨(劉氏: 王肇宗 母) 318/10
유씨(柳氏: 于昶 妻) 104/1
유씨(劉氏: 雲陽公主 夫) 256/3
유씨(柳氏: 李生 妾) 485/2
유씨(柳氏: 任瓌 妻) 272/13
유씨(柳氏: 鄭生 妻) 358/8
유씨(劉氏: 祖法開 母) 325/6
유씨(柳氏: 崔宇 妻) 17/3
유씨(劉氏: 太山府君) 102/15
유씨(劉氏: 方蘭蓀 外家) 117/5
유씨(劉氏: 施州刺史) 262/10
유씨(劉氏: 梁 江陵 士大夫) 120/5
유씨(劉氏: 吳生 妾) 356/4
유씨(劉氏: 王氏女 生母) 70/6
유씨(庾氏: 王瑤 隣人) 325/14
유씨(劉氏: 劉崇遠 妹) 85/6
유씨(庾氏: 太叔 王氏 後妻) 438/7
유씨(劉氏: 何軫 妻) 108/1
유씨(游氏: 許都城人) 352/2
유씨(劉氏: 劉向) 415/10
유씨(鈕氏: 鈕婆) 286/5
유씨자(劉氏子: 惠照) 92/6
유악(劉岳: 五胡十六國 漢[前趙], 中山
  王) 88/1
유안(劉晏: 劉使君) 38/1, 39/1, 96/5, 1
  53/3, 164/15, 175/7, 198/16, 271/10,
  336/4, 338/7, 390/7

유안(劉安: 漢 淮南王) 6/5, 8/1, 29/4, 181/18, 288/2
유암(劉巖) 217/7
유압아(劉押衙: 劉惟淸) 346/10
유약(劉約) 187/24
유약시(劉鑰匙) 134/13
유언장(劉彦莊) 150/2
유언회(劉彦回) 472/11
유업(劉鄴: 劉漢藩) 183/1, 387/9, 411/1
유여(由余) 93/1
유여선(劉如璿) 269/2
유여의(劉如意) 489/1
유여지(劉餘之) 469/10
유연세(劉延世) 375/12
유엽(劉曄) 181/19
유영(惟瑛) 154/8
유예(劉裔) 396/13
유오(劉悟) 45/2, 73/5, 143/27
유오두(劉烏頭) 355/14
유오흥(柳吳興: 柳惲) 239/7
유온(劉媪) 310/7
유옹(劉雍) 201/16
유옹(柳翁) 423/15
유왕(幽王: 周) 488/1
유외(劉隗) 141/8
유요(劉曜) 88/1, 93/1, 396/12
유요(劉瑤: 劉仲璋) 326/7
유우(劉佑) 169/5
유우(劉虞: 劉幽州) 317/3

유우석(劉禹錫) 69/1, 138/2, 146/11, 156/2, 163/33, 170/16, 177/7, 186/17, 188/11, 198/22, 204/18, 224/10, 235/17, 244/9·12, 251/2·4, 255/24, 256/2, 260/19, 273/4·5, 393/6, 411/22, 422/2, 497/18, 498/6
유우승(庾右丞: 庾敬休) 211/14
유우씨(有虞氏: 舜) 173/19
유욱(劉昱: 劉宋 後廢帝, 幼帝) 267/2
유운(劉雲) 232/15
유운(柳惲: 柳吳興) 239/7
유원경(柳元景) 142/3
유원부(劉元溥: 劉弘敬) 117/5
유원위(庾元威) 472/9
유원적(留元寂) 442/18
유원정(劉元鼎) 454/4
유원좌(劉元佐) 260/19
유원형(劉元逈) 308/4
유월명(劉月明) 262/8
유위(劉威) 373/7, 398/22
유위(庾威) 250/27
유유(劉儒) 324/9
유유(劉柔) 440/9
유유(劉裕: 劉宋 武帝, 高帝·高祖·太祖, 宋國公·劉將軍) 29/4, 81/3, 295/17, 360/9, 468/10
유유구(劉幽求) 282/2
유유언(劉幼彦: 劉文) 58/1
유유제(游幼齊: 游敦) 119/4

유유주(劉幽州: 劉虞) 317/3
유유청(劉惟淸: 劉押衙) 346/10
유윤장(劉允章) 183/6, 263/15, 265/20
유율(劉聿) 460/18
유은(劉隱) 483/14
유은립(劉恩立: 劉思立) 178/5
유은지(劉隱之) 98/7
유을(劉乙) 330/1
유을의아(劉乙意兒) 213/2
유응적(庾凝績) 499/7
유응지(劉凝之) 324/3
유의(劉毅) 126/3, 139/8, 322/14
유의(柳毅) 311/1, 419/1, 424/13
유의(劉禕) 197/10
유의경(劉義慶: 劉宋 臨川王) 210/11, 396/23
유의공(劉義恭: 南齊 江夏王) 207/10, 246/13
유의도(劉義度) 279/24
유의방(劉義方) 261/20
유의부(劉義符: 劉宋 少帝) 129/3
유의선(劉義宣: 劉宋 南郡王) 141/15, 142/4, 216/6
유의절(劉義節: 劉龍) 493/5
유이(劉二: 劉遜) 253/15
유이(劉廙) 133/7
유익(庾翼) 207/1, 210/14, 360/1
유인공(劉仁恭) 200/3, 278/19
유인관(劉仁寬) 127/8

유인궤(劉仁軌) 85/5, 146/19, 176/2, 221/2, 263/9, 298/2
유일회(劉逸淮) 106/7
유자(劉子: 劉奇) 255/2
유자경(劉子卿) 295/19
유자공(劉子貢) 332/6
유자광(劉子光) 399/2
유자남(劉子南) 14/1
유자산(庾子山: 庾信) 144/13
유자언(劉子彦) 375/12
유자업(劉子業: 劉宋 前廢帝, 少帝) 129/3, 142/3, 367/21
유자연(劉自然) 134/11·13
유자장(劉子長) 265/15
유자진(劉子振) 263/15
유자진(劉子震) 183/6
유자화(柳子華) 424/5
유자훈(劉子勛: 劉宋 晉安王) 119/15
유작(劉焯) 248/5
유잠(劉賭: 劉宜哥) 54/2
유잠(劉潛) 460/16
유장(劉章) 233/8
유장(劉璋) 60/4, 245/7
유장(柳萇) 375/5
유장(游章) 430/3
유장(劉長: 漢 厲王) 8/1
유장경(劉長卿) 211/5, 273/2, 363/4
유장경(柳藏經) 415/10
유장군(劉將軍: 劉裕) 276/35

유장군(柳將軍)　415/11
유장사(劉長史: 吉州 長史)　386/9
유장사(劉長史: 濟北郡 長史)　61/2
유재(劉載)　88/1
유적(柳勣)　201/4
유적(劉逖: 劉二)　253/15
유적(柳積: 柳德封)　295/14
유적(劉適)　316/3
유적보(劉赤父)　293/2
유적중(劉積中: 劉四)　363/9
유전(劉展)　189/11
유전(劉瑑: 劉子全)　199/10
유전(劉展)　105/5
유전백(劉全白)　431/6, 451/6
유전소(庾傳素)　499/7
유전소(劉全素)　375/6
유정(劉靖)　285/8
유정(劉整)　265/1
유정(劉政)　5/3
유정(劉楨: 劉公幹)　327/3
유정일(劉正一: 劉樞)　118/7
유정지(劉庭芝: 劉希夷)　143/10
유제(幼帝: 劉宋 後廢帝, 劉昱)　267/2
유조(劉朓)　189/10
유조(劉皁)　417/4
유조(劉照)　316/7
유조(劉璪)　352/8
유조하(劉朝霞)　250/12
유존(劉存)　124/7

유종(劉縱)　194/5
유종간(劉從諫)　156/10, 203/14, 390/12
유종원(柳宗元)　181/3, 187/8, 188/11, 256/2, 279/15, 467/16·17
유종진(劉琮璡)　494/8
유준(劉浚)　104/7
유준(劉俊)　15/2
유준(劉雋)　324/7
유준고(劉遵古)　156/3
유중(劉重)　175/8
유중랑(庾中郞: 庾戭)　235/9
유중애(劉衆愛)　451/6
유중영(柳仲郢)　52/1, 261/10, 265/18
유즐(劉騭)　355/14
유증(劉繒)
유증증(柳甑甑)　149/9
유지감(柳智感)　298/1
유지례(庾知禮)　253/14
유지언(劉志言)　361/9
유지왕(幽地王)　337/5
유지원(劉知元)　132/13
유지원(劉知遠: 五代十國 後漢 高祖)　200/10
유지준(劉知俊)　145/7, 163/39, 352/12
유지형(劉之亨)　118/10
유진(劉振)　156/10
유진(劉稹)　156/10, 390/12, 498/7
유진(柳鎭: 劉子元, 柳父)　469/13
유진(劉震)　486/2

유진군(劉鎭軍: 劉穆之)　276/36
유진장(劉眞長: 劉惔)　207/3, 500/6
유집겸(劉執謙)　345/6
유징(劉澄)　320/14
유찬(劉纂)　184/3, 499/12
유찬(柳璨)　184/5·6
유찰사자(遊察使者)　306/2
유참군(柳參軍)　342/2
유창(游昌)　435/13
유창예(劉昌裔)　194/5
유처사(劉處士)　85/10
유천(劉蒨)　253/9
유천(庾闡)　228/8
유천(劉薦)　428/3
유천(劉遷)　8/1
유철(劉徹: 漢 武帝, 孝武帝·漢主·劉君)　3/1
유첨(劉瞻: 尹公)　54/2, 170/9, 265/19
유청송(劉青松)　321/5
유청진(劉淸眞)　24/2
유체미(劉體微)　186/4
유초(劉峭)　314/5
유초(柳超)　437/7
유총(劉聰)　170/24, 311/1, 318/4
유총(劉寵: 留寵, 劉道弘)　142/7, 359/24
유추(劉樞: 劉正一)　118/7
유충(柳冲)　184/17
유칠(庾七)　348/7
유칠사(柳七師)　213/2

유타(劉他)　319/13
유탄(劉誕: 劉宋 竟陵王)　276/40
유탐(劉耽)　293/2
유태(劉蛻: 彭城公)　172/7, 182/9, 184/3, 251/17, 261/14, 499/12
유태진(劉太眞)　152/4
유파(劉波: 劉道則)　141/8
유파(劉頗)　367/29
유파(鈕婆: 鈕氏)　286/5
유평(劉平)　332/7
유포(劉褒)　210/5
유포(柳褒)　375/5
유표(劉表: 劉荊州)　11/5, 229/15, 292/7, 389/7
유풍(劉諷)　329/5
유필(劉弼)　102/12
유하(劉瑕)　58/1
유하혜(柳下惠: 柳季·展禽)　68/3, 245/2
유함윤(劉咸允)　156/2
유함좌(劉咸佐)　497/18
유해(柳澥)　157/2, 308/6
유행민(劉行敏)　254/6
유행자(劉行者)　162/17
유향(劉向: 劉氏)　161/6, 197/1·2, 228/6, 236/8, 291/20, 389/3
유허백(劉虛白)　182/17
유헌(劉憲)　378/1
유헌지(劉獻之)　202/1
유현(劉炫)　248/5

유현(劉玄) 368/5
유현덕(劉玄德: 劉備) 10/4
유현령(劉縣令) 54/5
유현익(劉玄翼) 265/19
유현좌(劉玄佐) 79/3, 238/11, 250/21, 270/11
유현평(劉玄平) 235/12
유형(柳亨) 298/1
유형주(劉荊州: 劉表) 327/3
유혜기(劉惠基) 318/15
유호(劉胡) 111/8, 439/15
유호(劉浩) 52/2
유호(劉皥) 314/18
유홍(劉洪) 331/11
유홍경(劉弘敬: 劉元溥) 117/5
유홍규(劉弘規) 308/5
유홍점(劉鴻漸: 劉十六郞) 105/5
유확(劉鄡) 325/13
유환(柳渙) 130/1
유환(劉瓛: 眞簡先生) 326/5
유황후(劉皇后: 五代 後唐 莊宗 后) 80/10, 239/14, 271/11
유회(劉繪) 246/15
유회(柳晦) 312/5
유회(劉悝: 漢 渤海王) 119/6
유회신(劉懷信) 209/11
유효의(劉孝儀) 234/4
유효작(劉孝綽: 阿士) 246/20, 247/2, 265/2

유효표(劉孝標) 441/5
유후(劉侯) 334/4
유휴업(劉休業: 劉宋 鄱陽王) 92/6
유휴우(劉休祐) 224/17
유흑달(劉黑闥) 253/17
유흠(劉歆) 161/6, 291/20
유흡(劉洽) 239/3
유흥도(劉興道) 141/14
유흥백(劉興伯) 90/1, 320/15
유희앙(劉希昂) 373/2
유희이(劉希夷: 劉庭芝) 143/10
육가(陸賈) 135/6
육간례(陸簡禮) 181/4
육간지(陸柬之: 陸大夫) 208/9·10
육강(陸康) 150/5
육강성(陸康成) 106/3
육개(陸漑) 210/12
육거사(陸去奢) 334/8
육거사(陸居士: 陸法和) 82/1
육건종(陸建宗) 351/5
육견(陸堅) 211/5
육경숙(陸敬叔) 415/2
육경양(陸景陽) 243/3
육경융(陸景融) 221/4, 496/1
육계(陸洎) 279/27
육교(陸喬) 343/1
육구몽(陸龜蒙: 陸魯望) 235/21·22, 499/13
육급위(陸及威) 183/23
육기(陸機: 陸士衡) 18/1, 43/2, 198/6,

234/16, 245/17, 246/5, 271/22, 318/1, 374/8, 437/15, 460/22
육대균(陸大鈞)　401/18
육대부(陸大夫: 陸柬之)　208/10
육대부신(陸大夫神)　308/1
육동미(陸東美)　389/10
육랑자(六郎子: 威污蠛)　474/3
육망(陸望)　333/12
육문례(陸聞禮)　154/8
육법사(陸法師: 陸法和)　82/1
육법화(陸法和: 陸居士·陸法師)　82/1, 142/9, 425/7
육복(陸馥)　174/30
육부(陸符)　154/8
육빈우(陸賓虞)　154/8, 235/21
육빙(陸憑)　339/7
육사가(陸仕佳)　150/7
육사관(陸四官)　402/17
육사낭(陸四娘)　115/8
육사룡(陸士龍: 陸雲)　173/9, 253/5
육사아(陸社兒)　425/13
육사형(陸士衡: 陸機)　197/4, 198/6, 410/7
육사효(陸思曉)　202/16
육상선(陸象先: 兗國公)　177/1, 202/23, 235/15, 496/1
육생(陸生: 醴陵 縣令)　313/5
육생(陸生: 吳郡人)　72/3
육소(陸紹)　78/1, 443/9, 458/9
육손(陸遜)　18/1, 173/6·7, 435/1

육송(陸頌)　163/22
육수(陸琇)　174/30
육수(陸倕)　90/2
육순(陸淳)　452/1
육씨(陸氏: 長洲縣丞)　333/9
육씨(陸氏: 晉人)　253/4
육씨(陸氏: 鉗耳含光 妻)　115/8
육씨(陸氏: 皇甫政 妻)　41/3
육안자(陸晏子)　246/24
육암몽(陸巖夢)　256/14
육앙(陸卬: 陸雲駒)　247/6
육언(陸彦)　376/11
육여경(陸餘慶)　259/6, 328/14
육예(陸乂)　175/2, 247/6
육옹(陸顒)　476/10
육우(陸羽: 陸鴻漸·竟陵子)　83/3, 201/10
육운(陸雲: 陸士龍)　18/1, 173/9, 246/5
육웅장군(六雄將軍)　445/1
육원방(陸元方)　263/5, 493/21
육원제(陸元悌)　209/11
육유면(陸遺免)　279/3
육유일(陸遺逸)　494/1
육의(陸扆)　183/23, 233/15, 235/22
육인혜(陸仁惠)　247/5
육일충(陸逸衝)　15/2
육장원(陸長源)　17/2, 177/3, 251/1
육적(陸績)　165/1, 169/8
육정(六丁: 火神)　56/3, 470/7
육정도사(六丁道士)　362/19

육정사자(六丁使者) 278/15
육조(陸操) 248/3
육준(陸遵) 224/18
육지(陸贄) 170/11, 181/4, 186/16, 275/10, 496/10
육창(陸暢) 204/25, 256/3, 496/5
육치화상(肉齒和尙) 406/9
육탐미(陸探微) 211/10, 214/6
육항(陸抗) 253/4
육행검(陸行儉) 351/5
육헌(陸憲) 160/3
육현창(陸玄暢) 93/1
육혼(陸渾) 444/8
육홍(陸弘) 389/10
육홍점(陸鴻漸: 陸羽) 27/3, 83/3, 201/10, 399/11, 497/4
육회소(陸懷素) 102/16
육효정(陸孝政) 132/8
육휘(陸暉) 111/12
육휴부(陸休符) 279/18
육희성(陸希聲) 183/23
윤공(尹公: 劉瞻) 265/19
윤공(尹公: 漢 道士) 14/1
윤공도(尹公度: 尹軌) 13/3
윤군(尹君: 唐 司法參軍) 249/5
윤군(尹君: 唐 晉山 道士) 21/3
윤궁(尹躬) 154/7
윤궤(尹軌: 尹公度) 13/3
윤극(尹極) 180/6

윤면(尹沔) 338/1
윤방(崙邦) 154/9
윤불자(尹佛子: 尹正義) 260/7
윤사(尹思: 尹小龍) 13/8
윤상(允常) 390/7
윤수자(尹壽子) 1/1
윤숭(尹崇) 33/2, 92/3
윤신동(尹神童) 249/20
윤아(尹兒) 468/13
윤언(尹偃) 122/9
윤옥(潤玉) 326/8
윤요(尹耀) 270/9
윤원(尹瑗) 454/7
윤음(尹愔) 26/1, 33/2, 92/3
윤자허(尹子虛) 40/5
윤정의(尹正義: 尹佛子) 260/7
윤존사(尹尊師) 71/4
윤진인(尹眞人: 尹喜) 43/1, 384/4
윤첩(尹輒) 2/1
윤호(尹皓) 424/15
윤희(尹喜: 尹眞人·關令) 1/1, 2/1, 43/1
융사군(戎使君: 戎昱) 274/8
융욱(戎昱: 戎使君) 177/5, 198/15, 274/8
은강(殷康) 294/6
은경순(殷敬順) 228/8
은관(殷觀) 319/6
은구하(殷九霞) 224/16
은도전(殷道筌: 殷天祥) 52/2
은둔선인(隱遁仙人: 白石先生) 7/1

은등(殷騰) 88/1
은랑(殷琅) 478/12
은문량(殷文亮) 226/7
은보회(殷保晦) 270/10
은선사(隱禪師) 109/16
은씨(殷氏: 臨湘縣令) 319/6
은씨(殷氏: 崔曄 妾) 160/1
은안(殷安) 260/3, 322/9
은요번(殷堯藩) 180/14
은융(殷融) 87/4
은제지(殷齊之) 90/2
은중감(殷仲堪: 殷荊州) 207/3, 210/11, 228/9, 360/6
은중경(殷仲卿) 189/11
은중문(殷仲文) 371/6
은징(殷徵) 260/3
은천상(殷天祥: 殷七七·殷道筌) 52/2
은칠칠(殷七七: 殷天祥) 52/2
은탕(殷湯: 湯王) 1/1
은태자(隱太子: 唐, 李建成) 221/1
은판관(殷判官: 冥府 判官) 378/5
은형주(殷荊州: 殷仲堪) 434/4
은호(殷浩) 87/4, 169/12, 246/6
은후(隱侯: 梁, 沈約) 81/4, 198/3, 411/31
을지윤(乙支潤) 28/2
음귀인(陰貴人: 漢 光武帝 后, 明帝 母, 陰麗華) 276/5, 411/19
음은객(陰隱客) 20/1
음자춘(陰子春) 296/9

음장생(陰長生) 8/2, 41/4
응거(應璩) 359/9
응성후(應聖侯) 492/1
응소광(應昭光) 165/2
응아(鷹兒) 341/4
응창(應瑒) 137/8
응추(應樞) 137/8
의공(義公: 竺法義) 110/3
의광(儀光) 94/3, 330/13
의덕태자(懿德太子: 唐) 95/5
의도왕(宜都王: 南齊, 蕭鏗) 202/18, 277/8
의돈(猗頓: 猗白) 16/1
의료(宜僚: 熊宜僚, 市南子) 490/1
의림(義林) 413/25
의백(猗白: 猗頓) 495/6
의법사(義法師) 93/1
의복(義福) 97/2
의부(義孚) 116/23
의성(義成) 270/13
의성공주(義城公主: 唐) 189/6
의안황후(懿安皇后: 唐 憲宗 后) 223/4
의양공주(義陽公主: 唐) 180/8
의전(義詮) 94/4
의종(懿宗: 唐, 李漼, 鄆王) 49/6, 136/10·11, 188/10, 204/9·18, 224/12, 238/13, 256/21, 265/15, 312/7, 455/1, 499/10
의화(醫和) 219/7, 435/15

이가(李嘉)　413/3
이가거(李可擧)　138/13
이가구(李可久)　204/18
이가급(李可及)　237/8, 252/10
이가우(李嘉佑)　198/10
이각(李珏: 唐 文宗時 宰相)　197/11
이각(李珏: 李寬)　31/3
이각(李催)　119/5
이간(李侃)　489/2
이간(李簡)　376/9
이갈(李褐: 毘陵道士)　55/1
이감(李監: 李令問)　330/11
이갑(李甲: 唐 洛陽人)　440/19
이갑(李甲: 唐 天祐年間人)　158/6
이갑(李甲: 裴度 壻)　437/20
이갑(李甲: 崖州刺史)　497/11
이강(李岡)　103/11
이강(李絳)　154/2, 164/28, 170/13, 179/9, 186/19, 237/9, 261/6, 310/2
이강(李江)　216/15
이강명(李彌名)　386/6
이강우(李彌友: 李主簿)　377/5
이개(李介)　160/2
이객(李客: 賣殺鼠藥人)　85/8
이객사(李客師)　463/24
이거(李鉅)　121/16, 273/9
이거(李據)　261/6
이거(李擧)　305/2
이거(李琚)　108/8

이거(離車)　420/1
이거(李巨: 唐 虢王)　38/1
이건(李建)　186/20, 244/14
이건(李騫)　234/4
이건우(李乾祐)　265/16
이걸(李傑)　165/9, 171/9, 263/7
이견(李堅)　66/1
이경(李耿)　156/12
이경(李敬)　175/13, 275/2
이경(李勁)　226/11
이경(李瓊)　278/29
이경(李經)　318/16
이경략(李景略)　172/3
이경백(李景伯)　164/25
이경손(李慶孫)　3/1
이경양(李景讓: 孝公·李僕射)　138/1, 157/1, 178/15, 233/12, 256/18, 261/2
이경온(李景溫)　188/12
이경원(李慶遠)　238/10
이경이(李敬彝)　313/3
이경주(李敬周)　439/25
이경현(李敬玄: 李阿婆)　112/6, 185/12·13, 255/9
이경휴(李景休)　385/1
이계(李系)　256/17
이계(李磎: 李民望)　123/7
이계경(李季卿)　399/11
이계급(李繼岌: 五代 後唐 魏王)　80/10, 241/1

이계랑(李繼朗) 271/12
이계선(李繼宣) 239/14
이계종(李繼宗) 134/11
이고(李高) 292/4
이고(李暠) 329/9
이고(李翶: 文公) 73/6, 180/1, 181/5·10, 460/4
이고(李皐: 唐 曹王) 205/5, 231/12, 390/16
이고(李固) 350/1
이고언(李顧言) 154/1, 155/2, 278/8
이고언(李固言) 155/2, 180/13, 256/4, 278/8
이고언(李故言) 278/8
이고죽(李孤竹) 459/14
이고행(李顧行) 154/7
이곡(李鵠) 275/5, 364/2
이곤(李袞: 李八郎) 204/16
이공(李公: 唐 貞元年間 捕賊官) 153/1
이공(李公: 江西鹽鐵使) 73/4
이공(李公: 唐 開元·天寶年間人) 23/6
이공선(李公詵) 21/3
이공수(李公垂: 李紳) 27/1, 48/2, 488/1
이공신(伊公愼) 280/9
이공좌(李公佐) 128/3, 343/2, 467/3, 475/1, 484/1, 491/1
이과정(李過庭) 250/28
이곽(李郭) 38/1
이관(李灌) 402/15

이관(李琯) 458/14
이관(李寬: 唐 芮國公) 103/4
이관(李寬: 李珏) 31/3
이관(李觀: 李元賓) 103/3, 170/13
이관(李寬: 隋 蒲山公) 200/10
이괄(李括: 東王公) 67/2
이광(李廣) 142/10, 255/14, 277/7, 329/10
이광(李光) 499/15
이광(移光) 237/2
이광(夷光) 272/1, 326/5
이광안(李光顏) 101/3, 497/12
이광업(李廣業) 263/3
이광원(李光遠: 李明府) 331/3
이광위(李匡威: 唐 燕王) 138/13, 192/12
이광주(李匡儔) 138/13
이광주(李匡籌) 192/12
이광침(李廣琛) 231/8
이광필(李光弼: 唐 臨淮王) 176/8, 189/11, 192/4
이굉(李肱) 181/18
이굉(李宏: 定襄公) 191/23, 263/6
이교(李嶠: 鄭國公·趙國公·贊皇公·大李少府·李舍人) 169/24·25, 184/18, 198/8, 201/3, 214/6, 221/1, 222/6, 240/5, 249/16, 259/5, 300/1, 493/17
이교위(李校尉) 439/17
이구(李璆) 150/8
이구(李球) 47/2
이구(李矩) 352/9

이구담(李瞿曇) 277/23
이구일(李丘一) 103/17
이군(李君: 唐 江陵副使) 157/3
이군(李君: 李木神) 315/6
이군(李君: 唐 隴西人) 123/3
이군(李君: 道士) 75/3
이군옥(李群玉: 李文山) 265/10, 461/1
  2, 498/8
이권(李權) 178/2
이귀년(李龜年) 204/2·15, 205/4, 277/21
이귀수(李龜壽) 196/3
이귀정(李龜禎) 126/17
이규(李揆) 137/20, 150/7·8, 451/13, 4
  74/9, 496/3
이규(李珪) 187/9
이규(李紀: 李仁鈞) 160/1
이규(李虯: 李蟄) 138/8
이균(李鈞) 145/1
이극용(李克用: 五代 後唐 武皇帝·太祖,
  晉王) 123/7, 239/10, 425/7
이극조(李克助: 李尙書) 500/2
이근도(李謹度) 259/15
이근행(李謹行) 143/5
이금재(李金才) 189/5
이급(李及) 384/2
이기(李錡) 137/22, 153/8, 201/9, 275/1
  1, 343/1
이기(李琪) 175/13
이기(李己) 214/4

이기(李玘) 477/2
이기(李寄) 270/12
이기(伊祈: 神農氏) 450/8
이기현해(伊祁玄解) 47/1
이기형(李機衡) 493/23
이길료(李吉了) 252/12
이길보(李吉甫) 48/1, 72/7, 154/2, 156/
  5, 174/17, 175/10, 224/9, 391/12, 49
  7/3
이난(李鏖) 451/12
이납(李納) 179/11, 270/5·11, 305/7, 46
  2/26
이내지(李內芝) 51/1
이노(李奴) 430/1
이노안(李努眼) 343/4
이농(李農) 88/1
이눌(李訥) 244/14
이다조(李多祚) 185/13
이단(李端) 66/1, 198/16·22
이단(李旦: 李世則) 382/4
이단(李丹: 李員外) 170/8, 217/1
이단(李短) 257/18
이단단(李端端) 256/11
이담(李談) 376/11
이담(李倓: 唐 建寧王·承天皇帝) 38/1
이당(李讜) 52/1
이당(李當: 李讜) 80/3
이대가(李大可) 431/1
이대랑(李大郞: 李道古) 341/4

이대량(李大亮) 99/11, 221/1
이대안(李大安) 99/11
이대인(李戴仁) 352/7
이덕(李德) 438/5
이덕권(李德權) 499/15
이덕림(李德林) 175/2, 250/4, 253/14, 389/21
이덕봉(李德鳳) 298/1
이덕부(李德符) 424/14
이덕양(李德陽) 313/7
이덕유(李德裕: 衛國公·李衛公·贊皇公·李太尉·李朱崖·李相公) 78/2, 84/10, 98/1, 143/26, 156/4·5·9·10, 170/20, 172/6, 175/10, 181/1, 182/2·5, 201/13, 204/25, 209/15, 224/19, 232/7·9·10, 237/6, 239/9, 244/12, 256/16, 265/17, 269/9, 387/9, 399/11·12·31, 405/22·24, 406/26, 409/19·33·42, 411/18, 412/34, 464/9, 465/33, 472/17, 489/2, 498/1·7
이덕초(李德初) 156/3
이도(李滔) 131/6, 295/7
이도(李都) 182/18, 209/13
이도(李陶) 333/8
이도(李縚) 443/2
이도고(李道古: 李大郞) 341/4
이도고(李道固) 173/18
이도도(李騊駼) 247/12
이도사(李道士: 江陵人) 395/7

이도사(李道士: 厲泉縣人) 416/2
이도사(李道士: 應貞觀 道士) 262/11
이도예(李道豫) 438/1
이도위(李都尉: 李陵) 368/7
이도종(李道宗: 唐 任城王) 191/12
이독(李瀆) 188/11
이동(李潼) 223/7
이동건(李同捷) 144/6
이동첩(李同捷) 107/1, 310/3, 346/10
이등(李噔) 154/3
이등(李登) 81/3
이란(李鸞) 198/15
이량(李亮) 376/9
이량필(李良弼: 李拾遺) 258/20
이려(伊戾) 283/4
이령(李靈) 165/4, 202/17
이령(李令) 264/11, 278/29, 411/8
이령공(李令公: 李晟) 256/7
이령문(李令問: 李監) 330/11
이령서(李令緒) 453/3
이령애(李令藹) 352/10
이로(李老: 老子) 382/2
이로(李老: 唐 開元年間人) 216/13
이룡(李龍) 119/14
이룡구(李龍丘: 李主簿) 257/17
이루씨(犁婁氏) 467/3
이류지(李留之) 320/13
이륙랑(李六郞: 李序) 308/2
이륭기(李隆基: 唐 玄宗, 開元聖帝·明皇

·神武皇帝·臨淄王·平王·太上皇·太平君主·太平聖君·漢皇) 303/7
이릉(李稜) 151/1
이릉(李陵: 李都尉) 166/6, 200/12, 264/15, 480/18
이린(李璘: 唐 永王) 201/6
이림보(李林甫) 14/7, 19/2, 31/1, 76/13, 82/6, 92/5, 121/16·17, 136/6, 140/4, 143/18, 167/1, 186/12, 188/2·4·5, 222/5, 224/15, 240/15·20, 269/3, 279/4, 303/7, 335/3, 356/3, 362/9·10, 368/9, 379/7, 391/12, 398/8, 401/15, 403/12, 451/9, 457/14, 494/12
이림종(李林宗: 李直木) 199/1
이마운(李摩雲: 李罕之) 264/9
이막(李邈) 125/2, 390/7
이만영(李萬榮) 177/3
이만진(李萬進) 474/3
이매(李玫) 313/6, 388/2
이면(李勉: 唐 汧國公) 32/2, 165/10, 168/2, 171/18, 198/17, 203/20, 402/14, 496/9
이명(李銘) 286/3
이명(李明: 唐 曹王) 42/2
이명부(李明府: 唐 火井縣令) 134/12
이명부(李明府: 李光遠) 331/3
이명부(李明府: 李虛) 104/9
이명태(李明兌) 58/1
이모(李謩) 204/22·23

이모(李某: 唐 武宗, 李炎) 116/18
이모(李某: 唐 滑州人 盧氏 表兄) 104/10
이모(二茅: 茅盈·茅固) 22/2
이몽(李蒙) 163/31, 166/6, 216/12, 279/7
이몽기(李夢旗) 162/21
이무구(李務求) 424/14
이무언(李無言) 222/12
이무오(李无傲) 230/2
이무정(李茂貞: 唐 岐王) 123/7, 252/10, 271/12, 500/8
이문(李汶) 40/4
이문례(李文禮) 260/2
이문민(李文敏) 128/4
이문부(李文府) 327/11
이문빈(李文彬) 242/10
이문사(李文思) 317/2
이문열(李文悅) 347/4
이문자(移門子) 414/27
이문회(李文會) 308/4
이민(李岷) 336/5
이민구(李敏求) 157/2
이밀(李密: 魏國公·邢國公) 102/6, 142/14, 171/5, 189/3·4, 200/3·10, 396/19
이박(李朴) 96/8
이반(李潘) 244/13, 278/17
이반(李泮) 361/21
이발(李㪍) 409/32
이발(李渤) 497/14
이방명(李方明) 56/2

이백(李伯) 305/5
이백(李白: 李太白, 李翰林) 24/1, 174/1
  2, 201/6, 204/15·23, 211/12, 241/1,
  265/14, 496/5
이백금(李伯禽) 305/5
이백련(李伯憐) 279/11
이백성(李伯誠) 112/13
이백성(李伯成) 339/2
이백약(李百藥: 李伯藥, 安平公) 175/2,
  250/4, 389/21
이번(李藩) 153/4, 199/7, 265/9
이번(李蕃: 李三郎·李巡官) 77/7, 170/11
이번(李璠) 459/7, 462/28
이번(伊璠) 158/4
이범(李範: 唐 岐王) 387/5
이변(李昇) 435/21
이병(李騈) 499/2
이병(李耕) 308/1
이보(尼父: 孔子) 173/7, 425/12
이보(李甫) 203/14
이보국(李輔國) 32/2, 38/1, 188/6, 277/
  11, 396/5, 401/14·16
이복(李福) 이복(李禍) 76/14, 275/12,
  392/6, 407/26, 466/16
이복(李復) 412/11
이복고(李服古) 223/9
이복야(李僕射: 李靖) 296/13
이복야(李僕射: 李景讓) 138/1
이복언(李復言) 128/3, 308/3

이봉길(李逢吉: 凉國公·李從事) 138/3,
  167/9, 181/1, 273/5, 278/5, 307/9
이봉년(李逢年) 242/17
이부(貳負: 天神) 197/2
이부기(螯負羈) 171/5
이부인(李夫人: 漢 武帝 妃) 18/1, 71/2,
  229/9, 408/40, 486/1
이북해(李北海: 李邕) 69/3
이분(李汾) 439/24
이붕(李鵬) 76/14
이비(李備) 263/2
이빈(李蠙: 李虯) 138/8, 188/10, 273/9,
  499/3
이빈보살(利賓菩薩) 93/1
이빙(李冰) 291/13, 313/9, 390/14
이사(李斯) 93/1, 206/4·12·14·25, 208/
  12, 209/1, 246/13, 275/11, 391/1, 39
  9/32, 446/9
이사고(李師古) 165/11, 305/7, 308/4, 3
  41/6, 365/5, 444/4
이사공(李司空) 353/7
이사공(李思恭) 390/14
이사군(李使君: 岐州節度使) 94/3
이사군(李使君: 唐 乾符年間人) 237/10
이사단(李師旦) 259/2
이사도(李師道) 45/2, 143/27, 144/6, 15
  3/7, 286/2, 308/4, 351/5, 393/20
이사망(李師望) 499/8
이사사(李司士: 李蓁) 452/2

이사수(李士秀)　228/4
이사안(李思安)　163/36
이사업(李嗣業)　192/6
이사온(李士溫)　363/4
이사원(李思元)　100/5
이사원(李嗣元: 李嗣源, 五代十國 後唐
　明宗, 興聖太子)　80/10
이사유(李士儒)　363/4
이사인(李舍人: 李嶠)　221/1
이사직(李師稷)　48/3
이사진(李嗣眞)　203/11, 211/10·11, 214/6
이사창(李司倉)　41/2
이사충(李思沖)　271/7
이사형(李士烱)　326/5
이사회(李師誨)　203/14
이사회(李師晦)　398/15
이사훈(李思訓: 大李將軍)　211/15, 212/1
이산룡(李山龍)　109/13
이산보(李山甫)　203/26, 264/6
이산인(李山人: 賣藥草人)　479/10
이산인(李山人: 李汶 門客)　40/4
이삼랑(李三郎: 李蕃)　77/7
이삽(李霅)　362/9
이상(李湘)　308/2, 346/8
이상(李詳: 李審己)　254/16, 493/23
이상(李相: 李德裕)　204/25
이상(李尙)　411/8
이상공(李相公: 李德裕)　460/9
이상덕(李上德)　179/2, 493/4

이상서(李尙書: 李褒)　223/9
이상서(李尙書: 李克助)　500/2
이상선(李象先: 羅浮處士)　66/2
이상은(李尙隱)　187/18
이상은(李商隱: 李義山)　199/8·9
이상재(李常在)　12/4
이상홀(李相笏: 李參軍)　224/18
이생(李生: 唐 蘄州人)　261/3
이생(李生: 唐 洛陽人)　491/3
이생(李生: 唐 深州 錄事參軍)　125/3
이생(李生: 唐 咸通年間人)　157/6
이생(李生: 明經出身)　85/5
이생(李生: 術士)　349/5
이생(李生: 潯陽人)　339/8
이생(李生: 韓翃 友)　485/2
이생(李生: 唐 開成年間 隴西人)　458/6
이생(李生: 唐 杜悰同時人)　223/4
이생(李生: 唐 天寶年間 隴西人)　220/20
이생(李生: 李師晦 兄弟)　398/15
이생(李生: 謝自然 弟子)　66/1
이생(李生: 齊推 壻)　44/1, 358/10
이생(李生: 左軍)　84/8
이생(李生: 太白山 隱者)　17/2
이서(李紓)　179/13, 187/5, 453/3
이서(李恕)　247/2·10
이서(李庶)　247/8
이서(李舒)　334/7
이서(李序: 李六郎)　308/2
이서균(李栖筠)　149/5·7

이서령(李署令) 100/5
이서인(李庶人: 李琦) 25/2
이서일(李棲一) 467/20
이서평(李西平: 李晟) 76/14
이서화(李棲華) 79/3
이서화(李西華) 27/4
이석(李石: 李行軍) 76/14, 108/6, 175/12, 181/8, 251/4, 407/26
이석(二石: 石勒·石虎) 88/1
이선(李宣) 367/18, 424/12
이선(李禪) 479/13
이선(李先) 335/2
이선고(李宣古) 256/12
이선륜(李善倫: 李氏) 67/2
이선약(李仙藥) 277/22·23, 279/5
이선약(李善約) 380/8
이선인(李仙人) 42/3
이섬(李銛) 275/11
이섭법사(利涉法師) 379/6
이성(李誠) 395/14
이성(李晟: 李令公·李西平) 76/14, 122/4, 150/2, 223/1, 243/4, 280/6, 496/10
이성구(李成矩) 27/3
이세(李勢: 李子仁) 241/1, 360/5, 367/20
이세민(李世民: 唐 太宗, 文武皇帝·文皇·秦王) 23/1, 303/7
이세적(李世勣: 英國公) 493/13
이세황제(二世皇帝: 秦, 嬴胡亥) 164/20
이소(李紹) 133/22

이소(李素) 174/15
이소(李邵) 181/12
이소(李愬: 凉國公·凉武公) 153/9, 279/9, 392/2
이소(李騷) 202/17
이소(李昭) 239/13
이소경(李少卿: 李陵) 368/7
이소군(李少君) 9/1, 351/6, 486/1
이소덕(李昭德) 95/4, 121/7, 169/24, 176/3, 216/10, 238/5, 254/13, 258/12, 268/7·10
이소도(李昭道: 小李將軍) 211/15
이소부(李少府) 300/2
이소운(李捎雲) 279/7
이소하(李昭嘏) 440/29
이속(李續) 279/20
이손(李遜) 172/5, 242/6, 458/14
이손(李巽) 242/6, 251/1, 391/12
이수(李修) 422/8
이수(李壽: 遂安公) 132/4
이수(李岫) 188/2
이수고(李修古) 251/11
이수달(李須達) 380/1
이수란(李秀蘭) 273/2
이수재(李秀才: 唐 蘄州人 李生) 261/3
이수재(李秀才: 術士) 78/1
이수재(李秀才: 李業) 84/8
이수재(李秀才: 左軍 李生) 84/8
이수태(李守泰) 231/10

이숙(李肅) 426/16
이숙견(李叔堅) 438/3
이숙경(李叔卿) 393/1
이숙신(李叔愼) 254/6
이숙제(李叔齊) 279/8, 335/6
이숙첨(李叔詹) 213/17
이순(李順: 北魏人) 119/17
이순(李順: 唐 浙西客商) 19/4
이순(李順: 李泌) 38/1
이순관(李巡官: 李蕃) 77/7
이순풍(李淳風) 76/11, 146/9, 161/4·10, 1
　63/19, 215/5, 224/3·6, 298/2, 408/31
이순흥(李順興: 北面軍王) 135/22
이술(李述) 305/2
이술사(李術士: 李生) 223/4
이숭(李嵩: 赤驖豹) 268/5
이숭(李崇: 陳留侯) 124/3, 165/5·22, 17
　1/4, 293/7
이숭의(李崇義: 譙國公) 174/9, 448/1
이숭정(李崇貞) 457/11
이습예(李襲譽) 398/6
이습유(李拾遺: 李良弼) 258/20
이승가(李承嘉) 361/12
이승사(李承嗣) 279/27, 479/13
이승휴(李承休) 38/1
이시(李時: 李玄休) 481/3
이시랑(李侍郎: 唐人) 217/1
이시랑(李侍郎: 李迵秀) 329/4
이식(李湜) 300/4

이식(李式) 204/12
이신(李信) 134/5
이신(李紳: 唐 袁王, 李公垂) 27/1, 48/
　2, 170/14, 177/7, 251/10, 269/9
이신(伊愼) 157/2
이신(李愼: 李敬愼) 230/2
이신의(李愼儀) 278/22
이실(李實) 188/7, 202/10
이심(李潯) 351/7, 401/5
이심소(李審素) 221/1
이심언(李審言) 439/8
이십랑(李十郎: 李益) 487/1
이십사랑(李十四郎: 李昕) 112/11
이십팔랑(李十八郎: 李章武) 340/3
이씨(李氏: 唐 開元年間人) 449/5
이씨(李氏: 唐 封丘縣 老母) 109/16
이씨(李氏: 鄧廉 妻) 271/8
이씨(李氏: 鄧敞 妻) 498/12
이씨(李氏: 梁仁裕 妻) 129/10
이씨(李氏: 望江縣令) 353/10
이씨(李氏: 北魏人) 184/12
이씨(李氏: 聖姑) 293/9
이씨(李氏: 蘇丕 壻) 369/1
이씨(李氏: 孫氏 夫) 318/11
이씨(李氏: 楊虞卿 妻) 251/5
이씨(李氏: 王琦 妻) 111/24
이씨(李氏: 王鐸 妻) 499/3
이씨(李氏: 韋寬 妻, 李善倫) 67/2
이씨(李氏: 崔羣 妻) 181/4

이씨(李氏: 胡馥之 妻)　321/12
이씨(李氏: 計眞 妻)　454/3
이씨(李氏: 樂平縣令)　376/7
이씨(李氏: 來庭里人)　336/7
이씨(李氏: 唐 洛陽人)　444/8
이씨(李氏: 唐 織錦人)　257/16
이씨(李氏: 劉之亨 現夢人)　118/10
이씨(李氏: 法名 眞如)　404/1
이씨(二氏: 隋人 馬氏)　253/12
이씨(李氏: 王光本 妻)　330/4
이씨(李氏: 王毛仲 妻)　188/3
이씨(李氏: 柳某 妻)　31/2
이씨(李氏: 幽州偏將 張氏 妻)　330/5
이씨(李氏: 諮議參軍)　306/4
이씨(李氏: 張達 妻)　436/19
이씨(李氏: 鄭潔 妻)　380/8
이씨(李氏: 齊推女)　358/10
이씨(李氏: 村民)　90/1
이씨(李氏: 河東縣尉)　300/2
이씨(李氏: 漢 武帝 妃)　71/2
이씨(李氏: 弘農縣令 女)　159/6
이씨(李氏: 花精)　416/10
이아(李俄)　375/10
이아(李阿)　7/7
이아파(李阿婆: 李敬玄)　255/9
이아흑(李阿黑)　413/27
이악(李萼)　32/2, 132/16
이악(李嶽: 李言)　156/6
이안(李顔)　346/3

이안(李安)　499/15
이안기(李安期)　175/2, 250/4, 389/21
이암사(李嚴士)　181/19
이앙(李昂)　186/8, 178/2
이애(李藹)　183/3
이약(李約: 唐 兵部員外郎)　168/2, 201/9, 212/3, 402/15
이약(李約: 李夷遇 奴)　366/7
이약초(李若初)　385/1
이약허(李若虛)　216/14
이양(李陽)　146/10
이양빙(李陽冰)　208/12, 313/9
이억(李億)　271/21
이억(李嶷: 北齊 彭城王)　173/22
이언(李焉)　378/7
이언(李言: 李嶽)　156/6
이언(李言: 老子 曾孫)　1/1
이언(李言: 鄂縣尉)　70/2
이언광(李彦光)　124/3
이언길(李言吉)　220/25
이언사(李彦思)　499/15
이언윤(李彦允)　148/9
이언좌(李彦佐)　162/15
이엄(李嚴)　212/9
이업(李業: 李秀才)　84/8
이여(李畬)　249/17, 271/6
이여벽(李如璧)　377/5
이연(李涊)　123/7
이연년(李延年)　272/2

이연범(李延範)　275/13
이연복(李延福)　467/23
이연소(李延召)　238/16
이연식(李延寔)　493/3
이연업(李延業)　209/4
이연조(李延祚)　275/13
이연희(李延禧)　275/13
이열(李說)　108/6
이영(李嬰)　131/6, 443/2
이영(李嶸)　200/1
이영(李榮)　248/12
이영(李泳)　314/3
이영(李穎)　493/23
이영(李瑩)　336/5
이영도(李英道)　108/6
이예(李乂)　380/5
이오(夷吾)　166/6
이오낭(李五娘)　338/9
이옥(李玉)　58/1
이온(李溫)　341/1
이온(李韞)　442/23
이옹(李邕: 李北海)　201/4, 243/13, 379/7, 435/5
이옹문(李雍門)　92/5
이와(李娃)　484/1
이완(李琬: 唐 榮王)　189/10, 205/6
이왕(李汪)　1/1
이왕(夷王: 周, 姬燮)　389/26
이외랑(李外郞)　454/3

이요(李堯)　183/9
이요(李曜)　252/1
이요(李瑤: 唐 鄂王)　121/16, 182/12
이요(李嶢: 李學士)　312/14
이용(李鄘)　160/2, 180/10, 393/21
이용창(伊用昌: 伊尊師·伊癩子)　55/5
이우(李遇)　366/17
이우(李尤)　410/7
이우(李虞)　42/7, 362/4, 416/5
이우(李祐: 唐 齊王)　107/1, 219/5
이우(李友)　3/1
이우(李瑀: 唐 漢中王)　204/21, 205/15
이우(李佑: 李祐)　377/4
이욱(李彧)　385/1
이운(李惲: 唐 蔣王)　243/5
이운(李雲)　352/3
이운한(李雲翰)　261/23
이웅(李雄)　135/16
이원(李源)　154/3, 387/10
이원(李遠)　175/8, 202/14, 256/15
이원(李愿)　273/3, 310/4
이원(李元)　48/5
이원(李員)　400/17
이원가(李元嘉: 唐 韓王)　225/6
이원공(李元恭)　449/3
이원궤(李元軌: 唐 霍王)　235/12
이원길(李元吉: 唐 齊王·姑臧公)　135/28, 493/9
이원례(李元禮: 李膺)　164/2, 169/5

이원명(李元明) 321/8
이원명(李元名: 唐 譙王) 268/10
이원봉(李元鳳) 211/11
이원빈(李元賓: 李觀) 170/13
이원빙(李元憑) 489/2
이원성(李元誠: 北齊 晉陽公, 李元忠) 2
　02/17
이원소(李元素) 152/2
이원영(李元嬰: 唐 滕王) 243/5
이원외(李員外: 李丹) 217/1
이원우(李元祐) 165/22
이원유(李元裕: 唐 鄧王) 218/12
이원윤(李元允) 40/4
이원일(李元一) 107/3
이원장(李元將) 269/9
이원집(李元戢) 405/17
이원창(李元昌: 唐 漢王) 208/3
이원충(李元忠: 李元誠) 202/17
이원통(李圓通) 187/17
이원평(李元平) 112/13, 339/2
이원효(李元皛) 494/8
이위(李蔚: 隴西公) 136/11, 200/1, 204/
　25, 235/21, 251/19, 252/15, 271/20
이위(李尉) 122/3
이위(李禕: 唐 嗣江王) 134/9
이위공(李衛公: 李靖) 29/5, 314/2, 392/3
이위공(李衛公: 李德裕) 163/35, 412/12
이위의(李威儀) 392/6
이유(李庾) 275/13

이유(李幼) 316/8
이유기(李幼奇) 174/13
이유연(李惟燕) 105/1, 403/13
이유옥(李惟玉) 105/1
이유준(李儒俊) 111/11
이윤(伊尹) 76/7, 81/3, 82/6, 173/6·13,
　221/1, 245/2, 291/9, 297/1, 392/8
이융(李融) 380/2
이융(李戎) 400/18
이은조(李隱朝) 185/14
이을(李乙: 吉州別駕) 32/1
이음(李愔) 253/15
이음(李晉) 447/8
이응(李膺: 李元禮) 164/1·2, 169/5, 173
　/16
이응도(李凝道) 244/3
이의(李義) 185/18, 438/12
이의(李禕: 唐 信安王) 184/18, 301/6, 4
　52/1
이의기(李意期) 10/4
이의득(李宜得) 167/2, 188/3
이의범(李義範: 契貞先生) 157/6
이의부(李義府: 河間公) 221/1·2, 240/
　6, 260/10
이의산(李義山: 李商隱) 199/8
이의염(李義琰: 酒泉公) 127/6, 179/2, 1
　84/15, 493/4
이의침(李義琛) 171/6, 179/2, 493/4
이이(李廙) 164/15

이이(李而)　407/26
이이간(李夷簡)　144/1, 172/4, 264/2, 341/1
이이십륙(李二十六: 李程)　251/4
이이십삼랑(李二十三郞: 李判官)　491/1
이이우(李夷遇)　366/7
이익(李益: 李十郞)　184/21, 216/12, 487/1, 497/13
이인(李茵)　354/15
이인구(李仁矩)　264/8
이인균(李仁鈞: 李紇)　160/1
이인사(李仁師)　388/8
이인조(李仁肇)　145/14
이인표(李仁表)　401/4, 463/41
이일(李馹)　130/1
이일월(李日越)　189/11
이일지(李日知)　176/5, 216/14, 269/1
이임(李任)　252/16
이잉숙(李仍叔)　154/7
이자덕(李慈德)　285/10
이자량(李自良)　453/2
이자모(李子牟)　82/4
이자신(李子愼)　259/3
이자예(李子豫)　218/9
이자읍(李自挹)　258/12, 268/10
이자인(李子仁: 李勢)　241/1
이자장(李子萇)　171/1
이자환(李自歡)　350/3
이잠(李潛)　347/5

이장(李璋)　184/18, 237/9, 499/4
이장(李萇: 李司士)　452/2
이장군(李將軍: 鳳翔府人)　432/3
이장군(李將軍: 李思訓)　212/1
이장군(李將軍: 井神)　399/37
이장길(李長吉: 李賀)　199/13
이장무(李章武: 李飛卿, 李十八郞)　340/3, 341/6, 365/5, 480/24, 496/14
이장원(李長源)　289/5
이재(李載)　338/7
이재의(李載義)　497/3
이재인(李載仁)　266/6
이저(李藷)　247/5
이적(李赤)　341/2
이적(李勣: 英國公)　169/15·21, 174/7, 176/4, 202/4, 240/6, 248/11, 328/2, 457/10, 254/2
이적(李積: 李愼)　184/15
이적(伊籍)　245/5
이적(李逖)　254/15
이적(李績)　340/1
이적지(李適之)　62/8, 240/15·20, 362/9, 381/3, 494/10
이전(李筌: 達觀子)　14/7, 63/4, 290/2
이전(李躔)　217/5
이전(李瑑)　138/7
이전고(李全皐)　238/20
이전교(李全交: 白額豹)　216/14, 255/14, 259/13, 268/5·12

이전방(李全方) 153/3
이전장(李全璋) 463/29
이전질(李全質) 348/4
이전창(李全昌: 小李少府) 222/6
이전충(李全忠) 138/13
이점(李漸) 203/14, 213/12
이정(李貞) 133/19
이정(李定) 152/5
이정(李亭) 193/1
이정(李程: 李二十六) 174/16, 180/7, 187/10, 251/4
이정(李靖: 衛國公·李衛公·李僕射) 29/5, 169/17, 189/6, 193/2, 296/13, 418/14, 457/14, 463/24
이정(李正: 李弘卿) 389/1
이정(李鋌) 264/13
이정광(李廷光) 106/2
이정기(李正己: 李懷玉[李抱玉]) 137/19, 192/5, 270/11
이정랑(李正郎) 196/6
이정범(李正範) 223/9
이정벽(李廷璧) 272/16
이제(李除) 383/11
이제(李齊) 42/3
이제물(李齊物) 176/7, 457/17
이제운(李齊運) 188/7, 486/2
이조(李肇) 178/1, 475/1
이조(李藻) 188/11
이조(李眺) 398/29

이조(李造) 305/2
이조(李助) 340/3
이조위(李朝威) 419/1
이조은(李朝隱) 165/9, 186/2
이존고(李存古) 307/2
이존사(伊尊師: 伊用昌) 55/5
이존신(李存信) 136/14, 271/11
이종(李宗: 老子 子) 1/1
이종(李宗: 唐人) 313/6, 314/13, 472/22
이종(李琮: 唐 慶王) 330/2
이종가(李從珂: 五代 後唐 末帝, 二主·潞王·淸泰王·淸泰主) 136/15
이종경(李從景) 239/14
이종민(李從敏) 172/13
이종민(李宗閔) 80/1, 144/5, 181/7, 269/9, 498/1
이종사(李從事: 李逢吉) 307/9
이종영(李從榮: 五代 後唐, 秦王) 353/12
이종회(李宗回) 153/2
이종훈(李從訓) 305/1
이좌(李佐) 260/13
이좌공(李佐公) 338/4
이좌문(李佐文) 347/6
이좌시(李佐時) 305/2
이주(李舟) 101/11, 204/22, 235/18, 458/1
이주(李晝) 337/8
이주(二主: 五代 後唐 末帝, 李從珂) 314/1
이주구(爾朱九) 254/15
이주남(李周南) 187/7

이주로(李周輅)　241/1
이주부(李主簿: 選人)　378/9
이주부(李主簿: 李彊友)　377/5
이주부(李主簿: 扶風縣人)　36/2
이주부(李主簿: 李龍丘)　257/17
이주세륭(爾朱世隆)　142/8
이주씨(爾朱氏: 唐 巫峽人)　312/7
이주씨(爾朱氏: 爾朱榮)　91/5
이주애(李朱崖: 李珠崖, 李德裕)　203/2
　2, 204/25, 224/19, 387/9
이주영(爾朱榮: 爾朱氏)　90/2, 139/9, 2
　36/16, 296/6
이주조(李冑曹: 李士廣)　367/29
이주조(爾朱兆)　127/5, 296/6
이준(李俊)　152/5, 341/1
이준(李遵)　411/8
이중(李重)　351/2
이중려(李仲呂)　312/8
이중문(李仲文)　319/1
이중보(李仲甫)　10/3
이중운(李仲雲)　279/8
이중장(李仲將)　269/9
이중통(李仲通)　375/18
이중화(李仲和)　213/12
이증(李增)　469/11
이증(李憕)　32/2, 387/10
이지(李之)　121/15
이지고(李知古)　112/8
이지례(李知禮)　132/7

이지미(李知微)　440/22
이지원(李至遠)　185/20
이지유(李知柔)　183/17, 184/3
이직목(李直木: 李林宗)　199/1
이직방(李直方)　341/6
이진(李鎭)　142/2
이진(李進)　171/10
이진(李眞)　212/9
이진(李晉)　240/4
이진(李振)　239/12
이진(李璡: 唐 汝陽王)　205/2
이진다(李眞多)　61/5
이진법사(利眞法師)　97/3
이진사(李進士)　281/1
이진수(李秦授)　147/5, 189/11
이진숙(李晉肅: 李瑨肅)　49/2, 202/11
이진악(李鎭惡)　249/16
이진주(李進周)　163/32
이진충(李盡忠)　189/9, 191/19
이질(李質)　117/8
이징(李徵)　427/6
이징(里徵)　439/4
이찰(李札)　242/17
이참군(李參軍: 唐 兗州人)　448/8
이참군(李參軍: 李淸)　379/2
이참군(李參軍: 李相笏)　224/18
이창(李瑒: 李希仁)　256/9
이창기(李昌夔)　237/4
이창부(李昌符)　168/9

이처감(李處鑒)　143/13
이처사(李處士: 唐 乾符年間人)　203/26
이처사(李處士: 唐 合肥郡人)　73/6
이처사(李處士: 唐人)　183/12
이처사(李處士: 延壽里人)　214/6
이처욱(李處郁)　163/27
이척(李隲)　175/12
이천(李擅)　123/3
이천리(李千里: 唐 成王)　254/13, 268/2, 426/18
이천사(李遷仕)　270/1
이천사(李天師: 李涵光)　39/2
이천우(李千牛)　201/8
이철(李哲)　363/4
이첨(李詹)　133/2
이청(李聽)　458/14
이청(李淸: 李參軍)　36/4, 379/2
이체광(李體光)　185/18
이초(李峭)　188/12
이초빈(李楚賓)　369/9
이촉(李王屬)　282/3
이총(李叢)　238/19
이추(李推: 唐 建昌王)　236/21
이추아(李趣兒)　250/28
이충(李沖: 唐 琅琊王)　191/7, 258/12, 268/10
이충(李忠)　171/8
이충민(李忠敏)　78/5
이충숙(李沖寂)　265/16

이충의(李忠義)　348/5
이측(李測)　440/15
이칙(李則)　339/6
이타타하(李吒吒下)　252/12
이탁(李涿)　213/1
이탁(李琢)　430/8
이탄(李誕: 陳留公)　171/4, 206/7, 270/12
이탈(李脫: 李八百)　61/5
이탕(李湯)　222/13, 467/3
이태(李邰)　136/12
이태백(李太白: 李白)　201/6
이태위(李太尉: 唐 貞元年間人)　454/2
이태위(李太尉: 李德裕)　156/4
이태위(李太尉: 唐 朱泚時人)　376/4
이태하(李台瑕)　257/15
이통례(李通禮)　278/1
이퇴(李頹)　151/6
이특(李特)　93/1, 401/1
이파(李播)　261/3, 298/2
이파륵(李破肋)　252/12
이판관(李判官: 唐 軍事)　266/3
이판관(李判官: 李二十三郎)　491/1
이팔랑(李八郎: 李袞)　204/16
이팔백(李八百: 李脫)　7/6, 50/1, 61/5, 214/4, 397/23
이패(李霸)　331/4
이팽년(李彭年)　204/15, 277/21
이평(李平)　173/22
이평두(李平頭)　379/9

이평사(李評事) 182/5
이포(李褒: 李尙書) 223/9
이포옥(李抱玉: 李正己) 192/5
이포정(李抱貞) 170/11, 495/14
이표(李彪) 173/19, 174/24
이풍자(伊瘋子: 伊用昌) 55/5
이필(李弼) 38/1
이필(李泌: 李長源·李順 唐 廣平王·鄴侯,
　鬼谷子·天柱峯中岳先生) 38/1, 79/4,
　96/3, 149/3, 150/4, 152/2, 289/1
이하(李賀: 李長吉, 賀中外·賀中表) 49/
　2, 170/17, 199/13, 202/11, 244/13, 2
　65/9
이하(李瑕) 1/1
이하주(李遐周) 31/1, 72/2
이학년(李鶴年) 204/15
이학사(李學士: 李嶢) 312/14
이한(李翰) 198/11
이한(李罕) 261/23
이한(李澣) 337/4
이한(李邯) 68/2
이한림(李翰林: 李白) 204/15, 211/12, 2
　65/14
이한웅(李漢雄) 80/17
이한지(李罕之: 李摩雲) 264/9
이함(李咸) 337/7
이함광(李涵光: 李天師) 39/2
이함장(李含章) 222/7
이합(李郃) 154/8

이합저(李嗑岨) 252/12
이항(李恒: 李元文) 89/4
이항(李恒: 陳留 巫祝) 288/6
이항생(李項生) 448/1
이해(李諧) 173/22, 246/24, 247/2
이해(李解) 1/1
이해고(李楷固) 191/19
이해조(李海潮) 100/5
이행군(李行軍: 李石) 108/6
이행렴(李行廉) 171/8
이행수(李行脩: 李行修) 160/2, 180/12,
　219/5
이행전(李行詮) 171/8
이행추(李行樞) 458/6
이허(李虛: 李明府) 104/9
이허중(李虛中) 265/8
이헌(李憲: 唐 寧王) 238/7, 292/7, 327/1
이현(李睍) 242/17
이현(李鉉) 282/2
이현(李玄) 301/3
이현(李峴: 梁國公) 122/2, 201/5
이현(李賢: 唐 雍王) 38/1, 283/4
이현경(李玄慶) 270/6
이현지(李玄之) 476/7
이협(李協) 393/11
이형(李夐) 203/26
이형수(李逈秀: 李侍郎) 146/14, 184/18,
　221/2, 236/20, 329/4, 333/2
이호(李冔) 80/8, 114/10

이호필(李浩弼)　241/1
이혹(李彧)　441/2
이홍범(李弘範)　13/7
이홍약(李弘約)　156/10
이화(李華)　201/5, 372/3
이화자(李和子)　343/4
이환(李寰)　256/7, 378/1
이환(李環)　425/12
이황(李貺)　188/11
이황(李黃)　366/12, 458/14
이황후(李皇后: 晉)　296/4
이회(李晦)　493/19
이회(李回: 李蹟)　217/5, 242/4, 308/1, 315/1, 498/3·7
이회(李恢: 貞公)　202/17
이회광(李懷光)　163/34, 172/3, 176/8, 190/1, 192/7
이회노(李廻奴)　104/6
이회벽(李懷璧)　258/20
이회선(李懷仙)　40/3, 435/6
이회옥(李懷玉: 李正己)　137/19
이효공(李孝恭)　273/11
이효일(李孝逸)　163/10
이후(李侯)　44/3
이훈(李訓)　129/12, 144/5·6, 416/1
이휘(李暉: 唐 霍王)　470/4
이휴광(李休光)　22/2
이휴렬(李休烈)　240/5
이홀(李鶻)　470/1

이혹(李黑)　375/10
이혹달(李黑獺)　471/4
이흔(李昕: 李十四郎)　112/11
이흠요(李欽瑤)　227/5
이흡(李洽)　115/6
이희렬(李希烈)　32/2, 239/3, 269/5, 270/5, 496/9
이희백(李僖伯)　343/5
이희인(李希仁: 李瑒)　256/9
이희중(李希仲)　159/4
이희중(李義仲)　175/2
익법사(翼法師)　99/2
익왕(益王: 唐)　38/1
인(寅)　227/8
인계지(藺啓之)　294/21
인수(仁秀)　133/20
인장(藺獎)　121/5
인정옹(藺庭雍)　431/2
인흠(藺欽)　444/4
일군공자(逸群公子: 韋騩)　311/7
일노(溢奴)　329/5
일랑(日朗)　66/1
일유신(日遊神)　252/12
일자천왕(一字天王)　385/1
일행(一行: 張遂)　92/3, 136/4·5, 140/4, 149/4, 215/6, 228/3, 391/12, 396/3
임개(任愷)　294/7
임걸(林傑: 林智周)　175/8
임경현(林景玄)　449/7

임고(任杲) 361/18
임곡(任轂) 223/9, 257/5
임공(任公: 任公子) 478/8
임공도사(臨邛道士) 486/1
임공자(任公子: 任公) 101/15
임괴(任瓌: 唐 管國公) 248/10, 272/13
임기(林夔) 171/5
임단(任端: 任正名) 250/8
임등(林登) 466/8
임령휘(任令暉) 267/18
임목범천(林木梵天: 王梵志) 82/2
임백승(林百升) 89/1
임삼랑(任三郞) 86/2
임생(任生: 任處士) 351/6
임서(林緖) 394/1
임석(臨昔) 379/3
임성왕(任城王: 唐, 李道宗) 191/12
임성왕(任城王: 三國 魏, 曹章[曹彰]) 16
  1/14, 191/5, 405/11
임수(林叟) 48/2
임숙(林肅) 175/8
임승지(任昇之) 391/12
임식(任植) 104/2
임식(任息) 181/19
임씨(林氏: 王誧 妻) 355/8
임씨(林氏: 汀州人) 405/8
임씨(林氏: 勤自勵 妻) 428/4
임씨(任氏: 範略 妻) 129/8
임씨(任氏: 鄭六 妾, 狐精) 452/1

임씨(任氏: 狐精) 455/6
임씨(任氏: 侯繼圖 妻) 160
임애(林藹) 205/10
임약(任約) 82/1, 425/7
임언사(任彦思) 354/7
임언승(任彦昇: 任昉) 343/1
임여후(臨汝侯: 梁, 蕭猷) 296/8
임영(林泳) 352/12
임옹(任翁) 34/2
임요(任瑤) 252/16
임우의(任友義) 101/14
임욱(任頊) 421/5
임원(林遠) 38/1
임읍왕(林邑王: 范邁) 276/8
임의방(任義方) 382/6
임자계(任子季) 414/23
임자명(林子明) 414/28
임자성(任子成) 322/22
임자신(任自信) 106/5
임잠군(淋涔君) 294/20
임정명(任正名: 任端) 250/6·8
임주(任冑: 司馬任冑) 327/8
임주부(林主簿) 399/36
임지량(任之良) 224/15
임지선(任之選) 146/20
임찬요(林贊堯) 390/21
임창업(林昌業) 355/9
임처사(任處士: 任生) 351/6
임천왕(臨川王: 劉宋, 劉義慶) 111/5

임치왕(臨淄王: 唐 玄宗, 李隆基) 135/30, 224/8, 398/8
임치후(臨淄侯: 魏) 209/2
임해신(臨海神) 296/9
임화(任華) 128/3
임환(任瓛) 266/10
임회왕(臨淮王: 唐, 羅弘信) 312/13
임회왕(臨淮王: 唐, 李光弼) 227/5
임회인(任懷仁) 320/7
임효(任囂) 34/2
임희고(任希古) 185/10
입인(立仁) 313/2

ㅈ

자고신(紫姑神: 阿紫) 292/16
자공(子貢: 衛賜) 1/1, 169/4, 179/10, 243/4, 245/2, 276/10
자교(子喬: 王子喬) 59/13
자국(紫菊) 332/1
자근(自勤) 348/1
자기(子期) 11/6, 13/2
자랑(子朗) 396/7
자로(子路: 季路·仲由) 456/17, 468/1
자륙(子陸) 215/3
자린(子隣) 393/13
자명(子明: 桑樹精) 468/4
자발(藉拔) 88/1

자부선생(紫府先生) 47/2
자산(子產: 公孫僑) 172/1, 210/4, 245/2
자서(子胥: 伍子胥) 492/1
자소대사(慈昭大師: 紹明) 116/25
자소원군(紫霄元君) 67/1
자수(紫綬) 329/5
자심선인(慈心仙人) 39/5
자씨여래(慈氏如來) 97/10
자아(秄兒) 366/6
자야(子野) 444/2
자양좌선공(紫陽左仙公: 石路成) 11/6
자양진인(紫陽眞人: 山玄卿) 55/3
자영(子嬰: 秦王) 59/9, 71/1, 189/3, 229/6
자영춘(子英春) 467/5
자운(紫雲) 273/3
자원군(紫元君) 58/1
자원부인(紫元夫人) 58/1
자위(子韋) 76/1, 444/2
자유(子俞) 276/19
자유(子游: 言偃) 82/8, 148/8, 276/10
자의(子義: 太史慈) 399/22
자재선생(自在先生) 18/1
자정진인(紫庭眞人: 禹) 56/3
자진(紫珍) 230/2
자진(子晉: 王子晉) 50/1
자하(子夏: 卜商) 82/8, 141/1, 148/8, 245/2
자한(子罕) 272/6

자허원군(紫虛元君) 11/6, 58/1, 70/7
잠규(岑規) 455/3
잠녀(蠶女) 479/9
잠로(岑老) 458/7
잠만(湛滿) 294/17
잠모신(蠶母神) 53/2
잠문본(岑文本) 129/7, 162/6, 169/14, 221/1, 224/3, 297/4, 371/6, 405/3
잠분(湛賁) 180/5
잠산구천사명(潛山九天司命) 29/1
잠삼(岑參) 425/20
잠순(岑順: 岑孝伯) 369/7
잠씨(岑氏: 臨川人) 404/10
잠의(岑義) 258/23
잠지상(岑之象) 297/4
잠총씨(蠶叢氏) 86/1
잠희(岑羲) 82/7, 139/26, 240/4
장가(莊賈) 170/5
장가곡(藏柯曲) 262/9
장가복(張嘉福) 148/2
장가우(張嘉祐) 300/7
장가유(張嘉猷) 105/6
장가정(張嘉貞) 54/2, 147/15, 148/6, 222/11, 240/15
장가진(張嘉眞: 張底) 65/1, 265/5
장각(掌閣) 437/7
장각태자(莊恪太子: 唐, 李永) 184/22
장간(張幹) 263/11
장간(張簡) 447/16

장간서(張簡棲) 454/1
장간지(張柬之: 唐 漢陽王) 185/16, 221/3, 240/14
장갈(張褐) 272/17
장갈충(張竭忠) 428/7
장갑(張甲: 蔡謨 友) 276/23
장강(張康) 413/20
장개(張闓) 321/9
장개(張蓋) 397/3
장거(張莒) 256/2
장거군(張巨君) 33/4
장거사(張去奢) 150/3
장거영(張去盈) 150/3
장거일(張去逸) 150/3
장거혹(張去惑) 150/3
장건(張騫) 407/35, 411/11·25, 480/12
장건(張建) 77/7, 153/4
장건교(張虔釗) 243/23
장건봉(張建封: 張徐州) 169/28, 202/9, 342/3
장건욱(張乾勗) 267/18
장건욱(張虔勗) 185/13
장건장(張建章) 70/10, 138/13
장건호(張乾護) 383/12
장게(張垍) 38/1, 77/2, 136/1
장경(張瓊) 124/16
장경(張勍) 190/8, 337/5
장경(張景) 218/7, 477/1
장경(張璟) 313/2

장경달(張敬達) 215/10
장경립(張敬立) 243/4
장경미(張鏡微) 186/8
장경백(張景伯) 441/10
장경산(張景山) 296/4
장경선(張景先) 129/11
장경수(張景秀) 110/25
장경오황후(章敬吳皇后: 唐 肅宗 后) 136/6
장경일(張景佚) 413/3
장경장(張囧藏) 146/6, 221/2
장경장(張璟藏) 216/9
장경장(張景藏) 77/4, 389/23, 444/6
장경지(張敬之) 77/2, 435/12
장경충(張敬忠) 186/4, 250/7
장계하(張季遐) 261/22
장고(張皐) 120/4
장고(莊古) 341/4
장고(蔣古) 378/4
장고(張高) 436/19
장고(張告) 477/6
장고(張翺) 266/9
장고자(張姑子) 317/1
장곡강(張曲江: 張九齡) 240/20, 409/18
장공(張恭) 332/1
장공(張拱) 60/5
장공(張公: 張三) 23/6
장공(張公: 長孫藉 友) 182/17
장공(張公: 張華) 230/2

장공(莊公: 春秋戰國 魯) 93/1
장공(莊公: 春秋戰國 齊) 439/4
장공(張公: 潯陽太守) 491/1
장공근(張公瑾) 129/7, 215/6
장공근(張公謹) 189/6
장공기(張公期: 張魯) 60/4
장공자(張公子: 合卿[鄉]侯) 228/7
장공필(張公弼) 18/5
장과(張果: 張司馬·通玄先生) 22/1, 30/1, 31/2, 48/4, 72/2, 330/1, 443/10
장관(張寬: 字 叔文) 161/1, 456/20
장관종(張冠宗) 77/2
장광(張光) 172/3
장광성(張光晟) 304/6
장광소(張匡紹) 390/22
장광정(張廣定) 472/4
장괴(張瓌) 459/8
장구(章苟) 456/30
장구겸경(章仇兼瓊: 章仇大使) 31/2, 40/2, 126/11, 335/2, 356/2
장구고(張九皐) 179/4
장구대사(章仇大使: 章仇兼瓊) 335/2
장구령(張九齡: 張曲江) 38/1, 121/16, 170/5, 188/4, 198/8, 240/20, 259/13, 449/8
장국영(張國英) 105/13
장군(張君: 道士) 80/14
장군(張君: 浮梁縣令 張氏) 350/4
장군(張君: 汴州 中牟縣人) 282/5

장군림(張君林)　322/17
장귀비(張貴妃: 陳 後主 妃, 張麗華)　350/2
장귀우(張歸宇)　462/28
장규(張睽)　271/19
장균(張均)　38/1, 77/2, 97/2, 136/1, 186/13
장균(張筠: 張十六)　266/7
장극근(張克勤)　388/4
장근(張謹)　455/2
장금수(張金樹)　191/10
장금정(張金庭)　134/5
장급(張岌)　240/10
장급보(張及甫)　49/3
장기(張頎)　119/13
장기(張起)　209/3
장기(張琦)　230/2
장기거(張起居: 張潘)　239/13
장기사(張騎士)　457/10
장납지(張納之)　435/12
장녕공주(長寧公主: 唐)　268/11
장눌지(張訥之: 張八郎)　77/2
장단(張亶)　268/3
장단(張搏)　235/21, 494/6
장달(張達)　111/13, 436/19
장담(張湛)　253/3
장당(張棠)　155/7
장대(張大)　452/1
장대언(張大言)　71/3
장대후(蔣大侯: 蔣子文)　321/1

장덕(張德)　263/13
장덕미(張德微)　173/21
장덕용(張德容)　428/8
장도(張道)　338/4, 347/5
장도(張導: 張進賢)　383/12
장도(仉骨)　81/4
장도고(張道古)　203/26
장도릉(張道陵: 張輔漢, 道陵天師·張天師)　6/1, 8/3, 56/1, 60/4, 214/4, 399/26, 424/7
장도유(張道裕)　15/2
장도향(張道香)　469/1
장도허(張道虛)　323/19
장독(張讀)　182/10·11
장동(張同)　266/7
장동자(張童子: 張琇)　174/34
장등(張登)　257/8
장락공(長樂公: 唐, 馮涓)　265/11
장락공(長樂公: 狒狒虜兒)　110/16
장랑중(張郎中)　177/7
장량(張良: 五胡十六國 後趙人)　88/1
장량(張良: 漢人, 張子房, 張留侯)　15/2, 58/1, 118/12, 141/16, 171/5, 294/4, 297/1, 415/10
장려(張勵)　140/5
장려영(張麗英)　374/24
장려화(張麗華: 貴妃)　350/2
장련(蔣練)　255/20
장련교(張連翹)　64/3

장령자(張靈子)　11/6
장령진(張靈眞: 張衡, 張道陵 子)　60/8
장례(張禮)　331/9
장례(張例)　450/13
장로(張老: 神仙)　16/2, 49/5
장로(張魯: 張公期)　60/4, 418/3
장로(張老: 荊湘人)　424/9
장료(張遼: 張叔高)　415/1
장륜(張倫)　24/2
장률(章律)　467/3
장률사(張律師)　491/1
장륭(張隆)　323/1
장릉(張陵: 廬山道士)　406/38
장리(張離)　88/1
장리섭(張利涉)　242/13
장리정(張利貞)　147/13
장린(張璘)　216/15
장림(張林)　139/5
장립본(張立本)　454/5
장만경(張萬頃)　445/3
장만복(張萬福)　219/3
장맹(張猛)　276/6
장맹양(張孟陽: 張載)　241/1, 256/14, 448/3
장명공(長明公)　373/5
장명세자(長明世子: 魏)　373/5
장명통(張明通)　339/1
장모(張某: 唐 劍南節度使)　122/3
장모(張某: 晉州 神山縣人)　442/6

장모손(張謀孫)　366/11
장목수(張牧守)　190/6
장무(張茂)　276/24
장무(蔣武)　441/11
장무(張武)　85/11
장무선(張茂先: 張華)　61/2, 206/22·25, 253/5, 408/45
장무소(張茂昭)　261/1
장무시(張無是)　100/7
장무실(張茂實)　53/1
장무왕(章武王: 北魏, 元融)　165/5, 236/16
장무제(章武帝: 唐 憲宗, 李純)　143/27
장무파(張無頗)　310/1
장묵(張墨)　210/9
장문(張汶)　378/2
장문관(張文瓘: 張稚珪)　147/6, 164/7, 169/15
장문규(張文規)　412/10
장문규(張文虯)　402/19
장문례(張文禮)　78/9
장문성(張文成)　97/3, 137/16, 169/23, 185/21, 224/4, 240/9, 250/15
장문위(張文蔚)　261/19, 440/30
장문장(張文長)　185/15
장문중(張文仲)　218/19
장문통(張文通: 張璪[張藻])　213/13
장문하(張門下)　120/13
장문회(張文懷)　383/3
장박(張璞: 張公直)　292/8

장박사(張博士)　259/9
장방(張邦)　120/2
장방(張滂)　307/12
장방(蔣防)　487/1
장방(張方)　61/3, 469/1
장백량(張伯良)　153/9
장백영(張伯英: 三刀師·起敬菩薩)　105/3
장백영(張伯英: 張芝)　206/10·16·17·21
　·25, 207/1, 209/2·3
장범(章汎)　386/2
장법명(張法明)　470/7
장법의(張法義)　115/1
장보상(張寶相)　189/6
장보장(張寶藏)　146/8
장보적(張寶積)　246/10
장복(張福)　219/10, 468/7
장복(張復)　256/2
장복원(張復元)　186/17
장봉(張奉)　245/8
장봉(蔣鳳)　426/11
장봉(張逢)　429/5
장봉자(張蓬子)　35/4
장부군(張府君)　10/2
장부자(張夫子)　384/10
장부재(張不宰)　137/16
장분(張濆)　182/6
장분(張芬)　227/9·11
장분(張奮)　400/7
장분(張汾)　496/11

장불의(張不疑)　372/6
장비(張神)　120/2
장비(張飛: 陽關神)　189/1, 191/7, 353/1, 354/10
장빈(張頻)　101/6
장빈(張蠙)　184/1
장빈호(張賓護)　207/12
장빙(張聘)　139/4
장빙(張騁)　359/16
장사(張師)　217/7
장사(張辭)　75/8
장사(張使: 西王母 使者)　66/1
장사공(張思恭)　474/6
장사공(張司空: 張華)　311/1, 315/2, 442/11, 456/29
장사람(張師覽)　389/27
장사마(張司馬: 張果)　330/1
장사마(張司馬: 定州人)　362/8
장사명(張嗣明)　121/8
장사봉(張司封)　398/18
장사왕(長沙王: 劉宋, 劉道隣)　396/23
장사왕(長沙王: 晉, 司馬乂)　176/1
장사왕(長沙王: 陳, 陳叔堅)　92/6
장사왕(長沙王: 漢, 吳芮)　374/24, 389/9
장사정(張士政)　80/2
장사평(張士平)　75/2
장산(張散)　284/11
장산인(張山人: 唐 神仙)　55/4
장산인(張山人: 唐 占術人)　151/8

장산인(張山人: 唐 衡州 術士) 72/1
장삼(張三: 張公) 23/6
장삼십사랑(張三十四郎: 張濬) 85/3
장상공(張相公: 張惡子) 312/2
장상서(張尙書: 張鎬) 428/8
장상씨(章商氏) 467/3
장상용(張尙容) 4/6
장상자(長桑子) 5/6
장생(張生: 郭鄩 表弟) 348/3
장생(張生: 唐 洛陽人) 357/1
장생(張生: 唐 貞元年間人) 488/1
장생(張生: 唐 咸通年間人) 312/4
장생(蔣生: 吳郡人) 31/4
장생(張生: 張昌宗 從叔, 張博士) 259/9
장생(張生: 進士) 310/8
장생(張生: 汴州 中牟縣人) 282/5
장생(張生: 巂州人) 458/11
장서(張曙) 183/24
장서(張緖) 246/10, 415/9
장서(張舒) 295/12
장서(掌書) 437/7
장서정(張栖貞) 258/16
장서주(張徐州: 張建封) 169/28
장석(張奭) 186/14
장석(張錫) 243/12, 462/4
장석(張碩) 62/4, 272/12, 312/11, 326/8, 345/9
장석지(張釋之) 169/24
장선(張善) 119/22, 225/7
장선(張仙) 146/18
장선(張宣) 155/8
장선(張詵) 280/8
장선상(張善相) 189/3
장선생(張先生: 南嶽道士) 38/1
장선생(張先生: 張守一) 290/2
장선생(張先生: 玄和先生) 38/1
장선진(張仙眞) 67/3
장섭(張涉) 86/8
장성(張性) 268/12
장성(張成) 382/9
장성궁(張省躬) 279/17
장성지(張誠之) 293/13
장세지(張世之) 319/1
장소(章邵) 133/15
장소(張昭) 137/11, 173/6, 253/2, 456/23
장소경(張素卿) 214/4
장소태(張小泰) 266/9
장손갑(長孫甲) 451/4
장손도생(長孫道生) 165/6
장손란(長孫鸞) 329/5
장손무기(長孫無忌: 趙國公) 121/3, 163/21, 169/14, 191/13, 235/13, 248/9, 254/2, 447/14
장손소조(長孫紹祖) 326/4
장손역(長孫繹) 362/1
장손영(長孫郢) 308/2
장손자(長孫藉) 182/17
장손치(長孫稚) 327/4

장손현동(長孫玄同) 249/7
장손흔(長孫昕) 263/7
장솔(張率) 76/11
장솔갱(張率更) 203/8, 462/34
장송수(張松壽: 長安公) 171/15
장수(長壽) 214/4
장수(張垂) 279/17
장수(章授) 323/17
장수(聻受) 368/7
장수(張遂: 一行) 215/6
장수(張琇: 張童子) 174/34
장수규(張守珪) 37/3, 147/9, 170/2·5, 186/7, 222/11, 285/13, 329/10, 367/23
장수미(張須瀰) 393/13
장수신(張守信) 242/16
장수신(樟樹神) 354/12
장수양(張睢陽: 張巡) 178/1
장수일(張守一: 張先生) 112/6, 289/17, 290/2, 336/2
장수재(張秀才: 唐 大和年間人) 370/4
장수재(張秀才: 張遵言) 309/2
장숙(張宿) 153/3
장숙고(張叔高: 張遼) 415/1
장순(臧盾) 265/2
장순(張純) 3/1
장순(張順) 323/19
장순(張巡: 張睢陽) 178/1
장순경(蔣舜卿) 85/15
장순고(張詢古) 221/1, 255/2

장숭(張崇) 110/8, 226/4, 392/9
장숭(張嵩) 420/7
장승(張乘) 409/10, 413/26, 474/12
장승(張昇) 430/3
장승(張承: 張白鶴) 137/11, 456/23
장승길(張承吉) 324/11
장승상(張丞相: 張說) 98/1
장승업(張承業) 223/13, 239/11
장승요(張僧繇) 211/5·11·12, 212/1, 213/7, 214/3·6
장시란(張始鸞) 230/2
장시랑(張侍郎: 張支使) 224/16
장식(張殖) 24/3
장식(長息) 310/8
장식(張式) 390/9
장신(張信) 112/1
장신(蔣伸) 223/9·12, 256/18
장심(張尋) 276/46
장심(張諗) 168/2
장심소(張審素) 174/34
장심통(張審通) 296/12
장십륙(張十六: 張筠) 266/7
장십삼(張十三) 496/11
장십오낭(張十五娘) 452/1
장씨(張氏: 耿伏生 母) 439/16
장씨(張氏: 唐 文德年 京官) 366/14
장씨(張氏: 唐休璟時人) 94/2
장씨(張氏: 唐咺 妻, 十娘子) 332/1
장씨(張氏: 東洛人) 357/1

장씨(張氏: 李勢 宮人)　360/5
장씨(張氏: 李自歡 妻)　350/3
장씨(張氏: 李仲甫 弟子)　10/3
장씨(蔣氏: 馬勢 婦)　358/2
장씨(張氏: 范明府 女婢)　117/9
장씨(張氏: 浮梁縣令)　350/4
장씨(張氏: 商順 妻)　338/6
장씨(張氏: 兗州人)　297/5
장씨(張氏: 韋皐 妻, 淸河氏)　170/10
장씨(張氏: 幽州衙將)　330/5
장씨(張氏: 陸弘 妻)　389/10
장씨(張氏: 李岷 姊夫)　336/5
장씨(張氏: 李回 妻)　242/4
장씨(張氏: 張說 女)　271/17
장씨(張氏: 田嫗 婦)　257/21
장씨(張氏: 鄭偘 妻)　387/8
장씨(張氏: 諸葛侃 妻)　141/7
장씨(張氏: 晉 鹽官)　360/14
장씨(張氏: 晉 長安人)　137/12
장씨(張氏: 陳越石 妻)　357/4
장씨(張氏: 陳增 妻)　288/6
장씨(張氏: 陳玄範 妻)　111/20
장씨(張氏: 漢人)　291/21
장씨(張氏: 滎陽氏 乳母)　128/6
장씨(張氏: 胡邕 妻)　389/12
장씨(張氏: 京兆人)　463/12
장씨(張氏: 杜氏 妻)　459/15
장씨(張氏: 柳毅 妻)　419/1
장씨(張氏: 李全璋 妻)　463/29

장악자(張蚵子)　458/11
장안(張安)　100/2, 301/3
장안(張岸)　157/2
장안(張顔)　188/11
장안공(長安公: 張松壽)　249/18
장야차(張夜叉)　335/2
장양(張禓)　261/19
장양왕(莊襄王: 春秋戰國 秦, 秦王)　328/10
장어사(張御史)　112/10
장어주(張魚舟)　429/1
장언(張偃)　311/5
장언(張彦)　401/4
장언원(張彦遠)　203/22, 210/9
장엄(張嚴)　79/3
장엄(蔣儼)　84/3, 221/1
장여(張璵: 南天王子)　91/9
장여랑(張女郞)　463/23
장역(張易)　85/10, 220/6
장역지(張易之)　92/2, 139/24, 143/8, 163/12·28, 169/24, 188/1, 214/6, 236/20, 240/3·10·13·14, 243/12, 258/24, 263/8·10, 267/14, 269/3, 361/11, 461/17
장연(張然)　437/4
장연(張鋋)　314/12, 445/1
장연강(張延康)　120/7
장연공(張燕公: 唐, 張說)　264/3
장연상(張延賞: 魏國公)　170/10, 187/18, 243/16, 305/3

장열(張說: 文貞公·張燕公·燕國公·張丞相) 26/1, 38/1, 77/2, 97/1, 125/2, 136/1, 146/20, 165/9, 170/1·4, 184/19, 185/4, 186/13, 198/8, 201/2, 212/11, 215/6, 235/14·15, 240/15·14·16, 265/5, 271/17, 329/9, 389/25, 470/1, 485/1, 494/3·12
장열(張悅) 119/15
장영(張穎) 150/5
장영(張嬰) 195/3
장영(張永: 張吳興) 114/6, 120/4
장예(張裔) 245/6
장예(蔣乂) 260/21
장오자(張惡子: 張相公) 312/2
장오흥(張吳興: 張永) 114/6
장옥란(張玉蘭) 60/8
장온(張溫) 165/21, 425/1
장올(張靰) 332/1
장옹(張翁: 鄬縣人) 312/2
장왕(蔣王: 唐, 李惲) 243/5
장왕(漳王: 唐, 李湊) 275/11
장왕(莊王: 周) 93/1
장요(張瑤) 242/16, 381/10
장요경(張曜卿) 220/5
장용(張鏞) 367/11
장용구(張龍駒) 230/2
장용성(張用誠) 192/7
장우(張祐) 181/9
장우(張遇) 242/16

장우(張禹) 318/11
장우(張友) 353/2
장우각(張牛角) 416/6
장우신(張又新) 178/4, 228/11, 251/5, 282/3, 399/11
장우언(張寓言) 446/5
장욱(張昱) 87/3, 93/1
장욱(張旭: 張顚, 張長史) 208/12·13, 212/1, 214/6
장운(張雲) 275/4
장운용(張雲容) 69/3
장웅(張雄) 435/12
장원(張轅) 153/8
장원(張愿) 216/15
장원(張瑗) 353/15
장원(張元: 張孝始) 112/4
장원경(張元慶) 324/11
장원부(張元夫) 181/19
장원숙(張元肅) 285/15
장원일(張元一) 126/10, 250/3, 254/13·14, 258/21, 268/10
장원종(張元宗) 340/3
장위(張緯) 173/11
장위(張尉) 26/1
장위(張謂) 304/8, 307/1
장위백(張威伯: 張暢) 173/9
장유(張儒) 205/6
장유(張裕) 245/7
장유(張猷) 277/19, 279/3

장유(莊儒)　341/4
장유(張庾)　345/2
장유(張遺)　359/4
장유고(張由古)　254/11, 258/11
장유소(張惟素)　210/9·11
장유악(蔣惟岳)　369/2
장유자(長儒子)　254/13
장유청(張惟淸)　392/3
장유칙(張惟則)　47/1
장유후(張留侯: 張良)　27/1
장윤(張胤)　353/9
장융(張融: 齊人, 張思光)　173/11, 202/1
　　6, 218/6, 246/10
장융(張融: 晉人, 張眉嵎)　357/5
장은(張隱)　257/12
장은(張恩)　391/3
장을(章乙)　401/3
장응(張應)　100/8, 113/1, 161/19, 395/6
장응(蔣凝)　183/14
장응(張凝)　462/12
장의(張倚)　186/14·15
장의(張儀)　4/4, 178/1, 472/17
장의부(張毅夫)　278/17
장이(張夷: 張少平)　6/2
장이공(蔣貽恭)　124/15, 266/13
장이기(張食其)　169/24
장이사(張二師)　424/10
장이종(張以宗)　422/8
장이헌(張彛憲)　261/19

장익(張翼)　207/1
장인(張寅)　362/18
장인귀(張仁龜)　261/19, 272/17
장인단(張仁亶)　328/7
장인보(張仁寶)　354/8
장인원(張仁愿: 韓國公)　186/4, 222/2,
　　446/12
장인위(張仁禕)　150/6
장인의(張仁禕)　185/12
장일(張鎰)　105/12, 269/6, 278/1, 358/4
장일(張逸)　114/8
장일분(張日芬)　463/31
장자(張賫)　89/2
장자(莊子: 蒙莊)　21/1, 226/1, 499/13
장자(張子: 張禓 子)　261/19
장자도(張子道)　9/3
장자량(張子良)　137/22, 275/11
장자문(蔣子文: 蔣大侯)　293/2, 473/6
장자방(張子房: 張良)　1/2, 6/1, 141/1, 1
　　78/1, 391/12, 398/1
장자서(蔣子緒)　293/2, 473/6
장자신(張子信)　76/8
장자의(莊子儀)　119/3
장자장(張子長)　319/1
장작(張鷟: 浮休子)　142/15, 148/1, 169/
　　24, 171/14, 176/3, 216/14, 254/15, 2
　　55/1, 277/26, 283/4·9, 329/1
장잠(張潛)　155/7, 263/3
장잠(蔣潛)　403/10

장장군(張將軍) 275/9
장장사(張長史: 唐 廬州長史) 242/4
장장사(張長史: 張旭) 208/13
장장용(張藏用) 242/18
장저(張底: 張嘉眞) 265/5
장적(張迪) 171/7
장적(張籍) 198/23, 199/6
장전(張籛) 138/16
장전(蔣傳) 201/18
장전(張全) 436/6
장전(張顚: 張旭) 214/6
장전계(章全啓) 168/6
장전소(章全素) 31/4
장전의(張全義) 85/10
장전익(章全益: 章孝子) 168/6
장정(張政) 108/7
장정(張汀) 279/17
장정(張珽) 401/1
장정(張定) 74/4
장정구(張正矩) 156/2
장정규(張廷珪) 38/1, 121/18, 216/14, 235/15
장정모(張正謨) 156/2
장정보(張正甫) 156/2, 179/9, 180/16
장정지(張廷之) 219/8
장제(張濟) 13/6
장제(蔣濟) 244/1, 276/11
장제(莊帝: 北魏 孝莊帝, 元攸) 127/5, 233/4, 441/2, 474/2, 493/3

장제(章帝: 漢, 劉炟) 81/4, 135/8, 197/5, 203/1, 402/4, 435/1, 461/15
장제구(張齊丘) 105/12, 147/12, 148/6, 174/35
장제미(張濟美) 261/19
장제신(蔣帝神) 296/7
장조(張助) 315/6
장조(張朝) 348/5
장조(張造) 496/12
장조(張藻: 張璪, 張文通) 94/4, 212/3, 213/13
장조택(張祖宅) 231/5
장조호(張雕虎) 142/12
장존(張存) 232/5
장존사(張尊師: 唐 某山 道士) 45/1
장존사(張尊師: 楚州 白鶴觀 道士) 149/7
장종(張縱) 132/16
장종(張宗) 373/7
장종(莊宗: 五代 後唐, 李存勗) 80/10·16, 138/15, 170/24, 192/13, 239/14, 264/15, 266/6·10, 269/13, 313/13, 374/14, 459/12, 500/11
장종(張琮: 張悰) 258/16, 328/5
장종본(張宗本) 308/2
장종진(張從眞) 395/5
장종회(張從晦) 264/7
장좌(張佐) 83/2
장주(莊周: 莊子) 1/1, 174/29, 202/1, 461/15

장주봉(張周封) 210/11, 362/15, 393/2
1, 411/31, 477/19·35
장준(張俊) 433/1
장준(張駿: 五胡十六國 前涼 文王) 276/19
장준(張濬: 張起居·張三十四郎) 85/3, 1
83/16, 190/6, 239/13, 252/9, 257/1
2, 264/13
장준(張雋) 375/4
장준언(張遵言: 張秀才) 309/2
장중경(張仲景) 218/2
장중규(張仲虬) 358/4
장중방(張仲方) 261/2
장중서(張仲舒) 360/23
장중영(臧仲英) 359/6
장중은(張仲殷) 307/12
장증자(張曾子) 384/10
장지(張芝: 張伯英) 206/10·16·22·25,
207/2·6, 209/2·3·11·13
장지사(張支使: 張侍郎) 224/16
장지성(張志誠) 309/2
장지실(張知實) 155/7
장지운(張知運) 185/4
장지재(蔣之才) 184/11
장지화(張知和) 237/2
장지화(張志和: 玄眞子) 27/3
장직(長直) 112/13
장직(蔣直) 216/15
장직방(張直方) 205/9, 455/1
장진(張進) 124/15

장진(張縝) 366/8
장진(張臻) 97/8
장진명(張晉明) 186/8
장질(臧質) 325/6
장질(張質) 380/7
장징(張澄) 158/13
장차(張瑳) 383/4
장찬(張纂) 173/21
장찬(張贊) 85/8
장찰(張詧) 367/29
장참전(長參典) 218/16
장창(張昌) 139/4, 359/16
장창(張昶: 張文舒) 206/17, 209/2·11,
338/6
장창(張暢: 張威伯) 111/3, 173/9·11, 17
4/31
장창기(張昌期) 263/8, 461/17
장창령(張昌齡) 169/18, 250/2
장창의(張昌儀) 188/1, 243/12, 263/8, 2
67/14
장창종(張昌宗) 139/24, 188/1, 250/2, 2
59/9, 267/14, 405/13
장책(張策) 174/1
장처교(張處釗) 96/7
장처사(張處士) 272/17
장천(張薦) 152/2, 497/7
장천(張汕) 49/1
장천사(章天賜) 119/13, 139/10, 246/4,
276/18, 386/2

장천사(張天師: 張道陵)　60/4·8
장천재(張千載)　383/3
장첨(張瞻)　279/12
장청(蔣淸)　279/6
장청(張淸)　348/7
장초(張超)　119/19
장초(張初)　363/3
장초금(張楚金)　121/12, 162/8, 171/12, 202/4
장초몽(張楚夢)　203/26
장최련(張最憐)　388/4
장추(張麤)　119/11
장춘(張春)　468/11
장치규(張稚珪: 張文瓘)　169/15
장침(蔣琛)　309/1
장타흉(張打胸)　252/12
장탁(張卓)　52/4
장탁(張擢)　495/2
장탕(張湯)　8/1, 267/11
장택(張澤)　192/12
장택(張擇)　311/3
장통(張通)　179/4, 212/12
장통유(張通儒)　148/8
장특진(張特進)　79/8
장파대(張破袋)　252/7
장팔랑(張八郞: 張訥之)　77/2
장평자(張平子: 張衡)　157/2, 198/6, 256/5
장필(張弼)　471/11
장하(臧夏)　346/5

장한(張翰)　312/8, 361/19
장한(張閑)　365/3
장한빈(張漢賓)　80/10
장한운(張閒雲)　445/3
장한직(張漢直)　316/8
장함(臧咸)　346/5
장함광(張咸光)　262/8
장함홍(蔣含弘: 南岳道士)　76/17
장합(張合)　13/2
장합(張郃)　293/1
장합답(張盍蹋)　443/13
장항(蔣恒)　171/7
장항(張沆)　281/3, 374/14
장해(張楷: 張公超)　4/10
장행급(張行岌)　494/2
장행성(張行成)　185/4
장행유(張行儒)　79/10
장행주(張行周)　313/3
장허의(張虛儀)　332/5
장현(張絢)　120/10
장현소(張玄素)　103/16
장현양(張玄陽)　391/12
장현우(張玄遇)　139/19, 163/11, 191/9
장현정(張玄靖: 小張)　259/19
장현지(張玄之)　170/15
장협사(張協士)　233/3
장협사(張俠士: 張祜)　238/12
장형(張衡: 唐人)　258/19
장형(張衡: 張靈眞, 張道陵 子)　60/4

장형(張衡: 張平子) 146/3, 157/2, 164/ 5, 198/6, 210/6, 225/9
장혜안(張惠安) 397/14
장호(張顥) 313/6, 461/14
장호(張鎬: 張尙書) 64/4, 192/1, 428/8, 457/21
장호(張祜: 張俠士) 199/1, 200/12, 238/ 12, 251/7, 256/11
장호자(張胡子) 467/13
장혹(張或) 152/2
장혹연(張或然) 384/10
장홍(萇弘) 403/3
장홍(張弘) 407/28
장홍도(章弘道) 463/44
장홍양(張弘讓) 344/2
장홍의(張弘義) 376/9
장홍정(張弘靖) 170/11·12, 203/21, 210 /11, 214/6, 422/8
장화(章華) 437/10
장화(張和: 張高子) 436/19
장화(張華: 張茂先, 張公·張司空) 54/4, 135/13, 197/4, 206/22, 231/1, 233/6 ·7, 294/7, 340/3, 396/11, 398/3, 40 8/45, 442/11, 460/13, 480/13
장화(張和: 蜀郡 坊正) 286/1
장화(張和: 太原 衙將) 307/3
장화사(張和思) 126/4
장환(張環) 180/18
장환(張奐) 276/6

장황(張瑝) 174/34
장황후(張皇后: 唐 肅宗 后, 淑妃) 150/ 3, 462/30
장회경(張懷慶) 260/10
장회관(張懷瓘) 208/12, 209/12, 212/1
장회례(張懷禮) 216/11
장회무(張懷武) 313/5
장회소(張懷素) 208/9
장효(張曉) 449/8
장효공(張孝恭) 83/1
장효숭(張孝嵩) 255/14, 268/6
장효자(章孝子: 章全益) 168/6
장효정(張孝靜) 114/13, 374/13
장효표(章孝標) 181/2, 251/10
장후(張厚) 214/6
장후(蔣侯) 295/6
장후(蔣詡) 490/1
장후(蔣侯: 蔣子文) 293/2
장후(張侯) 447/8
장후예(張後裔) 174/4
장훤(張萱) 213/1·10
장흠서(蔣欽緒) 283/11
장흥(張興) 110/21
장희망(張希望) 329/2
장희복(張希復) 182/11, 441/3, 477/5
재공(載公) 320/5
재동신(梓桐神) 302/2
재신(梓愼) 76/1
재의록(宰宜祿) 364/10

저거남성(沮渠男成)　89/2
저거몽손(沮渠蒙遜: 北魏 凉王)　89/2, 119/17
저경(褚敬)　103/14
저량(褚亮)　208/7
저로(底老)　29/3
저룡(猪龍: 續生)　83/1
저사장(褚思莊)　413/18
저세아(褚細兒)　104/3
저수량(褚遂良: 褚河南·河南公)　169/14, 208/7·8·13, 209/8·11, 210/11, 211/12, 232/11
저승하(褚乘霞: 華岳道士)　337/6
저연(褚淵)　224/17, 265/1
저인규(褚仁規)　124/9
저태재(褚太宰)　403/10
저포(褚裒)　276/25
저포군(樗蒲君)　294/21
저하남(褚河南: 褚遂良)　211/12
저현(褚炫)　15/2
적건우(翟乾祐)　30/2
적공(狄公: 唐 康州司馬)　457/23
적공(狄公: 狄仁傑)　277/18
적광사(狄光嗣)　185/16, 427/1
적광원(狄光遠)　267/18
적군(赤君: 赤松子)　11/6
적귀창(狄歸昌)　200/5
적동(赤童)　3/1
적동오(翟銅烏)　119/19

적려표(赤䴆豹: 李嵩)　268/5
적령경(狄靈慶)　119/20
적미군(赤眉軍)　317/14
적박망(狄博望)　427/1
적사(笛師)　428/6
적선(翟宣)　359/5
적소(翟昭: 晉 丁零王)　446/3
적송자(赤松子: 赤君·南嶽眞人)　5/2, 7/2, 8/2, 11/6, 164/1, 221/1, 400/16, 410/30
적수신(赤水神)　306/1
적신사(狄愼思)　133/2
적원(翟願)　119/19
적유겸(狄惟謙)　396/6
적의(翟義)　359/5
적인걸(狄仁傑: 梁國公·狄公)　146/15, 166/4, 169/24, 185/16, 228/12, 250/1, 254/8·13, 259/3, 267/18, 268/10, 271/2, 298/3, 313/13, 315/10, 329/8, 361/10, 381/3, 393/8, 396/6, 405/13
적정(赤丁)　352/1
적정자(赤精子)　1/1
적제(赤帝: 炎帝)　315/10, 463/2
전강(田彊)　131/1
전갱(籛鏗)　2/3
전건정(田乾貞)　279/6
전계안(田季安)　251/1
전구(田珍)　50/1
전군(田頵)　145/8, 366/17

전군용(田軍容: 晉國公) 52/1
전귀도(田歸道) 240/2
전금(典琴) 247/7
전기(錢起) 198/16, 199/7
전단(田單) 434/19
전단상사(旃檀像師) 87/2
전달성(田達誠) 354/12
전당군(錢塘君) 419/1, 492/1
전대인(田大人) 354/15
전돈(田敦) 179/12
전등양(田登孃) 417/9
전란(田鸞: 栢葉仙人) 35/2
전량일(田良逸: 南岳道士·田先生) 76/17
전령자(田令孜) 183/22, 190/8, 219/10, 239/13, 289/14, 499/15
전령준(田令遵: 劉令遵) 172/13
전로(田魯) 131/1
전류(錢鏐: 錢尙父) 158/8, 163/37, 200/14, 499/13
전문(田文: 孟嘗君·田子) 474/5, 490/1
전문맹(全文猛) 418/8
전방의(錢方義) 346/12
전봉(錢鳳) 89/4, 499/1
전부왕(前部王: 晉代 西域國王) 89/2
전부인(田夫人: 崔煒 妻) 34/2
전분(田蚡: 漢 武安侯) 124/4
전사랑(田四郞: 香郞) 344/6
전사비(田四非) 3/1
전사옹(田士顒: 田山人) 149/7

전산수(田山叟) 69/3
전산인(田山人: 田士顒) 149/7
전상보(錢尙父: 錢鏐) 158/8
전생(田生: 田僧亮) 211/9
전서(田緖) 462/26
전선생(田先生: 九華洞 大仙) 44/1
전선생(田先生: 申元之) 33/2
전선생(田先生: 田良逸) 76/17
전소(田騷) 360/32
전숭벽(田崇壁) 185/18
전승사(田承嗣) 101/1, 176/8, 195/1, 435/14
전승조(田承肇) 220/10
전시랑(錢侍郞: 錢徽) 278/9
전신공(田神功) 189/11
전심(田暉) 367/25
전씨(田氏: 九華洞 仙官) 358/10
전씨(田氏: 唐 易州參軍) 104/13
전씨(田氏: 唐 長安人) 401/10
전씨(田氏: 唐 澗池縣人) 450/3
전씨(田氏: 東方朔 母) 6/2
전씨(田氏: 劉方遇 妻) 172/13
전씨(錢氏: 王遙 弟子) 10/7
전씨(田氏: 威汚蠖) 474/3
전씨(田氏: 田登孃 父) 417/9
전약우(錢若愚) 40/7
전언화(田彦和) 209/3
전열(田悅) 190/1, 417/5
전염(田琰) 438/9

전예(田預) 147/1
전옥(田玉) 131/1
전온(田媼) 257/21
전우(錢祐) 292/13
전욱(顓頊) 1/1, 2/3, 258/3, 291/3, 40
　3/1, 444/2
전유암(田遊巖) 202/19
전융(田融) 88/1
전인회(田仁會) 162/12
전자(田子: 田文) 200/4
전자건(展子虔) 144/17, 211/16
전자태(田子泰: 田疇) 317/3
전자화(田子華) 475/1
전장군(田蔣君: 田良逸·蔣含弘) 76/17
전전(轉轉) 200/3
전종(全琮) 169/8
전종예(田宗汭) 241/1
전종조(全宗朝) 257/13
전주(田疇: 田子泰) 317/3
전지미(錢知微) 77/6
전창(田倉) 131/1
전초(田招) 437/19
전파(田婆) 47/4
전팽랑(田膨郎) 196/1
전폐제(前廢帝: 劉宋, 劉子業) 440/11
전포(田布) 311/3, 417/5
전홍(田洪) 385/1
전홍정(田弘正) 78/9, 217/6, 223/3, 311
　/3, 416/10

전화(顓和: 太玄女) 59/4
전회(田鐬) 311/3
전횡(田橫: 漢 齊王) 34/2, 350/1
전휘(錢徽: 錢侍郎) 78/10, 278/9
절민제(節閔帝: 北魏, 元恭) 102/1
절민태자(節愍太子: 唐) 169/24
정각(鄭愨) 233/5
정각(鄭珏) 266/6
정간(鄭僩) 387/8
정강성(鄭康成: 鄭玄) 215/1
정거(程居) 308/7
정거중(鄭居中: 小張山人) 55/4
정건(鄭虔: 鄭廣文) 28/1, 82/8, 148/8,
　179/4, 208/11, 212/12, 214/6
정건관(鄭乾觀) 332/1
정결(鄭潔) 380/8
정경(鄭駉) 341/4
정경라(鄭瓊羅) 341/7
정계(鄭綮) 261/17
정계명(程季明) 253/1
정고(鄭杲) 169/26, 185/17
정고(鄭鋼) 187/7
정고(丁姑) 292/15
정곡(鄭谷) 175/14
정곡신(程谷神) 334/7
정공(鄭公: 唐 丞相) 290/2
정공(貞公: 北齊, 李恢) 202/17
정공(棖公: 異僧) 135/24
정공(定公: 春秋戰國 魯) 137/2

정공광(鄭公光) 51/1
정광(鄭光) 261/15, 278/16
정광문(鄭廣文: 鄭虔) 208/11, 211/14, 212/1
정광업(鄭光業) 251/21
정광태사(淨光太師) 170/22
정굉지(鄭宏之) 449/1
정교(鄭郊) 354/14
정교보(鄭交甫) 59/7, 312/11
정국공(鄭國公: 唐, 李嶠) 240/5
정국공(鄭國公: 唐, 魏徵) 203/8, 327/14, 377/4
정국공(鄭國公: 唐, 鄭餘慶) 364/3
정군(程君) 66/1
정군(鄭君: 唐 通州刺史) 358/11
정군(鄭君: 信州院 鹽鐵吏) 73/4
정군옥(鄭羣玉) 261/21
정군웅(鄭君雄) 313/10
정권(鄭權: 程權, 程執恭) 154/4
정귀빈(丁貴嬪: 梁 簡文帝 嬪) 336/1
정극(鄭克) 163/26
정극균(鄭克鈞) 391/12
정기(鄭起) 281/6
정기(鄭奇) 317/8
정기(鄭驥) 341/4
정덕린(鄭德璘) 152/1
정덕무(鄭德懋) 334/6
정덕전(鄭德詮) 189/10
정도(鄭駒) 341/4

정도사(程道士) 334/7
정도위(鄭都尉: 鄭顗) 223/10
정도혜(程道惠: 程文和) 382/2
정락현주(靜樂縣主: 武懿宗 妹) 254/13
정랑(鄭朗) 155/4, 224/11
정려(鄭厲) 145/4
정령(丁零) 116/17
정령선(程靈銑: 程虎) 118/12
정령왕(丁零王: 晉, 翟昭) 446/3
정령위(丁令威) 50/1, 250/2
정로(鄭路) 270/16
정록군(定錄君: 茅固) 56/2
정록사(鄭錄事: 鄭璠) 429/5
정륙(鄭六) 452/1
정릉(丁稜) 182/2·3
정림(靜琳) 134/2
정립(鄭立) 175/8
정막(程邈: 程元岑) 206/6, 209/1
정만(淨滿) 95/4
정만균(鄭萬鈞) 97/5
정망(鄭望) 336/3
정면(鄭勉) 255/14
정명원(鄭明遠) 332/1
정무규(丁茂珪) 182/18
정무영(程務盈) 167/5, 239/5
정무정(程務挺) 185/13, 238/9
정무진(程無振) 176/8
정무첨(鄭武瞻) 151/2
정문아(丁文雅) 488/1

정미(鄭微) 141/9
정방(鄭昉) 215/7, 242/17
정백(貞伯) 20/1
정백선생(貞白先生: 眞白先生, 陶弘景) 15/2
정백헌(程伯獻) 240/17
정번(鄭璠: 鄭錄事) 429/5
정법사(鄭法士) 211/9·11·16
정보(程普: 程嘉謀) 126/1
정복례(鄭復禮) 155/7, 461/20
정봉(鄭鋒) 305/1
정부(鄭怤) 186/15
정부인(鄭夫人: 唐 元和年間 崔生 妻) 375/19
정빈우(鄭賓于) 364/7, 390/12
정사(鄭史) 273/7
정사(鼎師) 285/9
정사군(鄭使君) 362/1
정사낭(鄭四娘) 451/12
정사농(鄭司農: 鄭玄) 408/44
정사도(鄭司徒) 265/19
정사변(鄭師辯) 379/3
정사언(丁士彦) 12/3
정사원(鄭思遠) 430/7
정산고(鄭山古: 鄭叟) 80/11
정삼십사랑(鄭三十四郎: 鄭馴 父) 341/4
정삼십오랑(鄭三十五郎: 鄭馴) 341/4
정상(鄭相: 鄭餘慶) 98/6
정상여(鄭相如) 82/8, 148/8

정생(鄭生: 唐 大和年間人) 366/3
정생(鄭生: 唐 天寶年間人) 358/8
정생(鄭生: 唐 太學生) 298/5
정생(鄭生: 唐 榮陽人) 127/12
정생(靜生: 沙門) 109/1
정생(鄭生: 占卜士) 303/4
정서(鄭曙) 28/1
정선(鄭鮮: 鄭道子) 162/7
정선생(程先生) 310/1
정선지(丁仙芝) 277/30
정소(鄭紹) 345/8
정소(鄭韶) 437/6
정소릉(程邵陵) 324/15
정소미(鄭少微) 222/5
정속(鄭續) 205/10
정손(鄭損) 183/23
정손(程遜) 223/14
정수(鄭叟: 鄭山古) 80/11
정수기(程修己) 213/8
정수신(鄭守信) 247/5
정수재(丁秀才) 196/8
정수재(鄭秀才) 497/12
정수징(鄭守澄) 355/13
정숙(鄭俶) 167/6
정숙(鄭肅) 498/7
정숙명(鄭叔明) 205/3
정숙칙(鄭叔則) 38/1, 127/12
정순(鄭馴: 鄭三十五郎) 341/4
정승자(鄭崇資) 166/4

정습(鄭襲)　426/12
정승부(鄭承符)　492/1
정시어(鄭侍御: 鄭詹)　269/6
정시어(鄭侍御: 從事)　84/11
정식첨(鄭式瞻)　278/7
정신(丁神)　24/3
정신(鄭紳)　28/2
정신좌(鄭神佐)　270/6
정씨(程氏: 郭翰 妻)　68/1
정씨(鄭氏: 盧氏 外甥女)　281/10
정씨(鄭氏: 盧獻 壻)　271/7
정씨(鄭氏: 唐 肅宗時 潤州刺史)　387/8
정씨(鄭氏: 唐 吳郡人)　442/19
정씨(鄭氏: 唐 蜀郡人)　33/1
정씨(鄭氏: 李錡 婢)　275/11
정씨(鄭氏: 李陶 妻)　333/8
정씨(鄭氏: 李勢 美人)　360/5
정씨(鄭氏: 李佐時 妻)　305/2
정씨(鄭氏: 李賀 母)　49/2
정씨(鄭氏: 房陟 妻)　349/1
정씨(鄭氏: 上官昭容 母)　271/16
정씨(鄭氏: 上官儀 妻)　137/17
정씨(鄭氏: 楊素 妻)　361/5
정씨(鄭氏: 殷王 妾)　2/3
정씨(鄭氏: 李遜 妻)　458/14
정씨(丁氏: 將帥)　55/5
정씨(丁氏: 全椒縣 謝氏 婦)　292/15
정씨(丁氏: 陳洪裕 妻)　130/7
정씨(鄭氏: 崔敬 妻)　271/5

정씨(鄭氏: 崔紹 母)　385/1
정씨(鄭氏: 崔罵罵 母)　488/1
정씨(鄭氏: 出於黑穴者)　481/3
정씨(鄭氏: 泰州人)　361/13
정씨(丁氏: 胡熙 妻)　317/17
정씨(鄭氏: 霍小玉)　487/1
정씨(鄭氏: 崔生 妻)　375/19
정아(鄭亞)　168/5, 181/10
정안(程晏)　184/1
정안(程顔)　374/12
정암(丁嵓)　429/3
정약(丁約)　45/2
정양공(定襄公: 唐, 李宏)　191/23
정언빈(程彦賓)　117/10
정언지(鄭彦持)　188/11
정여경(鄭餘慶: 鄭國公·鄭相)　43/3, 54/5, 155/5, 165/13, 186/17, 364/3, 439/7
정역(鄭譯: 沛國公)　14/6
정연제(鄭延濟)　157/5
정연조(鄭延祚)　32/2
정연창(鄭延昌)　157/5
정염(鄭冉)　49/4
정영(丁郢)　124/1
정영흥(丁永興)　390/4
정오(淨悟)　491/1
정온(鄭緼)　365/9
정옹(鄭雍)　168/8
정왕(鄭王: 唐)　49/2

정왕(定王: 唐, 武攸暨) 163/23
정왕(靖王: 春秋戰國 中山) 6/5
정우(鄭愚) 123/4, 202/15, 265/20, 499/13
정우(鄭嵎) 182/18
정우현(鄭又玄) 52/3
정운규(鄭雲逵) 232/4, 242/5
정웅(程雄) 230/2
정원(丁媛) 236/3
정원(鄭元) 269/7
정원방(鄭元方) 428/9
정원보(鄭元父) 259/8
정원진(程元振) 189/11
정원추(鄭元樞) 158/14
정원후(定遠侯: 漢, 班超) 434/19
정위(精衛) 309/1, 463/2
정위(程偉) 59/12
정유(鄭宥) 203/21
정유충(鄭惟忠) 221/6
정음(鄭愔: 鄭愔·鄭鄭·莫賀咄) 163/7, 169/24, 185/22, 240/3, 255/3, 258/23, 269/2
정의(鄭扆) 411/8
정이(程异) 188/11
정인(鄭絪) 106/12, 137/2, 164/16, 170/9, 188/7, 365/9
정인개(鄭仁凱) 165/27
정인공(鄭仁恭) 259/19
정인균(鄭仁鈞) 303/4

정인본(鄭仁本) 374/18
정일인(程逸人: 程斬邪) 73/5
정일지현(正一止玄) 11/6
정자(鄭子: 滎陽人) 77/7
정자산(鄭子産) 81/4
정자소(程子宵) 252/5
정잠(丁岑) 113/4
정잠요(鄭潛耀) 97/5
정장(亭長) 426/5
정장후(正長厚) 172/8
정저(程翥) 296/12
정적(鄭適) 401/1
정전(鄭翦) 308/5
정전(鄭畋: 鄭台文, 文公·桂兒) 70/5, 168/5, 181/10, 199/11, 261/16
정절선생(貞節先生: 范丹) 316/9
정정(鄭町) 214/6
정정아(精精兒) 194/5
정제(靜帝: 靖帝, 北周, 宇文闡) 139/13·14, 368/7
정제영(鄭齊嬰) 358/5
정존사(丁尊師) 36/4
정종(鄭從) 457/21
정종(鄭賨) 265/11
정종간(鄭從簡) 329/3
정종당(鄭從讜) 203/26
정주(鄭注) 122/8, 144/5, 405/20, 411/21, 416/1, 489/2
정준(鄭準) 261/18

정중(丁重)　223/10
정지(淨持)　487/1
정지절(程知節)　191/17
정진(定秦)　496/5
정진객(鄭晉客)　380/6
정진선생(靜眞先生)　22/1
정집공(程執恭: 程權鄭權)　154/4, 477/37
정찬(鄭撰)　235/22
정참사(程斬邪: 程逸人)　73/5
정창도(鄭昌圖)　183/19, 251/18, 282/7, 289/17
정책(鄭冊)　49/4
정첨(丁詀)　207/14
정첨(鄭詹: 鄭侍御)　269/6
정초(丁超)　23/1
정초(鄭楚)　428/9
정초(丁初)　468/8
정초상(鄭楚相)　127/11
정촉빈(鄭蜀賓)　143/9
정총(鄭總)　352/4
정충경(正充卿)　254/8
정취(鄭就)　281/9
정치옹(鄭致雍)　184/10
정태목(鄭太穆)　177/5
정태허(程太虛)　66/1
정태후(鄭太后: 唐)　136/10
정통(鄭通: 鄧通)　196/4
정풍(鄭諷)　264/12
정풍(丁豐)　129/2

정하(程何)　119/6
정하(程賀)　183/20
정하(鄭遐)　429/5
정한(鄭澣)　165/14
정한(鄭瀚)　170/9
정한헌(鄭韓憲)　155/7
정함(鄭涵)　170/9
정함(鄭諴)　183/21
정행모(程行謨)　216/14
정행심(程行諶)　185/14, 221/5
정현(鄭玄: 鄭康成, 鄭司農)　18/4, 164/4, 168/3, 169/4, 207/7, 210/15, 215/1, 271/22, 276/7, 317/15
정현부(丁玄夫)　489/2
정호(程皓)　118/12
정호(鄭顥: 鄭都尉)　155/7, 223/10
정호(程虎: 程靈銑)　118/12
정홍(鄭弘)　226/1, 399/4
정화(丁譁)　360/18
정환고(鄭還古)　55/3, 79/7, 159/7, 168/3
정회(鄭會)　376/1
정회명(鄭晦明)　97/5
정훈(鄭薰)　178/8, 182/10·13, 256/19
정휘(鄭彙)　227/8
정휘(鄭翬)　395/3, 458/10
정흠열(鄭欽說)　303/4
정흠열(鄭欽悅)　391/12
정희(丁姬: 漢 哀帝 母, 丁太后)　389/5
정희안(鄭希顔)　178/9

제(霽)　280/4
제갈각(諸葛恪: 諸葛元遜)　173/6, 245/9
　·10, 253/2, 359/11, 468/4
제갈간(諸葛侃)　141/7
제갈근(諸葛瑾)　169/7, 253/2
제갈량(諸葛亮:　武侯·諸葛武侯·諸葛丞
　相)　169/7, 262/11, 265/14, 374/7, 41
　1/22, 496/15
제갈무후(諸葛武侯: 諸葛亮)　96/4, 245/6
제갈복(諸葛覆)　127/3
제갈상(諸葛爽)　264/9
제갈선가(諸葛仙家: 南岳仙人)　28/1
제갈승상(諸葛丞相: 諸葛亮)　173/6, 399
　/25
제갈영(諸葛穎)　76/10
제갈원손(諸葛元遜: 諸葛恪)　245/9, 468/4
제갈원숭(諸葛元崇)　127/3
제갈은(諸葛殷)　196/6, 252/15, 290/2
제갈장민(諸葛長民)　343/1, 360/13
제갈장사(諸葛長史)　349/5
제갈정(諸葛靚: 諸葛仲思)　173/8
제갈진(諸葛眞)　208/2
제갈탄(諸葛誕)　169/7, 203/25
제갈회(諸葛恢)　246/2
제경(齊瓊)　437/17
제곡(帝嚳: 高辛帝)　1/1
제공(齊恭)　170/14
제구아(齊狗兒)　296/8
제국공(齊國公: 唐, 魏元忠)　184/5, 221/2

제군방(齊君房: 鏡空)　388/2
제기(齊己)　196/7
제남(濟南: 伏生)　256/20
제남왕(濟南王)　319/11
제두뢰타천왕(提頭賴吒天王: 韋寬, 南天
　王·大郎)　67/2, 95/1
제모(提謨)　56/4
제물(齊物)　491/1
제백(齊伯)　295/17
제보(祭父)　2/1
제북왕(濟北王: 三國 魏)　61/2
제사망(齊士望)　382/7
제석천왕(帝釋天王)　82/1, 95/1
제선행(齊善行)　208/2
제씨(齊氏: 石斌 母)　88/1
제안왕(齊安王: 北齊, 高敬德)　139/12
제영(齊暎)　235/18
제영(緹縈)　270/12
제영(齊映)　35/3, 151/7, 190/2
제오기(第五琦)　98/3, 270/5
제오륜(第五倫)　187/4
제왕(齊王: 唐, 李佑[李祐])　377/4
제왕(齊王: 唐, 李元吉)　135/28, 163/4·
　5, 493/9
제왕(齊王: 三國 魏, 曹芳)　440/6
제왕(齊王: 隋)　342/1
제왕(齊王: 五代十國)　85/7
제왕(齊王: 晉, 司馬攸)　119/9
제왕(齊王: 天齊王, 太山神)　314/18

제왕(齊王: 春秋戰國)　76/2, 473/2
제왕(齊王: 漢, 田橫)　34/2
제원구(祭圓丘)　261/9
제조(齊照)　170/14
제중무(諸仲務)　276/43
제지(齊之)　100/6
제처충(齊處冲)　255/14
제천을(帝天乙: 商 湯王)　226/1
제추(齊推)　44/1, 67/1, 358/10
제파(提婆)　414/13
제한(齊澣)　147/8, 186/6
제한(齊澣)　420/6, 467/4
제항(齊抗)　79/3
제해(齊諧)　90/1
조(藻)　118/2
조가(祖價)　344/8
조가(曹柯: 曹沫)　485/2
조간(趙幹)　471/11
조간자(趙簡子)　226/1
조걸백(曹乞伯)　249/11
조겸광(趙謙光)　249/12
조경(趙璟)　152/2·3
조경(曹冏)　181/18
조경(趙卿)　219/6
조경(趙憬: 趙相國)　73/8, 79/1·4
조경종(曹景宗)　200/7
조계화(趙季和)　286/4
조고(趙固)　435/18
조고(趙杲)　468/3

조고(趙高)　71/1, 206/12, 264/2, 315/10, 316/3
조공(趙恭)　209/3
조공(趙公: 功曹)　10/2
조공(照公: 普照)　344/3
조공(曹公: 魏, 曹操)　11/5, 191/3, 293/1
조공명(趙公明)　294/1
조공선(曹公船)　322/7
조관(朝寬)　225/8
조관(曹寬)　425/7
조관문(趙觀文)　184/1
조광명(趙匡明)　79/8, 215/9
조광봉(趙光逢)　184/6
조구(趙瞿: 趙子榮)　10/6, 414/20
조국공(趙國公: 唐, 盧生)　82/5
조국공(趙國公: 唐, 令狐綯)　224/12, 251/7
조국공(趙國公: 唐, 李嶠)　249/16
조국공(趙國公: 唐, 長孫無忌)　121/3, 163/21, 191/13, 199/8, 248/9, 447/14
조국공(趙國公: 唐, 崔圓)　222/7
조군승(趙君乘)　496/1
조귀진(趙歸眞)　18/2, 74/6, 404/9
조균(趙均)　46/3
조기(趙岐: 趙邠卿)　210/4
조길(趙吉)　320/16
조나신(朝那神)　492/1
조납(祖納: 祖士言)　246/7
조눌(趙訥)　270/1
조단(趙丹)　230/2

조달(趙達)　215/4, 225/13, 233/20
조담의(趙曇義)　469/12
조당(曹唐)　256/15, 349/7
조덕균(趙德鈞)　200/15
조덕언(趙德言)　108/12
조도(趙都)　172/13
조도덕(趙道德)　216/7
조동희(趙冬曦)　149/1, 390/3
조랑(曹朗)　366/5
조량기(趙良器)　277/24
조량정(晁良貞)　186/4, 362/13
조록사(祖錄事)　462/4
조룡(祖龍: 秦 始皇)　116/18, 315/10
조류택(曹柳澤)　186/6
조륙해(曹陸海)　270/5
조륭미(趙隆眉)　190/5
조리온(趙履溫: 趙司農)　169/24, 240/9, 300/1
조린(趙璘)　257/3
조린서(趙麟舒)　319/11
조만(曹瞞: 魏 武帝, 曹操)　226/1, 246/20
조망서(趙望舒)　384/8
조면(刁緬)　333/10, 390/3, 452/1
조명경(趙明經)　374/12
조모(趙模)　208/2
조모(趙某: 冥府 至人)　107/4
조목(曹牧)　454/6
조목유(鳥木由)　467/3
조묘달(曹妙達)　14/6

조무건(趙武建)　263/11
조문(趙文)　111/16
조문복(趙門福)　450/2
조문소(趙文昭: 趙子業)　295/15
조문신(趙文信)　102/11
조문약(趙文若)　102/2, 381/1
조문창(趙文昌)　102/3
조문흡(曹文洽)　167/5, 239/5
조민지(趙敏之)　341/2
조박선(趙博宣)　179/11
조방(曹芳: 三國 魏, 齊王)　440/6
조배(趙裴)　381/8
조백륜(趙伯倫)　318/2
조백준(朝伯峻)　367/25
조번(趙蕃)　98/10
조법개(祖法開)　325/6
조법화(趙法華)　90/2
조벽(趙辟)　205/22
조병(趙炳)　226/1
조병(趙昞)　284/6
조보(趙輔)　9/6
조보(造父)　2/1, 56/1, 173/15
조봉(趙逢)　164/18
조봉(趙鳳)　223/13
조봉(曹鳳: 曹仲理)　418/2
조부인(趙夫人: 孫權 妻, 吳夫人)　225/13
조부인(趙夫人: 趙縱 妻)　213/6
조불흥(曹不興)　210/8·9, 211/5·12
조비(曹丕: 三國 魏 文帝, 魏帝)　474/5

조비(趙胐)　17/1
조비연(趙飛鷰: 趙飛燕, 漢 成帝 妃, 趙
　　后)　201/6, 203/17, 204/15, 236/9·1
　　0, 272/3
조사(趙師)　86/14
조사관(趙思綰)　269/12
조사군(趙使君: 趙自勤)　222/14
조사농(趙司農: 趙履溫)　240/9
조사언(祖士言: 祖納)　253/8
조사자(趙師子)　99/13
조사종(趙士宗)　366/4
조산인(趙山人)　151/7
조산인(祖山人)　274/5
조삼(曹參)　255/20
조상(曹爽)　119/8·9, 203/25
조상(趙象)　491/3
조상국(趙相國: 趙憬)　73/8
조생(曹生: 盧鈇時人)　273/10
조생(趙生: 唐 天寶年間人)　417/10
조생(趙生: 趙十四)　283/14
조생(趙生: 夏陽縣尉)　310/5
조선(趙鮮)　415/5
조선(趙宣)　367/19
조선사(稠禪師)　91/6
조성인(趙聖人)　80/13
조소기(曹紹夔)　203/9
조소아(趙小兒)　248/8
조소의(趙昭儀: 趙合德, 漢 武帝 妃)　18/
　　1, 236/10, 272/3

조송(曹松)　178/9
조수(趙需)　242/7
조수(趙叟)　437/14
조수(趙洙)　98/13
조수흥(曹遂興)　243/4
조숙달(趙叔達)　483/7
조숙아(趙叔牙)　342/3
조숙아(曹叔雅)　478/11
조숭(趙崇)　182/8, 251/20, 256/18, 500
　　/6·7
조승(趙昇)　8/3
조식(曹植: 三國 魏 陳思王, 曹子建, 東
　　阿)　173/5, 225/12, 434/19
조신덕(趙神德)　254/1
조십사(趙十四: 趙何·趙生)　283/14
조씨(趙氏: 江陵 姥)　418/4
조씨(趙氏: 江陵人)　360/12
조씨(趙氏: 廣陵吏)　353/18
조씨(趙氏: 裴珪 妾)　216/9
조씨(趙氏: 裴度 部將)　346/2
조씨(趙氏: 冉邃 妻)　306/2
조씨(趙氏: 王敬伯 妻)　17/1
조씨(曹氏: 王導 妻)　272/11
조씨(趙氏: 王眞 妻)　456/37
조씨(趙氏: 資州人)　262/11
조씨(曹氏: 齊人 曹氏 子)　477/1
조씨(趙氏: 春秋戰國 趙世家)　117/5
조씨(趙氏: 武公業 隣人)　491/3
조아(曹娥)　309/1

조악(趙鄂) 219/8
조안(趙安) 107/17, 124/19
조안(趙顏) 286/9
조양자(趙襄子) 314/1
조어사(趙御史: 趙仁獎) 259/10
조언소(趙彥昭) 166/3
조연(趙涓) 171/17
조연노(趙薦奴) 86/14
조연수(趙延壽: 唐 僞燕王) 200/15, 367/31
조영(祖瑩) 247/15
조영(趙盈) 280/5
조영(祖詠) 344/8
조영(趙瑩) 411/2
조옥(趙玉) 306/2
조온규(趙溫圭) 80/13
조왕(曹王: 唐 嗣曹王, 李皋) 205/5, 231/12, 390/16
조왕(趙王: 唐 洪州刺史) 231/3
조왕(曹王: 唐 洪州節度使) 151/7
조왕(曹王: 唐, 李明) 208/3, 268/8, 72/1
조왕(趙王: 晉, 司馬倫) 186/1, 359/15, 396/11, 489/1
조왕(趙王: 漢) 224/1
조왕(趙王: 後梁, 王鎔) 78/9, 192/12, 217/6·7, 411/8
조왕(趙王: 後周) 339/5
조용(趙容) 175/8
조우(趙虞) 361/2

조욱(趙旭) 65/2
조운(朝雲) 236/16
조운(趙雲: 唐 天水郡人) 286/3
조운(趙雲: 三國 蜀將, 趙子龍) 191/3
조운용(趙雲容) 33/2
조웅무(趙雄武) 234/11
조원(趙元: 趙貞固) 240/8
조원경(趙元卿) 43/2
조원리(曹元理) 215/2·3
조원본(曹元本) 249/11
조원숙(趙元淑) 256/4
조원양(趙元陽) 26/1
조원해(趙元楷) 240/1, 249/1
조위남(趙胃南) 182/6
조유(趙瑜) 313/7
조유(趙誘) 87/3
조유방(趙幼芳) 350/2
조유사(曹惟思) 126/11
조유숙(曹維叔: 曹繼叔) 249/11
조유심사(曹劉沈謝: 曹植·劉楨·沈約·謝朓) 265/3
조이(刁彝) 246/4
조익(趙翼) 415/5
조인사(曹仁師) 163/11
조인장(趙仁獎: 趙御史) 259/10
조일(趙逸) 81/3
조자건(曹子建: 曹植) 173/5
조자근(趙自勤: 趙使君) 217/4, 222/14, 277/28

조자여(趙子餘) 242/4
조자화(趙子和) 376/10
조장(曹章: 曹彰, 三國 魏 任城王) 161/1
  4, 191/5
조장관(趙長官) 388/3
조전(趙典) 169/5
조전(趙顓) 498/9
조정고(趙貞固: 趙元) 240/8
조정은(趙廷隱: 趙庭隱) 409/44, 430/9
조제숭(趙齊嵩) 421/6
조제약(趙齊約) 429/4
조제영(趙齊嬰) 376/9
조조(趙操) 73/8
조조(曹操: 三國 魏 武帝, 魏祖·英祖·太
  祖·武侯·曹公·曹瞞) 88/1, 171/5, 38
  9/7
조존(趙存) 496/1
조존사(趙尊師) 79/9
조종(趙琮) 182/20
조종(趙縱) 213/6
조종(趙宗) 387/7
조종유(趙宗儒) 155/5, 250/24, 497/13·16
조종지(曹宗之) 377/3
조좌(趙佐) 334/9
조주(朝姝) 272/5
조주방(曹州房) 490/1
조준조(刁俊朝) 220/19
조중행(趙中行) 196/6
조지만(趙持滿) 102/15, 235/13

조지미(趙知微: 九華山道士) 85/1
조진(曹眞) 405/9
조진검(祖珍儉) 285/3
조착(晁錯) 486/1
조찬(趙儹) 343/2
조창(趙昌) 34/2, 152/5
조창시(趙昌時) 153/9
조척(趙倜) 431/7
조천왕(趙天王: 五胡十六國 後趙 高祖,
  石勒) 88/1
조최(趙衰) 200/3, 235/7
조타(趙佗: 趙陀, 漢 南越王, 尉陀) 34/
  2, 270/1, 403/5
조타자(趙他子) 414/25
조태(趙太) 134/4
조태(趙泰: 趙文和) 109/5, 377/1
조태위(趙太尉) 283/3
조판관(趙判官) 106/13
조평원(趙平原) 470/6
조표(曹彪) 119/8, 203/25
조하(趙嘏) 178/15
조하(趙何: 趙十四) 283/14
조하일(趙夏日) 332/4
조합(趙合) 347/4
조현(造玄) 411/31
조현경(趙玄景) 218/18
조혜(曹惠) 371/6
조혜백(趙惠伯) 19/3
조홍(曹洪) 435/8

조홍약(趙弘約) 463/44
조회(趙驎) 167/4
조회(趙和) 172/9
조회(趙廓) 76/2, 254/13
조확(曹確) 256/18, 278/18
조홰(趙翽) 163/11
조회순(曹懷舜) 249/11, 255/9
조회절(趙懷節) 393/7
조회정(趙懷正) 400/19
조효손(祖孝孫) 203/8
조효징(祖孝徵) 247/15, 253/15
조후(趙侯) 284/8
조후(趙后: 漢 成帝 妃, 趙飛燕) 203/17
조휴(曹休) 43/4
조희(曹喜) 206/23·25, 208/12, 209/1
종간(從諫: 諫公) 97/10
종군(終軍) 245/2
종규(鍾馗) 214/5, 256/12
종남산인(終南山人: 王守一) 82/3
종대(宗岱) 317/7
종대부(鍾大夫) 80/5
종도(鍾道) 469/2
종리(鍾離: 鍾離意) 422/3
종리왕(鍾離王) 313/11
종리유(鍾離侑) 223/9
종목(宗牧) 213/1
종몽징(宗夢徵) 367/12
종무위(終無爲) 44/4
종병(宗炳: 宗少文) 210/16, 211/1

종보(宗寶) 295/1
종부(鍾傅: 五代 後梁 南平王) 124/13, 145/10, 184/4, 192/11, 224/13, 232/13
종부인(鍾夫人: 荀勗 母) 206/24
종사계(鍾士季: 鍾會) 294/1
종세림(宗世林: 宗承) 235/1
종수지(宗濬之) 321/10
종숙림(宗叔林) 118/5, 276/34
종씨(宗氏: 鬼神) 329/3
종씨(鍾氏: 宣城縣 脚力) 350/4
종아(鍾雅) 253/8
종요(鍾繇: 鍾元常) 144/17, 174/28, 206/8·18·22·23·24·25, 207/1·3, 209/3·13, 210/11, 317/9
종원경(宗元卿) 161/30
종원상(鍾元常: 鍾繇) 206/8·24, 210/11
종육(鍾毓) 174/28, 245/13
종의(鍾儀) 166/6
종제(宗齊) 263/2
종조(終祚) 440/7
종준(鍾遵: 鍾評事) 124/13
종진경(宗晉卿) 187/3
종천(宗千) 312/13
종초(鍾初) 124/1
종초객(宗楚客) 236/21, 240/12, 259/4, 300/1
종측(宗測: 宗敬微) 211/1
종평사(鍾評事: 鍾遵) 124/13
종항(鍾沆) 234/5

종현성(宗玄成) 263/2
종협(宗協) 321/10
종회(鍾會: 鍾士季) 174/28, 206/24·25,
    209/3, 497/18
좌구명(左丘明) 172/7
좌백(左伯: 左子邑) 206/21·25
좌붕(左鵬) 390/23
좌씨(左氏: 鄱陽王 書佐) 42/2
좌억(左嶷) 176/3
좌오(左吳) 8/1
좌원방(左元放: 左慈) 9/2, 44/2, 71/3
좌유(左儒) 119/1
좌자(左慈: 左元放) 11/5
좌자읍(左子邑: 左伯) 209/2
좌현진인(左玄眞人) 44/3
좌황후(左皇后: 後周) 129/6
주가공주(周家公主: 隋) 258/7
주간로(周簡老) 273/1
주객(周客) 473/19
주거천(周巨川) 342/4
주건평(朱建平) 359/9
주결(周潔) 354/17
주경여(朱慶餘) 199/6
주경원(朱慶源) 138/18
주경현(朱景玄: 周昉) 212/1, 363/7
주계중(周季重) 265/6
주공(周公: 周, 姬旦) 1/5, 81/4, 87/3, 1
    73/4·6·7, 197/5, 226/1, 229/7, 244/
    9, 245/2·3, 253/2, 260/3, 268/5, 27
    6/16, 297/1, 478/8, 480/10
주공(周孔: 周公·孔子) 349/4
주공근(周公瑾: 周瑜) 200/3
주곽번(周郭藩) 20/2
주관(朱寬) 209/3, 482/22
주관(朱琯) 351/1
주괄(住括) 91/10
주광(周廣) 219/1
주광(周光) 317/2
주광물(周匡物: 周幾本) 199/4
주교(周交) 80/17, 353/9
주교(周校: 周靄) 281/5
주구(朱俅) 154/8
주군(周羣) 444/2
주귀우(周歸祐) 192/13
주균(朱均: 朱秀才) 336/1
주극융(朱克融) 144/2
주근(朱瑾) 144/18, 354/1
주근(朱覲) 456/38
주급(周岌: 周撞子) 257/6
주남산(朱南山) 267/18, 268/10
주달(周達) 289/13, 313/15
주담(朱潭) 105/10
주당(周黨) 88/1
주당(周瑞: 曇嶷) 110/2
주당자(周撞子: 周岌) 257/6
주대비(周大悲) 289/13
주덕위(周德威) 271/11
주도(朱滔) 140/6, 172/4, 179/11

주도사(朱道士)　366/2
주도사(朱都事)　432/1
주도진(朱道珍: 朱屠陵)　325/13
주도추(朱桃椎)　202/20
주동(朱同)　384/6
주등지(周登之)　360/29
주령기(朱靈期)　90/1
주령보(周靈甫)　434/2
주루제선우(株纍弟單于: 株纍若鞮單于)　489/1
주륭(周隆: 周判官)　378/5
주륵(周勒)　294/7
주림하(周臨賀)　319/3
주말릉(朱秣陵: 朱貞)　120/13
주매(朱玫)　52/1
주매신(朱買臣)　245/2·6, 495/15
주모(酒母)　59/15
주무방(周茂方)　122/1
주문수(朱文殊)　90/1
주문욱(周文昱)　118/12
주민(周閔)　113/3
주박(朱朴)　252/10
주박(朱博)　259/10
주박아(周博雅)　262/12
주방(朱放)　452/1
주방(周昉: 周景玄)　212/9, 213/6·8·10, 214/3, 462/8
주법공(朱法公)　469/8
주변(周弁)　475/1

주보(周寶)　52/2, 70/7·11, 145/2, 492/1
주복(周復)　498/4
주본(周本)　366/18
주부군(朱府君: 朱誕)　473/9
주부언(主父偃)　245/2, 497/18
주사(周捨)　246/25
주사룡(周士龍)　289/4, 390/9
주사원(朱思遠)　290/3
주사유(周師儒)　290/2
주사현(朱思賢)　143/13
주상(周庠)　367/30
주상보(周尙父: 姜太公)　65/1
주생(周生: 洞庭山 道士)　75/6
주서(朱序)　89/1
주서기(周書記: 周元樞)　353/7
주선(朱瑄)　462/28
주선(周宣: 周孔和)　276/12
주선사(籌禪師)　76/10
주소경(朱少卿)　279/23
주송(周頌)　382/11
주수(朱遂)　179/11
주수(朱壽)　425/12
주수재(朱秀才: 朱均)　336/1
주수후(朱隨侯)　254/15
주숙명(朱叔明)　138/10
주순지(朱循之)　110/25
주술(周述)　145/14
주숭(周崇)　113/3
주숭빈(周崇賓)　98/11

주승(周乘: 周子居) 169/1
주식(周式) 316/11
주신(朱神: 朱仲) 410/7
주씨(周氏: 館陶縣 主簿) 127/8
주씨(朱氏: 廣陵人) 434/11
주씨(朱氏: 唐 武陽縣人) 386/5
주씨(周氏: 唐 僧) 366/19
주씨(周氏: 唐 吳郡人) 462/5
주씨(周氏: 謝自然 祖母) 66/1
주씨(朱氏: 陸東美 妻) 389/10
주씨(周氏: 李承休 妻, 李泌 母) 38/1
주씨(周氏: 李昌符 妾) 168/9
주씨(朱氏: 張導 妻) 383/12
주씨(周氏: 長沙 小將) 149/9
주씨(朱氏: 賊星) 306/3
주씨(周氏: 陳留人) 276/49
주씨(周氏: 蜀相 周博雅 子) 262/12
주씨(朱氏: 狐精) 454/7
주아지(朱牙之) 474/11
주애(周藹: 周校) 281/5
주야(朱耶: 朱溫) 183/16
주언(朱彦) 318/3
주언운(周彦雲) 174/10
주엄(朱淹) 173/19
주연(朱然) 18/1, 173/6
주연수(朱延壽) 353/8
주연한(周延翰) 279/28
주열(朱悅: 朱翁) 79/2
주영(朱榮) 277/5

주영신(周榮信) 475/1
주영장(朱永長: 朱誕) 173/9
주오(朱敖) 334/7, 335/6
주오선(周悟仙) 51/1
주온(朱溫: 朱全忠, 五代 後梁 太祖, 高祖·汴王·梁王·梁祖·梁主·朱耶) 257/11
주옹(周顒) 173/14
주옹(朱翁: 朱悅) 79/2
주옹중(周翁仲) 317/2
주왕(紂王: 殷) 135/2, 173/9, 203/2, 245/16, 269/10, 291/3, 408/45, 434/19, 447/3, 478/8, 488/1
주왕(周王: 周 文王) 490/1
주요(周繇) 252/8
주우(周遇) 483/1
주우(朱寓) 169/5
주우겸(朱友謙) 175/15, 264/14
주우유(朱友裕) 462/28
주우정(朱友貞) 239/14
주운(周雲) 113/3
주운보(周雲寶: 周曇寶) 87/4
주웅(周雄) 432/10
주원(周愿) 251/1, 497/6
주원길(朱元吉) 314/15
주원영(朱元英) 82/1
주원추(周元樞: 周書記) 353/7
주유(周瑜: 周公瑾) 469/12
주유자(朱孺子) 24/5
주윤원(周允元) 218/16

주은극(周隱克: 周尊師) 80/1
주은요(周隱遙) 6/4
주을(周乙) 370/1
주응자(朱應子) 473/22
주의(周義) 322/11, 431/8
주의(周顗: 周伯仁) 233/17, 246/3, 257/4
주이(朱异) 209/11, 336/1
주이낭(朱二娘) 366/5
주인(朱仁) 440/28
주인궤(周仁軌) 129/9, 143/2
주인충(朱仁忠) 158/9
주자(朱泚: 朱太尉) 38/1, 86/13, 106/3, 122/4, 140/6, 143/22, 150/2, 151/7·8, 152/4, 158/4, 172/4, 187/25, 190/2, 255/20, 260/18, 280/6, 304/6, 305/3, 339/4, 376/4, 401/17, 495/13, 496/10
주자거(周子居: 周乘) 169/1
주자공(周子恭) 384/1
주자권(朱自勸) 338/10
주자문(周子文: 周阿鼠) 318/14
주자연(周子淵) 247/5
주자은(周子隱: 周處) 307/6
주자장(周子長) 318/5
주자지(朱子之) 318/8
주잔릉(朱屠陵: 朱道珍) 325/13
주장군(朱將軍: 朱中正) 490/1
주적(周迪) 270/3
주전의(朱前疑) 201/16, 238/6, 254/13, 258/10
주전충(朱全忠: 五代 後梁 太祖, 朱溫) 158/1, 163/35, 183/16, 252/10
주정(朱程) 123/3
주정(朱貞: 朱秣陵) 120/13
주정우(朱廷禹) 314/7
주제천(周濟川) 342/4
주존사(周尊師: 周隱克) 80/1
주종(周宗) 116/4
주종(朱綜) 461/30
주종본(朱從本) 366/17
주종지(朱宗之) 360/16
주준(朱遵) 191/2
주중(朱仲: 朱神) 402/3
주중정(朱中正: 朱將軍·朱八郎·朱八丈) 490/1
주증(朱拯) 281/7
주지(周至) 495/9
주지(周墀) 52/1
주지광(周智光) 376/3
주진(周眕) 284/7
주찬(朱粲) 267/5, 328/5
주처(周處: 周子隱) 226/1, 356/7, 394/1
주척업(朱斥業) 399/37
주천공(酒泉公: 唐, 李義琰) 184/15
주철체(周哲滯) 386/8
주초(周超) 141/10
주초군(周焦君) 467/3
주초군(邾楚君: 春秋戰國) 81/4

주칠낭(朱七娘)　331/2
주침(周綝)　267/18
주탄(朱誕: 朱永長, 朱府君)　173/9, 473/9·24
주태(朱泰)　323/15
주태위(朱太尉: 朱泚)　122/4, 486/2
주태허(朱太虛)　21/3
주택(朱澤)　257/9
주판관(周判官: 周隆)　378/5
주팔랑(朱八郞: 朱中正)　490/1
주팔장(朱八丈: 朱中正)　490/1
주평(朱平)　318/16
주하사(柱下史: 老子)　8/3
주한(周邯)　232/12, 422/3
주한(朱邯)　369/9
주한빈(朱漢賓)　459/10
주해(朱亥)　171/5
주현(朱顯)　160/4
주현(朱峴)　356/5
주현(周賢)　73/1
주현표(周玄豹)　223/13
주형(朱亨)　116/5
주호(周皓)　213/6, 273/1
주혼(周混)　337/1
주혼돈(周混沌)　76/17
주홍(周洪)　394/4
주홍정(周弘正)　15/2
주화(朱化)　133/1
주확(周廓)　307/6
주환(朱桓)　482/11
주휴지(朱休之)　438/2
주흔(周昕)　13/6
주흡(朱洽)　158/5
주흥(周興)　121/6·9, 162/8, 267/16, 268/10
주흥사(周興嗣)　207/14
주희옥(朱希玉)　329/6
죽계정(竹季貞)　376/10
죽림신(竹林神)　484/1
죽영통(竹永通)　134/1
죽왕(竹王: 漢)　291/19
준불의(雋不疑)　271/24
중공(重公)　247/2
중니(仲尼: 孔子)　19/4, 73/6, 137/2, 171/5, 174/29, 231/1, 275/11, 296/12, 312/3, 391/12, 425/12
중릉왕(中陵王)　59/15
중보(仲父: 春秋 齊 桓公)　275/11
중사(仲思)　410/33
중산보(仲山甫)　245/2
중산왕(中山王: 五胡十六國 漢[前趙], 劉岳)　88/1
중소소(仲小小: 仲野牛)　434/20
중앙황로군(中央黃老君)　58/1
중야우(仲野牛: 仲小小)　434/20
중유(仲由: 子路)　19/4, 178/1
중이(重耳: 春秋戰國 晉 文公)　255/24
중장통(仲長統)　198/6

중정예(仲庭預)　165/19
중종(中宗: 唐, 李顯, 孝和皇帝·廬陵王)
　　26/1, 38/1, 92/2, 94/2, 95/5, 96/1, 1
　　17/2, 135/29, 139/22, 164/25, 187/2
　　8, 202/19, 203/10, 231/7, 249/13·14
　　·15, 255/8, 268/10, 298/4, 380/3, 4
　　05/14, 437/7, 444/6, 448/6, 493/17
중종(中宗: 晉 元帝, 司馬睿)　135/15
중행자(中行子: 荀吾)　202/22
중화(中華)　66/1
중화(重華: 舜)　309/1
중황군(中黃君)　38/1
중황신(中黃神: 中黃丈人)　4/9
중황장인(中黃丈人: 中黃神)　7/1
증강조(曾康祖)　161/32
증경운(曾敬云)　144/6
증계형(曾季衡)　347/3
증근(曾勤)　283/11
증삼(曾參)　162/22, 164/5
증석(曾晳)　201/16
증숙정(曾叔政)　78/4
증씨(曾氏: 李常在 弟子)　12/4
증암(曾黯)　308/6
증원(曾元)　371/1
증진인(曾眞人)　232/13
증효안(曾孝安)　347/3
지(智)　374/19
지겸(支謙: 支恭明·支越)　87/3, 89/2
지경(智瓊: 成公智瓊)　40/1, 326/8

지고(智高: 高公·安氏)　490/1
지공(智空)　394/16
지공(誌公: 志公, 寶誌)　90/2, 146/1, 16
　　3/33, 407/34
지과(智果)　207/15
지담(志湛)　109/9
지도림(支道林: 支遁)　95/3, 207/1
지도온(支道蘊)　110/14
지둔(支遁: 支道林)　87/4, 207/1
지둔산(支遁山)　110/1
지등(智燈)　106/9
지량(支亮: 絶[紀]明)　87/3
지률(祇律)　420/1
지만(智滿)　277/14
지맹(智猛)　93/1
지백(智伯)　271/22
지백선생(知白先生: 解元龜)　289/15
지법계(支法階)　110/2
지법산(支法山: 支和尙)　112/1
지법존(支法存)　119/18
지법형(支法衡: 衡道人)　382/1
지벽(支辟: 支尙書)　353/2
지변(智謍)　417/2
지상서(支尙書: 支辟)　353/2
지생(智生)　110/8
지선사(智禪師)　98/12
지성(智聖)　99/4
지수(智修)　85/5
지영(智永: 永師)　207/14, 208/2·6·7

지우(摯虞: 摯仲冶)　197/5
지원(知遠)　339/4
지원(智圓)　364/3
지원(知苑)　91/7
지의사(紙衣師)　289/2
지익(智益)　112/14
지작장로(智作長老)　433/4
지장보살(地藏菩薩)　100/5·6, 111/14, 3
　　79/7·8
지장왕(地藏王)　106/8
지전(支戩)　158/14
지정(智整)　103/5
지정(志靜)　448/3
지중야(摯仲冶: 摯仲冶, 摯虞)　197/5
지중어(池仲魚)　466/9
지참(支讖)　87/3
지총(智聰)　109/11
지통(智通)　116/2, 415/12
지해(智楷)　207/14
지화상(支和尙: 支法山)　112/1
지홍(智興)　112/5
직구자(稷丘子)　11/3
직녀(織女: 垂陵子)　59/6, 65/1, 67/2, 6
　　8/1, 326/8, 387/8, 446/11, 493/20
직부(直符: 太一直符)　298/6
직씨(直氏: 直不疑)　363/4
직초낭자(織綃娘子: 龍女)　311/1
진(震)　388/2
진간선생(眞簡先生: 劉讞)　326/5

진갑(陳甲: 晉 吳郡人)　131/3
진강(陳絳)　313/6
진거백(秦巨伯)　317/6
진거양(陳居讓: 陳德遇)　353/17
진거질(陳去疾)　409/35
진견(陳堅)　411/18
진결(陳潔)　126/18
진경(秦景)　87/1
진경선(陳敬瑄)　177/11, 190/8, 266/12,
　　289/14, 499/15
진경손(陳慶孫)　318/21
진경지(陳敬之)　163/10
진계경(陳季卿)　74/2
진계방(陳季方: 陳諶)　169/1
진고(陳皐)　322/19
진고인(陳杲仁)　290/2
진공(陳拱)　290/1
진공(陳公: 薊子訓時人)　12/2
진공(眞公: 貞公, 唐 高郵)　175/9
진공(陳公: 陳僕射)　289/14
진공(秦公: 春秋戰國 秦, 穆公)　282/4
진과언(陳寡言)　76/17
진광(陳廣)　92/6
진광모(秦匡謀)　123/2
진광한(陳廣漢)　215/3
진굉(陳閎)　211/16, 212/4·11
진교(陳嶠)　183/21
진교(陳釗: 道士)　472/19
진교(陳釗: 陳昭, 唐 漢州 孔目典)　106/13

진구낭(陳九娘)　355/8
진국(陳國: 陳君賢)　400/4
진국공(陳國公: 唐, 竇抗, 竇公)　103/4
진국공(晉國公: 唐, 裴度)　117/3, 138/1, 153/7, 163/35·35, 167/8, 177/4, 195/2, 199/12, 250/27, 392/2
진국공(晉國公: 唐, 白敏中)　196/3
진국공(晉國公: 唐, 王鐸)　123/5, 499/2, 500/1
진국공(晉國公: 唐, 田軍容)　52/1
진국공(晉國公: 唐, 韓滉)　78/8, 79/3, 151/5, 172/1, 274/8
진국공(晉國公: 北周, 宇文護)　142/13
진군(陳君)　404/7
진군(陳羣: 陳司空)　169/9
진군릉(陳君稜)　133/5
진귀모(陳龜謀)　385/4
진귀범(陳龜範)　385/4
진금(陳金)　51/4
진기(陳紀: 陳元方)　164/2
진낭(眞娘)　199/3
진녀(秦女: 弄玉)　65/2, 256/3, 280/11
진달(眞達)　93/1
진덕우(陳德遇: 陳居讓)　353/17
진도(陳桃)　276/15
진도(陳導)　328/11
진도옥(秦韜玉)　181/19, 183/22
진도위(陳都尉)　294/10
진동(陳彤)　156/12

진라자(陳癩子)　257/18
진란봉(陳鸞鳳)　394/1
진랍국왕(眞臘國王)　463/37
진랑(陳朗)　375/14
진량(陳良)　378/7
진련(陳璉)　202/25
진령영(陳令英)　258/22
진류공(陳留公: 北齊, 李誕)　171/4
진류왕(陳留王: 三國 魏 元帝, 曹奐, 魏帝)　480/13
진류후(陳留侯: 北魏, 李崇)　165/5·22
진릉(陳稜)　191/11
진리빈(陳利賓)　104/11
진림(陳琳)　261/18
진립(陳立)　217/7
진만(陳萬)　67/2
진망(陳莽)　131/14
진명학(秦鳴鶴)　218/14
진모(陳某: 茅山道士)　85/12
진무(陳婺)　412/33
진무진(陳武振)　286/7
진문달(陳文達)　103/6
진민(陳敏)　293/10
진민(陳岷)　80/10
진밀(秦密: 秦宓)　247/14
진박(陳朴)　407/25
진백(陳伯)　13/2
진백(秦伯: 春秋戰國 秦 哀公)　492/1
진백사(陳白舍: 陳濟)　401/7

진백선생(眞白先生: 貞白先生, 陶弘景) 15/2
진백옥(陳伯玉: 陳子昂) 240/8
진번(陳蕃: 陳仲擧) 164/2·3, 169/5, 316/6
진번(陳璠) 266/9, 353/2
진번수(陳磻叟) 265/13
진법사(珍法師) 93/1
진별장(秦別將) 372/3
진보광(陳寶光) 236/5
진보언(秦保言) 40/9
진복(陳福) 437/11
진복야(陳僕射: 陳太師·陳公) 289/14
진복휴(陳復休: 陳休復, 陳七子) 52/1
진부군(陳府君: 陳勳) 124/12
진부인(陳夫人: 隋 煬帝 夫人) 400/20
진불혐(陳不嫌) 204/18
진비(陳斐: 聖府君) 447/8
진사(陳師) 51/3
진사공(陳思恭) 230/2
진사공(陳司空: 陳羣) 169/9
진사명(陳士明) 79/2
진사왕(陳思王: 三國 魏, 曹植) 173/5, 225/12, 311/1, 497/19
진사응(陳思膺) 389/28
진사조(陳嗣祖: 陳述) 76/6
진사찬(陳師粲) 374/24
진산인(陳山人) 41/1
진상(陳商) 180/10, 182/4

진상(陳尙) 374/12
진생(陳生) 唐 乾元年間 醫員) 445/2
진생(陳生: 茅山道士) 74/3
진서(陳庶) 154/5
진서(陳緖) 294/10
진선(陳仙) 317/16
진선(陳羨) 447/5
진선기(陳仙奇) 270/5
진세안(陳世安) 61/4
진소(陳素) 319/9
진소(陳昭: 唐 漢州 孔目典, 陳釗) 106/13
진소(陳昭: 唐 婺州人) 222/10
진소(陳昭: 劉宋人) 116/6
진소노(陳小奴) 312/14
진소유(陳少遊) 86/13, 201/5, 239/3, 244/9, 304/7, 363/3·7
진수(秦樹) 324/1
진수(陳壽) 66/1
진수고(陳修古) 406/41
진수규(陳守規) 355/3
진수원(陳秀遠) 114/4
진수일(秦守一) 129/12
진숙(陳琡) 202/25
진숙견(陳叔堅: 陳 長沙王) 92/6
진숙릉(陳叔陵: 陳 始興王) 92/6
진숙보(陳叔寶: 陳 後主) 139/16, 140/5, 200/9
진숙보(秦叔寶: 胡壯公) 191/14, 435/11
진술(陳述: 陳嗣祖) 76/6

진숭업(陳崇業)　185/14
진승소(陳承昭)　355/14
진승친(陳承親)　267/6
진식(陳寔: 陳仲弓, 陳太丘)　161/12, 164/2, 169/1, 174/26
진신(陳臣)　295/11
진씨(秦氏: 高叡 妻)　271/4
진씨(陳氏: 南州人)　90/1
진씨(秦氏: 女巫)　283/2
진씨(陳氏: 唐 營丘人)　257/18
진씨(陳氏: 東萊人)　323/10
진씨(陳氏: 東晉人)　295/18
진씨(陳氏: 劉公信 妻)　99/13
진씨(陳氏: 徐甲 後妻)　120/6
진씨(陳氏: 徐德言 妻)　166/2
진씨(陳氏: 薛靈芸 母)　272/4
진씨(陳氏: 嵩山 道士)　41/1
진씨(陳氏: 烏傷人)　293/6
진씨(陳氏: 王遠 隣人)　7/3
진씨(陳氏: 諸葛元崇 母)　127/3
진씨(陳氏: 趙盈 姊兄)　280/5
진씨(秦氏: 陳濟 妻)　396/21
진씨(陳氏: 樵人)　443/8
진씨(陳氏: 桓軌 妻 乳母)　318/7
진씨(陳氏: 黑老)　35/5
진아등(陳阿登)　316/12
진안거(陳安居)　113/9
진안세(陳安世)　5/9
진안왕(晉安王: 梁, 蕭綱)　90/2, 120/15

진안왕(晉安王: 劉宋, 劉子勛)　119/15
진안왕(晉安王: 齊, 蕭子懋)　161/27
진안평(陳安平)　277/22
진암(陳巖: 陳叶夢)　444/5
진약(陳約)　103/6
진양공(晉陽公: 北齊, 李元誠)　202/17
진언(秦彦)　79/6, 145/2, 204/25
진언박(陳彦博)　154/7
진업(陳業: 陳文理)　161/11
진여(眞如: 寶和)　434/13
진연미(陳延美)　269/
진영(陳永)　230/2
진영(秦嬴: 秦 始皇)　181/18
진옹(陳翁)　307/4
진왕(秦王: 唐 太宗, 李世民)　23/1, 135/26, 163/4·27, 203/8, 277/14
진왕(晉王: 唐 僖宗, 李儇)　278/20, 312/7
진왕(陳王: 唐)　460/3
진왕(晉王: 隋 煬帝, 楊廣)　23/1, 400/20, 417/8
진왕(秦王: 五代 後唐, 李從榮)　353/12
진왕(秦王: 五代十國 前蜀)　80/6
진왕(秦王: 秦 始皇)　89/1, 310/8
진왕(秦王: 秦, 子嬰)　59/9, 71/1
진왕(秦王: 春秋戰國 秦 莊襄王)　328/10
진왕(秦王: 春秋戰國 秦)　425/19
진왕(晉王: 後唐, 李克用)　170/24, 190/7, 239/10·11
진우(陳虞: 陳君度)　292/10

진원(眞元) 3/1
진원강(陳元康) 173/21
진원공주(眞源公主: 唐) 138/7
진원광(陳元光) 267/8
진원방(陳元方: 陳紀) 161/12, 164/2, 174/26
진월석(陳越石: 陳黃石) 357/4
진위(陳尉) 60/1
진유(陳遺) 162/3
진유하(陳幼霞) 49/3
진율수(陳聿修) 389/28
진의(陳義) 394/10
진의노(陳意奴) 204/18
진의랑(陳義郞) 122/1
진이상(陳彛爽) 122/1
진이행(陳夷行) 197/11, 498/7
진인태사(眞人太師) 58/1
진자량(陳子良) 129/7
진자앙(陳子昂: 陳伯玉) 179/3, 201/6, 240/8
진자융(眞子融) 119/23
진작(陳爵) 400/4
진장(陳莨) 165/12
진장(陳璋) 435/21
진장(陳章) 479/6, 480/21
진장기(陳藏器) 479/10
진적(陳逖) 407/33
진전유(陳全裕) 52/2
진정(陳挺) 400/4

진정(秦精) 426/1
진정관(陳正觀) 439/10
진정로(陳征虜) 90/2
진제(陳濟) 396/21
진제(晉帝: 晉 宣王, 司馬懿) 96/8
진종권(秦宗權) 108/12·13
진주(陳澍) 217/2
진주(陳主: 陳 武帝, 陳霸先) 120/15·16
진준(陳遵) 209/1
진준(陳濬: 陳白舍) 401/7
진중거(陳仲擧: 陳蕃) 137/10, 164/2·3, 169/5
진중궁(陳仲躬) 231/11
진중궁(陳仲弓: 陳寔) 164/2, 472/4
진중방(陳仲方) 161/12
진증(陳增) 288/6
진지(陳至) 264/4
진진(眞眞) 286/9
진진(陳軫) 328/10
진진숭(秦進崇) 390/24
진진충(秦進忠) 353/9
진징군(晉徵君) 196/7
진찰미(陳察微) 334/7
진창(陳暢) 209/3
진창(陳敞) 210/3
진창왕(晉昌王: 隋, 唐邕) 174/1
진채(陳寨) 220/4
진척(陳滌) 242/11
진철(陳哲) 105/10

| 인명 색인 · 483 |

진철(陳徹)　444/4
진첨(秦瞻)　457/2
진청(秦青)　204/13
진초(陳招: 晉昭, 北朝人)　411/11
진초(陳超: 何規)　129/2
진초(陳焦)　375/3
진충성(陳忠盛)　21/1
진칠자(陳七子: 陳復[村陳木復])　52/1, 80/3
진타(陳他: 陳佗)　260/1
진탐(陳耽)　7/3
진태(陳泰)　169/9
진태사(陳太師: 陳僕射)　289/14
진통방(陳通方)　265/8
진파사(陳波斯)　252/12
진패선(陳霸先: 陳 武帝, 高祖·神武皇帝·陳主)　120/15·16, 146/2
진평(陳平)　173/19
진포(陳褒)　432/8
진풍(陳諷)　186/17
진항(陳玩)　199/7
진행자(眞行子)　1/1
진행종(陳行宗)　123/3
진행충(晉行忠)　216/11
진현(陳峴)　126/15
진현(陳絢)　352/12, 395/10
진현경(陳玄景)　215/6
진현달(陳顯達)　90/2
진현례(陳玄禮)　188/6
진현범(陳玄範)　111/20
진현우(陳玄祐)　358/4
진현조(陳玄造)　69/3
진현토(眞玄兔)　215/2·3
진혜(陳惠)　103/14
진혜허(陳惠虛)　49/5
진호(陳岵)　265/13
진홍(陳鴻)　202/25, 485/1, 486/1
진홍유(陳洪裕)　130/7
진홍조(陳鴻祖)　485/1
진홍태(陳弘泰)　118/16
진황석(陳黃石: 陳越石)　357/4
진회(陳悝)　295/2
진회경(陳懷卿)　220/9, 495/5
진회고(陳懷古)　203/22
진훈(陳勳: 陳府君)　124/12
진휴복(陳休復: 陳復休)　80/3, 158/2
진희고(陳希古)　201/15
진희렬(陳希烈)　122/2, 148/9, 170/3, 186/6·15, 335/4, 398/8
진희민(陳希閔)　493/22
질류(郅類)　246/15
집실사력(執失思力)　189/6
징공(澄空)　114/10
징군(徵君)　260/12

ㅊ

차갑(車甲)　443/14

차거(且渠) 389/3
차모(車母) 110/23
차무자(車武子) 272/9
차사왕(車師王: 晉代 西域國王) 89/2
차삼(車三) 216/12
차준(車浚) 173/7
찬국공(鄫國公: 唐, 竇軌) 126/6
찬보(贊普: 西蕃王) 105/11
찬홍(爨洪) 351/10
찬황공(贊皇公: 唐, 李嶠) 214/6, 221/1
찬황공(贊皇公: 唐, 李德裕) 399/12, 409/19, 472/17
창귀(倀鬼) 427/4, 428/5, 430/2, 431/4·5, 432/10, 433/2
창랑군(滄浪君) 445/1
창룡계주(蒼龍溪主: 歐陽某) 49/3
창벽(蒼璧) 303/7
창용(昌容) 59/2
창최(暢璀) 304/4
창해(滄海) 80/4
창힐(蒼頡) 93/1, 206/1, 226/1, 397/2, 480/13
채가낭자(蔡家娘子) 329/5
채경(蔡京) 179/8, 273/7
채경(蔡經) 7/3, 22/2, 60/1
채공(蔡公: 蔡興宗) 343/1
채국(採菊) 324/12
채남사(蔡南史) 180/8
채낭(采娘) 387/8

채녀(采女) 2/3
채도(蔡道) 293/1
채륜(蔡倫) 206/21
채모(蔡謨) 246/1, 272/11, 276/23, 320/1
채문희(蔡文姬) 34/2
채미(採薇) 325/5
채미원(蔡微遠) 216/11
채백개(蔡伯喈: 蔡邕) 164/5, 169/3, 202/5, 206/23, 321/2, 327/3, 497/4
채본(蔡本) 268/10
채부(蔡孚) 255/14
채빈(採蘋) 486/2
채사(蔡四: 蔡氏) 372/2
채생(蔡生: 隋 畫工) 99/10
채선명(蔡宣明) 132/1
채소하(蔡少霞) 55/3
채숙향(蔡叔向) 158/5, 170/23
채시어(蔡侍御: 蔡行己) 351/2
채씨(蔡氏: 孟襄 妻) 325/2
채씨(蔡氏: 蔡四) 372/2
채약(蔡約) 207/10
채언경(蔡彦卿) 401/9
채여선(蔡女仙) 62/6
채연(蔡鋋) 181/19
채염(蔡琰) 206/14
채영(蔡榮) 308/3
채옥(蔡玉) 418/13
채옹(蔡邕: 蔡伯喈, 蔡中郎) 34/2, 164/5, 169/3·5, 202/5, 203/23, 206/9·10

·14·23·25, 207/12, 208/12, 209/1·6, 321/2
채왕(蔡王: 唐) 82/4
채용(蔡庸) 293/1
채위(蔡偉) 58/1
채음(蔡愔) 87/1·2
채자숙(蔡子叔: 蔡系) 87/4
채자원(蔡子元) 171/5
채전(蔡畋) 289/16
채중(蔡仲) 375/10
채중랑(蔡中郎: 蔡邕) 311/1
채지(採芝) 324/10
채지(蔡支) 375/13
채책(蔡策) 105/7
채철(蔡鐵) 216/6
채탄(蔡誕) 288/1
채하(蔡霞) 421/3
채행기(蔡行己: 蔡侍御) 351/2
채형(蔡荊) 170/23
채형(蔡衡) 277/26
채홍(蔡洪) 173/9, 245/16
채확(蔡廓) 185/1
채휘(蔡暉) 119/23
채흥(蔡興) 469/10
채흥종(蔡興宗: 蔡公) 207/10
채희민(蔡希閔) 393/14
채희부(蔡喜夫) 118/8, 440/11
처홍(處弘) 224/13
척곽(尺郭) 482/16

척부인(戚夫人: 漢 高祖 妃) 204/14, 489/1
척소요(戚逍遙) 70/8
척양도사(滌陽道士) 400/18
척현부(戚玄符) 70/3
천구진왕(天九眞王) 57/1
천낭(倩娘) 358/4
천문자(天門子: 王綱) 5/5
천상옥녀(天上玉女: 成公智瓊) 61/2
천연군(天然君) 324/15
천왕(天王) 406/43
천원제(天元帝: 北周 宣帝, 宇文빈) 139/13
천자재(天自在) 86/5
천제시진녀(天帝侍辰女) 63/5
천제왕(天齊王: 齊王) 308/4, 313/14, 314/18
천주봉중악선생(天柱峯中岳先生: 李泌) 38/1
천태도사(天台道士: 金柔) 49/4
천태도사(天台道士: 司馬承禎) 29/1
천태이녀(天台二女) 61/7
천황대제(天皇大帝: 玉皇大帝) 11/6, 25/1
천후(天后: 唐 高宗 后, 則天武后) 277/18
철공(徹公: 靈徹) 256/5
철선사(徹禪師) 109/17
첨(瞻) 370/2
첨생(詹生: 歐陽詹) 274/6
첨생(檐生: 蛇精) 458/2
청계고(淸溪姑) 294/18, 475/1

청동군(青童君: 方諸青童) 58/1
청동군(青童君: 青夫人) 65/2
청동령인(青童靈人) 62/4
청랭진인(清冷眞人: 裴玄仁) 50/2
청령왕군(清靈王君) 11/6
청부인(青夫人: 青童君, 趙旭 妻) 65/2
청상(青箱) 343/1
청성도사(青城道士) 287/4
청성장인(青城丈人) 29/1
청성진인(青城眞人) 20/4, 41/4
청승(清僧) 155/5
청신사녀(清信士女) 59/13
청오(青烏) 390/9
청우도사(青牛道士: 封君達) 14/1, 68/3
청정선생(青精先生) 2/3
청진소동(青眞小童: 延陵陽, 字 庇華) 3/1
청태왕(清泰王: 五代 後唐 末帝, 李從珂) 136/15, 459/13
청태주(清泰主: 五代 後唐 末帝, 李從珂) 314/1
청하공(清河公: 唐, 房建) 44/3
청하씨(清河氏: 韋皐 妻, 張氏) 170/10
청하효왕(清河孝王: 北魏) 18/2
청허왕군(清虛王君: 王褒) 58/1
청허진인(清虛眞人: 王褒) 58/1
청허천왕(清虛天王: 王褒) 58/1
청홍군(清洪君) 292/3
초국공(譙國公: 唐, 李崇義) 174/9, 448/1
초국공(譙國公: 唐, 夏侯孜) 224/16, 23

3/13, 234/10
초당사걸(初唐四杰) 112/12
초동(楚彤: 通慧大德) 112/14
초련사(焦練師) 449/4
초리(招利) 325/1
초묘신(楚廟神: 楚王) 296/8
초본(譙本) 430/9
초봉(焦封) 446/11
초빈(楚賓) 352/3
초선(焦先: 焦孝然) 9/4
초성승(草聖僧: 懷濬) 98/11
초수(焦遂) 420/5
초식(楚寔) 278/2
초씨(焦氏: 皇甫恂 遇人) 302/1
초안(楚安) 214/2
초암(峭巖: 茅山道士) 458/4
초예준(譙乂俊) 314/4
초왕(楚王: 唐 代宗, 李豫) 404/1
초왕(譙王: 唐, 李元名) 163/15, 240/3
초왕(楚王: 三國 魏, 曹彪) 119/8, 203/25
초왕(楚王: 五代十國, 馬殷) 278/24
초왕(楚王: 五代十國, 馬希範) 373/8
초왕(譙王: 晉, 司馬恬) 276/31
초왕(楚王: 楚廟神) 296/8
초왕(楚王: 春秋戰國 楚 懷王) 364/5
초왕(楚王: 春秋戰國) 201/16, 456/22, 461/22
초왕(楚王: 漢, 劉戊) 171/2, 328/6
초자(楚子) 414/30

초장초(焦長楚)　390/12
초책(焦策)　103/17
촉단(爘䊹)　81/4
촉왕(蜀王: 隋, 楊秀)　139/17·18, 203/19
촉왕(蜀王: 春秋戰國)　359/1, 456/18
촉주(蜀主: 五代十國 前蜀 高祖, 王建)　8
　0/9, 252/11, 390/14, 409/44, 430/9
촉주(蜀主: 五代十國 前蜀)　446/7
총진왕군(總眞王君)　56/2
최가(崔暇)　279/20
최각(崔毂)　370/3
최간(崔偘)　283/15
최간(崔簡)　285/15
최갈(崔碣: 博陵公)　172/8
최감(崔鑒)　165/4
최갱(崔鏗)　280/5
최결(崔潔)　156/12
최겸(崔謙)　77/7
최경(崔敬)　271/5
최경당(崔景唐)　45/6
최경사(崔敬嗣)　117/2
최계규(崔季珪: 崔琰)　169/11
최계서(崔季舒)　173/21, 361/1
최공(崔珙)　244/7, 352/6
최공(崔恭)　67/1
최공(崔公: 唐 博陵人)　75/3
최관(崔琯)　153/3
최광(崔光)　165/5, 173/20
최광원(崔光遠)　117/2, 366/3

최광종(崔廣宗)　367/23
최교(崔郊)　177/5
최교(崔翹)　277/29
최구(崔構)　153/4
최구(崔球)　244/7
최구(崔九: 崔滌)　204/15
최구만(崔九萬)　282/4
최군(崔君: 唐 犍爲郡守)　384/4
최군(崔君: 唐 青河太守)　43/1
최군(崔君: 唐 河內太守)　434/15
최군(崔群: 崔羣, 崔相國)　156/2, 170/1
　3, 181/4
최궤(崔軌)　115/2
최귀종(崔龜從)　182/12, 308/8
최기(崔器)　122/2, 150/7
최기(崔祈)　159/4
최녕(崔寧)　24/3, 105/13, 213/2, 384/4
최단(崔鄲)　155/2
최담(崔澹)　183/6, 257/1
최담준(崔譚峻)　210/11
최도(崔翰)　433/8
최도(崔導)　415/8
최도기(崔道紀)　133/8
최도추(崔道樞)　423/10
최라집(崔羅什)　326/7
최란(崔鸞)　500/2
최랑중(崔郎中: 唐 鄭州人)　162/16
최랑중(崔郎中: 崔騈)　265/17
최려(崔勵)　173/20, 280/5

최려(崔蠡) 182/1
최련사(崔練師) 314/19
최렴(崔廉) 183/13
최령공(崔令公: 崔湜) 279/3
최료(崔鐐) 265/20
최리(崔泣: 崔蒞) 240/14, 265/5
최림(崔琳) 170/6, 186/9, 303/4
최막(崔邈) 208/13, 258/8
최만안(崔萬安) 278/28
최면(崔勉) 173/20
최명달(崔明達: 崔漢子, 崔尙書) 379/6
최명윤(崔允明) 487/1
최모(崔某: 唐 安康太守) 85/4
최몽(崔蒙) 201/7, 206/15
최무(崔武) 385/1
최무(崔務) 218/21
최무두(崔無斁) 80/8
최무백(崔茂伯: 崔府君) 324/13
최무은(崔無隱) 125/5
최문간(崔文簡) 104/5
최문자(崔文子: 玉眞上公) 62/3
최민(崔敏: 崔長謙) 81/4
최민각(崔敏殼: 崔使君) 301/2
최박(崔朴) 153/3
최백(崔白) 477/6
최법원(崔法瑗) 119/23
최별가(崔別駕) 32/1
최병(崔駢: 崔郞中) 265/17
최부군(崔府君: 崔茂伯) 324/13

최부인(崔夫人: 裴有敵 妻) 147/10
최부인(崔夫人: 鄭德懋 妻母) 334/6
최분(崔汾) 305/8
최비(崔祕) 266/11, 278/15
최빈(崔頻) 341/4
최사(崔使) 66/1
최사광(崔士光) 338/8
최사군(崔使君: 崔敏殼) 301/2
최사군(崔使君: 崔照) 243/14
최사긍(崔思兢) 494/2
최사동(崔士同) 451/7
최사마(崔司馬) 215/7
최사법(崔司法) 301/4
최사본(崔師本) 228/12
최사인(崔士人) 31/2
최사조(崔思祖) 246/17
최사팔(崔四八) 388/10
최사호(崔司戶) 400/12
최사회(崔思誨) 250/17
최상(崔爽) 220/15
최상(崔尙) 330/7
최상(崔商) 445/4
최상(崔相: 崔胤) 252/10
최상국(崔相國: 崔群) 50/2
최상서(崔尙書: 唐 兗州節度使) 108/11
최상서(崔尙書: 崔明達) 379/6
최상시(崔常侍) 330/9
최생(崔生: 唐 洛陽人) 491/3
최생(崔生: 唐 大曆年間人) 194/1

최생(崔生: 唐 元和年間人) 375/19
최생(崔生: 進士) 311/4
최생(崔生: 崔汾 兄) 305/8
최서(崔曙) 143/20, 198/9, 215/7
최서(崔恕) 162/1
최서생(崔書生: 唐 東州人) 63/3
최서생(崔書生: 唐 博陵人) 339/5
최석(崔石) 406/28
최선(崔宣) 494/2
최선(崔瑄) 499/1
최선영(崔善影) 120/17
최선일(崔宣一) 259/10
최선충(崔善冲) 112/8
최섬(崔暹) 173/21, 216/7
최성성(崔星星) 143/20
최소(崔昭) 105/3, 204/16
최소(崔紹) 385/1
최소구(崔昭矩) 183/25
최소부(崔昭符) 265/20
최소부(崔少府) 316/4
최소위(崔昭緯) 123/7, 183/24
최소현(崔少玄: 玉華君·玉皇左侍書) 67/1
최수(崔需) 452/1
최숙(崔璹) 489/2
최숙인(崔淑仁) 493/3
최숙청(崔叔淸) 260/17
최순관(崔巡官) 269/9
최시어(崔侍御) 311/4
최식(崔植) 138/6, 154/10

최식(崔湜: 崔令公) 139/26, 146/18, 184/16, 185/18·22, 204/15, 209/2, 240/4·14, 258/23, 265/5, 279/3, 494/3
최신(崔愼) 181/19
최신(崔信) 340/3
최신(崔伈) 404/1
최신명(崔信明) 327/10
최신사(崔愼思) 194/4
최신유(崔愼由) 256/18, 388/10
최심(崔諶) 247/8
최씨(崔氏: 邯鄲 少年 盧生 妻) 82/5
최씨(崔氏: 盧子 再從姑 夫) 281/10
최씨(崔氏: 盧懷愼 妻) 165/9
최씨(崔氏: 唐 長安人) 254/6
최씨(崔氏: 同州 督郵) 303/8
최씨(崔氏: 寶凝 妻) 130/1
최씨(崔氏: 柳參軍 妻) 342/2
최씨(崔氏: 李侃 妾) 489/2
최씨(崔氏: 李文敏 妻) 128/4
최씨(崔氏: 李蕃 妻) 77/7
최씨(崔氏: 李元恭 外孫女) 449/3
최씨(崔氏: 李載 妻) 338/7
최씨(崔氏: 妙女 主) 67/2
최씨(崔氏: 房孺復 妻) 272/15
최씨(崔氏: 福建從事) 313/3
최씨(崔氏: 薛嚴 妻) 106/4
최씨(崔氏: 楊希古 隣人) 498/5
최씨(崔氏: 永平里人) 361/15
최씨(崔氏: 王賈 妻, 李乙 妻) 32/1

최씨(崔氏: 王福畤 妻)　249/8
최씨(崔氏: 王黯 妻)　451/7
최씨(崔氏: 李彊名 妻)　386/6
최씨(崔氏: 李萇 表弟)　452/2
최씨(崔氏: 鄭雍 妻)　168/8
최씨(崔氏: 巴川縣令)　352/11
최아(崔亞)　183/20
최안잠(崔安潛)　181/19, 186/21, 201/13, 237/7, 289/14
최앙(崔昂)　173/21, 247/5
최애(崔涯)　238/12, 256/11
최액(崔液)　240/14, 265/5
최앵앵(崔鶯鶯)　488/1
최어사(崔御史)　349/6
최언(崔言)　75/9
최언(崔郾)　175/12, 181/11
최언무(崔彦武)　387/4
최언융(崔彦融)　188/11
최언장(崔彦章)　367/5
최언증(崔彦曾)　144/16
최언휘(崔元暐)　240/14
최여(崔璵)　182/11
최연(崔延)　130/1
최연(崔鋋)　123/7
최연문(崔鋋文)　214/6
최연백(崔延伯)　205/23
최연의(崔延禕)　420/6, 467/4
최염(崔琰: 崔季珪)　169/11, 408/44
최엽(崔曄)　160/1

최영(崔郢)　233/13
최오(崔晤)　160/1
최오(崔敖)　180/4
최옹(崔雍)　144/17, 182/18
최옹(崔顒)　376/3
최요(崔瑤)　133/2
최요봉(崔堯封)　220/25
최우(崔宇)　17/3
최우보(崔祐甫: 文貞公)　127/11, 260/14
최욱(崔勛)　173/20
최운(崔暈)　143/11
최운낭(崔雲娘)　256/12
최원(崔損)　260/22
최원(崔遠)　168/8, 243/19
최원(崔圓: 趙國公)　38/1, 136/5, 148/9, 150/3, 179/4, 212/12, 222/7, 303/3, 404/1, 461/18
최원(崔瑗: 崔子玉)　206/15, 209/2·3
최원(崔遠)　187/14
최원략(崔元略)　175/12, 180/6, 499/1
최원량(崔元亮)　398/19
최원장(崔元章)　153/3
최원장(崔元奬)　379/6
최원조(崔元藻)　269/9
최원종(崔元綜)　146/16, 159/2
최원한(崔元翰)　170/19, 180/4
최위(崔尉)　121/19
최위(崔偉)　23/3
최위(崔煒)　34/2

최육(崔育)　262/1
최윤(崔胤: 崔緇兒, 崔相)　239/10, 252/10
최융(崔融)　198/7·8, 209/10, 214/6, 220/18, 240/13, 413/28, 493/20
최은몽(崔殷夢)　182/12, 183/12
최은보(崔隱甫)　495/3
최읍(崔挹)　240/14, 258/23
최읍(崔揖)　494/3
최응(崔應)　123/3
최응(崔凝)　184/1
최응(崔膺)　202/9
최의(崔懿)　440/16
최의기(崔義起)　115/3
최이(崔異)　277/29
최인(崔駰)　206/15
최인사(崔仁師)　164/6, 174/5, 184/16, 265/5
최일용(崔日用)　148/1, 185/18, 249/14, 439/23
최일지(崔日知)　121/13, 187/23
최자무(崔子武)　327/1
최자옥(崔子玉: 崔瑗)　400/17
최절(崔梲)　467/19
최정(崔珵)　404/1
최정옥(崔庭玉)　379/6
최조(崔造)　151/7·8
최조(崔照: 崔使君)　243/14
최종(崔從)　68/2, 155/6
최중경(崔仲卿)　13/2
최중문(崔仲文)　437/3
최중승(崔中丞)　380/8, 455/1
최지변(崔智辯)　185/13
최지지(崔知之)　441/13
최직(崔直)　385/1
최진사(崔進思)　126/8
최징(崔澄)　265/5
최찰(崔察)　112/12
최참군(崔參軍: 狐精)　449/6
최참군(崔參軍: 唐 相州人)　447/14
최창(崔昌)　451/3
최창(崔暢)　375/4
최채노(崔滀奴)　489/2
최척(崔滌: 崔九)　184/16, 204/15, 240/14
최천(崔阡)　260/15
최천극(崔千亟)　175/8
최천연(崔繹然)　313/6
최청(崔淸)　153/3, 242/6
최최(崔崔)　22/2
최추언(崔芻言)　223/9
최축(崔祝)　153/3
최충(崔沖)　223/7
최태지(崔泰之)　259/5·16
최택(崔澤)　307/7
최판관(崔判官)　314/19
최평업(崔平業)　116/8
최표(崔儦)　247/5·13
최하(崔蝦)　279/20
최한(崔翰)　380/4

최할(崔劼) 234/4
최함(崔咸) 243/18, 333/4
최함(崔涵: 崔子洪) 375/4
최항(崔恒) 440/16
최항(崔沆: 魏國公) 182/15·17, 188/11·1 2, 499/1
최행공(崔行功) 137/18, 249/2
최행신(崔行信) 108/6
최향(崔向) 34/2, 305/1
최현(崔賢) 224/3
최현(崔鉉: 魏國公) 170/20, 175/12, 182/9, 188/10, 201/13, 202/15, 219/8, 269/9, 311/3, 499/1
최현간(崔玄簡) 426/20
최현량(崔玄亮) 73/9, 154/10
최현미(崔玄微) 416/10
최현승(崔玄昇) 216/14
최현신(崔玄信) 243/10
최현위(崔玄暐: 唐 博陵王) 143/11, 185/16, 329/1, 385/1
최형(崔荊) 244/7
최혜경(崔惠景) 367/28, 396/16
최혜동(崔惠童) 438/11
최호(崔浩) 165/4
최호(崔護) 255/24, 274/2
최환(崔渙) 148/5, 222/4·10
최환랑(崔歡郎) 488/1
최회억(崔懷疑) 440/18
최희일(崔希逸) 380/4

최희주(崔希周) 152/1
최희진(崔希眞) 39/2
추경온(鄒景溫) 270/17
추군(鄒君: 鄒待徵) 270/4
추낙타(鄒駱駝: 鄒鳳熾) 400/11, 495/6
추다(醜多) 99/6
추담(鄒湛) 276/14
추대징(鄒待徵: 鄒君) 270/4
추람(鄒覽) 318/17
추방(鄒昉) 400/11
추방(鄒滂) 471/11
추봉치(鄒鳳熾: 鄒駱駝) 495/6
추생(鄒生: 卜龜人) 217/5
추순(秋筍) 388/3
추연(鄒衍) 81/4
추평공(鄒平公: 唐, 段文昌) 138/2, 155/5
추호(秋胡) 226/1
추홍(秋鴻) 487/1
추희회(鄒希回) 183/19
축계공(祝雞公) 461/29
축담개(竺曇鎧) 100/8, 113/1
축담수(竺曇邃) 294/18
축대사(竺大師) 439/11
축법도(竺法度) 276/46
축법란(竺法蘭: 竺法師) 87/2, 89/2, 373/5
축법사(竺法師: 竺法蘭) 322/13
축법순(竺法純) 110/10
축법아(竺法雅) 88/1

축법의(竺法義: 義公) 110/3
축법행(竺法行) 96/5
축불밀(竺佛密) 110/2
축사(祝師) 115/1
축원응(祝元膺) 365/6
축융(祝融) 1/1, 34/2, 43/3, 291/3
축장서(竺長舒) 110/5
축정율사(逐靜律師) 93/1
축혜경(竺惠慶) 111/1
축혜치(竺惠熾) 324/2
축흠명(祝欽明) 255/11
춘신군(春申君: 春秋戰國 楚) 93/1
춘조(春條) 372/6
춘홍(春紅) 275/6
출육근(出六斤) 248/1
충공(忠公: 唐, 馬周) 19/1
충동(种㠉) 426/3
충렬왕(忠烈王: 梁) 90/2, 332/8
충왕(忠王: 唐) 38/1
충제(冲帝: 漢, 李炳) 60/4
취소자(吹簫子: 弄玉) 342/1
취음선생(醉吟先生: 皮日休) 499/13
치가빈(郗嘉賓: 郗超) 110/13
치감(郗鑒: 郗太尉) 28/1, 416/8
치구화상(鵄鳩和尙: 鄧州老僧) 96/9
치구흔(甾丘訢: 淄丘訢) 191/1, 226/1
치법준(郗法遵) 162/19
치부(致富) 127/1
치사미(郗士美) 440/21

치세료(郗世了) 472/6
치순(郗巡) 76/3, 161/8
치씨(郗氏: 王羲之 妻) 207/1
치앙(郗昂) 242/3
치우(蚩尤) 56/1, 229/5
치이군(鴟夷君: 伍子胥) 309/1
치이자(鴟夷子) 1/1
치천진군(稚川眞君: 葛洪) 28/2
치초(郗超: 郗嘉賓) 87/4
치침도사(治針道士) 83/5
치태위(郗太尉: 郗鑒) 28/1
치화(稚華) 318/15
치황후(郗皇后: 梁 武帝 后, 龍天王) 418
  /10
치회(郗恢) 360/6
측천무후(則天武后: 唐 高宗 后, 武后·武
  太后·天后·大羅天女) 21/2, 23/2, 26
  /1, 30/1, 41/1, 73/1, 76/12, 77/2, 91
  /10, 92/2, 94/3, 95/1·4, 96/1, 104/1
  ·2·3, 112/12, 126/10, 132/14, 135/2
  9, 136/2, 139/21·22·24, 143/1·7, 14
  6/15·16·17, 147/4·5, 162/8, 163/19·
  20·23·24·28·29, 164/10, 170/3, 171
  /12·16, 175/5, 176/3, 178/5, 185/16·
  18·23, 187/28, 189/8·9, 191/19, 197/
  10, 198/7, 201/16, 202/7, 203/11, 21
  1/12, 216/10, 218/14·16·18, 221/1·2
  ·3, 222/6, 224/5·6, 226/5, 228/12,
  231/6, 236/18, 238/5·6, 240/2·5·7·

10·11·12·13, 249/11·15, 250/3·13, 2
54/9·12·13, 255/1, 258/12·18·19·2
1, 259/3·12, 263/4·12·13, 265/4, 26
7/6·7·8·9·10·11·13·14·15·16·17·1
8, 268/1·8·9·10, 269/1·2, 271/3·16,
274/3, 277/18, 280/8, 283/5, 285/9·
10, 288/7·14·15·16, 299/1, 313/13,
329/1·8, 330/15, 336/2, 361/10·11,
371/4, 384/1, 389/23, 396/5, 398/1
1, 401/14, 402/10·12, 405/13, 426/1
7·18, 441/7, 444/6, 447/19, 461/33,
462/25, 463/26, 474/6, 481/6, 493/1
8·20·21, 494/2
칠랑(七郞: 唐晅) 332/1
칠랑(七郞: 宇文覿) 336/4
쾌삼(噲參) 418/9
쾌왕(噲王: 春秋戰國 燕) 2/2

ㅌ

타사니발타(陀沙尼拔陁) 414/12
탁공녕(卓孔寧) 5/8
탁금용왕(濯錦龍王) 419/1
탁등(卓鄧: 卓王孫·鄧通) 286/1
탁문군(卓文君) 338/2, 345/9, 446/11
탁발대랑(拓跋大郞) 36/2
탁발렬(托跋烈) 83/2
탁발사공(拓跋思恭) 175/13

탁발옹(拓跋雍: 北魏 高陽王) 165/22
탁씨(卓氏: 卓文君) 245/6
탁여랑(卓女郞) 337/6
탁왕손(卓王孫) 236/2, 446/11
탁이십삼(卓二十三: 南卓) 251/11
탁천(卓倩: 卓英倩) 237/2
탕씨(湯氏: 樂平縣尉) 376/7
탕안인(湯安仁) 436/23
탕왕(湯王: 商[殷], 帝天乙) 48/4, 137/2,
    162/14, 189/4, 241/1, 291/9, 482/2
탕응(湯應) 439/18
태갑중원(太甲中元) 3/1
태경(太瓊) 368/8
태공(太公: 姜太公) 88/1, 117/6, 245/2
태공망(太公望: 姜太公) 291/2
태극고선백(太極高仙伯: 延蓋公子) 11/6
태극사진인(太極四眞人) 58/1
태극선백(太極仙伯) 11/6
태극선생(太極先生) 25/2
태극진인(太極眞人: 安度明) 11/6, 58/1
태목황후(太穆皇后: 唐 高祖 后, 竇后) 1
    26/6
태무제(太武帝: 北魏, 拓跋燾) 296/1
태미자실선인(太微紫室仙人) 324/12
태미제군(太微帝君) 11/6, 58/1
태백(泰伯: 春秋戰國 吳) 280/11
태백묘신(太白廟神) 426/21
태백산정일도사(太白山正一道士: 解元
    龜) 289/15

태백성(太白星: 蘇四郎) 309/2
태백성신(太白星神) 6/2, 75/2
태백주성(太白酒星) 40/2
태사공(太史公: 司馬遷) 117/5
태산묘신(泰山廟神) 99/7
태산부군(太山府君: 泰山府君) 86/7, 102/15, 109/5, 283/1, 293/12, 296/12, 297/5, 298/2, 314/4, 320/4, 323/2, 324/9, 327/11, 337/1, 360/35
태산삼랑(泰山三郎) 298/6
태산신(太山神: 天齊王) 314/18, 375/13
태상노군(太上老君: 老子) 1/2, 6/1, 20/4, 22/1, 24/3, 26/1, 29/1, 38/1, 49/5, 60/4, 61/1·5, 62/3, 66/1, 67/1, 224/15, 252/10
태상도군(太上道君) 11/6, 15/1, 56/1, 59/13, 61/1
태상삼원(太上三元) 58/1
태상옥신대도군(太上玉晨大道君) 58/1
태상중황도군(太上中黃道君) 3/1
태상지진(太上至眞) 22/1
태상진인(太上眞人) 19/1, 27/1, 57/1, 61/3
태상천황(太上天皇) 3/1
태상황(太上皇: 唐 睿宗, 李旦) 139/26, 140/1
태상황(太上皇: 唐 玄宗, 李隆基) 77/2, 486/1
태상황(太上皇: 漢 高祖 父) 229/6

태세신(太歲神) 24/4, 362/13, 366/11, 413/17, 461/13
태소삼원군(太素三元君) 58/1
태승운부군(太承雲府君) 415/4
태실신(太室神) 296/1
태양도사(太陽道士) 419/1
태영낭자(態盈娘子) 40/1
태왕공(太王公) 6/2
태원공(太原公: 北齊 文宣帝, 高洋) 216/7
태원공(太原公: 五胡十六國 後凉, 呂纂) 89/2
태원부인(太元夫人) 31/2
태원진인(太元眞人: 茅盈) 11/6, 56/2
태을무군(太乙無君) 60/4
태을사자(太乙使者) 69/4
태을신(太乙神) 4/9, 9/1, 290/2, 301/4
태을진군(太乙眞君) 47/4
태을진인(太乙眞人) 9/1, 12/3, 19/1, 44/2, 52/4
태을현선(太乙玄仙) 58/1
태음부인(太陰夫人) 64/5
태일신(太一神) 2/3, 195/1, 220/19, 231/11, 289/8, 291/20, 300/2, 311/2
태일직부(太一直符: 直符) 298/6
태자발(太子發: 周 武王, 姬發) 226/1
태자진(太子晉: 周, 王子晉) 54/4
태제(太帝) 3/1, 15/3
태조(太祖: 南齊 高帝, 蕭道成) 135/20, 165/3, 207/10, 246/10·17·19, 296/4,

173/11·21
태조(太祖: 三國 魏 武帝, 曹操) 190/10, 206/23, 233/20, 293/1
태조(太祖: 五代 後唐 武皇帝, 李克用) 136/13, 271/11
태조(太祖: 五代 後梁, 朱溫[朱全忠]) 85/10, 144/18, 163/36, 175/13, 190/11, 205/20, 239/11, 244/16, 252/10, 264/7, 266/4·6, 271/12, 500/7·11
태조(太祖: 五代 後周, 郭威) 135/22
태조(太祖: 劉宋 武帝, 劉裕) 276/35
태종(太宗: 唐, 李世民) 21/1, 23/1, 29/4, 30/1, 70/10, 76/11, 102/14, 123/7, 135/27, 146/8·9, 163/19, 164/8·9·24, 169/14·17·18, 171/6, 174/4·5·6, 175/2, 178/1·8, 189/4·5·6, 191/12·13·14·15, 193/2, 197/7·9, 203/8, 204/1, 205/11, 208/1·2, 209/8·9·11, 211/10·11, 215/5, 218/11, 221/1·2, 224/3·6, 236/17, 237/8, 241/1, 248/9·10, 249/4·10, 265/3, 272/13, 277/14, 285/2, 297/1·3, 335/5, 375/17, 396/1·5, 399/11 , 400/9·10, 401/14, 414/4, 447/14, 460/22, 472/10, 489/2, 493/7·8·13
태진부인(太眞夫人: 名 婉, 字 羅敷) 57/1, 292/5
태진비(太眞妃: 唐 玄宗 妃, 楊貴妃) 23/3, 72/5, 204/3·15, 240/19

태진왕부인(太眞王夫人) 56/3
태청진인(太淸眞人) 52/3, 53/1
태평공주(太平公主: 唐) 92/2, 136/1, 209/11, 218/16, 221/2, 236/21·25, 240/4·8, 265/5, 267/18 , 268/10, 285/9, 288/7·8, 300/1
태평군주(太平君主: 唐 玄宗, 李隆基) 50/1
태평성군(太平聖君: 唐 玄宗, 李隆基) 20/4
태허구광귀대금모원군(太虛九光龜臺金母元君: 西王母) 56/1
태허군문진인(太虛群文眞人) 3/1
태허진인(太虛眞人) 11/6
태현녀(太玄女: 顓和) 59/4
태현동자(太玄童子) 6/1
태화공주(太華公主: 唐) 387/6
태화선생(太和先生: 王旻) 72/2, 466/14
태화진인(太和眞人) 14/2
택(澤) 480/3
토돌승최(吐突承璀) 122/5, 164/28
토양신(土羊神) 291/14
토전공(土田公) 331/9
토지신(土地神) 283/1, 308/3, 354/1
통공(通公) 91/3
통달(通達) 132/4
통아(通兒) 436/1
통진선생(通眞先生: 王弁) 22/2
통현선생(通玄先生: 張果) 30/1

통혜대덕(通慧大德: 楚彤)　112/14
투곡오도(鬪穀於菟)　434/19
투백비(鬪伯比)　490/1
투산왕(鬪山王)　294/14

ㅍ

파라차국왕(婆邏遮國王)　481/8
파릉왕(巴陵王: 南齊 和帝, 蕭寶融)　493/8
파무상(巴務相: 廩君)　481/3
파사왕(波斯王)　374/11
파서후(巴西侯)　445/1
파씨(巴氏: 刁俊朝 妻)　220/19
파양공주(鄱陽公主: 唐)　21/1, 218/12
파양왕(鄱陽王: 南齊)　42/2, 211/2
파양왕(鄱陽王: 劉宋, 劉休業)　92/6
파양왕(鄱陽王: 漢, 吳芮)　44/1
파제왕(婆提王)　329/5
파조(破阻)　425/14
파현왕(鄱縣王: 漢, 吳芮)　358/10
팔공(八公)　8/1
팔장군(八將軍)　93/1
패공(沛公: 漢 高祖, 劉邦)　456/19
패국공(沛國公: 隋, 鄭譯)　14/6
패희(貝禧)　378/5
팽경(彭卿)　186/1
팽군경(彭君卿)　283/8
팽극명(彭克明: 彭釘筋)　80/7

팽달(彭闥)　193/3
팽락(彭樂)　191/9
팽려(彭蠡)　44/1
팽려신(彭蠡神)　358/10
팽박통(彭博通)　191/22, 192/9
팽선각(彭先覺)　192/9, 263/12, 288/15
팽성공(彭城公: 唐, 劉崇龜)　172/10
팽성공(彭城公: 唐, 劉蛻)　261/14
팽성왕(彭城王: 北魏, 元勰)　493/3
팽성왕(彭城王: 北魏, 元韶)　174/24
팽성왕(彭城王: 北齊, 李嶷)　173/22
팽세(彭世)　443/11
팽씨(彭氏: 廬陵人)　390/19
팽씨(彭氏: 汝陽人)　315/7
팽아(彭娥)　161/18, 397/4
팽양공(彭陽公: 唐, 令狐楚)　199/9
팽언(彭偃)　143/22
팽옹(彭顒)　367/3
팽왕(彭王: 五代十國 前蜀)　395/10
팽월(彭越)　45/2, 235/13
팽자교(彭子喬)　111/7
팽정근(彭釘筋: 彭克明)　80/7
팽조(彭祖)　2/3, 4/3, 7/1, 47/3, 288/14
팽진(彭珍)　85/7
팽택령(彭澤令: 陶淵明)　420/5
팽특진(彭特進)　490/1
팽항(彭伉)　180/5
팽호자(彭虎子)　318/18
팽황(彭晃)　89/2

편작(扁鵲) 88/1, 219/7, 376/9
편조(偏條) 67/2
평공(平公: 春秋戰國, 晉) 4/4, 203/3, 291/8
평당(平當) 171/5, 199/9
평등왕(平等王) 329/5, 436/1
평부견(平符堅) 209/2
평양공(平陽公: 五胡十六國 前秦, 苻融) 89/1
평연(平宴) 199/9
평왕(平王: 唐 玄宗, 李隆基) 148/1, 283/6
평왕(平王: 春秋戰國 楚) 478/8
평원군(平原君: 漢) 291/18
평제(平帝: 漢, 李衍) 403/7
평증(平曾) 256/4
평진왕(平秦王: 北齊, 高歸彦) 120/14
폐제(廢帝: 劉宋) 185/1
폐제(廢帝: 北齊, 高殷, 乾明帝) 120/14
포고(鮑姑: 鮑姑神仙, 鮑靚 女, 葛洪 妻) 34/2, 287/4
포구(鮑丘) 11/6
포구낭(包九娘) 363/3
포군(包君) 172/5
포군(鮑君) 315/5
포군(褒君) 61/4
포길(包佶) 152/4, 239/3, 341/1
포녀(褒女: 女仙) 61/4
포녀(褒女: 褒似) 496/15
포란(抱蘭) 3/1

포룡도사(抱龍道士) 86/7
포명원(鮑明遠: 鮑照) 349/4
포박(抱朴: 抱朴子, 葛洪) 202/18
포방(鮑昉) 178/7, 384/9
포산공(蒲山公: 隋, 李寬) 200/10
포산도사(包山道士: 申屠千齡) 366/5
포생(鮑生: 唐人) 349/4
포선(鮑宣) 245/4
포선사(鮑仙師) 416/5
포숙(鮑叔: 鮑叔牙) 271/20
포십일낭(鮑十一娘) 487/1
포씨(包氏: 長城 豪富) 336/1
포씨제녀(鮑氏諸女: 鮑令暉) 342/1
포옥사(抱玉師) 98/3
포용(鮑容) 363/7
포우경(蒲禹卿) 241/1
포원(鮑瑗) 216/2
포의(包誼) 152/4
포의공자(布衣公子: 牛騰) 112/12
포자도(鮑子都) 166/1
포자허(包子虛) 198/15
포정(鮑靚: 鮑靚) 14/5, 34/2, 294/9
포지원(鮑知遠) 140/5
포직(包直) 379/9
포초(包超) 393/12
포황(庖皇: 庖羲) 203/2
포회(鮑回) 314/17
표생(豹生) 230/2
표신(驃信) 483/7

표회(不淮: 不淮)　206/11
풍강정(馮江靜)　100/5
풍개(馮玠)　451/1
풍경도(馮敬度)　375/12
풍곤(馮袞)　251/15, 261/15
풍곤(馮緄)　456/24
풍광진(馮光震)　259/14
풍급사(馮給事)　234/10
풍단(馮但)　458/8
풍대량(馮大亮)　35/6
풍도(馮圖)　180/17
풍도(馮陶)　180/17
풍도(馮韜)　180/17
풍도(馮道: 五代 榮王)　165/18
풍도명(馮道明)　239/7
풍마자(馮馬子)　276/26, 375/12
풍발(馮跋)　456/32
풍백(風伯)　291/3
풍법(馮法)　462/9
풍병도인(風病道人: 寶誌)　90/2
풍보(馮寶)　270/1
풍복(馮僕)　270/1
풍사본(馮師本)　192/9
풍삼(馮三)　261/15
풍생(馮生: 遂寧人)　352/12
풍생(馮生: 長樂人)　97/9
풍선배(馮先輩: 馮涓)　265/11
풍소정(馮紹正)　212/2, 240/17
풍수(馮綬)　290/1

풍숙(馮宿)　180/17, 182/19, 498/2
풍술(馮述)　320/6
풍승소(馮承素)　208/2
풍쌍주(馮雙珠)　11/6
풍씨(馮氏: 唐 新喩縣民)　124/8
풍씨(馮氏: 北魏 太皇太后)　173/19
풍앙(馮盎)　265/3, 414/4
풍애(馮涯: 馮參軍)　278/17
풍연(馮兗)　463/25
풍연(馮燕)　195/3
풍연(馮涓: 長樂公·馮先輩)　168/6, 182/19, 257/11, 265/11
풍온(馮媼)　343/2
풍왕(鄧王: 唐, 韋貞)　283/7
풍우(馮遇)　9/2
풍운익(馮雲翼)　76/17
풍원(馮芫)　155/9
풍원(馮諼: 馮子)　474/5
풍원경(馮元慶)　375/12
풍원상(馮元常)　146/6
풍월화(馮月華)　401/11
풍의(馮毅)　329/2
풍의(馮義)　398/7
풍자(馮子: 馮諼)　266/1
풍자도(馮子都)　240/14
풍장명(馮長命)　116/13, 221/2
풍점(馮漸)　75/3
풍조(馮藻)　182/19
풍준(馮俊)　23/4

풍참군(馮參軍: 馮涯) 278/17
풍칠(馮七: 陳留人) 147/13
풍칠(馮七: 汴州人) 222/13
풍칠이(馮七姨) 288/17
풍침(馮忱) 171/14
풍태화(馮太和) 288/17
풍함(馮緘) 196/4
풍행기(馮行基) 388/8
풍효장(馮孝將) 276/26, 375/12
풍후(風后) 444/2
풍휘(馮徽) 70/7
피납(皮納) 440/10
피수(皮受) 368/7
피일휴(皮日休: 皮襲美, 醉吟先生) 235/21, 257/2, 265/20, 499/13
필건태(畢乾泰) 457/22
필공고(畢公高) 245/2
필굉(畢宏) 212/7
필구(畢構) 186/1
필람(畢覽) 110/18
필사탁(畢師鐸: 畢將軍) 79/6, 204/25, 252/15, 270/3, 283/16, 290/2, 410/26
필생(畢生: 維揚人) 458/4
필서자(畢庶子) 211/14
필수(畢修) 359/26
필장군(畢將軍: 畢師鐸) 290/2
필탁(畢卓) 416/5
필함(畢諴) 171/18, 178/8, 181/15, 256/18, 499/7

필항(畢杭) 440/17

ㅎ

하간(何幹) 468/2
하간공(河間公: 唐, 李義府) 221/2
하간왕(河間王: 北魏, 元琛) 236/16
하간왕(河間王: 漢, 劉德) 60/2, 144/16, 210/6
하감(何戡) 204/18
하견귀(何見鬼: 何奎) 80/15
하경(霞卿) 354/10
하경숙(何敬叔) 161/26, 276/50
하경용(何敬容) 336/1
하계(賀季) 234/4
하공(河公: 河伯) 333/1
하괴(賀瑰) 124/4
하구중(瑕丘仲) 62/3
하군(何群) 123/5
하규(何規: 陳超) 129/2
하규(何奎: 何見鬼) 80/15·16
하남공(河南公: 唐, 褚遂良) 208/8
하내왕(河內王: 唐, 武懿宗) 163/20, 254/13, 258/18·20, 263/5, 268/1·9, 271/5
하담원(何曇遠) 114/3
하덕검(賀德儉) 353/6
하도력(賀道力) 99/3

하독신(河瀆神) 308/8
하동(何銅) 468/9
하동공(河東公: 唐, 裴光庭) 77/4
하동공(河東公: 唐, 裴休) 172/7
하동후(河東侯: 唐, 裴炎) 73/1, 112/12
하란계(賀蘭洎) 242/10
하란승가(賀蘭僧伽) 254/6
하란진명(賀蘭進明) 451/2
하로(何老: 鄂州 商人) 107/15
하리광(何履光) 464/3
하마사(何馬師) 100/6
하마자(何馬子) 133/14
하만(夏蠻) 325/4
하만수(何萬壽) 114/3
하명원(何明遠) 243/2
하묵(夏默) 234/14
하문(何文) 400/7
하문영(夏文榮) 329/1
하발기(賀跋恎) 170/20, 181/6
하방삭(下方朔) 283/10
하백(河伯: 河公·河神·馮夷) 2/1, 26/1, 59/6, 158/6, 291/3, 293/12, 295/16, 318/7, 341/3, 397/13, 407/17, 464/13, 465/17, 466/6, 471/11
하법승(何法僧) 127/3
하복야(何僕射: 何致雍) 278/24
하부인(何夫人: 王鎔 母) 217/7
하비간(何比干) 137/5, 291/21
하사달(何思達) 33/2

하사랑(何四郎) 353/5
하사령(賀思令) 324/4
하사호(何射虎) 426/1
하상공(河上公) 10/1, 18/3, 39/4, 207/1
하상지(何尙之) 174/31, 246/12
하선자(下仙子) 475/1
하세륭(夏世隆) 396/20
하세백(賀世伯) 436/21
하소한(何昭翰: 何判官) 86/8
하손(何遜) 246/20
하수섭(賀遂涉) 249/12
하수진(夏守眞) 68/2
하순(賀循) 253/4
하승천(何承天) 246/11
하신(河神: 河伯) 276/25
하씨(賀氏: 兗州人) 271/13
하씨(夏氏: 王君㚖 妻) 191/20
하씨(賀氏: 趙懷正 妻) 400/19
하씨(何氏: 夏蠻 母) 325/4
하씨(夏氏: 海陵縣人) 390/18
하씨(賀氏: 胡亮 妻) 129/9
하아소(何阿小) 258/20
하안(何岸) 257/18
하약근(賀若瑾) 255/1
하약씨(賀若氏: 唐 開元年間人) 404/1
하약이(賀若夷) 203/22
하약필(賀若弼: 賀若輔伯) 102/10, 200/9, 329/5
하양지(何讓之) 448/3

하언(何偃) 174/31
하열(賀悅) 132/3
하영(夏榮) 129/11, 147/10
하옹(何顒) 218/2
하왕(夏王) 294/11
하우(夏禹: 禹王) 1/1
하우(賀瑀: 賀彥琚) 383/7
하욱(何勗) 246/13
하원공(何元公) 209/3
하유량(何儒亮) 242/7
하육(夏育) 8/1, 245/2
하윤(何胤) 234/5
하이낭(何二娘) 62/10
하잠지(何潛之) 462/22
하장수(何長壽) 213/7
하장요(何藏燿) 264/7
하조(何稠) 146/3
하중외(賀中外: 李賀) 244/13
하중표(賀中表: 李賀) 265/9
하지장(賀知章) 38/1, 42/1, 181/9, 201/6, 202/23, 255/17
하진(何軫) 108/1
하진(何進) 416/6
하창(何敞) 127/1
하창(何昌) 3/1
하첩여(何婕妤) 350/2
하충(何充) 87/3
하치옹(何致雍: 何僕射) 278/24
하타(何妥) 14/6, 18/4

하택(何澤) 133/9
하파(何婆) 283/9
하판관(何判官: 何昭翰) 86/8
하평숙(何平叔: 何晏) 15/2
하풍(何諷) 42/4
하해지(何偕之) 463/15
하헌(何憲) 173/13·19
하혁(何奕) 186/4
하현경(賀玄景) 288/10
하호(何瑚: 何重寶) 162/2
하환(賀環: 賀瓌) 79/8
하황(何晃) 112/2
하황공(夏黃公) 6/1
하황후(夏皇后: 唐 明宗 后) 223/13
하회지(賀懷智) 204/2, 205/14, 273/1
하횡(何漃) 103/15
하후(夏候) 378/8
하후개(夏侯愷: 夏萬仁) 319/12
하후계(夏后啓) 229/7
하후단(夏侯亶) 493/1
하후문규(夏侯文規) 325/16
하후사(夏侯師) 134/6
하후생(夏侯生: 羅浮處士) 223/11
하후시창(夏侯始昌) 245/2
하후씨(夏后氏) 390/13
하후씨(夏侯氏: 崔紹 外表兄) 385/1
하후영(夏侯嬰: 漢 滕公) 391/2
하후완공(夏侯阮公) 319/12
하후은자(夏侯隱者) 42/8

하후일(夏侯一) 232/6
하후자(夏侯孜: 譙國公) 165/16, 177/10,
　224/16, 233/13, 234/10, 266/3, 275/
　2, 405/23
하후정(夏侯禎) 312/11
하후조(夏侯藻) 447/10
하후조관(夏侯祖觀) 324/10
하후처신(夏侯處信) 165/24
하후통(夏侯統) 319/12
하후표(夏侯彪) 165/26, 185/11, 249/9
하후표지(夏侯彪之) 243/7
하후현(夏侯玄: 夏侯太初) 119/9, 317/10
하후홍(夏侯弘) 322/2
하흔지(何欣之) 116/7
하희(夏姬: 春秋戰國 鄭 穆公 女) 275/11
하희(夏姬: 春秋戰國 陳大夫 妻) 72/2
학거사(郝居士) 444/5
학고(郝姑: 郝女君) 60/7
학공경(郝公景) 218/20
학남용(郝南容) 258/9
학륭(郝隆) 246/8
학백평(郝伯平) 377/1
학부(郝溥) 124/16
학상현(郝象賢) 258/9, 267/15, 389/22
학여군(郝女君: 郝姑) 60/7
학우시(郝牛屎) 252/12
학유량(郝惟諒) 350/3
학의(郝義) 101/3
학진(學眞: 華山道士) 443/16

학창우(郝昌遇) 354/5
학처준(郝處俊) 147/3, 197/9, 258/9, 2
　67/15, 389/22
학효덕(郝孝德) 200/10
한간(韓幹) 144/17, 211/16, 212/9, 213/6
한간(韓簡) 262/3
한건(韓建) 123/7, 390/17, 500/2
한고(韓翺: 韋皐) 170/10
한고(韓皐) 79/3, 138/6, 187/19, 203/2
　5, 205/7, 244/8, 250/26
한광조(韓光祚) 303/1
한굉(韓翃) 198/16, 198/17, 435/7
한국공(韓國公: 唐, 張仁愿) 222/2
한국부인(韓國夫人: 唐) 76/12, 224/5
한군(韓群) 79/3
한군(韓君: 仙人) 51/1
한군사명(韓君司命) 69/4
한균(韓鈞) 275/9
한금호(韓擒虎) 252/12
한기(韓覬: 韓僕射) 155/9, 279/16
한단상(邯鄲商) 276/6
한단순(邯鄲淳) 206/20·21·23·25, 209/2
한도정(韓道政) 208/2
한령(韓令: 韓愈) 409/15
한령규(韓令珪) 263/5
한례(韓禮) 201/3
한립선(韓立善) 133/16
한문공(韓文公: 韓愈) 214/6
한문황(韓文晃) 245/9

한민(韓旻) 122/4, 280/6
한박(韓博) 246/4
한백(韓伯) 293/2
한복야(韓僕射: 韓滉) 279/16
한봉방(韓鳳方) 377/4
한붕(韓朋) 463/5
한비(漢妃) 280/11
한사복(韓思復) 169/26, 185/17
한사소경(韓司少卿) 47/2
한산자(寒山子) 55/1
한생(韓生: 唐人) 438/14
한소(韓昭) 241/1, 257/15
한소부(韓少府) 162/16
한수(韓壽) 332/1
한수재(韓秀才: 韓翊) 485/2
한순(韓珣) 467/9
한승진(韓僧眞) 139/9
한시랑(韓侍郎) 78/5
한신(韓伸) 264/10
한신(韓信: 淮陰侯) 14/7, 45/2, 63/4, 1
 73/19, 265/14, 397/24
한씨(韓氏: 山濤 妻) 235/7
한씨(韓氏: 王肇宗 妻) 318/10
한씨(韓氏: 劉璪 友) 352/8
한씨(韓氏: 春秋戰國 韓世家) 117/5
한씨(韓氏: 侯生 妻) 281/2
한씨(韓氏: 柳毅 妻) 419/1
한아(韓娥) 56/4, 204/13
한악(韓偓) 500/7

한약(韓約) 144/9, 234/8, 269/11, 405/20
한양왕(漢陽王: 唐, 張柬之) 221/3
한언(韓嫣) 236/6
한엄(韓弇) 340/1
한엽(韓曄) 188/11
한완(韓琬) 249/8, 250/13·19, 259/8·9
한왕(韓王: 唐, 李元嘉) 208/3, 226/6
한왕(漢王: 唐, 李元昌) 208/3
한왕(漢王: 隋, 楊諒) 102/7
한요(韓瑤) 175/1
한원외(韓員外: 韓翊) 485/2
한위(韓謂) 305/1
한유(韓愈: 韓退之, 韓文公·韓令·韓吏
 部) 54/1, 55/2, 117/4, 138/1, 170/13
 ·17, 174/15, 180/1·9, 181/3, 201/8,
 202/11, 210/9, 213/4, 214/6, 251/1,
 265/9, 307/8, 392/1, 409/14·43, 466
 /15, 497/15·17, 499/13
한응례(韓凝禮) 135/31
한의(韓儀) 178/1
한이부(韓吏部: 韓愈) 214/6
한익(韓翊: 韓秀才·韓員外) 485/2
한일(韓佾) 66/1
한자(韓子: 韓獻子, 韓厥) 117/5
한자명(韓自明) 66/1
한전(韓展) 214/6
한전회(韓全誨) 239/10, 252/10
한정사(韓定辭) 200/3
한조(漢祖: 漢 高祖, 劉邦) 297/1, 310/7

한조종(韓朝宗) 380/5
한종(韓終) 81/1
한종소(韓宗紹) 49/6
한주(漢主: 漢 武帝, 劉徹) 50/1
한중(韓衆) 10/2, 71/1, 414/24
한중(韓重) 316/1
한중왕(漢中王: 唐, 李瑀) 204/21, 205/15
한지화(韓志和) 75/7, 227/3
한진경(韓晉卿) 358/9
한차(韓佽) 365/2
한창(韓昶) 210/9, 261/11
한철(韓徹) 336/4
한치(韓稚) 81/1
한태(韓泰) 188/11
한태중(韓太仲) 209/6
한택목(韓擇木) 165/8
한퇴지(韓退之: 韓愈) 265/9
한해신(瀚海神) 297/2
한홍(韓弘) 106/7, 497/3
한확(韓確) 282/8
한황(漢皇: 唐 玄宗, 李隆基) 486/1
한황(韓滉: 晉國公) 19/4, 78/8, 79/3, 143/24, 151/5, 155/9, 171/17, 172/1, 175/12, 274/8, 495/12
한회(韓會) 204/17
한휴(韓休) 164/13, 198/8
한희(韓晞) 435/19
함하신(陷河神) 312/2
함한선생(銜恨先生) 253/18

합경후(合卿侯: 合鄉侯, 東方世安·張公子) 228/7
합두사(榼頭師) 125/1
합려(闔閭: 春秋戰國 吳王) 137/11, 406/12, 425/19, 456/23
합하신(閤下神) 294/19
항도(項滔) 215/3
항량(項梁) 319/11
항명왕(恒明王) 364/9
항비(項妃: 唐) 337/4
항사(項斯) 202/12
항씨(項氏: 項羽) 175/13
항아(嫦娥: 姮娥) 46/1, 65/2, 166/2, 256/22, 273/5, 279/22, 326/8
항왕(項王: 項羽) 301/2
항용(項容) 214/6
항우(項羽: 楚霸王, 項籍, 項王·卞王·項氏) 33/3, 135/5, 295/13, 301/2, 315/10, 403/4
항적(項籍: 項羽) 294/6
해경(奚景) 203/1
해공법사(解空法師) 30/3
해납(海納: 劉軻) 117/4
해락산(奚樂山) 84/4
해릉산신선(海陵山神仙: 藥氏) 74/4
해봉선(解奉先) 134/9
해삼아(奚三兒) 146/16, 147/1·2
해서공(海西公: 晉, 司馬奕) 442/12
해숙겸(解叔謙) 161/29

해숙포(奚叔布) 326/7
해씨(奚氏: 爾朱世隆 妻) 142/8
해영락(奚永洛) 76/8
해예금(奚銳金) 490/1
해오선사(海悟禪師) 377/7
해원귀(解元龜: 知白先生·太白山正一道
    士) 289/15
해중(奚仲) 479/15
해척(奚陟) 277/25
해탈(解脫) 93/1
행감(行戡) 95/5
행령(幸靈) 81/2
행병귀왕(行病鬼王) 108/8
행성(行成) 157/6
행온(行蘊: 蘊都師) 357/6
행유(行儒) 465/5, 364/8
행진(行眞) 124/14
행철방상(行轍方相) 254/13
향랑(香郎: 田四郎) 344/6
허건종(許建宗) 79/7
허경(許敬) 365/3
허경선(許景先) 198/8
허경종(許敬宗) 174/7, 185/11, 209/10,
    231/11, 235/13, 236/19, 249/9, 258/1
    1, 265/3, 493/10·11·12·13
허경천(許敬遷) 479/20
허계산(許季山) 33/4, 359/6
허계언(許誡言) 332/2, 466/14, 494/5
허공존(許公存) 289/11

허광(許光) 67/2
허군(許君: 唐人) 477/10
허군(許君: 仙人) 72/9
허노옹(許老翁) 31/2
허당(許棠) 183/5·10, 235/20
허도곤(許道坤) 112/15
허도민(許道敏) 182/11
허매(許邁) 14/4
허맹용(許孟容: 許常侍) 154/5, 155/2, 1
    79/8, 180/13, 255/22, 278/8
허명노(許明奴) 24/1
허목(許穆: 許長史) 14/4, 58/1
허문도(許文度) 101/5
허문보(許文寶) 137/15
허미입도(虛微入道) 58/1
허밀(許謐) 418/9
허백도(許伯桃) 327/4
허비경(許飛卿) 3/1
허비경(許飛瓊) 70/1
허상시(許常侍: 許孟容) 180/13
허상지(許象之) 478/1
허생(許生: 唐 會昌元年 孝廉) 350/1
허생(許生: 醴陵 軍吏) 313/5
허생(許生: 五代 朱仁忠 門客) 158/9
허서암(許棲巖) 47/4
허선심(許善心) 493/10
허선평(許宣平) 24/1
허세종(許世宗: 北齊 北海王) 396/17
허소(許劭: 許子將) 170/11

허손(許遜: 許敬之, 許旌陽·許眞君·高明
　大師·九州都仙大使高明主) 15/4, 62/
　2·3, 231/3·9, 232/13
허수재(許秀才: 許至雍) 283/14
허숙(許肅) 14/4
허숙기(許叔冀) 278/2
허승(許升) 270/9
허시랑(許侍郎: 許子儒) 384/1
허신(許愼) 161/4
허씨(許氏: 謝弘敞 妻) 386/3
허씨(許氏: 徐甲 前妻) 120/6
허씨(許氏: 汝陰人) 301/1
허씨(許氏: 韋蒙 妻) 69/4
허씨(許氏: 周超 妻) 141/10
허언(許彦) 284/11
허엄(許儼) 111/21
허연년(許延年) 354/2
허염(許琰) 14/4
허영(許永) 119/6, 218/9
허예종(許裔宗) 218/13
허옥부(許玉斧) 58/1
허요좌(許堯佐) 485/2, 496/11
허운봉(許雲封) 204/23
허원장(許元長) 74/6, 415/13
허유(許攸) 276/9
허유(許由) 4/9, 173/3, 174/29, 178/2,
　226/1, 297/1, 446/9
허은(許隱) 430/7
허인칙(許仁則) 102/16, 386/3

허자유(許子儒: 許侍郎) 254/7, 255/2,
　384/1
허자장(許子將: 許劭) 317/13
허작(許碏) 40/6
허장비(許藏秘) 223/13, 224/9, 230/2
허장사(許長史: 許穆) 47/4, 309/2
허적(許寂) 196/7
허전(許瀍) 70/1
허정양(許旌陽: 許遜) 230/2, 231/3·9,
　425/17
허존(許存) 190/9
허종예(許宗裔) 172/12
허준(許俊) 485/2
허지옹(許至雍: 許秀才) 283/14
허진군(許眞君: 許遜) 14/4, 15/4, 232/13
허찬(許纂) 473/19
허창(許昌) 289/14
허초(許超: 城陽侯) 277/6
허침(許琛) 384/11
허한양(許漢陽) 422/1
허헌(許憲) 131/7
허혼(許渾) 256/15
허황도군(虛皇道君) 58/1
허흠명(許欽明) 176/3, 442/22
헌공(獻公: 唐, 韋夏卿) 223/2
헌공(獻公: 春秋戰國 晉) 473/1, 478/8
헌원미명(軒轅彌明) 55/2
헌원선생(軒轅先生: 軒轅集) 44/2, 48/4
헌원씨(軒轅氏: 軒皇·軒轅天子) 15/2, 5

0/1, 81/1, 203/2, 444/2
헌원집(軒轅集: 軒轅先生·羅浮先生·羅
  浮山人) 48/4, 79/5
헌원천자(軒轅天子: 軒轅氏) 341/3
헌제(獻帝: 漢, 李協) 210/4, 410/12
헌종(憲宗: 唐, 李純, 章武帝) 47/1, 66/
  2, 72/7, 75/7, 77/7, 79/4, 84/10, 116
  /18, 122/5, 138/1, 153/3·7·9, 154/3,
  155/1·9, 164/17·28, 174/17, 175/10·
  11, 190/3, 198/15·21, 213/12, 227/2,
  250/24, 275/11, 345/7, 373/2, 393/2
  0, 486/1, 489/2
헌황(軒皇: 軒轅皇帝, 軒轅氏) 241/1
혁서(赫胥) 43/3
현감(玄鑒) 399/11
현고(玄高) 387/7
현고삼사(玄古三師) 61/5
현구교위(玄丘校尉) 445/1
현도태진왕(玄都太眞王) 57/1
현람(玄覽) 94/4
현명신(玄冥神) 441/13
현석(玄石) 233/1
현속(玄俗) 60/2
현안선생(玄晏先生: 皇甫謐) 161/16, 20
  2/18
현왕(顯王: 周) 456/18
현원황제(玄元皇帝: 老子) 44/3, 224/15
현유(玄幽) 98/6
현의기(弦義起: 弦超) 61/2
현이(顯姨) 276/43
현자오계(賢者五戒) 127/9
현장(玄章) 97/10
현장법사(玄奘法師) 92/1·2, 93/1, 406/
  14, 439/2
현제(顯際) 93/1
현조(玄照) 420/2
현종(玄縱) 212/1
현종(玄宗: 唐, 李隆基) 4/6, 6/4, 20/4,
  21/1·2, 22/1, 23/3, 26/1, 27/1, 28/
  2, 29/1·2·3, 30/1, 31/2, 32/2, 35/1·
  6, 36/1, 38/1, 40/2, 41/1, 50/1, 52/
  4, 58/1, 62/8, 72/2·4·5, 77/5, 82/8,
  92/2·3·4, 96/2, 97/1, 104/8, 121/16
  ·18, 125/2, 135/31·32, 136/1·2·5, 1
  43/16·17, 148/6·9, 149/4·5, 150/1·3
  ·5, 163/31, 164/11·26·27, 165/7, 167
  /2, 170/5, 174/10, 175/7, 178/15, 186
  /14, 188/3·4·5·6, 189/10, 191/20, 2
  01/6, 202/8·21, 204/2·3·15·20·23,
  205/2·3·4, 208/11, 209/11, 211/15·1
  6, 212/1·4·5·11, 213/1·2·14, 215/6,
  219/1, 222/2, 224/8·14, 227/1, 228/
  2·3, 231/10, 234/7, 236/25, 238/8,
  239/1, 240/9·14·15·17·18·20, 244/
  6, 250/10·12, 260/11, 274/4, 277/2
  0, 278/23, 279/6, 280/11, 283/12, 2
  88/18, 300/3·5, 301/3·6, 308/4, 33
  0/2, 366/4, 368/9, 373/5, 374/14, 3

91/11, 393/12, 396/2·3·4·5, 397/7, 398/8·9, 401/14·15, 402/10·16, 405/16, 410/29, 419/1, 420/4·7·10, 435/5·14, 436/14, 443/10, 449/2, 451/10, 457/14, 470/1, 474/8, 485/1, 486/1, 494/9, 495/1·4
현종(顯宗: 晉 成帝, 司馬衍) 126/2
현종(顯宗: 漢 明帝, 劉莊) 6/3
현중법사(玄中法師) 1/1, 162/19
현진자(玄眞子: 張志和) 27/3
현천노인(玄天老人) 56/3
현천이녀(玄天二女) 56/4
현초(弦超: 弦義起) 61/2
현풍(翾風) 272/7
현화선생(玄和先生: 張先生) 38/1
현화태진(玄和太眞) 57/1
형가(荊軻) 69/3, 178/1
형국공(邢國公: 隋, 李密) 189/3
형군(邢群) 351/1
형군아(刑君牙) 371/2, 496/11
형도(邢陶) 279/30
형도사(邢道士) 411/8
형도인(衡道人: 支法衡) 382/1
형란(邢鸞) 327/4
형문종(邢文宗) 121/2
형봉(邢鳳) 282/3
형부군(衡府君) 10/2
형산후(衡山侯: 梁, 蕭泰) 426/15
형상(衡相) 222/5

형선생(邢先生: 邢和璞) 26/2
형선인(邢仙人: 邢和璞) 26/2
형숙(邢璹) 126/12
형십삼낭(荊十三娘) 196/6
형암(荊巖) 288/18
형양공(滎陽公: 唐 常州刺史) 484/1
형양씨(滎陽氏) 128/6
형양왕(衡陽王: 劉宋, 劉義季) 324/15, 325/12, 418/11
형왕(荊王: 唐, 李元景) 249/7
형왕(荊王: 春秋戰國 楚 頃陽王) 198/22
형위(邢魏: 邢邵·魏收) 258/4
형자재(邢子才) 247/9
형재(邢縡) 121/17, 126/12
형조진(邢曹進) 101/1
형종경(邢宗慶) 173/19
형화박(邢和璞: 邢先生·邢仙人) 26/2, 30/1, 32/2, 33/2, 92/3, 148/4, 215/7
형회명(邢懷明) 110/25
혜간(慧侃) 114/11
혜감(惠鑒) 350/2
혜강(嵇康: 嵇叔夜, 嵇中散) 45/2, 203/25, 210/11, 235/5·6·7·10, 317/11, 400/3, 408/21
혜경(慧慶) 109/3
혜공(惠公: 春秋戰國 魯) 271/22
혜관(惠寬) 98/5
혜근(慧覲) 294/18
혜낭(慧娘) 349/5

혜달(惠達: 唐僧)　121/18
혜달(惠達: 晉僧, 劉薛)　379/1
혜란(慧蘭)　325/2, 328/10
혜범(惠範)　288/7
혜비(惠妃: 唐 玄宗 妃)　121/16
혜상(惠祥)　99/1
혜소(惠沼)　454/6
혜소사(惠炤師)　139/12
혜숙야(嵇叔夜: 嵇康)　9/3·5, 203/25, 497/18
혜시(惠施)　226/1
혜씨(嵇氏: 東晉人)　318/5
혜억(惠嶷)　402/9
혜영(慧永)　127/8, 388/8
혜왕(惠王: 周)　473/1
혜왕(惠王: 春秋戰國 燕)　2/2
혜왕(惠王: 春秋戰國 秦 惠文王)　456/18
혜원(惠原)　101/12
혜원(惠遠: 遠公)　89/1, 497/8
혜유(惠維)　397/14
혜유(惠幽)　445/3
혜응(惠凝)　99/4
혜의(惠義)　276/35
혜장태자(惠莊太子: 唐)　92/2
혜정선사(慧靖禪師)　382/8
혜제(惠帝: 晉)　96/5, 135/14, 139/3·4, 197/4, 231/2, 408/45, 442/11
혜제(惠帝: 漢)　81/1, 229/6
혜조(惠照: 劉氏子)　92/6, 101/14

혜중산(嵇中散: 嵇康)　203/26, 324/4, 449/3
혜진(慧進)　109/6
혜진(惠進: 王氏)　354/11
혜징(惠澄)　199/1
혜칙(惠則)　113/3
혜통(慧通: 董進朝)　107/9
혜화(慧和)　111/8
혜확(慧廓)　109/19
혜희(嵇喜)　235/6
호(祜)　82/1
호간(胡侃)　395/18
호강자(胡剛子)　41/4
호강자(狐剛子)　451/4
호거(胡擧)　423/8
호격(胡激)　123/1
호공(壺公)　12/1, 20/3
호귀(虎鬼)　432/8
호념(胡恬)　215/9
호도흡(胡道洽)　447/11
호랑(胡郎: 狐精)　449/3, 455/2
호량(胡亮)　129/9
호령산(胡靈産)　321/12
호로생(胡盧生: 胡蘆生·葫蘆生·胡蘆先生)　38/1, 77/7, 118/13, 150/4, 153/4, 460/9
호료(胡遼)　113/10
호륵(胡勒)　383/3
호마나(護磨那)　234/14

호막(胡邈)　449/5
호무경(胡母敬)　135/16
호무반(胡母班)　293/12
호무씨(胡母氏: 齊諧 妻)　90/1
호무씨(胡母氏: 周崇 妻)　113/3
호무언국(胡母彦國: 胡母輔之)　235/9
호무회(胡茂廻)　319/4
호미아(胡媚兒)　286/2
호방(胡倣)　52/1
호법보살(護法菩薩)　91/9
호변(胡辨)　302/1
호복지(胡馥之)　321/12
호비지(胡庇之: 胡丞)　324/15
호사군(胡使君: 胡璿)　453/3
호상(胡湘)　123/1, 347/7
호선(胡璿: 胡使君)　453/3
호소(胡昭: 胡孔明)　206/18·22, 209/3
호수림(胡秀林)　163/38
호승(胡僧)　21/1, 101/1·13, 105/13, 108
　/7, 110/4, 112/9
호승(胡丞: 胡庇之)　324/15
호신(胡伸)　119/5
호신(胡信)　317/17
호신(狐神)　447/15
호씨(胡氏: 唐 儒學人 韋氏 次壻)　101/2
호씨(胡氏: 唐 會昌年間人)　350/3
호씨(胡氏: 唐人 楊氏 壻)　450/8
호씨(胡氏: 奉先縣令)　262/4
호씨(胡氏: 隋 陽翟縣 博士)　449/3

호언(狐偃)　235/7
호연경(胡延慶)　238/5
호연기(呼延冀)　344/4
호영(胡榮)　373/4
호옹(胡邕)　389/12
호요신(胡妖神)　285/5
호욱(胡頊)　367/16
호원례(胡元禮: 索元禮)　129/13, 268/7,
　269/1
호은(胡澢)　347/7
호이자(胡二姊)　356/8
호작(胡綽)　449/5
호장(胡章)　319/10
호장공(胡壯公: 唐, 秦叔寶)　435/11
호정교(胡釘鉸)　162/16
호제(胡湖)　269/10
호종(胡綜)　197/3, 403/8
호중(胡中)　317/17
호증(胡證)　195/2
호증(胡曾)　199/13
호지충(胡志忠)　438/13
호진(胡軫)　119/4
호징(胡澄)　355/11
호찬(胡趲)　252/10
호초(胡超)　288/14, 315/9
호초빈(胡楚賓)　174/8, 202/6
호추(胡雛)　495/3
호충(胡充)　474/1
호침(胡鍼)　279/24

호탄(胡誕) 123/1
호탐(虎探) 228/9
호태후(胡太后: 北魏) 90/2, 139/9, 225/18, 327/5
호태후(胡太后: 北齊) 288/4
호한선우(呼韓單于: 呼韓邪單于) 489/1
호해(胡諧) 90/2
호해지(胡諧之) 246/19
호향(胡向) 443/6
호허주(浩虛舟) 180/7
호홰(胡翽) 266/7
호희(胡熙: 胡元光) 317/17
혼감(渾瑊) 76/14, 151/1, 174/35, 190/1, 340/1, 474/12, 488/1
혼거(渾鐻) 260/19
혼석(渾釋) 174/35
혼왕(渾王) 254/6
혼자(渾子) 389/6
혼호(渾鎬) 260/19
홍낭(紅娘) 488/1
홍도(弘道) 155/7
홍명(弘明) 109/8
홍몽씨(鴻蒙氏) 467/3
홍밀(洪密) 289/9
홍방선사(洪昉禪師) 95/1
홍법사(泓法師) 77/2, 389/24·25, 390/16, 457/14, 497/3
홍선(紅綫) 195/1
홍성자(弘成子) 137/6

홍씨(洪氏: 武陵鄕人) 425/17
홍씨(弘氏: 梁 曲阿人) 120/12
홍아(紅兒) 273/11
홍애선생(洪崖先生) 4/9, 6/2, 54/1, 256/7, 289/1
홍자여(洪子輿) 380/5
홍작(弘綽) 249/3
홍정(洪貞) 425/18
홍제(弘濟) 364/8
화교(和嶠) 139/3, 169/24
화군현(和君賢: 馬鳴生[馬明生]) 7/5, 57/1
화독(華督) 468/12
화륭(華隆) 437/1
화문(和文) 390/25
화본(華本) 131/4
화부용(華芙蓉) 324/12
화불(化佛) 101/9
화비(華妃: 唐 玄宗 妃) 330/2
화사(華士) 88/1
화사개(和士開) 76/8, 288/4
화산도사(華山道士: 唐 天寶年間 道士) 122/3
화산도사(華山道士: 學眞) 443/16
화산부군(華山府君: 華山神) 303/1·2
화산신(華山神: 華山府君) 303/6
화산조(華散條) 58/1
화서(華胥) 291/1
화선왕(華仙王) 19/1

화순(和循)　212/9
화악도사(華岳道士: 褚乘霞)　337/6
화악신(華嶽神)　300/3, 302/4·5, 341/3, 388/4·8
화양고(華陽姑)　475/1
화양은거(華陽隱居: 陶弘景)　15/2·3, 418/9
화엄(花嚴)　129/13
화엄화상(華嚴和尙)　94/1
화완(和緩)　411/8
화용(花容)　340/2
화원(華元)　166/6
화일(華逸)　322/16
화저공(火低公)　4/9
화제(和帝: 漢, 李肇)　206/21
화중(和衆)　330/12
화차야(和且耶)　474/5
화타(華佗)　218/1
화표(華表)　416/5, 442/11
화홍(花紅)　366/5
화홍(華洪)　500/12
화화(和和)　97/5
화흠(華歆)　235/4
확팔(玃八)　340/2
환개(桓闓)　15/3, 21/1
환겸(桓謙: 桓敬祖)　473/22
환경(桓慶)　126/3
환공(桓恭)　320/12, 322/5
환공(桓公: 春秋戰國 齊, 小白·仲父)　9/1, 172/7, 173/13, 226/1, 257/10, 291/5, 408/33, 474/3, 479/6, 480/21
환도민(桓道愍)　319/2
환두(驩兜)　174/1, 310/8
환량(桓良)　4/1
환막(桓邈)　118/6, 276/48
환사서(桓思緒)　393/4
환서(桓誓: 桓明期)　276/45
환서주(桓徐州)　324/12
환석건(桓石虔)　191/6
환석민(桓石民)　320/12
환선(桓宣)　294/5
환신범(桓臣範)　147/14
환씨(桓氏: 溫敬林 妻)　438/6
환안민(桓安民)　322/5
환언범(桓彦範: 扶陽王)　185/16, 240/14, 372/1
환온(桓溫: 桓元子)　88/1, 169/12, 210/10·11, 241/1, 246/4·8·9, 359/25, 360/5, 367/20, 379/2, 389/13, 402/9, 447/7
환왕(桓王: 春秋戰國 吳)　411/20, 412/26
환월(桓軏)　318/7
환이(桓彛)　303/2
환제(桓帝: 漢, 李志)　7/3, 60/1·4, 87/3, 119/6, 173/16, 198/20, 206/18, 210/5, 226/1
환진(桓振)　360/10
환진인(桓眞人)　38/1

환청원(桓淸遠)　15/2
환충(桓沖)　434/9, 467/2
환표노(桓豹奴: 桓嗣)　319/8
환현(桓玄)　126/3, 207/2, 209/7, 210/11, 228/9, 294/12, 360/3·10, 368/2, 383/8, 434/4, 440/7, 468/10
환활(桓豁)　191/6, 276/30, 462/16
환회(桓回)　318/4
환희왕보살(歡喜王菩薩)　93/1
활능(滑能)　312/4
황가(黃駕)　181/10
황개(黃闓)　321/9
황거보(黃居寶)　214/4
황건(黃乾)　426/16
황건적(黃巾賊)　123/5, 316/7
황곤(黃袞)　226/1
황공(黃公: 東海人)　284/10
황관복(黃觀福: 黃冠福)　63/5
황관불(黃冠佛)　63/5
황광곡신(黃光谷神)　38/1
황군중(黃君仲)　400/3
황궐(黃撅)　449/1
황극(黃極)　367/7
황근생(黃根生)　442/9
황기(黃期)　325/4
황도(黃韜)　184/1
황랑(黃郎: 精怪)　370/2
황랑(黃郎: 神仙)　18/1
황령휘(黃靈徽: 黃花姑)　58/1

황로(黃魯)　314/11
황로(黃老: 黃帝·老子)　21/3, 117/4, 204/24, 215/7, 218/6
황리(黃理)　13/3
황린(黃麟)　381/9
황마(黃魔)　56/3
황만우(黃萬祐)　86/1
황만호(黃萬戶)　80/14
황명부(黃明府: 黃丞)　496/15
황묘(黃苗)　296/2
황민(黃敏)　133/4
황민(黃閔)　351/9
황번(黃翻)　292/11
황번작(黃幡綽)　164/27, 205/2, 250/10, 255/16
황보(皇甫)　119/1
황보(黃父)　482/16
황보개(皇甫喈)　346/10
황보교서(皇甫校書: 蕭希甫)　264/15
황보급(皇甫及)　220/22
황보륭(皇甫隆)　14/1
황보매(皇甫枚)　85/1, 97/10, 312/11, 353/1, 491/3
황보밀(皇甫謐: 皇甫士安, 玄晏先生·皇甫氏)　161/16, 202/18
황보사안(皇甫士安: 皇甫謐)　202/18
황보서(皇甫曙)　155/6
황보송(皇甫松)　244/10, 261/23
황보순(皇甫恂: 皇甫君和)　302/1, 381/4

황보숭(皇甫嵩)　215/2
황보식(皇甫湜)　180/9, 202/11, 244/10,
　　265/9, 466/15
황보씨(皇甫氏: 裴遵慶 母)　162/11
황보씨(皇甫氏: 皇甫謐)　88/1
황보염(皇甫冉)　198/22
황보영(皇甫穎)　117/7
황보정(皇甫政)　41/3
황보증(皇甫曾)　198/11
황보직(皇甫直)　205/18
황보진(皇甫軫)　212/8
황보천(皇甫遷)　134/2
황보현(皇甫鉉)　98/11
황보현진(皇甫玄眞: 唐 處士)　404/5
황보현진(皇甫玄眞: 趙知微 弟子)　85/1
황보홍(皇甫弘)　278/9
황보효서(皇甫孝緖)　361/5
황부(黃扶: 黃帝·扶乩)　80/11
황부귀(黃父鬼)　325/5
황사군(黃使君: 黃崇嘏)　367/30
황산군(黃山君)　2/3
황상(皇象)　209/3
황생(黃生: 唐 無瑤人)　374/2
황생(黃生: 唐 進士)　184/25
황석공(黃石公)　294/4, 308/4
황소(黃巢)　70/7, 85/3·4, 158/4, 168/5,
　　170/23, 203/26, 244/15, 251/20, 252
　　/2, 257/1, 270/10, 287/2, 312/4·5·1
　　0, 353/2, 425/7, 498/12, 499/1·11

황소경(黃少卿)　122/7
황소주(黃小珠)　426/16
황수(黃秀)　442/9
황수례(黃守禮)　249/17
황숙도(黃叔度: 黃憲)　169/2
황순(黃馴)　423/12
황숭하(黃崇嘏: 黃使君)　367/30
황승(黃丞: 黃明府)　496/15
황승진(黃承眞)　80/11
황신(黃申)　137/10, 316/6
황심(黃尋)　360/30
황심(黃審)　442/17
황씨(黃氏: 魯國郡人 呂生 妻)　462/27
황씨(黃氏: 賣生藥人)　85/2
황씨(黃氏: 安陽人)　361/2
황씨(黃氏: 呂猗 母)　81/2
황씨(黃氏: 江夏人)　471/6
황아(黃娥)　167/8
황안(黃安)　1/4
황연양(黃延讓)　353/14
황원(黃原)　292/5
황이랑(黃二郎)　430/6
황인영(黃仁穎)　407/33
황인준(黃仁濬)　367/13
황전(黃筌)　214/4·5
황제(黃齊)　86/3
황제(黃帝: 軒轅天子·軒轅氏)　1/1·3, 2/
　　1·2, 4/6, 5/8, 43/3, 56/1, 58/1, 206
　　/1, 226/1, 229/5, 230/2, 402/2, 444

/2, 462/29
황조(黃祖) 265/20
황존사(黃尊師) 42/5, 45/3, 72/8
황중군(黃中君) 150/4
황지감(黃知感) 134/11
황진(黃眞) 401/1
황차공(黃次公: 黃霸) 224/2
황천부상제군(皇天扶桑帝君) 56/1
황철(黃徹) 224/9
황초기(皇初起: 魯班) 7/2
황초평(黃初平) 48/2
황초평(皇初平) 7/2
황패(黃霸: 黃次公) 224/2, 466/15
황하(黃賀: 易聖公) 217/7
황헌(黃憲: 黃叔度) 169/2
황흔(黃欣) 90/1
회계왕(會稽王: 晉, 司馬道子) 113/3, 468/16
회남오왕(淮南吳王: 唐, 楊行密) 43/4
회남왕(淮南王: 漢, 劉安) 6/5, 8/1, 27/1, 29/4, 288/2
회대(灰袋) 30/2
회소(懷素) 208/14, 299/1
회수(懷秀) 106/8
회순(懷順) 416/7
회신(懷信) 98/7
회왕(懷王: 春秋戰國 楚, 楚王) 203/5, 249/10
회요(懷瑤) 359/17

회음후(淮陰侯: 漢, 韓信) 397/24, 446/9
회제(懷帝: 晉, 司馬熾) 88/1, 139/5, 460/6
회준(懷濬: 草聖僧) 98/11
회창공주(會昌公主: 唐) 411/8
회흘(廻紇) 297/3
회희(懷喜) 5/8
효경황제(孝敬皇帝: 唐, 李弘) 38/1
효공(孝公: 唐, 李景讓) 157/1
효도명왕(孝道明王) 62/2
효명제(孝明帝: 南朝 後梁 明帝, 蕭巋) 246/26
효명제(孝明帝: 北魏, 元詡, 肅宗) 375/4
효명황태후(孝明皇太后: 唐 憲宗 妃, 宣宗 母) 275/11
효무제(孝武帝: 北魏, 元修) 277/4
효무제(孝武帝: 劉宋, 劉駿, 世祖) 3/1, 93/1, 135/18·19, 267/2, 325/12, 367/21, 396/15
효무제(孝武帝: 晉, 司馬曜) 14/4, 131/4, 141/7·8, 207/8, 294/20, 295/3·5, 318/9, 360/4, 426/7, 473/16·19
효무제(孝武帝: 漢 武帝, 劉徹) 4/9, 56/2, 229/7
효문제(孝文帝: 北魏, 元宏) 93/1, 174/24, 184/12, 210/17, 247/4, 296/1, 399/9
효문제(孝文帝: 劉宋 文帝, 劉義隆) 92/6
효문제(孝文帝: 漢 文帝, 劉恒) 1/1
효성제(孝成帝: 漢 成帝, 劉鷔) 10/2

효소제(孝昭帝: 北齊, 高演) 120/14, 247
/11, 326/7
효용(驍勇: 侯溫) 124/4
효원제(孝元帝: 梁 元帝, 蕭繹) 126/5, 1
31/22
효장제(孝莊帝: 北魏, 元子攸) 296/6
효제왕(孝悌王: 北斗神) 15/4
효충(孝忠) 371/6
효화황제(孝和皇帝: 唐 中宗, 李顯) 139/
22, 163/22·24, 186/1, 254/10, 268/1
1, 283/8, 285/11, 288/7
효화황후(孝和皇后: 唐 中宗 后, 韋后) 1
43/2
후경(侯景) 15/2, 82/1, 90/2, 91/3·4, 1
18/12, 120/1·5·11, 126/5, 139/11, 14
2/9, 146/1, 211/5, 214/6, 270/1, 327
/7, 336/1, 418/8, 425/7, 463/16
후경(侯慶) 99/6
후경선(侯景先) 487/1
후계(侯繼) 256/8
후계도(侯繼圖) 160/5
후공민(侯公敏) 350/6
후구(侯九: 侯溫) 124/4
후군집(侯君集) 189/6, 240/1, 279/2
후도화(侯道華) 51/1
후량(侯亮) 276/19
후룡사(侯龍思: 侯龍恩, 皐公) 142/13
후미허(侯味虛) 255/6
후민(侯敏) 271/3

후백(侯伯) 90/2
후백(侯白: 侯秀才) 248/1, 253/20
후사낭(侯四娘) 270/15
후사정(侯思正) 258/12
후사지(侯思止) 240/7, 267/17·18, 268/10
후생(侯生: 連山觀 道士) 72/1
후생(侯生: 汾陰人) 230/2
후생(侯生: 郫縣人) 465/9
후생(侯生: 上谷人) 281/2
후수재(侯秀才: 侯白) 248/1
후승훈(侯承訓) 250/13
후씨(侯氏: 劉君 妻) 444/5
후씨(侯氏: 張睽 妻) 271/19
후안도(侯安都) 118/12
후예(后羿) 245/2
후온(侯溫: 侯九·驍勇) 124/4, 184/23
후우현(侯又玄) 220/24
후원(侯元) 287/1
후이(侯彝) 194/2
후자광(侯子光: 佛太子) 284/12
후자유(侯子瑜: 侯瑾) 276/19
후저(侯褚) 295/9
후제(後帝) 322/1
후주(後主: 北齊, 高緯) 139/12, 142/11,
288/4, 361/3, 447/12
후주(後主: 三國 蜀, 劉禪) 241/1
후주(後主: 五代十國 前蜀, 王衍) 80/13
·14·16, 163/38, 241/1, 257/15
후주(後主: 陳, 陳叔寶) 92/6, 139/16, 1

46/2, 166/2, 191/8, 199/1
후지순(侯智純) 328/9
후지일(侯知一) 258/16
후직(后稷) 137/5, 173/13, 226/1, 245/2, 291/21
후토부인(后土夫人) 290/2, 299/1
후폐제(後廢帝: 劉宋, 劉昱) 296/4, 469/4
후홍실(侯弘實) 138/14
후홀(侯遹) 400/8
후희(侯喜) 55/2
후희일(侯希逸) 137/19, 192/5, 198/17, 485/2
훼정(虺貞) 268/1
휴(休) 59/6
휴공(酅公: 隋 恭帝, 楊侑) 493/8
휴류(鵂鶹: 劉甲) 86/12
휴틈(睢闐) 81/4
흑구자(黑狗子) 331/9
흑로(黑老) 35/5
흑산선인(黑山仙人: 犢子) 60/3
흑수(黑叟) 41/3
흑수장군(黑水將軍: 黑水神) 312/12
흑치상지(黑齒常之) 143/5, 185/13, 250/15
흑표(黑豹: 王旭) 268/5

흘간(紇干) 288/5
흘간계(紇干泪) 242/10
흘간준(紇干峻) 178/4
흘간천(紇干泉: 紇干皐) 178/4, 242/10
흠니(欽尼) 114/1
흠대사(欽大師) 179/10
흥낭(興娘) 344/6
흥성령공(興聖令公: 五代 後唐, 郭崇韜) 241/1
흥성태자(興聖太子: 後唐 明宗, 李嗣源) 38/14, 140/9
흥원상좌(興元上座) 98/9
희부기(僖負羈) 235/7
희석(姬奭: 周 召[邵]伯) 492/1
희종(僖宗: 唐, 李儇, 普王·晉王) 70/7, 79/6, 85/3, 117/6, 123/5, 133/11, 136/11, 175/13, 183/23, 190/5, 192/11, 200/5, 205/10, 214/3, 232/13, 239/13, 251/20, 252/2, 278/20, 312/2·4·7, 353/1, 354/15, 374/21, 395/9, 430/3, 499/11·15
희화씨(羲和氏) 6/2, 408/43
희황씨(羲皇氏: 伏羲氏) 18/4, 291/1
힐리극한(頡利可汗) 189/6

『태평광기』 인용서목 색인

ㄱ

가규비(賈逵碑) 292/6
가람기(伽藍記) 174/24, 233/2, 236/15·16, 439/15, 441/2, 441/6, 493/2·3
가람기(伽藍記)* 127/5, 375/4
가어록(嘉語錄) 76/16
가자(賈子) 117/1
가화록(嘉話錄) 137/17, 146/11, 150/1, 151/7·8, 152/2·3, 170/11·12·16, 174/22, 179/9·11, 180/11, 186/17, 187/5·8·9, 188/7, 228/4·12, 235/17, 242/6, 244/9, 250/11, 251/2·4, 255/24, 256/2, 260/15·18·19·20, 265/2, 374/7, 393/6, 411/22·25, 496/3, 497/10·17
가화록(嘉話錄)* 251/3, 254/2
간문담소(簡文談疏) 189/2

갈고록(羯鼓錄) 203/12, 205/1·2③·3·6·7·17, 231/12
갈고록(羯鼓錄)* 205/5
감계록(鑒戒錄) 138/14, 145/7
감응경(感應經) 161/4·9·10, 359/14, 408/26·30·31, 412/13, 418/7, 462/18·31·33, 464/2·16·21, 473/1·11·23, 478/9
감응전(感應傳) 111/9, 114/8
감정록(感定錄) 76/12, 79/5, 135/25·27, 136/12, 138/10, 142/14, 144/12, 149/3, 150/4, 151/6, 153/5, 154/2, 155/2·4, 156/4·5·6·10, 170/5, 215/5
감택요(甘澤謠) 96/3, 171/5, 195/1, 204/23, 311/7, 361/10, 387/10, 420/5
감통기(感通記) 91/9
강표이동록(江表異同錄) 469/4
개원전기(開元傳記)* 240/19

개천전기(開天傳記) 77/3

개천전신기(開天傳信記) 92/3·4, 136/3·4, 164/11, 175/6, 204/3·11·20, 212/11, 238/8, 250/12·14, 255/16·17, 283/12, 285/14, 362/10, 368/14, 397/7, 398/9, 420/10, 436/14, 494/9

개천전신기(開天傳信記)* 240/19

건강실록(建康實錄) 76/5, 185/1

건손자(乾䐁子) 122/1, 167/6, 170/8, 177/6, 179/10, 190/2, 201/17·18, 233/18, 242/5·9, 243/4, 244/6, 257/8, 261/21·22, 280/5, 341/6, 342/2, 343/5, 344/2·3, 362/21, 363/3, 366/5, 367/29, 415/10, 448/3, 495/2, 496/1·11, 497/15

건손자(乾䐁子)* 496/2

건안기(建安記) 462/23

건주국경(建州國經) 397/19

견이기(甄異記) 276/30·42, 426/11, 461/27

견이록(甄異錄) 321/6·7, 322/15·16·17, 324/1, 321/9, 325/16

견이지(甄異志) 468/15

결사(缺史·闕史) 238/19

경계록(徹戒錄) 116/24·25·26, 117/10, 130/7, 133/14·16·17·18·19·20·21·22, 134/11·17, 467/23

경계록(徹誡錄) 118/15·16, 124/15·16·18·19, 162/21·22

경룡문관기(景龍文館記) 271/16

경문(經聞) 100/2

경청록(驚聽錄) 39/3, 330/6, 375/18

계림풍토기(桂林風土記) 95/3, 351/4, 370/7, 389/28

계몽(系蒙) 161/23

계몽(系蒙)* 216/4

계신록(稽神錄) 33/13, 45/6, 51/3·4, 54/6, 70/11, 80/17, 85/5·6·7·10·11·12·13·14·15, 86/9·10·11, 124/6·7·8·9·10·11·12·13, 130/5, 134/15, 138/18, 145/8·10·11·13, 158/14, 163/36, 215/10, 220/3·4·5·6·7·26, 243/21, 277/12, 278/24·25·26·27·28·29·30, 279/27·29·30, 281/7·8·9, 313/5·6·7, 314/6·7·8·9·10·11·12·13·14·15·16·17, 315/1·2, 318/18, 353/3·6·7·8·9·10·13·14·15·16·17·18, 354/12·13·17, 355/1·2·3·4·5·6·7·8·9·10·11·12·13·14, 358/13, 366/9·15·16·17·18·20, 367/3·4·5·6·7·9·10·13·14, 373/7·8, 374/23·24·25·26·27·28, 378/5, 385/4, 386/12·13, 388/11, 390/18·19·20·21·22·23·24, 392/7, 395/11·12·13·14·15·16·17·18, 398/33·34·37, 399/35·36·37·38, 401/5·6·7·8·9, 404/10, 405/5·6·7·8·9, 407/15·33, 410/26, 414/35, 417/13, 423/15, 432/8·9, 434/4·11·16, 435/21, 436/

3·4, 440/2·3·23·24·25·26·27, 442/
6, 443/8·19, 455/2, 459/20·21·22·2
3·24, 461/35, 462/6·7·13·17, 467/2
0·21, 471/2·3·4·5, 472/20·21·22, 4
79/13·16·17·18, 480/22, 500/13
계신록(稽神錄)* 279/28, 367/8
계안록(啓顏錄) 164/20·22, 245/1·6·8·
9·10·11·14·16·17, 246/2·4·12, 247/
3·4·7·14, 248/1·2·5·6·7·8·11·12, 2
49/1·2·3·7·18·19, 250/5·16·17·18,
252/6·7, 253/1·2·6·7·8·10·12·13·1
4·15·16·17·20, 254/1·3·5·6·7, 255/
19·21·23, 256/10, 257/7·19·20·21, 2
58/5, 260/4
계안록(啓顏錄)* 245/3·7·15, 253/2
계원총기(桂苑叢記) 174/25
계원총담(桂苑叢譚) 256/21
계원총담(桂苑叢談) 75/8, 79/6, 172/6,
204/25, 232/10, 238/12·20
고금기(古今記) 119/20
고금주(古今注) 233/8
고금주(古今註)(崔豹) 473/2
고문쇄어(古文瑣語) 291/8
고승전(高僧傳) 87/1·2·3·4, 88/1, 89/
1, 89/2, 90/1·2, 110/24, 114/13, 131/
24·25, 433/4
고승전(高僧傳)* 112/5
고운문집(顧雲文集) 174/34
고저산기(顧渚山記) 412/32·33, 456/4,

463/20
관중자(管仲子) 291/5
광고금오행기(廣古今五行記) 83/1, 91/3
·4·5, 116/14, 120/18, 127/5·7, 129/3
·5, 131/6·7·9·11·14·23, 132/12·14,
134/7, 135/17·22, 137/13·14, 139/1·4
·5·7·9·11·12·13·14·15·16·17, 141/7
·9·12, 142/5·6·8·9·10·11·12·13, 14
3/1·2·7·15, 285/1, 288/4·5, 292/4,
296/1, 297/3, 318/9·14, 322/7·14, 3
24/9·10, 325/12, 326/6, 359/15·21·2
2, 360/14·28·31·33·34, 361/2·3·4·6
·8, 367/17·18·19·20·21·23, 374/10,
393/4, 396/8·9·10·11·12·13·14·15·1
6·17·18·19, 397/18, 434/17, 435/10,
436/21, 437/3, 439/22, 456/32, 457/
2·4·5·611②, 462/1, 464/27, 467/9·1
0·11·15, 468/11·13, 469/3·13·15, 47
1/8·9, 473/5·19·20·21, 474/4
광고금오행기(廣古今五行記)* 116/16
광기(廣記)* 461/11
광덕신이기(廣德神異記) 79/2, 135/28
광덕신이록(廣德神異錄) 36/1, 77/5, 12
2/4, 140/4·6, 154/4, 162/9·12, 164/1
0, 222/4, 277/14, 397/5, 404/6
광덕신이록(廣德神異錄)* 270/11
광박이지(廣博異志) 300/6
광오행기(廣五行記) 220/14
광이기(廣異記) 4/6, 22/2, 23/6, 24/2,

39/4·5, 40/3, 41/2, 42/3, 45/2·5, 49/1, 62/9·10, 63/2·3, 72/4, 100/3, 104/8·10·11·12·13, 105/1·2·3·4·5·6·7·8·9·10, 111/22·24, 112/10·11, 115/6·7·8·9, 121/14, 132/16, 148/7, 162/11, 220/17, 231/9, 232/2, 277/17·20·30, 278/2·15, 279/6·7·8·14·28, 280/2·4·7·10, 281/1, 298/2·3·4·6, 300/2·3·4·5·7, 301/1·2·4, 302/3·4·5, 303/5·6, 304/3·9, 305/1·2, 328/5·6·7, 329/9·10·11, 330/2·3·4·15, 331/1·2·3·4·7·8, 333/1·2·3·7·8·9, 334/1·2·3·4·5·7·8·9·10, 335/1·2·6·7·8, 336/1·2·4·5·6·7, 337/1·2·3·4·10, 338/6·7·8·10, 339/1·2, 356/6, 358/5·6·7, 361/16, 362/13·14②·18·19, 368/10·11, 369/1·2·4, 372/1·2·3·4, 375/20, 376/1·2·7, 377/5·6, 378/3, 379/5·6·8·9, 380/2·3·4·6, 381/3·4·5·6·7·9·10, 382/2·10·11·12, 383/3, 384/2·3·7·8, 386/8·9, 387/5·6, 388/5, 389/27, 390/1·14, 393/10·13·14·15·16, 400/9, 402/10·11·12, 403/13, 414/8, 415/7, 420/6, 425/15·16, 426/9·21, 427/1·2·3·4·5, 428/2·3·4·5·6, 429/1, 431/3·4·5·6, 432/1·3·4·5, 434/7·8, 436/2, 437/8, 438/11, 439/9·10·23, 440/15·16·17·18, 441/7·9, 442/3·5②·19, 444/6·7, 445/1, 447/14·17·18·19, 448/5·7·8, 449/2·3·4·5·6·8, 450/1·2·6·7·8·9·10·11, 451/1·2·3·4·5·6·7·10·11·12·14, 452/2, 456/35·36, 457/10·13·17·18·19·24, 458/2, 459/3, 460/8, 463/28·30, 464/3·4·5·7, 467/4, 470/2·3, 472/1·12

광이기(廣異記)* 82/8, 111/23, 329/8, 330/1, 342/4, 380/8, 457/21
광인물지(廣人物志) 169/15·30
광주기(廣州記) 412/4, 482/24
광지(曠志) 461/11
괴지(怪志)* 374/6
교주기(交州記) 443/5, 464/28
교주지(交州志) 434/1
구강기(九江記) 161/25, 425/12·13, 468/10, 469/9
구양첨애사서문(歐陽詹哀詞序文)(韓愈) 180/1
국사(國史) 493/7·8
국사(國史)* 244/10
국사기(國史記) 296/13
국사루찬(國史累纂) 405/14
국사보(國史補) 83/3, 101/11, 163/34, 164/15·16·17, 165/31, 167/7, 170/7, 172/4, 174/17·18·33·35, 175/9, 177/1·2, 178/1, 179/13, 180/2·4·8, 184/13·15·17·18·19·20, 186/12·18·19·20, 187/1·2·6·7·11·12·13·14·15·16·20·2

1·22·24·25, 198/10·11·14·16, 201/8, 202/8·9·10·11·22, 203/12·21·24, 204/6·16·17·22, 205/16·22, 207/12, 208/12·13·14, 211/14, 219/2·4, 227/6, 228/12②, 232/3, 233/10, 235/16, 238/4·5·11, 240/20, 242/3·7·8②, 243/14·17·20, 244/8, 250/20·24, 251/1, 256/1, 260/17·21, 269/7·8, 275/11, 289/1·8, 399/13·15·27, 405/16, 409/15·45, 410/28, 412/31, 420/9·11, 423/2, 428/1, 435/7, 446/9·12, 458/1, 495/3·13, 496/4·6·7·8·10·12·13·17, 497/1·4·5·8·9

국사보유(國史補遺) 216/4

국사이찬(國史異纂) 76/11, 137/16·18, 164/25, 169/22, 171/9, 176/2·3·6, 184/14, 185/23, 187/23·28, 188/1, 197/7·8, 201/1·2, 203/8③·9·10·28, 205/12, 208/4·7, 209/4, 211/11, 236/23, 272/13·14, 398/39, 399/10, 402/6, 406/5, 414/4

국사찬이(國史纂異) 134/9, 135/31, 198/7, 207/14, 254/2, 265/3·5, 493/13

국사찬이(國史纂異)* 493/7·8

국어(國語) 499/5

국조잡기(國朝雜記) 164/8, 248/9, 249/9, 254/12, 283/5, 285/2

궁괴록(窮怪錄) 326/5, 440/12, 469/13

궁수지(窮愁志) 84/10

궁신비원(窮神祕苑) 375/5·10, 383/12, 456/33, 457/8, 463/17·18, 474/2, 477/13, 480/21, 482/17

궐사(闕史) 84/5, 162/15, 165/14, 199/11, 244/10, 440/21

귀비전(貴妃傳) 240/19

귀종자서(龜從自敍) 308/8

규염전(虯髥傳) 193/2

극담록(劇談錄) 37/5, 69/1, 76/14, 91/1, 138/1·4, 170/20, 196/1·4, 200/12, 212/10, 223/10, 224/16·19, 237/10, 265/9, 332/7, 348/3, 351/7, 352/6, 394/12, 396/6, 405/22, 423/9, 435/15, 462/36

극담록(劇談錄)* 74/6, 171/18, 214/6, 251/14, 423/10, 424/5, 434/8

금루자(金樓子) 434/1

금청영(琴淸英)(楊雄) 461/23

기구전(耆舊傳)(王子年) 462/21

기록(紀錄) 400/13

기문(紀聞) 26/2, 32/1, 62/8, 72/2, 73/1, 76/11, 77/1, 91/6·10, 94/3·5, 95/1, 100/1·4·5·6·7, 101/8·9, 104/9, 112/12, 115/4·5, 121/15·17, 127/10, 129/14, 132/15, 143/19, 147/4·5, 150/3, 166/6, 171/16, 208/2, 226/11, 236/17, 242/4·16·17·18, 243/13, 285/13, 293/9, 301/5, 303/1·2, 328/8·13, 329/6, 330/12·13·14, 331/5·6·9·10·11,

332/2·3·4·5·6, 333/5·6·10·11·12, 3
35/4, 361/18·19, 362/1·2·3·4·5·6·7
·8, 371/7, 390/3, 400/12·14, 402/13,
422/4·7, 434/1, 441/10, 446/5, 448/
4·6, 449/1, 450/3·5, 451/8, 457/16·
23, 460/3, 461/2·3, 463/29, 466/14,
481/1②, 494/5·6·7·8
기문(記聞) 28/1, 135/30, 271/22, 361/1
5·17·20·21, 367/16, 386/6·7, 437/2
기문(紀聞)* 400/13
기문록(奇聞錄) 133/5, 242/10
기문록(紀聞錄) 92/5, 96/1, 97/5
기문열이(紀聞列異) 401/18
기사(奇事) 133/1
기사기(奇事記) 73/2, 306/2, 455/3·4

ㄴ

나소위전(羅昭威傳) 200/14
낙양가람기(洛陽伽藍記) 81/3, 90/2, 99
/9, 139/10, 165/5·22, 292/9, 327/4,
371/5, 391/5, 407/29, 418/12, 447/
9, 482/4·5·6
낙양기(洛陽記) 99/4
남강기(南康記) 324/5
남강기(南康記)(鄧德明) 398/35
남사(南史) 173/19, 207/10, 218/7, 246/
3·6·14, 277/10, 296/7·8·9, 367/28

남옹주기(南雍州記) 469/12
남옹주기(南雍州記)* 270/2
남월기(南越記) 465/37
남월지(南越志) 291/17, 410/27, 414/17,
465/20, 482/14·15
남제기(南齊記) 211/1·2
남초신문(南楚新聞) 123/2, 138/8, 175/
12, 197/13, 238/14, 257/12, 271/20, 3
12/3·7, 351/8, 483/8·12, 499/14·15
남해이사(南海異事) 483/3·4③
낭주도경(朗州圖經) 101/12, 389/17
녹이기(錄異記) 29/1, 72/9, 84/8, 86/1·
2·3·14, 133/8, 135/11·26·32, 138/2,
157/6, 162/18·19, 232/9, 284/12, 311
/4·6, 313/9·10·11, 352/11, 354/11, 3
74/20, 383/7·9, 390/15·16, 393/11·2
2, 394/7, 397/25, 398/1·3·4·6·8·21
·22·28·29·30·31·32, 399/3·20, 423
/12, 425/3·4·5, 431/2, 433/7, 440/5
④, 443/7, 456/10·11·12, 459/6, 463
/41·44, 464/22, 465/9, 467/7·12·14,
469/6, 472/7·8·10·13·18, 478/6·7,
479/7·8·11, 481/3
녹이기(錄異記)* 232/12, 313/12, 307/
6, 390/14
녹이전(錄異傳) 316/1·7, 317/17, 318/12
·13·17
녹이전(錄異傳)* 292/3
녹이지(錄異志) 399/17

논형(論衡) 171/1, 224/1·2, 400/4, 435/16
농주도경(隴州圖經) 291/14
능주도경(陵州圖經) 399/26

ㄷ

단장전(段章傳)(司空圖) 275/9
담빈록(譚賓錄) 23/1, 92/2, 117/2, 122/2, 163/19, 164/7·9·14·24, 166/4, 167/1·3·4·5, 169/16·18·20·21·23·26·27, 170/2·6·19, 171/17, 172/3, 174/3·4·5·7·8, 175/2, 176/7·8②, 177/3·9, 179/1, 180/18, 187/3·17, 189/3·4·5·6·8·10·11, 190/1, 191/12·14·15·16·17·18·20, 192/1·2·3·4·5·6·7, 201/3·4, 202/3·4·6·7·23, 203/8·10, 204/2, 205/13, 208/8, 209/8·10·11, 211/10, 214/6, 218/11·12·13·14, 224/5, 227/1, 235/12, 239/1·3·4·5·6, 240/1·6·7·8·15·17·18·20, 249/12, 259/14, 260/22, 267/15, 269/3·6, 279/4, 301/6, 405/2, 460/15, 463/24, 465/28·29, 493/5·10·12·14·19, 494/11, 495/12, 496/9
담수(談藪) 76/7, 111/3, 135/20·23, 141/16, 161/28·29·30·31·32, 164/23, 165/2·3·4·6, 171/4, 173/10·11·12·13·14·15·16·17·18·19·20·21·22·23·24·25, 174/1·2·30·31·32, 185/2, 191/7, 198/2·3·5, 200/8, 202/1·2·5·16·17·18, 207/10·13, 218/6②, 228/1, 235/10·11, 246/10·11·15·16·17·18·19·20·22·23·24·25, 247/1·2·5·6·9·11·12·13·15, 248/3·4, 253/9·11, 265/1, 267/2·3·11, 277/9, 440/13, 447/12
담수(談藪)* 111/4
담씨사(譚氏史) 165/8
당결사(唐缺史: 唐闕史) 499/6
당고승전(唐高僧傳) 109/11
당국사(唐國史) 238/6·18
당궐사(唐闕史) 73/6, 117/6, 144/14·17, 158/4, 172/7·8·9, 182/11, 200/2, 214/6, 252/10, 273/3, 278/12, 312/9, 351/6, 366/10, 390/13, 405/23
당궐사(唐闕史)* 238/18
당년보록(唐年補錄) 73/9, 223/3, 311/2, 423/8
당년보록기전(唐年補錄紀傳) 138/5
당년소록(唐年小錄) 395/4
당력(唐曆) 390/6
당사(唐史) 136/11
당사외보(唐史外補)* 238/18
당서(唐書) 239/11
당서열녀전(唐書列女傳)* 270/5·6
당속회요(唐續會要) 186/15
당신어(唐新語) 92/1
당어림(唐語林) 194/3

당척언(唐摭言)* 266/5
당통기(唐統記) 308/5
당화단(唐畫斷) 211/11·12·13·14·15·16, 212/1·4
당회요(唐會要) 169/14·15·17, 185/3·4·5·6·7·8·9·10·11·12·13·15·16·17·18·19·20, 186/2·3·4·5·6·7·8·9·10·16
대당기사(大唐奇事) 82/3·6, 213/16, 368/15, 436/7, 438/12, 460/16
대당신어(大唐新語) 77/2, 95/4, 121/4·16, 143/9·10·17, 166/5, 198/8, 202/20·21, 211/11, 215/6, 235/13, 236/18, 239/2, 240/5, 242/1, 249/6, 250/9, 255/8·20, 258/11, 260/5·10, 261/3, 396/1, 493/11, 494/2
대당신어(大唐新語)* 21/2
대당잡기(大唐雜記) 423/11
대사신이운(大事神異運)* 271/1
대업습유(大業拾遺) 76/10, 280/1, 410/33
대업습유기(大業拾遺記) 146/3, 226/1·2, 234/1②, 279/1, 374/9, 413/2, 418/13, 463/19
대업습유기(大業拾遺記)* 91/8
도가잡기(道家雜記) 418/3
도사이찬(圖史異纂) 207/6
도서회수(圖書會粹) 207/1·
독이기(獨異記) 163/1, 236/19, 358/9, 470/1, 387/1, 399/2, 402/15
독이지(獨異志) 59/6, 73/3, 86/13, 92/1, 98/7, 118/11, 135/29, 146/2·8, 154/3, 155/6, 161/16, 163/31, 164/19·20·21, 165/9, 166/1, 176/9, 179/3, 181/4, 189/1, 191/1·4·6·9·10·11, 194/2, 203/11, 211/16, 212/1, 216/2, 218/1, 219/5, 223/5, 237/5·6, 244/1, 260/13, 261/5, 270/15, 271/14, 277/7·13, 286/3, 295/14, 317/5, 339/6, 341/2, 360/5, 376/3, 391/2, 396/23, 414/1, 424/2, 426/2·3, 433/6, 439/4, 463/16, 472/4, 482/19, 493/1·9·18, 494/10, 495/6
돈황록(燉煌錄) 276/19
돈황록(燉煌錄)(劉彦明) 276/20
동구후기(東甌後記) 396/20
동림(洞林) 216/3
동림기(洞林記) 135/15
동명기(洞冥記) 6/2, 1/4·5, 229/8, 398/2, 463/7
동명기(洞冥記)* 272/2
동방삭별전(東方朔別傳) 6/2
동방삭전(東方朔傳) 174/23②
동방삭전(東方朔傳)(漢書)* 245/2
동선전(洞仙傳) 5/7, 33/4
동신전(洞神傳) 13/5
동천집(洞天集) 405/24
두란향열전(杜蘭香列傳) 272/12
두붕거전(杜鵬擧傳)(處士蕭時和) 300/1
두양잡편(杜陽雜編) 66/2, 99/8, 136/10,

156/7·8, 188/8, 198/14, 204/8, 260/14, 272/8, 277/11, 400/20, 401/16·17, 404/1·2·3·4·9, 405/17, 480/14·15
두양편(杜陽編) 48/4, 18/2, 223/8, 227/2·3, 228/5, 237/2②·8·9, 435/6·7, 463/40, 483/6
등청이지록(騰聽異志錄) 453/3

ㅁ

막주도경(莫州圖經) 60/7
명보기(冥報記) 99/7·11·12, 102/16, 103/5, 109/13·15, 116/12·23, 129/7, 131/26, 132/1·2·4·7, 134/6, 162/5, 277/15, 325/3, 379/3, 380/1, 381/2, 382/4
명보기(冥報記)* 386/3
명보록(冥報錄) 91/7, 297/4·5, 298/1
명보습유(冥報拾遺) 109/17·21, 121/2, 134/5, 382/9, 386/4, 388/8
명보습유기(冥報拾遺記)* 116/12
명보지(冥報志) 129/2
명상기(冥祥記) 89/3, 99/3, 109/16, 110/2·6·7·15·16·17·18·19·20·21, 111/2·14, 112/1·2, 113/3·10, 114/2·3·4·5, 116/2·4·5·6·7·15·16·22, 276/35·50, 284/7, 321/10, 324/3, 326/1, 377/14, 379/2, 381/1, 382/1·8, 383/13, 387/2·3

명상기(冥祥記)* 109/4·6, 110/1·3, 386/3
명서록(名書錄) 209/3
명서록(名書錄)(王僧虔) 209/1·2
명이기(冥異記)* 109/6
명잡기(冥雜記) 386/3
명잡록(冥雜錄) 387/4
명화기(名畫記) 210/9·10·11·13·14·15·16, 211/3·4·5·6·7·8·9, 212/3·6·7, 213/12·13, 214/6
명황잡록(明皇雜錄) 30/1, 31/1, 72/5, 92/3, 97/2, 143/18, 148/4·5·6, 165/9, 169/29, 170/1, 174/10, 175/7, 179/5·6, 188/2·3·4·5, 198/9, 204/1·15, 212/2·12, 219/1, 235/15, 236/25·26, 260/11, 362/9·10, 401/14, 435/14, 436/13, 494/13, 495/1·4·7·8
모이기(慕異記) 74/2, 373/5
몽기(夢記) 277/4·8
몽서(夢書) 276/21
몽원(夢苑) 276/29
몽준(夢雋) 118/5·6, 161/26, 276/15·28, 277/1·2·3
무릉십선전(武陵十仙傳) 389/1
무주도경(婺州圖經)* 425/18
무창기(武昌記) 135/9
묵자(墨子) 291/7
문기록(聞奇錄) 128/4, 133/4, 156/9, 157/4, 177/8, 187/29, 213/18, 219/8, 220/25, 279/21, 282/7, 286/9, 306/3, 3

11/5, 352/3·4·5, 366/8·12·13, 367/2
·6, 374/12·16, 394/6, 406/45, 407/27
·28, 430/3·6, 440/4·29, 459/1·5, 49
9/2, 500/1·2
문기록(聞奇錄)* 434/8
문추경요(文樞鏡要) 396/22, 408/17
물이지(物異志) 291/9
미이기(迷異記) 109/4
민천명사전(閩川名士傳) 180/6, 199/4,
265/8, 274/6
민천명사전(閩川名仕傳: 閩川名士傳) 4
94/14
민천사전(閩川士傳) 175/8

ㅂ

박물기(博物記) 375/9
박물지(博物志)(林登) 210/17
박물지(博物志)(張華) 204/13, 210/5, 2
33/1, 291/2·6, 292/11, 327/7, 339/5,
375/2, 399/4·25, 436/10, 441/1, 456
/14·34, 463/2, 464/10, 470/6, 473/1
5, 480/5·6·7·8·23, 482/2·3·11
박물지(博物志)* 291/9, 480/2
박이기(博異記) 125/5, 309/2, 339/4, 3
45/3, 372/6, 380/8, 416/10, 428/7
박이록(博異錄) 292/3
박이전(博異傳) 357/2

박이지(博異志) 20/1, 46/1, 53/5, 122/
5, 153/9, 204/24, 231/11, 308/2, 337
/8, 348/5, 372/6, 373/2, 389/26, 40
0/15, 422/1·5, 458/14, 474/13
박이지(博異志)* 357/2, 421/6
방중기(方中記) 456/2
백거이집(白居易集) 344/1
번영별전(樊英別傳) 76/3
번천집(樊川集) 270/5
법서요록(法書要錄) 207/1·2·11·14, 20
8/2
법원주림(法苑珠林) 89/4, 93/1, 99/6·1
3, 102/3·9·11·12, 103/1·2·3·4·6, 10
9/1·2·3·8·9·10·12·14·19·20, 110/8·
9·10·11·13·14·22·25·26, 111/1·5·6·
7·8·17·18·19·21, 112/4·6, 113/1·2·4
·5·8·9, 114/1·6·9·11·12, 115/1·2, 12
0/17·19, 121/1, 127/6·8, 132/3·5·8·
9·10·11, 134/2·3·4·8, 142/7, 161/3·
17·27, 162/6, 225/2, 270/12, 284/9,
291/15, 292/5, 294/8, 316/11, 317/1,
319/1·2·3·4, 320/4, 323/17, 324/15·
16, 325/1·2, 328/9·12 , 359/4, 374/1
3, 375/12, 377/2, 382/5·6·7, 386/5,
387/7, 393/5, 420/1, 426/6, 434/12·
13, 436/22·23, 439/7·13·16·17·21, 4
42/12·14, 447/13, 467/2
법원주림(法苑珠林)* 109/4·7, 110/3, 1
37/12

법원편주(法苑編珠) 137/12
변의지(辨疑志) 242/2, 288/6, 493/6, 4
95/11
변의지(辯疑志) 288/18, 289/2·3·4·5·6
변정록(辨正論) 110/4·5·12, 111/10·11,
113/6, 114/7, 116/1·3·8·10·11
변정론(辯正論) 111/20, 113/7, 161/19·2
1, 162/2
보록기전(補錄記傳) 84/6·9, 123/1, 138
/3, 144/9, 156/5, 278/20, 312/5
보응기(報應記) 102/1·2·5·6·7·8·10·13·
14·15, 103/7·8·9·10·11·12·13·14·15·
16·17, 104/1·2·3·4·5·6·7, 105/13, 10
6/2·3·4·5·12, 107/2·3·4·5·6·9·10·11
·12·15·16·17, 108/5·7·8·10·11·12·13
·14, 112/8·9, 115/3, 133/10·11
보응록(報應錄) 112/14·15, 115/11, 117/8·
9, 118/14, 124/1·2, 134/10·12, 162/17
본사시(本事詩) 91/11, 138/9, 143/20, 14
4/13, 166/2, 177/7②, 198/12·17, 201/
6, 249/13·14·15, 250/2, 251/5, 273/5,
274/2·3·4·8, 275/11, 282/1, 330/5, 4
93/20, 496/14·15, 497/14, 498/6
부남기(扶南記) 406/7·8
부자(符子) 439/12
북몽쇄언(北夢瑣言) 40/7·9, 70/10, 78/
9, 79/8, 80/3·5·6·7·8·11·12·14·15·
16, 85/3, 98/11, 101/14, 115/10, 123/
4·7, 124/5·14·17, 134/16, 136/13·14,

138/13, 143/25, 145/5·6·12, 155/3, 1
58/1·2·5·10·11, 163/35·38, 164/18,
165/17·32·33, 168/5·6·9, 170/21·23
·24, 172/12·13, 175/10, 177/11, 182/
8·18·19, 183/7·16·20·23, 184/8·10,
190/4·5·7·8·9, 192/10·13, 196/6·7·
8, 198/19, 199/8·13, 200/3·6·11, 201
/13, 202/15·26, 205/20·21, 215/9, 21
9/6·8, 220/2, 223/11·12·13·14·15, 2
24/13, 234/11, 235/19·21·22, 238/1
5, 239/10·12·13·14, 242/11, 243/22·
23, 244/12·15·16, 251/17·20, 252/2·
3·4·5·9·10②·11·12, 256/15·18·20,
257/10·15, 261/10·14·16·17·18·19, 2
62/2·3·11·12, 264/6·7·8·9·12·13·1
4·15, 265/10·14·18·19, 266/3·4②·6
·9·10·12·13, 271/11·21·25, 272/17,
273/12, 275/4·8, 278/18·19, 279/26,
281/5·6, 282/6, 289/9·11·12·13·14·1
5·16, 312/4·10·13·14, 313/1·2·3·4·
8·15, 314/1, 315/13, 352/7·8·9·10·1
2, 353/12, 354/15·16, 366/14, 374/2
1, 385/3, 387/9, 395/7·10, 396/7, 40
1/4, 411/2, 413/20, 417/7, 423/13·1
4, 424/12·13·14, 425/1·2·6·7·20·2
1, 432/10, 440/30, 443/17, 446/8, 45
5/5, 458/11, 459/8·9·12·18, 462/28,
463/39·43, 472/19, 479/10, 497/12,
499/7·9·10·12·13, 500/6·11

북몽쇄언(北夢瑣言)* 108/9, 116/23, 199/9, 239/11, 265/11, 409/43, 499/8, 500/13
북사(北史) 296/6·11, 361/1·5, 247/10
빈담록(賓譚錄) 265/6

ㅅ

사계(史系) 197/6, 391/3
사유(史遺) 82/2, 387/8
사전(史傳) 384/6
산보자서(山甫自序) 312/6
산하별기(山河別記)(邢子才) 318/15
산해경(山海經) 197/2
산해경(山海經)(郭璞注)* 399/1
살성록(撒誠錄) 314/5
삼교주영(三教珠英) 99/1, 478/11
삼국전략(三國典略) 76/8, 135/21, 216/7, 247/16, 327/1·8
삼국전략(三國典略)* 225/15·18
삼국지(三國志) 245/3
삼보감통기(三寶感通記) 102/4
삼보결록(三輔決錄) 291/21
삼수소독(三水小牘) 49/6, 85/1, 97/10, 123/5·6, 130/3, 133/3, 144/16, 145/1·3·4, 196/3, 220/22, 232/8, 257/6, 265/20, 275/6·13, 287/1, 312/8·11·12, 351/10, 352/2, 353/1·2, 366/6·7, 395/6, 402/20, 436/8, 455/1
삼수소독(三水小牘)* 366/11, 459/7
삼오기(三吳記) 118/7, 425/11, 468/3·5
삼제기(三齊記) 408/44
삼제요략(三齊要略) 291/16
삼진기(三秦記) 118/1, 276/3, 466/8
삼협기(三峽記) 469/5
상서고사(尚書故事) 263/14
상서고실(尚書故實) 48/6, 77/4, 168/2, 174/13·20, 184/25, 187/18, 197/1, 202/12·24, 203/14·19·20, 206/11, 207/4·12·14, 208/1·11, 209/5·6·7·9·12, 210/8·11, 213/5, 214/6, 231/4, 243/15, 278/10, 356/2, 402/19, 409/9·42, 423/4·7, 442/23, 495/14, 496/5
상서기(祥瑞記) 389/8
상서담록(尚書譚錄) 165/10
상서담록(尚書談錄)* 214/6
상서담록(尚書談錄) 345/1
상이기(祥異記) 109/6, 131/10, 342/3·4
상이집험(祥異集驗) 137/22·23, 280/9, 373/4, 399/28
상중기(湘中記) 294/16, 295/1, 434/2
상천기(湘川記)(羅含) 399/16
상험집(祥驗集) 144/2, 396/25
서경기(西京記) 95/5, 97/1, 135/24, 495/6
서경잡기(西京雜記) 135/7, 137/6, 161/5, 173/2, 193/1, 198/1, 203/6·15·16·17,

204/14·19, 210/3, 215/2·3, 225/8, 228/12, 229/11·12·14, 234/3, 236/2·3·5·6·7·10, 272/3, 276/4, 284/10, 389/3, 403/4·5, 406/2·4, 409/36, 412/19, 435/3, 442/22, 461/24, 466/2·3
서경잡기(西京雜記)* 229/10
서단(書斷) 206/1·2·3·4·5·6·7·8·9·10·12·14·15·16·17·18·19·20·21·22·23·24·25, 207/1·2·3·5·8·9·14·15, 208/3·4·6·7·8·9·10
서단(書斷)* 207/7
서명잡록(西明雜錄) 360/11
서법록(書法錄) 206/25
서응편(瑞應編) 447/2·3
서정시(抒情詩) 163/32, 181/5, 199/7, 200/1·5, 202/13, 209/13, 251/15, 252/1·8, 257/3·4, 271/19, 273/8, 279/22, 407/24
서정집(抒情集) 272/16, 274/7
서정집(抒情集)(盧懷) 273/10
서평(書評) 206/12
서평(書評)(袁昂) 206/14·16·19·23
선실기(宣室記) 94/2, 281/2, 307/4, 310/4
선실이록기(宣室異錄記) 373/6
선실지(宣室志) 21/1·3, 28/2, 30/1, 31/4, 43/1, 44/3, 49/2, 51/1, 52/3, 72/7, 73/5·7, 74/1·5, 75/1·3·5·6, 92/5, 96/4·6, 97/4·9, 98/1·3·8·10, 99/10, 100/9, 101/4·5·7, 108/4, 109/18, 121/18, 125/3, 127/12, 128/5, 133/6, 136/2·9, 143/22·27, 144/3·4·5·6, 156/3, 213/15, 220/20, 277/16, 278/3·4·13·16, 280/8, 285/18, 304/7·8, 306/1, 307/3·7·8·9, 308/1, 310/5·6, 333/13, 334/6, 335/3, 338/5, 339/8, 343/1, 345/6, 346/1·2·3·11, 347/1·7, 348/1·2, 349/5·6, 351/1·2·3, 356/3·4·5, 357/4, 358/11, 363/6, 364/5·6, 366/3, 368/9, 369/5·6, 370/3·5, 371/1, 376/10, 377/7, 378/1·2, 384/4·5, 391/9·10·11, 392/1·2·3·4·5, 393/20, 394/3·14·16, 395/1·2, 400/16·17, 401/10·11, 402/18, 403/11, 404/7·8, 405/20, 413/17, 415/11·13, 416/1·2·3, 417/3·4·610, 420/7, 421/1·5, 422/6·8, 423/1·5·6, 427/6, 434/15, 435/5, 436/24, 437/12·14, 438/14, 440/19·20, 442/4·20, 443/1·10, 444/5·8, 445/2, 449/7, 450/12, 451/9·13, 453/4, 454/3·7·8, 457/9·14·15·20, 458/6, 460/4·19, 462/5·27, 463/23, 466/15, 467/16·18, 470/4, 474/9, 476/3·4·9·10, 477/1
선실지(宣室志)* 29/2, 132/6, 304/1, 335/5, 374/6, 417/8
선실지기(宣室志記)* 304/1
선실지보유(宣室志補遺)* 370/4

선전습유(仙傳拾遺) 1/2, 2/1·2, 4/4·6·
 7·8·10·11, 5/1, 6/1·3·4·5, 14/6, 17/
 3, 18/4, 20/2·4, 21/1, 22/1, 24/3, 26
 /1, 27/1·2·4, 30/2·3, 31/2, 32/2, 33
 /2, 35/1·6, 37/3, 41/4, 43/3, 44/1, 4
 6/2, 47/2·5, 49/5, 52/1, 53/2, 54/1,
 55/1·2, 62/6, 69/4, 74/4, 75/7
선험기(宣驗記) 110/23, 111/12·15·16, 1
 16/17, 161/22, 162/7, 357/5
선험기(宣驗記)* 443/1
선험지(宣驗志) 132/6
설문(說文) 461/13
설원(說苑) 137/1
설원(說苑)(劉向) 210/2
설제사(說題辭) 141/1
성도기(成都記) 98/5, 291/13
세설(世說) 164/3, 169/1·2·3·4·5·6·7·
 8·9·10, 173/3·4·5, 197/4, 225/11, 22
 8/7②, 229/3, 233/6, 234/3·16, 235/
 1·4·5·7·8·9, 236/13, 246/7·8, 253/
 3·5, 294/9, 461/4
세설(世說)* 174/28, 245/12, 253/2·4,
 403/9
세설신서(世說新書) 141/3·5, 169/12·1
 3, 170/15, 236/14
세설신어(世說新語) 76/6, 173/8, 174/2
 9, 176/1, 245/15, 389/15
세설잡서(世說雜書: 世說新書) 210/15
세어(世語)(郭頒)* 139/3

세어(世語)(郭頒) 139/3
소림(笑林) 165/20·21, 258/1, 260/1, 2
 62/13·14·15·16·17·18·19·20, 389/1
 2, 461/22
소림(笑林)* 251/16
소상기(瀟湘記) 287/3, 415/9, 430/4, 4
 36/6
소상록(瀟湘錄) 23/2, 83/6, 139/21, 29
 7/2, 301/3, 303/7·9, 304/5, 327/14,
 335/9, 337/5, 344/4·5, 345/8·9, 350
 /5, 352/1, 370/8·9, 371/3, 401/1, 40
 7/22, 415/8, 424/11, 431/7·8, 436/5,
 438/15, 439/8, 440/14·28, 443/15·1
 6, 446/1·11, 456/37, 470/8
소상록(瀟湘錄)* 328/2·335/5
소설(小說) 135/4·5·6, 137/3·4, 161/7,
 173/1, 174/28, 190/10, 197/4⑤, 218/
 2, 228/6, 229/7·9, 447/6, 456/17, 47
 3/4
소설(小說)(盧氏) 180/2
소설(小說)(劉氏) 173/6·7·9, 456/26
소설(小說)(商芸: 殷芸) 164/1·2③·3·4·
 5, 169/11, 174/26, 203/18, 235/3, 40
 8/39
소설(小說)(殷芸)* 235/4
소언(笑言) 251/16
속강씨전(續江氏傳) 444/4
속박물지(續博物志)* 327/7
속선전(續仙傳) 24/1, 25/2, 27/3, 31/3,

33/3, 37/4, 46/4, 51/2, 52/2, 53/4, 54/2, 70/2·8
속수신기(續搜神記) 131/2·15, 141/11, 218/8·9, 276/45, 294/18, 319/13·14·15, 320/5·6, 322/13·22, 382/11, 416/8, 425/14, 437/4, 438/7, 442/8, 446/3, 456/31, 457/3, 462/10, 471/7
속수신기(續搜神記)* 437/2
속신선전(續神仙傳) 20/3, 22/3, 24/5, 30/1, 40/6, 47/3
속유괴록(續幽怪錄) 128/3, 159/1, 279/9
속이기(續異記) 118/9, 141/2·14, 276/36·40, 469/8, 473/16·17
속이록(續異錄) 219/7
속정명록(續定命錄) 151/1, 153/3·7, 154/1·5·6·9·10·11, 155/1·9, 156/2, 160/2, 278/8
속제해기(續齊諧記) 197/5, 284/11, 291/12, 293/13, 368/2, 398/12, 400/3, 403/10, 466/4
속현괴록(續玄怪錄) 16/1·2, 17/1, 18/1·5, 48/2, 53/1, 68/2, 101/2·13, 159/4·6, 220/19, 279/10, 305/3, 308/3, 327/13·15, 341/1, 343/3, 345/2, 346/8·9·12, 380/7, 418/14, 421/3, 428/9, 429/5, 436/19, 471/11
속현괴록(續玄怪錄)* 219/7
손상록(孫相錄) 328/2
송서(宋書) 234/13, 360/24

송창록(松窗錄) 78/2, 136/5, 164/26, 204/15, 232/7, 493/17, 494/12
송창잡록(松窗雜錄) 250/10, 251/14, 271/2
수경(水經) 284/6, 291/19, 294/23, 316/3, 389/5·9, 391/6, 397/2, 399/8·11
수경주(水經注) 418/2
수독록(需讀錄)* 434/8
수서오행지(隋書五行志)* 417/8
수신기(搜神記)(干寶) 59/14, 62/5, 131/3·12, 133/12, 161/24, 216/5, 276/6·34·43·47, 284/4, 292/7·8·15, 293/1·2·12, 294/1·3·4·15, 295/11, 316/4·9·10, 317/4·6·12, 322/21, 323/10·18, 325/10, 327/9, 358/2·3, 359/2·5·6·7·8·10·11·12·13·16·17·23·24, 360/17·19, 367/15, 368/1, 374/3, 375/1·8·11, 383/4, 386/1, 389/14, 393/2, 402/1, 415/2·3, 426/5, 435/18, 438/4·5·9·10, 439/5·6·18·19·20, 440/9, 442/15·17, 444/3, 447/5·8·10, 456/20·21·25·30, 463/11·12, 468/1·7·8·9, 473/6·9·10·18, 478/13
수신기(搜神記)* 61/7, 316/8, 359/4
수신후기(搜神後記) 131/13
술이기(述異記) 108/9, 110/3, 131/17·19, 236/1, 276/46·49, 283/2, 294/11·13·21, 295/10, 296/2, 318/10, 321/15, 322/11, 323/3·8·14·15, 324/6, 32

5/5・6・7・8・9・14・15, 326/2・3, 327/2・
6, 360/26・27・29, 374/8, 377/3, 389/
2・10, 391/1, 400/6, 402/7, 403/5, 40
6/1②・6・12, 407/14, 408/3・19・21・22
・23・24・32・34・41, 410/7・8・9・11・12・
13・19, 411/10・20, 412/16・17・20・26・
27, 413/22, 425/18, 426/4, 437/15・1
6・17, 438/1, 443/3・4, 460/10, 462/
8, 465/35・36, 467/1, 471/10, 472/1,
473/25, 482/33
술이기(述異記)* 276/30, 307/10, 412/1
8, 465/34
술이록(述異錄) 411/30
습유(拾遺)(王子年) 56/4, 403/1, 403/3
습유기(拾遺記) 91/8, 276/41, 284/5, 2
91/4, 315/3, 461/15
습유기(拾遺記)(王子年) 135/1・3・8・10・
12・13, 137/2・11, 139/2, 161/6・14, 17
5/1, 203/2・3・4・5, 210/1, 225/13, 22
9/2・4・5・6, 231/1, 233/7, 236/12
습유기(拾遺記)(王子年) 71/1・2, 76/1, 81
/1, 272/1・4・5・6・7, 276/1・5・10・16, 28
4/2・3, 291/20, 317/3・14, 402/2, 408/
35・36・37・38, 411/19, 412/21・22・23・2
4・25, 413/24, 418/1, 425/9 , 435/2・
8, 444/2, 456/23, 461/25, 463/3, 466
/1, 472/2, 480/10・11・12, 482/13
습유록(拾遺錄) 135/2, 137/7, 191/5, 22
5/1・6・7, 233/9, 236/4・8・9・11, 276/3
8, 291/1, 408/45・46, 411/24, 418/6,
460/1・5, 480/9・13, 359/3, 403/6・7,
461/7, 463/4・13
습유록(拾遺錄)* 462/21
승가대사전(僧伽大師傳) 96/1
신귀록(神鬼錄) 323/19
신귀전(神鬼傳) 100/8, 142/3, 293/10,
295/5, 382/3, 467/5, 468/2, 471/6
신당서(新唐書) 270/3
신당서(新唐書)* 270/4・10
신선감우록(神仙感遇錄) 46/3
신선감우전(神仙感遇傳) 14/1・7, 15/1・2
・3・5, 18/3, 19/3・4, 22/1, 24/4, 29/2
・3, 33/1, 53/3, 54/3・4・5, 64/4, 65/
1, 75/2・9, 378/8, 394/11, 420/2
신선감응전(神仙感應傳) 43/4
신선기(神仙記) 61/7
신선습유(神仙拾遺) 14/2・3, 19/1, 44/2
신선습유(神仙拾遺)* 14/6, 15/2・3
신선습유전(神仙拾遺傳) 42/8
신선전(神仙傳) 1/1・3, 2/3・4, 4/2・9, 5/
2・3・4・5・6・8・9, 7/1・2・3・4・5・6・7, 8
/1・2・3, 9/2・3・4・5・6・7, 10/1・2・3・4・
5・6・7, 11/1・2・3・4・5, 12/1・2・3・4, 13
/1・2・3・4・5・6・7・8, 57/1, 60/1・6, 71/
3, 466/6・7
신선전(神仙傳)* 9/1
신선전습유(神仙傳拾遺) 4/5
신선전습유(神仙傳拾遺)* 1/2

신이경(神異經) 268/10, 400/1·2, 407/1
·2·3, 410/2·3·4·20, 412/2·30, 456/
1, 479/6, 482/1·16·18
신이기(神異記) 410/30, 440/5, 480/20,
481/2
신이록(神異錄) 137/21, 164/6, 396/5·2
1, 410/1, 464/14, 480/16·17·21, 482/
20, 375/17, 440/5, 463/42
신진현도경(新津縣圖經) 191/2
실이기(室異記) 307/10
심양기(潯陽記) 425/10
심양기(潯陽記)(張僧鑒) 163/2
십도기(十道記) 233/3, 294/17, 397/15·
20, 407/12, 414/21, 434/2
십삼주지(十三州志) 481/8
십이진군전(十二眞君傳) 14/4·5, 15/4
십주기(十洲記) 229/1·10, 414/3·33

ㅇ

악조론(惡鳥論)(曹植) 462/29
안씨가훈(顔氏家訓) 131/16·22, 165/23,
258/2·3·4·6
야사(野史) 155/7
야인한화(野人閑話) 79/9, 85/2·8, 86/4
·5·6·7·8, 96/7, 133/15, 145/14, 214/
1·2·3·4·5, 232/15, 278/23, 279/24·
25, 287/5, 314/3·4, 353/11, 388/6, 3
90/25, 425/8, 430/9, 446/7, 459/19
야인한화(野人閑話)* 86/1
양경기(兩京記) 92/2, 187/27, 327/12,
328/10, 379/4, 391/8, 418/10
양경사기(梁京寺記) 131/20
양경신기(兩京新記) 250/7
양고승전(梁高僧傳) 109/7
양면기(襄沔記) 472/9
양사공기(梁四公記) 81/4, 418/8·9
양양기(襄陽記) 296/10
어림(語林) 174/27, 234/3, 235/6, 461/26
어림(語林)* 245/12
어사대기(御史臺記) 147/3, 162/8, 171/
6, 174/6·9, 187/17, 192/9, 197/10, 21
6/10, 235/14, 243/1, 248/10, 249/5·
8·11·17, 250/3·6·8·13·15·19, 254/8
·9·10·11, 255/2·4·5·7·10·15, 258/1
2·21, 259/2·3·8·9·10·12·19, 260/2,
265/16, 267/18, 268/7, 269/1·2, 328
/14 , 493/18·21·23, 494/4
어사대기(御史臺記)* 243/11, 255/6, 49
4/1
업후외전(鄴侯外傳) 38/1
여남선현전(汝南先賢傳) 161/12, 171/2
여선전(女仙傳) 59/2·3·4·5·15·16, 60/
2·4·5·6
여주국경(黎州國經) 270/13, 397/14, 46
2/11
여주통망현도경(黎州通望縣圖經) 406/9

여주한원현도경(黎州漢源縣圖經)　409/1
연호기(年號記)　183/8
열녀전(列女傳)　393/1
열선담록(列仙譚錄)　74/6
열선전(列仙傳)　4/1·3, 59/7·8·10, 76/2, 402/3·4, 473/7, 461/29
열선전(列仙傳)*　74/6
열이전(列異傳)　276/11, 292/1, 293/11, 316/2·5, 321/14, 360/25, 375/13, 400/7, 401/13, 456/22, 460/20, 461/21, 468/6, 469/7
영괴록(靈怪錄)　330/8·11, 358/8, 453/1
영괴집(靈怪集)　68/1, 286/5, 316/12, 328/1, 330/9, 349/7, 365/9, 371/2, 372/6, 467/13
영괴집(靈怪集)*　280/3, 330/10·11
영귀지(靈鬼志)　161/20, 317/11, 318/5, 320/2·3, 322/18·19, 359/13, 472/6
영남록이(嶺南錄異)　461/12
영남이물지(嶺南異物志)　209/16, 261/8, 406/10, 409/22·37, 413/15, 416/9, 456/16, 458/5, 466/12, 497/11, 407/4·16, 411/26, 479/4
영렬전(英烈傳)　161/8
영보집(靈保集)　446/6
영이기(靈異記)　280/3, 283/13·14
영이록(靈異錄)　347/5
영이지(靈異志)　320/1
영이집(靈異集)　330/10

영표록이(嶺表錄異)　191/8, 205/8·9·10, 270/1, 394/8·9, 399/23, 402/8, 403/2·14, 407/11, 408/16, 409/21, 411/29, 412/4·11, 424/4, 440/5, 441/12, 456/8, 461/1, 462/31, 463/5·6·22·35, 464/8·9·11·12·18·19·20·26, 465/2·3·10·12·13·18·19·24·25, 479/3·5, 483/1·2·9
영표록이(嶺表錄異)*　406/13
영험기(靈驗記)*　132/6
예문류취(藝文類聚)　225/5·245/7
예장고금기(豫章古今記)　293/8
예장기(豫章記)　81/2, 317/13, 398/5, 456/27
예형본전(禰衡本傳)　235/2
오서(吳書)*　126/1
오월춘추(吳越春秋)　444/1
오지(吳志)　293/7
오행기(五行記)　233/22, 327/5·10·11, 359/19·18, 360/7·9·13·30·32, 361/9, 375/3·14·15, 376/6, 393/3·7, 415/6, 416/6, 426/7·15·16, 442/21, 443/14, 448/1, 460/7
오행기(五行記)*　469/16
오행지(五行志)　426/20
오흥장고집(吳興掌故集)　315/10
옥갑기(玉匣記)(皇甫枚)　392/8
옥계편사(玉溪編事)　85/9, 160/4·5, 165/19, 278/21, 367/30, 392/9, 483/7

옥당한화(玉堂閒話) 32/2, 55/5, 79/10, 80/13, 98/13, 101/15, 116/20·21, 124/3·4, 130/4, 134/13·14, 136/16, 138/12·15·16·17, 140/7·8, 144/18, 145/9, 158/7·8·9·12·13, 160/3, 162/20, 167/8, 168/7·8·10, 172/10·11, 177/12, 183/19, 184/9·11, 190/6·11, 192/14, 197/13·14, 202/25, 203/13, 204/12, 213/14, 219/9·10·11·12, 220/1·10, 223/14, 232/13, 238/13·16, 252/10 ·13·14·16, 257/18, 260/12, 262/4·7·8·10·21, 266/2·11, 269/12·13, 270/17·18, 271/12·13, 272/20, 273/2, 278/22, 281/3·4, 289/10, 313/13·14·16, 314/2·19, 353/4·5, 354/1·2·3·4·5·6, 365/8, 367/1·2·11·12·27·31, 368/13, 371/4, 374/14·22, 388/10, 392/6, 395/8·9, 397/21·22·23·24, 399/14·21, 401/3, 407/34, 412/15, 424/15, 432/6·7, 433/9, 434/20, 437/18, 438/16, 439/11·25, 446/13, 455/6, 458/12·13, 459/10·11·14·15·16·17, 461/9, 462/12, 463/45, 467/19, 479/12·15·19·20, 481/1, 483/10·14, 498/2, 500/4·5·8·10·14·15

옥당한화(玉堂閒話)* 220/11, 232/14, 314/18

옥사산록(玉笥山錄) 374/2, 397/1

옥천자(玉泉子) 40/8, 133/2·7, 138/7, 144/15, 177/4·10, 181/12, 182/2·3·5·12·16·20, 184/23, 188/10·11·12, 239/8, 244/14, 265/20, 270/16, 271/18, 273/9, 275/12, 399/29, 498/5·9·10·11·12, 499/1·3

옥흠시흥기(玉欹始興記) 398/27

왕씨견문(王氏見聞) 126/16, 163/39, 190/3, 238/21, 242/12, 257/13, 262/5·9, 264/10, 266/7, 272/18·19, 279/23, 287/2·4, 312/2, 366/19, 446/2, 459/13, 500/9·12

왕씨견문(王氏見聞)* 238/17

왕씨견문록(王氏見聞錄) 80/9·10, 85/4, 136/15·17, 140/9·10, 257/11

왕씨계(王氏戒) 116/9

왕씨문견록(王氏聞見錄) 241/1

외국사(外國事) 423/3

외황기(外荒記) 463/1

요란지(妖亂志) 145/2, 252/15, 283/16, 289/17, 290/1·2②

요록(要錄) 272/9

용성집선록(墉城集仙錄) 60/3, 62/2·4, 70/3·4·5·6·7·9

운계우의(雲溪友議) 96/9, 98/9, 117/4, 156/10, 162/16, 167/9, 170/10·14·17, 177/5, 181/2·18, 198/13·15·20·22, 199/1·2·3·6·7, 217/5, 223/9, 239/7, 256/3·4·5·11·12·13·14, 257/9, 264/11, 269/9, 271/23·24, 273/4·7, 274/

5, 275/7, 278/17, 283/15, 307/5, 481/1, 493/4, 495/15, 497/18·19, 498/8
운대(韻對) 131/21
원선기(原仙記) 23/4, 25/1, 29/5
원정장경집서(元禛長慶集序: 元稹長慶集序) 175/11
원차양본전(袁次陽本傳) 245/4
원화기(原化記) 34/1, 36/2, 39/2, 40/4, 41/1, 42/1·2·4, 45/4, 49/4, 72/1·3, 75/4, 77/7, 83/9, 94/1, 95/2, 121/19, 165/30, 193/4·5, 194/4, 195/7, 216/13, 231/13, 232/12, 280/6, 307/12, 312/1, 315/12, 362/17, 363/1, 386/11, 393/19, 402/17·21, 403/15, 416/4, 421/4, 424/6·9, 427/7, 430/1, 431/9, 432/2, 433/1·2·3, 434/10·14, 435/19·20, 437/10, 458/3, 459/2·4, 478/10, 500/3
원화기(原化記)* 23/4, 35/2, 25/1, 29/5, 310/8
원화전습유(原化傳拾遺) 479/9
월절서(越絶書) 276/2, 473/3
위략(魏略) 244/2
위부인전(魏夫人傳) 58/1
위서(魏書)* 244/2
위지(魏志) 76/9, 276/12, 359/9
유공가화록(劉公嘉話錄) 163/33
유림성사(儒林盛事)* 164/12
유명기(幽明記) 283/1, 360/18·20·22

유명록(幽明錄)(劉義慶) 112/3, 118/2·3, 119/21, 131/5, 137/5·9·10, 141/10, 141/6, 142/2, 161/18, 197/4, 274/1, 276/9·23·26·27·32·33·37·39·48, 283/3, 292/2·14, 293/2·3, 294/10·12·14·19·20, 295/3·4·16, 316/6, 317/9·16·18, 318/2·16·19·20·21·22, 319/5·6·7·8·9·10, 320/1·7·8·9·10·11·12·13·14·15·16·17, 321/3·4·5·11·12·13, 322/3·4·5·6·8·10, 323/1·2·4, 324/4·7·14, 358/1, 359/25·26, 360/2·3·6·16·21, 368/4, 376/8, 378/6·7, 383/1·2·5·6·8, 389/4, 397/4, 415/4, 437/1, 438/6, 440/6·7·8·10, 442/10, 460/17, 461/30, 461/31, 462/2·9, 462/16, 469/2·10, 472/5, 473/24
유명록(幽冥錄)(劉義慶) 460/11
유명록(幽明錄)* 161/2, 318/18, 360/11·18·20·22
유명록(幽冥錄: 幽明錄) 109/5
유상전(劉祥傳)(南齊書)* 265/1
유씨사(柳氏史) 136/1·6, 164/13, 165/7, 396/4
유양잡조(酉陽雜俎) 30/2, 42/9, 43/2, 62/7, 75/5, 77/6, 78/1·3·4, 80/4, 83/7·8, 84/2·3·7, 92/3, 94/4, 96/5, 97/7, 98/2·4·6, 99/8, 101/6·10, 105/11·12, 106/1·6·8·9·10·11·13, 107/1·7·8·13·14, 108/1·2·3·6, 122/9, 131/1,

137/19, 143/23·28, 144/7·10·11, 155/2, 162/1, 172/1, 195/4·5·6, 205/2·14·18·23, 209/14, 211/16, 212/8·9, 213/1·2·17, 215/7, 217/8, 218/3·4, 219/3·4, 220/16·23·24②, 224/17, 225/3·10, 227/4·7·8·9·10·11·12, 228/3·8·10·11·12, 229/6, 231/8, 232/4·5·6, 233/4·5, 234/4·5·6·8·9, 237/1, 238/7, 247/8, 263/11·16, 264/2·3·4·5, 272/10·15, 273/1, 277/5·6, 278/14, 279/2·11·12·13·16·17·18·19·20, 282/2·8, 283/17·18·19, 285/16·17, 286/1·6, 289/7, 295/17·18, 304/2, 305/8·9, 326/7, 341/7, 343/4, 344/7, 345/4·5, 349/2, 350/3·6, 357/3, 361/7, 362/11·12·15·16·20, 363/2·7·8·9, 364/1·2·3·4·7·8, 365/1·2·4·5·6·7·10, 366/2·4, 367/24·25, 368/8, 369/3, 370/1·2, 373/3, 374/8·11·17·18·19, 375/7, 376/9, 378/4, 381/8, 388/1, 389/6, 390/4·7·8·11·12, 393/12·17·18·21, 394/2·4·5·15, 396/2·3, 397/10·11·12·13, 398/13·14·15·16·17·18·19·20, 399/5·6·7·22·30·32·33, 400/10·19, 401/12·15, 402/5·9·16, 403/8·12, 404/5, 405/4·10·11·12·21·14·15·16·17·18·19·20·21·22·23·24·25·26·27·28·29·30·31·32·33·34·35·36·37·38·39·40·41·42·43·44, 407/5·6·7·9·10·17·18·19·21·25·30·31·32·36·37·38·39·40, 408/1·2·4·5·6·7·8·9·10·11·12·13·14·15·18·20·27·28·29·33·40·42·43·47, 409/3·4·5·6·7·8·9·10·11·12·13·14·16·17·18·21·23·24·25·26·27·28·29·30·31·32·33·34·38·39·40·46·47·48, 410/5·6·10·14·15·21·24·25·29·32·34, 411/3·5·7·9·11·12·13·14·15·16·17·18·21·27·28·31·32, 412/1·3·5·6·7·8·10·12·14·28·29, 413/1·3·4·5·6·7·8·9·10·11·14·18·19·20·23·25·26·27·28, 414/5·6·7·9·10·11·12·13·14·15·16·18·22, 415/12, 416/10, 417/2·5·9·11·12, 422/10·11, 424/1·3, 429/4, 430/7, 434/1·3·6, 435/1·11, 436/9·15·16·17·18·20, 439/2·3, 440/1·5, 441/3·5·12②, 442/1·2·7·23, 443/9, 454/4, 456/8·13·15, 458/7·8·9, 460/2·9·12, 461/5·6·10·13·18·19·20, 462/3·14·15·19·22·25·26·30②·32, 463/8·27·31·32·33·34·39, 464/13·23·24·25, 465/4·5·6·7·8·11·14·15·16·17·21·22·23·26·27·30·31·32·33·34, 466/5·16, 469/17, 472/14·16, 474/8·12, 476/1·2·5·6·7·8, 477/2·3·4·5·6·7·8·9·10·12·14·15·16·17·18·19·20·21·22·23·24·25·27·28·29·30·31·32·33·34·35

·36·37, 478/1·2·3·4·5, 480/1·2·3·
9·10·18②·24, 481/1②·4·5·6·7·8②
·9②, 482/7·8·11·25·26·27·28·29·3
0·31, 483/5
유양잡조(酉陽雜俎)* 78/10, 194/3, 394
/12, 407/8·26, 409/20·41, 412/9, 46
3/15, 472/15, 477/26
유전비(劉琢碑)(鄭處誨) 199/10
유한고취(幽閒鼓吹) 84/1, 165/11, 169/28,
170/18, 179/7, 188/9②, 202/14, 208/1
3, 224/10, 239/9, 243/16·18·19, 244/1
3, 257/5, 271/10, 496/16, 498/1·4
유한고취(幽閒鼓吹)* 170/17, 180/16
육용신고록(陸用神告錄) 297/1
융막한담(戎幕閒談) 32/2, 77/2, 143/24
·26, 188/6, 224/14, 303/4, 304/4, 30
5/4, 366/1, 389/24·25, 424/10, 467/
3, 472/17
음덕전(陰德傳) 117/5, 123/3
응보록(報應錄) 133/9
이괴록(異怪錄) 370/6
이기전(李琪傳)(梁楫) 311/3
이기집서(李琪集序) 175/13
이록(異錄) 134/1
이목기(耳目記) 126/14, 192/11, 203/26,
217/6·7, 411/8, 467/17
이목기(耳目記)(劉氏) 158/6, 165/18, 19
2/12
이문기(異聞記) 391/12

이문록(異聞錄) 160/1, 231/10, 282/3, 2
99/1, 326/8, 328/3·4, 342/1, 343/2,
346/10, 462/35, 475/1
이문록(異聞錄)* 382/11
이문집(異聞集) 22/2, 37/1, 78/6, 79/3·
4, 82/5, 230/2, 275/10, 282/4, 298/
5, 419/1, 484/1
이물지(異物志) 112/13, 197/4, 464/17,
466/11, 434/5, 439/1
이물지(異物志)(郭氏) 210/6
이실기(異室記) 304/1
이원(異苑)(劉敬叔) 86/12, 112/5, 118/
8, 131/8·18, 135/14, 137/20, 139/6, 1
41/4·8·13, 142/1, 197/4, 215/1, 216/1
②, 229/13, 231/2, 233/20, 276/7·13
·24·31·36, 284/1·8, 292/10·13·16, 2
93/4·6, 294/5·6, 295/6·7·8·9·12·1
3, 315/4, 317/10, 318/1·3·4·6·7, 32
2/1·9·12, 323/6·7·9·12, 324/2·8·1
1, 325/4·11, 359/20, 360/4·8·10·12·
15·23, 368/3, 374/5, 386/2, 389/7·1
3, 397/3, 400/5, 415/5, 416/7, 426/1
2·13·14, 438/8, 440/5②·11, 442/7·9
·16·18, 443/11, 446/4, 447/11, 456/2
9②, 457/1, 460/6, 460/13·14, 468/4
·12, 469/1·11, 473/14·22·26, 474/1·
11, 478/12
이원(異苑)* 276/29·30·46, 324/3·12
이응가록(李膺家錄) 164/2②

이응가승(李膺家乘)* 164/2
이잡편(異雜篇) 125/2
이장무전(李章武傳)(李景亮) 340/3
이지(異志)* 293/7
이혼기(離魂記) 358/4
익도기구전(益都耆舊傳) 171/3, 462/20
인어록(因語錄: 因話錄) 164/27
인화록(因話錄) 76/15·17, 79/1, 106/7, 138/6·11, 144/8, 162/13, 177/4, 181/7, 184/21, 187/26, 198/21, 201/9, 223/6, 244/11, 246/13, 250/10·21·23·28, 256/7·8, 261/4, 262/22, 271/9, 278/5, 279/15, 395/3, 458/10
인화록(因話錄)* 250/26, 251/1, 496/2, 499/5
일사(逸史) 17/2, 19/2, 22/1, 23/3, 23/5, 29/4, 35/3, 36/3, 37/2, 39/1, 40/2, 42/5·6·7, 45/1·3, 48/1·3·5, 49/3, 55/4, 64/5, 65/3·4, 67/3, 69/2, 70/1, 72/8, 73/4, 74/3, 76/13, 80/1·2, 83/5, 84/11·13, 96/2, 122/3·6·7·8, 125/4, 127/11, 128/1, 130/2, 146/4, 148/9, 149/5·7, 151/3·4, 153/1·2·4·6, 156/12, 157/2·3, 159/7, 172/5, 180/3, 204/22, 277/25, 278/6·9, 305/6, 307/11, 357/1, 378/9, 388/9, 390/5·10, 405/15, 420/4, 424/7, 460/9
일사(逸史)* 82/2, 224/18
임읍기(林邑記) 276/8

ㅈ

자곡자(炙轂子) 407/35
자서(自序)(宋明帝) 135/19
잡기(雜記)(盧氏) 157/1, 259/1, 261/1
잡기(雜記)(盧氏)* 237/3
잡설(雜說)(盧氏) 212/1②, 164/28, 165/13·15, 168/3·4, 178/6·8, 181/16·19②, 182/7, 183/3·6·18, 184/22·24, 186/14·21, 187/4, 189/7, 197/6·11·12, 203/22·25·28, 204/5·7·9·10·18, 209/15, 214/6②, 233/12·13, 234/2·7·10, 237/7, 250/27, 251/8·11·12·18, 255/18·22, 256/16, 257/16, 260/16, 261/2·6·7·15, 262/6, 273/6, 463/25, 497/3·16, 499/4
잡설(雜說)(謝蟠) 200/13
잡설(雜說)(謝蟠)* 443/2
잡어(雜語) 317/7
장사전(長沙傳) 161/15
장씨전(張氏傳) 111/13
장자(莊子) 291/5
저궁고사(渚宮故事) 82/1, 99/2, 118/10, 139/8, 141/15, 142/4, 216/6, 217/3, 228/9, 246/9·21, 323/5·16, 325/13, 360/1, 389/18, 418/4·11, 434/4·9, 435/9, 447/7
전기(傳奇) 34/2, 40/5, 47/4, 50/2, 68/3, 69/3, 96/8, 194/1·5, 201/7, 203/2

7, 204/21, 205/4·15, 230/1, 310/1, 311/1, 347/3·4, 350/2, 356/7, 372/5, 394/1, 416/5, 422/3, 424/8, 430/2·5, 434/19, 441/11, 445/3, 454/6, 458/4, 470/7
전기(傳奇)* 152/1, 232/12
전기보록(傳記補錄)* 116/18·19
전기부록(傳記附錄) 116/19
전당지(錢唐志)* 291/11
전량록(前凉錄) 276/17
전론(典論)(魏文帝) 229/15
전선록(傳仙錄) 60/8
전신록(傳神錄) 116/18
전신지(傳信志) 365/3
전이기(傳異記) 79/7, 348/4, 356/8
전이지(傳異志) 405/3
전재(傳載) 149/4, 165/1·12②, 172/2, 174/14·15·16·19, 187/10·19, 198/18, 201/10·11·12, 223/1·2·7, 224/9, 237/4, 249/16, 250/25, 261/9, 269/5, 271/17, 278/7, 397/6, 421/2, 477/11, 493/16, 495/10, 497/6·7
전재(傳載)* 205/15, 424/8, 474/10
전재고실(傳載故實) 178/7, 180/17
전재록(傳載錄) 204/4
전정록(前定錄) 148/8, 149/2·8·9·10, 150/2·5·7·8·9, 151/2·5, 152/5·6, 153/8, 154/7·8, 155/8, 156/1, 159/5, 223/4
전진록(前秦錄) 234/14

정곡시집(鄭谷詩集) 175/14
정덕린전(鄭德璘傳) 152/1
정명록(定命錄) 146/14·15·16·17, 147/1·2·6·7·8·9·11·12·13·14·15·16, 148/3, 155/5, 159/2·3, 169/19·25, 170/3·4, 216/12·15, 217/1②·2, 221/1·2·3·4·5·6, 222/1·2·3·5②·6·7·8·9·10·11·12·13·14, 224/3·4·6·7·8·15, 277/20·21·24·28·29, 283/11, 376/4
정명록(定命錄)* 376/5
정이기(旌異記)(侯君素) 99/5
정이기(旌異記)* 109/7
정현열전(鄭玄列傳) 215/1
제춘추(齊春秋)(吳均) 374/15
제해기(齊諧記) 131/4, 210/7, 218/5, 318/8, 321/2, 426/8·10, 461/28, 473/8
조경종전(曹景宗傳) 200/7
조서(趙書) 276/22
조야첨재(朝野僉載) 91/6, 97/3·6, 98/12, 112/7, 120/1, 121/3·5·6·7·8·9·10·11·12·13, 125/1, 127/9, 129/4·8·9·10·11·12·13, 132/13, 137/16, 139/18·19·20·22·23·24·25·26, 140/1·2·3, 142/15, 143/3·4·5·6·8·11·12·13·14·16, 146/1·5·6·7·9·10·12·13·18·19·20, 147/10, 148/1·2, 150/6, 162/10, 163/3·7·8·9·10·11·12·13·14·15·16·17·18·20·21·22·23·24·25·26·27·28·29·30, 165/24·25·26·27·28·29, 167/

2, 169/24, 171/7·8·10·11·12·13·15, 1
75/4·5, 176/3·4·5, 184/12, 185/21·2
2, 186/1·9, 191/13·19·21·22·23·24,
193/3, 197/9, 198/4·6, 201/14·15·16,
205/11·19, 208/5, 211/5, 216/8·9·11·
14, 218/15②·16·17·18·19·20·21, 22
0/8·9·12·13·15·18, 225/16, 226/3·4
·5·6·7·8·9·10, 231/3·5·6·7, 236/17
·20·21·22③·24, 237/3, 238/1·2·3·
9·10·17, 240/2·3·4·9·10·12·13·14·
16, 242/13·14·15, 243/2·3·5·6·7·8·
9·10·11·12, 244/3·4·5, 249/10·20, 2
50/1·4, 253/18·19, 254/4·13·14·15·
16, 255/1·3·6·9·11·12·13·14, 258/8
·9·10·13·14·15·16·17·18·19·20·22·
23·24, 259/4·5·6·7·11·13·15·16·17·
18, 260/6·7·8·9, 263/1·2·3·4·5·6·
7·8·9·10·12, 265/4, 267/1·4·6·7·9·
10·12·13·14·16·17, 268/1·3·4·5·6·8
·9·11·12, 271/3·4·5·6·7·8·15, 272/
13, 275/1, 277/18·19·22·23·26·27, 2
79/3·5, 283/4·6·7·8·9·10, 285/3·4
·5·6·7·8·9·10·10·11·12, 288/7·8·9
·10·11·12·13·14·15·16·17, 291/10, 3
00/1, 329/1·3·4·7, 361/11·12·13·14,
367/22, 368/12, 376/11, 380/5, 384/
1, 389/20·21·22·23, 391/4·8, 397/8,
398/10·11·38, 400/11, 407/13, 410/1
6, 414/19, 420/3, 426/17·18·19, 434/

18, 435/4·12·13, 441/8·12, 443/18, 4
46/10, 447/15·16, 448/2, 456/5·6·7·
9, 457/7·12·22, 460/21·22, 461/16·1
7·32·33·34, 462/4·24·34, 463/9·26
·36·37·38, 465/1, 466/10, 467/6·8,
469/16, 474/6·7, 482/21·22·32, 483
/13, 493/15·22, 495/5

조야첨재(朝野僉載)*   163/19, 171/14, 2
38/4·5·6, 240/11, 267/5·8·11, 268/
2, 270/7·8, 467/9

조연수전(趙延壽傳)   200/15

조운별전(趙雲別傳)   191/3

주지도기(周地圖記)   398/36

중설(中說)   403/9

중조고사(中朝故事)   157/5, 390/17, 399
/12, 412/34, 499/11

중흥서(中興書)   294/22

중흥한기집(中興閒氣集)   273/2

지괴(志怪)   218/1, 293/2·5, 294/2, 318
/11, 329/2, 468/14·16

지괴(志怪)(孔約)   276/25

지괴(志怪)(祖台之)*   295/2

지괴록(志怪錄)   322/2·20, 323/11, 326/4

지야기(地野記)*   463/21

지옥고기(地獄苦記)   116/13

지전록(芝田錄)   78/7, 84/12, 163/4, 165
/16, 170/9, 182/1, 231/4, 232/1·11, 2
44/7, 265/17, 373/1, 375/19, 376/5,
399/31, 430/8, 495/9, 497/2, 498/7

진고(眞誥) 57/2
진류기구전(陳留耆舊傳) 234/15
진릉십칠사(眞陵十七史) 136/7·8, 162/14
진사(晉史) 246/1
진서(晉書) 233/16·17·21, 234/12·17, 276/14, 294/7
진서(晉書)(王隱) 319/11·12
진양추(晉陽秋) 225/14
진전습유(眞傳拾遺) 110/1
진중흥서(晉中興書) 456/28
진춘추(晉春秋) 246/5
집선록(集仙錄) 56/1·3, 58/1, 59/1·11·12·13, 61/1·2·3·4·5, 62/1·3, 64/1·2, 66/1
집선전(集仙傳) 11/6, 63/4·5
집이(集異) 78/5
집이기(集異記) 26/1, 35/4, 36/4, 55/3, 63/1, 73/8, 78/8·10, 82/4, 84/4, 97/8, 101/1·3, 114/10, 128/2, 140/5, 179/4, 196/5, 220/21, 227/5, 228/2, 276/44, 278/1·11, 302/2, 303/3, 304/6, 305/7, 307/1·6·13, 308/4·7, 309/1, 328/11, 332/8, 345/7, 347/2·6, 358/12, 364/9·10, 365/11, 368/5·6, 369/9, 390/9, 394/7·13, 402/14, 405/13·18·19, 417/1, 422/2·9, 428/8, 429/3, 433/5·8, 437/5·6·7·11·13·19·20, 438/2·13, 439/24, 442/11, 445/4450/4, 451/15, 454/2, 456/38, 466/13, 471/1

집이기(集異記)* 342/3, 346/10, 437/17
집이전(集異傳)(李産) 276/18
집화록(集話錄) 149/6

ㅊ

찬이기(簒異記) 50/1, 280/11, 282/5, 310/7·8, 349/4, 350/4, 388/2, 478/8
찬이기(簒異記)* 309/1, 451/15
찬이록(簒異錄) 350/1
채옹별전(蔡邕別傳) 164/5
척언(摭言) 84/14, 117/3·7, 152/4, 156/11, 158/3, 166/3, 168/1, 170/13·22, 174/11·12·21, 175/3, 178/2·3·4·5·8·9·10·11·12·13·14·15, 179/2·8·12, 180/5·7·9·10·12·13·14·15·16·19, 181/1·3·6·8·9·10·11·12·13·14·15·17·19, 182/4·6·9·10·13·14·15·17, 183/1·2·4·5·9·10·11·12·13·14·15·17·18·19·21·22·24·25·26, 184/1·2·3·5·6·7·16, 186/11, 195/2, 196/2, 198/23, 199/5·12, 200/4, 201/5, 202/11, 224/11·12, 233/19, 235/18·20, 250/22, 251/6·7·9·10·13·19·21, 256/9·17·19·22, 257/1·14·17, 265/7·12·13·21, 266/1, 267/8, 269/4, 273/11, 275/2·3·5, 411/1, 497/13, 498/3, 500/7
척언(摭言)* 242/11, 263/15, 265/15

척이기(摭異記) 437/9
촉기(蜀記) 374/1, 467/22
촉지(蜀志)* 245/7
최소현전(崔少玄傳) 67/1
칠민기(七閩記)* 399/14

ㅌ

탁이기(卓異記) 111/23
탑사(塔寺) 375/4
탑사기(塔寺記) 379/1
태공금궤(太公金匱) 291/3
태원고사(太原故事) 218/10
태원사적(太原事跡) 137/15
태원사적잡기(太原事跡雜記) 163/5·6
통유기(通幽記) 65/2, 67/2, 130/1, 285/15, 302/1, 305/5, 332/1, 333/4, 338/2·3·9, 339/3·7, 363/4·5, 375/6·16, 379/7, 425/19, 470/5
통유록(通幽錄) 143/21, 337/6·7, 338/1, 340/2, 349/1, 356/1
투기(妬記) 272/11
투주도경(渝州圖經) 399/18·19
투황록(投荒錄) 483/10·11
투황잡록(投荒雜錄) 233/11, 286/7·8, 394/10, 408/25, 409/35, 478/14·15, 264/1, 269/10·11, 351/5, 443/5, 479/1·2, 483/9

ㅍ

파양기(鄱陽記)* 443/2
파척기(鄱陟記) 443/2
팔묘괴록(八廟怪錄)* 396/24
팔묘궁경록(八廟窮經錄) 396/24
팔조궁괴록(八朝窮怪錄) 295/15·19, 296/4·5
팔조궁괴록(八朝窮怪錄)* 210/12, 396/24
팔조화록(八朝畫錄) 210/12
포록기전(蒲錄記傳) 155/2
포박자(抱朴子) 59/9, 288/1, 288/2·3, 315/5·7·8, 399/24, 407/20, 413/12·13·16, 414/20·23·24·25·26·27·28·29·30·31·32·34, 418/5, 435/17, 441/4, 443/13, 472/3, 473/12·13
포박자(抱朴子)* 315/6
풍속전(風俗傳)(陳留) 456/19
풍속통(風俗通) 203/1, 315/6, 316/8, 317/2·8, 415/1, 438/3, 456/24, 466/9
풍연전(馮燕傳)(沈亞之) 195/3
피일휴문집(皮日休文集) 257/2
필경(筆經)(蒙恬) 206/12
필법(筆法)(羊欣) 206/14
필진도(筆陣圖)(羊欣) 206/13·23, 207/1

ㅎ

하동기(河東記) 41/3, 44/4, 69/5, 72/6,

118/13, 144/1, 157/2, 281/11, 286/2·4, 306/4, 307/2, 308/6, 310/2·3, 340/1, 341/3·4, 344/6, 346/4·5·6·7, 348/7, 349/3, 384/11, 385/2, 401/2, 429/2, 436/1, 440/22, 453/2

하동기(河東記)* 357/6, 385/1
하락기(河洛記) 200/10
하약필전(賀若弼傳) 200/9
한기(漢記)(張璠) 439/14
한림성사(翰林盛事) 164/12, 202/19, 494/3
한면기(漢沔記) 296/3
한무고사(漢武故事) 161/1, 291/18
한무내전(漢武內傳) 3/1, 56/2
한서(漢書) 203/23
한서(漢書)(華嶠)* 203/23
함통록(咸通錄) 480/19
함통전위록(咸通甸圍錄)* 480/19
해륙쇄사(海陸碎事) 463/21
해이록(解頤錄) 426/22
현괴록(玄怪錄) 31/2, 40/1, 63/3, 72/10, 83/2, 296/12, 303/8, 327/3, 329/5, 330/7, 336/3, 337/9, 341/5, 358/10, 368/7, 369/7·8, 371/6, 383/14, 384/9·10, 385/1, 386/10, 390/2, 400/8, 441/13, 442/13, 474/3·5
현괴록(玄怪錄)* 370/6
현문영묘기(玄門靈妙記) 71/4
현종실록(玄宗實錄) 186/13

현중기(玄中記) 456/3, 464/1, 447/1
현중기(玄中記)(郭氏) 399/34
형주기(荊州記) 389/16, 398/23
형주기(荊州記)(盛弘之) 374/4
호종별전(胡綜別傳) 197/3
화단(畫斷) 212/3·4·5, 213/3·6·7·8·9·10·11
화양국지(華陽國志) 135/16, 359/1, 426/1, 456/18
화원기(化源記) 35/2
화품(畫品)(謝赫) 211/2
환원기(還冤記) 119/1·2·3·4·5·6·7·8·9·10·11·12·13·14·15·16·17·18·19·22·23, 120/2·3·4·5·6·7·8·9·10·11·12·13·14·15·16, 126/2·3, 127/1·3·4, 129/1·6, 383/10
환원기(還冤記)* 127/2·5, 129/2
황람(皇覽) 225/18
회계록(會稽錄) 163/37, 290/3
회계선현전(會稽先賢傳) 118/4, 161/11
회남자(淮南子) 225/4
회창해이(會昌解頤) 41/3, 83/4, 149/1
회창해이록(會昌解頤錄) 35/5, 52/4, 395/5, 344/8, 348/6, 361/22, 388/3, 454/5
효덕전(孝德傳) 292/12
효자전(孝子傳) 137/8, 161/13, 162/3·4
후위서(後魏書)(魏收) 360/35
후한서(後漢書) 76/4, 225/9

후한서(後漢書)(范曄)　210/4
후한서(後漢書)(華嶠)*　203/23
후한서(後漢書)(謝丞)　463/10
흡문기(洽聞記)　135/18, 203/7, 215/4, 29
　5/2, 351/9, 397/9·17, 398/7·24·25·2
　6, 399/9, 403/5, 405/1, 406/11, 407/2

3, 410/17·18·22·31, 411/6, 435/1④, 4
　36/11, 443/12, 464/6·15, 482/5·23
흡문기(洽聞記)*　436/12
흡문록(洽聞錄)　410/23
흡주도경(歙州圖經)　91/2, 118/12, 192/
　8, 397/16, 425/17, 466/17

『태평광기』 연구자료 목록

[1]. 板本

明嘉靖談愷刻本
明活字本(2次 談刻本)
明萬曆許自昌刻本(3次 談刻本)
明沈與文野竹齋鈔本
淸乾隆黃晟刻本
淸嘉慶坊刻本
民國筆記小說大觀本(1922년 上海 文明書局)
民國掃葉山房本(1923년 上海 掃葉山房)
民國鉛印本(1959년 北京 中華書局 汪紹楹 點校本)
北京人民文學社版(1960년)

[2]. 翻譯注釋書

〈韓國〉

金一根 校註,『太平廣記諺解』, 通文館 影印, 1957.

金一根 編校,『太平廣記諺解(嶺南本)』(國學資料와 硏究 1輯), 書光文化社 影印, 1990.
金一根 編校,『太平廣記諺解(樂善齋本)』(卷1~卷4)(國學資料와 硏究 2輯), 書光文化社, 1990.
金一根 編校,『太平廣記諺解(樂善齋本)』(卷5~卷9)(國學資料와 硏究 3輯), 書光文化社, 1990.
尹河炳 譯,『譯註古典小說太平廣記作品選』, 國學資料院, 1996.
金一根 編,『太平廣記諺解』(1·2·3), 博而精, 1998.
金長煥 外譯,『太平廣記』1~21, 圖書出版學古房, 2000~2005.
安炳國 譯註,『鬼神說話集成』(太平廣記 所在 鬼神說話 467篇 譯註), 國學資料院, 2003.
金長煥·朴在淵 校釋,『延世大 所藏 太平廣記 諺解本』, 圖書出版學古房, 2003.
金長煥·朴在淵·李來宗 校注,『太平廣記詳節』, 圖書出版學古房, 2005.
金長煥·朴在淵·李來宗 譯注,『太平廣記詳節』(上下), 圖書出版學古房, 2005.
金長煥·朴在淵·李來宗 編,『太平廣記詳節』(原典影印), 圖書出版學古房, 2005.

〈中國〉
莊葳·郭群一 校点,『太平廣記鈔』(上中下), 中州書畫社, 1982.
王汝濤 主編,『太平廣記選(續)』, 齊南齊魯書社, 1982.
王汝濤 主編,『太平廣記選』(上下), 齊南齊魯書社, 1980-1981 / 1987.
唐文·韓璋 選譯,『櫻桃倩女』, 黑龍江人民出版社, 1987. (272篇 選譯)
『太平廣記: 故事精選連環畵』, 北京美術撮影出版社, 1993.
周振甫 主編,『白話太平廣記』(上下), 中州古籍出版社, 1993.
高光·王小克·汪洋 主編,『文白對照全譯太平廣記』(全5冊), 天津古籍出版社, 1994.
陸昕·郭力弓·任德山 主編,『白話太平廣記』, 北京燕山出版社, 1994.
姜東賦·欒保群·任道斌 主編,『白話太平廣記』(全5冊), 河北敎育出版社, 1995.
『文白對照全譯太平廣記』(全6冊), 大衆文藝出版社, 1998.
Zhang Guangqian 選譯,『Into the Porcelain Pillow 101 Tales from Records of the Taiping Era』Beijing: Foreign Languages Press, 1998.
張光前 選譯,『漢英對照太平廣記選』, 北京外文出版社, 2001.

張國風, 『太平廣記滙校本』, 燕山出版社, 2003.

〈日本〉

網祐次 譯, 『中國文言小說―中國童話(太平廣記)』, 銀の鈴社, 1947.
堤保仁 編集, 木村秀海 監修, 『譯注太平廣記(鬼部)』(1·2·3·4), やまと崑崙企劃, 1998.
尾田洋子·河村晃太郎·塩卓悟, 「譯注『太平廣記』婦人之部(2): 卷二七一·賢婦篇」, 『千里山文學論集』(關西大學大學院文學硏究科院生協議會)62, 1999.9
尾田洋子·河村晃太郎·塩卓悟, 「譯注『太平廣記』婦人之部(3): 卷二七一·才婦篇」, 『千里山文學論集』(關西大學大學院文學硏究科院生協議會)63, 2000.3

[3]. 單行本 硏究書

〈中國〉

羅錫厚·周雪瑛·馬緒傳, 『太平廣記索引』, 中華書局, 1983.
本社 編, 『太平廣記中龍的神話』, 北京旅遊出版社, 1987.
王秀梅·王泓冰, 『太平廣記索引』, 中華書局, 1996.
李季平·王洪軍, 『太平廣記社會史料集萃』, 山東齊魯書社, 1999.
程毅中, 『太平廣記』(揷圖本中國文學小叢書49), 春風文藝出版社, 1999.
張國風, 『太平廣記板本考述』(中華文史新刊), 中華書局, 2004.

〈臺灣〉

嚴一萍, 『太平廣記校勘記』, 藝文印書館, 1970.
周次吉, 『太平廣記人名書名索引』, 藝文印書館, 1973.
葉慶炳 等, 『太平廣記硏究資料』(中國古典小說硏究資料彙編), 天一出版社, 1991.
禾靑 編著, 『太平廣記傳奇』, 林鬱文化, 1995.
翁成龍, 『太平廣記中唐人宿命觀的硏究』, 三七堂, 1999.
李漢濱, 『太平廣記的夢硏究』, 學海出版社, 2004.

〈歐美〉
鄧嗣禹,『太平廣記篇目及引書引得』, 哈佛燕京學社引得編纂處, 1934.

[4]. 學位論文

〈韓國〉
金鉉龍,『韓國說話・小說에 끼친 太平廣記의 影響研究』, 建國大 博士論文, 1976.
鄭宣景,『太平廣記 神仙故事의 時空間性 研究』, 延世大 博士論文, 2003.2.
박지현,『傳統時期 中國의 鬼神 信仰과 鬼神 이야기에 관한 硏究:『太平廣記』鬼部 에 나타나는 信仰敍事와 脫信仰敍事』, 서울大 博士論文, 2004.8
陳武鉉,『太平廣記諺解攷』, 東亞大 碩士論文, 1981.
裵世珍,『太平廣記의 龍說話 研究』, 韓國敎員大 碩士論文, 1998.
崔福女,『魏晉南北朝 志怪의 鬼 모티프 分析:『太平廣記』鬼類를 中心으로』, 韓國 外國語大 碩士論文, 2000.

〈中國〉
江　林,『太平廣記與唐代婚姻禮俗』, 湖南師範大 碩士論文, 2001.4.
曹剛華,『太平廣記與唐五代民間信仰觀念』, 陝西師範大 碩士論文, 2001.5.
劉淑萍,『太平廣記狐類龍類虎類研究』, 陝西師範大 碩士論文, 2003.4.

〈臺灣〉
盧錦堂,『太平廣記引書考』, 政治大 博士論文, 1981.
李漢濱,『太平廣記的夢研究』, 高雄師範大 博士論文, 2001.
陳昱珍,『唐宋小說中變形題材之研究―以太平廣記與夷堅志爲主』, 文化大 博士論 文, 2001.
陳淑敏,『太平廣記中神異故事之時間觀』, 臺灣大 碩士論文, 1990.
許翠琴,『太平廣記所反映之唐人仕宦觀念研究』, 中正大 碩士論文, 1993.
許曼婷,『太平廣記中的夢兆研究』, 淡江大 碩士論文, 1994.
周文玲,『太平廣記所引唐代四大動物妖故事研究』, 輔仁大 碩士論文, 1996.

盧俐文,「太平廣記禽鳥類故事硏究」, 政治大 碩士論文, 1998.

〈歐美〉

Hammond, Charles Edward, 『T' ang stories in the T' ai-p' ing Kuang-chi』, Columbia University(Ph.D), 1987.

[5]. 硏究論文

〈韓國〉

金一根,「太平廣記 諺解」,『國語國文學』17, 1957.
金一根,「太平廣記詳節에 대하여」,『한메金永驥先生古稀記念論文集』, 螢雪出版社, 1971.
金鉉龍,「太平廣記에 나타난 神仙攷」,『國語國文學』52, 1971.
金鉉龍,「太平廣記諺解本考─覓南本과 樂善齋本의 比較考察─」,『文湖』6·7, 1971.
徐張源,「太平廣記東傳之始末及其影響」,『中國語文學』7, 1984.
金美貞,「『太平廣記』諺解本의 飜譯樣相 硏究─ '虎' 說話를 中心으로─」,『建國語文學』9, 1985.
정인아,「『太平廣記』所載「任氏傳」의 飜譯 樣相 硏究」,『韓國語文學硏究』16, 1985.
지선영,「『太平廣記』와 古代小說의 比較試論」,『韓國語文學硏究』16, 1985.
兪炳甲,「中國學術要籍『太平廣記』評介」,『中國學硏究』3, 1986.
이근영,「太平廣記 諺解 覓南本의 音韻學的 考察」,『建國語文學』15, 1991.
尹河炳,「太平廣記狐類故事小考」,『中國小說論叢』7, 1998.
洪允姬,「『太平廣記』를 통해서 본 唐代의 巫文化」,『中國語文學論集』12, 1999.8.
孫修暎,「類書『太平廣記』의 자리: '小說' 認識의 轉換點」,『中國語文學論集』12, 1999.8.
諸海星,「淺談『太平廣記』的小說史料價値」,『東亞文化』33, 2000.

安炳國,「太平廣記의 移入과 影響」,『溫知論叢』6, 2000.
趙維國,「太平廣記傳入韓國時間考」,『中國小說硏究會報』46, 2001.6.
宋倫美,「中國 古代 女仙類 故事에 內在된 敍事構造 分析—『太平廣記』를 中心으로—」,『中語中文學』30, 2002.6.
李文才,「筆記小說中的唐代"商胡"—『太平廣記』硏究之一」,『啓明史學』13, 2002.
權志英,「『太平廣記諺解』所載 神仙說話의 繼承樣相」,『人文社會科學論文集』31, 2002.
鄭宣景,「中韓 神仙故事의 時間性 比較考察—『太平廣記』와『海東異蹟』을 中心으로」,『中國語文學論集』23, 2003.5.
金長煥·朴在淵,「延世大 所藏本『태평광긔』卷之二에 對하여」,『東方學志』121, 2003.9.
柳江夏,「『太平廣記』「精怪類」分析」,『中國語文學論集』26, 2004.2.
鄭宣景,「『太平廣記』仙境說話의 구조적 특징에 관한 고찰」,『中國語文學論集』27, 2004.5.
金長煥·李來宗·朴在淵,「『『太平廣記詳節』硏究」,『中國語文學論集』29, 2004.11

〈中國〉

魏承思,「從太平廣記看唐代吏治」,『河北學刊』, 1987/5.
陸惠解,「從『太平廣記』看唐代短篇小說」,『漳州師院學報』, 1993/3.
張國風,「試論『太平廣記』的版本演變」,『文獻』, 1994/4
張國風,「『太平廣記』陳校本的價値」,『中國人民大學學報』, 1994/5.
范崇高,「『太平廣記選』校語辨正」,『古籍整理硏究學刊』, 1994/2.
古敬恒,「『太平廣記』詞語選釋二則」,『古漢語硏究』, 1994/2.
周志鋒,「『太平廣記詞語小札』商榷」,『古漢語硏究』, 1995/1.
焦 杰,「虛幻意識與社會現實的交融—『太平廣記』夢之硏究」,『人文雜志』1995/6.
張國風,「『太平廣記』陳鱣校宋本異文輯選」,『北京圖書館館刊』3-4:13-14, 1995.12.
陳湘懷,「論『太平廣記』的文學文獻價値」,『撫州師專學報』, 1996/4.
李志平·王洪軍,「『太平廣記』社會史料初探」,『齊魯學刊』, 1996/5.
范崇高,「『太平廣記選』注釋析疑」,『古漢語硏究』, 1997/1.

范崇高, 「『太平廣記選』注釋辨疑」, 『自貢師範高等專科學校學報』, 1997/1.
范崇高, 「『太平廣記選』詞語注釋續商」, 『自貢師範高等專科學校學報』, 1997/3.
武振玉, 「『太平廣記』中概數詞 '可' 和 '許' 試探」, 『丹東師專學報』, 1997/4.
黃靈庚, 「『太平廣記』詞語札記」, 『浙江師大學報(社會科學版)』, 1997/5.
李 燁, 「『太平廣記』詞語校釋」, 『杭州大學學報』(哲學社會科學報), 1997/S1.
張國風, 「『太平廣記』宋本原貌考」, 『中華文史論叢』56, 1998.
薛克翹, 「『太平廣記』的貢獻」, 『南亞研究』, 1999/2.
黃靈庚, 「『太平廣記』詞語札記」, 『古籍整理研究學刊』, 1997/5.
張宗海, 「『太平廣記』新點校本面世」, 『黑龍江社會科學報』, 2000/6.
趙維國, 「論『太平廣記』纂修的文化因素」, 『河南大學學報』(社會科學版), 2001/3.
張 傑, 「魯迅與『太平廣記』」, 『魯迅研究月刊』, 2001/12.
劉漢生, 「『太平廣記選』注釋商榷」, 『天中學刊』, 2002/1.
古敬恒, 「『太平廣記』中的簡復式同義表達」, 『古漢語研究』, 2002/2.
勞醒華, 「試論『太平廣記』中的特殊被動句」, 『黔南民族師範學院學報』, 2002/2.
江 林, 「『太平廣記』中所見唐代婚禮·婚俗略考」, 『湖南大學學報』(社會科學版), 2002.4.
張國風, 「韓國所藏『太平廣記詳節』的文獻價值」, 『文學遺產』, 2002/4.
劉淑萍, 「『太平廣記』里的虎」, 『中國典雅與文化』, 2002/4.
趙維國, 「太平廣記傳入韓國時間考」, 『中國典籍與文化』, 2002/2(季刊).
張國風, 「『太平廣記』的成書及其在兩宋的流傳」, 中國古代小說國際學術研討會, 上海師範大學, 2002.11.
多洛肯, 「唐朝民間民族通婚在『太平廣記』中的反映」, 『浙江樹人大學學報』, 2003/2.
郭海文·余炳毛, 「『太平廣記』女仙形象分析」, 『西安建築科技大學學報』(社會科學版), 2003/3.
黃雲鶴, 「唐代擧子游丐之風—『太平廣記』所見唐代擧子生活態之一」, 『古籍整理研究學刊』, 2004/1.

〈臺灣〉
葉慶炳, 「有關太平廣記的幾個問題」, 『現代文學』44, 1971.9.

葉慶炳, 「太平廣記引用經史兩部書籍考釋」, 『淡江學報』10, 1971.11.
葉慶炳, 「太平廣記引書引得補正」, 『輔仁大學人文學報』2, 1972.1.
葉慶炳, 「有關『太平廣記』的幾個問題」, 『中國古典文學研究叢刊－小說之部』2, 巨流圖書公司, 1979.
葉慶炳, 「有關太平廣記的幾個問題」, 『中外文學』9/3.
蔡國梁, 「『太平廣記』隨札」, 『文藝論叢』7, 1979.9.
盧錦堂, 「太平廣記引書試探」, 『漢學研究』2/2, 1984.
陳祚龍, 「太平廣記析疑─讀了古典小說論評以後」, 『哲學與文化』14, 1987.
潘銘燊, 「從比較角度看唐代小說特色─『太平廣記』與『三言』」, 『唐代文學研討會論文集』, 文史哲出版社, 1987.
Chung Kyu-bok, 「'Wang Wei Chuan(王維傳)' of T'ai-p'ing Kuang-chi Reflected in 'Yochangtangeumdam(女裝彈琴譚)' of Classical Korean Stories」, 『Tamkang Review』 18:1-4, Autumn 1987-Summer 1988.
劉芳如, 「溥心畬繪畫精品選(2)─太平廣記故事冊(上)」, 『古宮文物月刊』11/7, 1993.10.
劉芳如, 「溥心畬繪畫精品選(3)─太平廣記故事冊(下)」, 『古宮文物月刊』11/8, 1993.11.
陳盈妃, 「『太平廣記』中唐人虎類小說探究」, 『輔仁大中研所學刊』3, 1994.6.
黃昱凌, 「『太平廣記・猿猴類』故事研究」, 『輔仁大中研所學刊』3, 1994.6.
賴雯卿, 「論『太平廣記・婦人』的類型呈現及內含的幾個問題」, 『輔仁大中研所學刊』3, 1994.6.
許曼婷, 「試論『太平廣記』中的夢兆類型與主題意識」, 『問學集』4, 1994.6.
江亞玉, 「生死以之, 無怨無尤─簡析太平廣記情感類的愛情觀」, 『勤益學報』12, 1994.11.
段莉芬, 「太平廣記豪俠類研析」, 『建國學報』14, 1995.2.
黃心穎, 「太平廣記精怪類初探」, 『輔仁大中研所學刊』6, 1996.6.
林美君, 「從『太平廣記』「精察」類看公案小說的雛形」, 『國立臺北商專學報』46, 1996.6.
段莉芬, 「從『太平廣記』「神仙類」・「女仙類」看唐人仙道傳奇中的成仙理論與條件」, 『古典文學』14, 1997.05

〈日本〉
稻田尹, 「醉翁談錄と太平廣記」, 『神田博士還曆記念書誌學論集』, 平凡社, 1957.

竹田晃, 「二十卷本『搜神記』に關する一考察―主として『太平廣記』との關係について―」,『中國文學研究』(中國文學の會)2, 1961.
塚本照和,「牛僧孺作『玄怪錄』小考―『太平廣記』『類説』『説郛』輯錄の諸篇を通して―」,『集刊東洋學』(內田道夫教授退官記念中國文學特集號)29, 1973.6
山田利明,「太平廣記神仙類卷第配列の一考察」,『東方宗教』43, 1974.4.
李亞明,「太平廣記詞語札記」,『中國語學』230, 1983.11.
富永一等,「唐代における鬼の小說―『太平廣記』鬼類を中心として―」,『學大國文』(大阪教育大學)27, 1984.3.
木曾庸介,「『太平廣記』にあらわれた唐代の巫の職能」,『大正大學大學院研究論集』12, 1988.2
小松建男,「「封陟」の改作:『太平廣記』から『醉翁談錄』へ」,『中國文化』(大塚漢文學會)49, 1991.
菅谷省吾,「『太平廣記』所收の龍說話について―龍と人との接近―」,『研究論集』(四條畷學園女子短期大學)25, 1991.12
董志翹,「『太平廣記』同義複詞舉隅」,『花園大學研究紀要』26, 1994.3.
松尾良樹,「中國漆工藝史料としての『太平廣記』」,『奈良女子大學文學部研究年報』39, 1995.
安田眞穗,「文言小說における再生譚に關する一考察―『太平廣記』を中心にして―」,『中國學志』(泰號), 1996.12.
王建康,「『太平廣記』と日本近世の怪異小說」,『文藝研究』(慶應義塾大學藝文學會)64, 1993.2.
董志翹,「『太平廣記』語詞拾詁」,『俗語言研究』(禪文化研究所)1, 1994.2.
成瀨哲生,「『太平廣記』古小說の文化構造」,『月刊しにか』(特集名: 中國の百科全書―類書の歷史・その活用法) 1998年3月号.
富永一等,「『太平廣記』の諸本について」,『廣島大學文學部紀要』59, 1999.
尾崎裕,「志怪・傳奇の夢について―『太平廣記』「夢」所收の話を手がかりとして―」,『學林』(立命館大學中國藝文研究會)32, 2000.
佐野誠子,「臺灣大學所藏『太平廣記』孫潛校本について」,『東京大學文學部中國語中國文學研究室紀要』4, 2001.

〈歐美〉

Hammond, Charles Edward, 「The Table of Contents of the T'ai-p'ing Kuang-chi」, 『CLEAR』 June 2:2, 1980.

Russell Kirkland, 「A World in Balance: Holistic Synthesis in the T'ai-p'ing Kuang-chi」, 『JSYS(Journal of Sung-Yuan Studies)』23, 1993.

[6]. 기타

· 日本 禪文化硏究所의 『太平廣記』硏究班 : 平成 4年(1992) 가을에 발족하여 『太平廣記』를 禪語錄硏究의 측면자료로 연구함.
· 三田明弘, 「『太平廣記』における仏敎說話の編成」, 佛敎文學會大會發表文, 大谷大學博綜館第1會議室, 2001.6.2~3.

태평광기 21
【총색인】

Translation ⓒ 2005 by 김장환·이민숙 外
ⓒ HAKGOBANG Press Inc., 2005, Printed in Korea.

발행인/하운근
발행처/學古房
교정·편집/박분이

첫 번째 찍은 날/2005. 1. 20.
첫 번째 펴낸 날/2005. 1. 30.

등록번호/제8-134호
서울시 은평구 대조동 213-5 우편번호 122-030
대표(02)353-9907 편집부(02)356-9903 팩시밀리(02)386-8308

ISBN 89-87635-99-6 04820

http://www.hakgobang.co.kr
E-mail: hakgobang@chol.com

값: 25,000원

파본은 교환해 드립니다.